治政学

朱其训 著

ZHIZHENGXUE

人民出版社

策划编辑:张文勇
责任编辑:张京丽
装帧设计:肖　辉

图书在版编目(CIP)数据

治政学/朱其训著. −北京:人民出版社,2010.11
ISBN 978 − 7 − 01 − 009432 − 8

Ⅰ.①治…　Ⅱ.①朱…　Ⅲ.①领导学−研究　Ⅳ.①C933

中国版本图书馆 CIP 数据核字(2010)第 219223 号

治　政　学

ZHIZHENGXUE

朱其训　著

人民出版社 出版发行
(100706　北京朝阳门内大街 166 号)

北京集惠印刷有限责任公司印刷　新华书店经销

2010 年 11 月第 1 版　2010 年 11 月北京第 1 次印刷
开本:710 毫米×1000 毫米 1/16　印张:35.75
字数:600 千字　印数:0,001−4,000 册

ISBN 978 − 7 − 01 − 009432 − 8　定价:73.00 元

邮购地址 100706　北京朝阳门内大街 166 号
人民东方图书销售中心　电话 (010)65250042　65289539

目 录

第一章 治政学概述

【本章要点】 治政学是研究治政实践、治政理论以及治政本质问题，探索治政规律的学科。它与领导学、政治学、执政学、管理学、权力理论、组织行为学等学科和理论相关联，但又与这些学科有根本的区别。确切地说，从有政府之日起，便有了治政的实践，而作为一门学科的治政学却一直没有确立。本世纪初，有学者率先提出了"治政论"，把"治政"概念独立出来，但却没有形成学科体系。我们拟从治政学研究的对象、研究范围，治政学的任务、构成以及意义方面加以厘清。

【关键概念】 治政学；治政研究对象、范围、任务；治政学研究意义

治政学是一门新建的学科，它是社会科学中新开辟的研究领域。治政学源于治政实践，是在治政实践基础上构建的一门新的学科。

一、治政学的界定

2004 年，学者皮钧、高波先生推出了《治政论》，首先提出了现代社会治政的概念。据我们了解，治政一词很早就已使用。我们虽然有几千年的治政实践，却没有系统的治政理论。

1. 治政学的含义

治政学是研究治政实践、理论、本质、治政关系，探索治政规律的学科，它是研究治政者实施治政的治政现象和科学治政的学问。具体说来治政学是一门关于治政的这种现实社会中的治政现象和治政行为以及与治政相关的直接或间接的知识、技能、观念、价值、体制、行为主体、社会背

景、运作机制和治政客观规律进行专门理论研究和应用研究的社会科学。

治政学作为一门社会科学，它融入了领导学、政治学、管理学、执政学、组织行为学等相关学科的知识、理论和实践经验，力图涵盖治政这一事物所包含的矛盾、规律、原理、规则、体制、机制、方法、技艺、能力等各方面的内容，力图对治政实践所出现的不同现象加以解释和引导，对治政规律加以探索。因此，治政学对治政实践具有全面指导作用，对治政实践又有着极强的归纳和提升作用，具有治政自身的实践性、理论性、指导性、规范性、倾向性、政治性和时代性。其实，治政在阶级社会里具有极强的阶级性。因为一切统治阶级，都会利用治政这一事物，巩固自己的统治基础，实现自己的统治理想。

我们从确立治政学这一概念时便已经十分注意治政学的科学性，即治政学到底可不可以成为一门专门的学科。我们从治政学的学科理论和实践尤其是治政这一存在的现实事物，得出治政学有自己专门的研究领域和特定的研究对象，具有明确的研究取向，通过理论和实践的不断研究，它一定能够成为社会科学中较大的研究领域。在研究方面，我们试图解决几个理论与实践的关键问题：一是治政学的研究和建立治政活动的知识体系和理论体系；二是揭示治政活动的规律；三是研究和尽可能地对治政主体和治政客体（民众）及其行为加以规范；四是探索治政的过去和未来；五是研究治政学与兄弟学科的关系；六是对有志于治政研究的学者们以启发。

2. 治政学与治政实践的关系分析

治政是一种实践活动。治政学是研究治政的学问，从表面上分析，这是一种最为简单的理论与实践的关系，两者互为依存又互促发展。从哲学层面看，治政与治政学又是一种辩证统一的关系，这种统一主要表现在治政"实践"这一统一体中，而且两者的目的又是一致的，即为了科学治政。

（1）治政实践是治政学的基础和来源。在通常情况下，有了治政实践才有治政学的理论提升；从这个层面分析，治政实践是治政学建立的基础，同时也是治政学产生的根源。

第一，治政实践催生了治政学。有了不同层面和不同制度下的治政，需要对治政实践加以归纳和提升，这就需要建立指导治政实践的理论，由此催生了治政学。从治政学产生的另一面讲，治政学又是源于治政实践的需要。在治政全球化的过程中，各种治政行为仅靠治政个人的经验已经远远不够，必须要使治政者掌握一定的治政理论和治政艺术。

第二，治政学研究的内容是治政实践决定的。从研究中可以得知，治政学研究的内容，不是取决于研究者的主观确定，而是由治政实践决定的。治政学把治政本质、治政价值、治政职能、治政过程、治政主体与客体、治政者素质、治政决策、治政方法、治政行为、治政绩效、治政与政治、治政与政党、治政与国家、治政与人才等等列为治政学研究的基础内容，是因为治政实践需要解决和回答这些问题。

（2）治政实践推动了治政学的科学发展。说治政实践是推动治政学建立和发展的动力，是因为治政实践推动着治政学理论的确立，推动着治政学在治政中实践。治政学在实践中不断丰富自己，使自己的理论体系更加完善，理论实质更加科学，理论成果更加丰富。

第一，治政实践推动着治政学理论更为科学。治政实践为治政学的科学发展开辟了新的天地，提供了新的课题，积累了新的经验，形成了治政学新的理论。

第二，治政实践通过实践的取舍确立了理论的进步。治政实践以其丰富多彩的实际运转过程，不断否定旧理论，归纳新理论，推动治政者在治政实践中去认真研究和解决治政矛盾、治政冲突、治政问题，推动了治政学的理论发展。

（3）治政实践成为检验治政学理论的标准。毛泽东讲："判定认识或理论之是否真理，不是依主观上觉得如何而定，而是依客观上社会实践的结果如何而定。真理的标准只能是社会的实践。实践的观点是辩证唯物论的认识论之第一的和基本的观点。"①

第一，治政实践的过程能够检验治政学理论的正确与否。任何治政实践都必须通过一定的过程来实现。治政理论在实践的过程中便会被检验出正确与否。当然，治政实践的过程检验与治政实践的结果检验是有一定区别的。

第二，治政实践的结果能够检验治政学理论的正确与否。在治政过程和现实生活中，不同的人会对治政结果有不同的评判，这是每个人从各自

---

① 《毛泽东选集》第 1 卷，第 284 页，人民出版社 1991 年版。

标准出发的，这种评判并不科学。在治政实践中，治政学所揭示的治政规律、原则、方法等等是否正确合理，从根本上讲都必须通过治政实践结果来检验，治政学的真理标准只能是治政实践。

（4）治政学理论对推动治政实践有着不可替代的作用。虽然先有治政实践后有治政学理论，但治政学理论对治政实践的引导、预测、总结等作用是非常重要的。

第一，治政学理论的预测作用。治政学理论对治政实践有着极强的预测作用，这种预测可以在治政实践活动之前，为治政实践进行科学的预测，以供治政者决策时参考。

第二，治政学理论的导向作用。治政学理论对治政实践具有引导作用，这种作用表现为治政实践之前和治政实践过程之中对治政实践进程的指导。治政学理论对治政实践有着科学、有效的规范，有着巧妙、实际的优化。如果治政学理论不正确，那么就会对治政实践产生误导，造成治政实践的失误。

第三，治政学理论的规范作用。治政学理论对治政实践有着一定的规范作用，这种规范主要指通过理论对治政实践的决策、实践过程尤其是对治政者的治政实践行为予以相应的规范。当然，规范的理论再好，还需要治政者对治政理论规范的理解和规范的自觉。从治政实践来看，这种规范对治政德高者是有极强的作用的，而对某些治政缺德者，治政理论的规范便无能为力了。

第四，治政学理论的总结作用。治政学理论对治政实践有着重要的总结作用，这种总结一般是在某一治政实践过程结束之后，对该项治政实践做出归纳、汇总并从理论上提升，给治政者提供借鉴和帮助。治政总结是非常必要的，大到对治政者的路线调整、方针的重新确立，小到帮助治政者在治政实践中采用不同的治政技巧。治政理论总结最著名的是中国共产党对历史问题的两大决议，一个是中国共产党六届七中全会形成的《关于若干历史问题的决议》和中国共产党十一届六中全会形成的《关于建国以来党的若干历史问题的决议》，这两个决议，都是治政者对治政实践的总结，其作用非常重要。

第五，治政学理论的纠偏作用。治政学理论对治政实践有着重要的纠偏作用，这种纠偏是指在对治政过程和治政结果检验之后，及时对某些治政不足予以纠正。这里的偏，有时是偏，有时是较大的错误。当然，纠偏要慎重，要实事求是，要本着负责的精神，要用正确的治政理论对治政实践加以纠偏。如果治政理论是偏的，那么治政实践也一定是偏的。因此，治政者应该尽量保持治政理论的正确。

二、治政学研究对象及范围

治政学研究的对象、范围、任务以及治政学自身的构成，是治政者在治政过程中必须认真学习并必须弄懂弄通的。任何一门科学都有自己特定的研究对象，治政学之所以能够成为一门学科和一门科学，就因为治政学有其特定的对象、范围、任务以及自身的科学构成。毛泽东指出："科学研究的区分，就是根据科学对象所具有的特殊的矛盾性。因此，对于某一现象的领域所特有的某一种矛盾的研究，就构成某一门科学的对象。"① 社会的进步和发展，使人们认识社会、认识问题更为全面。我们必须在治政过程中研究相关的问题，"必须继续研究那些尚未深入地研究过的或者新冒出来的具体的事物"②。治政是一个老事物，而治政学又是一个新学科，两者都必须让我们用辩证的方法和实事求是的态度，科学地总结和研究它们自身以及与其相关的事物和相关的问题。

1. 治政学研究的对象

治政学是研究治政的一门科学，治政又是一种与政务相关的活动。因此，我们认为治政学研究的对象是治政现象、治政活动、治政结果、治政关系和与治政相关的内外因素及其运动规律。治政研究对象是治政学特定的研究领域，虽然与其他社会学科领域的研究对象有交叉，但却有着本质的区别。

治政学不同于政治学。政治学是研究政治的科学，政治在本质上是人们在一定经济基础上，围绕特定利益，借助于社会公共权力来规定和实现特定权利的一种社会关系，因此说政治学是研究社会政治关系及其发展规律的科学。政治学大致分为政治学基本理论、政治思想、政治制度、行政

---

① 《毛泽东选集》第 1 卷，第 309 页，人民出版社 1991 年版。
② 同上书，第 310 页。

管理、国际政治五大类。治政学是研究治政事务的科学，在社会关系上有与政治学交叉的地方，但治政学所研究的关系是与治政相关的社会关系。

治政学不同于管理学。管理学是系统研究管理活动的基本规律和一般方法的科学。管理学的目的是研究现有条件下，如何通过合理的组织和配置人、财、物等因素，提高生产力水平。治政学在提高生产力水平上与管理学是相通的，但治政学是通过不同的治政手段，促使管理的科学化，在管理上治政又局限于政务方面的管理，主要是对"官员"的治理，这与管理学是不同的。

治政学不同于行政学。行政学是研究国家行政管理现象及其规律的科学。行政学通常被称为行政管理学、公共行政学。1887 年美国学者 T. W. 威尔逊发表了《行政学之研究》一文，主张政治与行政分离，建立一门独立的行政学科。从那开始，行政学正式独立。行政学的研究对象是国家行政管理现象及其规律。在国家行政管理上治政学与行政学是相通的，但在对政党以及行政之外的治政行为和治政现象，行政学又无法涵盖，尤其是在解释一党执政或皇权执政现象和关系时，治政学却有其独到之处。

治政学不同于领导学。领导学是研究领导活动各个因素之间的相互关系、相互作用的客观规律及其有效运用的科学。领导学研究的对象是作为整体的领导系统以及这个系统本身运动的一般规律。治政学研究的治政关系与领导学中某些领导关系重合，但治政学研究的是整个治政系统的关系，包括了领导学中的某些领导关系。因此，治政学研究的治政关系远远大于领导学中研究的领导关系。

创建治政学这一门学科，是比较困难的事情。在已有的相关学科中，政治学、管理学、行政学、领导学本身就有相互交叉之处，治政学既要研究与这些学科的共性，又必须研究和表明治政学固有的个性，使其研究成为一门独立学科。"固然，如果不认识矛盾的普遍性，就无从发现事物运动发展的普遍的原因或普遍的根据；但是，如果不研究矛盾的特殊性，就无从确定一事物不同于他事物的特殊的本质，就无从发现事物运动发展的特殊的原因，或特殊的根据，也就无从辨别事物，无从区分科学研究的领域。"① 治政学正是以其独特的"治政"之处，独立于各种社会科学之中。

在现实社会里，政治者、领导者、行政者、管理者、执政者中不治政

---

① 《毛泽东选集》第 1 卷，第 309 页，人民出版社 1991 年版。

者的确不少，由于这些"者"不"治政"，使整个社会管理效率低下，为此，治政学也应该从理论上回答和研究出让"者"们治政的途径和方法，这也是治政学建立的一个必要条件。

2. 治政学的研究范围

治政学的研究范围应当围绕治政的理论和实践展开。但是，治政学的研究范围究竟有多大，按照什么样的标准去划分更为科学，这是比较困难的问题。应该说，只要是治政实践范围都应该是治政学所研究的范围，这也包括了对治政未来的预测以及治政理论的提升。一句话，治政学研究的范围是由治政学研究对象所决定的知识体系和理论体系。

从治政实践来看，治政学的研究范围可以从几个方面予以归纳。

（1）治政理论研究方面。治政理论包括了治政实践中形成和归纳的理论部分，诸如治政的含义、治政的本质、治政原理、治政原则、治政规律、治政理念、治政主体、治政客体、治政体制、治政环境、治政职能、治政心理、治政学科的形成与发展等等。

（2）治政实践研究方面。治政实践包括了治政过程中的理论引导和规范的部分，诸如治政过程、治政能力、治政者素质、治政人才、治政队伍结构、治政战略、治政决策、治政活动管理、治政绩效、治政水平、治政形象等等。

（3）治政关系研究方面。治政关系包括了治政过程中的相互关系部分，诸如治政分层、治政者关系、治政的群众基础、治政监督等等。

（4）治政艺术研究方面。治政艺术包括了治政过程中的方法、谋略部分，诸如治政艺术、治政素养、治政方式方法、治政技巧、治政细节等等。

（5）治政边缘研究方面。所谓治政边缘指治政新拓展或者与其他学科交叉的部分，诸如治政力、治政人物、治政经济、治政史论等等。

应该承认，治政学有的内容与其他学科有交叉，这仅是交叉而已，而绝对不是替代。治政学所包含的内容和所研究的主体，是带有治政规律的学科内容。

3. 治政学的任务研究

治政学研究的任务是从治政学的研究对象和研究范围推演出来的，治政学的研究任务主要是使治政者以及百姓明确治政的规律、治政的任务、治政的经验、治政的科学发展等等。治政学的研究任务主要包括几个方面。

（1）一般规律研究。要研究治政现象的原因、治政活动过程，研究治政理论与实践的一般规律以及一般原理。

（2）特殊规律研究。要研究治政不同层面、不同系统及领域、不同制度中的治政活动的特殊规律以及具体内容。

（3）历史规律研究。要研究治政历史过程和历史结果中治政实践和理论的成败规律、历史经验以及主客观因素，为治政者提供帮助。

（4）发展规律研究。要用科学发展观为指导，研究治政主体内在构成尤其是发展规律，以科学的治政预测指导治政规划，指导治政理论的实践。

4. 治政学的结构

治政学的结构是一个变化的结构，它是依据现实治政变化发展而变化发展的。治政学同其他学科的研究一样，可以分为理论研究与应用研究、客观研究与微观研究、静态研究与动态研究①等几个层面。

（1）理论研究与应用研究。治政学的应用研究一般也称为实践研究。治政的实践研究是治政学研究的重要方面。治政过程、治政成果、治政进步、科学治政等方面的实践原则、实践评价、成果应用等是治政学应用研究的具体内容。当然，治政学的应用研究也需要理论作指导，需要在实践中不断总结和不断提升。治政学的理论研究涉及治政和治政学的概念、原则、理论以及范畴，包括治政和治政学的规律的研究。治政学的理论研究是治政和治政学研究的基础部分，具有各种理论科学研究的特点，即具有抽象性、原则性、可归纳性的特点。诸如治政科学、治政主体、治政素质、治政职能、治政决策、治政行为、治政绩效、治政政党、治政政治等等。治政学的研究往往既有理论层面，也有应用层面，而在治政实践中，由于治政学创立较晚，治政实践的研究多于治政理论的研究。

（2）宏观研究与微观研究。宏观研究是总体上对治政现象进行研究，包括治政理论、治政实践、治政结构、治政文化、治政发展、治政环境等

---

① 参见王邦佐等主编：《新政治学概要》，第4页，复旦大学出版社2004年版。

等。微观研究是从个体治政行为对治政现象进行研究，包括治政心理、治政个案、治政个体行为、治政个性、治政团体分析等等。

在研究方法上，除了宏观研究与微观研究之外，还有中观研究。中观研究指介于治政宏观研究与治政微观研究之间的研究。其实，治政心理（除个体之外）、治政团体分析、治政社会化等都应该属于治政中观研究范畴。

（3）静态研究与动态研究。静态研究是对治政在法律和结构层面的研究，特别是对治政层面的研究。这种研究有规范性特点，是在治政已知层面进行的某种研究。动态研究是对治政过程以及治政调整的研究。动态研究具有可变化的特点，是在治政未知和变化层面的研究。在静态和动态研究中，两种方法有时是结合进行的，真正实现治政研究中动中有静、静中有动，使治政行为更科学。

5. 治政学的研究方法

治政学的研究方法有许多种，对不同的治政实践，会有不同的方法，同时还会有不同学科交叉运用的研究方法。但是，辩证唯物主义和历史唯物主义的世界观和方法论是治政学研究的根本方法。治政学的研究一定要从实际出发，从历史条件出发去辩证地、客观地认识和分析治政现象，从社会经济生活的层面去探究治政发展的动因，找出治政活动与社会物质存在的内在矛盾，揭示治政现象的规律性。治政学研究的方法即辩证唯物主义和历史唯物主义的方法论，它有几种涵义。

（1）理论联系实际。所谓理论联系实际是指治政学的研究要紧密联系治政的实际，在治政实践中提升理论，并用从治政实践中提升出的理论指导治政实践，用实践检验治政理论正确与否。

（2）实事求是，具体问题具体分析。实事求是，具体问题具体分析是治政学研究的基本方法。毛泽东讲，"'实事'就是客观存在着的一切事物，'是'就是客观事物的内部联系，即规律性，'求'就是我们去研究。我们要从国内外、省内外、县内外、区内外的实际情况出发，从其中引出其固有的而不是臆造的规律性，即找出周围事变的内部联系，作为我们行动的向导"①。实事求是，具体问题具体分析要求治政者在治政研究和治政

---

① 《毛泽东选集》第3卷，第801页，人民出版社1991年版。

实践中从实际出发，客观地、历史地、全面地看问题，具体地分析具体问题，根据治政的主客观条件，制定切实可行的治政计划尤其是治政学研究的计划。

（3）从具体到一般，又从一般到具体。从具体到一般又从一般到具体是解决治政和研究治政学的又一基本方法。研究治政现象，必须从具体的治政问题入手，逐步得出普遍的结论，"概念这种东西已经不是事物的现象，不是事物的各个片面，不是它们的外部联系，而是抓着了事物的本质，事物的全体，事物的内部联系了。概念同感觉，不但是数量上的差别，而且有了性质上的差别。循此继进，使用判断和推理的方法，就可以产生出合乎论理的结论来"①。在治政环境中，一切事物的共同规律，即唯物辩证法的规律，具有最大的普遍性，是最一般的规律。一定范围内的事物的共同规律，对这一范围来说是一般规律，但对更大的范围来说则是特殊的具体的规律。在治政环境中，具体和一般是相对而言的，正如事物的一般规律和特殊规律相对区分一样。一般的治政规律和特殊的治政规律相互联结着，一般治政规律总是表现为特殊治政规律，总是存在于特殊的治政规律之中。治政者必须通过认识治政特殊规律去掌握治政的一般规律，掌握了治政一般规律，就可以用它作指导，进一步去认识治政特殊规律。掌握了两种治政规律，才能实现科学治政。

（4）经济分析。治政结果应该表现为生产力极大发展，经济极大发展，人们生活极大富裕。贫穷不是好的治政，贫富悬殊太大不是好的治政，弱政也不是好的治政。要以经济是基础这一观点出发，研究治政现象和治政学。

（5）历史分析。一切事物都有着自己产生发展的过程，对治政问题研究进行历史考察是科学的研究方法之一。任何治政现象都有自己的历史原因、历史环境和历史发展过程。因此，研究治政学和治政现象必须用历史分析的方法，结合实事求是的科学态度，考察治政现象的产生、发展和历史与现实的联系，从而找出治理活动的一般规律，把握治政活动的历史和历史上的变化，推动治政活动的科学发展。

（6）案例分析。治政活动是通过一件件治政事例来完成的，利用案例分析研究治政活动和治政现象，是对某一特定的典型、真实的治政活动情

---

① 《毛泽东选集》第1卷，第285页，人民出版社1991年版。

景作客观准确的书面描述和介绍，从而展开分析研究的一种方法。用"一般规律"和"特殊规律"的分析方法看案例分析，案例分析则是治政活动和治政研究不可缺少和必须强调的具体研究即特殊研究。通过特殊研究，掌握治政的特殊规律，才能把握治政的一般规律。案例分析的方法是具体的治政研究方法，是治政现象案例中治政活动情景的真实记录，它具有典型性、概括性、客观性和具体性。分析治政案例中治政现象的成功与失败的经验教训，可以提高治政者对治政现象和治政规律的认识，提高治政者的治政能力，使治政者学会在类似情况下有效地处理治政问题。治政案例的分析是具体的、表面的、经验的，必须防止片面的、孤立的思维方式，要透过案例分析找出治政一般规律性的东西。

（7）逻辑分析。所谓逻辑分析是指运用概念判断、综合、归纳、演绎、推理等方法解析治政现实。逻辑分析是指辩证逻辑的思维分析方法，亦称"抽象思维"，是治政认识的高级阶段。与形象思维不同，它以抽象性为自己的特征，撇开事物的具体形象，抽取治政的本质属性。逻辑思维分析不等于合乎逻辑的思维，它可能是合乎逻辑的、科学的，也可能是违反逻辑的、反科学的。因此，治政者必须注意用科学的逻辑思维分析，运用科学的判断、推理、演绎的方式，在更高层次上认识治政活动的规律性。

（8）比较分析。所谓比较分析是指运用鉴别对比的方式，寻求治政事物的本质。一般说来，比较是指就两种或者两种以上同类的事物辨别异同或高下。治政的比较分析，必须注意在治政同类别中加以比较，以求治政事物的本质。"有比较才能鉴别"，① 比较是一种用实践结果对比而思想的活动。"要完全地反映整个的事物，反映事物的本质，反映事物的内部规律性，就必须经过思考作用，将丰富的感觉材料加以去粗取精、去伪存真、由此及彼、由表及里的改造制作工夫，造成概念和理论的系统，"② 通过比较思考，选取治政的最佳方式，以求治政的最佳结果。比较分析的方法，是研究治政学和治政实践最为常用的方法之一。治政过程中的比较，是通过辨认、鉴别、识取等方式来揭示治政这一事物之间的相同点或相异点，从而正确认识治政事物。

---

① 《毛泽东文集》第7卷，第280页，人民出版社1999年版。
② 《毛泽东选集》第1卷，第291页，人民出版社1991年版。

第一，治政同一层面的比较。在治政学所研究的治政现象中，治政有不同的层面，简单地说就是同一治政系统的治政者可以分为上、中、下和基层四个大的治政层面。每一个治政层面都有自己的治政特点和优势，也有不同层面的不足，同时更具有自身层面的本质。在治政同一层面上，可以把相同本质中的个体差异，不同治政者的优、劣势之间加以比较分析，在治政现象研究中找出异同，便于把握治政的规律。在治政现象中，治政者同一层面的比较较为常用，因为比较的基点基本相同，因此也容易得出结果。同时，由于治政者的素质、心理的差异，同一层面的比较有时得出的结果并不科学，而且对心理素质不健康的治政者容易造成某种误导。因此，在同一层面的比较方法使用上，治政学研究应该特别明确心理差异的比较分析使用的注意点和比较的基点，千万不可在同一层面把不同质的东西加以比较，那样就不会得出正确的结果。

第二，治政不同层面的比较。治政不同层面指治政的上、中、下、基层等不同层面的治政现象的比较。不同治政层面的比较，可以在同一系统中进行比较，也可以在不同系统中进行不同层面的比较。不同层面治政者的治政任务不同，但治政的总体要求是相同的，在不同层面的治政现象比较中可以找出层面中治政本质的区别，找出层面中治政的共同点，从而把握治政规律，学习治政经验，掌握治政要领，尤其是学习不同治政者的治政素质，从而提高治政水平。对于治政学研究来说，可以研究出不同层面治政的一般规律和特殊规律，引导治政和治政学研究的科学发展。

第三，国内治政的比较。国内治政的比较指通过国内现有不同层面和不同治政者之间的比较研究。通过同一治政体系下不同时期的治政现象比较，通过不同社会时期治政现象的比较研究，尤其是今天中国的治政同中国古代、中国近代、中国同时代中的香港、澳门、台湾等不同地区的治政现象的比较研究，找出治政实践的属性、特点，探索治政活动的最佳模式，寻找治政的一般规律，实现治政活动的博采众长和区别异同，达到治政活动的取优去劣。国内治政的比较，可以在比较研究之后，为最高层面治政者提供治政决策方案，探求适合我国国情的治政工作体制，实践适合我国国情的治政理论。由于中国的行政区域特色，中国实行的是一国多制的政治体制，即中国内地体制、香港体制、澳门体制、台湾体制。因此，便有了不同的治政工作体制，我们通过国内现实不同治政体制的比较研究，可以丰富我们的治政体制形式。在同我国历代的治政比较研究中，可以取古人治政之长，补今天治政之短；可以从古人治政的现象中，找出古人治政的规律，从而实现今天治政的科学化。在治政体制的选择上，科学比较和科学选择有两个例子。一个例子是毛泽东选择的民主。1945 年 7 月，中华人民共和国还没有建立，黄炎培、褚辅成等六人作为国民党政府国民参政员身份访问延安。黄炎培先生头一次亲眼目睹了共产党的施政政策和解放区的成就，大为感慨。他与毛泽东促膝长谈。黄炎培先生在肯定了边区的成就之后说："我生六十多年，耳闻的不说，所亲眼看到的，真所谓'其兴也浡焉'，'其亡也忽焉'，一人，一家，一团体，一地方，乃至一国，不少不少单位都没能跳出这周期率的支配力。一部历史，'政怠宦成'的也有，'人亡政息'的也有，'求荣取辱'的也有，总之没有能跳出这周期率。中共诸君从过去到现在，我略略了解了，就是希望找出一条新路，来跳出这周期率的支配。"毛泽东说："我们已经找到新路，我们能跳出这周期率。这条新路，就是民主。只有让人民来监督政府，政府才不敢松懈。只有人人起来负责，才不会人亡政息。"① 这是毛泽东找出的治政之根本，另一个例子是邓小平选择的一国两制。邓小平讲："我们多次讲过，我国政府在一九九七年恢复行使对香港的主权后，香港现行的社会、经济制度不变，法律基本不变，生活方式不变，香港自由港的地位和国际贸易、金融中心的地位也不变，香港可以继续同其他国家和地区保持和发展经济关系。我们还多次讲过，北京除了派军队以外，不向香港特区政府派出干部，这也是不会改变的。""我们的政策是实行'一个国家，两种制度'，具体说，就是在中华人民共和国内，十亿人口的大陆实行社会主义制度，香港、台湾实行资本主义制度。"② 这是邓小平解决香港、澳门和台湾的治政政治体制形式。香港、澳门治政政治体制已经实施，这是比较之后的治政抉择。

　　第四，国际治政的比较。国际治政现象的比较包括了不同制度下治政一般规律的比较，这是国际治政比较的核心。不同的国家和地区有不同的治政实情，同一制度下的国体也有不同的治政实情。通过国际间的治政现象比较，可以摆脱在狭隘的范围内，诸如某一个独特现象、某一国家和地区、某一文化背景下的局限和片面，寻求更大范围的治政联系和治政区

① 《毛泽东年谱》(1893—1949) 中卷，第610页，人民出版社　中央文献出版社1993年版。
② 《邓小平文选》第3卷，第58页，人民出版社1993年版。

别，从而把握治政本质联系，把握不同体制和国度下的治政规律，指导治政者科学治政。

运用比较分析，要注意治政现象的可比性问题，这是基本的，不能搞风、马、牛不相及的治政比较，那样会引导治政走上邪路。运用比较分析的方法，要注意一般和具体的区别，哪些是一般治政现象，哪些是具体的治政现象，比较中不能生搬硬套，生搬硬套的比较是不科学的，应当注意。治政现象的一般中有具体，具体中可以归纳出一般，必须科学地把握。运用治政现象比较分析的方法，要注意选定比较的标准。治政比较的标准的确定，必须实事求是，必须根据自己的治政实情。晏子曰："江南为橘，江北为枳"，后人解释为"橘生江南为橘，生江北为桔"，讲的是地情不同，致使橘桔的变化。运用治政现象比较分析的方法，要注意寻求共同点的区别。共同点必然会带出不同点，这些不同点是治政现象研究比较分析的注意点。要学会寻找异中之同和同中之异，寻找治政现象中治政过程的本质上的区别。

（9）系统分析。所谓系统分析是指按照治政本身的系统性，把治政活动放在治政本身的系统中进行考察、分析、归纳、总结的一种方法。治政本身系统是由不同要素构成的相互联系、作用、制约、促生的要素系统，要把治政活动放到由治政各要素组成的、合乎治政规律的有机的治政整体中进行分析、考察和研究。系统分析，得到的是治政活动的治政系统特殊规律，把系统中个别治政活动的特殊规律，放到治政系统的一般规律中去检验，使治政活动更合乎治政的系统规律。

（10）政治分析。用阶级分析的方法考察阶级社会的治政现象都应该体现为阶级关系，这是从本质上揭示治政的政治现象手段之一。现在我们所处的时代，虽然不再强调阶级，但阶级还是存在的。所谓阶级指由于人们在一定的社会经济结构中所处的地位不同而形成的社会集团。现在，有学者把阶级说为阶层，但意思仍是一样的。治政活动所代表的阶层不同，因此所表现的政治本质也不会相同。在治政现象和治政学的研究中，要注意治政的本质，以求在使用阶级分析时抓住这个本质。

使用政治分析的方法考察社会治政现象时应把其放到政治的背影中去分析。政治是经济的集中体现，治政在处理阶级、阶层的内部关系，处理阶级、阶层之间的关系，处理民族间、国家间的关系时的政策与活动，都属于治政的政治活动范围，都应该用政治分析的方法去考察、分析、鉴别，最后实现自己的治政愿望。

（11）经验分析。所谓经验分析方法就是以观察和实验为基础，用治政经验知识和资料去考察、分析、鉴别治政现象的方法。经验分析方法具有一定的传统，是治政学研究和治政现象研究经常使用的方法之一。治政的描述性或者说经验性传统可以追溯至治政思想的最早时期。在亚里士多德的政体分类尝试、马基雅维利对统治术的现实主义描述以及孟德斯鸠关于政府和法的社会理论中。在英美两国，治政中的经验分析成为传统分析的主流。治政分析中经验取向的特征，是试图客观公正地解释治政现实。这种取向试图做出分析和解释，是描述性的；而规范取向，进行判断并给出建议，属于规定性的。描述性的治政分析的哲学支持来自经验主义。①治政现象的经验分析必须结合治政实际，必须实事求是。

经验的概念理解哲学上通常指感性认识即感觉经验。唯物论肯定经验的本原和内容都是客观的，经验对客观世界来说是第二性的。治政社会实践是治政经验的来源，在实践的基础上，经过思考的作用，经验可以从感性认识上升为理性认识。在治政实践中，经验有不可替代的作用，而且对治政实践非常重要，但治政经验有很大的局限性，在运用经验分析方法时一定要注意科学地运用治政的经验分析，以求科学治政。

第一，运用治政经验分析要注意经验的滞后性。所谓滞后指治政经验的来源一般都是来自前人的总结或者某种治政现象之后的归纳。这些总结和归纳，都是在某些治政现象之后得出来的，因此具有极强的滞后特点，在治政实践中必须加以注意。

第二，运用治政经验分析要注意经验的框规性。所谓框规指治政经验已有某些成功之后的模式，容易对正在进行的治政实践加以经验式的约束，不利于治政者在治政实践中和治政学研究中创新。治政经验是好的，应灵活地运用，科学地运用。

第三，运用治政经验分析要注意经验的唯我性。所谓唯我指掌握治政研究经验的人认为自己的经验最了不起，必须推广运用或必须唯我指导。具有治政经验很重要，但对具有唯我式治政经验的人要注意在治政实践中加以引导。

第四，运用治政经验分析要注意经验的片面性。所谓片面指在治政研

---

① 参见〔英〕安德鲁·海伍德著：《政治学》，第16页，中国人民大学出版社2006年版。

究中不是全面地运用治政经验或对治政经验全面分析，忽略了绝对与相对的辩证关系，容易在治政研究或治政实践中出现"井蛙观天"的治政现象。

第五，运用治政经验分析要注意经验的局部性。所谓局部指治政实践中某一部分得出经验，并不具备全局性。治政经验的运用，要注意治政经验全部运用的可能性和经验运用在治政实践时的全面性。局部性治政经验提醒治政者防止一叶遮目或者是只见树木不见森林。

第六，运用治政经验分析要注意经验运用的保守性。所谓保守指治政实践中墨守成规，死守已有的治政研究或治政经验，不接受新的治政经验或不进行治政方面的创新。治政实践中某些保守现象是常见的，必须注意克服，当然克服保守也要注意科学性。

第七，运用治政经验分析要注意经验运用的狭隘性。所谓狭隘指治政实践有时只局限在某种经验的一个小范围里，被已有的治政经验所包围，治政实践的眼光不宽广、不宏大，尤其是不能跳出某一治政现象看治政。

第八，运用治政经验分析要注意经验运用的盲目性。所谓盲目指治政实践者在已有治政经验的导引下看不清现有的治政实践。治政经验运用的盲目性不仅会误导治政实践，还会误导治政学研究和治政现象的研究。

第九，运用治政经验分析要注意经验运用的偏执性。所谓偏执指治政实践者对已有治政经验偏激而固执。在治政实践中，不少治政者十分看重自己所得出的治政实践经验，认为自己的治政实践经验百分之百实用、管用，不可怀疑，杜绝接受新的治政经验。

第十，运用治政经验分析要注意经验运用的主观性。所谓主观指治政实践者或治政学研究者不依据治政的实际情况，单凭自己对治政经验的理解的偏见运用治政经验或用经验指导治政实践的现象。主观的治政经验者或者思想僵化、因经验守经验，或者只凭主观意志，不听其他人的意见，闭门造车，凭经验行事。"主观主义有两种：一种是教条主义，一种是经验主义。他们都是只看到片面，没有看到全面。如果不注意，如果不知道这种片面性的缺点，并且力求改正，那就容易走上错误的道路。"①

第十一条，运用治政经验分析要注意经验运用的行为性。所谓行为指

① 《毛泽东选集》第3卷，第819页，人民出版社1991年版。

治政实践者只凭某些治政经验指导自己的治政行为，而在治政实践中只注重行为而不注重治政心理，不能正确对待治政意识和治政行为的关系。

（12）哲学分析。所谓哲学分析指用哲学的方法分析治政现象。哲学分析同前面的理论联系实际、实事求是、具体问题具体分析有交叉之处，之所以把哲学分析单列出来分析，是因为哲学分析在治政学的研究方法中非常重要。治政分析的源头可追溯到古希腊和通常的治政哲学的传统中。这涉及人们对伦理、规定性和规范的问题的关注，显示出关心"应然"、"必然"或"必须"的命题，而不是突然的命题。[①] 运用哲学的方法分析治政现象，目的是用辩证唯物主义和历史唯物主义的方法区分治政现象、治政过程和治政的结果。在分析治政现象和治政学研究过程中，必须用哲学的方法，即必须坚持物质第一性、精神第二性，肯定世界的本原是物质的基础层面去研究治政现象；必须在分析治政现象中，把实践的观点和辩证的观点引入认识论，运用能动的反映论。总之，在治政现象研究中，要运用正确的世界观、价值观和方法论作指导，防止治政现象研究的偏向。

（13）科学分析。所谓科学分析指用科学的方法分析治政现象。我们前面分析的 12 种分析方法都具有科学性，都是我们必须坚持和运用的。治政现象的研究和治政学的研究，不仅要有理论的指导和分析，还必须有实践的验证和证实，因为真理的标准只能是社会实践。而理论和实践都是治政学研究的科学方法。

第一，建立科学的治政理论，并用科学理论作指导。治政学是一门新建的学科，必须建立自己的理论体系，必须有自己的研究方法。而研究治政现象又必须有科学的理论作指导。为此我们有必要先对治政理论有一个界定。治政理论指系统化了的治政理性认识，指在治政知识领域的概念、原理的体系。治政理论是在治政实践中形成，随治政实践的发展而发展。"理论由实践赋予活力"[②]，可见治政理论对实践具有巨大的影响。列宁说过："物质的抽象，自然规律的抽象，价值的抽象等等，一句话，一切科学的（正确的、郑重的、才是荒唐的）抽象，都更深刻、更正确、更完全地反映自然。"[③] 有了治政的实践才有可能产生治政的理论，这种从实践中

---

① 参见〔英〕安德鲁·海伍德著：《政治学》，第 14 页，中国人民大学出版社 2006 年版。
② 《列宁选集》第 3 卷，第 398 页，人民出版社 1960 年版。
③ 《列宁全集》第 55 卷，第 142 页，人民出版社 1990 年版。

来的理论是一种科学的治政理论。"通过实践而发现真理,又通过实践而证实真理和发展真理。从感性认识而能动地发展到理性认识,又从理性认识而能动地指导革命实践,改造主观世界和客观世界。实践、认识、再实践、再认识,这种形式,循环往复以至无穷,而实践和认识之每一循环的内容,都比较地进到了高一级的程度。这就是辩证唯物论的全部认识论,这就是辩证唯物论的知行统一观。"① 建立了治政理论体系,就必须用治政理论指导治政实践。

第二,坚持科学的治政实践,以人为本抓治政。治政说到底还是做人的工作,因为治政所有的工作都是通过人来完成的,因此,在治政实践中,必须坚持以人为本,坚持科学实践,坚持治政实践符合治政的客观规律。建立治政理论,就必须用治政理论作指导"如果有了正确的理论,只是把它空谈一阵,束之高阁,并不实行,那末,这种理论再好也是没有意义的。"② 科学的治政实践,必须用治政理论作指导,所谓实践是治政认识活动的基础,治政认识是随着治政实践发展而发展的,实践观点是认识论首要的和基本的观点。我们必须坚持科学治政实践的观点,必须坚持在治政实践中丰富治政理论。

第三,坚持治政实践检验、修正治政理论的方法。治政理论来自治政实践,治政实践丰富了治政理论也检验着治政理论。这是符合实践检验真理标准理论的。毛泽东讲过:"马克思主义者认为,只有人们的社会实践,才是人们对于外界认识的真理性的标准。实际的情形是这样的,只有在社会实践过程中,……人们达到了思想中所预想的结果时,人们的认识才被证实了。人们要想得到工作的胜利即得到预想的结果,一定要使自己的思想合于客观外界的规律性,如果不合,就会在实践中失败。"③ 实践检验治政理论正确与否是科学的检验方式,而科学的治政理论指导下的治政实践也必定是科学的实践。

第四,治政学也可采用自然科学的方法论,运用数量研究的方法,使治政管理尽可能量化并以此得到科学性的证明。但数量研究有时面很狭窄,我们必须注意不能局限于数量研究的证明而忽视其他的方法。

---

① 《毛泽东选集》第 1 卷,第 296—297 页,人民出版社 1991 年版。
② 同上书,第 292 页。
③ 同上书,第 284 页。

科学分析治政学和治政现象，要使科学"分析"的研究方法贯穿于治政理论、治政基础、治政价值、治政方法、治政行为、治政素质、治政环境、治政体制等等整个治政领域，贯穿于治政学研究的全部过程。但是治政研究科学化或者称为彻底的科学化是非常困难的。分析其他学科领域的研究，科学化也存在着不少的问题。治政研究和治政过程以人为中心，资料获取非常困难，在有关治政研究过程中，我们无法进入人的内心世界，也不可能就人类治政行为做重复性实验。因此，我们对个人治政行为尤其是治政心理过程的了解还是肤浅的，我们只能从已有的治政资料中进行总结和归纳，而放弃了不同的治政个体的心理感验。在治政活动中，"隐含价值"已使治政科学研究困难重重。治政理论无一不是在有关人性、人类社会、国家治理和作用等基础上建构起来的，这些理论的基础又都掩盖着政治和意识形态的意涵。① 这仅是隐含价值的某一方面，因此真正实现科学地研究治政是比较困难的。

三、治政学的学科分析

治政学作为独立的一门新的学科，它有着自己的学科地位、作用以及治政学的作用方式，它与其他各门社会科学学科之间既有某些联系，又有明显的区别。

1. 治政学的学科地位和作用

治政学的学科构建独具特色，它是一个比较具体、现实的社会科学领域，有着自己的学科地位、学术地位以及治政现实的作用，是治政学研究和研究治政学必须了解的知识基础，也是指导治政研究的知识基础。

（1）治政学是研究治政现象和和谐治政的高层次学科。治政学不同于一般社会科学，它不像领导学那样研究帅才，也不像管理学那样研究组织管理，它是研究科学治政和和谐治政的学科。

第一，研究科学治政。从有公共管理以来，就有了治政，如何科学治政是值得认真研究的。所谓科学是指反映自然、社会、思维等客观规律的

① 参见〔英〕安德鲁·海伍德：《政治学》，第21页，中国人民大学出版社2006年版。

分科的知识体系。从治政学本身来讲，它就是一门科学，而治政过程又必须科学，就是说治政必须符合治政的客观规律，必须实现推动社会的科学发展。由于治政有不同层面，有不同的系统，科学治政是治政学研究的重点。科学治政既研究治政中的帅才，也研究治政中的普通人员，还研究不同系列的治政现象，以使所有的治政活动都符合治政活动的一般规律，以保证科学治政。对于治政高层来讲，这部分治政者是国家的精英，是帅才中的"帅"，治政学从研究战略家和组织家的高度，运用相关学科的理论知识，深入研究高层治政者的治政实践，形成具有解决实际问题的独立的理论体系，以保证在治政规律下，实现高层治政者的治政理想。对于治政中层来讲，这部分治政者是中流砥柱，有着治政的承上启下的作用，既需要战略家、组织家的治政能力，又需要有同层面的协调能力，还需要有对下层治政者的领导和指导的能力。对于治政下层来讲，这些治政者手中没有多大权力，但却可以使治政效率发生变化。对于治政基层来讲，治政基层是治政的基础，也是治政成果的体现层，他们既是治政者，又同百姓生活在同一层面，他们的治政行为代表着整个治政者形象。由于这些治政者处于基层，在某地方又代表着百姓的生存形态。因此，科学治政，就必然体现为不同层面的治政者共同把握治政规律，把握事物的发展规律，实现科学治政。

第二，研究和谐治政。和谐治政指不同治政者配合得当，并且以人为本地开展治政活动。治政和谐一直是治政者追求的治政目的，也是人类建设社会的目的。在治政队伍中，有同为执政的治政者，也有参政、议政的治政者。同为执政的治政者层面，要保持自身的和谐；对于参政、议政的治政者，也要保持自身和谐和执政的治政者的和谐；在治政的全体层面，要保持社会的和谐。社会的和谐是由治政和谐保证的，治政不和谐社会就不会和谐；而社会和谐又是治政和谐的反映。不同治政者都要注意把握治政规律，保持治政和谐，要研究和谐治政的特点。

治政学是研究治政现象的高层次的理论与实践的学问，对治政的核心部分（民主），治政竞争的关键部分（治政组织者）都有十分重要的影响。治政者必须系统地学习和掌握治政理论与实践知识，真正把握治政的一般规律，以人为本，科学治政。

（2）治政学是治政者的必修课。由于治政学是一门新建的学科，不少治政者并不知道自己是治政者。有的领导者认为自己就是治政者，有的治政者不把自己作为治政者，还有执政系统之外的工作人员从不把自己看为治政者。我们认为一切治理政务的人员（包括军队职员）都是治政者，这一点必须明确。现代化建设对治政者的要求发生变化，治政者必须跟上时代的发展，必须认真学习治政学的相关知识，掌握治政学的要领，学会把握治政的一般规律。就是说治政者要研究治政者，研究治政学，研究治政资源，研究治政行为，研究治政组织和制度，研究治政文化，研究治政效绩，研究治政评价，研究治政规律，研究治政的科学发展。

（3）治政学是对相关学科理论与实践知识的综合。

第一，理论方面的综合。所谓理论的综合，指治政者的工作以及要解决的治政问题往往是交叉的综合性问题，而要解决这些综合性的治政问题，必须借助多种理论知识和具备多种能力。因此，治政学的理论体系是一门综合性的理论知识体系，同时它又是一门适应治政者治政工作需要的综合性的学科。治政学吸收和应用了领导学、政治学、哲学、管理学、心理学、社会学、夹缝学、经济学、决策学、人才学、治政论、系统论、控制论等等原理，形成了具有治政特色的实用性、综合性学科。虽然治政学博采众长，但并不能代替这些学科，而是应该发挥各种学科的综合优势，成为治政者掌握的一门实用性学问。

第二，实践方面的综合。实践出真知，实践又是理论发展的基础。治政学正是借助治政理论上科学、规范的特点，指导治政实践。治政学来源于治政实践，综合以及借助了不同学科的实践结果，形成了治政学的理论体系。实践的综合是较难的综合，实践的综合是一种从实践层面对理论的科学综合。

2. 治政学的学科特征

在治政实践的推动下，治政学从理论到实践对治政现象进行了一般规律的探索，坚持科学发展治政学的原则，形成了治政学的独立学科和治政学的学科特征。

（1）理论性。治政学学科理论的理论性是当然的，正因为有了治政的学科理论才形成了治政学的学科，这同其他学科形成的时候一样，理论是治政学学科的主要表现形式。治政学的理论性除了必然的理论的表现形式之外，还具有两方面的特征。

第一，治政学理论的创新性。治政学理论本身就是创新性的理论。所谓创新，就是在没有治政理论时，通过治政实践而想出新方法，建立新理论，这种新的理论又反过来指导治政实践，指导治政学的研究。治政学理论创新除了我们现在创建的治政学理论之外，还需要不断丰富治政学的理论体系，不断归纳和总结出新的治政理论，从而使治政学理论更为科学，日趋完善。

第二，治政学理论的升华性。所谓升华指治政理论在实践中和理论的研究中不断提高，使理论更为精炼。治政学源于治政实践，又在治政实践中得到检验，还在治政实践中不断碰撞，从而实现理论的去粗取精、去伪存真、由此及彼、由表及里的改造，实现理论的升华。治政理论的升华，离不开实践，也离不开治政者的理论提升和归纳。"从认识过程的秩序说来，感觉经验是第一的东西，我们强调社会实践在认识过程中的意义，就在于只有社会实践才能使人的认识开始发生，开始从客观外界得到感觉经验。""理性认识依赖于感性认识，感性认识有待于发展到理性认识，这就是辩证唯物论的认识论。"① 治政学的理论升华必须经过实践、认识、再实践、再认识，才可能实现真正意义上的升华。

（2）实践性。任何理论都始于实践即人们所获得的经验，"认识开始于经验——这就是认识论的唯物论"。而"认识有待于深化，认识的感性阶段有待于发展到理性阶段——这就是认识论的辩证法。"② "马克思主义者认为人类社会的生产活动，是一步又一步地由低级向高级发展，因此，人们的认识，不论对于自然界方面，对于社会方面，也都是一步又一步地由低级向高级发展，即由浅入深，由片面到更多的方面。"③ 我们讲治政学的实践性，主要是从治政学实践出发，分析治政学的特性。

第一，治政学实践的应用性。治政学的理论与方法包括治政学的一般规律是用来指导治政者的治政实践活动的，因此治政学具有很强的应用性，这种应用主要表现为对实践的指导。"然而马克思主义看重理论，正是，也仅仅是，因为它能够指导行动。""认识从实践始，经过实践得到了理论的认识，还须再回到实践去。"④ 把治政理论运用到实践中去，这是治

① 《毛泽东选集》第1卷，第290—291页，人民出版社1991年版。
② 同上书，第291页。
③ 同上书，第283页。
④ 同上书，第292页。

政者的根本任务。治政理论对治政实践的指导，正是由治政学的应用性决定的。应该说，如果没有应用，任何理论都是没有实践意义的，而好的理论必然会在应用中得到发展，并指导实践的成功，治政学理论也如此。治政者一定要注意治政理论应用性的特点，注意运用治政理论指导治政实践。

第二，治政学的总结性。治政学的总结可以归纳为对理论应用的总结和对实践理论提升的总结。在治政实践中，一要真正掌握治政学，必须通过大量的治政实践活动去体会，在实践中加以总结，在实践中检验，在实践中纠正治政理论的不当之处。对理论实践应用的总结，要注意把握理论的中心，在实践中推广，并把应用的经验推开去，使理论被更多的治政者接受。对实践理论提升的总结，主要是通过对理论的运用，去伪存真，去错存正，在实践中分析、概括、总结、升华治政理论。

第三，治政实践的被指导性。所谓被指导指治政实践一定要有治政理论作指导，而治政实践如果没有治政理论作指导，那就会变成"闭塞眼睛捉麻雀"、"瞎子摸鱼"，最终造成实践失误。在治政实践上，我们对不知的东西，可以调查研究，然后提高认识，归纳出理论层面的东西，用来指导治政实践。治政实践具有被指导性，说明了治政实践不能盲目的特点，也说明了理论联系实际的重要。

（3）科学性。治政学具有科学性，这是治政学理论的基本性质决定的。任何一个学科的建立，都具有科学的性质，否则则不称其为学科。治政学的科学性实质上是指治政学已构建为反映自然、社会、思维等客观规律的分科的知识体系，就是说治政学揭示了一系列具有普遍应用的治政规律，总结了较为全面的治政原则，这是对治政活动的高度概括，是治政理论与治政实践结合的产物，是不会因为文化、地域、社会制度等差异而发生变化的科学理论体系，是人类治政研究的科学成果。

第一，独立性。所谓独立是指治政学是相对独立的理论体系。治政学取社会科学、自然科学中相关学科之长，根据自身的特点，形成了治政学的学科体系，具有很强的独立性。治政学具有独立性，因为治政学不仅仅表现为科学体系的独立，还表现为研究的对象、自身的规律、学科价值和学科绩效都具有独立的特点。治政学的独立性还体现在治政活动的性质相对独立方面。

第二，可检验性。所谓可检验指治政学是可以用实践检验的科学理论。"真理的标准只能是社会的实践。"① "实践高于（理论的）认识，因为它不仅具有普遍性的品格，而且还具有直接现实性的品格。"② "实践是检验真理的唯一标准。"③ 治政学具有可检验性，因为治政学来自治政实践，又在治政实践中发展和充实，是科学的理论。

第三，全面性。所谓全面指治政学的理论和实践都较为全面，在建立治政学学科体系时尽量全面地、详尽地占有资料，用治政实践对治政规律加以检验，并尽可能地采用其他学科的科研成果，以保证学科理论的科学和实用。

第四，可持续性。所谓可持续指治政学的理论和实践都是在实践中不断发展的。治政理论在治政实践中不断地丰富和改进，不断地检验和纠正，治政学的学科发展远不会停止，保持着一种可持续性。

第五，预见性。所谓预见指治政学根据治政的发展规律预先料到治政发展的未来。任何科学的学科都有预见性，预见必须建立在对学科规律的把握的基础上，建立在对治政过程的科学把握上。

第六，指导性。所谓指导指治政学对治政实践尤其是对治政者的行为具有指点和引导的作用和性能。治政学是有关研究治政现象的理论，它来自治政实践，必然对治政现象有着很强的指导性，这种指导有时是从根本性质层面和治政规律层面进行的。

（4）发展性。治政学以及治政学的相关研究具有发展性，这是治政学学科本质所决定的。任何事物尤其是理论建设都具有发展性，这是事物发展规律决定的。治政学的发展和治政学相关研究的发展使治政学从小到大、从简单到复杂、从低级向更高一级不断变化。治政的发展，离不开治政的实践，离不开对治政的总结和理论的提升。

第一，其他事物的发展推动着治政学的发展。社会进步和科学技术的发展，对治政学的研究产生了巨大的影响。不同学科的快速发展尤其是计算机和网络技术的广泛应用，对治政学的运行方式、组织形式、发展潜力的发掘都产生了巨大的影响。治政学建立在科学技术飞速发展的时代，必然受飞速发展的科学技术不断影响，社会的发展又推动和促进治政学的进步。

---

① 《毛泽东选集》第1卷，第284页，人民出版社1991年版。
② 《列宁全集》第55卷，第183页，人民出版社1990年版。
③ 邓小平为《光明日报》编辑的《真理标准讨论纪念文集》题词，光明网2008年8月21日。

第二，治政学自身的更新和完善。为了适应新的科技形势，为了遵循自身的规律，在治政实践的推动下，治政学和治政学的研究必须不断地自我更新和自我完善。从治政学的自身性质来看，治政学是一门在治政实践中不断发展的学科，这是治政学自身规律使然。

（5）软科学性。所谓软科学指运用自然科学和社会科学研究决策和管理的综合性科学，治政学正是一门综合性科学。换言之，如果把治政过程中不同治政层面的人、财、物、技术看成实在的硬件，而治理则可以视为软件。治政在很大层面上有治理的含义，治理是指把治政过程中的人、财、物、技术合理地、科学地利用，这些综合、科学的利用往往是无形的。治理是以人为本，主要是对治政者和治政者的治政行为加以规范，使治政者在治政过程中发挥最大的效用。

第一，治政是一门科学，具有艺术性，治政是一种无形的生产力组合。治政过程中，不同的治政者有不同的治政方法，把人、财、物、技术和治理科学地整合在一起，这便是一种看不见的生产力的组合。如果治政是最佳的生产力组合方式，那么该地区的政治、经济、文化、社会四位一体发展模式将是最佳的，效率也是最好的，效果肯定是最为理想的。如何使无形的生产力组合为最佳的组合，是治政者应该研究的。

第二，治政在创造综合的社会价值。治政涉及社会的方方面面，治政者要调动不同层面的治政者和社会上的各种条件创造社会价值，这种社会价值既很难理清哪一层面治政获得价值的成分多少，也很难理清哪一种社会条件获得的成分价值多少，这也有着软科学的性质。

（6）二重性。所谓二重性指治政方面的自然属性和社会属性。

第一，治政的自然属性。治政活动的自然属性指治政在治理政务过程中使用技术、科学等方法和原则。治政活动的这种属性有类似管理学的自然属性的层面。治政过程是不同的治政者协作治理而实现社会化活动的过程。为了实现治政目标，治政者必须根据治政规律，科学地制定计划、组织、控制、治政协调、治政绩效等等治政措施，实现科学的治政决策。这些治政的理论、技术和检验治政成果的方法是人类长期在治政实践中形成的，是人类共同的财富，这些"财富"都具有治政的自然属性，也是符合治政规律的。

第二，治政的社会属性。治政活动是涉及全社会的活动，治政活动又是在一定的社会关系条件下，在治政不同层面之间，治政者与治政者之间，治政与百姓、社会、经济、政治、文化之间，治政与治政者之间进行的，在这种社会关系下进行的治政活动，必然体现着治政者的治政意志、治政理想、治政目标、治政文化、治政道德、治政风气、治政价值和治政规律等，这些治政内容有着对物的"治理"层面，更多的是对人的作用发挥的层面，具有很大的意识性。这种意识性在不同的政治体制下，又会产生不同的治政效果，这便表现为治政的社会属性。

治政的二重性即自然属性和社会属性并不是截然分开的，在同一治政现象中，它们是共存于一体的。我们把治政的自然属性和社会属性单列分析，是为了便于对治政学学科性质的理解。

（7）战略性。战略最早用于战争，指指导战略全局的计划和策略。而把战略用在治政方面，主要是指决定治政全局的策略。治政是一种过程，战略关系到治政过程的成败。

第一，治政战略具有层次性。由于治政层次不同，治政战略也具有不同的层次。首先是高层治政者制定的总体战略，这是治政全局的战略，也是治政总战略。这种战略，是治政高层根据治政情况而制定的，具有全局的特性。其次是分层战略。由于治政分为不同的治政层面，因此，治政战略还具有不同层面的层次性。应该说，治政中层有中层的治政战略，下层有下层的战略，基层有基层的战略。不同层面的战略有自己层面的特点，更具有全局的特点，就是说治政分层战略，首先要符合治政的总体战略，这是与领导学等学科战略方面的根本区别点。

第二，治政战略具有整体性。所谓整体指治政虽然层面不同，系统不同，但战略的性质却与治政的不同层面、不同的系统相连，即治政的整个集体性质决定了治政策略的集体性质。任何一个国家或地区，都有自己的治政体系，这个体系是较为完整的体系，因此，制定战略也必须有完整性，并根据治政战略整体性的特点，把握治政的整体规律，使治政整体规律与特殊规律相结合。

第三，治政战略具有系统性。所谓治政系统指治政按执政、参政、议政等不同治政权限所形成的系列。诸如西方发达国家的三权分立，就是根据不同的治政权分为三个治政系统。所谓三权分立指国家权力的分配和国家机关相互治政关系原则的学说和治政制度，即立法、行政、司法三项国家治政权力分别由三个不同的机关独立行使，三项治政权力互相制约的制度。三权分立治政学说和制度的重要内容是：议会行使立法权，总统掌握行政权,法院专管司法权。在三权之中,每一权都形成了自己的治政系统。因此,战略的制定和实施也必然保持着系统性。

第四,治政战略具有目标性。任何战略都是有目标的。治政的战略目标指治政所要达到的战略境地或标准。治政战略目标,无论是分层的战略目标,还是分系统的战略目标,都具有自己的战略标准,只有确定了自己的战略标准,才有实施战略目标的尺度,才有为实现战略目标的积极性和规范。

第五,治政战略具有长远性。所谓长远性是指治政战略的制定以及战略标准的本身都具有久远性。应该说,战略的本身就带有长远的特点,今天计划,明天完成了,只能是计划,不是战略。当然,战略有短期战略和长期战略,这里的长短是相对而言的。古人讲"人无远虑,必有近忧",讲的是一个人的战略要适当长远。治政中的五年规划,十年规划,包括实现这些规划的策略都属治政战略的范畴。

第六,治政战略具有融通性。所谓融通性指治政学的战略参合多方面知识和多种学科的优点而形成自己较为全面的学科体系。在形成治政学体系中,治政学博采众长,集识广思,融通了相关、相近学科的知识和优势。在治政战略的具体应用中,也需要融通治政的不同层面、不同系统的策略和积极性,以保证治政战略的实现。应该说,对于治政学来说融通的战略和战略的融通都非常重要,都是治政战略必须具备的。

(8)艺术性。艺术性指治政学在实践过程中方法运用的创造性。治政学科的形成与发展,需要不同的艺术方法,又因为治政是一门艺术,所以不同时期的治政层面,更需要不同的艺术方法。在我国的封建王朝中,同一王朝的不同皇帝,其治政方式不同,因此出现了不同的治政结果,有的被称为"盛世",有的被称为"衰世",制度并没有发生变化,只是治政者不同和治政方法不同而已。从管理学的角度分析,环境和治政者的自身环境是自变量,而治政手段与方法是因变量,就是说,如果治政的内部资源和外部环境发生变化,就必须用灵活的治政手段和方法,以求达到最佳的效果。

第一,具体情况具体分析。这是唯物辩证法方法论中的一种,作为治政者要掌握这种方法,对治政现象要科学对待,运用唯物辩证法的方法论,科学地解决治政中所遇到的问题。具体情况具体分析,就是实事求是,立足现实,解决治政的实际问题。

第二，治政智慧。所谓治政智慧指治政的辨析判断和创造的能力。治政要具备政治的智慧，这是治政学科的特征，也是治政者的治政要求。所有治政者都应该具备治政智慧，而治政的智慧来自治政者对治政学科的了解，对治政知识的掌握，对相关学科知识的融通，对治政经验的把握和科学归纳，对治政实践的喜好和治政者治政的主观能动性。治政智慧在很大层面上还表现为治政风格。

第三，应变。所谓应变指治政者在治政过程中应付突然发生的治政情况。在治政实践中，治政情况大多是复杂的，不少治政者又是执政者，因此面对的治政现象更为复杂。要逐渐培养治政者的应变能力，以达到治政学研究中的艺术的要求。

第四，灵活。所谓灵活指治政者在治政过程中不拘泥某种治政形式的能力。灵活是治政的方法，不是治政的原则。灵活是要求治政者本着实事求是的精神，根据自己所处的治政环境，随机采用不同的治政方法。在国际交往中，中国的乒乓外交，使小球转动大球就是灵活掌握外交策略，打开中美外交的关键一步，这也是世界治政史上典型的案例。新中国成立后，美国对中国采取孤立政策，两国民间交往也完全隔绝。1969年尼克松就任美国总统后，为了摆脱越南战争泥淖的困境，改变当时苏攻美守的战略态势而谋求发展对华关系。1969年8月尼克松先后托巴基斯坦总统阿尤布·汗和罗马尼亚总统齐奥塞斯库向中国领导人传话，表示要与中国和解。同年年底，中国方面作出了相应反应。之后，两国关系开始松动。1971年春，正当两国领导人通过巴基斯坦秘密渠道酝酿美国领导人访华的时候，3月底、4月初在日本名古屋举行了第三十一届世界乒乓球锦标赛。毛泽东抓住这个时机，作出决策，邀请美国乒乓球队访华，先打开了两国人民友好往来的大门。"小球转动大球"，乒乓外交推动了世界形势的发展。①

第五，协调。所谓协调指治政者在治政过程中使某种治政现象更为配合的能力。治政学学科建设需要协调，治政学学科本身就具有协调的特征，治政者之间更需要协调，不同层面、不同治政系统、不同治政范围都需要协调。治政学学科建设的协调，治政过程的协调，都是必需的。协调是治政者必须掌握的基本方法。

---

① www.people.com.cn，人民网2003年8月1日。

第六，适应。所谓适应指治政学本身和治政者都应该适合自己所处的客观条件。治政学的研究要适应其他学科发展和研究的情况。治政者治政，也要适应治政所面临的实际情况，具体情况具体分析，具体情况具体对待。达尔文讲：适者生存，就有适应的意思。只有适应了，才可能真正生存，才可能真正实现发展。

治政学研究的艺术性的治政艺术性，远远不止以上几种方法，治政者必须在实践中加以总结，不断丰富治政方法和治政学研究的艺术性，推动治政学科学发展。

（9）规律性。规律亦称法则，是客观规律的统称，指客观事物内部的本质联系。列宁讲过："规律就是关系……本质的关系或本质之间的关系。"① 从规律的性质来看，客观规律是不以人们的意志为转移的。客观规律是客观事物本身所固有的，是看不见摸不着的，人们在实践的基础上对客观规律表现出来的种种现象进行调查研究，就可以逐步掌握它。对于治政学的学科特征来讲，治政学研究的就是治政现象的规律性，就是从治政实践中找出规律，并逐步掌握它，运用它。

第一，治政学学科的一般性。所谓一般性指治政学研究中的一般规律。治政学学科同其他学科一样，具有事物的一般规律。因为一切事物的共同规律，具有最大的普遍性，是最一般的规律。一定范围内的事物的共同规律，对这个范围来讲也是一般规律，但对更大的范围来说则是特殊规律。治政学学科的一般规律对整个自然科学和社会科学来讲，则是特殊规律，它又必须同其他学科建设一样，在实践中建设和发展。

第二，治政学学科的特殊性。所谓特殊性指治政学学科的特殊规律，指表征具有不同于其他学科作用范围的规律的范畴。治政学学科的特殊规律是指与其他学科相比，治政学学科所特有的规律。这种特殊性表现为治政学是以研究治政现象为对象的一门科学，它必须以治政实践为基础开展治政学科的研究。

一般来说，治政学学科的一般规律和特殊规律的区分是相对的。一般规律和特殊规律互相联结着，一般规律总是表现为特殊规律，总是存在于特殊规律之中，这是研究治政学学科建设和治政现象时应该把握的。

---

① 《列宁全集》第38卷，第161页，人民出版社1990年版。

3. 治政学的作用方式

治政学的作用发挥是通过不同的方式实现的，有些方式是不同学科共同使用的，有些方式是治政学所独有的方式。发挥作用的方式是治政学显现学科水平和能力的载体，也必须注意方式的创新和不同方式的结合，以求作用的最大化。

（1）协调的方式。应该承认，治政学是一门"协调"的学问，需要从层面方面、系统方面、国际方面等方面进行协调。

第一，治政不同层面的协调。治政存在着不同的层面，不同层面间，同一层面不同治政者都需要协调。所谓协调指使治政不同层面和治政者之间在治政过程中配合更好、效率更高。

第二，治政不同系统间的协调。无论权力分立还是执政、参政、议政，都是治政的不同系列，不同系列之间必须协调。当然，权力分立和治政的监督是必须的，监督是为了治政更为科学，更为和谐。其实，在同一治政层面上，监督也是一种协调的方式。

第三，治政国际间的协调。治政国际间协调非常重要，由于文化背景不同、民族不同、社会制度不同，治政上的协调就显得非常重要。要看到国际间协调的重要，要运用不同的协调方法，充分发挥治政学的作用。

（2）结合的方式。结合的方式是不同管理学科常用的方式，结合也是治政学发挥作用的基本方式。作为治政者和治政学的研究者，都要注意结合方式的应用，并发挥"结合"更大的、更科学的作用。

第一，理论与实践的结合。治政学理论与治政学的实践结合是治政学作用发挥的基本方式。在治政学学科的发展中，治政学理论本身就是治政学实践的反映归纳和升华，也是治政学发展的结果。应该说，任何理论都源自于实践，即使是某些设想，也是在某种实践的基础上提出来的。在治政学的研究和治政过程中，任何看轻理论或看轻实践的做法都是错误的，任何剥离治政理论与实践结合的形式都将失败。在治政过程中，要注重治政理论与治政实践的内在联系，从而把握治政活动的某些规律，并且真正把治政理论用于治政实践，并在实践中检验治政理论，使理论不断得到发展和充实。要注意使治政理论创新成为治政实践的先导。治政实践是不断进步的，治政理论必须跟上，治政理论不仅要跟上，还必须在治政新的实践中创新和归纳新的治政理论，以使治政理论始终指导治政实践。

第二，理论研究者与治政者相结合。理论研究者与治政者相结合是指治政理论者与治政实践者相结合。治政理论来源于治政实践，但治政理论的研究者并不一定是治政理论的实践者，为了保持理论的科学，保证治政理论能够指导治政实践，治政理论研究者与治政理论实践者必须相结合。从治政的理论层面来看，治政理论研究应从知识、理论、思想、方法论的角度去研究和分析治政者在治政活动中所面临的新的治政情况及新的治政问题，并在研究中发现问题，同时把治政者在治政实践中的个别经验、特殊问题进行系统化和格式化，从中提出带有理论指导性的精华，从而生成新的治政理论或作为某些理论的补充和完善。从治政实践层面来看，治政者学习和掌握治政学理论，并结合自己的治政实践运用治政理论，便可以不断丰富理论，在实践中发现新问题，得出新经验，为理论研究者提供完善和发展理论的案例以及经验。

第三，治政者与治政客体（民众）相结合。治政者的治政实践与民众的衣、食、住、行紧密结合，与民众的精神需求以及其他需求紧密结合。治政者善治政，是民众的福音；治政者不善治政，则是民众的祸水。治政者与民众相结合是治政实质的结合，是最基本的结合。可以说，一切治政工作都应该为民造福，一切治政者都应该为民服务，治政离开了群众，便会无政可治。"应该走到群众中间去，向群众学习，把他们的经验综合起来，成为更好的有条理的道理和办法，然后再告诉群众（宣传），并号召群众实行起来，解决群众的问题，使群众得到解放和幸福。"[①] "要坚持人民是历史创造者的历史唯物主义观点，坚持全心全意为人民服务，坚持群众路线，真诚倾听群众呼声，真实反映群众愿望，真情关心群众疾苦，多为群众办好事、办实事，做到权为民所用、情为民所系、利为民所谋。"[②]治政者与民众被称作鱼水关系，没有民众，不会有治政，更不会有治政者。

（3）引导的方式。引导方式指治政学作用的另一个基本方式。所谓引导指治政学在理论以及实践方向上对治政者在治政实践方面的指引和带领。

[①] 《毛泽东选集》第3卷，第933页，人民出版社1991年版。
[②] 胡锦涛：《高举中国特色社会主义伟大旗帜 为夺取全面建设小康社会新胜利而奋斗》，《十七大报告辅导读本》，第52—53页，人民出版社2007年版。

第一，追求规律式。任何事物都有自身的发展规律，同样又必须遵循自然和社会的发展规律。人们对治政学的认识，研究者对治政现象的分析，治政者的治政实践，都必须遵循治政的发展规律，否则，任何的治政实践或研究都将是没有意义的。

第二，科学实践式。治政理论和治政实践都必须是科学式的。理论来源于实践，反过来又指导实践。治政实践的过程是多样、多变的，有许多治政实践的环节，治政理论不一定能够全部涵盖。有时某些理论又落后于实践，因此，我们认为治政理论的研究方式，治政现象的研究方式，以及治政学理论发挥作用的方式都应该运用科学实践的方式，以求实践的实事求是，理论的更加丰富。

（4）启示的方式。治政学的启示方式指治政学运用自身理论的指导，启发作用和治政实践的示范作用对治政实践以及其他治政活动以启发和提示。治政学的启示作用与其他社会学科一样，对治政者以及社会人都有一定的作用。治政学的启示方式在许多情况下是处于静态状态的，因此，治政者必须注意以动态的方式予以推进。

第一，结果启示式。在启示作用方式中，结果启示的方式应该是最有效的启示方式。在治政实践中，人们对治政成果是非常看重的，如同人们对幸福的感受一样，人们对别人的成果较为看重，认为别人比自己幸福，这是一种典型的"身在福中不知福"的案例。所谓结果启示指治政学本身以自身成熟的知识和理论为治政实践服务。

一是成功式的成果作用方式。在治政实践中，治政学是以治政者在治政过程中的经验升华为理论，从而形成了治政学的学科，并在治政实践中发挥作用。成功的治政是被世人所羡慕的，也是人们最愿意接受的，治政学以成功的成果启示治政者的治政实践，容易获得成效。同样，民众在接受治政过程中，对不同治政者或治政组织的治政行为和治政成果也有自己的感受和认识，民众也善于接受成功式的成果启示。

二是失利式的教训作用方式。失利式的治政指失败式的治政结果，这种启示是一种教训的启示，是治政者在治政中应该注意防止的结果。这种方式能够防止治政者走弯路，以保证治政者在治政实践中少犯错误。

第二，互动启示式。所谓互动启示式指治政学与治政实践、治政学与其他学科、治政者与治政研究者互动而启发、提升，从而发挥治政学应有的作用。

一是治政学与其他学科的互动启示式。治政学的创立以及形成一门成熟的学科，受到了其他自然学科和社会学科的启发，尤其是受到了哲学的启发和提示，治政学的发展和进步，接受了治政实践的检验，同时也接受了其他学科非正规的检验，这种检验又是学科建设中不可或缺的检验，也是治政学科完善所必要的检验。治政学在接受其他学科检验的同时，也会对其他学科的建设以自己较为成熟的成果给予启示。因此，这种启示是互动的。

二是治政学与治政实践的互动启示式。一般来说，治政学理论源自于治政实践，治政实践又对理论加以检验和丰富，治政学理论对治政实践又在理论方面加以引导。没有治政实践，就不会产生治政理论，而没有治政理论作指导，治政实践过程也只能是盲目的实践。从治政理论在实践中形成又反过来指导治政实践，并在治政实践中得到丰富和发展的过程来看，治政学与治政实践是互动和互启的。

三是治政者与治政学研究者的互动启示式。治政者是治政实践者，治政学研究者既是理论的研究者，又是理论研究的实践者。理论研究者从治政者实践中综合不同治政者的感觉材料加以整理和改造，即理论产生完成两阶段之后产生出治政的理论来。"认识的过程，第一步，是开始接触外界事情，属于感觉的阶段。第二步，是综合感觉的材料加以整理和改造，属于概念、判断和推理的阶段。只有感觉的材料十分丰富（不是零碎不全）和合于实际（不是错觉），才能根据这样的材料造出正确的概念和论理来。"[1] 治政学研究者正是根据治政者治政实践（包括理论者研究本人），使治政感觉的材料十分丰富，合乎治政实际，从而造出治政学的理论和发展治政学的理论。治政学的理论成为理论之后，必须用于实践，让治政实践去检验，并在治政活动中指导治政实践，这是人们正确认识论的必然结果。"认识从实践始，经过实践得到了理论的认识，还须再回到实践去。"[2] 这种实践——理论——再实践——再理论的过程，正是治政者与治政学研究者互动启示的过程。"理论的东西之是否符合于客观真理性这个问题，在前面说的由感性到理性之认识运动中是没有完全解决的，也不能完全解决的。要完全地解决这个问题，只有把理性的认识再回到社会实践中去，

---

① 《毛泽东选集》第 1 卷，第 290 页，人民出版社 1991 年版。
② 同上书，第 292 页。

应用理论于实践，看它是否能够达到预想的目的。许多自然科学理论之所以被称为真理，不但在于自然科学家们创立这些学说的时候，而且在于为尔后的科学实践所证实的时候。"① 治政学理论的创立源于治政实践，又必须经过治政实践证实，看之是否能够达到治政学预想的目的。"人类认识的历史告诉我们，许多理论的真理性是不完全的，经过实践的检验而纠正了它们的不完全性。许多理论是错误的，经过实践的检验而纠正其错误。所谓实践是真理的标准，所谓'生活、实践底观点，应该是认识论底首先的和基本的观点'，理由就在这个地方。"② 治政学理论正确与否，同样需要治政实践去检验，同样需要治政实践去纠正治政学理论的不完全性，这都是治政者与治政学研究者互动启示而实现的。

（5）激发的方式。治政的激发方式是治政学发挥作用的不可缺少的方式。由于治政竞争的特点，治政学的激发作用是我们应该研究的重要作用。

第一，理论创新的激发式。治政实践出真知。治政实践需要归纳、提升，从而创造新的治政理论，丰富治政理论。

第二，科学实践的激发式。治政实践需要理论指导，由于理论的局限性，治政实践有时又是在没有理论指导下而摸索前进的。但一切实践的摸索必须按照治政发展规律进行，治政实践绝不能盲目，也不能"摸着石头过河"，因为治政的失误将会给人们带来无法弥补的巨大损失。要激励和推动治政竞争，推动治政实践在实践中激发出治政和论理来。

第三，民主治政的激发式。民主治政与依法治政是辩证的统一。治政是涉及全体国民的事情，必须发扬民主，让国民对治政者、对治政决策、对治政过程、对治政结果予以监督，民众有权知情，又有权弹劾治政者。依法治政主要是对国民来讲的，要遵法守纪，服从治政者依法治理，当然，治政者自身也要懂法、守法，按照法律规定的治政权限去治政。

（6）服务的方式。治政学的服务主要是通过发挥理论指导实践的作用而实现的，是通过规范治政者的行为为民众服务的，从治政学的角度讲，通过规范治政者的行为为民众服务是一种间接服务，但这也是治政学的基本服务方式，我们将之合在一起分析。

---

① 《毛泽东选集》第 1 卷，第 292 页，人民出版社 1991 年版。
② 同上书，第 293 页。

第一，服务社会实践。社会实践是治政学产生和发展的基础，也是治政学服务的首要对象。治政学同其他学科一样，应该为有关治政的社会实践服务。治政的范围几乎涵盖了政治、经济、文化、社会的各个层面，因此，其服务的范围也一定广泛。所以，治政学应该较为广泛地为社会实践服务，并在社会实践服务中充实自己和发展自己。

一是治政学要满足社会实践的需要。社会实践是丰富多彩、各式各样的，治政学应该也必须以社会实践的需求作为自己的研究取向、研究任务、研究动力和研究深化与细化点，以满足社会实践的需求，满足治政实践的需求。

二是治政学要为社会实践解决问题。理论是用来指导实践解决问题的，尤其是为治政实践作指导，解决治政实践中的问题。为了解决实践中的问题，治政学的理论和理论创新必须符合社会实际和治政实际。遵循社会规律和治政规律，用科学的理论指导治政者在社会发展中分析、解释、判断、推理治政现实以及解决好社会实践中的各种治政问题。

三是治政学要在实践中推动自身的丰富发展。治政学为社会实践服务，通过服务过程可以从社会实践中获取信息，汲取经验，检验自身，丰富治政学理论的内涵，拓展治政学理论的边际。为社会实践服务是治政学的主导任务，丰富和发展自己则属于治政学服务社会实践的副产品。

第二，服务社会民众。所有治政社会制度都是为治政客体——民众服务的，因此，任何治政实践和理论也应该是为民众服务的。为民众服务是治政者治政活动的目的和治政的根本任务。服务民众的目的是为了实现治政者的治政理想，实现科学治政。

一是服务民众是为了解决民众的问题。民众问题说到底还是民众利益的问题。解决民众利益是治政者的首要任务。治政学所研究的主要内容应该是如何为民治政，如何满足人们对社会发展的愿望和需求。要注意在治政实践中，从维护民众利益的高度，完善治政理论并用来改善治政，提升治政的有效性，推动治政的科学发展和进步。

二是服务民众是为了构建和谐的社会形态。治政学服务民众是为了充分调动人民群众的积极性、主动性和创造性，使民众乐于助政、好于助政，使治政的各项任务得到落实，从为民中创建高级的和谐的社会形态和更高内涵的治政文明成果。

三是在服务民众中吸纳民众的意见，丰富治政学的内涵。任何科学理论都是发展变化着的理论，静止的理论、不变的理论是没有的。治政者运用治政学理论推动治政实践，必然会受到民众的检验。民众也会提出自己对治政的意见，这些意见是宝贵的，是治政学得以发展和纠正偏差的"土壤"。治政的实践，要让民众讲话，要倾听民众的意见，治政学的理论者既要从治政的角度，也要从治政学研究的角度，不断吸纳民众的意见，使民众的意见在治政学的理论中得以展现。

第三，服务治政的不同系统。服务治政不同系统是为了统一民众和民族的利益。无论实行三权分立的治政形式，还是实行多党执政或一党执政的治政形式，治政学服务治政的不同系统，都是为了提高治政效率，为了实现治政客体（民众）更高的利益。共同治政也好，参与治政也罢，治政学必须为不同的治政系统服务，使治政的不同系统更好地结合。

第四，服务治政者。治政学为治政者服务是直接式的服务，当然，治政者也为治政学的发展提供服务，但这种服务与治政学为治政者服务是不同的，治政者为治政学发展服务与治政学为治政者服务相比，治政者服务治政学理论发展必然处于次要地位。

一是理论体系的服务。所谓理论体系的服务是指治政学以其较为完备的治政学理论知识体系，让治政者掌握治政基本知识，提高分析治政问题和解决治政问题的能力。治政学的理论体系帮助了治政者在学习治政学之后，掌握了一般的治政方法，在治政实践中运用治政学理论掌握治政的一般规律，成为治政的行家里手。

二是意志意识服务。治政者都是具有思想能力的人，不少治政者有自己的做人准则，有自己的信仰、信念，从事治政，就必须学习和了解治政学，治政学从做人、做官、做事等不同层面对治政活动作了实事求是的剖析，帮助治政者不断坚定自己正确的信仰，确定治政为民的理想，使无志者有志，使有志者成事。当然，治政者确立自己的意志和意识，有自身主观的因素，也有环境的因素。

第五，服务相关学科。治政学为其他学科服务，这是治政学天然的任务。治政学从确立之日起便从其他学科中博采众长，不断完善和发展自己。当治政学独立成为一门学科后，必然会为其他学科尤其是为正在构建的新学科服务，为其他学科的构建提供"范本"。

一是以独特的学科性质，为其他学科服务。每一个学科都有自己独特的学科性质，正由于这种独特的学科性质，才使学科成为一门独立的学科。治政与领导、与管理、与权力、与执政等学科互相交叉，而又独成一体。治政学将会以自己独特的学科性质，启示和推动其他学科建设。

二是以自己的学科体系特点，宣传自己。在学科建设中，宣传也是一种服务。治政学自从构建之日起，以自身体系的特征，在不断地宣传自己，以求得到其他学科的支持。

四、治政学的意义

黑格尔说过："凡是现实的都是合乎理性的。"① 恩格斯在分析这句话时讲："这显然是把现存的一切神圣化"，"但是，在黑格尔看来，绝不是一切现存的都无条件地也是现实的。在他看来，现实性这种属性仅仅属于那同时是必然的东西"，因此，恩格斯认为"必然的东西归根到底会表明自己也是合乎理性的"②。治政学从萌芽到发展成为一门独立的学科，有它的必然性和合理性。治政学的成长和发展，需要一个漫长的过程，这也表明了治政学这门学科具有不断生成的合理价值元素。为此，我们应该看到，治政学从"萌芽"到"合理"再到"必然"，有待于治政学研究者和一切治政者不断地探索和发掘。

1. 研究和学习治政学的意义

治政学是一门新的学科，它需要在治政实践中不断完善、不断纠正和不断发展。我们研究治政学的意义，是从当今治政学的现实出发的，是立足于今天的治政现实。随着治政现实的不断发展，治政学学习的意义也会发生变化。"世界上一切都在发生变化"，"世界上没有绝对不变的东西。变，不变，又变，又不变，这就是宇宙的发展"③，也是治政学的发展。

（1）研究和学习治政学是事物发展的规律决定的。一些学科诞生了，一些学科消亡了，这是事物发展规律决定的。我们强调学习治政学的重要和必要，不是我们故弄玄虚，是因为治政学科学发展所要求的。治政学从

---

① 《马克思恩格斯选集》第 4 卷，第 215 页，人民出版社 1995 年版。
② 同上。
③ 《毛泽东文集》第 8 卷，第 392 页，人民出版社 1999 年版。

治政现实中萌芽和成长的本身，显现了治政学自身的生命力，也是学习研究其意义之所在。

第一，学习和研究治政学，是落实科学发展观的需要。从"发展才是硬道理"① 到"树立和落实科学发展观"，② 这是中国治政者在发展实践的教训中得来的。发展是必须的，这是人类发展的规律所决定的，但如何发展，为什么去发展，却是另有意境。因此，我们必须从不顾后果发展中走出来，实现科学发展。"科学发展观，第一要义是发展，核心是以人为本，基本要求是全面协调可持续，根本方法是统筹兼顾。"③ 治政学是在中国治政者深入落实科学发展观的实践中创立的，也是在科学发展的启示下萌芽的，是为了在治政过程中实现科学治政而推演。学习和研究治政学，是落实科学发展观的需要，治政学的本身，是对科学发展理论研究之后的产物。

第二，学习和研究治政学，是以人为本治政的需要。以人为本治政，就是以治政客体（民众）为本，以基础治政者为本，而不只是以高层和中层治政者为本。坚持以人为本，首先是以民众为本，治政为了民众，这一根本目的不可动摇。如果治政不去造福人民，那么，治政也就失去了根本，也就没有意义了。其次是以基层治政者为本，基层治政者的身份具有双重性，对于中层治政者来讲，他们是民众层面，因为他们和民众最近。对于民众来讲，他们又是治政者，因为他们属治政者行列。学习和研究治政学，除了以民众为本外，还要以基层治政者为本，这与其他学科研究的目的是不同的。再次，以人为本，就要促进人的全面发展。每一个人都有自身的潜能没有发挥的部分，如何在促进人的全面发展中，最大限度地发挥每一个人的潜能，为和谐治政服务，这是我们应该认真研究的。从治政者的层面讲，要注意创造促进治政者全面发展的环境，发挥不同治政者的潜力，让治政者在物质和精神方面都感到某种满足，实现治政者一心治政，使他们的潜能在治政舞台上得到全面发挥。从民众的层面讲，要使民众从物质到精神都感到公平，这是和谐治政的基础。作为治政者不能埋头

---

① 《邓小平文选》第 3 卷，人民出版社 1993 年版。

② 胡锦涛：《树立和落实科学发展观》2003 年 10 月 14 日在中共十六届三中全会第二次全体会议上的讲话。

③ 胡锦涛：《高举中国特色社会主义伟大旗帜　为夺取全面建设小康社会新胜利而奋斗》，《十七大报告辅导读本》，第 14 页，人民出版社 2007 年版。

治政，不顾民众，不顾社会，要使人民在治政中发挥自己原有的作用，因为"人民群众有无限的创造力"①。治政就是要让人民群众发挥自己的创造力，从而实现人的全面发展。以人为本是治政学研究的根本和基点，也是按照事物发展规律办事的。

（2）研究和学习治政学是治政本身的需要。研究和学习治政学除了政治、社会、文化、经济等建设需要之外，主要的还是治政自身建设的需要。治政建设是一门科学，是治政学研究的主要内容。研究学习治政学的意义，正是在于科学把握治政建设，把握治政规律，确立正确的治政观。

第一，研究和学习治政学是治政学固有价值决定的。所谓固有价值指治政学自身所带有的社会价值。治政结果和过程是治政学实现价值的过程。价值原意为凝结在商品中的一般的、无差别的人类劳动，而用在治政学上指治政学应用的用途和积极作用。治政本身是涉及国家、人民的整体利益的问题，因此，治政学的固有价值通过治政者的治政活动表现出来。治政价值表现为通过治政者的治政活动，使国家富强、民族兴旺、人民幸福、社会和谐。

第二，研究和学习治政学是治政者的必修课目。治政者的治政知识以及能力的获得，在治政学创立之前是从其他学科和治政实践中得到的。治政学的创立揭示了治政规律，明确了治政理论等相关知识，确立了治政学地位，因此，治政者必须对治政学加以学习和研究，以求科学治政。换言之，治政者要想成为一名合格的治政者，不但要有一定文化、政治、经济、社会等相关知识，还必须懂得治政规律，掌握治政艺术，把握治政客体的特征（包括物的和人的），而要获得这些知识，又必须研究和学习治政学。

第三，研究和学习治政学是治政体系建设的需求。治政学确立了治政体系，即治政有不同的系统和不同层面，这是治政独有的体系。治政体系确立之后不是静止不动的，必须不断地完善和发展。要完善和发展治政体系，必须学习和研究治政学，因为治政学是确立和推进治政体系建设为重要内容的科学。它揭示了治政规律，厘清了治政体系，给出了完善治政体系的方法。

第四，研究和学习治政学是确立正确治政观的需要。所谓治政观指对

---

① 《毛泽东文集》第6卷，第457页，人民出版社1999年版。

治政的根本看法。治政观是世界观、人生观、价值观的重要组成部分，是治政思想、治政观念的集中体现。只有树立了正确的治政观，才能深刻认识到治政的重大意义，才能确立为民治政，科学治政的理念，才能在治政过程中具有治政责任心和治政事业心。从治政现象来看，每一个人都有自己的治政观，尽管有些人并不在治政岗位上。治政者在不同的治政岗位，在某种治政观的支配下观察治政问题和社会等问题，并处理这些问题。非治政者在民众的位置上，在某种治政观支配下观察治政者治政，观察治政过程和治政结果，从而确立对治政的认可程度。因此，我们要帮助治政者和非治政者，树立正确的治政观，并以此指导和支持治政的科学发展。

第五，研究和学习治政学是掌握治政规律的需要。治政是一项非常复杂的工作，它涉及政治、经济、文化、社会等各个方面，要做好治政工作，就要注意掌握治政规律。对于不同治政者来说，所做的治政工作范围，所处的政治环境不尽相同，既要遵守总的治政规律，又要把握自己所处的治政范围的规律，这就需要治政者不断学习，治政学有助于人们掌握治政总的规律和运用治政学知识，掌握治政工作中的特殊的治政规律。

2. 研究治政学的要旨

（1）坚持辩证唯物主义和历史唯物主义为指导，不断创新。辩证唯物主义和历史唯物主义不仅仅是研究治政学的方法，即不仅仅为研究治政学提供了观察和处理问题的立场、观点和方法，而且是治政学研究和研究治政学的基点和指导思想。我们既要掌握这个方法，又要从这种立场出发，坚持实事求是的思想路线，一切从治政实际出发，用治政学的理论解决治政学的实际问题。治政学的研究和研究治政学既要学习科学的研究方法，又不能受已有学科研究成果的限制，不受已有的本本限制，要面对治政新情况，创新理论，不断丰富和发展治政学。

（2）坚持理论联系实际的学风，推进治政学研究者和治政者相结合。理论联系实际是被实践证明了的优良学风，是理论研究的必由之路，也是治政学发展的根本出路。世界上所有的理论都是在实践中形成，又随着实践的发展而发展。"实事求是，一切从实际出发，理论联系实际，坚持实践是检验真理的标准"。①

---

① 《邓小平文选》第2卷，第278页，人民出版社1994年版。

第一，理论联系实际，就是要主观能动地使治政理论与治政实际相结合。在治政过程中，治政者和执政理论者要从实际出发，不断推动理论与实际的结合。要使两者结合，就要注意推动两个趋近：一个是推动治政理论向实际趋近，一个是推动实际向治政理论趋近。趋近的目的是使两者真正地结合。如果我们运用治政理论研究和分析具体的治政实际，得出了治政科学的解释，这只是完成了理论联系实际的第一步。"哲学家们只是用不同的方式解释世界，问题在于改变世界。"① 理论联系实际的第二步，就是运用治政理论来改变治政实际，并在改变中研究不断变化的治政实际，在符合治政实际中创新理论，以便指导新的治政实际。治政理论联系治政实际这两个方面是不可分割的，治政理论与治政实际相互联系、相互衔接，又相互作用，在治政理论联系治政实际中表现为一个完整统一的学习实践过程。

第二，理论联系实际就是要坚持实践第一，并善于思考。辩证唯物论认为，在理论与实践的关系中，实践是第一位的。理论联系实际要重视治政客观实际的变化，要重视研究治政新情况和新问题。在实际治政过程中，完全完整的治政重复是没有的，正因为治政者和民众的变化，社会情况的变化，促使我们必须紧密关注治政实际情况的变化，注意调查研究新的情况。理论联系实际，要善于总结实践经验，从而作出新的理论概括。从治政现实来看，中、下层和治政基层是治政的主要实践者，而民众却是实践的土壤，民众是治政者治政实践的肯定与反对的直接表达者。所有治政者都不要忽视了人民群众对治政的反映。要善于总结治政下层、治政基层在治政实践中创造的治政新经验，从而作出新的理论概括、归纳，提升为治政理论。理论联系实际，还要善于提高治政理论思维能力。提高治政理论思维能力有两个维度。一个是治政者层面自身提升的维度。治政者注意自身理论的提升，尤其是治政思维能力的提升非常重要。如果一个治政者不善于思考，只善于工作，那就不会有所创新，理论思维也不会提升，每个治政者都要注意在实践中善于思考，在理论思考中善于提升，所有治政者都应当有这样的自觉性。另一个是治政层面理论思维能力提升的维度。作为治政制度，要留有提升理论思维时空的条件，要有相应的条款，鼓励、支持、规范治政者对理论思维能力的提升。要使治政者明白，如果

---

① 《马克思恩格斯选集》第1卷，第57页，人民出版社1995年版。

治政者不具备一定的理论思维能力，就难以把握治政客观情况的变化，就不能科学地概括治政实践经验，就会缺少创新性、预见性、理论性和系统性，就不会具有科学决策的能力。

第三，理论联系实际，就要使治政学研究者和治政者配合得当。在治政队伍中，有治政者和治政理论工作者之分，这两种"者"对于治政来讲都很重要。治政者和治政理论工作者，都要注意把握什么是治政理论。"真正的理论在世界上只有一种，就是从客观实际抽出来又在客观实际中得到了证明的理论，没有任何别的东西可以称得起我们所讲的理论。"而"脱离实际的理论是空洞的理论。空洞的理论是没有用的，不正确的，应该抛弃的。"① 理论联系实际，就是要使治政理论者和治政者紧密结合，使理论能够源于治政实践又指导治政实践的发展，并在实践中得以丰富，逐步走向科学。"有书本知识的人向实际方面发展，然后才可以不停止在书本上，才可以不犯教条主义的错误。有工作经验的人，要向理论方面学习，要认真读书，然后才可以使经验带上条理性、综合性，上升成为理论，然后才可以不把局部经验误认为即是普遍真理，才可不犯经验主义的错误。"② 治政理论者要向实际学习，治政者也应该努力掌握治政理论，治政者和治政理论者两者要在理论指导实践方面、在实践检验理论方面实现紧密结合。

---

① 《毛泽东选集》第 3 卷，第 817 页，人民出版社 1991 年版。
② 同上书，第 818—819 页。

第二章　治政概述

【**本章要点**】　治政是指公务员（政务员）以及相关类别的参政人员和军队官员治理政务。治政是一个全新的名词，最早出现在《治政论》一书。但该书没有明确定义治政的准确概念。在治政实践中，人们把治政等同于执政，还有人把治政等同于领导，这都是不准确的。治政学是一门独立的学科，治政不同于管理、领导、执政等概念。治政有它自身的本质，有它的基础、依据，治政有不同于其他管理等概念的功能。研究治政学的理论者和从事治政的工作者都应该把握治政的内涵以及治政的功能，不断推动治政科学化。

【**关键概念**】　治政；治政的本质；治政的基础和依据；治政的功能

治政学是一门独立的学科，这一独立的新建的学科从治政的实践中界定了治政的概念、内涵，界定了治政的本质、基础和依据、功能。我们必须从治政的本身和治政环境中，把握治政的内在规律，实现科学治政。

一、治政的内涵

治政的内涵包括了治政的概念由来、概念界定、治政的几个要素。

1. 治政概念的由来

（1）古之"治政"一词。"治政"一词使用非常早，据《礼记·礼运》载："是故礼者，君之大柄也。所以别嫌明微，傧鬼神，考制度，别仁义，所以治政安君也。故政不正则君位危，君位危则大臣倍、小臣窃。"[①]《贞观

[①]　陈襄民等注译：《五经四书全译》第2卷，第1336页，中州古籍出版社2000年版。

政要·卷七·礼乐第二十九》（凡十二章）载，太宗曰："礼乐之作，是圣人缘物设教，以为撙节，治政善恶，岂此之由？"① 可见古人已正式使用"治政"一词，其含义与我们今天的含义是相通的。

（2）现代"治政"一词的使用。

第一，皮均、高波的《治政论》。在现代社会中，人们对"治政"一词已较为普遍地使用，以专著形式出现的还是皮均和高波合著的《治政论》。在《治政论》中，作者对治政有了简单的论述。作者认为："从宏观上讲，执政能力建设包括执政理念、执政基础、执政方略、执政体制、执政方式、执政资源和执政环境等，从操作上讲，执政能力包括治政能力与行政能力两个方面。"作者认为："执政党的核心问题是治政。"②"治政是执政党代表人民履行'国家意识的表达'，其目标就是'求是'，即能够制定让人民群众自主创造并公平获得一切'物质——精神'财富的规划。"③并认为"'治政'，是对核心位置的强调"，要"以公共权威的身份去'治'这个'政'"；"'治政'，是对于核心作用的明确；前文已述，'治政'是为了'求是'。简言之，这所治之'政'，即所求之'是'"；"'治政'，是对于核心规律的凸现。"④

皮均与高波先生把治政划入执政的范畴，认为执政包括了治政和行政，我们认为不然，治政概念比他们界定的还要大，治政不仅包括了执政、行政，还包括了参政、议政。因为治政是相关政事治理的所有范围。

第二，《和谐治政论》。《和谐治政论》从和谐的角度，对治政进行了分析和论述，并首次界定了治政的概念，这个概念似乎也不全面，作者在《和谐经济论》中又对治政进行了概念上的界定，这是继皮均、高波之后一次较为清晰的界定。

2. 治政概念的界定

治政的概念以及治政概念所包含的范围，从使用开始便有了分歧。我

① 新浪读书，vip. book. sina. cn。
② 皮均. 高波著：《治政论》，第5—6页，新华出版社2004年版。
③ 同上书，第3页。
④ 同上书，第6—7页。

们认为应该采用较为概括的、有理论抽象的、范围较宽的概念，以求概念的科学。

（1）治政的含义。治政是指做好国家各级政府以及专业部门和相关的党、群、军等系统的管理工作，简称治理政务，还有人称为治国理政。治政有不同的层面，最高是中央，最低是村民委员会和城市的居民委员会。治政有不同的系统，有政党系统、政府系统、群团组织系统、军队系统、专业管理部门系统等等，不同系统中又有不同的但却级别相当的治政层面。对于西方发达国家来说，三权分立的相关机构、军队等都属治政范围。治政有不同的历史形态，可以说自从有了"政权"（包括奴隶主层面）开始就有了"治政"的形态，虽然当时人们并没有感到治政概念的存在。

（2）治政的相关概念。

第一，治政者的含义。治政者是指在国家各级政府以及专业部门中做管理工作的人员以及参照公务员管理方式的工作人员。具体地说，所有的政务员、公务员、执政党中的领导人员和为执政党工作的人员、民主党派成员、人民团体工作人员、军队职员以及参照公务员做公务员性质工作的人员等都是治政者。治政者高到国家总统、首脑、皇帝，低到村民委员会的成员。

第二，治政的目的。治政的目的是通过治政者运用治政客体（民众）赋予的权力努力工作，以保障国家的安全和强大，改善、改良民众的生存生活状态，以满足民众日益增长的物质和文化的需求。

第三，治政的任务和治政者的任务。治政的任务是确保国家安全和民生的改善；而治政者的任务则不尽相同。中央层的治政者既要完成满足民众需求的任务，还要完成通过各种努力保证国家的安全和强大的任务；要管理好国家中不同层面的治政者，保证不同系统工作的正常运转，即保证"国泰民安"。村委会治政者的任务，是保证村经济的发展，完成上级治政者委派的任务，保证村民的安全，即"村泰民安"。同样，治政的中下层有中下层的任务。治政的任务是总的概念，是全局的概念；治政者的任务是具体的而又各不相同的概念，这是因为治政者的岗位不同，所以概念有很大的区别。

3. 治政与相关概念的关系

治政是一个古老概念，治政学是一个新的概念。治政学学科的确立，为治政确定了"名分"，使治政成为一个专有名词。如果不对治政及与之相关概念加以区别，便容易把治政与政治等其他相关概念相混淆。我们区别治政与其他相关概念，主要是从联系和区别两个方面加以概述。因为政党等有关概念与治政的区别和联系，我们在下面的章节中还要做专门分析，在这一节里不再赘述。

（1）治政与政治。治政与政治两词在表现形式上是把组成词的两个字顺序颠倒，但意思却完全不同，组成了两个不同的概念。中华文化的博大精深，在治政与政治的不同概念上可见一斑。治政与政治的关系，我们在后面的章节中还将专门分析，这里之所以单列出来简述，是因为政治与治政太相像，容易在外形和内涵上发生混淆，因此专门提出来作简单的介绍。

政治指政府、政党、社会团体和个人在内政及国际关系方面的政策和活动。还有的理论家认为政治是上层建筑领域中各种权力主体维护自身利益的特定行为以及由此结成的特定关系。政治的核心问题是国家政权问题，政治归根结底是由经济决定的，同时又反作用于经济，政治是经济的集中表现，是实现经济目的的手段。阶级、民族、国家、政党及它们之间的关系，是政治的主要内容。

第一，政治与治政的联系。一是两者都具有政治性。两者在处理政务以及代表政党、社会集团、社会势力在国家生活方面和国际关系方面是一致的。因为有时治政者就代表着执政者完成政治任务。二是两者都具有经济性。政治是经济的集中表现，是实现经济目的的手段，归根结底是由经济决定的。治政目的是发展经济，同时也受到经济的制约，这些都是一致的。三是两者都具有政策性。所谓政策指国家或政党为实现一定历史时期的路线而制定的行动准则。政治通过政党或国家的形式制定政策，治政也是通过一定的政治形式制定政策。两者在制定政策、执行政策方面是一致的。四是两者都具有人民性。所谓人民性指治政和政治都在力求为民服务，力求实现民主、和谐的治政，力求保持人类应有的人性。在人民对治政及政治的支持上，也具有相同的特点，即必须得到绝大多数人民的拥护，否则，可能会被人民所抛弃。五是两者又都具有服从性。所谓服从性指在利益相同或相通的情况下，两者对某些政治人物或团体具有服务和服从的特性，虽然有时服从并不一定正确。

第二，治政与政治的区别。一是内涵的区别。治政指治政者治理政务，是一种治理工作，而政治指一种手段。二是性质的区别。政治具有极强的阶级性、民族性，它表现的是阶级、民族、国家、政党及它们之间的关系；治政表现的是全民间的关系，泛指对国家事务的治理，有全民的含义，少有阶级性。三是概念的区别。政治是集合概念，很难给人一个专门、明晰的意识；治政是专门概念，指国家不同层面及相关的不同系统的管理工作。政治是广泛的概念，没有明确的对象性，表现为一种社会现象；治政有明确的对象性，指对政务以及相关工作的治理。四是范围的区别。治政中有政治方面的事务，可以从上到下、从内到外地进行治理。政治只是代表国家或集团的上层活动和阶级活动。五是作用的区别。治政是为民而治理政务，为民造福，为民服务。政治是为了维护本阶级或本集团利益，围绕夺取政权或巩固政权进行的活动。六是内涵可变性的区别。政治在不同的历史时期有不同的涵义，而治政在治理政务方面在不同历史时期的内涵是一致的。七是行为性的区别。政治表现的是一种政治活动现象，根本表现为某种手段，而治政是通过不同的治政者的行为完成治理政务的任务。八是两词后缀词的区别。治政可以在"治政"词后缀"者"，对治政的人称为治政者，而政治不可以在"政治"词后缀"者"。

政治与治政的区别在现实生活中远不止这些，我们只是从概念上予以理论的厘清，以便对政治和治政的概念有一个大体的认识。政治与治政的联系、互相作用在后面还将论述。

（2）治政与领导。领导就是在社会共同活动中，具有影响力的个人或集体，在特定的结构中通过有效的途径，动员下属实现群体目标的过程。[①]《现代汉语词典》中把领导定为两个层面的含义：其一是率领并引导；其二是担任领导工作的人。治政和领导有许多相近的地方，也有许多区别和联系。

第一，治政与领导的联系。一是都具有管理性。治政是通过不同层面和不同系统的治政者管理各个层面的政务，领导则通过领导个人或集体管理各社会类别、各系统的工作。二是都具有目的性。治政者的目的是为了治理好各级、各系统的政务，实现服务治政客体（民众）的目的，领导者的目的是为了实现自己所在群体的利益。显然两者目的内涵不同，但具有的目的性是相同的。三是都具有利益性。治政者有治政的利益和治政目的所涉及的利益；领导者有领导自身利益和自己所在的群体的利益。四是都

① 参见刘建军编著：《领导学原理》，第15页，复旦大学出版社2007年版。

具有发展性。治政的艺术、手法都是在治政实践中发生变化的，治政在方法和治政能力上具有发展性；领导的艺术、手法和领导的内容也是变化的，也存在着科学发展的问题。五是都具有服务性。治政者为治政客体（民众）服务，为下层和基层治政者服务；领导也为民众服务，也在为基层领导服务。六是权威性。治政者队伍中，治政者高层和中层要有一定的权威，并以权威影响和引领下属做好治政工作。领导本身就应该具有权威性，一个善于领导的领导者，必然会运用自己的人格魅力和实际行动，为下属服务，为下层领导服务。七是高层的重合性。在某一个国家最高层治政者和最高层领导者是重合的，有时是共同的某一个群体或某一个人。

第二，治政与领导的区别。一是内涵的区别。治政讲的是对政务以及相关类似政务等工作的治理；领导是指对下属的引领。二是范围的区别。治政所包括的范围涵盖所有的公务员、政务员以及参政、议政等与政务相关的工作人员；领导指做"官"的人。三是代表的区别。治政具有广泛的含义即全民性的含义，领导具有群体目标的含义。四是统治性的区别。治政多是利用某些权力对相关政务工作按计划推进，带有柔性性质，尤其是对治政客体（民众）方面；领导是凭借权力来控制、管理相关人员和单位，领导带有刚性性质，尤其是对民众方面，有时会利用法律加以强制。

（3）治政与执政。执政指掌握政权，主要是指掌握最高层政权，掌理国家的政事，有时也被称为"当政"，它与"在野"构成两个相对概念。

第一，治政与执政的联系。一是都具有管理性。治政是管理国家以及与国家政权相关的各层事务，执政不仅与之相同，而且管理比治政有时更为到位。二是都具有政治性。执政者（当政者）代表政党、社会集团、社会势力在国家生活方面和国际关系方面处理政务与治政者是相同的，特别表现在处理国内人民生活方面，有相互重合的地方。有的国家执政者就是治政者，就是在全面地处理国家政事。三是都具有事务性。治政是处理国家的不同治政层面和不同治政系统的事务，执政则代表着自身的集团掌管政权，是绝对的当政者，代表自身的集团处理政事。四是都具有服务性。服务是治理政务的天然内涵。治政在治理政务中为民众服务，执政也如此。五是两者都具有相通性。治政包括了执政的层面即"当政"的层面，也包括了"在野"的层面，还包括了"参政"的层面。在西方发达国家，在野党并不是真正完全"在野"，而是在宪法规定的范围内监督执政党的行为，行使宪法规定的民主权、监督权和弹劾权，此时的"在野党"是在帮助执政党更好地执政，而且有不少在野党成员还担任不同地区的行政首脑或各类议员，他们实际是在做治政的工作，在治政层面上，治政与执政是相通的，治政在内涵上大于执政内涵，即治政包含了执政。

第二，治政与执政的区别。一是代表性的区别。治政所代表的具有全民性质，因为治政范围广，而执政党的执政者会因为执政党地位变化而发生变化，像美国的公务员制度，并不因为执政党的更替而改变自己的工作性质和内容，而政务员却因执政党的更替而发生变化。执政代表着某些集团的利益，其代表性很强。二是利益性的区别。治政代表范围较广，有自身应有的利益追求，但主要还是为更广泛的人的利益而治政。执政则不然，它清楚地表明是代表本集团的利益，而后才代表他人的利益。代表利益的范围区别很大。三是治政层次性的区别。治政者从底层到高层，从执政系统到参政系统都是在为国家理政，而执政者只在执政层面理政。四是时限性的区别。治政者不因执政党的更替而改变自己的工作并可以一直工作到退休，而执政者会因执政党地位的变化而变换自己的工作，在工作上有不同的时限性。

从治政的过程来看，治政者不一定是执政要员，有时必须在执政者的领导下开展治政工作，但执政者必须治政，并且必须科学治政、依法治政、为民治政。就是说执政者就是治政者，必须治政；虽然有的治政者不一定是执政者，但一定是参政、议政者。

（4）治政与统治。统治是指凭借政权来控制、管理国家和地区，对某些具体事物来说，具有支配和控制的意思。有人解释为一个人或一个政权为维持其生存与发展，运用权力以支配其领土及个人行为。[①] 对于阶级社会来说，单纯的压迫不应属统治，只有当阶级压迫通过公共权力即国家来实现时，才形成了统治关系。一般情况下，统治关系的形成是国家产生的标志。国家以公共权力的身份，利用法律的武器，把社会明显地划分为两大部分，即统治阶级和被统治阶级。[②] 这种阶级的对抗，一般是在一个阶级夺取政权之后出现的，随着时间的推移，对抗的程度和性质都会发生演变。由于政治统治行为能够将统治阶级的利益普遍化、合法化、合理化和神圣化，才使得阶级之间的对抗关系转化为国家和人民的关系，转化成为

---

① 参见百度百科，baike.baidu.com。
② 参见李景鹏著：《权利政治学》，第142页，北京大学出版社2008年版。

各部分人民同法律的关系，转化为管理和被管理、领导和被领导、治理和被治理、授权和掌权、权威与服从等等的关系，[1] 这些关系是治政的关系基础。而在这种关系下，治政的关系也在统治的特色下出现了多样化，表现为治理与被治理的关系；国家治政与人民整体的关系；国家治政与国家每个成员的关系；治政机关与每个社会成员的关系；治政政权与被统治阶级的政治团体及政党之间的关系；治政上层与中层、下层、基层之间的关系；统治与治政的关系等等。我们下面仍用联系与区别加以简单的分析。

第一，治政与统治的联系。一是都具有控制性。治政多处于被控制的地位，但在统治者治政过程中，必然利用治政的形式对治政的对象加以控制。在统治者治政时，治政也表现出对事物的控制性。二是都具有支配性。治政对政权下的事物予以支配，特别是对具体事物中的人、财、物加以支配，治政上层对下层的支配，治政统治层对其他系统的支配，这是共同的特点。三是都具有管理性。治政是管理，统治的本身也是一种管理。四是都具有政治性。治政的政治性是在处理国家内部关系和国际关系时表现出来的，这与统治是相通的。统治的政治性更为明显，统治在初始阶段是以阶级利益为核心获得政权，实现了对被统治阶级的统治，在之后的和平时期，即使统治与被统治关系发生转化，但仍然有明显的政治性。治政在为政权服务，而统治者本身就代表政权。

第二，治政与统治的区别。一是控制与管理的区别。治政有时表现为控制，多是在统治者实施治政的时候，在更多的时间内，治政处在被控制的地位。治政者实施治政，多是通过管理实现的，而统治者是通过控制实现管理的。二是全局与局部的区别。治政分层次、分系统地为社会提供服务和管理，统治是全局性的强行治理，两者虽有治理的共性，但治理的面和层次是有区别的。三是具体与一般的区别。治政是在不同层面、不同系统的范围内进行的，治政结果的展现往往是某一具体岗位，不同岗位的治政成果，组成治政成果层面。统治是带有一般性和全面性的概念，是一种全面的统治，包括对政治的统治、经济的统治、文化的统治、社会的统治、外交的统治等等，统治的成果也多为全局性的成果。四是统治与被统治的区别。治政虽然是一种较为久远的社会现象，有时并不因政权交替而终止，但是治政者一般处于被统治的地位，虽然最高统治者有时又是最高

---

① 参见李景鹏著：《权利政治学》，第143页，北京大学出版社2008年版。

治政者，治政者被统治的性质不会改变。治政被统治一般表现为被管理、被领导、被治理、被授权和服从的形态。

（5）治政与政务。政务指国家的管理工作，有时也指关于政治方面的事务，最早称为行政事务。

第一，治政与政务的联系。一是事务性。治政一般被称为治理政务，即管理国家相关的工作和与国家工作相关的涉及政务的工作，具有极强的事务性。政务本身就是行政事务，在这方面两者的内涵是相同的。二是管理性。治政是治理政务，即严格整治国家行政及相关的工作，政务就是国家的行政事务工作，两者都具有管理的性质。三是具有服从性。与治政一样，政务必须服从政治、政权的管理和治理。四是相通性。治政与政务从概念到内涵都是相通的，都具有行政事务的含义。

第二，治政与政务的区别。一是治理与被治理的区别。治政，顾名思义，是治理政务，而政务，则处于被治理的位置。二是全局与局部的区别。治政的概念和内涵较为广泛，指治理政务以及治理与政务相关的事务，包括了参政、议政、"在野"理政；而政务，只指行政事务。三是综合与单一的区别。治政是一个综合概念，如果从"者"角度分析，它包括了执政者、参政者以及"在野"式的理政者。而政务，只指行政事务。

（6）治政与政权。政权指国家权力，即统治者凭借国家机器进行统治的权力。当然，政权也指权力机关，是权力行为和权力关系的总和。

第一，治政和政权的联系。两者的主要联系是治政者如何运用好政权，并在最高治政层面领导下，利用政权实现自己的目标。一是两者都具有服从性。治政是在最高层治政者领导下进行的，治政全局必须服从"统治者"，政权必然在统治者掌握之下。二是两者目标具有一致性。两者目标的一致指治政目标的一致。一般情况下，治政者有了政权作保障之后才可以实施治政，在国家各级事务的管理上，在为民上应该是一致的。三是对于同一个政体来说，两者又具有共存性。诸如在同一个国家或同一个地区中管理事务，目标、任务、途径、利益是相通的，具有极强的共存性。

第二，治政与政权的区别。一是内涵的区别。治政内涵通常指治理政务，由治政者来完成这一任务。政权，指权力，应该由治政者来掌握，当然也是由治政者具体操作的。两者一个是掌握，一个是被运用，内涵是不同的。二是概念表述上的区别。所谓政权，是指国家统治的权力，这是极为精确的表达，使人从概念上就明白是指国家机器。所谓治政，是掌握政权之后或利用政权在法律规定的范围内治理政务，包括使用政权治理政务，治政的概念与政权的概念相比相对含糊，包含的内容较多，因为治政的本身就层次多，工作较为具体，涉及的范围较广泛。三是高层治政者对政权的把握和使用与中层以下治政者和基层治政工作者对政权的服从的区别。政权一般指国家权力，代表国家的形象与政治力，它是在国家高层治政者把握下而发挥作用的，有时政权又是法律的代表和象征。对于国家高层治政者之外的治政者，一般会在政权的统治下或政权以法律形式的规范下进行治政。这是较为复杂的比较和较为复杂的区别。中下层以及其他系列的治政者，必须服从政权，并在法律规定的范围内进行治政。不同体制的国家中，地方政府也是权力代表，它只代表地方，因此，地方政权既要服从国家权力，又指导和规范着地方政府之下的权力运作。地方政府的治政者必须服从国家权力，同样，地方政府的治政者又有规范下级治政者的权力。而民主的国家和地区，可以在国家权力大法——宪法规定范围内规范最高治政者的权力，使国家权力的代表更为科学化、规范化、人性化。这就是民主授权治政的特色，最基层的治政客体（民众），可以通过法律的途径把代表国家权力的治政者弹劾下来，实现民主治政。

（7）治政与政党。政党是社会经济发展到一定阶段的产物，它是代表某一阶段、阶层或集团的利益，为实现政党政治主张而执掌或参与政权为目标并为之斗争的政治组织。政党对自己所代表的阶级、阶层或集团起程度不同的组织领导作用和核心作用。政党由阶级或阶层的中坚分子、活动家和领袖人物组成。治政与政党我们还要在另外章节中再做分析。

第一，治政与政党的联系。一是政治的一致性。治政与政党在一些政治主张、政治纲领和政治追求方面是一致的，尤其是政党成为执政党之后，治政与政党的政治一致性表现更为明显，因为此时的执政党就是治政者。二是经济的统一性。无论是做好经济工作，还是以经济作为发展的基础，政党和治政的目标是一致和统一的。在政党执政之后，必然会发展生产力，在这一点上，政治与之是相同的。三是政党在执政后与治政的任务目的重合性。政党的执政过程就是治政过程。政党在执政之后，掌握了国家政权，行使政府职能，执政党行使政府职能的过程就是治政的过程。四是政党不执政仍有一定的治政性。在不同政体的国度里，由于选举方式不同，没有执政的政党成员，可能会在"参"、"议"院工作，有些人虽不在

"参"、"议"院工作，但会通过法律方式对执政党或政府进行监督。对中国来说，有许多民主党派虽不是执政党，但他们可以参政、议政，有些民主党派成员还在不同层面的政府机构中担任要职，从事着治政工作。五是利益的共同性。政党执政，执政中治政，这时的政党与治政者的利益是一致的，某些利益是共同的。六是执政党要在治政中治党，在治党中治政。对于执政党来说，尤其是一党执政的执政党，治政是执政党的根本任务。任何一个执政党，在执政过程中应该尽职尽力地治政，以让治政客体（民众）满意，因此，治好政，管好党，治好党是执政党的根本任务。

第二，治政与政党的区别。一是概念区别。政党是代表一个阶层的组织，治政是一个"管理"式的概念。二是涵盖内容的区别。政党虽然在执政之后做治政工作，但从根本上讲它只是代表政党的治政，只表现某一时段的治政历程，政党成员也不代表全部的治政者。政党可以治政，也可以不治政，而对治政者来说，治政是他们不变的任务。三是工作宗旨的区别。治政的宗旨是治理好政务，为治政客体（民众）服务，而政党的宗旨多是为自身阶层服务，以实现自身的执政目标，在根本宗旨方面，即使有些执政党明了宗旨与治政宗旨相近，但最终却是很难实现的。四是治政时限上的区别。有政府的存在就有治政，而政党却出现较晚。近代最早的政党是17世纪70年代英国的辉格党和托利党。中国政党始于孙中山1894年建立的兴中会。政党虽然执政了却会因各种原因不停地更换，而治政这一"治理"职能并不因政党更替而消失，治政的"治理"职能相对来讲是长久的，而执政党的治政职能随着执政地位的变化而变化。

（8）治政与政府。政府是国家的行政机关、国家机构的重要组成部分，是完成治政任务的主要部门之一，是专政的重要工具之一。虽然各国政府的组织形式和名称有所不同，但都与其政权性质相适应。按照管辖范围政府有中央政府和地方政府之分，而地方政府还有许多层次，实际上形成了中央政府和地方政府群。

在不同的政府体制下，有着不同的政府组织形式，这种国家政权的组织形式是广义的形式，主要分为共和制和君主制两大类。狭义的政府组织形式，指国家行政机关或中央执行机关的组织形式。主要有五类[①]：内阁制政府、总统制政府、混合制政府、瑞士委员会制政府、人民代表大会制

---

① 参见百度百科，baike. baidu. Com。

政府。不同制的政府又都具有不同的特点，其治政方式也不尽相同。内阁制政府又称责任内阁制政府，是目前西方国家最普遍的政府组织形式。总统制政府指由总统担任国家元首和政府首脑的一种政府组织形式，以美国为典型，政府由在选举中获胜的总统组成，总统既是国家元首，又是政府首脑，独揽行政大权。混合制政府，也称半议会制半总统制政府，以俄罗斯、法国为典型，形式上总理是政府首脑，实际上总统是决策核心。瑞士委员会制政府，是一种特殊的组织形式，以瑞士为典型，国家最高行政机关由联邦议会两院联席会议7名委员组成联邦委员会，实行集体领导，集体议事和集体负责。人民代表大会制组织形式，以中国为典型。中国的政府组织形式是较为独特的组织形式。国务院是最高权力机关的执行机关，向全国人大及其常委会负责并报告工作。国务院由每届全国人大一次会议产生，实行总理负责制。总理由中国共产党依照法定程序推荐，由国家主席提名，经全国人大投票半数通过，由国家主席任命产生。总理召集和主持国务院全体会议及国务院常务会议，重大问题须经全体会议和常委会议讨论。国务院的其他组成成员也均由党中央推荐，总理提名，全国人大代表投票半数通过，国家主席任命。国家主席、副主席直接受命于最高国家权力机关，都由全国人民代表大会选举产生。国家主席、副主席的产生程序一般是：在全国人民代表大会会议召开期间，由选举产生的代表组成会议主席团，会议主席团提出国家主席、副主席的候选人名单，由各代表团讨论。然后，会议主席团根据多数票原则确定正式候选人名单，用等额选举的办法，提交大会表决，产生国家主席和副主席。这些选举、任命、提名方式，独具中国特色。有关治政与国家的关系我们还将在以后的章节中论述。

第一，治政与政府的联系。应该说政府就是治政的专门机构，政府的任务就是完成治政任务。在治政方面两者有极强的共同点。政府与治政的联系关键在政府要治这个"政"，所有治政人员要治这个"政"，要有促使政府治政和治政者治政的办法。治政与政府的联系主要表现为几点。一是治政任务的一致性。治政者的任务是治政，而政府的任务也是治政。二是它们同样具有受制约性。治政和政府在完成治政任务时都受到执政党的制约。三是部分成员的同一性。从治政现实来看，所有政府官员都是治政者，政府的任务也是治政。但是，治政者不一定都是政府官员，治政者与政府官员在治政的层面是一致的。四是都具有管理性。从管理学的角度分析，治政者的工作在某种程度上具有管理的含义，官员治政具有管理内涵。

第二，治政与政府的区别。一是概念的区别。政府是一个行政权力机关，治政是一个较为广泛的概念。二是成员的区别。治政者可以是政府的官员，可以是执政党的党员，也可以是其他政党的人员或军队职员。三是范围涵盖的区别。政府官员都是治政者，而且是具有管理职能的治政者，管理着不同层面的治政工作。而治政工作除了被政府管理之外，还受执政党的管理和支配。

（9）治政与管理。治政有管理的含义，但绝对不只是管理。从现实生活来看，管理具有多层意义。从总的概念看，管理指管辖、治理的意思；从具体的含义上看，管理还具有负责某些工作使之顺利进行、保管和料理、照管并约束等含义。大到国家、小到企业或学校几乎都离不开管理。从古到今，管理在不断地发展，把管理作为一门学科，也只在最近几年。我国对管理的研究，也是在新中国成立之后。我国学者一般认为管理是通过计划、组织、控制、激励和领导等环节来协调和利用组织的人力、物力、财力、社会信用、时间、信息、社会关系等资源，以期达到组织目标的过程。[①] 治政与管理有很强的联系，但也有质的区别。

第一，治政与管理的联系。一是两者具有过程性。治政和管理是一个有意识、有目的的实施过程。应该说治政的本身不具有目标，不能为治政而治政，而是因治政组织目标而治政，这一点和管理是相通的。二是两者具有环境性。治政和管理都是在一定的环境条件下开展的，环境是治政和管理的必要条件。治政和管理都必须正视环境的条件，要求"组织"为治政和管理创造经济的、政治的、文化的、社会的相应环境而尽责；同样，也要求治政和管理为"组织目标"的实现而创造经济、政治、文化、社会的条件。三是两者具有资源性。治政和管理都需要综合运用各种资源，以使资源更好地为治政和管理服务，使资源的效益最大化。四是两者具有职能性。治政和管理的过程都是由一系列相互关联、连续进行的活动所构成，包括计划、组织、领导、控制、监督等基本职能。五是两者具有效益性。治政和管理都在为相关的"组织"追求效益，这种效益可能有时以社会效益为主。六是两者具有治理性。治政有治理的含义，管理也有治理的含义。治，指规范、严处；理，指理顺、有秩序。治政与管理都有这个含

---

① 参见姜杰等主编：《管理学》，第 2 页，山东人民出版社 2003 年版。

义。七是两者具有计划性。任何治政和管理的过程，都是一个有计划并落实计划的过程。计划也就是分步实施和保证"组织"目标实现的过程。

第二，治政与管理的区别。一是概念的区别。治政指治理政务，管理指负责某项工作顺利进行。二是内涵中"理"的力度的区别。治政与管理虽都有治理的含义，但是，治政侧重于"治"，即某种治理中的规范和严处；而管理则侧重于"理"，使某项工作有秩序顺利进行。虽同为"治理"，力度却有很大区别。三是范围的区别。治政主要是从政务方面进行的治理，而管理的范围较广，政府、党派、企业、军队、学校都需要管理。治政是对"官员"或相当于"官员"工作性质的人及其相关工作进行治理的过程，管理是一种按顺序进行工作的过程。

4. 治政的结构形式

我们分析了治政的概念，治政与其他相关概念的区别与联系，目的是进一步廓清治政的概念及其作用，使人们对治政有一个理性的认识，以便了解治政与政权等方面的关系，在政治建设、经济建设、文化建设、社会建设中，更好地发挥治政的作用，实现治政的科学化。

（1）治政结构的概念。治政是一个古老而新生的概念。说古老，因中国古代就有；说新生，是因为本世纪初才开始使用和明确，因此，治政的结构也是一个新的概念。为了说清楚治政结构，我们还必须分析治政结构的构成，以帮助我们了解治政结构的概念。治政的结构是指治政者在政权许可的范围内对人及组织的不断配置组合。构成治政的要素首要条件必须有治政者。在治政现实中我们感到，政权的实施过程就是治政的过程，治政的组织目标与政权的组织目标在绝大部分的层面上是重合的，这也是治政的特点。领导、管理可以在不同系列、行业、层面发挥其职能作用，而治政只与政权紧密相连，并通过政权发挥自己的职能作用。治政的结构与政权结构在政体中是一致的，或者说在治政方面是一致的。在政权形式下分析治政结构的概念就是分析政权结构的概念。任何治政组合都是政权的需要，或者叫做为了政权的巩固而组合治政构成。

（2）治政结构的构成分析。治政结构的构成主要是指治政者构成和组织的组合。在西方发达国家，治政的构成会因治政权力高层的法定职责而异，在发展中国家，会因治政者个人行为而异。这种差异就是人们经常争论不休的"法治"还是"人治"的问题。这些现实构成也有着

"私欲"的主导因素。

第一，治政的分层结构构成。治政分层比较复杂，它包括了不同的系统，在不同系统中又都有着治政的分层。我们只能从某一个治政系统中分析治政的层次，以便于对治政的理解。治政分层构成可分为两种，一种是上下构成分层分析，另一种是组织构成分析，上下构成层面分析（如图2－1所示）。这个层面是从治政层面分析的。所谓上下构成层面指

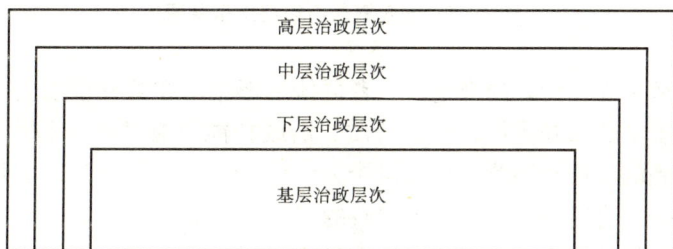

图2－1　治政概念上下层次示意图

治政组织层面按从上到下不同功能、作用而分析的层面。我们把它们分为四层。基层层面指最基层的治政层面，这个层面之下不再有治政者，他们直接面对的是治政客体（民众）。下层层面指居基层层面之上，而又远离高层治政的一个层面，通俗地讲，这个层面相当于中国的县、乡层面。中层层面指具有较大的治政决策权力，而处于治政中间层面的那一层面治政者，这个层面相当于中国的省、地级治政者层面。这个层面往往表现出地区的治政者能力和水平。高层层面指治政最高层，具有立法、司法、行政的最终权力和最高决策权，具有军队的指挥权，具有外交的决策权。这样分析治政层面是为了使大家对治政层面有一个大概的了解，这其中还包括了不同组织和个人的参政、议政的系统层面，这种系统的层面可以从治政的大层面分析中理解。对于军队治政层面，也可以按照这种治政层面去理解。另外，我们还必须对治政的组织构成进行分析，这种分析是借用了领导科学、管理科学等研究成果进行的。组织构成分析（如图2－2所示），是从组织与个人构成治政系统而进行的一种分析方法，它分为四个组合面。

治政的个人层次概念指治政者个体运用治政心理、认知理论、个人品格、行为能力、决策、鼓动释解的治政者个人行为。个体治政者非常重要，它是从治政的不同层面反映出治政的整体水平。从总统个人行为到最

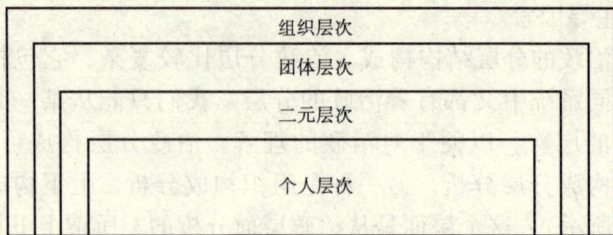

图 2 - 2 治政概念组织层次示意图

低层的官员个人，代表的都是治政者群体的形象。在某种程度上个人治政者所表现出来的认知决策、治政特质、治政技能具有"动一枝而百枝摇"的意想不到的作用。因此，加强对个人治政者的监督、管理，加强个人治政者的修养，有时会牵扯到整个治政的成败。

治政二元的层次概念指两个治政者之间以及治政者上下级之间的关系显现。从两个同级治政者层面来看，关键是治政者之间的协作，对于中国来说，治政者的协作比什么都重要。中国有一句古语讲：一个和尚担水吃，两个和尚抬水吃，三个和尚没水吃。柏杨先生曾形容，每一个中国人都是一条龙，但是三个中国人加在一起——三条龙加在一起，就成了一头猪，一条虫，甚至连虫都不如，因为中国人最拿手的是窝里斗，明明知道是窝里斗，还是要窝里斗。锅砸了大家都吃不成饭，天塌下来有个子高的可以顶。① 这真正是中国治政者的通病，不协作、不团结。尽管中国治政场上有许多关于协作、团结的要求，但实际效果却不好。对于同级或同一层面的治政者来说，明明知道是互相补台，好戏连台，互相拆台，都将垮台，但不协作、不团结、缺少团队精神的治政情况仍然司空见惯。从上下层面治政者来讲，实质上是治政者与"追随者"之间的关系，这种"追随者"有可能是某一层面的治政者。二元理论认为，治政就是治政者与另一个人之间的相互影响过程。按照二元过程理论，治政的关键是治政者如何发展与追随者的合作和信任的关系以及如何使追随者更加受到鼓励和支持。这个理论描述了二元关系如何随着时间而发展以及呈现的不同方式，从偶然的交易到具有共同目标和相互信任的合作联盟。② 运用治政的二元

① 参见柏杨著：《丑陋的中国人》，第8—11页，古吴轩出版社2004年版。
② 参见刘建军编著：《领导学原理》，第17页，复旦大学出版社2007年版。

理论，要防止当治政者之间形成同盟之后，两者间的治政关系是理顺了，却影响"同盟"与其他治政者之间的关系，有时可能还会产生破坏作用，当然，这也是因治政者个体素质而异的，但应该引起治政者的重视。

治政的团体层次指三个及三个以上的治政者构成的治政集体。在这个治政集体中关键的还是主要治政者的个人素质。应该说，一个积极向上的治政团体，主要治政者的个人素质以及个人人格一定独具魅力；一个散漫的、效率低下的、效果很差的治政群体，其主要治政者一定是要么能力较差，要么人品较差。人们常说，"兵熊熊一个，将熊熊一窝"。拿破仑曾说过一句名言，一只狼带领的一群羊可以打败一只羊带领的一群狼，讲的就是领头人素质的作用。在治政集体中主要治政者的角色水平和这个团体的效能是集体成败的关键因素。诸如如何运用人力资源和其他资源、成员角色的清晰度如何、有多少成员忠实履行他们的治政角色、在实现治政任务目标的过程中相互信任和合作的程度等，都是主要治政者角色水平的体现。[1] 我们应该重视这些角色的体现，并把握角色的作用。另外，治政者团体的成员构成也非常重要，如果该治政团体的主要治政者具有一定的、关键的自主权且个人素质又好，治政者团体成员构成一定不会差，因为那些凭"关系"等非正式条件的治政个体无法在这种治政团体中发展。

治政组织层次指按一定的宗旨和系统建立起来的集体层面。诸如执政党，就是这样的组织层次。从治政实践来看，治政者不一定都是执政党成员，因此，治政组织层次中会有组织之外人员的存在。为了使治政者更好地发挥作用，不少治政组织不断地加强组织建设，以保证组织的效率。治政者组织层次有几大优点。其一治政者组织具有目标性，可以制定统一的目标，并使组织的全体成员为此目标而奋斗，以减少个人和团体"各自为战"造成的不便。其二治政者组织具有集结性，可以集结力量办好组织希望办好的事情。其三治政者组织可以构成系统性，淡化层次，淡化治政者的职务高低，构建高效的系统。其四治政者组织可以形成整体性。一个组织是一个整体，一个整体就有了智慧、能力、知识、才能、创造力的集结。从组织构成的愿望来说，组织还应该有极强的纪律性。但就目前不同的治政组织来看，不同的治政组织纪律性也不相同，老组织的纪律性已有所"蜕化"，新组织的纪律有时又不健全。治政组织要做好内外两部分的

---

① 参见刘建军编著：《领导学原理》，第 17 页，复旦大学出版社 2007 年版。

工作。对于内部来讲，要注意利益分配的调节，以保证组织的生命力；对于外部来讲，要注意协调好组织以外的治政者踏踏实实治政，配合好组织以求得治政的成效。因此，对有组织的治政者来说，尤其是治政队伍中的领导者应该做到精密设计组织结构，不断调整组织利益诉求，把握组织目标，确定权威关系，加强组织纪律，协调组织内部以及组织与跨部门组织之间的关系。

第二，治政的权力构成。所谓权力结构构成指治政"势力"，指治政的强制力量和治政者职责范围内的支配力量。权力是治政者完成治政任务的关键力量，没有权力的治政是空虚的治政，必然会失去治政能力。作为治政者和政治者组织，如何运用好自己拥有的强制力、支配力，如何科学地运用治政权力，实现治政组织目的，非常重要。当然，对于上级治政者来说，要把属于下级治政者的权力交给下级，否则，下级治政者将无所适从，那就真的会出现那种权力落空而责任也落空的现象。因此，对于治政者来讲，"责任到人就要权力到人"，防止"只交责任，不交权力，责任制非落空不可"[①] 的治政现象。治政权力构成一般可以分为个人权力、团体权力、组织权力、治政客体（民众）权力等（如图 2-3 所示）。

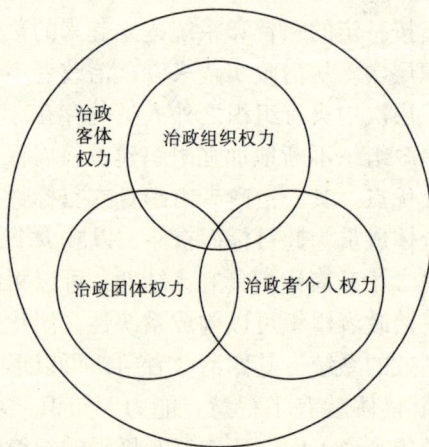

图 2-3 治政权力构成示意图

① 《邓小平文选》第 2 卷，第 151 页，人民出版社 1994 年版。

治政客体（民众）权力。从图2-3我们可以发现治政客体（民众）权力是最高、最大、最终权力。所谓治政客体指除了治政者和物资之外的民众。当然，详细分析，由于环境的变化有时某些治政者可能会成为治政客体，但他们的个人身份仍是治政者，作为治政者个人仍处于治政主体的地位，只是在治政权力上相对变成次要位置。从西方发达国家来看，选民权力最大；从中国治政现实来看，应该是人民权力最大。"我们的代表大会应该号召全党提起警觉，注意每一个工作环节上的每一个同志，不要让他脱离群众。教育每一个同志热爱人民群众，细心地倾听群众的呼声；每到一地，就和那里的群众打成一片，不是高踞于群众之上，而是深入于群众之中"。① "党群关系好比鱼水关系。如果党群关系搞不好，社会主义就不可能建成；社会主义制度建成了，也不可能巩固。"② 毛泽东用社会主义制度的建立和巩固来说明治政客体（民众）的重要，实际上是在说与人民群众关系的重要，人民群众不选择或放弃治政者，治政者就必然失败。要"扩大人民民主，保证人民当家作主。人民当家作主是社会主义民主政治的本质和核心。要健全民主制度，丰富民主形式，拓宽民主渠道，依法实行民主选举、民主决策、民主管理、民主监督，保障人民的知情权、参与权、表达权、监督权。"③ 要"完善制约和监督机制，保证人民赋予的权力始终用来为人民谋利益。"④ 治政的权力是人民赋予的，人民可以不赋予或收回赋予的权力，这便是治政客体（民众）的重要。

治政组织权力。治政组织权力指按一定宗旨形成的集体的权力。组织权力在很大层面上代表了团体和治政者个人的权力，并且约束和监督治政团体和治政者个人的权力。治政组织权力包括了组织的政治权力、经济权力、宗教权力、文化权力、社会权力、管理权力、领导权力、升迁权力、监督权力、惩治权力等等，其中以政治权力、经济权力、社会权力、升迁权力为主。

治政团体权力。治政团体权力指有共同目标的治政者组成的集体的权力。团体权力小于组织权力，受组织权力的制约和监督，有时只是接受治

① 《毛泽东选集》第3卷，第1095页，人民出版社1991年版。
② 《建国以来毛泽东文稿》第6册，第547页，中央文献出版社1987年版。
③ 胡锦涛：《高举中国特色社会主义伟大旗帜 为夺取全面建设小康社会新胜利而奋斗》，《十七大报告辅导读本》，第28页，人民出版社2007年版。
④ 同上书，第32页。

政组织的授权。政治团体的权力必须加以约束，并且要求其利用权力去为民做事、为民服务。"一切从人民的利益出发，而不是从个人或小集团的利益出发。"① 防止和杜绝为小团体谋利益，这点非常重要。当然，在治政过程中要利用利益的杠杆来调动治政团体的积极性，充分发挥治政团体的作用，使治政团体更好地完成治政组织赋予的使命，最高治政者和分层中的最高治政者，都应当注意团体作用。

治政者个人权力。治政者个人权力指治政者个人以自己的素质和个人目标影响他人行为的能力，对于治政者来讲，有权力欲望是正常的，是治政者治政进步的一种动力源，关键是如何把握治政者自己的欲望，合理地、科学地使用自己的权力。治政者的个人权力（包括最高治政者）必须有所规范，并对自己应有的权力有所了解和把握。在治政实践中，从力量的性质和结构方面来看，权力可以分为政治权力、经济权力、社会权力、文化权力等等；从权力作用的方式和手段方面来看，权力又可以分为强制性权力、奖酬性权力、规范性权力等等；从权力结果的结局及意义层面来看，权力又可以分为绝对权力和有限权力，集中的权力和分立的权力，平衡的权力和不平衡的权力等等。② 治政者个人权力必须加以规范和约束，因为任何治政权力最终都是通过个人行为而表达的。治政权力有巨大的作用，治政者权力的作用和特性我们还要在下一节中分析。

第三，治政权威构成。治政权威指治政者使人信服的力量和威望。治政需要权威，权力和权威有时互撑互补，使权威达到顶峰，成为看不到却又发挥作用的权力。恩格斯曾分析过："我们看到，一方面是一定的权威，不管它是怎样形成的，另一方面是一定的服从，这两者都是我们所必需的，而不管社会组织以及生产和产品流通赖以进行的物质条件是怎样的。"③ 治政者的权力权威是治政所必需的，但必须科学地确立，因为治政权力权威是由治政主体发出的，它是能够产生现实结果或未来后果的社会行为。这种行为包括了治政团体行为、组织行为和治政者个人行为三个方面。治政过程始终贯穿着权力权威，对治政客体（民众）产生着不可抗拒的影响力、强加力、压迫力、致变力、惩治力和取予力。治政又多是社会

---

① 《毛泽东选集》第 3 卷，第 1095 页，人民出版社 1991 年版。

② 参见李景鹏著：《权利政治学》，第 27—28 页，北京大学出版社 2008 年版。

③ 《马克思恩格斯选集》第 3 卷，第 226 页，人民出版社 1995 年版。

的公共行为，代表着选民或民众行政公权，具有极强的权威性。因此，治政能超越治政本身发挥出广泛影响和作用，成为其他社会行为所不能够表现出来的强效社会因素和强效社会工具形式，影响全社会的公理秩序。

（3）治政结构的要件。治政结构的要件指构成治政权力和运用权力的必备条件。

第一，治政配置组合的结构要件。所谓配置组合是指对治政的权力和运用的组合和配置。所谓结构要件是指在配置组合权力的过程中注重要件结构的重要作用。在一个运行的事物中，如果内部结构发生变化，那么整个系统可能会互解或重组，这是治政者在治政过程中尤其是配置组合治政权力过程中应十分注意的问题。在治政结构要件分析中，我们比较赞同政治学家小列维设想的五大普遍性结构要件："1. 角色分化的结构；2. 团结的结构；3. 经济分配的结构；4. 政治分配的结构；5. 整合和表达的结构。"① 这是治政结构配置组合的主要的结构要件，实质上是对人、团体和组织的配置组合。

第二，治政结构的具体要件。所谓具体要件指治政结构中最基本的不可缺少的要件。基本要件是配置组合结构要件不可缺少的具体要件，它的作用是使人和组织的配置组合得完美、默契、进步、科学、和合。在具体要件中我们认为应有四个要件最为重要。一是规则制定要件。这是从制度层面上需求的要件，是治政者代表政权意志制定出的社会规则，是对社会行为进行整合调节和表达，它明确治政者以及个人权利、义务，诸如宪法和在宪法规范下制定的执政党党纲和必要的文件等等。规则制定要件要求没有宪法管不了的治政者，同时也要对执行宪法以及法律加以规范，否则将会出现有法不依的现象。二是价值分配要件。这是治政主体和治政客体（民众）所追求的目标，价值分配要件有社会价值和经济价值的区分，通过分配的导向，构成治政主体和客体（民众）的道德、价值观念和体系。三是角色分化②要件。这是一种通过治政来实现人力配置的形态。简单地说，人人都去当将军是不可能的，但把一部分人的潜能发挥到极致是可能的。治政者要把合适的人放到合适的位置上，把不合适的人也放到合适的位置上，即古人讲的"用人如器"。《经野子内幕》中的《西邻教子》讲

---

① 参见皮均、高波著：《治政论》，第44页，新华出版社2004年版。
② 同上书，第45页。

的"用人如器，各取所长"的故事讲的就是发挥人的潜能的典型例子。这个故事说的是西邻家有 5 个儿子，一个质朴、一个聪明、一个瞎、一个驼、一个跛。西邻家为了用其所长，让质朴的务农、聪明的经商、失明的按摩、驼背的搓绳、脚跛的纺线，结果，全家安居乐业。罗伯特·塔克说："不能继续为其成员在有价值的共同事业中提供有意义的角色，便会发生分裂的现象。"① 我们的治政者尤其是最高层的治政者要防止这种分裂现象的出现。四是治政权威要件。治政权威是指治政者群中领导者的权威。治政者权威在治政过程中作用非常明显。有些治政者和治政客体（民众）对某些治政权威的"迷信"就如同现在的各类名人的"粉丝"，因此，要重视执政权威要件的作用。在治政现实中，我们会发现有的治政者利用反对他人的权威而树立自己的权威，利用反对对治政者的迷信而树立对自己的迷信，这也许是权威确立方式的异变现象。前面叙述的四种治政结构要件同时具备最好，治政者应该使各种要件相辅相成，使治政结果更为理想，使治政过程更为科学。

（4）治政结构的形式。治政结构的形式是根据治政性质、作用进行分析的，治政结构的形式是相对而言的。不同的治政结构形式有时却有着交叉的作用或交叉、重叠的性质，但这并不妨碍我们分析治政的结构形式，厘清不同治政形式的性质、作用。

第一，政务式。所谓政务式是指国家治政队伍中经选举或者由某些权力机关任命的公务人员的构成方式。发达国家的政务类公务员的产生途径是选举或任命，他们代表着各自政党的利益。而政务类官员是由执政党直接推选或是间接推选出来，代表执政党领导政府或者参与政府工作，他们只对自己的政党和选民负责。西方国家的政务类官员实行严格的任期制，与各自的政党共进共退，如果自己所在的执政党不再执政了，他们也随之退出政府官员的队伍。西方政务类官员的管理是通过政党的制约、权力的分立和制衡等方式进行的。在我国 1993 年 4 月 24 日国务院第二次常务会议通过《国家公务员暂行条例》中，把我国的公务员建设分为两类即领导职务和非领导职务，领导职务公务员指根据宪法或政府组织法由全国人民代表大会或地方各级人民代表大会选举或任命并有权罢免的国家公务人员。领导职务类公务员实质上就是政务类公务员，在政府中担负着政治方

---

① 罗伯特·塔克著：《政治领导论》，第 141 页，南京大学出版社 1988 年版。

向、政治原则的领导责任和重大决策的任务。《国家公务员暂行条例》中公务员的概念为"各级国家行政机关中除工勤人员以外的工作人员"①。《中华人民共和国公务员法》则改为："依法履行公职、纳入国家行政编制、由国家财政负担工资福利的工作人员。"② 按字面分析，《国家公务员暂行条例》排除了中央及地方各部门的党务干部、各民主党派干部、各群众团体的干部、各企事业单位的干部等等。《公务员法》则涵盖了中央及地方各部门的党务干部、各民主党派干部、各群众团体的干部等等。我国《公务员法》规定："公务员职务分为领导职务和非领导职务。"领导职务的公务员包括了中央和地方各级党委、人大、政府、政协、纪委、人民法院、人民检察院的领导成员，党委、人大、政府的工作部门和工作机构的领导成员中，包含各民主党派的领导成员。按照我国现行干部管理体制，党政领导干部除民主党派领导成员外，一般都是由各级党委按干部管理权限推荐提名，由各级党委及其组织部门管理。党的领导干部的职务实行选任制，也有一部分是实行委任制。③ 虽然我们把领导职务的公务员看作政务类公务员，但与国外的政务员有很大的区别，中国没有实行"两官分途"，也没有像实行政务类公务员那样实行严格的任期制，更没有他们的政党制约、权力的分立和制衡及舆论监督等等管理方式。对于我国治政者队伍来讲，治政成败的关键在于具有"领导职务的公务员"，因为他们的手中把握着人民赋予的权力，掌握着公务员的升迁、任用、选拔、处分的权力，掌握着某些治政实权部门的人、财、物。中国式的公务员制度以及中国式的治政建设，关键在民主和监督，应该尽快研究出较为科学的方法管理这部分治政者，即治政先治治政者。

第二，业务式。严格来说治政队伍中的业务式公务员指只完成自身业务的那一批官员，在发达国家也被称为文官或事务官，是通过竞争考试进入公务员队伍的。他们实行的是专业化、技术化和职业常任制，也称为"终身官员"、"永久性雇员"，其主要标志是"无过失不受免职处分"，不与政党共进退。这一制度对发达国家稳定治政队伍，稳定国家政局，保持政府管理的连续性，提高政府工作效率以及政府管理专家队伍的建设，即

---

① 《国家公务员暂行条例》，中国教育在线，www.eol.cn。

② 《中华人民共和国公务员法》，网上法律书店，www.law-lib.com。

③ 参见《从中国国情出发的公务员法》，《衢州党建》，www.qzdj.gov.cn。

对长效治政发挥了积极的作用。西方治政队伍中的事务官在政治上保持中立，只对行政首长负责。他们不参加党派斗争活动，不参加党派竞选，不得以党派偏见影响决策，不得以公职身份参加某些政治活动。西方治政队伍中业务式官员制度还实行职位分类、培训、官纪官风、职业道德、福利保障等相关规定和办法。我国在《公务员法》中的"非领导职务"与国外的业务类公务员相近，但又不尽相同。我国的非领导职务又被称为"党政机关干部"①。党政机关干部是指中央和地方各级党委、人大、政府等机关中的工作人员。按现行干部管理体制，党政机关干部由各机关自行管理，他们的职务全部实行委任制。在发达国家中，政务类官员和业务类官员属于两种不同的类型，他们相互之间是不能交替任职的，因而称为"两官分途"。而在我国，领导职务和非领导职务即党政领导干部与机关干部是同体的，没有不可以交替任职之说。在中国，非领导职务的治政者在治政队伍中非常重要，千万不要小瞧了这批治政者的作用，他们是我国治政者队伍的基础，也是未来的领导职务的后继者。在治政者队伍中流传这样一句话叫做："不要小看小人物的作用"，讲的就是非领导职务的治政者在治政中的不可忽视的作用。

专家们对我国公务员队伍和公务员制度进行了研究，认为"两官分途"不适用于我国的公务员制度，这是治政研究中应该注意的重要特征。中国的研究者认为，中国有独特的国情，不宜推行"两官分途"。其理由有三条。其一，我国的公务员制度是贯彻党的基本路线，坚持党管干部的原则的制度。党管的干部指无论是领导职务的干部还是非领导职务的干部都归"党"管，因此，不需要提出政务官、事务官那样迥然不同的标准要求和选拔任用条件。其二，在我国主要是通过干部人事制度来实现对党政领导干部的选拔、管理、监督的，这种管理方法对所有干部是通用的。其三，我国公务员基本上是职业制的，以担任公职为终生职业，党政领导干部与党政机关干部交换任职是正常的，党政领导干部的主要来源就在党政机关干部中，即使有的党政干部任期届满不再连任，仍然留在公务员队伍中。因此，研究者认为，在中国，没有必要划分政务类公务员和业务类公务员②。这种说法虽然只是一家之谈，但对于研究中国治政性质、治政规

① 参见《从中国国情出发的公务员法》，《衢州党建》，www.qzdj.gov.cn。
② 同上。

律等等非常重要，因为这种研究结论是以中国治政政体现实为依据的，是独具中国特色的。

第三，参照公务员进行管理的方式。《中华人民共和国公务员法》第106条规定："法律、法规授权的具有公共事务管理职能的事业单位中除工勤人员以外的工作人员，经批准参照本法进行管理。"这是中国治政管理中应该注意的管理模式。这里的参照执行有两点必须明确，其一，法律、法规授权的具有公共事务管理职能的事业单位所应具备的条件。随着行政管理专业性、技术性的日益加强，现有的行政机关难以满足行政管理的需要，尤其是许多治政的事务，都由行政机关来管理，他们未必都能管好，也未必成本低、有效率。中国国务院制定的事业单位登记管理暂行条例指出，事业单位是指国家为了社会公益目的，由国家机关举办或者其他组织利用国有资产举办的，从事教育、科技、文化、卫生等活动的社会服务组织。这些社会服务组织必须具备一定条件：被授权的事业单位应与所授权行使的行政职能无利害关系；被授权的事业单位具备了解和掌握与行使的行政职能有关的法律、法规和有关专业知识的工作人员；被授权组织应具备所授行政职能行使所需要的基本条件、设备；对于某些特别行政职能，被授权的事业单位还应具备某些特别的条件，如保密、安全、技术、经验以及工作人员的特殊素质要求①。条例把治政者的范围作了实质上的界定，对于研究治政者范围以及治政的规律有很大的帮助。其二，治政形式的探讨。参照公务员管理的人员虽不是公务员，但这些参照人员有可能就在做治政工作。从事教育、科技、文化、卫生等活动的社会服务组织中有很多人正在做治政工作，其余人在做治政服务工作。治政工作和治政服务工作是有根本区别的，治政是在做政务工作，而服务则是为治政服务，两者是根本不同的。

第四，其他治政的方式。其他治政的方式指政务式、公务式、参照式之外的其他治政或治政辅助的方式，这是研究治政规律必须面对的治政现实。其一，在野式。所谓在野指在实行两党制或多党制的国家中不执掌政权的治政人员。虽然这些治政人员不执政，但他们却在监督执政党的政策和措施，批评执政党的政策和措施，对执政党的活动有一定的制约作用，从广义治政的含义来讲，他们也是在治政，即从监督的层面上帮助治政的

_____

① 参见《法律简答与释义》，中国人大网，www.npc.gov.cn。

执政党治政。其二，参政、议政式。参政式指参与政治活动或参加政府某些机构而实行治政；议政式指讨论政事或者对治政方面的方针政策和管理工作提出意见和建议。参政议政在中国治政形式中一直存在也独具特色。其三，辅政式。指在治政中协助治政的形式。辅政的治政方式在特殊时期容易出现，即某个治政者虽不是最高治政者，但却协助最高治政者把握决策权，实质上把握了治政的权力。在治政正常情况下，辅政式一般不会出现，而一旦辅政出现，最高治政者必然处于弱势状态，辅政式总体上讲是一种治政的倒退。

第五，产生治政者的形式。治政者是政治的根本，有了合适的治政者，实现了人力资源的合理配置，才能产生治政效率，获得治政效益。任何治政者都不是"天生"的，必然有它的产生方式。《中华人民共和国公务员法》在"录用"一章中用十二条做了规范，说明了公务员产生的重要。公务员只是治政者的一部分，治政者的产生应该比公务员更复杂。治政者的产生方式有多种。一是选举式和考取式。现在，我国实施的公务员考试方式已被社会认可，而且也展现了公正和公平，这便是考取式；选举式指由选举产生各级政府首脑的方式，就是由人民选出代表，由代表通过代表选区的人民意愿选出政府的组成人员。选举治政者的方式是较为复杂的方式，不作论述。二是公推式和培养式。公推式和培养式都是产生治政者的方式和途径。公推指通过某种民主式的推选；培养指有目的地进行培训培养，以达到使用的要求。在某些国家的大学生培养中，已经有了有目的地培养公务员的模式。

二、治政的本质

1. 治政本质概述

（1）治政本质概念。治政的本质是治政的根本属性，是区别于其他事物的基本点。治政的本质是治政本身所固有的，决定治政性质、面积和发展的根本属性。治政的本质是隐藏的，是通过某些现象来表现的。治政的本质是由治政的内在矛盾相辅相成构成的，比较深刻，相对稳定，要靠研究才能把握。"一切事物，它的现象同它的本质之间是有矛盾的。人们必须通过对现象的分析和研究，才能了解到事物的本质，因此需要有科学。不然，用直觉一看就看出本质来，还要科学干什么？还要研究干什么？所以要研究，就是因为现象同本质之间有矛盾。"① 我们只有认清治政的本质，才能掌握治政的发展规律，才能促使治政良性发展。通过治政现象认识治政本质，是一个艰苦的反复的过程，必须在治政实践中把握治政现象，并达到尽量全面，进行去粗取精，去伪存真，由此及彼，由表及里的研究分析，以使认识得以升华，从而上升为理论。还要把理论放到实践中去检验。从而实现"从现象到本质，从不甚深刻的本质到更深刻的本质的无限过程"②。

（2）治政本质分析。治政本质在实践中体现的是治政的属性，而在理论上除了我们所表述的属性外，它还表现为双重性，即中性和价值性。治政的中性的本质我们称之为纯本质，即无论社会制度、无论区域差别，它均是治政所固有的根本性质。治政的根本本质是对治政本义的不含价值倾向的科学抽象，是一种自在的性质范畴。治政的价值本质我们称之为价值本质，是经过"价值"洗过之后的治政本质，这种治政本质已不再表现为中性特征，而表现为政治立场、社会观念、主观倾向和治政的价值判断，决定着具体的治政性质。治政的价值本质具有历史和社会制度的特征，正如不同的公务员制度一样，都带有社会制度的烙印。虽然治政的价值本质带有历史的和社会制度的烙印，但直接决定具体治政本质的却是治政主体，尤其是治政者高层主体。必须承认，任何社会制度的建立和治政制度的取舍，都离不开治政主体这个关键，有什么样的治政主体就会有什么样的治政价值，有什么样的治政价值就会有什么样的治政方针和治政行为，并在治政实践中形成相应的治政内涵和形态。同样，不同的治政主体决定着不同的社会制度，又形成了不同的治政结果，这对于任何治政系统都适应。建议所有的治政者都要好好研究治政的本质，尤其是高层治政者。记得一个关于治政者的故事讲的是美国首位黑人国务卿鲍威尔将军，他在回忆录《我的美国之路》中提及，他担任里根总统第六任国家安全事务助理期间，苏联领导人戈尔巴乔夫赠送给他一把手枪，价值大约 180 美元。然而，依照美国法律，政府官员收到价值 15 美元以上的礼物，必须上交归

① 《毛泽东文集》第 6 卷，第 401 页，人民出版社 1999 年版。
② 《毛泽东选集》第 3 卷，第 790 页，人民出版社 1991 年版。

公,违者必遭严惩。鲍威尔无可奈何,不得不忍痛割爱,依法上交。没过多久,鲍威尔灵机一动,打算自掏腰包,把这支颇具收藏价值的手枪自费购回。没想到,白宫总务署的官员铁面无私,秉公办事,竟然向鲍威尔索要1200美元私人"赎金"。白宫总务署索价如此之高,看似出乎意料,实在情理之中。一把普通的手枪,价值平平,但是,一旦有"国际伟人"题签相赠,自然身价百倍。如果听任政府官员利用职权,"平价"购买名人赠礼,岂不是让他们既在官场出尽风头,又在经济上占了便宜? 鲍威尔将军身居高位,遵纪守法,廉洁奉公,固然与其良好的个人品德有直接关系,但是,美国政治制度中的监督和惩罚机制严格而有效,对鸡毛蒜皮的"小节"毫不含糊,违者必究。因而,美国政府官员极少有因贪赃枉法而被判极刑的。

2. 治政本质类别

治政本质的类别具有不同的本质形态。从社会形态层面分析,治政本质至少可以分为三种形态:从治政社会行为过程层面可以分为治政操作性本质形态;从社会工具构成层面可以分为治政的手段性本质形态;从社会生活和人类历史构成层面可以分为治政的结果性本质形态。还有,从治政实践的现实又可以把治政本质分为宏观本质形态、中观本质形态和微观本质形态,这三种治政本质形态的分法有时并不清晰,为此,我们略作分析。

(1)宏观层面的治政本质。宏观层面的治政本质是从治政价值大的方面进行分析的,是社会系统中治政自身的展现,体现为治政者主体的治政结果层面和宏观控制的局面。宏观层面的治政本质表现为社会生活和谐、历史发展、价值导向、治党和统治等内容。

第一,社会生活和谐。社会生活和谐是治政者的治政目的,而治政者的一切活动都应该是为社会生活和谐而进行的。社会的每一根神经都与治政者直接相连,治政者的治政不仅最广泛最深刻地影响着社会生活的进步,而且在治政者的推动下不断地改变着社会生活质量。从根本上来说,治政者治政直接影响着社会生活的质的变化。一是治政者组织着社会生活,治政者利用组织的作用,按照一定的价值标准和利益原则,对社会的资源予以配置,满足社会群体的不同需求,使得社会生活有序进行。二是治政者推进着社会生活。社会价值观的形成、社会风尚的确立、社会财富和利益的创造,都是在治政者领导下进行的,治政推动着社会的进步、知识的更新、科学的发展。三是治政者改变着社会生活。社会生活的主流和核心是治政，治政用自身的权威和科学理论，改变着社会生活，推动着社会生活向和谐的方向转变。治政利用权威，组建、改革、优化着社会系统，决定着社会生活性质。治政总是朝着社会生活和谐的层面演进和驱动，并以社会生活的和谐作为治政的终结形式，这是治政本质的根本点。

第二，人类历史的进步。纵观人类的历史，我们可以发现，人类历史的进步离不开治政客体（民众）和深入民众中间的统治者，是由民众和统治者共同创造了人类的历史。当然，我们也必须看到人民是创造人类历史的主体，而治政者是创造人类历史的关键，没有治政者的引导，便不会有历史创造的方向。在治政过程中，治政者又是治政的主体，是治政成功与否的关键。在实际的治政过程中，治政者在治政方面与治政方面的领导的责任是相通的，治政方面的领导就是治政者，而且是治政的主体方面，因此，治政体系的作用就是治政，是获得和运用社会资源、争取和处置社会利益、掌握和调整社会关系的过程。① 研究治政，离不开这个过程；科学治政，同样要研究这个过程。换句话说，自从有了治政之后，人类发展的历史就是一部治政史，而人类的历史是治政的进步史。我们要科学地，辩证地看待人类历史进步的因素。治政者从人民群众中来，是群众中的精英。人民与治政者不可能完全分离。"我们一切工作干部，不论职位高低，都是人民的勤务员，我们所做的一切，都是为人民服务，"② 共产党的治政者来自于百姓，最终又回归百姓，为人民服务是其根本宗旨。共产党治政为人民，为人民而治政。因此，共产党应该顺应历史发展的规律而治政，以为人民为出发点而治政，这点是不同于其他执政党治政的根本点。《后汉书》六五《皇甫规传》对策"夫君者舟也"《注》引《家语》中讲："孔子曰：'夫君者舟也，人者水也，水可载舟，亦可覆舟。君以此思危，则可知也。'"③ 水可载舟，亦可以覆舟，任何治政者都该明白这一浅显的道理。从水和舟的关系，从共产党的为人民服务的关系我们可以理解，共产党治政者就是人民的一员，就是为民治政。"群众是真正的英雄，而我们自己则往往是幼稚可笑的，不了解这一点，就不能得到起码的知识。"④ "全心

---

① 参见邱霈恩著：《领导学》，第43页，中国人民大学出版社2004年版。
② 《毛泽东文集》第3卷，第243页，人民出版社1996年版。
③ 《辞源》第3卷，第1714页，商务印书馆1981年版。
④ 《毛泽东选集》第3卷，第790页，人民出版社1991年版。

全意为人民服务是党的根本宗旨，党的一切奋斗和工作都是为了造福人民。要始终把实现好、维护好、发展好最广大人民的根本利益作为党和国家一切工作的出发点和落脚点，尊重人民主体地位，发挥人民首创精神，保障人民各项权益，走共同富裕道路，促进人的全面发展，做到发展为了人民、发展依靠人民、发展成果由人民共享。"① 从社会发展层面来看，过去的治政是过去史，成败均由历史刻雕在社会历史的廊柱上，清者自清，浊者自浊；现在的治政是治政的当前史，关系到人民的福、祸，不得掉以轻心，要牢记载舟覆舟的教训，担当起治政的重任，治政不是儿戏，治政是一门科学，必须慎之又慎，尽心尽力。治政者要把应有"利益"之外的利益放到"脑后"，把百姓利益放到首位并全力维护和实现。当然，现实也将成为历史。治政未来是治政未来史，将由治政未来者书写，但现实的治政者应该为后人打下基础，提供保障。"人民，只有人民，才是创造世界历史的动力。"② 治政者，只有治政者，才是人民创造世界历史的关键。

第三，人类社会的统治。统治是最根本的治政，是凭借治政的权力——政权来治理、控制而实现支配的过程。治政的统治是治政的最根本的本质，是实现治政目的的保障。治政缺少统治，便不能够实现治政任务。治政统治在本质上是一种获得资源、分配资源、调节资源、强制服从、贯彻统治阶级意志的过程。治政统治具有暴力性，其暴力的目的是为实现治政（统治阶级）的利益，抵制来自任何方面的抗拒，捍卫自身的政治优势；其暴力的手段是专政。治政统治具有政治性，这种性质表现为利用法律、专政等不同手段，保障治政权力的稳固。治政统治具有强权性，这种性质表现为对不服从治政的一种欺压势力。治政统治具有主宰性，这种性质表现为使他人信服，支配人的意志、能力、机会、行为等方面的权力。治政统治具有专政性，这种性质表现为治政者对一部分人的强力整理。治政统治具有制裁性，这种性质表现为对一部分人的强力管束和惩处。治政统治具有毁灭性，这种性质表现为对反对力量的毁坏和消灭。治政统治具有调节性，这是治政统治诸性质形式中最根本的形式，表现为对治政者自身和他人的利益、精神方面的调节。治政统治具有处理性，这种性质表现为对

① 胡锦涛：《高举中国特色社会主义伟大旗帜 为夺取全面建设小康社会新胜利而奋斗》，《十七大报告辅导读本》，第 15 页，人民出版社 2007 年版。
② 《毛泽东选集》第 3 卷，第 1031 页，人民出版社 1991 年版。

治政事务、治政关系、治政中出现问题的处置和办理。治政统治的表现形式有三种。一是对治政地位的统治，这种统治包括了治政者对自身统治地位的维护。治政者的治政地位，是治政者权力和成绩的象征，这种地位的统治是极力的，不容置疑的。从治政成功学来讲，对地位的统治是合乎治政发展规律的，维护治政地位，是治政的必然任务。二是对治政利益的统治。马克思说过："人们奋斗所争取的一切，都同他们的利益有关。"① 邓小平讲过："每个人都应该有他一定的物质利益"，② 治政者维护自身的利益以及与治政者相关的利益是人之常情，因为人们必须保证吃饱穿暖，才能进行治政，这是人们最基本、最原始、最优先的需要。"正像达尔文发现有机界的发展规律一样，马克思发现了人类历史的发展规律，即历来为繁芜丛杂的意识形态所掩盖着的一个简单的事实，人们首先必须吃、喝、住、穿，然后才能从事政治、科学、艺术、宗教等等。"③ 吃喝住穿是利益的最基本的部分，也是治政者维护利益的最基本部分。没有对治政利益的统治，治政的结果绝对不会长久，治政的效率也必然低下，这是人类本性使然。三是对精神的统治。"统治阶级的思想在每一时代都是占统治地位的思想。这就是说，一个阶级是社会上占统治地位的物质力量，同时也是社会上占统治地位的精神力量。支配着物质生产资料的阶级，同时也支配着精神生产资料"。④ 治政统治对于人们的精神统治是绝对的，主要表现为意识形态、思想、观念、道德、文化活动等方面的统治。"提高劳动生产率，一靠物质技术，二靠文化教育，三靠政治思想工作。后两者都是精神作用。"⑤ 作为统治阶级的治政者身在市场大潮之中，必须有高风亮节的一面，但也必然有庸俗的潜意识。治政者在治政过程中是高风亮节占主流，还是庸俗占主流，有时全凭治政主体（治政者）的个人意识和个人素质。一个人如果意识中就把自己的私利放在第一位，那必然会走入庸俗的深谷。毛泽东讲过："公和私是对立的统一，不能有公无私，也不能有私无公。我们历来讲公私兼顾，早就说过没有什么大公无私，又说过先公后私。"⑥ 这里的

① 《马克思恩格斯全集》第 1 卷，第 82 页，人民出版社 1956 年版。
② 《邓小平文选》第 2 卷，第 337 页，人民出版社 1994 年版。
③ 《马克思恩格斯选集》第 3 卷，第 776 页，人民出版社 1995 年版。
④ 《马克思恩格斯选集》第 1 卷，第 98 页，人民出版社 1995 年版。
⑤ 《毛泽东文集》第 8 卷，第 124—125 页，人民出版社 1999 年版。
⑥ 同上，第 134 页。

公，我们理解为他人或其他群体，治政者统治过程中必须把握"公私兼顾"的度，不能只私而不公，结果成为历史的"罪人"。

从治政的现实来看，治政"统治"是一把带有风险、十分锋利的双刃剑。治政者在"统治"中把握得好，约束得好，即把公私兼顾好，便会成为治政中最有力量、最不可取代的工具，如把握不好，约束不好，那么，统治可能成为治政者"自杀"的利剑，统治为那些私欲膨胀的治政者挖掘坟墓。中国每年成千上万的因贪污、受贿、腐败而成为罪犯的治政者便是例证。在中国，因贪官不断出现，不是制度不严，而是有些治政者私欲难控，最终被自己手中的"统治之剑"杀下马来。

第四，治党。对于中国共产党这个长期执政的党来说，治党比治政还重要，治党比治政还急需。所谓治党是指对党内的多种问题和干部队伍的整治。"党的性质、党在国家和社会生活中所处的地位、党肩负的历史使命，要求我们治国必先治党，治党务必从严。治党始终坚强有力，治国必会正确有效。"① "世情、国情、党情的发展变化，决定了以改革创新精神加强党的建设既十分重要又十分紧迫。必须把党的执政能力建设和先进性建设作为主线，坚持党要管党、从严治党，贯彻为民、务实、清廉的要求"②。治党不严，就会有亡党亡国之危险，作为执政党的上层，要看到从严治党是治政的本质要求，治党是执政党首要的、迫切的任务，治政先治党，这是治好政的根本。从我们的治政现实来看，治党首先要治干部。毛泽东同志讲过："政治路线确定之后，干部就是决定的因素。"③ 干部的表率作用，干部的素质要求，干部的人格健康程度，决定了执政党的能力、作风和工作成效。我们说治党首先要治干部，因为在我们现实的干部队伍中，的确存在很多令人担心和令人后怕的现实问题，尤其是干部队伍中的腐败问题。"当前消极腐败现象在一些部门和领域仍然易发多发，呈现不少新情况和新问题。一是违纪违法案件仍然易发多发，高中级领导干部违纪违法案件时有发生。据统计，2008年，全国纪检监察机关共处分党员干部13万多人，其中涉及省部级干部12人，地厅级干部332人，县处

---

① 江泽民：《论党的建设》，第359页，中央文献出版社2001年版。
② 胡锦涛：《高举中国特色社会主义伟大旗帜　为夺取全面建设小康社会新胜利而奋斗》，《十七大报告辅导读本》，第48页，人民出版社2007年版。
③ 《毛泽东选集》第2卷，第526页，人民出版社1991年版。

级干部4197人；移送司法机关的县处级以上干部767人。在被查处的案件中，党政第一把手违纪问题比较突出。2008年，共处分党政机关县处级以上第一把手906人，占同期处分党政机关县处级以上干部的38.6%。二是一些案件涉案金额巨大，违法违纪情节严重。2008年，全国纪检监察机关办结的违纪违法案件总金额共321.2亿元，其中受处分的省部级干部违纪总金额达1.5亿元。特别是一些重点领域和关键环节的违纪违法案件，涉案金额巨大，情节严重，影响恶劣。从案件处理结果看，纪检监察机关向司法机关移送的案件数量增多，司法机关作出有罪判决的人数呈上升趋势。三是窝案、串案、案中案明显增多，利用职权为特定关系人谋取非法利益问题突出。2008年，通过办案发现的案件7863件，比2007年增长9.6%。有的大案要案涉及几十人甚至上百人，有的一个领导班子中多人被查处。有的领导干部利用职权和职务影响为他人谋利，伙同其配偶子女等特定关系人收受钱财的案件突出，有的大搞权色交易。四是损害群众利益问题比较突出，不廉洁问题仍然存在。一些领导干部对群众漠不关心，态度粗暴；食品药品质量安全、生产安全、生态环境保护、征地拆迁等方面的问题仍然比较突出，由此引发的重大安全生产事故和群体性事件严重影响党群干群关系。一些领导干部存在不廉洁问题，违规建房、住房超标准、收受礼金购物卡、投资入股谋利等问题查而不止，成为滋生腐败的温床。一些地方和部门用人上的不正之风还比较严重。"① "一些领导作风不正问题仍然突出，给党和国家工作、给人民群众生产生活带来了不良影响。这两年，发生了胶济铁路特别重大交通事故，山西襄汾溃坝事故等生产安全事故，发生了三鹿奶粉、齐二药等食品药品安全事件，发生了贵州瓮安、云南孟连、甘肃陇南等重大群体性事件，严重影响了社会和谐稳定，严重损害了党和政府形象。这些事故和事件的发生不是偶然的，突出反映了一些领导干部作风不正问题相当严重。当前，领导干部作风上存在的问题，主要有以下几个方面：一是宗旨意识不强，不能坚持立党为公、执政为民，不能坚持以人为本，甚至对群众疾苦漠不关心，对群众利益麻木不仁，置群众生命安全于不顾。二是理论和实际脱节，理论学习不扎实、不深入；

---

① 胡锦涛：《在第十七届中央纪律检查委员会第三次全体会议上的讲话》，2009年1月13日。

用科学理论指导实践、解决问题能力不强，遇到具体问题就无所适从，遇到突发事件更是束手无策；甚至把学习理论当作装潢形象的工具和自我炫耀的资本，有哗众取宠之心，无实事求是之意。三是责任心和事业心不强，对工作不负责任，作风飘浮，得过且过，敷衍了事，形式主义、官僚主义严重；贪图安逸，奢侈浪费，讲排场、比阔气，甚至沉溺于灯红酒绿、吃喝玩乐，享乐主义严重。四是政绩观不正确，重自己'政绩'、轻百姓疾苦，好大喜功，急功近利，不尊重规律，乱上项目、乱铺摊子，做表面文章，甚至搞劳民伤财的'形象工程'和脱离实际的'政绩工程'。五是个人主义严重，干一点事就希望得到'回报'，刚刚提拔就琢磨'再上一个新台阶'；工作挑肥拣瘦、拈轻怕重，向组织讨价还价；利欲熏心、见利忘义，用党和人民赋予的权力为自己、亲友牟取私利。六是纪律观念淡薄，自恃地位特殊，放松纪律约束；对中央决策部署和政策规定采取实用主义态度，合意的就执行，不合意的就不执行，甚至搞'上有政策，下有对策'。"① 为了杜绝党员队伍中的消极现象，就要"着力增强宗旨观念，切实做到立党为公、执政为民"、"着力提高实践能力，切实用党的科学理论指导工作实践"、"着力强化责任意识，切实履行党和人民赋予的职责"、"着力树立正确的政绩观，切实按照客观规律谋划发展"、"着力树立正确的利益观，切实把人民利益放在首位"、"着力增强党的纪律观念，切实维护党的团结统一"②。

从中国的治政现实来看，治党首先要治执政党的党员。《中国共产党章程》中明确规定："中国共产党党员必须全心全意为人民服务，不惜牺牲个人的一切，为实现共产主义奋斗终身。""中国共产党党员永远是劳动人民的普通一员。除了法律和政策规定范围内的个人利益和工作职权以外，所有共产党员都不得谋求任何私利和特权。"③ 但是，中国执政党干部中的党员有不少人并没有按照党章的要求去做，没有发挥党员应有的先锋和模范作用，有的党员还不如群众的素质，应当引起执政党的重视。从中国的治政现实来看，治党要确立党德。所谓党德指所有党员的高尚的道德

① 胡锦涛：《在第十七届中央纪律检查委员会第三次全体会议上的讲话》，2009 年 1 月 13 日。
② 同上。
③ 《中国共产党章程》，第 22 页，人民出版社 2007 年版。

标准。党德非常重要，它包括了党的集体和党员个人应遵守的行为规范。具体来说党德指一定的政党为了调整党员之间、党员与民众之间以及党员和社会之间的关系所提倡的行为规范的总和。党德的标准高于普通道德的标准，它包括了党员的个人素质、个人品德修养、个人文化品位。具有党德的党员，应该是"遵守纪律的模范，政治工作的模范和内部团结统一的模范"；"应该言必信，行必果，不傲慢，诚心诚意地和友党友军商量问题，协同工作，成为统一战线中各党相互关系的模范"；"应该是十分廉洁、不用私人、多做工作、少取报酬的模范"；"应该是民众的朋友，而不是民众的上司，是诲人不倦的教师，而不是官僚主义的政客。共产党员无论何时何地都不应以个人利益放在第一位，而应以个人利益服从于民族的和人民群众的利益"；"共产党员应是实事求是的模范，又是具有远见卓识的模范"；"共产党员又应成为学习的模范，他们每天都是民众的教师，但又每天都是民众的学生。"① 所有共产党员，都应该在心中有一条党德的底线，在行动上遵守这条党德底线，我们讲党德底线，不是要求所有党员都高于这条底线，如果所有党员的言行全部超越这条党德底线为最好，如果某些党员不能超越党德底线，那么，起码不能低于这条党德底线。从中国的治政现实来看，治党要严格党纪。所谓党纪指党的纪律。应该说中国共产党的党纪是很严的，但在遵守和执行纪律中经常出现"原则上应该如何如何……"以使党的纪律在某些党员身上不具备效力。"党的纪律是党的各级组织和全体党员必须遵守的行为规则，是维护党的团结统一、完成党的任务的保证。党组织必须严格执行和维护党的纪律，共产党员必须自觉接受党的纪律的约束。"② 如果每个党员都能履行党章规定的义务，那么，党的纪律的落实就得到了保证。

第五，价值导向。所谓价值导向指治政通过治政的理论与实践给社会人指明价值取舍的方向。价值导向是与治政价值观紧密相连的，有什么样的价值观，就会有什么样的价值取舍，也必然有自身和对他人的价值导向。价值观是人们基于生存、发展和享受的需要，在社会生活实践中形成的关于价值的总的看法，是人们对政治、经济、社会、文化、道德、金钱等某种标准的具体的价值取向。具体来说，价值观是人们关于事物是否有

---

① 《毛泽东选集》第2卷，第522—523页，人民出版社1991年版。
② 《中国共产党章程》，第52页，人民出版社2007年版。

价值、具有什么价值的根本看法，是人们区分好坏、利弊、得失、善恶、美丑、正义与非正义、神圣与世俗等的观念，是人们特有的关于应该做什么和禁止做什么的约束性规范。[①] 价值观是人们社会实践的产物，是人们的利益、需要等在心理、思想和行为取向上的反映，具有鲜明的主体性。不同的人价值观不同，不同的治政个体同样也有不同的价值取舍。虽然不同的个体具有不同的价值取向，但在价值观上仍有总的和相通相向的地方，这正是治政的本质之所在，必须引导人们坚持科学的、正确的社会价值导向。坚持科学的、正确的社会价值导向要通过法律的、道德的、文化的、舆论的等途径坚持和引导社会价值的主流。内容总是通过形式来表现的，抓住一切规范形式，使社会价值导向成为先进的、正确的，是治政者的又一大任务。坚持科学的、正确的社会价值导向，还要有科学的、先进的价值观内涵。《中共中央关于构建社会主义和谐社会若干重大问题的决定》指出："马克思主义指导思想，中国特色社会主义共同理想，以爱国主义为核心的民族精神和以改革创新为核心的时代精神，社会主义荣辱观，构成社会主义核心价值体系的基本内容。"[②] 坚持科学正确的社会价值导向，要承认价值观的多样化。我们已分析过不同的主体往往拥有自身独特的价值理念、信仰，有自己的价值标准。又由于人类社会存在着不同的社会制度、不同的文化传统、不同的生活生存条件、活动的不同方式、利益的不同分配水准、分工中的不同角色等等，价值观的差异是必然的。我们承认价值观多样化，就是要坚持治政价值观的主流，使治政价值观更科学、更现实、更有凝聚力。坚持科学的、正确的社会价值导向，要求治政者必须身体力行。一切治政者都应该是科学正确的价值导向的践行者。治政者落实科学正确的价值观，行动比语言重要，表率比随同重要。

（2）中观层面的治政本质。所谓中观层面的治政本质是指介于宏观层面和微观层面中间的治政本质，是从治政本质现实的中间治政价值层面进行的分析，也是治政控制应该把握的本质层面，它包括了治政的组织、管理、服务和领导。

---

① 参见李景源、孙伟平：《价值观和价值导向论要》，《新华文摘》2007 年第 22 期。
② 《中共中央关于构建社会主义和谐社会若干重大问题的决定》，《构建社会主义和谐社会的行动指南》，第 26 页，研究出版社 2006 年版。

　　第一，组织。组织是治政系统性行为。应当说，组织是人类社会的普遍现象，在人类发展生产基础上形成的协作劳动和共同生活的方式，就是组织的某种类型。治政的本身就是一种组织，所有治政者又都是组织的成员。从协作和共同生活生存的层面分析，治政组织的本质概念是指按治政宗旨和治政系统建立起来的集体。诸如政党、机关、部队等。从某些治政者或治政相关活动按计划进行的层面分析，治政组织的本质概念指使分散的治政者或某项治政活动具有一定的系统性或整体性。治政是组织行为，治政的不同层面也是组织的不同层面。治政是对某个社会系统进行组织、协调、约束、推动的行为，它涉及治政组织系统的所有内在因素和外在因素，必须调动积极因素，排除治政过程中的不协调、内耗、外耗、浪费、低效等消极因素。治政的组织本质是明显的，是治政实践的保证。没有治政组织和组织起来实践的治政计划，治政目标是很难实现的。一是治政组织具有目标性。治政组织具有自身的目标，同时还有治政总体的目标。不同层面的治政组织都具有自己的目标。二是治政组织具有统一性。治政组织是按一定的治政要求而成为一种治政集体的，它必须执行某些统一的原则，尽管治政具有不同的层面和不同的系统，这也是治政组织的规范。在治政组织构建中，这种统一性表现为不同层面和不同系统都必须遵循某种集权、分权、民主集中、职位职权、资源配置等原则；在治政组织活动和运行中，这种统一性又必须遵循分工、层级、协调、有序、公平、竞争等原则。对于某一国家和地区来说，治政本身就是一个统一的整体。三是治政组织具有协调性。治政组织的协调指治政组织的分工与合作。为了保证治政组织的有效运行，必须根据治政的需要，按照科学原则设计出治政组织的层次结构，然后实现治政部门的分工。分工明确，责任和权力也就明确，其效率就必然高。同时，分工还必须协作，如果没有治政组织的协作，分工容易出现治政组织的割裂，从而影响治政组织的总体效率。四是治政组织具有治政资源的优化性。治政资源的优化总体上讲包括治政组织自身的优化和治政组织的内部人、财、物、权利、权力、信息、价值、纪律的优化。五是治政组织具有治政责任性。治政组织的自身有组织责任，在组织活动中有工作责任，治政者必须担当起这些责任。六是治政组织具有传统性。所谓传统即凭借前人的治政经验而进行治政组织的运作方式。七是治政组织具有动态性。治政组织同其他组织一样，并不是静止不变的。世界上一切事物都在变化，治政组织的变化是绝对的，不变是相对的。治政组织的内部、外部都在变化，目标的运作过程也会发生变化。八是治政组织具有利益性。任何组织都有组织利益，治政组织也不例外。治政组织正是为了实现治政利益而组建的，尽管有些治政组织主观并非如此。九是治政组织具有环境性。政治组织并不是孤立生存的，每一个治政组织都有自身的环境，对于国家的治政组织来讲，它具有国际和国内的不同的治政环境。

第二，管理。治政就是某种管理的过程，治政的管理本质是治政自身"治理"的性质决定的。治政的管理是指管辖和治理。管理是治政实施或进行的具体表现，是治政维系一个治政系统的基本行为。只有管理，才能实现治政，治政必须通过管理才能具体进行。但是管理并不等于治政，治政只是有条件的管理。从概念上分析，管理比治政面更广；从实践上分析，管理比治政的"点"更多。就是说，治政的管理仅仅是治政主体为实现治政组织目标而进行的管理，而其他的管理概念和实践要比治政管理大得多。治政的管理只是管理的一部分，治政管理与普通管理在性质方面是有所交叉和有所重合的，我们研究治政的本质，要厘清这种重合，切实把握治政的实质。一是治政的管理具有计划的职能。治政管理的计划职能是指对治政未来环境的发展做出预测，根据预测的结果和治政所拥有的资源做出治政计划的一种责任能力。二是治政管理具有组织职能。治政管理的组织职能有两层含义，一层是对治政组织结构的设计、建造和调整，另一层是对治政活动进行组织。三是治政管理具有领导职能。关于治政领导本质下面还要做具体分析，这里不作介绍。治政领导职能指治政者利用职位权力和人格力量指挥下属治政者实现治政组织目标的过程。四是治政管理具有控制职能。治政管理的控制职能就是指治政组织检查治政活动是否按既定计划、标准进行。如发现偏差，则根据治政计划的要求予以纠偏。五是治政管理具有协调职能。治政管理的协调职能指对治政内部的资源、要素、职能，对治政内外部的关系进行全面协调，以求实现治政管理效益。六是治政管理具有专政职能。治政管理的专政职能指对治政不协调因素进行治理，并对违反法律的事物实行惩处。

第三，领导。治政的领导本质指治政通过领导这个事物影响个人、全体或组织实现治政组织目标的各种活动和过程。治政的领导本质构成有四个基本要素。一是治政权力，没有治政权力就没有治政本身，也失去了治政的意义。二是治政组织与治政群体成员之间的联系。治政领导本质的体现，就是通过领导的沟通、协调、激励、鼓舞等原则实现治政组织目的的。三是对他人的认识。识人是治政领导者一个重要的任务，也是调动治政者和治政客体（民众）完成治政任务的手段。理解人、尊重人、发挥人的主观能动性是治政主体与领导主体重合之处。四是治政者的人格魅力。治政者的人格魅力是指治政者的风格、作风以及营造出来的组织、群体的氛围。其中治政权力又可以分为法定权力、奖惩权力、专长权力和影响统摄权力。治政者的人格魅力又受到治政者素质影响，这些都需要治政者认真把握。治政与领导在治政领导方面是两者的含义交叉和重合之处，其性质、职能等方面也相互重合。

第四，服务。治政的服务本质一般是指治政回报性服务，为一般治政者和治政客体（民众）提供权威的保护、保障和方便，主要是在权益和利益方面的保障，并以治政所代表的一方的利益的需要为价值取向，在这种价值取向驱动下，为治政客体（民众）和一般治政者服务。治政服务受治政主体的社会制度、价值取向、阶层地位、人格水平、能力才干、治政立场等因素所决定。治政的服务理念一直存有异义，有不少学者认为治政治理是本质基点，但我们仍认为服务也是治政的一种本质形态。治政的服务主要体现在几个方面。一是治政具有一种强力维持社会系统权威的功能，满足社会系统的需要是它的强势的服务。治政利用权威强力维持社会的公平、正义，提供法律、法规的保障，为社会系统提供最基本也是最根本的服务。二是提供价值导向服务。随着价值观的多元化，主导价值观必须由治政提供，应该说治政提供什么样的主流价值观，社会也就会形成这种价值观体系，这种价值观体系又直接影响民众和一般治政者的价值取舍，这种服务是必须的。三是社会福利式的后勤保障服务。治政面对的是全社会各领域的服务，并以服务的形式保障治政客体（民众）和治政者本人的福利。不同制度下的治政者服务的对象不同，性质也有区别。社会主义治政者是人民公仆，是全心全意为人民服务的。四是有效地配置资源的服务。治政主要功能的一个方面就是利用治政权威有效地配置社会资源。配置社会资源是治政的主要任务，也是治政得以树立权威的根本点。

（3）微观层面的治政本质。所谓微观层面的治政本质是指治政的基层和较细小层面的本质。从治政价值的较为细化的层面理解，微观的治政本质研究应该关注的基础层面，包括影响、谋略、控制、人才保障等等。

第一，影响。从治政的活动性质来看，治政具有极强的影响力。治政的影响本质是指治政主体运用权威、资源和手段，按照治政要求去治理、制导、改变、触及治政客体的过程，这里的治政客体也包括了治政的基层治政者。治政影响主要是通过治政主体自身的权威、意志、智慧、人格、制度、利益分配等不同内容对治政客体产生影响，使治政客体按照治政主体的要求和意图发生变化。在治政现实中，有不少治政者很注重影响的作用，却没有研究影响实质、手段和结果，只是泛泛而谈。治政者尤其是上层治政者要研究某些现实影响的问题，即靠什么去影响；影响的导向是什么；影响的内涵是政治的、经济的、文化的还是社会的等等均应有预测。预测包括了影响到什么程度；影响到何处即影响的终极位置；影响结果的分析和运用等等。

治政主体在研究治政影响的本质时，要注意真正产生影响作用的是人，即治政者。治政者对治政客体的影响，有时直接影响他们的情绪、创造性、积极性、对抗性和自身的命运，影响治政客体的人身安全、生命健康。治政研究应该研究这个客观存在的事实。

治政的影响是双向的。治政的影响从表象上看是治政主体影响治政客体，实质上却是双向的。治政主体有不同的层面，有不同的系统，系统中也有不同的层面，这些不同的层面也互相产生影响。高层治政者的决策、作风、人格对中层下层有着指导、制约和示范性的影响。治政者的仿效能力是极强的，"上梁不正下梁歪"，是用最为直观的表达方式解说上层治政者对下层影响之大。在高层对中下层影响的同时，中下层的治政思路和行为对高层也有很大的影响。高层治政者的治政决策，多来自治政中、下、基层的实践，有了治政中、下、基层的实践检验，才有治政高层决策的科学性。对于整个治政主体和治政客体层面来讲，治政主体通过不同方式对治政客体产生影响，有些影响达到了预期目的，有些影响却达不到预期目的。不仅如此，治政客体也对治政主体产生影响，诸如对某些决策的赞同程度，对利益配置的满意程度等等。人们常说的满意不满意、赞同不赞同、答应不答应就是一种治政反向的影响。

治政的影响是有正负的。治政的影响正负指有正面影响也有负面影响，当治政主体的决策或行为合法、合理、合情时，治政客体的绝大部分人是拥护和支持的，治政客体便会积极配合和支持治政主体实现治政意图；当治政主体的决策或行为违反了法律或常理时，治政客体接受的便是负面的影响。如此一来，治政主体的意图不仅达不到，而且可能适得其反，治政客体常常表现为应付、消极、反对。治政者一定要抓住治政影响的本质，要从治政科学化要求出发，扩大正面影响，缩小或者杜绝负面影响，真正发挥治政影响的本质的作用。

第二，谋略。把谋略作为治政的本质是从治政手段层面理解的。从具体的治政过程来看，运用什么样的手段达到治政的效果是非常重要的。如果只有目标和实施过程，在过程中没有采用合适的手段，治政的效果可能达不到理想。在一定条件下，治政谋略往往会发挥决定性的作用。在治政过程中，谋略就是治政要采用的手段，使用何种计谋和策略，在治政实践中非常重要。

权力权威是治政主体实施治政的最主要的手段。在治政实践中，治政之所以成为了强效的社会工具，就是由于治政的权力权威成为治政者治理政务的手段。权力权威的作用和效力是广泛的，但权力权威的运用常常是具体的。治政权力权威表现为在治政过程中的主导性、支配性、决定性、统治性，这既是针对治政事务的全体而言的，也是针对治政过程中的具体事务而言的。没有权力权威，治政者的治政行为就不会发生，也就无从谈起科学治政。在具体的治政实践中，权力权威是治政的推动力，是治政的某种象征，是实现治政科学化的决定性手段。

灵活性是治政谋略运用的辅助手段。治政的具体过程是变化着的，必须运用灵活的手法去解决治政过程中出现的新问题。所谓灵活就是指在治政过程中随着政治形势的变化而变化的一种手段。谋略手段运用的典型是中国共产党游击战争采用的方针："分兵以发动群众，集中以应付敌人。""敌进我退，敌驻我扰、敌疲我打，敌退我追。"[①] 我们可以从中悟出治政手段的灵活性质。

第三，控制。治政重要的性质是控制。所谓治政控制是指根据治政者的需要对治政全过程和治政客体活动的掌握、管理以及操纵。控制包括了两个层面，一个是对治政活动的控制；另一个是对治政客体的控制，这里的控制主要含义是管理。从治政实践来看，治政控制是治政组织一项重要的管理活动，治政活动离不开计划、组织、领导控制、治理，控制又是对计划、组织、领导、治理等治政活动的协调。从治政实践来看，治政控制是一个检验的过程。这种检验具有监督、调控的含义，对治政的计划、组

---

① 《毛泽东文集》第1卷，第56页，人民出版社1993年版。

织、领导、治理等治政过程进行检验，看是否实现了治政的意图，是否完成了治政决策的要求。从治政实践来看，治政控制具有明确的目标。控制是从治政计划开始到把握治政结果而结束，主要是防止治政偏差，增强治政组织的适应能力，处理治政内部复杂局面以及治政外部与内部的关系，降低成本节约资源，争取治政效益的最大化。治政的控制还具有与治政相关的自身特征，治政控制具有程序性，治政控制要遵循科学的治政程序，这种程序也是管理中经常使用的，即调研治政情况、拟定标准、衡量成效、纠正偏差。不调研，控制可能会成为"瞎子摸鱼"。因此，控制首要的程序是调研治政情况。治政控制具有整体性，治政本身就是一个整体，对整体要加以科学控制，同时还要对治政不同工作加以控制，即控制整体和整体控制。治政控制具有动态性。治政活动是一种动态过程，治政的内外部因素又在不断变化，其动态控制是必然的。治政控制具有人为性。所谓"人为"指治政控制主要是对治政主体即治政者的控制以及治政客体的控制。控制多是由人来操作的，同时又是对人的控制，因此具有极强的"人为"性。治政控制具有互动性。在治政活动的控制过程中，为了实现治政目标，治政控制带有互动性质。当治政者对治政客体进行控制时，治政客体便有相应的反应，或支持控制，或按治政要求而操作以减少控制中的强制作用（如图 2 - 4 所示）。

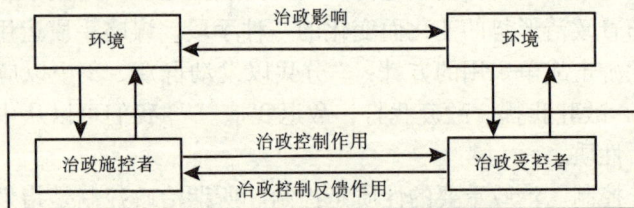

图 2 - 4　治政控制作用示意图

　　第四，协调。协调指治政部门之间、治政部门与其他部门之间、治政者之间、治政者与治政客体之间的适应与合作。治政协调本质是治政本身应该具有的，但治政协调本质需要治政者的工作和努力得以实现。治政协调的本质有几个特征。协调具有宽容性。这种宽容是原则上的宽容，是治政者品格的体现，是团结的基础。任何治政方案都不是十全十美的，任何治政者也都有不足之处，因此，治政间的宽容非常重要，它体现了治政者的胸怀。协调具有沟通性。协调的本身就是一种沟通的形式。治政协调中的沟通指治政组织和治政者个体之间信息的正式传递，以实现构建情感交流的某些关系。沟通是双方的行为过程，是实现治政协调的重要手段。治政协调具有统筹性。治政协调的统筹，指治政主体之间以及治政主体与客体之间在关系方面的统一筹划。统筹的结果是使各方明白大家同处一个整体，并且具有相同或相近的目的。治政协调具有原则性。这里讲的原则，指任何协调都是建立在某种原则之上的。协调，必须在某种原则上进行，而不是无原则的协调。

3. 治政之本与治政权力分析

（1）治政之本的分析。治政之本指治政应有的原貌，它有概念和内容之分。

第一，治政之本含义。所谓治政之本是指治政的根本、根源及原有。治政之本是事关治政的性质和命运的根本因素。治政之本包含了几个方面的含义。治政之本是指治政的源本，也是根源。治政从何而起，它有什么样的本源，它的最基础的东西是什么，这是对治政追根溯源。治政之本是指治政的原本。治政原本是指治政的实质和治政的真实。治政之本是指治政的根本。治政的根本实质上是指治政活动中的人。治政主体是人，治政的客体（民众）也是人，这是治政过程不可缺失的基点。如果没有人，也就没有了治政。如何处理好治政的根本，是治政的关键。治政之本是指治政的资本。治政资本是指治政主体得以存在、发展、实现治政并获得成功的凭据。这种凭据不外乎三个方面即物质基础、精神基础和政治基础，这几种基础中最重要的还是治政者自身的素质基础。三种基础包含了治政内部的治政队伍素质、结构、体制、能力、精神、利益保障等；包含了治政外部的制度、法律、群众觉悟、物质条件、关系、机会、历史的现实的社会的条件等等。

第二，治政之本就是以人为本。治政过程完全是因人而发、因人而作的社会行为过程，是因人和由人来完成的治政行为过程。人是治政之本，毛泽东曾讲过："世间一切事物中，人是第一个可宝贵的。在共产党领导下，只要有了人，什么人间奇迹也可以造出来。"[①] 这里讲的是人的主观能动作用，治政过程中必须尊重和做好的正是这种能动作用。胡锦涛讲：

① 《毛泽东选集》第4卷，第1512页，人民出版社1991年版。

"必须坚持以人为本。""尊重人民主体地位,发挥人民首创精神,保障人民各项权益,走共同富裕道路,促进人的全面发展"①。一是坚持以人为本是治政之本。在治政过程中,一切治政事情都要靠人来完成,无论是治政者还是治政客体,没有人的治政是一纸空谈。以人为本地治政,才是真正抓住了治政的根本,而治政者以人为本地治政,才能得到人民的拥护,才符合治政的社会性,才能真正得到治政客体(民众)的拥护,才能实现科学治政。二是以人为本的人包括了治政者和治政客体(民众)。对于治政者来说,必须尊重治政客体(民众)、尊重治政同事,真正实现尊重人、理解人、发展人,决不能忽视治政客体。"群众是从实践中来选择他们的领导工具、他们的领导者。被选的人,如果自以为了不得,不是自觉地作工具,而以为'我是何等人物'!那就错了。我们党要使人民胜利,就要当工具,自觉地当工具。各个中央委员,各个领导机关都要有这样的认识。这是唯物主义的历史观,就是《国际歌》上所讲的,少奇同志在这里念过几次,'不是神仙,不是皇帝,更不是那些英雄豪杰,全靠自己救自己。'自己救自己,他就要选举党,选举工具"②,治政者必须明白这一点。"在我们的干部中,大概还有不少的人,不明白这样一个简单的真理:任何英雄豪杰,他的思想、意见、计划、办法,只能是客观世界的反映,其原料或者半成品只能来自人民群众的实践中,或者自己的科学实验中,他的头脑只能作为一个加工工厂而起制成完成品的作用,否则是一点用处也没有的。人脑制成的这种完成品,究竟合用不合用,正确不正确,还得交由人民群众去考验。如果我们的同志不懂得这一点,那就一定会到处碰钉子。"③毛泽东的论述是从领导角度的提醒,这同样是对治政者的提醒。任何治政者,即使是"英雄豪杰",都必须依靠治政客体(民众)来完成治政的任务,没有来自治政客体(民众)的实践,没有经过治政客体(民众)的再实践,治政会到处碰钉子。因此,我们必须以治政客体(民众)包括不同层面的治政者为本。正如实践已经证明了的那样,治政主体及其所施之的治政一旦脱离人、忘记人、忽视人、轻慢人、作践人、践踏人、④

---

① 胡锦涛:《高举中国特色社会主义伟大旗帜 为夺取全面建设小康社会胜利而奋斗》,《十七大报告辅导读本》,第15页,人民出版社2007年版。

② 《毛泽东文集》第3卷,第373—374页,人民出版社1996年版。

③ 《毛泽东文集》第7卷,第358—359页,人民出版社1999年版。

④ 参见邱霈恩著:《领导学》,第45—46页,中国人民大学出版社2004年版。

侵犯人，就会使治政变质，就会走上治政的反面，最终会被治政客体（民众）（包括一部分治政者）和历史所淘汰。宋代理学家程颐在《代吕公著应诏上神宗皇帝书》中说："为政之道，以顺民心为本，以厚民生为本，以安而不扰民为本。"作为治政之本，必须认真做好顺民、厚民、安民、爱民、重民、利民、福民、富民、教民、助民，为民而治政，治政为民。

（2）治政权力分析。治政是权力之象征，治政本身就是权力之体现，治政依靠权力，治好政才能巩固权力。治政权力蕴存于治政主体、治政客体两大领域，贯穿于治政的科学发展和治政作用发挥的整个过程。治政在发展过程中根据自身的需要形成了自身的权威、治政能力和治政技能。治政权力可以从自身的职能定位、地位作用等几个层面来分析。

第一，治政权力内涵分析。从职能定位层面看，治政权力的内核在于对治政精英的把握。支撑治政运转的主要是治政资源，治政资源由治政精英资源、治政职位资源和治政物质资源构成。从治政精英资源来看，治政权力在本质上是对国家精英和社会精英的把握。在对精英把握上又分为三个层面。首先是对精英的集聚。任何治政高层，无论是民选还是政党执政或是世袭执政，都需要对社会精英的集聚，使之成为国家精英。精英集结之后，因治政的不同需求，可以形成治政上、中、下、基层和不同系统的精英梯级层面，这些精英的集结体现了治政主体的治政能力。其次是对精英的培育。无论是不同层面的治政者或者是治政中的主要负责人，自我培养培育和培养培育他人都是必要的。原来已是治政者的精英需要提高、提升和进步、发展；对还不是治政者的精英，必须加强培训，使之成为合格的治政者。再次是促使治政精英才能施展，或称为"施展精英"。精英经过教化之后，能够更好地在治政中发挥应有的作用。治政主体的整体能力表现为理论导向、思想沟通、组织凝聚、作风感召、制度规范、自身表率等相关能力，治政者通过这些能力达到科学治政的要求。在治政的实践中，治政过程表现为不同的职能，诸如引导推进职能、组织动员职能、价值导向职能、人才保障职能、桥梁中介职能、利益协调职能、稳定社会职能、表率教育职能等等。从内容结构的层面看，治政权力包括了内生性和外生性。所谓内生性指治政权力在治政内部的关系运作，即治政系统对自身事物的治理能力。一个治政组织，如果连自身都治理不好，就谈不上治党、治国、治天下。任何治政组织（包括系统）都有自身的运转规律，这种运转规律又必须符合和遵循治政的外部规律。治政的内生性还指治政内部的管理、运转、发展必须科学化、规范化和民主化，必须保证治政内部的"肌体"健康运转。治政的失败都是因内部原因而引起的，这正如毛泽东所论述的那样："外因是变化的条件，内因是变化的根据，外因通过内因而起作用。鸡蛋因得适当的温度而变化为鸡子，但温度不能使石头变为鸡子，因为二者的根据是不同的。"① 因此，治政的内部管理、内部建设、内部民主、内部规范、内部法治、内部教育、内部效率、内部表率是治政科学发展的根本。治政权力的外生性主要是指治政外部的治政关系及其运作。由于治政是一个治理政务的总体概念，治政权力的外生性则主要表现为与治政客体（民众）以及国际、党际之间的关系。这种关系也很重要，治政客体（民众）、国际势力、其他政党势力的促生、催发、突变作用仍很强势，应注意研究。

第二，治政权力的基本特征。治政权力与政治权力的某些部分相同，具有价值性、工具性、组织性等特征。由于治政是一个超越执政党和执政体系的概念，它就具有了与政治权力不相通的地方或者在某些方面表现更为强烈之处。由于治政权力包括的范围较为广泛，因此，治政权力表现出更为社会化的特征，具体表现为几个方面。

政治性与民主性。治政权力具有很强的政治性，这在执政党治政形态中表现得更为突出。治政权力的政治性主要体现在国家政权在谁之手和政权为谁服务。在阶级社会中，治政权力还表现为很强的阶级性。在治政过程中，治政权力的治政性还表现为政党、民族、国家、人民和治政者之间的关系。治政权力的治政性很明显，同样也表现出极强的民主性。治政权力的民主性主要体现为治政内部的民主，即治政不同层面产生的民主和治政者产生的民主以及治政者治政中的民主。缺少民主的治政不是科学的治政，缺少充分民主的治政也只是暂时的治政。治政实践中的政治和民主在理论上应该是统一的，因为政治的重要内容就是民主。但是，在治政过程中，我们却发现不少治政者把政治和民主对立起来，因此出现了治政中的政治"强势"——独裁治政和专权治政。治政者要把治政中的政治与民主统一起来，再凸显于政治中，注意发扬治政民主，以实现治政的和谐。

官性与平民性。在治政的队伍里，无论是执政还是参政、议政、辅政或参照治政队伍管理的部门，都具有官的性质。"官"在历史上被称为官

---

① 《毛泽东选集》第 1 卷，第 302 页，人民出版社 1991 年版。

吏，在现代社会上指治政中经过任命的、一定等级以上的公职人员。现代中国，官被称作"干部"。无论称干部还是称官，治政的任务没有变化。平民指治政客体中的民众，也称百姓。治政权力的官性，主要指治政者在政权中的管理、治理的权力特性，表现出对治政事物的主导特征；治政权力的平民特性，主要是指政服务民众的特征。官性与平民性同存于治政事物之中，处理好两者的关系，容易形成合力，有利于治政的科学发展。如果处理不当，容易使两者特征彰显，从而引发"官""民"矛盾，出现动荡。治政者应把治政权力用在为民众服务上，民众应该支持官权的科学运作。

民族性与世界性。治政权力的民族特性表现为民族性质、民族风格、民族范围。治政权力的世界性指治政本身是世界不同国家和地区共同采用的管理形态。治政权力虽然在一个国家体现，但它却不断地"走向世界"，直接或间接地对世界其他国家的治政产生影响。在治政过程中，治政的一切经验、发现和创新的科学原理以及治政的科学精神已逐渐成为所有治政主体的共同财富。治政权力的民族性应主动融入治政的世界性之中，在同一个世界之中求同存异，科学发展。

强制性与自觉性。治政权力是一种治理的权力，本身带有干预的性质，这种性质就是强制性本质的体现。强制在治政权力中是一种规范、一种制度，是治政者都应该做到的某种约定。因此，在约定之下，便是治政者的遵守和治政客体的遵守，这种遵守应该是自觉的。治政者应该服从上级的约定，应该遵守治政纪律，应该主动自觉地、科学地完成自己的治政任务。从治政客体（民众）来看，治政的客体（民众）也必须遵守某些约定，用自身自觉遵守约定的行动服从治政，支持治政，推动治政的科学发展。强制与自觉是一种对立的统一，在字面上两者表现有对立的含义，但在实质上强制又是建立在自觉服从的基础之上的，两者又具有一致性。

部分性与社会性。从治政者与百姓的比例来看，治政主体只是社会人的一小部分，社会人不可能都成为治政者，这便构成了治政者的部分性特征。治政者部分性的特征，确定了治政者权力的指向，表明了治政者自身所处的阶层的利益诉求，治政权力的部分性是治政权力的利益性所决定的，是治政者坚持和维护治政阶层利益的部分性的一大特征。从治政目标来看，治政者的工作又具有社会性，治政主体虽然只是一部分社会人，但他们却在为全社会人的幸福而操用手中的权力，其社会性显而易见。治政主体把自己思想的、组织的、作风的、制度的"路线、方针、政策"推向全社会，使治政成为了社会化的形式。在社会化的治政中，治政组织是一个集合体，是一种组织中的社会。治政权力的社会性和部分性决定了治政组织和治政者个体都应该把自己融入社会之中，真心为治政客体（民众）用好权，实现情为民所系、权为民所用、利为民所谋的治政社会价值。

服务性与变异性。治政权力是由治政客体（民众）赋予治政者的，无论是通过选举获取政权还是武装夺取获得政权的治政者，都应该运用自己手中的权力为选民或者自己的支持者服务，这是"真理"，是治政长治久安的保证。治政者服务于社会和民众、上级治政者服务于下级治政者，这是执政科学民主的体现。只有真心实意地服务，才能实现和谐治政，这便是治政权力服务性的体现。但是，在现实的治政权力运用过程中，不少治政者或者治政组织，在经过某一阶段的治政实践之后，即一旦形成了治政权力之后，便自觉或不自觉地把自己放到治政客体（民众）之上，有的治政者因此而成为治政和民众的"异己力量"，应该说所有治政权力腐败分子都是治政的异己力量的表现。这些人把自己看成了"我是何等人物"！[①]实现了自己的治政权力的无限扩张和欲望的放纵。治政者应该明白一个简单的道理：人的欲望是永远不会满足的，治政权力越大对治政当权者的诱惑力和腐蚀性就越大。治政者治政权力的放纵使某些治政者权力上瘾。有些治政者根本不把民众和同行放在眼里，动辄"我决定"、"我认为"、"我感到"，这是权瘾大了之后的急切表现。当有人指出某一问题所在时，他们便会说，我是从某某走过来的，我还不懂！对权力拥抱力之大，运用力之强，已达到如醉如痴之程度。在这些治政者眼里，什么同行、什么民众，皆草民而已！"不要逞英雄。事业是多数人做的，少数人的作用是有限的。应当承认少数人的作用，就是领导者、干部的作用，但是，没有什么了不起的作用，有了不起的作用的还是群众。干部与群众的正确关系是，没有干部也不行，但是，事情是广大群众做的，干部起一种领导作用，不要夸大干部的这种作用。没有你就不得了吗？历史证明，各种事实证明，没有你也行。"[②] 权瘾来自于欲望，权瘾使人腐化，要杜绝治政者的"权瘾"！

责任性与敛权性。治政是一种责任，这种责任是在一定的法律规范下

---

① 《毛泽东文集》第 3 卷，第 373 页，人民出版社 1996 年版。

② 《毛泽东文集》第 6 卷，第 401—402 页，人民出版社 1999 年版。

的权力责任。治政权力的责任可以从三个层面理解，一个是治政组织责任，即治政组织目标责任，这种责任要由治政者完成；另一个是治政法规和制度规定的责任，即治政者依法担当的法律责任；还有一个是具体的治政者对责任的担当，即按要求完成和担当起应当担当的任务责任，完成分内的事的责任。所有治政者都应该有自己的责任心，自觉地把自己担当的治政任务做好，用好治政的权力，完成治政任务。但是，从治政实践中我们发现了治政者的治政责任的异化，即有的人放弃法律责任超越了自己应担当的任务责任，把有"好处"的治政权力全部攫为己有，这便是敛权。所谓敛权，就是超越法律、法规的规范，把本来不属于自己的权力也全部抓到自己手中，形成治政个人或者小集团的高度集权，从中捞取不应有的物质利益和政治利益。敛权的表现有其自身的特点，一是绝对自私性。所有敛权者都是绝对的自私主义者，这种治政者视他人如草芥，视自己利益为泰山。二是流氓性。所有敛权者表面是正人君子，骨子里却是流氓成性。这种人吃喝嫖赌样样齐全，处事常用下流手段，逼迫同行让权、放权，这种人说起来会冠冕堂皇，是为了事业，为了让其他的治政者多休息、减责任。三是"匪性"，所谓匪性即土匪性，指敛权者最好独断专行，搞一言堂，排除异己，霸道且匪气十足，手段狡猾且恶劣。四是投机性。敛权治政者利用某些治政上级的爱好，送其所好，投其所好，拍马逢迎，只要能"升官"，干啥都可以，因此处处离不开投机。这种人在投机敛权中用尽了各种方法，行贿、收买、黑道、逼杀等等是他们的常用手法。我们认为，治政敛权可能一时得逞，但最终必定成为治政的罪人、人民的罪人。

主导性与层次性。所谓主导指对治政走向的主要的引导。治政权力的主导性主要是指治政主体对治政过程和未来治政发展的主导。在治政实践中，治政主体有时就是执政党，主导着社会、经济、政治和文化的发展方向，推动治政积极地科学地发展。治政权力的主导地位还具有很强的层次性，不同层面的治政者在最高层面权力的主导下，可以较为自主地发展。治政权力的层次性是治政现实的需要，同样是为了治政权力和责任的分解。但是，由于层次性的明细特点，治政一级只对一级负责，容易出现治政的梗阻现象，即由于治政中间层面的原因，上层意图或者计划在基层实现比较困难，有些政策被中层截留或传导不畅，这是治政权力应该注意研究的。

现实性与历史性。治政的权力使用和体现都是在治政实践中进行的，具有现实性，并通过现实来实现并在现实中实现。在治政场上流传着一句话叫做权力不用过期作废，讲得俗气，但却说出了治政权力的现实特征。规范治政权力，首要的是规范治政权力在现实社会中的运用。在治政实践中，现实总是与历史相连，因为今天的现实就会成为明天的历史。治政权力使用当否，既有治政实践检验，也有治政历史检验，因为治政历史就是治政实施后的实践结果。对治政者个人来讲，治政的昨天、今天和明天正是自己治政的历史、现实和未来。

科学性与实用性。治政权力的科学性指治政权力的分配、使用、检验要科学，治政权力的科学是为了保证治政实践的科学。权力的运用主要靠监督和规范，权力规范的本身就是科学使用权力，只有规范了权力和规范权力的使用，才能真正体现治政权力的科学运用。另外，对治政权力的监督要科学，"权力没有管头"，权力非失控不可！对权力监督的科学指要发挥治政正常权力的作用，既要使权力达到所要求的效益，又要使治政权力者不越权、不擅权、不贪权，让权力的功用正常。治政权力的科学使用还有实用的问题。所谓实用指治政权力在实际运用中对当事治政者的益处。不少治政者过多地追求治政的实用性，不顾及治政的科学性，这与治政权力的实用益处有关。

法定性与特殊性。治政权力一般是由法律规范的，也叫法定权力，是由治政组织机构正式授予治政者在治政的职位上所引起的、指挥他人并促使他人服从的权力。治政法定权力是治政者职权大小的标志，一般包括了治政中的奖励权、惩罚权、专长权和影响统摄权，这些权力在治政过程中被称作"常权"，当治政主体获得了法定权力，并按公共价值取向运用时，所发生的治政就是常权化。治政有了常权化才意味着治政权力权威的正常和稳定，也意味着治政真正实现了民主、进步与文明。治政权力有合法、民主的特征，同样也会发生例外，即治政权力在运用过程中的特殊现象，被称作治政权力的特殊性质。治政权力的特殊运用被社会称为特权，治政特权容易形成特殊化。治政权力特殊化是治政主体中的部分治政者把治政理解为享受和谋取个人或少数人利益的手段的结果。[①] 进一步讲，当治政主体权力谋取特殊权力并按自己的价值要求运用时，就出现了治政的特权化。治政特权化就是治政腐败化，容易损害治政肌体，最终导致治政失败。

---

① 参见邱霈恩著：《领导学》，第41页，中国人民大学出版社2004年版。

依附性与动态性。① 治政权力的作用发生总要通过一定的治政组织形成和体现，这就表现为治政权力的依附特点。治政权力虽然最终由某些具体治政者来使用，但是，这种使用权是由治政组织授予的，治政者个体的权力必须依附治政组织。治政权力所依附的载体——治政组织又具有动态性，这种动态性使治政权力处于变化的状态。治政权力的动态主要体现在对治政高层的选择和其他层次的调整方面，也体现在治政主体和治政客体对治政体制的选择方面。

三、治政的基础与依据

1. 治政的基础

治政必须具有基础才可能实施，也才可能科学发展。治政的基础是治政扎根生长、壮大的根基，是治政的根本、原本和资本。没有基础的治政无从谈起，即便治政者强力推行，也是"无源之水"、"无本之木"。治政的基础细分起来可以分为理论基础、实践基础、人文基础和物质基础。

（1）理论基础。治政是新产生的一门学科，它必须借鉴其他学科的经验、教训，必须有相关的理论作指导。没有理论基础的治政也只是一种摸索，容易产生盲目性和随意性，不会有好的治政成果。

第一，哲学基础。任何一门学科都必须有一定的哲学基础。哲学是关于世界观、价值观、方法观的学说，是人们对整个自然界、社会和思维的根本观点的体系，是高度抽象的社会意识形态，是在具体各门科学知识的基础上形成的，具有抽象性、反思性、普遍性的特点。它的根本问题是思维对存在、精神对物质的关系的问题。建立"治政学"这门学科，必须有哲学基础，必须有自己的认识论，并用这种认识论去研究治政学。"什么叫哲学？哲学就是认识论。"② "各种哲学学说，都是隶属于一定社会阶级的人们所创造的。这些人们的意识，又是历史地被一定的社会生活所决定。所有的哲学学说，表现着一定社会阶级的需要，反映着社会生产力发

---

① 参见王韶兴：《政党权力的科学内涵与基本特征》，《新华文摘》2008 年第 11 期。

② 《毛泽东文集》第 8 卷，第 390 页，人民出版社 1999 年版。

展的水平和人类认识自然的历史阶段。哲学的命运，看哲学满足社会阶级的需要之程度如何而定。"① 没有认识论，没有正确的世界观、人生观、价值观，治政学也不成为科学。因此，哲学是我们建立治政学和研究治政的基础。

第二，辩证唯物主义基础。治政和治政学研究必须把辩证唯物主义作为基础，"因为辩证法是自然与社会最普遍的发展法则，我们明白它，就得到了一种科学的武器，在改造自然与社会的革命实践中，就有了同这种实践相适应的理论同方法。唯物辩证法本身是一种科学（一种哲理的科学），它是一切科学的出发点，又是方法论。""一切做对了的事，考究起来，都是合乎辩证法的。"② 从实践中，我们选择辩证唯物主义作为治政的理论基础，这是正确的也是必需的。辩证唯物主义是关于自然界、人类社会和思维发展的最一般规律的科学。辩证唯物主义认为，世界的统一性在于其物质性，意识是物质高度发展的产物，是对物质的反映；对立统一规律是宇宙的根本规律，对立面又统一又斗争，由此推动事物的运动和变化；质量互变规律和否定之否定规律是自然、历史与思维的重要规律；认识是在实践基础上由感性认识到理性认识、由理性认识到实践的能动的飞跃，是实践、认识、再实践、再认识的辩证发展过程，它依赖于实践，又转过来为实践服务，并认为检验真理的标准是实践，辩证唯物主义还正确地论证了辩证法、认识论和逻辑学相一致的原理。③ 治政是建立在辩证唯物主义基础上的，治政又必须运用辩证唯物主义去解决治政实践中的问题，辩证唯物主义是治政和研究治政学的科学工具，我们必须把握好和运用好这个工具。运用好辩证唯物主义，就要把辩证唯物主义运用到实践中去。"马克思列宁主义来到中国之所以发生这样大的作用，是因为中国的社会条件有了这种需要，是因为同中国人民革命的实践发生了联系，是因为被中国人民所掌握了。任何思想，如果不和客观的实际的事物相联系，如果没有客观存在的需要，如果不为人民群众所掌握，即使是最好的东西，即使是马克思列宁主义，也是不起作用的。"④ 我们必须把辩证唯物主

① 《毛泽东著作专题摘编》上卷，第17页，中央文献出版社2003年版。
② 同上书，第33页。
③ 参见宋原放主编：《简明社会科学词典》，第1101页，上海辞书出版社1982年版。
④ 《毛泽东选集》第4卷，第1515页，人民出版社1991年版。

义运用到治政实践中去。

（2）实践基础。自从有了政府或类似政府的组织机构之后便就有了治政，治政的实践已经有相当长的历史了。治政理论如何发展，治政向何处发展，都必须由治政实践来完成。

第一，治政的历史经验。人类的历史是一部丰富的治政实践史，在这部历史中，不断有新的治政形式代替旧的治政形式，也不断有新的治政制度代替旧的治政制度。人类的治政发展正是在不断发展的历史中进步的。不同的社会有不同的治政形态。社会，是以共同的物质生产活动为基础相互联系的人类生活的共同体。马克思讲："社会——不管其形式如何——是什么呢？是人们交互活动的产物。"[①] 社会是一种历史现象，按照不以人的意志为转移的客观规律向前发展变化。社会学家认为，人类社会的形态有五种：原始社会、奴隶社会、封建社会、资本主义社会、共产主义社会。也有的学者认为人类社会分为奴隶社会、封建社会和民主社会，民主社会还没有完成。不同的社会形态有不同的治政形式。任何治政形式都是随着社会的进步而发生变化的。治政的历史经验告诉我们，治政一定要遵循人类社会发展进步的规律，要注意解决不同社会的主要矛盾，促使治政形态在治政实践中科学发展。在治政的历史中，不少的治政主体消亡了，治政形式也被淘汰了，这是社会进步的规律决定的，但治政者尤其是今天的治政者，应该从治政历史中总结治政的经验和教训，以史为鉴，在治政的历史中摸索科学的治政之路。

第二，治政的现实借鉴。现实的治政实践中，不同的国度和地区有不同的治政形态，即使同处一个治政制度层面，它们的治政方式也不会完全相同，这是因为不同国家和不同地区的社会情况不同。当今中国实行的是马克思主义同中国具体实际相结合的方式，有借鉴、有剔除，并不是原样照搬。1958 年，毛泽东就讲："自力更生为主，争取外援为辅，破除迷信，独立自主地干工业、干农业、干技术革命和文化革命，打倒奴隶思想，埋葬教条主义，认真学习外国的好经验，也一定研究外国的坏经验——引以为戒，这就是我们的路线。"[②] 许多治政方式正是建立在已有的治政经验的基础上的。邓小平讲："思想路线是什么？就是坚持马克思主义，坚持把

---

① 《马克思恩格斯选集》第 4 卷，第 532 页，人民出版社 1995 年版。
② 《毛泽东文集》第 7 卷，第 380 页，人民出版社 1999 年版。

马克思主义同中国实际相结合，也就是坚持毛泽东同志说的实事求是，坚持毛泽东同志的基本思想。""所以，我们多次重申，要坚持马克思主义，坚持走社会主义道路。但是，马克思主义必须是同中国实际相结合的马克思主义，社会主义必须是切合中国实际的有中国特色的社会主义。"① 在当代的治政方式中，有实行人民代表大会制的，即各级人民代表大会实行民主集中制原则，由人民通过普选，直接地或间接地选出人民代表，组成全国人民代表大会和各级人民代表大会作为行使权力的机关；有实行三权分立式的，即立法、行政、司法三项国家权力，分别由三个不同的机关独立行使，三项权力互相制约。这是一种共和制的治政方式，有把议会和普选制联系在一起的；有实行一党制的，即一个政党执政，由该党掌管国家政权；有实行两党制的，即由两个主要政党通过定期议会选举或总统选举获胜而轮流执掌政权的制度；有实行君主立宪制的，也称"有限君主制"，君主为世袭元首，但其权力受宪法限制；有实行多党制的，即国家多党并立，互争政权的一种政治制度。在全球二百二十多个国家和地区中，有许多种治政方式，这众多的治政方式都有其优点，值得治政借鉴。

（3）人文基础。人文基础是治政的依托，是治政之本。这里的人文基础是指基层治政者、民众、社会组织、治政组织所构成的与治政相关的主要的文化现象。这里的人文指以人为主体，是相对治政者而言的治政基础。

第一，基层治政者。治政的效果如何，治政是否得到治政客体（民众）的认可，治政意图能否实现，关键在于基层治政者。基层治政者既是治政者的形象和治政客体（民众）的代表，又是民众的直接服务者，他们最了解治政客体（民众）对治政的需求，也最了解治政在民众中的效用，即民众需要什么，治政最该抓什么，基层治政者是治政的基础，"基础不牢，地动山摇；基础打牢，治政高效"。治政者尤其是高层治政者，要注意加强基层治政队伍的建设，在组织上、思想上、作风上、纪律上、廉洁上、服务上、身体健康上、心理健康上等等方面加强建设，治政基层队伍建设要"以人为本"，要以基层为本，要从政治、经济、文化、社会等不同层面，把基层治政队伍建设好。另外，由于治政体制不同，上层治政者还要在下级治政者的"进步"方面加强建设，改变用人唯亲、唯钱、唯关

---

① 《邓小平文选》第 3 卷，第 62—63 页，人民出版社 1993 年版。

系、唯圈子而不唯业绩的治政者使用办法，推进基层治政队伍建设的科学化。从治政历史来看，任何治政体制的更替都与基层治政有直接联系，治政高层千万不要小看小人物的作用，小看基层治政者的作用，要切实打牢治政的基础。

第二，治政客体的主体——民众。民众是治政的根本，是治政客体的主要部分。所有治政都缘民众而起，又为民众服务，说到底治政应该是为民众的治政。如果说基层治政者是治政队伍的基础，那么，民众则是整个治政的基础，没有民众，治政无从谈起。当然，我们所有的治政者都来自于民众，最初也都是民众的一员，不过在求生存中分工不同而已。所有的治政都应该走民众路线，这是治政获得成功的"秘诀"。要做好民众工作，使民众信任、拥护、支持治政，就要关心他们，就要依靠他们。"群众生产，群众利益，群众经验，群众情绪，这些都是领导干部们应时刻注意的。"① 要从根本上关心和爱护民众。"要得到群众的拥护吗？要群众拿出他们的全力放到战线上去吗？那末，就得和群众一起，就得去发动群众的积极性，就得关心群众的痛痒，就得真心实意地为群众谋利益，解决群众的生产和生活问题，盐的问题，米的问题，房子的问题，衣的问题，生小孩子的问题，解决群众的一切问题。"② 关心民众，了解民众，才能真正谈得上依靠民众。"力量的来源就是人民群众。不反映人民群众的需求，哪一个人也不行。要在人民群众那里学得知识，制定政策，然后再去教育人民群众。所以要当先生，就得先当学生，没有一个教师不是先当过学生的。而且就是当了教师之后，也还要向人民群众学习，了解自己学生的情况。"③ 所有治政者必须明白一个真理："群众是真正的英雄"。④ 那些脱离民众、轻视民众、愚弄民众、忘记民众、轻慢群众、作践民众、践踏民众、欺压民众、欺骗民众的治政者最终会被民众所淘汰。

第三，社会组织。社会组织是治政依托的另外一种形态。社会组织指除了治政组织之外的正式和非正式组织。社会正式组织指经过一定机构部门同意而组建的艺术、技术、学术研究等方面的社会组织。非正式组织指

---

① 《毛泽东著作专题摘编》上卷，第273页，中央文献出版社2003年版。
② 《毛泽东选集》第1卷，第138—139页，人民出版社1991年版。
③ 《毛泽东文集》第8卷，第324页，人民出版社1999年版。
④ 《毛泽东选集》第3卷，第790页，人民出版社1991年版。

不是组织者有意创建的，因为利益相近而自愿结合组建的社会组织。非正式组织有时被称为小团体。治政组织通过这些社会组织逐步实现治政组织目标。任何社会都会有治政组织之外的社会组织，这些组织之外的社会组织有时会成为治政组织的正式依托。

第四，治政组织。治政组织也被称为治政团队，所有治政者都是治政团队的成员。治政组织是治政活动的舞台，治政者应该有一定的职位和权力，没有一定的职位和权力，治政者便不可能实现治政职能和治政组织目标。治政组织作为正式组织，具有极强的系统性和组织性，它作为治政者的治政舞台和治政者的根本的治政工具，为了完成某种治政组织的目标、功能，早已为治政者设计了一个个不同的治政角色，力争实现组织运转中的和谐，并保证治政组织目标的实现。

治政组织是治政者活动的舞台。所谓治政活动舞台指治政者活动的具体的载体。没有这个载体，没有治政者不同角色而构成的治政体系，没有组织角色这个载体，治政者便无法发挥治政作用和实现治政组织目标。

治政组织是治政者治政的工具。所谓治政工具指治政组织是治政者实现治政组织目标的手段。治政组织是治政者根据治政需要构建的，又是实现治政组织目标的根本手段和载体。治政组织是工具，治政者也是工具。毛泽东曾讲领导者是群众的工具："群众是从实践中来选择他们的领导工具、他们的领导者。"[①] 因此，治政者应该也必须用好治政组织这个工具，切实发挥治政组织这个工具的作用。

治政组织是治政者与治政客体发生作用的媒介。在治政组织的内部，治政组织上层通过制定政策、布置工作、调节控制、检查监督、总结推广等方式，对中、下层、基础治政者的行为和思想施加影响，使治政组织中不同层面的治政者上下一心，团结奋斗以实现自己的目标。在治政组织的外部，治政者根据民众对治政的要求，确定治政组织目标，调动民众参与的积极性，使民众按照治政者的治政要求进行工作。在治政者之间和治政主客体之间，治政组织发挥着不可替代的媒介作用。

治政组织是治政者的凝聚中心。所谓凝聚中心是指治政者以治政组织为中心，为治政组织的目标而工作，为此，治政组织至少要做到几点。

• 创建一个可以供治政者共同分享的目标；

---

① 《毛泽东文集》第3卷，第373页，人民出版社1996年版。

- 让目标成为团队的目标；
- 让治政组织中每一个成员都对治政团队的组织目标负责；
- 要实事求是地对待组织的每一个人；
- 让治政组织全体成员同患难、共荣辱；
- 让治政组织中每一个成员都互相成为良师益友；
- 让治政组织中的成员对治政活动自觉参与、自觉工作。

只有治政组织中每个成员都达到了上述几点，这个治政组织才能成为生机勃勃、战无不胜的组织。

治政组织是社会群体的核心。社会群体实际上就是治政客体（民众），治政组织要运用不同的方法，把社会群体组织好。治政组织要真正成为社会群体的核心，就必须把社会群体作为服务的对象，要切实地为他们谋利益。得到社会群体的认可，不是几句口号，一顿训斥就可以实现的；核心也不是自封的，是在社会群体的心目中和生产实践中形成的。治政组织成为社会群体核心要具备两点：一是治政组织对社会群体的服务诚意，使自己成为核心；二是治政组织方法得当，使社会群体成为围聚在治政组织周围的群体。

治政组织是联结治政主体与治政客体（民众）的实体。治政为了人民，治政依靠人民，治政成果由人民共享，治政成果的实现要靠治政者，治政者作用发挥要靠治政组织，通过治政组织的作用而推动治政客体（民众）为治政组织目标而努力。因此，治政组织是治政主体与治政客体（民众）的中间的"联系体"，治政者以治政组织的名义去从事治政活动。

（4）物质基础。物质基础是治政的最基本基础，是一切治政活动的基础，没有这个基础，治政将是"巧妇难为无米之炊"。

第一，物质保障。这里的物质指治政过程中所需要的实物、金钱等。任何组织都需要物质保障，治政组织也如此。"要保证人们吃饱饭，然后人们才能继续生产。没有这一条是不行的。"① 这就是物质的保障。一切治政组织都是由人构成的，一切治政者必须吃、喝、住、穿，这是人类的基本物质需求，也是治政者的基本需求，吃、喝、住、穿、行的物质保障和供治政者开展工作的保障，都是必需的。

第二，利益分配。利益分配指治政物质利益、政治利益等方面的分配。利益分配是一门科学，如何科学分配，这是治政者应该研究的。治政者不是

① 《毛泽东文集》第8卷，第133页，人民出版社1999年版。

神，也有自己的利益需求。在不同的社会形态下，如何实现利益分配公平、公正，如何让不同贡献的人获得他所应有的利益，这的确要用科学的办法来解决。况且，利益是人们进行生产和其他社会活动的基本动因。治政主客体获取发展自身的物质和文化生活资料，或者谋取切身的经济利益，是治政主客体进行生产和活动的直接目的。其他一切社会活动也同物质利益有关。因此，作为治政的基础的基础，利益分配必须科学、合理、公正。

2. 治政依据

治政必须有依据。治政依据是治政运转过程的理论、事实和法律的依凭。没有依据的治政是一种盲目的不牢靠的治政。

（1）实事求是和客观规律。实事求是和客观规律是治政的首要依据，不依据实事求是和事物的客观规律，治政既不会获得应有的绩效，也不会得到治政客体的支持和拥护。

第一，实事求是。实事求是是治政的现实依据，没有实事求是的精神作依据，治政就成为虚无缥缈的东西。"'实事'就是客观存在着的一切事物，'是'就是客观事物的内部联系，即规律性，'求'就是我们去研究。"① 我们一定要抓住客观事实这个依据，在客观事实的基础上，实事求是地解决治政问题。

第二，客观规律。客观规律是治政的又一科学依据。治政必须按照治政的客观规律办事。所谓客观规律指治政内部的本质联系，它不以人们的意志为转移，不能被创造、改变和消灭。治政客观规律是治政本身所固有的，是看不见摸不着的，我们可以在治政实践的基础上对它表现出来的种种现象进行调查研究，并逐步掌握它，用它来改变治政现实。同时，我们还可以改变或创造治政条件，以适应治政的客观规律，减少治政客观规律的破坏作用。客观规律这个依据治政不可缺少，要在认识客观规律的基础上按规律的要求治政。

（2）事物发展的导向。事物总是按自身的规律向前发展的，作为治政，既要按治政规律办事，促使治政健康发展，又要遵循事物发展总的规律，推进治政科学发展。治政按照客观规律办事，治政实践就能成功；治政不按治政客观规律办事，治政实践就会失败。

---

① 《毛泽东选集》第3卷，第801页，人民出版社1991年版。

第一，践行科学发展观。科学发展观是由胡锦涛2004年3月在中央人口资源环境工作座谈会上提出来的。一个国家坚持什么样的发展观，对这个国家的发展会产生重大影响，不同的发展观往往会导致不同的发展结果。治政必须践行科学发展观，用科学发展观指导治政实践。在中共十七大报告中，胡锦涛又对科学发展观作了阐述："科学发展观，是立足社会主义初级阶段基本国情，总结我国发展实践，借鉴国外发展经验，适应新的发展要求提出来的。"① 治政践行科学发展观，就是坚持以人为本，坚持全面协调地治政，坚持在治政过程中统筹兼顾。一切治政工作都要坚持用科学发展观作指导，坚持治政按照事物的客观规律和自身发展规律健康、科学地发展。

第二，践行为民的生存观。治政为民、治政爱民，治政为了让人民更好地生活生存。其实"为民生存"就是民生的问题。治政建设与人民幸福安康息息相关，必须在治政中树立"民生"的思想，树立健康的民生观。践行为民生存观，就是要注重治政为民的实质内涵建设，着重保障和改善民生，推进社会体制改革，扩大公共服务，完善社会管理，促进社会公平，真正通过科学治政，实现民众"学有所教、劳有所得、病有所医、老有所养、住有所居"。② 所有治政都要树立民生第一的观点，"坚持人民是历史创造者的历史唯物主义观点，坚持全心全意为人民服务，坚持群众路线，真诚倾听群众呼声，真实反映群众愿望，真情关心群众疾苦，多为群众办好事、办实事，做到权为民所用、情为民所系、利为民所谋。"③ 切实帮助民众解决实际问题。

第三，践行共富的和谐观。治政为民的另一个基本观点就是践行共富和谐观。治政要和谐、社会要和谐，必须在分配上保持公平、正义，走共同富裕的道路。让一部分人先富起来不是治政目的，让全民共同富裕才是治政的根本目的。真正实现尊重人民主体地位，发挥人民首创精神，保障人民各项权益，走共同富裕道路。走共同富裕的道路是治政和谐的保障，也是治政和谐的追求，这是治政和谐的基本观点。

---

① 胡锦涛：《高举中国特色社会主义伟大旗帜　为夺取全面建设小康社会新胜利而奋斗》，《十七大报告辅导读本》，第13页，人民出版社2007年版。

② 同上书，第36页。

③ 同上书，第52—53页。

第四，践行道德的思想观。治政的另一个依据就是要确立治政道德观。治政道德指包括规范民众道德和治政者道德在内的为了调整治政者之间、治政者与治政客体（民众）之间、民众与民众之间的行为规范的总和。对于治政者来讲，不仅要有善和恶、荣誉和耻辱、正义和非正义的道德规范，还要有为民、服务、奉献、廉洁等行为规范；对于民众来讲，要以形成诚信意识为重点，遵守社会公德、职业道德、家庭美德、个人品德的原则，形成人人为我、我为人人的风气，自觉履行自身义务、社会责任、家庭责任。治政者应该是遵守道德的模范。

第五，践行法治的进步观。法治是治政最基本的保障，没有法治的社会要么是暴力治政，要么是无序治政。在治政过程中，要坚持法治不断进步的观念，包括社会进步状况不断推进法治的内涵建设。要科学立法、民主立法，使一切治政活动都严格按照法律办事，坚持法律面前人人平等，维护治政的公平正义、维护治政法治的统一、尊严、权威，推进依法治政，治政的法治进步要真正实现"尊重和保障人权，依法保证全体社会成员平等参与、平等发展的权利。"①

四、治政的地位与作用

治政说到底是一种地位治政，所谓地位治政是指治政需要有相当的地位，治政者在一定的地位上依地位治政。治政的地位不是从天上掉下来的，它是治政客体——民众赋予的。

1. 治政的地位分析

所谓治政地位指治政在社会关系中所处的位置，包括治政者在社会关系中所处的位置。

（1）治政社会层面的地位。所谓治政社会层面的地位指治政在社会层面所处的位置。治政社会层面地位可以从核心地位、政治地位、经济地位、社会地位、文化地位等方面来理解。

---

① 胡锦涛：《高举中国特色社会主义伟大旗帜　为夺取全面建设小康社会新胜利而奋斗》，《十七大报告辅导读本》，第 30 页，人民出版社 2007 年版。

第一，治政的核心地位。所谓核心指治政处在治政的中心地位，治政就是掌握和运用各种资源，动员各种力量去实现治政群体目标的运转过程。治政核心地位指决定治政全局的中心地位，它决定着治政的走向、发展、成果、效率、效益和成败。治政是一切管理、教育、经济、文化、政治等工作的核心。治政者应该明确这个核心地位，用好这个地位，发挥地位应有的作用。

第二，治政的政治地位。治政代表着一定的利益集团和集团利益，有时具有明显的民族性、集团性、阶层性和阶级性。如果是某一执政党治政，执政党的利益必然在治政中凸显。这种政治地位还体现在对治政者的使用和治政者的产生、管理的制度上。

第三，治政的经济地位。治政的中心任务是发展经济，一切治政工作和治政管理工作都应该为经济发展服务，并从经济发展中满足人们日益增长的物质和文化的需求，满足治政者自身的经济利益的需求。经济是治政的基础，治政关系到经济效益的走向。

第四，治政的文化地位。严格地说，从文化的大概念来看，治政也是一种文化现象。但从狭义概念层面分析，治政包含了文化的含义。治政所形成的治政文化在社会上占文化的主导地位，引导着文化活动和文化现象向着治政文化所要求的方向发展，因此，治政在文化层面上占有主要的文化位置。

第五，治政的社会地位。治政是一种社会行为，对社会的进步具有引导和推进作用。在人类社会中，治政对社会具有最实质、最主要的决定性作用。在社会上，小到社会习惯、大到社会性质，包括社会人的生活水平，都直接受到治政的制约。治政对社会形成的正动力或正导向，给社会人带去鼓舞、激励、光明或福利，治政对社会形成的负动力或负导向，给社会人带去压抑、压迫、灰暗或灾祸。[①] 治政与所有社会人的切身利益、身心健康紧密相连，因此，治政在社会中占主导地位。

2. 治政的作用

治政在治政过程中发挥着极为重要的作用，有些作用是明显的，是人们可以直接感觉到的，有些作用是隐性的，是人们不能够在现实中察觉到

---

① 参见邱霈恩著：《领导学》，第53页，中国人民大学出版社2004年版。

的，无论是可以感受到还是不能感受到，治政的作用是实实在在的。

（1）治政的直接（显性）作用。治政的直接（显性）作用指在治政实践中可以直接看到或感受到的作用。

第一，人文教化作用。治政通过治政教育、思想、表率等手段，对治政者以及治政客体（民众）实施治政教化作用，引导人们树立正确的世界观、人生观、价值观和治政观。

第二，政治的支配作用。治政对政治资源、对政治主导思想有绝对的支配作用。这种支配作用体现在对本集团的利益保护和维护绝大多治政客体（民众）利益的坚决态度和行动上。治政支配着相关的政治观点、政治态度、政治要求，尤其是在执政党治政的形式中，政治维护执政党政治利益的作用是非常明显的。

第三，经济的主导作用。治政的经济主导指对经济的制度、模式、方向、利益分配等方面的主导。治政决定了国家和地区的经济走向、经济运营的方式，一切经济效益都是治政的直接治理结果或者间接的治理结果。

第四，法律的规范作用。从法治的结果和过程分析，一切法律都是统治阶级为了维护社会稳定和本阶级利益而制定的行为规范，而统治阶级是最高或者最根本的治政者。治政者通过自己制定法律，来规范治政者和治政客体（民众）的社会行为。

第五，文化的决定作用。治政对文化的决定作用指治政决定了人们精神财富的实质和文化的走向。治政通过对文化层面提倡什么、反对什么、制止什么而推动文化的进步，决定文化的内容，改变文化的作用。

第六，社会的和谐作用。社会和谐是指一切治政者追求的社会目标，治政既制定社会和谐目标，又为和谐制定办法，并通过自身的作用，通过利益的分配和再分配，推动和谐社会的构建，逐步实现构建民生法治、公平正义、诚信友爱、充满活力、安定有序、人与自然和谐相处的和谐社会的理想。

第七，历史前进的火车头作用。治政是一种历史范畴，是一个不断发展和变化的领域，其过程表现为过程性和历史性。治政的历史要求治政者必须符合历史规律，符合历史发展的潮流，在历史过程中带好头、做好表率，引导社会进步的趋向。

第八，中性权威的工具作用。由于治政的作用和治政者队伍构成的原因，治政又具有中性的性质。诸如发达国家中的权力制约和一些国家中不同政党的参政和议政，有时表现为明显的中性特征。另外，在治政权力还处于无主状态时，人们都可以去追逐、追求、掌握，这时的治政权力是一种中性状态。治政权力一旦被治政者所掌握，治政便失去了中性状态，呈现出治政价值。从治政的社会状态来看，我们经历了不同制度的治政时期——奴隶、封建、资本主义、社会主义等时期。在这些不同的治政时期中，治政属于哪类社会治政形态、哪种社会治政制度、哪种治政阶级，即由谁来治政，由谁来控制治政等等都是由治政主体决定的。

第九，自身发展的支撑作用。治政是赢得胜利取得治政成功的关键，治政自身必须加强建设，只有自身健康了，才有可能实现科学治政。在全局方面，有上层治政者的决定性治政；在局部方面，要靠中、下、基层治政者的实施性治政；在性质方面，有政治治政、组织治政、思想治政、理论治政、学术治政、经济治政等等；在能力水平方面，有内行治政、知识治政、能力治政、智慧治政、科学治政、业务治政和艺术方法治政；在形式方面，有魅力治政、人格治政、模范治政、权威治政、民主治政、表率治政、道德治政[①]等等。我们列举治政自身的不同治政形式，目的是为了推进治政的自身建设。只有治政自身健康，才能治好政，才能安好民，因此，治政高层对治政自身建设具有支撑作用。治政高层不能也不应该放弃这种支撑作用。

（2）治政的间接（隐性）作用。治政的间接作用指人们对治政过程看不到但在治政结果中却能感受到或多少年之后才能悟到的治政作用。

第一，治政力作用。治政力有明显的作用部分，也有隐性的作用部分，治政力作用是治政的核心力、实力、质量和效果，是治政结果的显现。治政力在治政过程中，人们不能直接体会其作用的显性力量。

第二，领导力作用。治政者几乎都是领导，但领导不一定都是治政者。领导力指治政者在这种过程中所发挥的组织力、挑战力、竞争力和化解能力的作用。

第三，生产力作用。有人讲治政就是生产力，这种说法不科学，治政者是生产力要素中最为重要的那部分，是生产力发挥作用的主体部分，但治政者不能涵盖生产力的全部。

---

① 参见邱霈恩著：《领导学》，第55页，中国人民大学出版社2004年版。

第四，影响力作用。治政者通过自身的人格、决策水平、带头能力、表率作用、效益分配、理想构建、宣传等发挥自身的影响作用，体现影响力的效果。

第五，凝聚力作用。治政本身就应该具有凝聚力量，治政是一切领导和管理工作的凝聚核心。治政者又是不同治政层面的凝聚核心。

第六，发展力作用。治政既是现在的事业，也是未来的事业。治政的发展关系到国家和地区的繁荣和长治久安，治政本身需要进步和发展，治政所面对的事业同样需要进步和发展，两种发展相辅相成，并且以治政发展为动力，以国家和地区事业发展作为结果体现着治政的发展力。

第三章 治政主体分析

【本章要点】 治政主体有广义和狭义概念之分。无论是广义的治政主体还是狭义的治政主体，最简单的理解办法是治政者都是治政主体、与治政相关的组织也是治政主体。治政主体在治政过程中承担着不同的治政角色，具有不同的特征。根据治政主体本质的不同，还可以分为不同的类别，这些类别都表明了治政主体自身的治政责任。在治政的过程中，治政者又都具有不同的治政力，并以此在治政的深度上加以推进。

【关键概念】 主体；治政力；分类；角色

一、治政主体的概念与特点

治政主体指社会系统中（或称治政系统）充当支配角色的那一部分因素。治政主体有人也有组织，这是与其他主体的区别之一。虽然治政主体包括了治政组织，但治政主体的构成主要是治政者。治政者是治政主体中能动的、积极的、占主导地位的、有决定性作用的那部分因素。

1. 治政主体的概念

（1）治政主体的广义概念。治政主体的广义概念是从治政主体和治政客体两部分进行分析和区别的，即治政主体是相对治政客体而言的。广义的主体概念指治政的主体部分。

第一，治政主体概念。所谓治政主体指在治政系统中占主导地位并充当支配角色的那部分因素。治政主体包括了治政者、治政组织等治政因素。

第二，治政主体的概念理解。治政主体的概念，是从治政系统的全局来分析和确立的，也必须放到治政系统的全局中来理解。从治政的群体层面来看，治政主体指在治政者群体中代表和体现治政者群体意志、运用治政权力、主宰治政过程、支配治政客体的个人；从治政的组织层面来看，治政主体就是指代表和体现治政组织的意志，制定治政组织目标、组织实施治政组织目标、运用各种组织资源、分配组织治政成果、引导治政走向的组织和个人；从社会的层面来分析，治政主体就是指体现公众意志和公共精神、掌握和运用公共权力、公共资源，主导治政客体利益分配和精神价值趋向的组织和个人。

治政主体支配着治政系统和全社会的主要资源，治政的成果直接影响治政主体自身、治政客体（民众）和全社会的财富积累，影响全社会人的生活生存幸福指数。治政的成果关系到全社会的科学发展、进步，关系到全社会人的生活质量。

（2）治政主体的狭义概念。我们之所以把治政主体分为广义和狭义的概念，目的是为了理解和强调治政者在治政过程中的特殊地位和作用。任何治政组织和治政结构都是由治政者建立并由治政者指挥和操纵的。在治政过程中，治政者正是利用组织的名义推行治政者自己的治政思想、理念，利用组织控制和支配下属治政者。因此，任何治政组织都离不开治政者，治政组织和机构不过是治政者治政过程中的工具。为此，我们有必要对治政主体加以详细区别、区分，以求更为精确。

第一，治政者。所谓治政者指治政系统中掌握和运用治政权力的个人。治政者在治政系统中决定和指挥治政机构（组织）；并在治政过程中借助治政机构（组织）来发挥治政作用。治政者中有许多领袖人物，他们是治政活动的组织者、引导者和治政责任的承担者。

第二，治政者集合体。治政者集合体指在治政的具体系统中形成的某一层面上为完成共同治政任务的治政者群体。治政者集合体与治政组织有区别，治政者集合体是指在某些治政系统中处于共同治政层面或者相近层面的具体的群体。而治政组织，是指具有共同信仰和组织目标的按一定宗旨和系统建立起来的集体。治政者集合体是治政组织的一部分，治政组织包括了治政者集合体。

在治政系统中，我们仍把治政者理解为治政者和治政组织，这两者在具体的治政组织中容易区分，可在治政功能和作用中，却又不容易截然分开。治政者是治政组织中的一员却又指挥和领导着组织；治政组织在具体的治政者领导下发挥作用而又可以相对独立地发挥治政作用，通常有不可以由治政者取代的特定作用和组织权威，有比治政者更大的治政效能，并在治政过程中制约治政者，这便是治政者为什么千方百计地利用和发挥治政组织作用的根本原因。治政者与治政组织区别显著而又相互依凭，密不可分。毛泽东对中国共产党领导的分析可以帮助我们理解治政者和治政组织的关系。"我们党的组织要向全国发展，要自觉地造就成万数的干部，要有几百个最好的群众领袖。这些干部和领袖懂得马克思列宁主义，有政治远见，有工作能力，富于牺牲精神，能独立解决问题，在困难中不动摇，忠心耿耿地为民族、为阶级、为党而工作。党依靠着这些人而联系党员和群众，依靠着这些人对于群众的坚强领导而达到打倒敌人之目的。""我们的革命依靠干部，正像斯大林所说的话：'干部决定一切。'"① 这里的党指治政组织，"成万数的干部"、"几百个最好的领袖"和毛泽东本人是治政者，可"党"这个治政组织与这些干部和"本人"是分不开的，有时毛泽东本人就代表了党的组织。

2. 治政主体的特点

治政主体具有许多特点，其中有些特点又是关键的和决定性的。这些特点可以从职能上、支配功能上、协调功能上、决定功能上等方面加以理解。

（1）治政主体的职能特点。治政主体的职能特点指治政主体在职能、职责、范围等方面所具有的特点。

第一，治政主体职能范围。治政主体在一定的范围内活动，并在该范围内行使自己的职能。治政主体不同，职能范围也不同。不同的治政主体具有不同的权力、职责范围。不同层面的治政者的同样也具有不同层面的权力和职责，不同系统的治政者亦如此。对于高层治政者来讲，其权力和职责的范围就大、广；对基层治政者来讲，其权力和职责的范围可能只是一个村或某一系统中某一个具体的部门。

第二，治政主体的职能。治政主体的职能包括了治政者的领导职能、管理职能、决策职能、服务职能、治理职能和化解职能等等。这些职能包

① 《毛泽东选集》第1卷，第277页，人民出版社1991年版。

括了治政者的工作性质、目标、任务、内容、标准、检验等等职能任务的界定。

第三，治政主体的职责。治政主体的职责主要是指治政者的职责，这种职责明确了不同层面的治政者不同的权利和义务，明确了治政者任务的根本点。明确治政者的职责，关系到治政职能、治政资源的开发和利用。

（2）治政主体的支配特点。所谓支配指治政主体利用治政权力对治政主体包括治政客体的人、财、物的支配和使用。这种支配是绝对的和广泛的。

第一，资源支配。资源支配是治政主体的最大权力，资源支配包括了人、财、物、信息等各个方面。治政主体不仅可以支配下级治政者，而且可以由最高治政者实行组阁，从而支配不同层面的治政者。而不同层面的治政者往往决定了治政的成败，决定了治政目标的实现，决定了治政的未来。在社会资源的支配上，治政主体可以支配（包括占有）信息、智能、知识、技术、资金和物质等等。治政主体对资源支配，既是绝对的权力权威的体现，也是治政实现组织目的的最基本的保障。没有资源，治政也就没了"权"，也就失去了治政的依据和依托。

第二，利益支配。利益与资源有联系也有区别。利益有时以物质的形式表现，则是资源的一种。但是，利益与资源在本质上是不同的。作为利益，有不同的表现形式，诸如物质利益、政治利益等等。治政主体把持着利益的分配和再分配的权力，实质上是在支配利益，并对不同的人群包括治政者队伍的本身有着不同的利益倾向。

第三，思想支配。思想支配也叫信仰支配。治政主体为治政客体（民众）即整个社会制定了价值观、利益观、道德观，并以某些"利益"为手段，吸引治政者和治政客体（民众）支持和学习某种思想观念，建立某种信仰，确立某种信念。

（3）治政的确立特点。所谓确立指在治政系统中和治政实施前后对重大事情的确定和把持，以确保治政组织目标的实现。这种确立是治政在治政过程中所特有的本质特色。

第一，权力确立。确立权力是治政实施和实现治政目标的根本保证。治政如果没有权力，那么，治政也就成为一句空话。治政权力的确立根据不同层面可以分为上、中、下、基础等层面的权力。从物质层面分析，可以分为人、财、物的权力；从政治层面分析，可以分为思想、治政资源使用等权力。治政权力是治政者实现治政必须依据的后盾性杠杆和有效工具，是治政者权威的体现。

第二，路线确立。治政路线是治政的途径，是人们认识世界和改造世界所采取的基本准则。在中国共产党执政中，既有思想路线、政治路线和组织路线之分，还有总路线和具体工作路线之分。治政的特点之一，就是要确立治政路线。

第三，政策确立。治政政策指治政者为了实现一定历史时期的路线而制定的行动准则。治政政策是实现治政组织目标的保证，是统一治政者和治政客体（民众）认识的尺度。有了治政路线，还必须有正确的经得起历史和实践检验的政策，否则治政路线便难以贯彻。

第四，制度确立。治政制度既包括了治政的办事规程和行动准则，也包括了治政在一定历史条件下形成的某种体系。治政制度既是规则体系，也是实现治政组织目标的保证。

第五，价值导向的确立。治政价值导向确立指对经济、政治、道德、金钱等看法的引导方向。不同制度下的治政会有不同的价值导向，而不同的价值导向又帮助治政主、客体（民众）确立不同的价值观。

第六，服务导向的确立。治政的服务导向就是治政者确立为谁服务和如何服务的导向。治政为谁服务确定了治政政治导向，确定了利益分配上的倾斜程度。

（4）治政的协调特点。治政本身既是治理也是协调，"理"是治政协调各方面的因素实现治政组织目标的概括。

第一，矛盾协调。治政主体与治政客体（民众）之间既对立又统一，治政主体本身也是一个对立统一体。治政主体必须依靠治政客体，又治理着治政客体，治政客体既是治政的基础又是治政治理对象的主要部分。在治政主体内部，除了高层治政者之外，不同的治政者又都具有不同治政角色的特点，对治政上级来讲，他们是治政的下级，而对治政下级来讲，他们又是治政上级，扮演着不同的治政角色。在治政过程中，矛盾在不断解决也在不断地产生，治政主体必须协调好治政中的各种矛盾，使治政在总体上趋于统一。

第二，能动作用的协调。在治政过程中，能动作用是多方面的，既有治政者层面的能动作用，也有治政客体（民众）等层面的能动作用。治政主体在治政过程中负有协调各种能动作用的责任。

第三，素质组合的协调。治政者具有不同素质，这些素质是治政能量的内在源泉。治政客体（民众）也具有不同素质，治政主体必须协调不同素质的人在治政的运动过程中互相取长补短，互相配合，共同努力实现治政组织的目的。

二、治政主体的现实类别与构成

治政主体有不同的类别，也有不同的构成。治政主体的类别有多种区分的方法。

1. 治政主体的构成

治政主体的构成有治政者、治政组织、物等不同的类别，这些类别是治政主体的基本组成部分。

（1）治政者层面的主体构成分析。从治政者层面分析治政主体构成大体有以下四类。

第一，治政个体。治政个体指所有的治政者个人。治政者个人分布在治政的上、中、下、基层等不同层面和不同系统，包括了军队中上、中、下、基层等不同层面，治政主体正是由这些不同层面、不同系统、不同岗位的个体治政者构成的。治政个体的治政作用关键在个人素质。

第二，治政集体。治政集体是指不同层面、不同治政组织中的治政团队。在不同国家和地区中，团队的作用也不同。治政团队的治政作用关键在团队的团结，而团结的根本和关键又在团队的"头"的表率作用，即团队中的领头治政者身体力行是治政集体作用的关键。

第三，治政群体。治政群体指在不同治政层面和不同的治政系统中围绕治政集体形成的治政者群。从治政的实践来看，治政一般都是有组织的，治政个体一般都应隶属于某一层面或某一系统的群体之中即组织之中。治政集体和治政群体也具有不同的层面和不同的系统，这与治政者个体的层面和系统大体是一样的，有高层的治政集体、群体，也有基层的治政集体、群体。

第四，治政附属体。治政附属体指不属于正式的治政者，也不属于正式的治政集体或群体，而又在做治政工作或者在帮助治政者工作的那部分个体或群体。这一部分"治政者"有时直接和治政客体（民众）相联系，代表着正式治政者行使职权。诸如公安的协警或协管（保安）、城管队伍中的协管等等，这种附属体独具特色，却具有独到的作用。

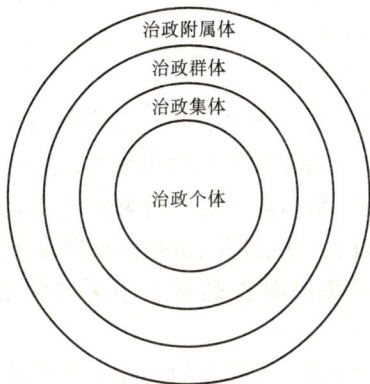

图3－1　治政者层面主体构成图

（2）治政主体中治政高层与其他治政层面的分析。治政主体中治政高层指治政最高层的治政者，在现代社会中被称为"领袖"。高层治政者必须通过不同层面的治政者发挥作用，才能实现治政组织目标。不同的治政群体有不同的领袖，因此，能够形成领袖群。

第一，治政主体中高层治政者（领袖）。高层治政者是治政主体的核心，是治政成败的关键，是治政者中最高代表，具有最高的治政地位、最根本的治政决定作用、最大的治政权力和权威、最强的影响力和特殊力。列宁曾讲，"在多数情况下，至少在现代的文明国家内，阶级通常是由政党来领导的；政党通常是由最有威信、最有影响、最有经验、被选出担任最重要职务而称为领袖的人们所组成的比较稳定的集团来主持的。"① 治政领袖是治政最高层，它决定了治政的方向，他们由一个或者多个个体组成，他们的身上具有特殊性、阶级性、代表性和杰出性。马克思曾引用近代法国唯物主义者爱尔维修的话说："每一个社会时代都需要有自己的大人物，如果没有这样的人物，它就要把它们创造出来。"② 治政领袖的地位

① 《列宁选集》第4卷，第197页，人民出版社1972年版。
② 《马克思恩格斯选集》第1卷，第432页，人民出版社1995年版。

和作用是非常重要的，他们具有指挥、支配、治理、纠正、否决、扶持、推动、引领其他治政者以及治政层面不可替代的决定性功能，是治政学应该认真研究的层面。

第二，治政主体中其他层面的领袖。治政具有不同的层面，每一个治政层面和治政系统都有主要治政者，这些主要治政者便是不同层面（高层领袖除外）的领袖。正如有些专家分析的那样，不同的治政群体都有自己的治政领袖，大治政群体有大领袖，小治政群体有小领袖。① 在一般的治政活动中，治政大领袖"治理"着治政小领袖，从而形成治政主体不同层面的领袖群。领袖群的作用非常重要，因为高层领袖多是通过领袖群中的领袖实现治政组织目标的，基层情况也是由这些中下层领袖们把治政情况反映上去的，高层领袖决策时正是基于中下层领袖们的情况反映而作出的。

第三，治政主体的领袖与同层面的治政主体成员。治政主体的领袖与同层面的治政主体成员同处一个治政组织，是一个治政集体。在这个集体中，每个人的作用都不尽相同。在高层治政主体中，"假如没有'十来个'富有天才（而天才人物不是成千成百地产生出来的）、经过考验、受过专门训练和长期教育并且彼此配合得很好的领袖，无论哪个阶级都无法进行坚持不懈的斗争"②，同样也不会有好的治政成效。有了这个集体，"能够很好地互相配合"是治政主体实现治政组织目标的关键。在治政领袖与治政主体成员的关系以及作用上，毛泽东早已有过论述："党委书记要善于当'班长'"，"书记要当好'班长'，就应该很好地学习和研究。""如果不注意向自己的'一班人'做宣传工作和组织工作，不善于处理自己和委员之间的关系，不去研究怎样把会议开好，就很难把这'一班人'指挥好。如果这'一班人'动作不整齐，就休想带领千百万人去作战，去建设。""要把问题摆到桌面上来。不仅'班长'要这样做，委员也要这样做。""'互通情报'。就是说，党委各委员之间要把彼此知道的情况互相通知、互相交流。""不懂得和不了解的东西要问下级，不要轻易表示赞成或反对。"要"学会'弹钢琴'。弹钢琴要十个指头都动作，不能有的动，有的不动。但是，十个指头同时都按下去，那也不成调子。要产生好的音

---

① 参见邱霈恩著：《领导学》，第120页，中国人民大学出版社2004年版。
② 《列宁选集》第1卷，第332页，人民出版社1972年版。

乐，十个指头的动作要有节奏，要互相配合。""要'抓紧'。就是说，党委对主要工作不但一定要'抓'，而且一定要'抓紧'。"要"胸中有'数'。这是说，对情况和问题一定要注意到它们的数量方面，要有基本的数量的分析。""安民告示"。"精兵简政"。"注意团结那些和自己意见不同的同志一道工作。""力戒骄傲。"① 毛泽东讲的不仅仅是治政方法，而且是在讲治政的作用、功能和主要治政者的职能。治政领袖必须同治政主体成员团结一致，只有这样，才能实现预定的治政组织目标。

第四，治政领袖与治政群体。治政领袖是指不同治政主体层面中的主要治政者；治政群体是指治政主体中同层面的普通治政者群体和下级治政层面中的普通治政群体。对于这个治政主体层面，要注意两者不同的作用，尽量发挥两者的积极性和主动性。领袖要引领目标方向，群体要为目标而努力工作。在治政这个层面上，治政领袖与治政群体就是人民常说的干群关系。"干部与群众的正确关系是，没有干部也不行，但是，事情是广大群众做的，干部起一种领导作用，不要夸大干部的这种作用。"② 在这个主体层面中，作为领袖，要注意发挥群体的作用，保持自身的戒骄戒躁、谦虚进取的精神。

第五，治政主体中的上下层群体。不同的治政层面有不同的治政群体，这些不同的上下治政群体形成了系统之间的治政系列。这些系列有着若即若离的联系，大多属于业务指导，也有一定的利益联系。治政研究应该注意这种特殊的治政联系。

（3）治政机构层面分析。所谓治政机构是从治政组织层面进行的分析。这里包括了治政者、治政职能、职责、权力、制度、信息、物质等等。治政机构的最大特点是以治政组织的名义实施治政，其作用是巨大的、不可替代的。就是说治政者的治政要求都是以治政机构的方式下达的，具有某种权威和法律的要义，有不可抗拒的权威性。

第一，治政组织。治政组织由治政者、治政组织机构、治政组织目标、治政权力、治政制度、治政法律、治政信息等方面构成。其中治政者是治政组织的核心，它通过治政组织，综合运用权力、法律、制度、信息等手段，实现自己的治政组织目标。一般来说，治政组织是治政者根据自

---

① 《毛泽东选集》第4卷，第1440—1443页，人民出版社1991年版。
② 《毛泽东文集》第6卷，第402页，人民出版社1999年版。

己的治政需要依据治政法律而组建的，组织是一种形式，治政者和治政目标等才是治政组织的实质构成。在通常情况下，治政组织比治政个人更具有权威，更显权力，更符合法律，这便是"以组织的名义"的原因。治政组织的形式又可以分为权威治政组织和一般治政组织；上级治政组织和下级治政组织；主导治政组织和服从治政组织；政治治政组织和业务治政组织；正式治政组织和非正式治政组织；常设治政组织和临时治政组织；执政治政组织和参政治政组织等等。

第二，治政机关。在大组织的概念中，治政机关属于治政组织，但由于机关的职能不同，它又与治政组织有明显的区别。治政机关是治政不同层面的权威机构，是治政组织的代表机构，它是由法律确认的正式的、权威的治政机构。治政机关可以为核心领导机关、高层治政机关、主要治政机关、重要治政机关和一般治政机关。具体的治政机关形式，又可以分为直线式、垂直式、职能式、混合式、矩阵式、参照式等。

第三，治政物质。治政物质指由治政场所、治政物品、治政资金和治政其他物质构成的治政物质基础。治政物质是治政的保证，没有治政物质，一切治政努力和治政手段都成为"空中楼阁"，而没有好的治政主体，再好的治政物质也不会发挥应有的作用，不会有理想的治政效果。作为治政主体应该创造较为理想的治政条件，充分发挥治政物质的作用，使治政主体、治政客体的配合效果最优化，使治政人尽其才，治政物尽其用，既节约又高效。

2. 治政主体的类别

治政因任务的特殊和范围的广泛而使治政主体呈多样化。治政主体类别多样化，决定了职责、职能的"丰富多彩"，形式各具特色。治政主体类别一般分为本质区分类别和微观职能类别。

（1）治政主体本质方面的类别。所谓本质类别是指从治政主体基本性质方面区分的类别，这是治政主体的基本类别。

第一，执政层面类。所谓执政层面类指实际掌握政权的那一个层面。由于国家体制不同，有的国家是多党轮流执政，有的国家是联合组织内阁共同执政，有的国家是一党执政，还有的国家是执政党和政府共同执政。我们只对执政党类别和政府执政类别进行分析。

执政党治政类。执政党是掌握和领导国家政权并负责组织政府的政党。在西方发达国家，执政党又称在朝党，通常负责组织政府（内阁），掌握国家行政权力。在实行议会内阁制的国家，执政党是指在议会竞选中获得多数议席、负责组织内阁的政党或者联盟，也被称为多数党。在实行总统制的国家，执政党是指在总统竞选中取得总统职位的政党。在实行多党制的国家，内阁如果由几个政党联合组成，这几个政党都是执政党。在社会主义国家，工人阶级的党代表人民执政。所有的执政党实质上是在治政，它们关系到治政的成果和社会的走向。

政府治政类。政府是治政的主要形式，是表现在外的治政主体形式。执政党或者其他统治方式，都是通过政府实现治政的。政府即国家行政机关，是治政的主要载体、国家机构的重要组成部分，是阶级专政的重要工具之一，也是统治阶级行使国家权力和实施治政者政策的主要工具。虽然各国政府的组织形式不同，但都是以治政作为自己的根本任务的，政府治政主要通过立法、行政、司法的方式实现。按照政府治政管辖范围不同，政府还分为中央政府和地方政府。无论哪一层面的政府，都是治政的载体。

第二，参政层面类。所谓参政议政是指在治政中不承担主要角色，却担负着一定的参与治政任务的那一个层面，参政者责任不同，角色也是次要的。在西方发达国家，参政通常指人民所要求的参与国家管理的权力。在资产阶级革命中，法国卢梭等主张"主权属于人民"的原则，资产阶级政权建立后，一般也把这个原则写在宪法上。在中国，参政通常指"民主党派"，民主党派的根本任务是政治协商的任务。

民主党派治政类。民主党派是相对执政党而言的，主要出现在社会主义制度的国家。在中国，中国人民政治协商会议是中国人民爱国统一战线的组织，是中国共产党领导的多党合作和政治协商的重要机构，是中国政治生活中发扬社会主义民主的重要形式，政治协商是为了进一步发挥各民主党派、无党派爱国人士、人民团体、少数民族人士和各族各界人士在国家政治生活中的作用。民主党派治政作用的发挥形式是"政治协商"，而政治协商的目的是参政和议政。中国内地的民主党派由中国国民党革命委员会、中国民主同盟、中国民主建国会、中国民主促进会、中国农工民主党、中国致公党、九三学社、台湾民主自治同盟等八个。[①] 民主党派的政治协商、民主监督、参政议政的目的是发扬民主，反映社会各方面的意见

---

① 新华网，www.new.cn。

和要求，开辟民主畅通渠道，集思广益，促进国家重大科学决策的科学化与民主化，监督国家宪法、法律和方针政策的贯彻执行，协助并推动国家机关改进工作，提高效率，克服官僚主义，反对腐败现象，推动物质文明、精神文明、政治文明的建设，协调关系、加强沟通和理解。

在野党治政类。在野党是相对执政党而言的，在野党指不执掌政权的政党。在野党不是永远的，在野党对执政党的路线、方针、政策加以挑剔，不断反映基层治政客体（民众）的呼声和要求，推进执政党的治政民主。在野党处于政府内阁之外，对政府所推行的政策不承担任何责任，可以自由地对政府的政策进行指责和抨击，在议会内外牵制和监督执政党的活动，影响政府的政策，还可以通过法定程序倒阁，这是国家治政民主中不可缺少的部分，也是治政的必然组成。

第三，参照层面类（其他类）。参照类是指参照执政党的权利和义务的某些组织和团体，诸如军队、某些团体等等。虽然这些组织和团体不是执政党，却为执政党治政发挥着不可替代的作用，有些组织直接或间接地参与治政。

军队治政类。军队是国家武装力量的总称，是国家或政治集团为准备和实施战争而建立的正规的武装组织，根据马克思主义的观点，军队是国家政权的主要成分，是执行政治任务的武装集团，是对外抵抗或实施侵略、对内巩固政权的主要暴力工具。被统治阶级、被侵略民族及其政党为夺取政权、争取独立所建立的常备武装也称军队。国家或政治集团的阶级性质，决定军队的基本性质和使命。说到底，军队是治政中的治政，是不以治政形式表现出来而又实质进行治政的组织，它保护着治政成果，推进着治政的进程。现代世界各国军队在领导体制上一般以国家执政党的首脑为最高统帅，并在政府设国防部，在军队设领导机构。军队的性质和类型取决于具体国家生产力的发展水平，取决于社会制度和社会的阶级结构。在社会主义国家，军队享受到高于公务员津贴的生活待遇，干部转业后享受原部队级别的政治和生活待遇，这也体现了军队治政本质的作用和权威。

人民团体类。在中国，人民团体指由中国共产党领导的，按照团体各自特点组成的，从事特定的社会活动的全国性群众组织。诸如工会、妇联、青联、学联、青年团、台联、工商联、侨联、科协、文联、记协、对外友好团体等等。这些团体在政治生活中占有重要的地位，在政治待遇和生活待遇上均享受与公务员的同等待遇，有着一定的治政权力。

（2）治政其他方式的类别。治政的其他方式类别指从治政微观职能职责和治政的不同角度、不同标准等方式进行分析而区分的类别。

第一，从治政工作性质和对象的层面分析，可以分为政治治政、行政治政、业务治政、学术治政、领导治政、管理治政等等。治政不仅需要政治家，而且还需要多种不同类型的专家，诸如经济家、谋略家、管理家、领导专家、业务专家、科学家等等。有的国家已形成了所谓的"专家治国论"，很值得我们研究。

第二，从治政结构和特征的层面分析，可以分为三个系统和四层的类别：即我们已作简单分析的三个系统——"执政党、政府类"、"参照类"、"军队类"；四层类别为高层、中层、下层和基层。不同治政系统有不同的治政内涵，不同层面治政又具有不同的任务。

第三，以治政者的行为方式分析治政又可以分为七类：无为式治政，即有所为有所不为，用不为而为，这需有极强的悟性和耐力。自然式治政，即初级、基层、简单、自觉式的治政。家长式治政，即集权的、暴力的、家天下式的。民主式治政，即以民主的、协商的、以人为本式的治政。公仆式治政，即以服务为核心式的治政。专家式治政，即以不同专家组成治政核心的治政。科学式治政，即以效率效益为目的，以人的积极性调动为手段，以人们共享治政成果式的治政等等。

第四，以权力影响为标准的治政方式。这种治政又分为"台前"治政和"台后"治政。"台前"治政和"台后"治政一般都是处于社会的特殊时期出现的，即前台治政者实质上并不做主，如果做主也只是一些微观上的事情，重大事情、路线方针等决策都由台后治政者做主。从中国历史来看，"垂帘听政"便是这类的治政典型。治政出现"台前"与"台后"，是治政不和谐的显现，无论什么政体，治政"参谋"是必要的，而治政"台后"是不必要的，现代治政不需要"扶上马，送一程"和封建小皇帝式的治政，因此，对于这种治政现象要用一定的法律手段加以防止和杜绝。

第五，以治政关系为标准，表现治政关系实质的分类方式。这种分类可以分为直线式、交叉式、网络式、中心式、核心式等不同方式。这些方式的运用，应根据治政的实际情况来确定。所谓直线式指治政上下之间直接联系，不同其他治政组织和个人发生关系。这种方式的特点是比较迅速。所谓交叉式指治政组织和个人之间职责的交叉，任务互相牵连。治政交叉式的类型，有些是因为治政工作性质决定的，必须对多头负责；有些是因某些治政者有意而为之，他们是为了控制某些治政组织和治政个人而人为制造交叉的。治政任务的互相配合是应该的，而职责交叉是必须注意和尽量减少的，因为"交叉"会影响治政效率。所谓网络式指像网络一样把治政组织和治政个人联系在一起，治政各层责任明确，专业性强，网络式适宜在执政党和政府中使用。所谓中心式指治政组织只有一个指挥中心，所有相关的治政部门和个人都只和这个中心发生联系，而相关部门之间又互不相关，是一种独特的治政形式，有其独特的作用。所谓核心式指所有相关的治政组织和部门除了和治政高层联系之外，互相之间可以互相联系，这对于互相沟通、互相支持有很大作用。

第六，从治政手段层面分析，可以分正、负向治政的类型。正、负向的治政类型源自于"行为科学"的正强化和负强化理论，我们把治政分为正向治政和负向治政两个类型，以便于对治政的全面理解和对治政手段的运用。

正向治政。正向治政指治政者运用行为科学中的激励机制，以肯定、表扬、推广的方式，使治政沿着治政者设计的目标进行。正向治政手段的运用要注意几点。首先，治政者要实事求是。治政中的谋略是需要的，但必须注意不同的场合和人群。实事求是地运用激励手段，既要坚持原则性，也要注意灵活性。在激励中不夸大，也不遮掩，目的是弘扬正气，推动治政科学发展。其次是以人为本。治政的多数活动是靠人实施又是针对人进行的，必须注意以人为本。以人为本就是要尊重人，理解人，关心人，让下属治政者认识到自己的价值，最大限度地调动不同层面治政者的积极性，并且注意在治政中因人而异，注意被激励人的特点和短处。以人为本还要求治政者自身要做好表率，要树立治政的不同榜样，对治政活动以方向式的引导。再次是注意时效。正向治政中的激励要注意适时适宜，任何不适时和过火的激励效果是不会理想的。最后是注意对期望行为的强调。所谓期望行为指治政者所希望出现的行为结果，这其中可以运用沟通、协调、表扬、批评、缓解、竞争、密切关系等不同的手段，以实现治政者的某些治政目的。在使用激励强化手段时可以在激励的类型上选取不同的激励方式。诸如治政任务奖励、治政物质奖励、治政精神奖励、治政晋升奖励、治政荣誉奖励、治政科学奖励等等，这些奖励有的是交叉的，可以同时运用。治政晋升奖励既有物质的一面，也有精神和荣誉的一面。治政科学奖励指对于治政科学化的研究和实践方面的奖励。

负向治政激励。负向激励是治政活动中常用的手段，尤其是执政党对治政腐败的开战、对不少贪官的法律追究就是一种负向治政激励。惩治贪官的负向激励作用不明显原因有二，一种是贪官私欲太大，不可扼制；另一种是制度有弊端。贪官的私欲是由来已久的，如何使官员把握私欲，是治政制度必须规范的。

负向治政激励是不得已而为之的手段，但也是常用的手段，这种手段应谨慎、恰到好处地使用。因此，我们在使用负向治政手段时必注意几个原则。

教后而诛的原则。所谓教后而诛指要把相关的制度和规定先教给治政者，使之对什么可以做，什么不可以做心中有数。教，指的是教育和预防；诛，是严格处罚。经过教育而诛的绝不能手软，对不教而诛的绝不能提倡。

宽严一致的原则。任何负向治政激励手段都应有一定标准，这些负面激励不能因人而异，而是因结果而定，在违反法律、制度时处罚应该人人平等，不能在同等错误面前处理得有宽有严，那样，就会使人们对制度失去信服，失去教育的作用，失去激励的作用。

罚一儆百的原则。所谓罚一儆百指利用某些治政中的负面事例，教育其他治政者，使所有治政者对法律、制度，对被处罚的事实有一种敬畏心理。在治政者中最为可怕的是缺少敬畏心，没有敬畏心的人已失去了做人的意义。

掌握时机的原则。任何处罚都要掌握时机，如果处罚失去了时机，对被处罚的本人以及其他相关人员，都失去了时效的意义。把握时机要注意把握住几点：其一是事情已经清楚；其二是治政者激情已经消失；其三是错误（或过失）尚未扩大；其四是民众记忆犹新。

三、治政主体的治政力分析

治政力是一个全新的名词，通常情况下，力是指力量、能力，还指物体之间的相互作用"力"。用在治政上，是指治政者个人（或治政团体）

为实现治政和团体目标而影响其他人的能力。治政力通常由治政原力、治政治理力、治政扩展力构成。

1. 治政原力

治政原力指治政原始的、基本的能力和力量，这是治政的基础。

（1）治政权力。我们在第二章中已对治政权力从治政层面进行了分析，主要是从治政权力的本质进行的分析，我们现在再次分析治政权力是从治政主体层面分析，主要分析权力的形式与结构。治政权力是实施治政的工具、手段。所谓治政权力指治政的支配力量。西方国际关系学理论认为权力是指一国在国际舞台上控制别国行为、影响国际事件的综合能力；国际政治的实质是权力之争，权力冲突是国际关系中最突出的表现；国家间权力冲突主要表现为维持权力、增强权力和显示权力，这正是治政权力国际性质的体现。对于国内治政来讲，治政权力表现为统治权、治理权和利益分配权等等。

第一，统治权。统治权指凭借治政所把握的政权对国家和地区的控制，以及对各种利益和人的自由程度的支配。统治权是从治政大局来讲的，而对具体治政者来讲，统治只是对某一集体或集团的控制和利益支配。

第二，专政权。治政具有专政权，主要是指利用政权实施专政。专政又被称为政治统治，是执政阶级为了保障自己的经济、政治利益而实行的强立统治。专政一般有两个作用，对内用法律规范其他阶层和全部治政客体（民众）的言行，保护统治者的利益；对外防止侵略。

第三，治理权。治理权指对各类事务和利益尤其对百姓的管理，对事务的处理，也包括对某些事物的统治。治理权力是治政的根本权力。

第四，提升权。提升权指上级治政者根据下级治政者的治政绩效给予职位的提升或利益的提升。所有治政者都有进取的欲望，因此，"提升"也是不少治政者治政追求的"目的"，因此这部分治政者治理政务并不是他们的目的，提升已成为这些人治政的目的。有些治政者干一点事就希望得到"回报"，刚刚提拔就琢磨"再上一个新台阶"①，这已成为中国治政

---

① 胡锦涛：《在第十七届中央纪律检查委员会第三次全体会议上的讲话》，2009 年 1 月 13 日。

者队伍中的某种潮流。

第五，利益分配权。利益分配包括了治政者以及治政客体（民众）的政治、经济等不同利益的支配。治政总是为了执政阶级利益的获得而进行利益支配的。

第六，奖励权。奖励权指治政上级对下级和治政客体（民众）的奖赏权力。治政客体（民众）和治政下级大多希望得到奖励，以在正确奖励的鼓舞下努力做事。

第七，法定权。法定权是指治政者用法律保护自身权力的权威性，从而确定自身的权力范畴。一般情况是治政高层比治政下层权力要大、要多；治政者比治政客体（民众）的权力要大、要多。

第八，专长权。治政专长权指具有某些专门知识和特殊技能的人的专业特长的权力。具有专长权的治政者往往被称为专家型治政者，人们往往愿意听从专家型治政者的意见，这恐怕还是信任专长的缘故。

第九，个人影响权。个人影响权主要是指治政者品质优、道德良、作风正、人缘好，受到下级或者百姓的拥戴而形成的影响力度。个人影响权多在非正式组织中得以体现。

第十，宣布战争权。宣布战争权指为了保护治政者所在国的利益而对另一国或多国之间宣战的权力。战争有正义和非正义之分，说到底都是由利益引起的。

（2）治政生产力。治政生产力指治政对生产力发展的推进功能，治政的本身不是生产力构成的主要因素，但它却在生产力的发展中有着极为重要的地位和作用。

第一，治政决定了生产力的解放程度。一般情况下，生产力也被称为"社会生产力"，是指征服自然、改造自然的能力，它是生产方式的一个方面，包括了劳动者、劳动资料和劳动对象，而劳动者是生产力的首要的能动要素。科学技术是渗透在生产力各要素中的潜在因素，正如治政的科学性一样，治政科学，则会促进生产力的快速发展，否则，会束缚生产力的发展。毛泽东讲："社会主义革命的目的是为了解放生产力。"[①] 邓小平也讲："社会主义首先要发展生产力。"[②] "社会主义的本质，是解放生产力，

---

① 《毛泽东文集》第7卷，第1页，人民出版社1999年版。
② 《邓小平文选》第2卷，第311页，人民出版社1994年版。

发展生产力，消灭剥削，消除两极分化，最终达到共同富裕。"① 无论是在什么样的制度下的治政，都必须解放生产力、发展生产力，因为只有解放和发展生产力，才能实现人们生活富裕的目的，才能实现治政组织的目的。换一句话说，一个社会生产力解放和发展的程度，表现为治政者的治政能力和水平。当然，生产力有些方面的发展还需有一定的时间，但生产力水平展现治政者治政能力水平是一个"真理"。

第二，治政决定了有利于生产力发展的生产关系。生产关系也被称为社会生产关系，它是生产方式的一个方面。一定的生产关系是在一定的生产力的基础上产生的。手推磨产生了封建的生产关系，蒸汽机产生了资本主义生产关系，还是以人们的主观意志为转移的。在某些条件下，一定的生产关系，反转过来又促进或阻碍生产力的发展。在不变革生产关系生产力就不能发展的情况下，生产关系的变革对社会的发展就起着决定作用，而治政担负着转变或变革生产关系的任务。"在社会主义社会中，基本的矛盾仍然是生产关系和生产力之间的矛盾，上层建筑和经济基础之间的矛盾。""所谓社会主义生产关系比较旧时代生产关系更能够适合生产力发展的性质，就是指能够容许生产力以旧社会所没有的速度迅速发展，因而生产不断扩大，因而使人民不断增长的需要能够逐步得到满足的这样一种情况。"② 而作为决定生产关系（相对于生产力而言，经济基础又称生产关系，它是社会发展的同一客观对象）和谐与否的上层建筑之主要方面——治政，其作用是巨大的。"政治经济学研究的对象主要是生产关系，但是要研究清楚生产关系，就必须一方面联系研究生产力，另一方面联系研究上层建筑对生产关系的积极作用和消极作用。"③ 虽然经济基础对上层建筑一般地表现为主要的决定的作用，但上层建筑并非消极地反映经济基础，它反作用于经济基础，而且在一定条件下可以起巨大的作用。治政对于生产力的发展，有着十分重要的决定性作用。

（3）治政文化力。所谓治政文化力是指治政本身的文化力量和适用文化的软实力即潜移默化的、间接的、历时的、弥散的、隐性的方式来改造和改变世界的力量。

① 《邓小平文选》第3卷，第373页，人民出版社1993年版。
② 《毛泽东文集》第7卷，第214页，人民出版社1999年版。
③ 《毛泽东文集》第8卷，第131页，人民出版社1999年版。

第一，基石力。所谓基石力指治政的文化如同大厦基石一样，支撑着整个治政文明。胡锦涛讲："一部人类社会发展史，是人类生命繁衍、财富创造的物质文明发展史，更是人类文化积累、文明传承的精神文明发展史。人类社会每一次跃进，人类文明每一次升华，无不镌刻着文化进步的烙印。"① 文化是治政进步的灯塔，是治政光明之所在。治政文化越进步、越繁荣，人类就会越具有福祉。如果治政缺少文化支撑，那不仅仅是独裁的治政，而且必定是野蛮的治政，是致使人类社会倒退的治政。文化的基石力量表现为它会直接或间接地影响治政的稳固。

第二，价值观创造力。每一个人都有自己的价值观，每一个治政组织和治政者也都有自己的价值观，治政文化是社会的主导文化，它创造了社会核心价值观，主导着社会文化的前进方向。在治政实践中，要想让治政文明、进步、长治久安，就必须建立自己的治政理想、治政信念、治政道德目标、治政是非观、治政文明准则、治政的官风民风。一句话，治政必须建立自己的文化核心价值观。治政文化价值观一旦为更多的治政者所认识，那么，治政就会更文明、更科学、更进步，治政所追求的经济，也一定会科学地腾飞。

第三，民族精神的凝聚力。每一个民族都有自己的历史，有自己的文化，有自己的精神支撑。一个没有民族精神的民族是一个颓废的民族，也是一个可惜的民族。治政文化的力量，深深地熔铸在治政者的灵魂之中，深深地熔铸在民族的生命力、创造力和凝聚力之中，深深地熔铸在治政文化之中。治政文化力是民族文化的引擎，它把一切文明成果凝聚成民族精神。治政文化力的"凝"首先是自身文明积累文化积淀，而后以此引导社会文化的走向，从而形成独有的治政文化和民族精神。所有治政者必须看到，治政文化力的精神不仅仅是治政组织和治政者的精神家园，更是全民族的精神家园。

第四，科学发展的促进力。作为治政者，科学发展社会应该是他们的目的。治政文化力是区别于物质硬实力的一种软实力。任何经济发展不仅仅是为了经济，更应该是为了满足人民各方面的需求，诸如政治的、民主的、文化的、物质的等等。如果治政者只为了发展经济而发展经济那就不

---

① 胡锦涛：《在中国文联第八次全国代表大会、中国作协第七次代表大会上的讲话》，www. people. com. cn。人民网 2006 年 11 月 10 日。

科学。治政文化力，正是促进社会科学发展的重要力量。胡锦涛在"发展是硬道理"的基础上提出了科学发展观，正是从政治力、文化力的层面对经济、政治、社会、文化的高度概括。他认为："一个国家坚持什么样的发展观，对这个国家的发展会产生重大影响，不同的发展观往往会导致不同的发展结果。"因此，必须"牢固树立和认真落实以人为本，全面、协调、可持续的发展观。"① 而绝对不是为经济而发展经济的发展观。马克思说："劳动本身，不仅在目前的条件下，而且一般只要它的目的仅仅在于增加财富，它就是有害的、造孽的"②。因此，治政文化力是为了避免"有害的"和"造孽的"财富增加，而提倡和推行人性治政、人文治政、幸福治政、科学治政，从而从制度上和战略上防止"狂热地追求价值的增殖，肆无忌惮地迫使人类去为生产而生产"③。

第五，社会公平的竞争力。治政是把握社会公平竞争的"权力机关"，公平竞争也需要治政文化力的推进和润滑。治政者的人格、品德成为社会人评判竞争的重要尺度。在经济社会，服务、品牌成为了人们选择物质的标尺，而服务、品牌既需要有治政主体的支持、引导，也需要企事业自己打造。治政主体的支持主要表现在制度和公平的规则以及执行规则的公正上。治政公正规则的作用有时对社会的公平竞争发挥着决定性的作用。

第六，社会客观价值评价标准的矫正力。治政文化打造了社会的文化核心价值，但由于社会经济的市场化，治政文化的核心价值有时并不能一下子占有主导地位或者在所有社会人心中占有主导地位。因此，必须增强治政文化的社会客观价值评价标准的矫正力。毛泽东在上世纪50年代就讲过："反对平均主义，是正确的；反对过头了，会发生个人主义。过分悬殊也是不对的。"④ 而我们在确立社会主义市场经济体制过程中，市场的缺陷和消极因素也反映到人们的思想意识和人与人的关系上来，容易诱发拜金主义、享乐主义和极端个人主义。这种"认钱不认人"的尺度已被越来越多的人所容纳。"依靠货币而对我存在的东西，我能付钱的东西，即货币能购买的东西，就是我——货币持有者本身。货币的力量多大，我的力

---

① 胡锦涛：《树立和落实科学发展观》，《保持共产党员先进性教育读本》，第280页，党建读物出版社2005年版。

② 《马克思恩格斯全集》第42卷，第55页，人民出版社1979年版。

③ 《资本论》第1卷，第649页，人民出版社1975年版。

④ 《毛泽东文集》第8卷，第130页，人民出版社1999年版。

量就多大。……我是一个邪恶的、不诚实的、没有良心的、没有头脑的人，可是货币是受尊敬的，所以，它的持有者也受尊敬。货币是最高的善，所以，它的持有者也是善的。"① 谁获得的货币多，谁拥有的货币多，就意味着谁的价值大，人们只问结果不问过程，这便为社会各种丑恶势力的发展开辟道路，致使我们的社会越来越普遍地存在着背信弃义、弄虚作假、敲诈勒索、伪善等非道德的违法行为。治政文化必须重新树立社会的客观价值体系，利用治政力量和治政文化力的层面去矫正这种非道德的违法的文化价值评价标准，矫正"货币"评价标准。

2. 治政治理力

治政的本身含义就是治理政务，因此，治理力是治政的根本力量，治理也是治政的基本任务。治政的治理力主要从治政的团队力、管理力、政治力、领导力、影响力等方面得以体现，这些不同的"力"，就是治政者必须"治"这个"政"的"力"。

（1）治政团队力。治政的作用多是通过团队来实现的。从理论上讲，团队是指一种为了实现某一目标而由相互协作的个体所组成的群体。作为治政者，已经因治政而组成了治政团队，有了团队还必须具有团队力，没有团队力的团队不称为团队，只能是"乌合之众"而已。有了团队力的治政队伍，才能发挥应有的团队力量，才能实现治政组织目标，这是治政者个人必须予以重视和运用的重要方面。

第一，目标的凝聚力。目标的凝聚指治政团队的目标要明确，要让团队成员明白实现目标后的意义。要用明确的团队目标即治政组织目标去激励团队成员，从而激发团队成员实现团队目标的热情。有了明确的目标和实现目标的计划，这只是完成治政治理的第一步。有了这种清晰的目标，才能形成"无为而治"的凝聚力。

第二，严格的约束力。治政的目标明确了，为了实现治政组织的目标，必须严格约束团队成员，尤其是约束具有实权的治政者。没有约束的团队是不会有战斗力的。只有有了严格的纪律，在纪律面前同等对待，才可能实现治政目标。约束力来自三个方面，一个是道德、法律的约束力；另一个是来自治政组织的约束力；还有一个是来自自我的约束力。有了约

---

① 《马克思恩格斯全集》第 42 卷，第 152—153 页，人民出版社 1979 年版。

束力，治政才能高效清廉，而治政清廉，这是百姓所希望的，也是治政者应该自觉做到的。没有治政的廉洁，就不会有成功的治政；没有廉洁的治政团队，便不会有强有力的治理政务的力量。治政如果不清廉，就说明治政者没有"治"好这个"政"。

第三，治政者的感召力。感召是指治政者用自己的言行对他人的感化和召唤。感召需要榜样、感召需要品德、感召需要正气、感召需要人性、感召需要情义。治政团队感召需要不同层面的治政者在言行上做出表率。一个团队的凝聚力如何，很大成分来自团队的"头"的感召力；一个集团式的团队凝聚力如何，更是来自不同层面治政者团队的"头"的感召力。总之，治政的效果有很大成分来自团队"头"的感召力。

（2）治政管理力。治政有许多工作就是传统的管理，但它又不能完全等同于管理。治理政务带有在治政方面更严格、更深层的管理含义。治政的管理力是治政治理的基础。

第一，治政管理意识力。所谓意识力指治政的管理是一个有意识或者叫有意识有目的的组织过程。管理是任何组织不可或缺的，但治政意识是指有意识进行的治理，并且是围绕着治政组织目标而有意识进行的，它是为了实现治政管理的组织目标而制定计划、进行组织、加强控制、巧妙协调的有意识行为。意识成为一种"力"指一种有意识的管理力量。

第二，治政管理协调力。协调是管理的又一重要职能，没有协调，就没有治政管理的实现。治政工作是在一定的环境中进行的，环境提供了机会，同样也会构成威胁。治政管理需要一个良好的政治、经济、文化、社会的环境，而管理的同时又是为了构建这样一个和谐的环境。治政管理要协调不同方面的关系，使之朝着有利于治政管理方面发展；同样，治政也需要协调自身的各方面功能，使之形成治政合力。

第三，治政管理优化力。治政管理的优化指治政管理运用治政组织的人力、物力、财力等各种各样的资源，并综合运用这些资源来实现治政组织目标的合理化治政过程。治政管理本质上是优化治政资源的过程，即把治政资源转化为治政成果，把治政投入转化成治政产出。治政管理力很大程度上体现在治政资源的优化上。

（3）治政领导力。治政工作与领导工作在许多方面是重合的，两者有重合又有区别。治政表现为领导层面的主要是指治政者工作与执政者工作重合的那部分层面。治政本身就有领导的含义，治政也离不开领导，治政领导力是指治政者个人（或治政团队）为实现治政者自己及追随者的共同目标，而通过说服或榜样作用激励某个群体的过程。①

第一，治政领导力中的权力。权力是治政工作的中心，也是领导力的中心。有人反对"权力"作为治政的中心，这是因为理解的角度不同。我们说是中心，因为治政需要一定的权力，没有权力便无所谓治政，当然，这需要治政主体和治政客体都健全。在治政过程中，权力是一种"能力"，它可以保证一个组织和一个人所期待的结果的实现，并且阻止那些不希望发生的事情发生。治政组织目标必须要靠治政权力来实现。因此，治政领导权力必须加以规范、限制。在伦理上，权力是中性的，它可以做善意的用途，也可以做歹意的用途，因此，限制和规范治政领导权力就是理所当然的了。因为"权力易于导致腐败堕落，绝对的权力导致绝对的腐败堕落"②。

第二，治政领导的体制力。所谓体制力指治政体制作用的力量。治政需要科学的体制，而科学的体制多源自于治政的实践。治政的领导力是通过治政的体制实施和体现的，这种体制力的根子还是在经济基础和上层建筑的协调上，在社会多数人的生活生存的幸福上。任何体制力量再强，得不到人民的拥护，它必然不会长久。一是体制力的科学发挥源自于最高治政者相关体制方面的科学决策，决策科学，则体制越科学，体制力就越强。二是体制力的科学发挥源自于对民意的了解，民众对某种体制的拥护和认可程度也决定了体制力的发挥。三是体制力的科学发挥源自于治政者对体制的理解和默守。四是体制力的科学发挥源自于体制科学、及时的调整。体制力有时是巨大的，它会夹挟着许多本不属体制方面的事物呼啸前进，对某一段历史的进步有推进作用也有破坏作用，因此，要注意体制力的科学发挥。

第三，治政领导的组织力。所谓组织力指治政领导过程中通过组织发挥群体集结作用的力量。当然，群体集结作用并不是都表现为集体行为，有时它还表现为群体中个体对组织原则的坚守，对组织目标的努力。治政领导的组织力可以从三个方面来理解。一是治政需要一定的集合体即"组织"，治政领导正是依靠这些组织，使治政者集结在治政的旗帜下，完成

---

① 参见〔美〕约翰·加德纳著：《论领导力》，第3页，中信出版社2007年版。
② 同上书，第77页。

治政的任务；二是治政领导要有一定的组织能力，即动员、说服、表率、总结、领导等方面的能力，带领好和组织好治政者，为治政组织的目标而工作。治政领导要合理地组织和运用人、财、物以实现组织目标和决策。三是建立科学有效的组织管理系统。

第四，治政领导的激励力。所谓激励就是指治政者对下属积极性的调动，使全体治政者形成治政合力，简单地说就是对治政者的激发和鼓励。对治政者的激励也有一个科学激励的问题。一是注意提高下属接受治政组织目标和执行组织目标的自觉性，这种自觉性的提高要使下属与治政组织目标相一致，使治政组织目标包括下属的目标，要使治政下属看到前景。二是激发治政者实现治政组织目标的热情。激发热情，需要有不同的方法和手段，需要满足治政者某些方面的精神和物质的需求。三是治政者上层的表率。治政者上层的表率有时有事半功倍的效果，治政者上层的人格、人品、风格、水平和为人处事的态度，都会对下属产生较大的影响。四是注意提高下属的行为效率。要注意为下属和不同系列的治政者创造良好的物质环境和工作环境，要在治政队伍中形成一种积极向上的氛围。

领导学家把领导力分为多种类型，这些类型对于我们研究治政力和治政行为很有帮助。其一，禀赋型。治政领导的禀赋指与众不同的素质，也称为特质。诸如治政者的体格禀赋、个性禀赋、社会背景禀赋、能力禀赋、技能禀赋等等。治政者领导的禀赋主要集中表现在年龄、体重、身高、外貌、体格、精力、健康、表达能力、智商、学历、知识、洞察力、判断力和决断力、组织能力、适应能力、内向性、外向性、掌控能力、创新力、组织力、野心、责任感、诚实感、信任度、同情心、爱心等方面。据有关方面调查，尽管某些禀赋似乎有利于领导，但并不保证总是有利。不同禀赋的相对重要性取决于领导场合。① 因此，领导力不是天生的，禀赋不等于领导力。其二，权力和影响力型。权力包括政治权力、感召力、专家、信息控制力、惩罚控制力、资源和奖励控制力、权威以及生态控制力等等。影响力包括权力影响力和人格影响力以及能力影响力。其三，行为型。所谓行为型指注重行为类型。行为型领导理论假设有效的治政领导者在持续不断地运用一些行为类型。基本的两种类型是被动性（X 理论）

---

① 参见〔美〕克利夫·里科特斯著：《领导学：个人发展与职场成功》，第 10 页，中国人民大学出版社 2007 年版。

和主动性（Y 理论）。其四，情景型。所谓情景型就是不同场合运用不同的领导力的形式。有的人还把情景型领导称作偶然性领导。任何治政者的出现和有效性都是和领导者遇到的情况偶然地联系在一起，治政者可以改变自己的风格来迎合特色的群体。① 其五，传统型。所谓传统型指治政者在不同的治政层面，利用传统的手段来管理和领导下属，因此被一些人认为是具有文化和符号特征的。传统是群体、组织、公司行事的一种工作方式。② 其六，大众型。大众型领导是被众人认可的领导，我们可以理解为同治政者大约相同或相近的领导和被众人认可的领导。其七，综合型。所谓综合型指治政者结合了我们前面所分析的各种领导力而治政的方式。

第五，治政领导开发力。在治政力的开发和科学运用上，已有不少的研究。治政领导力已发挥、开发和科学运用有治政者自身的条件、治政环境条件包括治政上级的认可与支持的条件。开发治政力，要做好几点。一是了解自我和研究自我。二是具有远见。三是设定目标并进行创意。四是要发展自信，确立个人责任，确立自己的健康形象。五是开发自我组织能力。六是尽量使自己获得群体的认可。治政者获得群体（群众）认可是一门科学，这其中有治政者自身努力的问题，也有群体承认和不承认的问题，治政效力有赖于群体是否接受和认可，治政者必须获得群体的认可，否则将一事无成。获得群体认可要注意几点：了解群体目标；比群体中任何一个人都勤奋；符合群体目标；愿意做决断；在群体中与他人互动；展示人际关系技能；③ 敢于负责任；关心他人等等。七是提升自身的能力，跟上时代以及治政科技的发展。八是善于总结治政经验。九是善于抓住治政机遇包括自己发展的机遇。十是在治政职场中提升自己的技能。十一是忠诚。十二是服务精神。十三是情感成熟。十四是合作。

（4）治政政治力。治政政治力指治政组织和治政者（治政主体）在政治方向引导、政治民主作风建设、政治决策水平、政治发展科学程度等方面的能力。治政政治力是带有路线方面的能力，关系到方向、制度建设。

---

① 参见〔美〕克利夫·里科特斯著：《领导学：个人发展与职场成功》，第 12 页，中国人民大学出版社 2007 年版。

② 同上。

③ 同上书，第 79—80 页。

第一，治政政治方向引导力。政治方向引导也被人们称为路线引导，其作用至关重要。政治方向引导归根到底还是制度的引导，是采用什么制度的问题。在具体治政引导上，还有舆论、民风、道德等方面的引导问题。制度引导就好比渠道，把民众的观点、意见、风气，引导到正确的渠道上来。

第二，治政政治民主构建力。政治通常是专制的，但政治又必须用民主作基石，否则，政治则得不到民众的拥护。在阶级社会里，民主是一种制度，虽然有时它表现得非常具体和实际，这些"具体"和"实际"的民主形式，都源自于和依托于民主的制度。治政构建民主即是确定人民权力的权力。在治政过程中，民主用于国家形式，即成为一种国家制度。列宁讲，"民主是一种国家形式，一种国家形态。"① 民主不仅仅指国家的政体，而且指国家国体。列宁又讲，"民主意味着在形式上承认公民一律平等，承认大家都有决定国家制度和管理国家的平等权利。"② 这就说明了治政民主构建必须注意平等，这便从国家制度的含义层面派生出治政民主构建中的民主作风、民主原则、言论自由等民主权利。如果一种治政制度是民主的，那么治政本身也就是民主的象征，也就必然会构建出民主和谐的社会风气。治政的政治民主构建力，首先是制度必须民主，在制度民主中构建人们的民主权利，确立治政的民主原则。

第三，治政政治决策力。治政的政治决策通常指治政过程前和过程中治政者对重大治政问题的选择。一般来讲，决策指在两个或多个可供选择的方案中作出判断和选择。决策是一种社会行为，决策权有时是非常关键的权力，因此治政的政治决策力有时关系到治政组织目标的实现和治政工作的成败。治政的决策要注意科学，既不能拍脑袋决策，也不能拍胸脯决策，更不能在决策之后拍屁股走人。治政的政治决策必须注意科学性。要实现治政政治的科学决策，必须注意几点。一是要有准确的决策目标。就是说决策的目标要符合科学的规则、程序，并能预测到目标的实现会带来的正效益，在表达的形式上要清晰，不至于使人产生误解。二是要保证决策的执行结果能够实现确定的目标。三是要保证实现决策目标所付出的代价小。四是要保证决策执行后的副作用相对要少。③ 有关治政决策我们还

---

① 《列宁选集》第 3 卷，第 257 页，人民出版社 1972 年版。

② 同上。

③ 参见刘建军编著：《领导学原理》，第 227—228 页，复旦大学出版社 2007 年版。

要在下面的章节中论述。

第四，治政政治发展力。所谓治政政治发展力指治政事物的科学进步。社会事物都是在变化着的，一成不变的治政是没有的。治政的政治发展力主要体现在治政的科学发展上。治政政治发展力体现在两个方面。一是治政组织自身的科学发展。治政组织如何在世界政治的融合、经济的全球化等过程中科学地发展自己，使治政组织能够引领治政事物的科学进步。二是治政事物总体的科学发展，治政事物总体的科学发展仍然是以人为本、实现全面协调可持续发展，推动科学发展、和谐发展、和平发展。在治政事物总体科学发展中要注意治政政治发展中的发展目的、发展理念、发展方式、发展动力、发展布局、发展战略、发展道路的科学。

（5）治政影响力。治政影响力主要来自两个方面，一个是治政组织影响力，另一个是治政者个人影响力。组织的影响力既是针对治政者又是针对治政客体（民众）；治政者个人影响力只针对下级和治政客体（民众）。

第一，治政组织影响力。所谓治政组织影响力是指治政组织对治政主体个体和治政客体的影响力量。治政组织具有强大的影响力，才能吸引更多的民众为实现治政组织目标而努力。治政组织影响力主要是通过几个方面实现影响的。一是治政组织目标的影响。治政实际目标应该是"联合每个人，完成更多"①，因此，它区别于领导和管理的概念。治政实现联合每个人的目标，就需要有一个治政组织的目标，而这个目标对于治政者、治政组织和治政客体都具有持久的、巨大的影响力。要产生这种巨大、正面的影响力，治政组织必须创建一个可以让每个治政者能够共享的目标，这个目标又是每一个治政者为之奋斗的组织目标；这个目标能使治政组织中的成员同患难、共荣辱。二是治政组织的组织影响。治政组织是一个不同于执政党和政府管理的组织，这个组织应该具有超越执政党和政府的优点，并使执政党和政府的组织特点得到发挥，而不是阻止它们优点的发挥，因此，治政影响力主要表现在科学组织上。如果执政党首脑就是最高治政者，那么执政党首脑和首脑阶层就必须具备这种组织能力。三是治政组织的利益分配能力。组织中的利益分配影响力主要体现中和民众利益相

① 〔美〕克利夫·里科特斯著：《领导学：个人发展与职场成功》，第110页，中国人民大学出版社2007年版

平衡的水平上。治政者利益过高，与民众利益相比会失衡，其影响力便是负面的；如果治政者利益分配过低，治政队伍便没有了吸引力，从而影响治政队伍稳定，影响治政效果。

第二，治政个人影响力。治政个人影响力主要指治政主体中治政者言行的影响。中国农村有句话："村看村、户看户，村民看干部，"这说明了治政个人影响力之大。治政政策、治政效益的使用、治政形象等，对人们都会产生很大影响，这种影响完全来自治政者个人。治政者个体形象有时被人们看作治政整体形象，因此，治政个体的影响力是巨大的，应该引起治政者的注意。构成治政个体影响力的要素主要有四点。一是治政个人的品德。一个治政者如果品德高尚，正直公道、言行一致、以身作则、关心他人、团结他人、严于律己、平易近人、清正廉洁，为民众办好事办实事，帮助民众解决现实困难，这样的治政者必然会受到人们的敬佩，必然会形成一种无形的、巨大的、道德的力量，成为一种强烈的感染力和影响力，必然会形成治政合力，形成和谐治政力。如果治政者个体自私自利、刚愎自用，要求他人做的自己不做，做官场秀，搞形象工程、政绩工程，民众必然是口服心不服，敢怒不敢言，从而形成负面影响力。二是治政者个人的知识。作为一个治政者，无论在哪一个系统或者层面，必须要有相关的知识。治政者治政要具备相关的专业知识、管理知识、心理知识，要尽可能使自己成为内行，成为某一方面的专家。在信念化、知识化、全球化的今天，知识的掌握和获取越来越重要。三是治政者个人才能。治政者才能指在治政方面的能力和水平。我们知道，知识和才能之间存在着一定的联系。一个治政者知识多，不一定治政才能高；但是，治政者有广而深的知识，正是形成和提高才能的基础。治政者的才能不完全取决于他的品德的高低，但品德高才能把"才能"用在治政正道上，才能用自己的"才能"去为他人服务，才能真正发挥自己的才能作用。一个有效的治政者需要具备多方面的能力，诸如治政理解能力、治政分析综合的决策能力、治政组织管理能力、治政协调能力、治政创造能力等等。治政者品德与才能相比，品德是第一位的，是不可替代的。四是治政者个人情感。所谓情感，指治政者对他人的感情。情感是对人对社会存在的主观态度好恶倾向的内在反映。[1] 治政者与治政者，治政者与治政客体（民众）相处在一起，

① 参见王加微编著：《行为科学》，第253页，浙江教育出版社1986年版。

会产生一定的感情关系，有了一定的感情关系，就会有一种亲切感，就会有相互的吸引力，就会有相互的影响，就会对事物具有同情心。一个没有同情心的治政者不是人格健全的治政者。一个治政者如果平时待人和蔼可亲，对他人热情、关心，对同事尊重，对自家的老人孝敬，对子女尽心，其影响力就大，威信也就高，治政的效果就好。有一句通俗的话：人是感情动物，讲的就是人与人相处时感情的重要。

3. 治政扩展力

所谓治政扩展力指治政力在原有力量基础上的扩大和推及，是在治政原力上的提升。治政扩展力非常重要，是治政力不能缺少的重要组成部分。治政扩展力包括了治政竞争力、治政创造力、治政先导力、治政安全力、治政和合力和治政钝感力。

（1）治政竞争力。竞争是科学治政的一条基本原则，竞争是人类与生俱来的行为。竞争通常指市场经济条件下各商品生产者为取得有利产销条件而进行的争胜。在现代生活中，应该承认竞争无所不在，竞争已扩展为人们为了自己方面的利益而与人争胜的境地。治政竞争表现为几个方面。

第一，治政理念竞争。治政理念竞争指在治政过程中，治政观念、理论思维、治政导向以及治政发展的认可度的竞争。理念竞争是治政其他方面竞争的基础，是一切治政竞争的起始点。有人提出，"在谦虚人的面前别骄傲，在骄傲人的面前别谦虚"①。这说明了竞争理念的变化。治政理念竞争首先要有竞争的意识，然后才可能有理念竞争的确立。

第二，治政实力的竞争。治政实力的竞争是治政根本的竞争。在竞争实践中，没有实力便无法竞争，没有实力，那就是竞争世界的弱者。治政实力既有治政组织的实力，也有治政个人的实力。当然，治政个人的实力有时通过治政组织表现出来，有时通过治政者个人行为表现出来。对于一个国家来讲，实力竞争是国力的竞争；对于治政层面来讲，实力竞争是治政能力的竞争；对于治政者个人来讲，实力竞争是治政品德在治政行为中的竞争。治政实力竞争有现有实力竞争和潜在实力的竞争，治政实力竞争是实实在在的竞争，就如同体育选手在赛场上一样，其结果必然表现为"强"者胜，"弱"者输。

---

① 高占祥著：《文化力》，第85页，北京大学出版社2007年版。

第三，治政关系的竞争。治政关系已成为中国的一种"国粹"，没有关系已治不好政，这也独具中国特色。关系原指事物之间相互作用、相互影响的状态。而治政中的关系则跳出原意，指治政幕后和治政幕前关系的协调。协调得好，治政者有可能获得更多的好处；协调得不好，治政者有可能处在劣势地位。幕前关系指治政组织与治政组织，治政者与治政者之间以及治政者与下属、治政组织与治政者之间的关系表现，这种关系是可以感受到的，比如组织关系、上下级关系、同事关系、朋友关系等等。幕后关系指治政组织与治政组织、治政者与治政者之间以及治政组织与治政者之间、治政者与下属互相之间的不可见到而有时也感受不到的关系。经常可以听到治政者讲"上面有人"这句话，讲的就是治政者与上级关系的密切。在治政成绩大体相当的情况下，治政关系起到了关键性、决定性的作用。治政者要研究这种"关系学"，并且重视这种"关系学"。杜绝"上面有人"的关系，提倡健康的工作关系。但在由上级任命下级的治政组织关系下，健康的工作关系很难建立，这也是中国"党管干部"的第一难题。

第四，治政利益的竞争。治政利益指治政组织和治政者在治政方面的好处，这种好处有涉及治政客体（民众）的，但说到底是治政者间的一种好处的竞争。从治政组织来看，一切治政组织都有自己的利益，多数组织正是因为利益而建立的。因此，不同国度之间、不同治政者之间的好处之争是必然的。从治政者个人来看，名利之心人皆有之，只不过是人们对"名利"所把握的"度"不同罢了。治政者的好处从事物形态来看，不外乎物质的和精神的；从社会形态来看，不外乎政治的、经济的、文化的、社会的等方面的。治政利益的竞争，必须有"规则"可操作，有规范来限制。没有规范和规则的竞争是一种无序的治政之争，必然会带来更多的负面效应。

竞争是必须的，治政的竞争也是必须的。只有有了竞争，人类才能得以进步，这是目前社会中不可缺少的进步动力，也是目前社会人应该明确认识到的"真理"。竞争的本质不是坏东西，而没有规则和规范的竞争绝对不是好东西。

（2）治政和合力。无论治政过程如何，治政的目的多是追求"和合"的。和合最早指"同心"，多指夫妻同心，后来则发生了变化。《墨子·尚同》中说："内之父子兄弟作怨仇，皆有离散之心，不能相和合。"这里的

"和合"指和睦同心，之后又有了调和、顺利之意。治政"和合"力，正是取了这三种意义之和，因此，我们认为治政的目的是追求和合，实现治政和合，包括全社会的和合。

第一，治政和合力表现为科学组合。"物以类聚，人以群分"，说的是人与物组合之不同，治政要实现和合，形成和合力，必须注意治政科学组合。治政组织的组合包括了"人和"、治政组织的"层和"、不同系列的"系和"和组织之间的"组和"。科学组合治政组织是高层治政者的首要任务。没有好的组织组合，形成不了合力，治政组织目标实现起来就比较困难。

第二，治政和合力表现为治政的融合。所谓融合指不同的治政系统、不同的治政层面、不同的治政者与治政客体（民众）合为一体。一是治政层面的融合。治政有不同的层面、不同系统和千千万万的治政者，在治政组织目标下融为一体，这是一门科学。治政层面必须追求和合，使大家融在治政组织目标下工作。二是治政主体与治政客体（民众）的融合。从治政"矛盾"方面分析，治政主体与治政客体（民众）是矛盾的对立面，两者同存于"治政"之中，如何达到和合，实现所谓"鱼水"关系，是值得治政者认真研究的。

第三，治政和合力表现为治政的联合。治政的联合主要是指治政组织之间在组织内部或跨组织和跨国度的"联合"。治政和合的多数是由于政治的需要和经济的需要。诸如"欧盟"等联合体，便是不同国度跨国之间的联合。在同一国度的联合中，往往是治政组织体制的需要或者为了治政组织某一中心任务需要而实行的。

第四，治政和合力表现为治政的结合。所谓治政结合指治政组织之间和治政者个体之间为了某一种共同利益或理想利益而发生的较为密切的联系。在治政者个体结合方面，则具有不同的形式和不同内涵。诸如中国干部配备上常讲的"老中青"三结合或者男女干部的搭配，民主党派、非党干部和中共党员干部的搭配等等都是属于治政结合而希望实现和合力的类型。从治政结合的效果来看，由于干部管理和使用体制的原因，应该说这种结合的效果并不好，有的与治政组织希望相反，不仅没有出现和合力，反而出现了某些离心力和分裂力，这倒是高层治政者应该警惕的。

（3）治政主体创造力。所谓创造力指在发挥治政主体治政力作用和形成治政力的过程中治政主体做出新的行为和形成新的观念的水平和能力。治政需要创造，更需要治政组织和治政者个人在治政过程中，结合自己的治政实际而推出新的方法、新的理论，作出新的成绩。

第一，治政主体指导思想创新。任何思想体系都是发展着的，治政指导思想创新指治政工作的思想导向和规范方面的创新。指导思想用在治政上，也独具中国特色，因为同为一个治政组织，同为一个治政舞台，同为一个治政目标，由于最高治政者不同，因此，治政指导思想便会有所变化，这被称为解放思想，实事求是，这种"创新"也是社会主义国家所独有的。中共中央总书记胡锦涛对中国共产党新的指导思想有过一段非常详尽的阐述："科学发展观，是对党的三代中央领导集体关于发展的重要思想的继承和发展，是马克思主义关于发展的世界观和方法论的集中体现，是同马克思列宁主义、毛泽东思想、邓小平理论和'三个代表'重要思想既一脉相承又与时俱进的科学理论，是我国经济社会发展的重要指导方针，是发展中国特色社会主义必须坚持和贯彻的重大战略思想。"[1] 治政指导思想的创新便从中可知。

第二，治政体制创新。所谓治政体制创新指治政体制根据科学发展的需要和国际形势的变化对国家以及国家机关、企事业单位的组织制度的变更。治政体制创新是在不断进行的，也是根据一个国家或者地区的政治、经济、文化、社会的发展变化而确定的。诸如中国的国企改制，即是治政体制创新中一种较大的创新突破。治政体制创新要靠治政主体来完成。

第三，治政工作创新。所谓治政工作创新指治政者工作的新的思路、新的手段、新的看法。治政工作创新是因治政者而异的，治政工作创新是每一个治政者都应该追求的。

（4）治政安全力。治政有一个根本的任务，是保一个区域的平安，这个区域包括了国家和地区或者某一个较小的治政区域。所谓治政安全力指治政主体保证治政本身和承载治政客体（民众）的社会的无危险、无威胁、无事故的能力。治政安全是人们生存的需要，也是美国心理学家马斯洛（Maslow）"需要层次理论"[2] 的第二个层次的需要。马斯洛认为，人类

---

① 胡锦涛：《高举中国特色社会主义伟大旗帜　为夺取全面建设小康社会新胜利而奋斗》，《十七大报告辅导读本》，第12页，人民出版社2007年版。
② 参见王加微编著：《行为科学》，第84页，浙江教育出版社1986年版。

的需要是以层次的形式出现的。

　　生理需要──→安全需要──→社会需要──→尊重需要──→自我实现需要

　　在第二层次的安全需要方面，马斯洛认为，当一个人生理需要得到基本满足后，就希望满足安全的需要。诸如个人（包括治政者本人）希望没有生病、失业、职业危害、意外事故、养老等经济生活方面的担忧；希望解脱严酷监督的威胁，希望避免不公正的待遇；希望自己的工作安全、环境安全；希望社会安全、人身安全，希望劳动安全、职业安全，希望不失业，希望自己不确定的未来有保障。希望自己所处的环境安全，没有天灾、战争、破产等等；希望自己的生活安全，在医疗、养老、意外事故等方面有保障等;[①] 希望人际安全，互相不要钩心斗角，不互相诋毁，不被人为地侵犯，关系和谐等等。

　　治政安全就是要满足人们（包括治政者自己）的安全需要，治政主体要有能力保证这些安全。

　　第一，政治的安全能力。所谓政治的安全能力就是指治政组织在政治上和治政者个人以及治政客体（民众）在政治上的安全。诸如在法律保证下的各种人身自由，不受严酷的监督。在治政组织上有自己的信仰自由，有自己治政团体的政治自由等等，当然，这种自由要符合宪法和法律。政治的安全有国家的、治政组织的、民族的、治政者个人的和百姓的等方方面面，这些安全必须由治政主体来保障。

　　第二，经济的安全能力。经济安全能力指治政主体保证经济安全发展的能力，保证包括治政者个人在内的职业安全和经济收入安全的能力。人们都希望经济健康、快速发展，希望自己的收入稳定、不断提升，希望职业进步、不失业、养老有保障等等。治政的经济安全就是治政主体要保障经济发展的安全、保障个人经济收入方面的安全。

　　第三，文化的安全能力。保卫文化的安全是一场没有硝烟的战争。在和平环境下，文化的"侵略"、腐蚀是经常的，赤裸裸的和惊心动魄的。保卫文化安全，治政主体一方面要考虑到文化的多元化，又要找准和确立主流文化、主体文化，形成文化价值导向，以此引导文化健康、安全发展。在具体的治政组织内部，也有文化安全的问题；对于治政者个人来

---

　　① 参见王加微编著：《行为科学》，第85页，浙江教育出版社1986年版。

讲，也有确立文化价值观的问题，治政者应该保证自己正确的文化价值观，从而引导民众确立正确的文化价值观的导向。在文化交流上，治政组织和治政者还要做许多的工作，防止有害文化的渗透，以保持民族文化传统安全地发扬和科学地发扬。

第四，社会的安全能力。治政主体保卫国家安全、社会安全是其自身固有的责任。一个国家和地区除了保持国家安全之外，主要的还是保持社会的安全。社会安全建设除了稳定的社会秩序外，还有如何满足治政客体（民众）安全的社会需要的问题，即马斯洛所讲的安全需要，这个安全需要也包括了治政者自身的安全需要。

（5）治政钝感力。钝感力是治政中的新名词，源自日本现代文学大师渡边淳一的散文集《钝感力》。高占祥先生在《文化力》中有一章专门讲文化的"钝感力"。他通过著书告诉人们，不要对生活太过敏感，钝感虽给人以迟钝、木讷的负面印象，却让人在任何时候都不会烦恼，不会气馁，恰似一种不让自己受伤的力量。他们还认为，所谓钝感，不是迟钝，而是对周围的一切排除干扰、勇往直前的态度。拥有迟钝而坚强的生活态度，就不会因为一些琐碎小事而产生情绪波动。是一种有意义的感觉迟钝，这股迟钝的顽强意志，就是得以生存的现代的力量。高占祥先生把钝感力表述为深度思考、大智若愚、难得糊涂、后发制人、以柔克刚、厚积薄发等现象。我们认为钝感是一种涵养、境界、进取、积累，是一种治政主体的治政手法。

第一，钝感表现为治政涵养。所谓涵养指治政组织和治政者个人在治政过程中的修养和控制情绪的功夫。钝感表现的主要力量便是涵养力。涵养表现为对事物的详细观察。处理事情的冷静沉着，应对麻烦的智慧以及对真理追求的专注和执著。一个组织有涵养说明该组织是"君子之邦"，一个治政者有涵养说明该人是聪慧之人。

第二，钝感表现为治政的境界。所谓境界指治政者所达到的一种科学而和合的程度。钝感的境界是一种成熟，一种沉稳，一种大智若愚，一种柔中带刚的与人为善。治政者和治政组织达到钝感境界，并不是"呆"、"傻"，是一种聪明中的聪明，智慧中的智慧。这种境界，看似"无声"，其实是无声胜有声，于无声处听惊雷。

第三，钝感表现为一种默默进取。在事物发展过程中，进取不都是吹冲锋号的，许多进取正是功夫的各种积累，是无闻之中尽有闻。钝感的进步是一种默默的、静静的、实质的，在不张扬之中，在看似退步之中而前进的。布袋和尚有一首插秧诗，对这种钝感表述得很明了。

　　　　手把秧苗插满田，
　　　　低头便见水中天。
　　　　六根清净方为道（稻），
　　　　退步原来是向前。

　　这首诗表述了钝感是要有一定的条件的，要善于低头，善于清净，善于退步，在看似低头看似退步中而前进了，这是治政者应该修炼的一种境界。

　　第四，钝感表现为积累。积累是指某些"力"的逐渐集聚，也是人们常说的久久为功。下棋易学难精、画画易学难通、做诗易学难深。这其中的难，正是钝感力没到，即久久之功没有到。① 钝感治政力的积累要求治政者首先要"忍"，忍即宁静的心态，忍即大度，忍即常人所没有的功力。白居易说："孔子之忍饥，颜子之忍贫，闵子之忍寒，淮阴之忍辱，张公之忍居，娄公之忍侮；古之为圣为贤，建功树业，立身处世，未有不得力于忍也。凡遇不顺之境者其法诸。"② 这是劝在逆境中的人坚持"忍"字，其实顺境之中仍有"忍"字的存在。忍是一种力量的积累，是为成功作铺垫，绝对不是逆来顺受，没有原则。因此，忍的积累是有"度"的，这是钝感力的积累应该注意的。钝感治政力的积累还要宽厚。为人要宽厚，处事要宽厚，逆境要宽厚，顺境更要宽厚。宽厚指宽容厚道，指本质、钝感。钝感治政力积累到最后是讷于言而敏于行。讷原指说话迟钝，而讷于言则是话少而做事并不少。钝感治政力的积累就是要治政者少说多做，要积累一种言与行的钝感力，以求更多更大的突破。

四、治政主体角色的含义及特征

　　从字面上分析，治政主体角色就是治政者为主的角色，可是在治政实

---

① 参见高占祥著：《文化力》，第235页，北京大学出版社2007年版。
② 邵道生：《丑陋的人性》，光明网－光明观察，guan.cha.gmu.cn/2008年9月19日。

践中，由于治政环境的不同或者治政位置不同，治政主体的角色便会有不同的含义。治政者除了表现为领导角色、管理角色之外，主要表现为治政角色。在治政实践中，因治政主体的作用、角度不同，同一个治政者会表现为不同的治政角色，因此，我们可以认为，治政主体是多重治政角色的组合。治政职能、治政职责、治政地位、治政系列的不同，治政者所表现出来的角色也不尽相同。有时，具体的某一个治政者会表现为双重的甚至多重的角色。正因为角色的不同，治政主体角色的特征也不会相同。

1. 治政主体不同角色变换及特征分析

正因为治政职能、职责、位置、系列不同，所以，治政主体角色会发生变换，这种变换虽不是治政主体的"有意"行为，但变换却是必然的、现实的。由于角色的不同，角色特征也会发生变化，这些特征又是治政角色的本质点。

（1）治政主体角色变换的类别。治政主体本应有其最基本的角色，但由于治政主体的职能、职责不同，治政主体的角色会发生变换，这种变换从本质上讲，没有根本的变化，基本上以治政主体角色为主，治政客体角色为辅。但从形式上讲，却有巨大的悬殊和明显的变换。

第一，从国际事务层面来看，治政主体（尤其是高层治政者）承担着治理国际事务的角色。在世界国际的大环境中，每个国家的治政主体都扮演着自己国家或民族代表的角色，并且为本国家或本地区的治政而努力。无论是联合国、欧盟、北美自由贸易区还是亚太经济合作组织，不同国度的治政主体都在扮演自己的角色，这是面对国际事务的角色，也是一个国家和地区不可或缺的角色。从国际和不同国家的发展来看，不同国家和地区所扮演的治政角色不会因为治政角色中个人的变换而有较大的改变，这表现出国际事务中治政角色的延续性。

第二，从治政内部层面来看，治政者面对下层的角色。我们已分析过，治政者分为高、中、下、基层等层面，不同层面上的治政者都在扮演着应然的角色。一是从治政层面讲，面对治政者基层，高、中、下层的治政者都是基层治政者的上级，因此，这上、中、下三个层面又都是基层治政的领导者。虽然上、中、下三层治政者的职能、职责不同，但对于基层的领导、管理、治理的职能却是共同的，区别在责任有大小；对于中、下层治政者来说，他们既有自己的上级治政者，又有下级的基层的治政者群体，因此，中下层治政角色具有承上启下的角色任务；对于高层治政者来说，他们对中下层治政者都是上级，这是角色的级别特色。二是从治政基本职责层面来讲，治政者扮演着主导、领导的角色。较高层面的治政者，必然处于领导地位，对治政工作发挥主导作用。不同政体的国家，治政者领导的作用也不尽相同。在实施上级治政者任命下级治政者（非实质选举的）的政体中，这种角色作用是决定性的，不可逆反的，也是非民主的。对于这样方式产生的治政者，要求他们必须有责任心、有能力、有道德，否则治政的结果绝对不会是理想的。三是从治政者素质来讲，上级治政者扮演着道德者和示范者的角色。作为上级治政者，他们的言行举止都将是下级治政者的表率，也被下层治政者视为治政者自身的表率。下级治政者在实践中总是有意或无意地把治政上级看作道德崇高、人格完美、办事公道、作风正派的角色，这也许是下级治政者的某种期望。因此，我们认为上级治政者道德、示范角色的作用有时比纪律强制的作用更大，更具有说服力。四是从治政者职能来讲，上级治政者扮演着裁判者和协调者的角色。在治政过程中，可能会出现许多法律之外的公平和公正的问题，针对这些问题，治政下级希望治政上级能够出以公心，能够作出公正、公平的裁决，让正义者"力挺"，让歪风邪气无处藏身。除了扮演裁判者之外，上级治政者还必须扮演协调者的角色，对人与人之间的关系，对治政部门之间的关系，对系统之间的关系，对不同层面治政者之间的关系进行协调。协调的作用有时比裁判的作用更大，更具影响力。五是从治政者责任来看，这一部分治政者扮演着"检察"和"法官"的角色。他们既要对下级治政者以监督，还要负责对违反治政纪律的部分治政者以处置。由于治政的体制不同，不同治政体制内部监管系统不一样。上级治政者既要对下级以监督、推进、表扬，还要对违纪人员诸如失职渎职、贪污腐败等治政者以处罚。这种角色作用，也是某些治政体制所独有的。

第三，治政者面对上层所扮演的角色。在治政者队伍中，除了高层治政者之外，中、下、基层都是下层，而中、下层治政者又是基层治政者的上级，其角色特点如下。一是服从者的角色。作为治政下层或称为下级，必须服从上级的安排和调度，这种服从的绝对化只限于上级任命下级的治政体制之中，与民选体制不同。下级治政者的职务升迁、奖励、利益分配均由上级治政者决定，下级服从上级就是必然的了，因为下级治政者只能也必须对上级负责，其中弊端很大。二是落实者的角色。所谓落实者指治政下层是治政组织目标的落实者。治政组织的总体目标、分段目标以及不同治政层面的治政目标都必须由下层治政者落实，治政组织目标落实如何，全视下级治政者的能力和水平。三是代言者的角色。所谓代言即指为同类别的治政者和治政客体（民众）代言。下级治政者群和民众对治政政策、方针、方案、落实情况、治政结果的使用有何种建议和意见，一般都由下级某些治政者向上级治政者"报告"，而对民众，他们又是上级的代言者、传声筒。四是实践者角色。这里的实践一般是指基层治政者的治政实践。治政理论、治政的指导思想、治政计划、治政设想一般都由基层治政者实践。治政实践既是一种落实，也是一种检验。五是监督者角色。在上级任命下级治政者的体制中，下级治政者一般不能监督上级治政者，但治政体制中有规定，下级可以监督上级，这种监督必须视治政的环境而定。治政监督是必须的，但如何更为有效、更为科学是应该探讨的。

第四，治政者面对治政客体的角色。治政主体面对治政客体（民众）时一般为官员、公务员、军队职员等等身份。在治政实践中，治政者面对治政客体（民众）的角色有正面的和反面的。有时恰恰是反面角色倒能表现出来某些治政本质，这也是治政理论与治政实践相悖的微妙之处。比如，在某些国家里，实行的是人民当家作主的治政制度，那么，谁是人民？在具体治政实践中，人民如何当家？这是治政中难以厘清的问题和概念。治政者面对治政客体的角色有几点。一是公仆角色。在社会主义制度国家里，治政者都是人民的公仆，这里的公仆指为公众服务的人。毛泽东说："我们一切工作干部，不论职位高低，都是人民的勤务员"①。"为群众服务，这就是处处要想到群众，为群众打算，把群众的利益放在第一位。"② 治政者的公仆角色，决定了"就是要全心全意为人民服务，不要半心半意或者三分之二的心三分之二的意为人民服务。"③ 其实，真正成为人民公仆，是比较困难的。二是领导角色。所有治政者都是领导，而所有的领导不一定是治政者，因此，治政者的领导角色是纯粹的。对于治政客体（民众）来讲，治政者都是领导。因此，治政者要承担起领导的角色，完成领导应该完成的使命。领导是指率领、引导、指挥人们为实现一定目标

---

① 《毛泽东文集》第 3 卷，第 243 页，人民出版社 1996 年版。
② 《毛泽东著作专题摘编》下卷，第 1883 页，中央文献出版社 2003 年版。
③ 《毛泽东文集》第 7 卷，第 285 页，人民出版社 1999 年版。

的行为过程，它对群体活动起着组织、引导、指挥的作用。马克思说过："一切规模较大的直接社会劳动或共同劳动，都或多或少地需要指挥，以协调个人的活动，并执行生产总体的运动——不同于这一总体的独立器官的运动——所产生的各种一般职能。一个单独的提琴手是自己指挥自己，一个乐队就需要一个乐队指挥。"① 这个指挥的角色便是领导。对承担了领导角色的治政者来说，他在治政队伍中担任一定的领导职务，履行着一定的领导职能，有着一定的领导权力和相应的领导责任，这种角色起着率领、引导、指挥的作用。领导的角色还具有一定的影响力，而这种角色的影响力又是由领导权力和非领导权力（品德、知识、才能等方面）影响力构成，因此，领导的角色必须注意两种影响力的共同发挥。三是管理角色。管理一般指管辖、治理，与治政含义相近。管理角色是治政者相对民众而言的，是对社会各方面的管辖和治理。管理角色是通过治政者的管理职能体现出来的，是指在组织中担负计划、组织、领导、控制和协调工作，实现组织目标的角色。管理学把管理分为高、中、基层三个层面，在治政过程中发挥着计划职能、组织职能、领导职能、控制职能、协调职能等作用，使治政的管理职能更深、更细、更严格。四是主宰角色。应当承认，主宰者角色并非全是正面角色，但治政队伍中这种角色的确存在。从有政权开始治政就一直在运动着、发展着，其中有不少治政者以主宰者身份出现，独裁治政，结果使社会民不聊生。在现代治政队伍中，仍有不少治政者以主宰角色出现。2008 年底媒体揭露的深圳海事局党组书记林嘉祥涉嫌猥亵 11 岁女孩案就是典型一例。林对孩子家长说："我就是干了，怎么样？要多少钱你们开个价吧。我给钱嘛！""你知道我是谁吗？我是北京交通部派下来的，级别和你们市长一样高。我掐了小孩的脖子又怎么样，你们这些人算个屁呀！敢跟我斗，看我怎么收拾你们。"② 这种主宰角色是十足的官渣、人渣，真是让人心寒，他们认为他就是这个社会的主宰者，可以为所欲为。这种把自己当作主宰者的治政角色在中国不在少数。

第五，治政者面对群体和公共事务的角色。治政是有系统有组织的，在治政组织和系统之外的组织即为群体。当面对群体和组织公共事务时，治政角色则以主导、指挥、决策和责任人等面貌出现。一是主导角色。所

① 《资本论》第 1 卷，第 367 页，人民出版社 1975 年版。
② 《海事局长猥亵 11 岁女孩》，《扬子晚报》2008 年 11 月 1 日。

谓主导指治政者对于群体以及公共事务引导方向的功能和作用。在主导角色中，治政扮演着领头雁、信息中心、发动机推进器等作用，处于中心地位，并对他们的发展负责。二是指挥者角色。对于群体来讲，治政必然担负着指挥的责任，治政者负责着人、财、物的调配，负责着治政活动的指挥，同样也成为群体完成自身任务的指挥。三是决策者角色。治政者应该是经验、智慧、老练、成熟的决策者，他们对群体以及组织的公共事物起着关键的决策作用，决策者通过对决策的控制，推进群体组织目标的实现。四是责任人的角色。所谓责任人指治政者面对下级、群体和组织的公共事务所承担的主要责任。在治政体制中，除了必要的政治斗争所需的政治权力之外，治政者的主要责任是做好公共事务，这应该是治政的共性。在计划、组织、实施、保持公共事务中，治政主体负有主要的责任。除此之外，治政者还要对群体和组织以及社会生活中出现的所有事务承担责任。

第六，治政者面对组织机构的角色。当主要治政者面对组织机构时，这时的组织机构便具有了治政客体的性质，中、下、基层治政者面对相应的组织机构时也如此。当主客体角色在不同场合发生变化时，主客体所承担的治政任务也相应发生了变化，但治政组织目标并不会因为治政者角色变化而变化。一是主帅角色。治政主体一直处于治政组织和群体的中心位置，对群体和治政组织以统率、引导。所有治政的重大决策均来自治政主体尤其是高层次治政层面，这种角色是法律规范的。二是思想库角色。所谓思想库指治政主体思想是占有支配地位的思想来源。组织、群体乃至社会的思想主流、思想倾向和思想中所确立的社会价值观，均来源于治政主体。因此，当社会某种思潮出现时，不应该，也不必要从社会找原因，其根源必然来源于治政主体的思想库。以中国治政思想来看，新中国建国后以马克思主义、列宁主义、毛泽东思想、邓小平理论、"三个代表"、科学发展观等主体思想的发展过程，证实了这一点。主流思想之处的其他思想，必然会在主流思想影响下产生和成长。虽然有时会出现反主流思想的思想倾向，但能从治政主体思想中找到起点或原因。治政者必须确立科学的思想库，清理思想库中不科学之处，以科学的思想引领社会思想的走向。治政主体思想是社会思想的灵魂，是社会思想的心脏，是社会思想的根基和主心骨。因此，确立科学的思想以及建立科学的思想库是治政主体的首要任务。三是象征者角色。治政主体具有象征性，治政者更具有象征性。人们了解治政主体正是从身边的治政组织尤其是治政者的身上获得的。从对外活动来讲，治政主体自然是治政组织机构的代表和形象；从对内管理活动来讲，治政者必然以治政组织形象发号施令，推行治政主体的计划。这种象征从正面来讲，是凝聚人心所必要的，是一种组织标志，是必须的；从负面来讲，有些治政者正是利用治政组织的象征，拉着大旗当虎皮，实行"奴化"策略。四是保持者角色。所谓保持者指治政主体对治政组织包括不同治政者具有管理、维修、清理的责任。对于组织机构来讲，必然会遇到机构老化、物质缺乏、德才兼备的人短缺等等，治政主体必须进行一定的维修、清理、保洁，以使治政组织的肌体健康、正常、安全。

（2）治政主体角色的特征。上面我们从六个方面分析了治政主体角色存在的表征形象，都是比较而言的，没有比较，角色便无从认识。由于面对的治政对象、治政客体不同，治政主体角色便会发生变化，这也说明了治政主体角色的基本性质——变化性。这种变化符合治政客观实际，也是治政主体的需要。我们分析治政主体角色变换特征，是为了使治政主体对自己承担的角色有所了解，并把握自身角色的特征，发挥角色的作用，更好地承担角色职责，完成角色任务。

第一，变换性。所谓变换指治政主体角色从一种形式和内容换成另一种形式和内容的特点。治政角色变换是绝对的，不变是相对的。任何治政者都会因时间、组织、任务变化尤其是面对的对象和面对的治政客体的变化而变换自己的角色。在这种角色变换中，中、下层治政主体的变换表现得更为突出。治政主体的角色变换有几种变换形态。一是自然式。自然式指因治政主体组织规范或自然规律所确定的变换性质或变换的形式。任何治政角色的变换都离不开自然式的变化，诸如一个治政者从年轻到年老的角色以及在这些时间段中角色变化一样，是自然规律使然，是不以人的意志为转移的，也是治政主体应该在治政角色变换中所注意的。二是主动式。主动式指治政主体根据治政情况变化，尤其是治政的主客体变化、治政对象的变化而主动改变自身的角色，以适应某些变化。三是被动式。被动式指角色的变化是由外力推动的，而不是治政主体根据治政环境变而自主的变化。被动更换角色多是一种不得已而为之的变化，是治政者无可奈何的变化，是一种不变也得变的变化。

第二，应时性。所谓应时性指因时间变化或因某一时间段的需要而变换自己治政角色的性质。时间变换有两种，一种是自然规律使然，一种是治政组织的内部规则使然。某一治政者所承担的角色会因治政组织的规定年限而发生变化。治政主体角色的应时特性，主要指治政环境的需要，致使角色发生变化。诸如中层治政者在面对上层治政者时，他是下级角色，有时又被理解为客体的角色，这便是应时的，离开了这个环境就变化了。其实，治政中的应时角色很多，这也是治政功能所需要的。

第三，延续性。所谓延续性指某些角色的内涵的延续而非形式的延续。治政角色延续是常见的现象。一个治政者从一种环境到了另一种环境，从一个位置到了另一个位置，角色的形式发生了变化，但有时角色的性质却没有太大的变化。另外，即使治政者岗位变化了，但作为治政者这个"总角色"并没有变，这也是由治政主体延续的性质决定的。

第四，任务性。所谓任务指所有治政角色都有自己的任务，而所有角色的任务又不尽相同。不同的角色有不同的治政任务，虽然不同治政者做同一工作，但任务的分工不会相同。同样，治政角色变换了，治政的任务必然改变。没有治政任务的治政角色应该是没有的。顺利地、圆满地完成治政任务，应该是所有治政者的追求。

第五，利益性。所谓利益指治政角色利益，即所有治政者因角色不同而利益不同。任何治政者都有他自己的利益，任何治政者所承担的角色也都有相应的利益。利益是治政者完成角色任务不可缺少的动力，因此，利益与治政角色的联系与角色的重要程度成正比变化。治政者应该注意把握利益追求的尺度：不是自己的"东西"不要拿，这是幼儿园的教育规则，也是治政者获得角色利益的最好的规则。

第六，角色替代的矛盾性。所谓角色替代的矛盾指治政的有些角色可以替代，有些角色却不可替代。在角色的替代中角色的本身以及角色的环境都会形成矛盾。这些矛盾的出现是必然的、现实的，关键是如何减少矛盾的阻力，形成治政角色作用发挥的最优化。

（3）承担治政主体角色的基本条件。治政者的入选应该具备一定的标准和条件（战争年代入选者除外）。这些标准、条件的确立不仅确定了治政主体的整体素质和精神状态，而且关系到治政组织目标的实现，关系到治政的效果，关系到治政主体的长治久安，关系到民心的向背。治政角色基本条件包括了治政组织对治政者个人的基本要求，主要是治政制度的健全和执行制度的基本保障。半部《论语》治天下是人治和德治；一部《宪法》治天下是法治、德治、人治的科学结合。

第一，健全的法制和执法严格的制度。治政需要法律作依据、作保障，没有法律作保障、作依据的治政，是不科学的治政，是一种封建式的"人治"，人治是不科学的，是不能够长治久安治理政务的一种方式。人治作为法治的补充是必要的，但作为治政的主要方式是不科学的。法治需要健全，法治又需要严格。有法不依，执法不严，有时比无法更有害，后果更严重。治政角色发挥的最基本条件是"法律"基础。治政者都应该明白，法治是永远的治政，人治是暂时和补充式的治政，治政者不应目光短浅为一时的"利益"而毁掉治政的前程。

第二，优良的治政者素质。治政者素质是治政工作内在的、先决的条件。没有良好的治政者素质，再好的治政法律、治政计划、治政组织都成为摆设或者成为治政者的借用条件，素质差的治政者会利用这些"规则"，使治政走向治政的反面。希特勒治政便是如此。治政者素质是综合的，其中道德是基本的、首要的、必备的。

第三，优良的治政体制。优良的治政体制是治政工作的外在条件，法制的、道德的、人性化的、民主的体制是理想的治政体制。不同的治政体制应该取长补短，治政者不应该抱着一种体制一成不变地走到底，那样不利于体制的科学健全，不利于体制的自身修正。当然，治政体制的建设取决于最高层治政者。

第四，科学的治政组织结构。科学的治政组织结构是治政组织开展治政工作的基本条件和完成治政任务的工具。治政组织结构因治政体制而异，也因治政系统而异，更因不同的国家和地区而异。治政组织结构的构造因地而异，有时又要因人而异，这就要求治政结构的构造要科学，要合理，要经得起治政实践的运用和检验。治政结构应该是健全的、不断丰富的；治政结构还应该是动态的，要因治政整体形式的变化而调控；治政结构更要有利于治政者的使用，有利于对治政者治政权力的规范。规范权力和规范使用权力对治政者来说同等重要。

第五，科学的治政机制。所谓机制指治政工作系统的组织，也就是治政机体的构造、功能和相互关系。治政机制是治政主体在治政过程中发挥作用所要借助的外力，是治政主体与客体之间相互作用的力量关系。治政机制建立和健全必须是科学的、优良的，借用机制的力量为治政所用也应该是科学的、优良的，并应以治政主客体的合力而出现。

第六，良好的治政环境。治政环境是治政的具体条件，包括了治政主客体所处的现实环境。治政环境要科学地建立并在建立中逐渐优化。优化环境对于治政者来说，无外乎两种可能，一种是适应环境，被环境所同化；另一种是改变环境，使环境适应治政者的要求。被同化也好，改造环境也好，说到底治政者需要有一个良好的治政环境，否则，治政则达不到应有的效果。治政环境在治政中不仅具有制约作用而且具有改变治政主体的作用。

第七，必需的治政物质基础。物质基础指治政所需要的物质条件，是治政所必备的条件。巧妇难做无米之炊形容的是条件不具备不会有饭吃，而对于治政和治政过程来讲如果没有相应的物质条件，便没法完成治政组织任务和实现治政组织目标。

第八，科学的监督。治政的监督本应放在治政机制中，但由于现在治政监督太重要了，所以我们单独分析。一个治政组织缺少监督便会成为无法无天的组织；一个治政者如果缺少监督会成为无法无天的治政者。监督就是管束、就是纪律、就是警钟、就是挽救。监督要科学，监督需要和治政组织目标相一致，要在监督和奖罚中形成合力，推动治政的科学发展。当然，监督也需要规范，监督自身规范与规范治政和治政相比同样重要。如果治政监督到位了，中国的治政场上会减少许多的贪官。

2. 治政主体角色的心理类型及特征

每一个治政者都有自己的心理活动。无论意识到或没意识到，觉醒着的人每时每刻无不进行着心理活动。[①] 觉醒着的治政者同样每时每刻都进行着心理活动，这些活动正是在治政过程中发生的，是现实外界刺激作用的反映活动，是对外界信息的加工，是对治政信息的汇总、清理和排序。治政主体心理活动是正常的、必需的，是治政主体活动不可分割的部分。

（1）治政主体角色的心理类别。治政主体角色的心理活动有许多类别，几乎涵盖了心理学所研究种类的全部。为了便于理解我们只把治政主体角色心理活动的现象选出几种供参考。

第一，治政情绪。情绪是人人都有的一种体验。治政情绪是治政者与治政现实之间关系的反映，是认识治政事物以及世界相关事物的内心体

---

① 参见孟昭兰主编：《普通心理学》，第1页，北京大学出版社1994年版。

验。治政情绪是一种治政的心理状态，治政者的喜、怒、哀、乐、忧、愤、爱、憎等等既是一般情绪又影响治政情绪。在治政过程中，治政者的情绪具有不同的作用。一是情绪可以调节治政者的治政以及与治政无关的各种行为。治政者应该保持自己积极向上和快乐的情绪，以此推动工作的效率。二是情绪可以传递信息、沟通思想。三是情绪可以推动治政者适应治政环境。四是情绪最终会影响人的身心。积极的情绪会使治政者感觉良好、精神振奋、身体机能协调、心态舒畅，它会使治政者的身心都处在良好状态。医学研究表明，治政者如果长期紧张、焦虑会导致心脏病、胃溃疡、结肠炎、偏头痛等严重的生理疾病和焦虑、情感症等心理疾病。[①] 在治政过程中，无论治政环境如何，都要保持一种健康向上的情绪，对治政工作保持信心。由于情绪对治政者身心影响很大，因此，治政者应该冷静对待治政现实，要逐渐推动自己的情绪成熟。其一，要能够保持自己的健康。保持自己的健康，要使自己的情绪适应环境，而不是用自己的情绪去对抗治政环境，遇到再大再难的事情都要保持情绪的快乐。其二，学会控制环境。控制环境的关键点是控制自己的情绪，利用成熟的情绪，控制自己所处的治政环境。其三，使紧张、愤怒的情绪消解到无害的程度，缓解紧张、愤怒的情绪最好办法是"放下着"。其四，能够洞察治政的结果以及某些过程。这种洞察要显现治政者的大气，大气不是放弃，而是看到最终结果从而使情绪平和。古人讲：纵有良田千顷，只食一斤，纵有广厦万间，只睡一床，纵然官至一品，难逃一死。这说明了治政的结果不过如此而已。这是一种缓解情绪的"放弃法"，但绝不是让治政者混日子、无作为，这一点要注意区别。

第二，治政心态。心态指治政者一种具有持续性、弥漫性的情绪状态。心态往往不是事物的即时性刺激引起的，而是由事物的痕迹性刺激所引起的。心理学研究表明，愉快的心态会表现得无往而不良，似乎一切都染上了快乐的色彩；而悲伤的心态会表现得无往而不悲，似乎一切都染上了忧伤的色彩。一般情况下，心态不是关于某一事物的特定的体验，而是以同样态度体验对待一切事物。[②] 心态与情绪有相近之处，与情绪又有很大的区别。从治政学研究结果来看，对于治政者来讲心态是一种较为强烈

---

① 参见朱宝荣著：《现代心理学原理与应用》，第125页，上海人民出版社2002年版。
② 同上书，第126页。

的信仰，是对事物、环境的一种感情。心态最大的特点是不容易被改变。[①]
治政心态一般指治政者的心态。在治政过程中，治政事物的存在有时我们
不能够看得见；相反，治政事物不存在时我们却能够透视它，这是一种
治政理解力。因此，治政心态一般由三个部分组成。一是治政认知方面
的心态。治政认知方面的心态指治政者价值与信仰的组合，反映治政者
对治政事物、他人和世界的认知，这是治政者做人的基础。二是治政者
情感方面的心态。情感与治政者个人的心态紧密相关，情感直接影响了
治政者对事物的认可度，诸如快乐、失望、生气、无所谓。治政者的情
感被推到不同的层面，也自然就有不同的表现。三是治政行为方面的心
态，治政行为方面的心态指治政者在特定情况下的行为倾向。[②] 心态决定
治政者行为倾向，这不是治政者喜、恶所决定的，而是治政者长期形成的
心态所决定的。

　　第三，治政人格。治政人格指治政者人格。心理学认为人格是心理学
范畴，很多有关品德的概念都属心理学范畴。治政者的人格也属于心理学
的范畴。人格是心理特征的整合统一体，是一个相对稳定的结构组织，在
不同时空背景下影响人的外显和内隐行为模式的心理特征。一般学科解释
为人格是人的性格、气质、能力等特征的总和，治政人格有几个内涵。一
是治政者性格。性格指治政者对现实的稳定态度和相应的行为方式所表现
出来的个性心理特征，性格要健全，更要健康，要注意治政者不同性格的
补充。二是治政者气质。治政者气质指治政者的风格以及气度。对于治政
者个人来讲，气质一般指人相对稳定的个性特点，因此，气质需要治政者
个人不断修炼。三是治政者能力。治政者能力指能够胜任治政任务的主观
条件。治政者能力包括了治政者的知识、经验、技能以及在未来工作中所
达到的水平。因此，治政者能力需要不断增强。

　　第四，治政压力。治政压力指治政者在治政过程中所承受的负担。压
力原指物体所承受的与表面垂直的作用力，而引用到治政工作中，则有所
变化。治政者的生活永远处于各种压力之下。治政者承担的压力不仅仅是
工作上的，也来自多方面的诸如物理方面、工作任务方面、个体方面、人

---

　　① 参见〔美〕克利夫·里科特斯著：《领导学：个人发展与职场成功》，第496页，中国人
民大学出版社2007年版。

　　② 同上书，第497页。

际关系方面、组织方面以及其他方面。1981 年，美国华盛顿大学医学院精神病学家荷尔姆斯（Holmes）等人对 5000 人进行研究后列举出 43 种生活变化事件，这些事件对人的健康压力的权重值被称为生活变化单位（LifeChange Units；简称 LCU）。他们认为，如果一年内 LCU 积累超过 300 分，预示今后两年内人将会发生重大心理生理疾病；如果积累分数在 150—300 分，预示今后生活处于临界状态；如果积累分数不超过 105 分，健康状况可能较好，他们列了一张表格，如表 3 - 1 所示。

表 3 - 1 生活变化的心理效应计算参考①

序 号	变 化 事 件	LCU	序 号	变 化 事 件	LCU
1	配偶死亡	100	23	子女离家	29
2	离 婚	73	24	姻亲纠纷	29
3	夫妻分居	65	25	个人取得显著成就	28
4	坐 牢	63	26	配偶参加工作或停止工作	26
5	亲密家庭成员丧亡	63	27	入学或毕业	26
6	个人受伤或患病	53	28	生活条件变化	25
7	结 婚	50	29	个人习惯的改变	24
8	被解雇	47	30	与上级矛盾	23
9	复 婚	45	31	工作时间与条件的改变	20
10	退 休	45	32	迁 居	20
11	家庭成员健康变化	44	33	转 学	20
12	妊 娠	40	34	消遣娱乐方式的改变	19
13	性功能障碍	39	35	宗教活动的变化	19
14	增加家庭新成员	39	36	社会活动的改变	18
15	业务上的再调整	39	37	少量负债	17
16	经济状况的变化	38	38	睡眠习惯变异	16
17	好友丧亡	37	39	生活在一起的家庭人数的变化	15
18	改 行	36	40	饮食习惯变异	15
19	夫妻多次吵架	35	41	休 假	13
20	中等负债	31	42	圣诞节(大型节日)	12
21	取消赎回抵押	30	43	微小的违法行为(如违章穿过马路)	11
22	所负担的工作责任方面的变化	29			

① 吴岩著：《领导心理学》，第 226 页，中央编译出版社 2006 年版。

治政者遇到压力之后，会有一定的反应，这些反应有的激烈、有的和缓、有的不露声色。一般的压力反应有几种，诸如主体反应、行为反应、认知反应、生理反应、组织反应等等，这些反应都是正常的、必然的。

第五，治政工作满意。治政工作满意又称工作满足，是一个与治政者工作生活质量紧密相关的问题，它是治政成员态度的一个特殊的部分，是治政者个人重要需求满足程度的描述；是治政者总的积极情感的程度表现。治政工作满意分为三个方面。一是个人对治政的满足。这种满足指对自己工作的重要程度，大家认可度、收入满意度、成绩彰显度、公平度等方面感到足够。中国有句劝人的话叫做"知足者常乐"，指人对利益等方面要知足，知足才能感到幸福，才能有较为健康的心理状态。二是治政组织对治政个人工作的满意。治政组织也有对治政者个人的满意度的问题，满意的下属治政者可以委以重任，可以提拔；不满意的下属治政者则可以调整或戒勉。三是治政个人不满意的现实表现。这些变化表现为心理及生理上的变化；治政者个人士气的变化；工作绩效的变化；缺勤或达到的出勤变化；调动或离职离开的变化；攻击性言行出现的变化等等。

（2）治政主体角色心理类型的特征。我们简单地分析了治政主体的心理类型，这些类型都有其特征，有些特征是相同或相通的，有的特征是独有的，还有些类型具有多种特征。

第一，激越性。激越性是治政主体角色的心理重要特征。它表现为治政者在治政过程中所表现出来的强烈的、高亢的态度和行为。激越特征表现要有过程，需要一定的场合，这也因人而异。虽然具有一定的场合，有的人的激越性却不一定表现出来，这与治政者个人气质有关。

第二，沉稳性。沉稳是治政主体角色心理特征的又一个重要方面。它与激越相反，表现出来的是不露声色，是治政者心理沉着稳重的外露。在激烈的场合沉稳是必要的，是好的特征。在需要救援或紧急时刻，有些沉稳便不合时宜了。

第三，消沉性。消沉是治政者心理特征的一个侧面。人们在遇到较大打击或挫伤之后，总会表现出一种低落的情绪。消沉是每一个治政者都会产生的情绪，只不过有长有短，有大有小，有的表现有的没有表现而已。

第四，独裁性。治政心理的独裁特征主要表现在语言行为上的不许冒犯和独揽政权的行为。独裁先是心理独裁而后才是行为独裁。独裁是一种性格的偏执，是一种治政上的心理疾病。

第五，虚假性。治政心理上的虚假特征往往是心理上的暗示或控制，控制的目的在于利用某些治政者。虚假性的治政心理往往表现为对自己假设的敌人造谣污蔑，对下级封官许愿，并以财物和职务控制他人。

第六，冲突性。治政心理冲突性特征表现为一种冲突的状态，即治政个人和治政群体之间或群体与群体、个人与个人之间因为目标、认识、情感、心理公平等方面所引起的敌视态度和行为。心理冲突所引发的行为冲突可以分为有效冲突和有害冲突。①

第七，破坏性。治政心理破坏性特征是犯罪心理特征的一种，也是治政心理中不能忽视的一种心理特征。所有罪犯的行为都具有破坏性，而所有罪犯的犯罪过程都有一定的心理原因。在治政过程中，有些治政者虽然没有表现出破坏性心理特征，但破坏性特征的形成是有其历史根源和现实根源的。因此，要注意对所有治政者人格健全、挫折承受和正当行为模仿的教育，要尽量防止治政破坏心理和行为的出现。

① 参见吴岩著：《领导心理学》，第271—272页，中央编译出版社2006年版。

第四章　治政客体分析

【本章要点】　治政客体是相对治政主体而言的，没有治政主体也不会有治政客体，同样，没有治政客体也不会有治政主体。治政客体的概念也有广义和狭义之分。在治政客体的构成中，我们可以发现治政客体具有不同的治政特征。治政客体根据治政客体的本质还可以分为不同的类别。治政主体与治政客体的关系构成了治政这一事物，治政主体与治政客体的特点、优点以及它们之间的相互矛盾、相互推进的作用，推动了治政事物的不断发展。

【关键概念】　客体；类别；关系

有治政主体，必然就有治政客体，只有有了治政的主、客体才能形成治政事物的完整性。治政主体与治政客体是对矛盾，既对立又统一于"治政"这个事物之中。"世界上一切事物都是对立统一的。所谓对立统一，就是不同性质的对立的东西的统一。"① 在治政过程中，治政主体与治政客体是矛盾着的。"矛盾存在于一切客观事物和主观思维的过程中，矛盾贯串于一切过程的始终，这是矛盾的普遍性和绝对性。矛盾着的事物及其每一个侧面各有其特点，这是矛盾的特殊性和相对性。矛盾着的事物依一定的条件有同一性，因此能够共居于一个统一体中，又能够互相转化到相反的方面去，这又是矛盾的特殊性和相对性。"②

一、治政客体的概念分析

治政客体的概念是相对治政主体而言的，两者对立统一互依互存形成

---

① 《毛泽东著作专题摘编》上卷，第84页，中央文献出版社2003年版。
② 《毛泽东选集》第1卷，第336页，人民出版社1991年版。

了治政这一事物，而这一事物的主客体也会因治政事物的变化而发生变化，这是符合事物发展规律的，也是治政自身发展规律所决定的。我们尽量厘清治政的概念，厘清治政主体、客体的概念，是为了更好地认清治政这一事物，更科学地推动治政的发展和进步。

1. 治政客体的概念

治政客体的概念有广义的概念和狭义的概念之分。

（1）治政客体的广义概念。所谓治政客体的广义概念是指除治政主体之外的所有治政的对象。广义的概念有助于我们更好、更清楚、更全面地认识治政客体。

第一，治政客体的总体概念。治政客体是指治政组织管理的对象，是指治政主体发挥主观能动作用时所涉及、改变的所有事物，是治政主体所治理的所有的人和事物的总称。它包括了民众、下级治政者以及除治政主体之外的与治政相关联的人力、财力和物力，包括了治政客体的思想、技术、客观环境等一系列要素，这些要素，有时直接或间接地影响治政的成效和治政作用的发挥。

第二，治政总体概念的理解和分析。广义概念中，治政客体主要是指处于治政客体位置上的人员，它包括了下级治政者、下级不同系统治政者、参照执行的下级治政者和全部社会民众。一是治政客体概念构成复杂。由于治政组织的层级决定了处在中间层次的治政者对上级治政者是这一环境中的治政客体，而对于它的下级它又成为治政主体，它们的身上具有治政主、客体的双重身份。由于治政事物形成的历史原因，有些治政者并不是靠自己的真才实学或者治政成绩取得治政地位，而是由于历史的、现实中关系的、某些治政者喜好的等原因上升到现在的治政地位，因此，这部分人在人格上表现出治政的复杂性，带有极强的主观色彩和情感倾向。有些治政者不学无术，全凭某种所谓的"政治手腕"走上治政岗位，他们缺乏自知之明，把治政者都理解为是同自己一样的"同类"，总认为自己比下级聪明，比百姓高明，把百姓利益放到脑后，已经完全走到了百姓的对立面，在中国，这也是治政实践中为什么上访不断的根本原因。还有一类治政者，由于自己的双重身份，地位也双重，对治政上级他是拼命地要民主，要权力，要好处，而对下级或百姓却拼命地搞独裁，把持权力，捞取好处，在治政中形成了两面人。二是治政客体的事物是指治政主体直接支配的一切治政事物。在处理这种治政关系中，有的治政者为了突出自己的政绩，获得更多的好处，不惜弄虚作假，不惜阻碍和破坏文明进步，不惜瞎支配，从而与人民为敌走向治政的反面。因此，要公平、公正地对待一切可供治政者支配的治政事物。三是治政主体要尊重治政客观事物的客观规律，对所有可支配的客体人员加以研究，并予以足够的重视。研究治政客体的客观规律，尊重治政客体中的所有成员，是治政立于不败之地的根本原因，也是治政进步乃至社会进步的动力。

（2）治政客体的狭义概念。治政客体的狭义概念是与治政主体的狭义概念相对而言的。它具有专门概念和集合概念之分。

第一，治政客体的专门概念——民众。民众是指治政者之外的所有百姓，即没有任何治政官职不在任何治政组织的人民大众。在许多治政主体和国家治政者的口号里，人民大众被称作"主人"、"上帝"，可在治政实践中人们发现那不过是治政者的恭谦之词。民众在治政事物中是绝对的治政客体，也许其中有些人能够进入治政主体，但那仅仅是很小一部分。在治政实践中，正是这些民众，支撑着治政的大厦，成为治政主体运作的基本条件。在不同的治政国度里，在不同的治政历史时期，也的确有治政者把人民奉为英雄、视为主人的。"群众是真正的英雄"[①]，"如果把自己看作群众的主人，看作高踞于'下等人'头上的贵族，那末，不管他们有多大的才能，也是群众所不需要的，他们的工作是没有前途的。"[②] 当今世界，无论哪个国度，哪种治政制度，都要看重民众，这是治政成功与否的决定因素。

第二，治政客体的集结概念——下级治政者与民众。对于下级治政者来讲，因为他们对上级治政者是治政的客体，而对民众来讲又是治政主体，因此，在狭义治政集结概念中，我们仍视之为治政的客体，因为他们与百姓联系紧密，有时又代表民众。但在实际治政过程中，他们多在治政主体的位置。因此，我们在作专门概念分析时，治政客体指民众，不包括基层治政者和下级治政者。

2. 治政客体概念的特点

治政客体概念包括了除去治政主体之外的与治政相关的人、财、物以

---

① 《毛泽东选集》第3卷，第790页，人民出版社1991年版。
② 同上书，第864页。

及被治政主体支配的相关职能。治政客体的特点有几个。

（1）相对性的特点。所谓相对性指治政客体与主体的相对性以及治政客体中不同角色的相对性。任何事物都是相对的。有了相对，才有了支撑和进步的动力。

第一，与治政主体的对立统一。治政客体与治政主体的对立统一是事物的必然。因为"对立统一规律是宇宙的根本规律。这个规律，不论在自然界、人类社会和人们的思想中，都是普遍存在的。"[①] 治政主体与治政客体共存于治政这个统一体中，互相转化，互相斗争，这是治政客体相对治政主体的主要特点。

第二，概念双重又有倾向。所谓概念双重指治政客体因层面不同会有所变化，这在治政主体的中下层中表现最为明显。对治政上级，治政下级是治政"客体"；对民众，所有治政者又都是治政主体，这种双重的概念是其他学科所没有的。虽然治政主体的一部分具有双重概念的性质，但是治政客体的主体还是民众。

（2）集合性特点。我们在前面分析过治政客体集合性的构成，这些构成确定了集合性的特点。

第一，人员的集合。所谓集合指把不同类别相关的治政客体中的人员合为治政客体一个概念的做法。民众是治政客体，中下层的治政者相对上级治政者来说也是客体，执政党、政府等公务员之外的有治政职能的人员相对治政上层来讲也是治政的客体。这说明治政客体的成分至少由四个层面构成：民众、部分治政主体、物以及治政客体职能。这是治政客体概念独有的特点。

第二，物的集合。所谓物的集合指治政客体中除了人之外的物的集中使用。物的集合包括了治政客体的相关要素，诸如包括物力、财力等资源；包括治政人员的思想、技术、客观环境等一系列要素；包括治政主体所要加以触及、影响、改变的对象；包括治政主体准备加以改变的治政组织的某些机构、某些治政管理办法等等。当治政主体使用机构和管理办法时，"机构"和"办法"是治政主体的组成部分；当治政主体改造"机构"和"管理办法"时，被改造的"机构"和"管理办法"又成了治政的客体。

[①]《毛泽东文集》第 7 卷，第 213 页，人民出版社 1999 年版。

二、治政客体的现实类别

治政客体的现实类别也是随着治政主体的变化而变化的。有些治政客体是相对固定的，有些客体又是变化的。我们讲的现实类别指治政客体在治政现实中的分类。

1. 治政客体的构成

治政客体是由人和物两方面构成的，人、财、物中的"财"以及"思想、技术、客观环境"我们也视为物，在分析治政客体构成时，我们只对治政客体的"人"进行分析，因为所有"物"的客体都是根据人的条件改变而发生变化的，因此，对客体中的"物"我们不作分析。

（1）民众层面的客体分析。民众是治政客体的主体部分，是治政主体所领导和管理的对象，也是治政主体所要治理的主要对象之一。说民众是治理的主要对象之一，是因为治政任务不仅仅是"治理民众"，还要治理政务，即治理治政者的队伍、治政组织以及与治政者相关的事物。

第一，民众个体。民众个体指民众单个的人。民众单个的人有城市、农村的块状生活形式，也有工农商学兵等系统生活的形式。治政客体正是由这些不同层面、不同系统、不同岗位的单个人所构成。其实，单个的基层治政者也属民众个人的范畴。

第二，民众集体。所谓民众集体指组合起来的一种整体。有的学者认为民众一般不可能成为集体，但现实却不是这样。在某一个乡村、某一个选区，尽管都是百姓，仍是有组织的集体。这种集体不过是联系比较松散而已。正是因为这些块状的生活集聚体，才对治政事物容易产生共鸣，因此，应该想方设法发挥民众集体在治政中的作用。

第三，民众群体。所谓民众群体指民众中本质上有共同点的个体组成的整体。在不同治政体制中，治政客体中的民众群体一般是由某一项事物联系起来而形成的某一利益相关的整体。这种群体包括了民间的某种协会、联合会或者以"会"名义相联系、相联络的群体。民众群体作为治政客体、往往代表这一类别客体的希望或利益，是治政主体在治政过程中应该注意的。

（2）治政身份变换的客体层面分析。所谓治政身份变换指治政现实中相对某一治政主体而言有些治政者的身份和角色发生了变化的情况。这些具有双重身份或者多重身份的治政者在治政现实中容易成为治政客体和治政主体之间的联系桥梁，也容易成为两者联系的阻碍。治政者长期处在角色变换中，容易形成治政者性格的变态。

第一，双重构成。所谓双重指既是治政主体的下级又是治政者的治政人员。这类治政人员对治政主体上级来讲，他们虽为治政主体部分，但有时又是客体，是治政主体所管理和领导的对象。对民众来讲，所有治政者都是治政主体，代表治政者治理政务，属治政者类别。因此，我们称之为双重类。

第二，多重构成。所谓多重指从治政纵向来看某一些治政者具有了治政主体和治政客体的双重身份和角色；从治政横向联系来看，这些治政者又扮演着立法、执法的角色，因此，我们称之为多重类。在中国，某一县的党委书记是政党和政府的主要治政者，同时兼任县人民代表大会常务委员会主任，人大重任又是立法的主要角色。此时，县委书记成为立法者、执法者、监督者、执行者等多重混合角色。

第三，回归构成。所谓回归构成指治政主体中的某些治政者的民众身份返回。治政主体中的治政者治政的任务和治政的身份不是永久的和固定的，由于年龄以及治政中其他的原因，不少治政者最终回归百姓。在西方发达国家里，不少专业职业者退休后竞选市长，这是一种治政逆向的回归。正向回归、逆向回归都是回归，治政者角色的回归是一种规律，也是治政主体与客体角色转换中应该研究的。

2. 治政客体的类别

治政客体的构成与类别没有截然的界定，这两种概念一个是从客体内部成分分析的，一个是从客体外在形式分析的。

（1）治政客体的本质类别。治政客体的本质类别指治政客体最初的最基本的类别。本质类别决定了治政客体的内在的基本的属性，也是治政客体的内涵核心。治政客体的本质是隐蔽的，是通过治政客体现象和治政过程现象来表现的。

第一，身份类。所谓身份指治政过程中治政主体和客体所有人员的身份本质。一是民众类。民众是治政客体人员中的最基本人员，是治政客体的基本构成。民众是永远的治政客体，是永远的被领导的对象。民众作为治政客体的主流，其基本权力就是对治政者的选择。这种选择在法制社会中，是通过选举来实现的，即选民众所信任的人、能为民众办事的人做治政者，实现治政客体的利益；而在独裁社会中，必须通过一定的力量积蓄，推翻现有治政者，实现自身的民主。二是双重类或多重类。双重类或多重类指治政客体中因角色转换而形成的类别。

第二，出身类。所谓出身类指治政客体出生、个人早期经历和家庭身份等。在阶级社会里，出身是非常重要的，它对治政客体个人有时有着决定性作用。在治政客体中，出身和出生两者意义交叉。出身指治政客体早期经历或家庭身份，而出生指治政客体在胎儿时生出来的客观现实。中国有句俗话叫做"龙生龙，凤生凤，老鼠儿子会打洞"，说明了"出身"对个人的影响。封建社会的世袭，资本主义社会的门户，均没有跳出出身这个"限圈"。现代社会中，不少发展中国家区别出身最流行的办法就是城市出身或乡村出身，而且两种出身的治政客体的权利不大相同。对于城市治政客体来讲，他们的身份是"市民"，享有一定的医疗保障权利、福利和就业的优先，农民孩子考学进城，多是为了获得这种身份。对于乡村治政客体来讲，他们的身份是"农民"，这是最基层的治政客体，在发展中国家里，他们人数最多，身份也最卑微，权力和福利也最低。出身分类不在治政客体本身，而是在治政者，是由高层治政者的治政方针所确定的。这是发展中国家治政中最明显的不公平之处。

（2）治政客体的混合类别。所谓混合类别仍是从治政客体身份上进行区别的，它不同于我们前面所讲的双重或多重身份，那是针对治政者和治政客体的身份变换而言的。治政客体的混合类指一时无法界别或者原来有明确的身份但由于工作性质的改变身份发生了变化。

第一，身份不断变化的工农商学兵分类。工农商学兵的分类指对某一时段中治政客体的面上的大概分类，以便对治政客体加以区别。其中的工指工人类，农指农民类，商指从商类，学指学生类，兵指军人以及类似的武装人员。这种分类是一种笼统的分类方法，其身份会在不同时段中和不同社会形式下包括治政客体的努力而发生改变。这种改变有时是工农商学兵互通式的改变，有时是向治政主体方面的改变。诸如不同类别的客体报考公务员，就是这种身份的变化，由完全的治政客体转向了治政主体的类别。如果真正实现了一种"退了休后去当市长"的治政者式，这种类别的变化将是彻底的和民主的。

第二，老板类。所谓老板指某一行当中的当家者，这种当家是针对下级或职员而讲的。这些老板虽然有的是世界级的富豪，但仍是治政客体。在中国，虽然有些富豪成为人大代表和政协委员，也只是一种荣誉身份或者一种象征，最终的身份没有发生根本的变化，因为他们可能永远也不会成为高层治政者。从目前治政客体来看老板至少有四种含义：私营工商业的财产所有者；国营或集体工商业的负责者；中下层治政者；高等院校的导师。这些老板在某种意义上讲都是治政客体。

第三，打工者。所谓打工者指为老板做工的治政客体。我们从前面的分析中可以看到，老板几乎都是治政客体，为其打工的民众当然也属治政客体。打工者也可分为几种类型。一是农民工，指农村出身，户口在农村而在城里做工的人员。二是城市做工者，指毕业后在非政府部门工作或下岗再就业的人员。三是一些参与治政的治政主体因治政对象不同而出现身份变化的中、下层和基层治政者。

第四，无业者。所谓无业者指没有职业靠社会保障的那一部分社会人员。

在分析治政客体中我们发现了两种界定治政客体的办法，一种是绝对的办法，即除了治政主体之外的社会人员都是治政的客体；另一种是相对的办法，即除了治政者高层之外的社会人员都是治政的客体。由于治政现实的情况不同，我们应该科学地实事求是地界定。对于中、下层和基层治政者来讲，他们对下是治政者，对上是治政客体。但对于民众来讲，所有"管"他们的人又都被他们视为治政者。因此，我们仍采用两种分析办法相结合的方式进行分析，这样便于对治政的理解。而在整个治政分析中，我们仍建议使用相对的分析办法，以使分析更为科学。

三、治政客体的特征

治政客体具有自身固有的特性。治政客体的特性是与治政主体相对而言的。我们分析治政客体的特征仍从治政客体的角色特征和心理特征等层面进行分析。

1. 治政客体的角色及特征

治政客体的角色和特征是区别治政客体与治政主体的外在的特性。我们之所以把中、下层和基层治政者既视为治政主体，又视为治政客体，是因为治政客体的角色本质在变化。

（1）治政客体的角色。治政客体的角色是变化着的，这些变化是依据和参照治政主体的不同而变化的。

第一，面对高层治政者，治政客体是被领导的角色。面对高层治政者，所有的中、下层，基层治政者以及民众都是治政的客体，因此，他们都是被领导的角色。一是面对高层治政者，治政客体是操作者。治政主体的一切政策、决策和所有的决定，必须由治政客体去操作，因为治政高层不可能去一一实施自己的决策。治政客体的"操作"也有科学性和尽职性的问题。二是面对高层治政者，治政客体是执行者。所谓执行指治政主体的决策包括路线、方针、政策都由治政客体去实施、实行。没有执行者，治政主体的作用便无从发挥，设想也无从实现。治政客体对治政主体决策的执行仍有全心全意、半心半意和应付差事的问题。治政客体发挥执行作用，还要看治政主体的决策内容和相关的政策。三是面对高层治政者，治政客体是服从者。作为下级、作为民众，一般都处在治政的服从地位。所谓服从指治政客体对治政者高层的决定、决策的遵照和听从。在服从方面，治政者高层有许多的规定，我们摘取《中国共产党章程》其中一段便可以理解治政服从的要害之所在。"党员个人服从党的组织，少数服从多数，下级组织服从上级组织，全党各个组织和全体党员服从党的全国代表大会和中央委员会。"[1] 四是面对高层治政者，治政客体是实践者。所谓实践指治政客体对治政主体理论的履行和落实。治政主体的决策、决定一般都是以理论方式出现的，必须由治政客体在实践中加以落实。五是面对高层治政者，治政客体是被教导者。所谓被教导指治政客体被治政主体的教育和指导。治政高层应该是胸怀宽广、关心他人、大公无私、明辨是非、民主正派、办事公道、先天下之忧而忧，后天下之乐而乐的道德君子，作为治政客体，是必然的被教导者。六是面对高层治政者，治政客体是被支配者。所谓被支配是指治政客体处在被引导和控制的地位。治政主体支配治政客体，上级治政主体支配

---

① 《中国共产党章程》，第30页，人民出版社2007年版。

下级治政者，这是由角色性质决定的。七是面对高层治政者，治政客体是基础角色。治政要有基础，治政的根本基础是治政的客体，基础角色的作用应当引起治政者的注意。

第二，面对同级治政者，中、下层和基层治政者互相之间是同路人的角色。所谓同路人指在治政这个事物中一路同行的人。在面对纯治政客体即民众时，中、下层和基屋治政者都是治政者；在面对上级治政者时，治政者中的中、下层和基层又同为治政下级和治政客体。在同级治政者中，他们又都同为治政组织的目标而工作，因此，他们是治政的同路人。

第三，面对民众这一治政客体时，治政中的中、下层和基层都是领导者角色。虽然治政者的中、下层和基层有时同为治政客体，但面对民众，他们是永远的"领导"，他们这种中间的作用非常重要，这些中间治政者对上是落实治政组织的目标与民众紧密结合的治政事物。民众所能看到的治政者正是这些中间层或者靠近他们的领导者，正是这些中间层治政者率领和引导治政纯客体为治政组织目标而工作。

第四，民众面对民众这些共同客体时，他们又都是从众者。由于地域的原因，民众之间所能联系的只限于某一或某些区域之间。因此，民众一般是一种从众角色。

（2）治政客体角色的特征。所谓治政客体角色的特征指治政客体角色的特点的征象、标志，是其本质所固有的区别其他事物的特点。这些特点一部分是因与治政主体相对而彰显的，大多数是治政客体所固有的。

第一，被领导性。所谓被领导指治政客体被治政主体所引领、率领去完成治政组织目标的特点。被领导性特征可以从两方面理解。一是被领导的范围。所谓被领导范围指治政客体在哪些区域、哪些客体内容方面接受治政主体的权力、职责的引领。二是被领导的职能。所谓被领导职能指治政客体服从和遵从治政主体的治政安排，完成治政组织的目标任务。被领导性是治政客体的最基本性质，是治政主体与治政客体的最根本的区别。

第二，被管理性。所谓被管理指治政客体接受治政主体的照管和约束。治政客体接受管理是治政客体的地位所决定的。民众处在被管理层，被管理是当然的。被管理表现为几个方面。一是政治上的被管理。所谓政治上的被管理指接受治政者的政治主张，遵守治政主体制定的法律、制度，服从治政主体的治政倾向。二是经济上的被管理。所谓经济上的被管理指接受治政主体的经济体制，接受治政主体的利益分配办法，遵守经济规则。三是文化上的被管理。所谓文化上的被管理指接受治政主体的社会道德价值，接受文化宣传的主张，服从文化约束。四是社会上的被管理。所谓社会上的被管理指接受治政主体主导的社会公约、社会规则、社会制度，主观上争取做合格的社会治政客体。

第三，被支配性。被支配指治政客体受到治政主体的引导和控制。在治政过程中，治政客体在关系和形式上均处于被治政主体所支配的地位，这种支配有时是正面的、进步的，有时可能会是负面的、退步的。治政客体的被支配，并不是治政客体被随意地被动支配，也不是治政主体对治政客体随心所欲地支配。在治政过程中，治政主体利用权力可以改变某些治政客体的存在状态，但从事物的整体性上分析，治政主体改变了治政客体的本质要求①。这正如开汽车，如果你想驾驶汽车，你就必须熟悉驾驶技术和交通法规，否则，你支配汽车运动肯定不会有好的结果。在对治政客体的支配上，绝对的支配是不科学的也是不存在的。而相对的支配又必须注意其科学性，这样才有支配力，支配力才会发挥得更为正常。对待治政客体的支配，要因客体的不同而异，对同一客体也要注意运用不同的方法。现代心理学家玛莉·福莱特说过，对于问题的解决方法有三种：说服、压服、利益结合。② 在压服上，仍要讲德，讲以理、以德、以情服人，那种压，是一种德、恩、威的合力态势。中国有句话叫做"压而不服，等于不压"，其实压而不服，可能会反压，会对治政稳定带来相反的效果。在支配和被支配上，应该科学、和谐地实现支配力。

第四，基础性。所谓基础指治政客体是治政"根脚"，是治政的根本和起点。没有这种基础，治政就成为无本之木、无源之水。当然，治政主体和治政客体是矛盾的双方，因此，治政客体的基础性作用是不可替代的。一是政治基础性。治政客体既是治政政治建设的基础，同时也是治政政治管理的对象。没有治政客体，政治也成为了空中楼阁。治政政治是依托治政主体和治政客体的共同作用而实现的，缺一不可。二是经济基础性。经济政策策略的实现，经济发展的具体运用，经济增长措施的具体实施，最终都落实在治政客体身上。没有治政客体的具体操作，任何经济都无法发展。三是文化基础性。治政客体既是文化要"化"的对象，也是文

---

① 参见邱霈恩著：《领导学》，第 129 页，中国人民大学出版社 2004 年版。
② 同上。

化的实践者和传承者。一个国家和地区的文化内涵如何，最终可以从治政客体方面彰显出来。四是历史基础性。治政客体的主体是民众，而民众是创造历史的动力，人类的历史是由人民书写的，因此，治政的历史也一定是由人民书写的，治政客体具有历史的基础性。

第五，民众性。民众性指治政客体的基层特点。治政客体是以民众为主体的，因此，治政客体的本身就具有民众性。治政客体是社会的最下层，是全社会的基本点，支撑着社会的全部。民众性指治政客体的社会特点。治政客体来自社会的不同层面，代表着社会的最基础部分。治政客体是社会上最为普通的民众，虽然治政客体中也有多重角色的治政者，但普通民众仍是治政客体的"主体"。治政主体要注意治政客体民众性的特点，要为民办事，发挥治政客体的作用。

第六，实践性。治政客体是治政理论的实践者，是治政主体治政的承载部分。这种实践在治政客体身上表现为两个层面。一个是治政客体是治政主体实践治政组织目标的承载体和实践客体；另一个是治政客体又是实践治政主体理论的具体实践者，这种实践性表现出了在治政实践过程中的双重性质。

第七，牢骚性。由于治政客体处在治政的最底层，所有治政措施最终可能都由他们实践和实现。上面千条线，下面一根针，治政客体最知治政的效果和变化，他们是治政利益的末梢，对治政主体，尤其是对身边的治政者最为了解也最有看法，这是事物客观性的体现，因此，他们对治政的过程和成果也最有牢骚。百人百性，人们对事物的看法不尽相同，这是事物客观性的体现，因此，各种意见也不会相同，其中牢骚便是必然的了。治政客体的牢骚有正确的意见部分，也有对治政主体的某些不满的部分，这是社会的正常现象，但治政主体应该认真化解不满。

第八，内在规律性。作为治政客体无论是人还是事物，在治政过程中都具有自己的运转规律。治政客体的内在规律性主要还是从经济的、文化的、社会的、历史的和生活生存需求等方面的规律表现出来。因此，任何"愚民"的治政、"天下老子第一"的治政、利己式的治政，都会远离治政客体的内在规律，最终会走向治政客体的反面。作为治政主体，就是要探求和摸索治政客体的规律，把握治政客体的规律，尽可能地按照某些规律去实施治政的计划。

第九，功能性。虽然治政客体的不同个体中蕴藏的内在能量不尽相同，但并不是每个个体都能够全部释放自身的能量，这便是功能发挥的原因引起的差异。在治政过程中，我们有时看到能力不强的人却努力工作，而能力强的人却很消极，似乎"看破红尘"，这便是治政客体功能发挥的原因。所以说，如何发挥治政客体的功能，以更好地完成治政组织的目标，是很有学问的。在发挥治政客体功能作用方面要注意治政客体的内在因素。任何事物内因是变化的根据，外因是变化的条件，如果内因不"动"，即使有了条件也不会达到预期的治政效果。在治政客体中，物质性表现为分子和原子的特性、结构和相互作用；事物性表现为组成因素的特性、结构和相互作用；治政客体表现为治政客体个体本质和形成治政客体的组织形态及形成治政客体的社会结构①。治政客体的人为性是决定性的和基础性的。在发挥治政客体的功能作用方面要注意治政主体支配力的有效程度。治政主体的支配力发挥首先要看自身的结构力和支持力，即组织目标要科学，要获得治政客体的支持。其次要看治政主体对治政客体的运动规律的了解，从了解中把握规律，从而获得支持，实现治政的支配。在发挥治政客体的功能作用方面还要注意治政主体与客体生存和发展环境的优越和宽松程度。在物质世界中，物质的发展有相对平衡和相对活跃时期；在人自身发展中，由于社会环境的原因会有平衡发展和较快发展时期；在人与物质的共同发展中，还会有协调、和谐的问题。治政客体这个"环境"很重要，是治政发展应当注意的重要因素。

第十，终结性。所谓终结性是指最终的决定性。治政客体的终结性可以从两个层面加以理解。一是治政客体是以人为主体的民众，民众有最终的决定权。治政历史是由民众创造的，治政客体的决定性是历史规律所决定的。二是从治政主客体这一矛盾来讲，主体应该把握和了解治政规律、治政客体规律，以使自己的行为符合这些发展规律，在规律中运转。在某一时期，客体服从主体的领导、管理，治政主体占有主导地位，但是，治政主体与治政客体之间一旦产生重大冲突时，从根本上说，最终改变的是治政主体，不管治政主体再怎么不可一世或得逞于一时，最终都将顺应治政客体的规律和要求，② 这是治政规律所决定的，是不以人们的意志为转移的，也是治政主体应该了解的。

---

① 参见邱霈恩著：《领导学》，第130页，中国人民大学出版社2004年版。
② 同上，第131页。

2. 治政客体心理类型和心理特征

治政客体的心理类型有治政客体心理形成的类型部分，也有与治政主体相比较的类型部分，治政客体的心理主要是治政客体对治政客观现实的反映，包括了治政感觉、治政知觉、治政思维、治政情绪等等，也包括了治政客体对治政事物的反映。

（1）治政客体的心理类别。治政客体的心理类别是指在治政实践过程中治政客体对治政实践的现实反映，包括对治政实践的拥护和反对的态度等等。治政客体的心理既受治政实践的影响，也受治政主体治政能力的影响，在特定条件下，治政主体的治政能力可能会有决定性作用。

第一，服从心态。服从心态是指治政客体根据治政实践的需要，自觉地服从治政主体的领导和管理；认真地遵守治政主体的安排，按照治政主体的要求，承担自己在治政过程中的角色，完成自己所应该承担的治政组织任务。在治政客体中，治政服从心态是治政客体心理的主流，也是治政客体心理的主要特征。

第二，能力发挥的把握。把握自身能力发挥的程度是治政客体的重要心理特征。在治政实践中，治政客体能否发挥自身的作用，把自身的能力发挥到最大化，这取决于治政客体的心理状况。俗话讲，"能挑百斤担，不挑九十九"，这是一种积极的心态，而能挑百斤担，只挑九十九或更少，这是一种消极心态。在这一类别中，要注意引导治政客体积极主动地发挥自身的能力，以求能力发挥最大化。

第三，客体思维。所谓客体思维指治政客体所固有的对治政事物的认识活动。治政客体的思维有对治政事物的正向思维，也有对治政事物的逆向思维。对治政客体的思维要进行引导，让治政客体实事求是地对待治政这一事物，实事求是地对待治政过程，实事求是地对待治政主体，实事求是地对待自身。人贵有自知之明，恰恰就在"贵"字上，人"贵"在有自知之明，而不少人在治政中缺少自知之明，这正是思维的不到位和思维的不确切。不妨问一下：我们自知吗？

第四，生活压力心理。人从出生以来便与吃喝住行不可分开，一个活着的人必须吃喝住行，而正是由于这吃喝住行，给治政客体带来了一生的压力。为了吃喝住行好一点，人们必须努力工作。在生活生存中，有不少人对生活进行横向纵向比较，结果就产生了比较的压力。对生活条件的追求，就有了改变生活条件的压力。为了满足生活之后的欲望，也就有了生活欲望的压力。而人的欲望是没有止境的，因此，有些人的欲望压力也就没有了止境。应该说所有心理压力最终都源自生活。

第五，认命的情绪。治政客体在无可奈何时会产生一种认命的情绪，这种情绪是一种不愉快的、消极的情感。有许多治政客体并不信教，但却在生活中认命，这种认命是一种心理的释然和心理的宣泄，应该加以正确的引导，并为治政客体设置释然条件和宣泄的"池塘"。人人都是情绪体，人人都有情绪宣泄的要求，科学地设置宣泄的"池塘"和释然的条件，是解决治政客体消极情绪的重要条件。

第六，人格变态。人格原指人的性格、气质、道德品质等特征，而人格变态指治政客体失去常态的人格。一是反治政人格。治政是全社会的事物，而有些治政客体就是不服治政这个气，对治政主体乃至治政事物都是反对的。二是反社会人格。有些治政客体由对治政主体和治政事物的不满演变为对社会的不满，最终形成了反社会的人格。三是破坏性人格。所有破坏性人格的形成都有其原因，并且最终与反社会人格相通。治政主体应该区别对待不同性格的治政客体，注意把握人格变态的治政客体的人格趋向，减少破坏性人格的后果。治政的主体、客体都不希望破坏性人格的形成，治政主体更应该注意防止和疏导。

（2）治政客体的心理特征。治政客体的心理特征与治政客体角色特征有相近之处，但又有较大的区别。我们分析治政客体的心理特征，就是要找出其中的区别，以便更好地把握治政客体的规律，更好地完成治政的任务。

第一，随意性心理。所谓随意性心理就是从众心理。作为治政客体的民众当中有许多人对各种社会现象采取从众心态。从众心态一般表现在结果不明朗或者在大多数治政客体选择某一方向时而顺从他人意见的现象。中国有句俗话叫做：人家怎着俺怎着。"怎着"就是怎么做的意思。在治政过程中，对于具有从众心理的治政客体来说，选择从众也是一种无奈。治政主体要注意这种无奈中的从众，因为它是诱变的因素。

第二，不满心理。作为治政客体，对治政事物尤其是对涉及自己利益的治政事物时会有一定的要求，当一定的要求无法实现时，便产生不满心理。一般情况下，不满是反对的前奏，许多反对均源自于不满。治政主体要注意治政客体的不满心理，要对这种不满心理加以疏导，防止由"不满"心态而产生"反对"的心态,最终形成对立的局面。

第三,好远性心理。好远指治政客体对治政现实的好高骛远。不少治政客体希望治政形势发生变化,希望治政发展有利于民众尤其是自身,在实施治政客体职责时,追求某些不切实际的目标,对一些具体的、力所能及的工作却不屑一顾。对于治政客体来讲,对治政组织目标的希望和对自己工作目标的实施都不应有好远心理,而应该具有实践的、实际的、实事求是的心理,以承担自己的治政客体角色。

第四,越级性心理。所谓越级指喜欢越过自己的直接上级而向上上级倾诉或反映治政情况的一种心理状态。任何越级都是有原因的。越级心理的表现最典型的例子是民众的上访或者某些下层治政者对某些治政现实不满而进行的越级申诉。在中国治政历史中最为典型"越级"的是安徽省临泉县七十四位农民在天安门广场的"跪旗"事件,上访不解决问题,再上访还是不解决问题,五次上访他们决心以生命的代价,呼请中央,以雪民冤,以昭国法。[①] 这种让人心痛不已、热泪滚流的事件竟发生在今天。为什么会三番五次地上访,是什么原因促使他们上访?一直以来,不少治政者总认为上访民众中80%是无理取闹,上访者是为了自己的私利向政府没完没了地提不合理要求的刁民,是添乱者、麻烦者、不安定者,只有20%是确有冤屈的。而乌鲁木齐市市委书记栗智认为:"在当前群众信访反映的问题中,80%以上是有道理或有一定的实际困难,无理取闹的只占一小部分。""领导干部是构建和谐社会的组织者、带头者,而不是矛盾的制造者和加剧者。没有与老百姓打成一片的好作风,没有善于做群众工作的本领,就不可能化解矛盾,赢得民心,确保社会长治久安。"[②] 为什么越级呢,为什么非把事情闹大才能解决问题呢?栗智讲出了现代越级上访的原因,只是用另一种表达方式作了解释而已。

第五,报复性心理。所谓报复指治政客体对治政主体以及相关的事物因心理因素产生的打击、批评的心理或者行为。对于治政客体来讲,报复有时也是一种无奈中的必然,任何事物运动的作用力和反作用力是相同的,如果治政客体对治政事物服气、认可、执行,便不会产生报复的心理

---

① 参见陈桂棣、春桃著:《中国农民调查》,第116页,人民出版社2004年版。

② 中国政府新闻:《乌鲁木齐市市委书记:八成上访者是有道理的》,人民网 gov. people. com 2008年2月15日。

和行为，如果治政客体对治政事物反感或痛恨，报复是必然的。

第六，破坏性心理。破坏性与报复性有相近之处，指治政客体对治政事物的破坏性心理活动，并通过一定的心理活动，形成一种破坏行为。从心理学研究中可以明白，心中有了破坏性心理，才有可能具有破坏性行为。作为治政主体一定要预防治政客体破坏性心理的出现，防止破坏性行为的产生。

四、治政主体与治政客体的关系分析

在上几节里，我们分析了治政主体的概念、构成、本质、特征及类别，在这一节里，我们准备分析治政主客体的关系。治政主体与治政客体是不可割裂的两个方面，因为治政主体与治政客体是相对而言的，没有治政主体就没有治政客体，没有治政客体也不会有治政主体。这种互依互存的关系说明了治政主体与治政客体关系的实质，但是，在社会中，这种关系的表象与内涵却要复杂得多。

1. 从治政主体层面看两者关系

从治政主体层面看治政主体与治政客体的关系是以治政主体为主导方而进行的分析。由于治政主体与治政客体的关系是双方的，因此，分析中凡涉及双方关系的，我们只从一方分析；凡需要强调的，我们作专门分析。

（1）治政政治层面的关系。所谓政治层面是指从政治的角度分析治政主体与客体的关系。治政主体是政治的主导方，是政治的统治者，是治政成功与否的关键和主导。

第一，统治与被统治的关系。统治指治政主体，被统治指治政客体。在阶级社会中，单纯的阶级压迫不是统治，只有当阶级压迫通过公共权力即国家来实现时，才能形成统治关系。统治与被统治的关系就是以政治统治行为为中介所形成的统治者和被统治者之间的关系。[①] 而政治统治关系的形成也是国家产生的标志。在历史上，各种不同统治与被统治关系的改

---

① 参见李景鹏著：《权力政治学》，第141页，北京大学出版社2008年版。

变，都是以国家政权的转换为前提的。在文明社会中，统治的治政主体，必然在政治权力上实施统治，而治政客体又必然地属于被统治的对象，这种关系的划分在阶级社会中是不可能改变的，也是治政主体应该认真研究的。在统治的过程中，作为统治者的治政主体必然要将统治的阶级利益普遍化、合法化、合理化和神圣化，从而把统治与被统治转化为国家和民众的关系、法律与民众的关系、管理与被管理的关系、领导与被领导关系、授权与被授权的关系、权力与服从的关系等等。① 怎样处理好这些不同的关系，达到治政的和谐、科学和长治久安，的确是一门学问。

第二，国家与民众的关系。国家指治政主体把持的统治机关，"国家是阶级统治的机关，是一个阶级压迫另一个阶级的机关，是建立一种'秩序'，来使这种压迫合法化、固定化，使阶级冲突得到缓和。"② 政府、军队、警察、法庭、监狱是国家机器，是统治阶级行使国家权力的工具。从理论上讲，国家是治政主体的机关，是治政主体的形象。而民众是治政客体，是国家统治的基层和基础。一个民主的国家，民众和国家不是对立的关系而是统一的关系；一个独裁专政的国家，民众与国家必然是对立的，其阶级冲突也是必然的。在国家与民众关系中，有国家和全体成员的关系，包括国家与治政主体的中、下层和基层的关系，也有国家与每个社会成员的关系，有时也包括了治政者本人，因为国家元首也应该在国家制定的"宪法"范围内行使权力。国家元首的权力受到法律的约束，是一个国家民主、进步、文明的表现，也是治政客体的福祉。

第三，执政党与党员和社会成员的关系。执政党是国家治政主体，是代表国家行使治政权力的象征。对于执政党的党首和党员来讲，由于分工不同，治政主体的地位和作用也不相同，当然，执政党的党首也是党员，但我们分析的党员指身处治政客体中的"民众党员"和治政中、下层、基层的党员。执政党虽为治政主体，由于分工不同，其党员承担的治政角色也不相同，因此，他们角色的转换也因治政任务不同而变化。对于执政党的内部来讲，他们是"同志"关系，因为志同道合而加入执政党；从执政党的任务来讲，他们又是治政主体与治政客体的关系，在工作中表现为领导与被领导的关系。对于执政党与社会成员来讲，那是一种纯粹的领导与

---

① 参见李景鹏著：《权力政治学》，第143页，北京大学出版社2008年版。
② 《列宁选集》第3卷，第176页，人民出版社1972年版。

被领导、管理与被管理、统治与被统治的治政主体与治政客体的关系。

第四，国家与政治团体的关系。在常态情况下，国家与政治团体是一种统治和被统治的关系，因为国家是政权的象征，对政治团体的统治是明确的。因此，同时还表现为支配与被支配、领导与被领导、管理与被管理、指挥与服从等等方面的关系。但是，在非常态情况下，有些政治团体成为了执政党，这些执政党组阁政府、决定政府命运，因此，便成了治政者的治政者、立法者的立法者、执法者的执法者、领导者的领导者，所以，这种关系就比较少见和比较复杂，已不能用简单的领导与被领导者的关系来解释，倒有些像"老子"与"小子"的关系。我们希望建立正常的国家与政治团体的关系，而不希望超越宪法的治政关系，那种超越了宪法的治政关系将是国家的灾难、民众的祸水。

（2）领导层面的关系。领导层面的关系指根据领导学分析的领导与被领导之间的关系。在治政活动中，有许多的关系场表现为领导与被领导的关系，其根本原因是治政者多是以领导的面目出现的。为了区别领导与治政的关系，我们在前面曾做过分析。我们之所以构建治政学，其中一个重要的原因就是因为有许多作为领导的治政者并不"治政"，他们要这个权，却不"治"这个"政"而是在"混政"，我们把"治政"作为专门事物提出来进行研究，以求领导们在其位谋其政，在其位治其政，在其位当好领导。

第一，领袖群与治政主体层面的关系。领袖群与治政主体层面仍是治政过程中的一种上级与下级的关系，一种领导与被领导的关系，一种支配与被支配的关系。所谓领袖群指最高治政者群体，这个群体决定着国家的命运，同时也决定着治政主体层面的命运。这里的治政主体，指所有的治政者，包括了中、下层和基层的治政者以及其他系列的治政者。在民主社会里，领袖群是由民众以民主的方式选举出来的；在其他社会中是通过武力等方式夺取政权而形成的。在领袖群执政期间，他们具有至高无上的权力，决定着国家乃至其他治政者的生存方式，也决定着国家民众的生存方式，因此，除了我们分析的上下级、领导、支配关系之外，还具有决定与被决定的关系，指挥与服从等方面的关系。

第二，领袖群与社会成员的关系。在不同的社会制度中，领袖群的组成不同，这是根据政治体制的变化而变化的。国家的政治体制包括了国家的管理形式、结构形式、选举制度、人民行使政治权利的制度等等。发达国家采用共和制、议会制、君主制等等形式。在共和制中国家权力机关和国家元首由选举产生,这种关系表现为权力授受的关系,即选民把权力投向被选举者,而当选者代表选民行使权力。在议会制中,议会通过普选产生,享有立法和组织、监督政府等权力,政府由议会中拥有多数席位的政党组成,议会对政府具有制约作用。这种制度中的议会成员、执政党成员以及政府成员都是领袖群中的成员,他们与民众则是某种间接式的授权与直接式的授权相结合的关系,同时也是一种民主与监督的关系,共存共荣的关系。在君主制中君主制分为封建君主制和君主立宪制两种。封建君主制以世袭的君主作为国家元首掌握全部国家权力,这是完全的统治独裁的治政方式,因此,这种关系也称为君与民的关系、主与从的关系、治与被治的关系。君主立宪制则以宪法的方式限制君主的权力,王权是一种象征,实际权力属于内阁,这种方式有些方面类似议会制。我们所讲的领袖群组阁,与民众是一种授受权力的关系。人民代表大会制,由人民通过普选,直接或间接地选出人民代表,由代表们组成代表大会和各级人民代表大会作为行使权力的机关。这是一种授受权力的关系,更是某种"鱼水关系"。在这种制度中,还有执政党的最终决定的问题,因此,最终权力在执政党的治政高层手中。人民代表大会制度下的领袖群与民众的关系应该是一种鱼水关系、接受权关系和若即若离的关系。这种制度下的关系也最为复杂,是治政学研究中的特殊现象。

第三,中、下层和基层治政者与民众的关系。中、下层和基层治政者相对上层治政者来讲他们是下级也是治政客体,而相对民众来讲,他们又是治政主体是治政客体——民众的领导。治政形象、治政效果都是通过中、下层和基层治政者的治政行为表现出来的。中、下层和基层治政者与民众的关系首先是领导与被领导的关系,其次是治理与被治理的关系,再次是统一关系。在治政过程中,当基层治政者表现为治政客体时,民众与基层治政者的关系表现为统一的关系。在利益追求上,两者的利益是相连的,也具有统一的性质。在实际工作中,两者联系非常紧密,某些基本的生活生存方式是相通的,因此,也具有统一的性质。这种"统一"关系的性质也是相对而言的,基层治政者的主要关系方面仍表现为治政主体和治政客体、领导和被领导的关系,中下层治政者与民众、与基层治政者的关系也有相类似的性质。

第四,治政者在领导层面的相互关系。从高层治政者来讲,他们同为领导高层，是一种"同志"关系，在治政事业上、在共同志向上是一致的，这种关系还表现为互助互进、共辱共荣，其联系是紧密的，关系是"亲近"的。从中、下层治政者来讲，对上级治政者他们是一种被领导与领导的关系，是一种服从与命令的关系；对下级治政者来讲，他们是领导与被领导的关系，管理与服从的关系；在同级之间，他们又是相连相通的关系，也是互助互进、互相支持、互相协作的关系。不同部门、不同系统在开展治政工作时，协作关系更为明显。

（3）治政文化层面的关系。治政主体与治政客体在文化层面表现的是同根同源的关系。治政主客体对文化有继承、发扬的作用，在个别方面则有创新的功能。文化层面关系中的文化指广义的文化，是指治政的意识形态以及与之相适应的制度和组织机构等的表现形式。

第一，主导价值观与个体价值追求的关系。任何治政主体都会制定与自己治政相适应的主导价值观，以统一治政价值观。对于治政主体来讲，必须制定适合自己治政价值的主导价值观，这种价值观是对治政的经济、政治、道德、金钱等总的看法以及人们应该遵循的价值标准。而对于治政者个体以及民众个体来讲，每一个人又都有自己的价值观点，有自己的价值标准，对价值追求的度和对价值评价的度不尽相同，因此在价值观的关系上也有其特点。一是利益价值的相通。主导价值观的制定者——治政主体的利益价值与个体的利益价值是相通的，基础利益价值是相同的。二是主导价值观与价值个性共存。所谓共存有两种现象，一个是价值观是相通的，另一个是价值观是不相通的。这里的共存指事物同存一体。三是价值的规范与个体顺从的统一。主体价值观对不同的个体有相同的规范，作为个体必须服从这些规范，才能实现价值观的一致。因此，作为个体的价值观与主体价值观在规范上的统一正是治政规范的要求。

第二，道德表率与民风形成的统一关系。作为治政主体应该是道德的模范，只有治政主体成为道德的模范，社会道德才能真正符合规范，才能真正实现民风纯正，这两者是统一的关系。官风决定了民风，官德决定了民德。官德正则民风正，官德纯则民风纯。治政者应该明白，当民风下滑、当百姓的道德缺失之时，官德一定不彰，根子在官德。在这个问题上不能埋怨百姓，应该查查治政者自身。官德与民风在绝大部分上是一致的，治政者应该规范官德。

第三，共建文化的关系。除了世袭的治政者之外，其他治政者都来自百姓，最终又将回归百姓。在文化上治政者与治政客体是同根、同源。一是精神文明的共建。一个民族、一个治政共同体需要一种精神，这种精神应该是科学的、文明的。文明的精神需要治政主体与治政客体共同建设。精神文明指人们精神生活的进步状态，包括了教育、科学、文化、艺术、卫生、体育等发展的水平和社会政治思想、伦理的发展水平。治政精神是治政主客体共同的精神家园，精神文明是治政主客体精神的进步状态的显现。二是政治文明的共建。政治文明是治政主体主动追求的精神文化部分，也是治政客体所希望的政治文化状态。政治文明指人类社会政治生活的进步状态，是治政者在政治实践活动中形成的文明成果，它包括了治政主体所涉及的政治思想、政治文化、政治传统、政治结构、政治活动和政治制度方面的成果。政治文明是治政主体民主发展的显示器，民主是政治文明的核心。三是物质文明的共建。物质文明是治政主体和客体共同追求的目标，物质文明是治政的基础，没有物质作保障，任何治政活动都将终止。但是追求物质和物质发展都应该是文明的，而不是倒退的、颓废的。物质文明指人们物质生活的进步状态。物质文明包括了生产工具的改进和技术的进步、物质财富的增长和人们物质生活水平的提高等等，这些都是治政的主客体共同追求的，因此，物质文明也必须由治政主客体来共同建设。

（4）治政利益层面的关系。治政说到底还是利益的获得、支配和积累。因此，治政利益的关系也成为治政主体与治政客体之间的主要关系。这种利益上的统一与利益上的不同诉求使利益层面的关系更为复杂和更为直接。

第一，权威与支配的关系。所谓权威指治政主体的治政力量和威望在治政中足以支配治政客体。治政权威发号施令，治政客体按治政主体的要求去实现治政组织的目标任务。这种现象在治政过程中表现为支配与被支配的关系、权力与信服的关系、权位与基层的关系、治政者自律形象的表率关系等。权威的自律非常重要，民众的被支配自觉性也很重要，如果两者关系协调，则会成为治政中巨大的进步力量。

第二，统领与分配、再分配的关系。所谓统领指治政主体统辖和率领治政客体完成治政组织的目标。从字面上理解，这是一种统领和被统领的关系，但是，在以经济建设为中心的现实社会中，统领的任务必须转移到经济建设上来，即在统领中处理好经济利益的分配和再分配的关系，它关系到治政主体、客体自身的公平问题，也关系到治政的民心所向。如果经济发展只是为了让一部分人富起来，那不是经济建设的目的。"就是要全国人民共同富裕，不是两极分化。如果我们的政策导致两极分化，我们就失败了；如果产生了什么新的资产阶级，那我们就真是走了邪路了。"① 要实现全国人民的共同富裕，就要求治政主体利用统领的权力、地位，处理好分配与再分配的关系，真正实现治政主体、治政客体以及全社会之间分配制度的公平。"合理的收入分配制度是社会公平的重要体现。要坚持和完善按劳分配为主体、多种分配方式并存的分配制度，健全劳动、资本、技术、管理等生产要素按贡献参与分配的制度，初次分配和再分配都要处理好效率和公平的关系，再分配更加注重公平。"② 这种公平关系在形式上是统领与支配和被统领与接受支配的关系，实质上是社会公平的关系。

第三，利益把握与利益争取的关系。所谓利益的把握指治政者手中把握着政治、经济、文化和社会的不同利益，这些利益可以为自己所谋，也可以为治政客体所谋。对于治政客体来讲，他们也在千方百计地争取自身的利益。因此，治政主体与治政客体之间有时又表现为赤裸裸的利益关系。作为治政者，如何为民谋利，这是治政主体的性质所决定的。名利之心人皆有之，如何在治政中把握治政主体利益的度，如何让治政客体享有应有的利益，全靠治政主体的自觉和治政法律的规范。在治政现实中，有些治政主体无视治政法律，千方百计为自己谋福利，这时的有法不依比无法可依更有害。"要坚持人民是历史创造者的历史唯物主义观点，坚持全心全意为人民服务，坚持群众路线，真诚倾听群众呼声，真实反映群众愿望，真情关心群众疾苦，多为群众办好事、办实事，做到权为民所用、情为民所系、利为民所谋。""特别是领导干部都要讲党性、重品行、作表率。"③

2. 从治政客体层面看两者关系

治政客体的层面包括了民众和相对于高层治政者的中、下层和基层治

① 《邓小平文选》第3卷，第111页，人民出版社1993年版。
② 胡锦涛：《高举中国特色社会主义伟大旗帜　为夺取全面建设小康社会新胜利而奋斗》，《十七大报告辅导读本》，第37页，人民出版社2007年版。
③ 同上书，第52—53页。

政者。从治政客体层面分析两者关系，主要是从治政客体的性质角度，分析两者现实的关系。

（1）被领导关系层面。所谓被领导关系层面包括了民众层面和治政主体中的中、下层和基层治政者。虽然基层治政者层面在相对民众的关系时表现为领导层面，有着一定的治政权力，但最终是治政的客体与主体的双重身份。基层治政者最终的"命运"不是由他们自己决定的。在民主制度中，他们的命运由民众决定；在一般制度中，他们的命运由他们的上级治政者决定。

第一，涉及者与治政者的关系。所谓涉及指治政主体的行为关联到治政客体的一种牵涉的关系。这种关系实质上是领导与被领导的关系，但从治政客体层面分析，他们只是治政行为的涉及者。说治政客体是治政行为的涉及者，是因为治政组织目标的制定、实施、主导动因不在治政客体身上，而是在治政主体的身上。治政主体应该注意涉及者的态度和作用，保证科学治政。

第二，听从者与治政者的关系。这种关系实质上是命令与服从的关系，作为治政客体尤其是民众，他们在治政行为中只是扮演着听从的角色。所谓听从指治政主体的命令发出之后治政客体依照治政主体的意思而行动。当然，这种听从是从理论上分析的，在治政实践中，听从的程度和对命令的落实程度仍要看治政客体的态度。听从有言听计从，也有听而不从的，因此，这种关系也是有学问的。

第三，变现者与治政者的关系。这种关系实质上是实践与理论的关系。治政者所发出的决策、命令、理论指导必须有人去实践，这些实践者就是治政客体。所谓变现是指治政主体的主意经过治政客体的实践而变为治政现实。治政主体所有主意都应该源于治政实践而又反过来指导治政实践，这所有的治政主意必须由治政客体接受、实践而使之成为治政的现实。

第四，被决定者与治政者的关系。这种关系实质上是决定与被决定的关系。被决定与服从不同，被决定完全是被动的、顺应的，"被决定"多指政治利益方面和经济利益方面的，而服从则是全面的。所谓被决定指治政客体被动地接受治政者关于治政的主张。被决定是治政客体的基本特征，也是它与治政主体的基本关系。作为治政的被决定者不是治政客体的本意，而是由治政本质决定的。但是，我们也应该看到，最终决定治政本质的还应该是治政客体，因为这是由治政规律以及治政客体规律所决定的，是不以人们的主观意志而转移的。

第五，被调节者与治政者的关系。这种关系实质上是调节与被调节的关系，治政主体是调节者，治政客体是被调节者。所谓被调节指治政客体在治政行为中接受治政主体的调整而达到治政主体的治政行为的要求。这种调节是因治政行为的要求和治政组织目标的要求而确定的，调节的主导方为治政主体，因此，调节更需要科学，即治政的科学调节。

（2）社会层面的关系。从社会层面观察和分析治政主体与治政客体之间的关系，主要是指治政的社会作用本质显现的关系现象，是治政主体和治政客体都能感受到的关系力。

第一，弱与强的关系。所谓弱与强指在治政过程中治政客体总是表现为被动的弱者的地位，治政主体总是表现为主动、主导、主宰、主配、主调节等强者的地位。治政中的强与弱，是治政一般规律的显现。但是，在治政的现实中，往往会显示出治政的特殊规律，即弱和强的转换，有时强者会转换为弱者。

第二，配合与主导的关系。所谓配合与主导指在治政过程中治政客体陪衬治政主体的治政行为方面的被引导。配合与主导的关系对于治政客体来讲，可以分为主动配合和被动配合。在治政效益较好的情况下，治政客体会表现为主动配合；在治政效益不好，治政主体不民主、不表率的情况下，治政客体会表现为被动或者不配合。治政客体不配合会给治政实践造成危机或损失。

第三，作用的转换关系。所谓作用的转换关系指治政主体对治政客体的作用在特定条件下可以互相转换，即在特殊条件下，治政客体对治政主体具有决定性作用。治政客体是治政主体赖以生存的客观基础。从理论方面分析和从治政的现实规律出发，我们感到如果说治政主体能够对治政客体直接发生重要影响，包括实质的影响和形式上的影响，那么，治政现实也告诉我们治政客体在一定条件下会从根本上更为深远、更为绝对地决定治政主体。① 这就决定了治政主体必须注意发挥自身的也是治政客体所希望的那种寄望、委托的公平作用，治政主体应该保持和发挥这种作用，它是治政主体的实质所在，治政主体应不负众望。如果治政主体超越这个规

---

① 参见邱霈恩著：《领导学》，第133页，中国人民大学出版社2004年版。

律，则会出现治政主体蜕化变质的现象，那么，治政主体也就不可能长久，就必然会被新的较为合格的治政主体所替代。这种作用的转换实质上就是古人所讲的"舟水关系"，即水可载舟，亦可覆舟，这是历史证明了的治政"铁律"。

第四，积极性与调动积极性的关系。治政者（治政主体全部）在治政过程中除了规范自己的行为之外，还必须根据治政实践的需要去规范治政客体的行为，就是按照治政组织目标的要求去规范治政客体应该做什么和不应该做什么。对治政客体来讲，对治政主体的规范接受程度如何，不是由治政主体的主观意志所决定的，而是由治政客体的实际情况决定的。治政客体的精神、心理、情感尤其是对治政者治政行为的满意度决定了治政客体对治政实践的积极性的大小。在常规情况下，治政客体对治政者的治政行为（包括治政组织目标）满意度越高，其治政实践的积极性就越大，否则，则相反。对于治政者来讲，必须注意治政组织目标更科学，治政行为更公平，治政过程更民主，以最大限度地调动治政客体治政实践的积极性。治政客体的积极性关系到治政主体的绩效和治政实践的成败。在治政现实中，往往是治政高层决策和行为是正确的科学的，到了治政的中下层则千奇百怪，已失去原意，被治政客体形象地指述为一部治政的"好经"，却让一批"治政和尚"给念歪了，在治政场中被称为"中梗阻"，这种念歪经和念歪了经的"治政和尚"在治政中下层和基层中为数不少，治政者高层应注意。

（3）授权层面的关系。我们曾对授权做过简单的分析，这里的授权是指在治政参与中治政主体与治政客体关系的一个方面，是治政权力的所有者与治政权力的执行者之间的关系。授权是指一方授权给另一方从而行使权力的治政过程。在实际的治政过程中，授权是作为治政主体治政行为的准备环节，诸如治政的政治管理、政治领导、政治管理等等。所有民主政体都以一定的授权为前提，反映了权力转移关系，也即权力的合法转换关系，这种关系的一端是治政权力的授予，而另一端则是治政权力执行者向权力所有者负责。但是，在实际工作中，（行政工作中授权除外）治政授权只是一种形式，因为它表现为不完全的关系。①

第一，授权的合法性和暂时性。所谓授权的合法性指授权都是在法

---

① 参见李景鹏著：《权力政治学》，第 145 页，北京大学出版社 2008 年版。

律规范的情况下进行的，有权方把权力委托给治政权力执行者。这种授权必须在法律规范下进行。在授权过程中，只有使授权具有了合法性，才能使权力反客为主，使法律上的权力所有者自愿地受他们让出的权力的支配。①从理论上讲，正是由于权力的所有者不能使用权力，而使用权力者又不拥有权力，因此，必须将权力转移给使用者即被授权者。在权力使用的现实中，我们感到人民是权力的所有者这一观点只不过是一个假设的逻辑出发点，②其目的是使实际掌权者的手中权力受到约束。所谓授权的暂时性指让权力使用者在受权之后，感到权力的时间性，授权者可以在一定时期后收回授权。只有使权力的使用具有了暂时性，才能使政治竞争中权力不断地、和平地转移成为可能。③ 这是民主制的必然。在治政过程中，由于民主制的推进，人民拥有的权力需要转移，因此就必然产生权力使用者阶层，即职业治政者。民主制为他们用权创造了权利平等和机会均等的条件，这在发达国家中已被法律所规范，也被授权者和受权者所接受。

　　第二，厘清权力的所属与使用"归宿"。我们已分析过权力所有者不使用权力，而执行者又必须通过授权的民主方式获得执行的权力。因此，我们必须弄清三个概念。一是权力所属，即权力所有者。权力所有者是谁？所有民主制度下的治政者都认为是"人民"，而谁是人民？人民是一个抽象的整体。正是这个抽象的整体才可以拥有治政的权力，因此，所有治政者都不是权力所有者。有了这个抽象的整体，才可以实现权力的拥有和授予，才可以实现民主制度。二是权力使用归宿。权力给谁所掌用即把权力授给谁，这就必须有竞争，也就有了机会均等和保证授权公平的问题，最终有了竞选的制度和程序。三是权力使用的暂时性。为了保证权力使用的机会均等，民主制又规范了权力使用者必须有一定的期限，这便是任期制。

　　第三，拥有权力者的象征。人民这个抽象的整体拥有权力，但却不能使用权力，人民曾想既成为权力所有者又成为权力的使用者，然而事实证明，这是不可能的，因为在人类政治生活所处的现实的历史发展阶段，在

---

① 参见李景鹏著：《权力政治学》，第 146 页，北京大学出版社 2008 年版。
② 同上。
③ 同上。

客观上还不曾提供这种可能性。而当人民群众还不能使用政治权力时，对它的所有权就完全是虚幻的，没有实际意义的。① 因此，权力只能长期授出去，只能在大选时接触一下然后又授出去。这种接触一下又授出去的权力也只是一种象征，即人民手中的选票。从选票和选举的过程来看，人民对权力的授予只能决定授给谁，即投谁的票，而不能确定权力的授与不授。

第四，授权与被授权的结构。所谓授权结构，指授权过程中的构成因素。授权的构成要素是完成授权必备的因素，这些因素组成因素体，在授权中是不可缺少的，也就是说授权过程中，缺少任何一种授权因素都无法完成授权的过程，这也是民主制度的科学规范，是授权所必需的。一是公民因素。公民因素指法定的公民群体，他们是授权的主体。公民不仅在国家治政中享有一定的权利，而且对国家治政也负有一定的义务。公民的义务以人民是国家主人为前提，人民是作为主人而尽自己的义务的。权利和义务规范着人民在治政中的行为，并通过自己对治政者选举中的选择实现自己的权力。二是授权对象。授权对象是治政者中的法定政治家组织。治政者作为授权的对象时，他们是治政客体，而当接受权力后，则成为治政的主体，治政授权对象作为客体时，已经具有了治政的主体性，这种主体性表现为他们在竞选中虽以竞争的姿态去充当客体，但在竞选中却对一系列授权中介机构的授权过程加以控制。三是授权的中介体。所谓授权中介体指授权的中介组织和授权的中介机构。在民主社会中，授权的主要形式是选举，选举是一种受控行为，为了实现控制，控制选举的组织和机构就自然产生了。从选举的实践来看，选举的组织和机构包括了对选举的领导、指导的组织，选民的各个层次的代表组织，各政治集团等等。在选举过程中最重要的组织机构则是政治集团中的政党。政党是治政选举的控制者和操纵者，他们通过各种渠道和途径把自己的治政意图宣传到选民中去，以争取到较高或结构较为合理的选票，从而实现治政授权。在不同的政治体制中，有一些选举并不是直选，即全民直选，而是采用间接选举，即选出代表，代表再选举最高治政者，这样便出现了授权再授权的形式和关系，这种关系表现为再授权中的少数人对授权结果的控制。

第五，授权关系的作用。授权关系的形成和授权的生命力在于作为权

---

① 参见李景鹏著：《权力政治学》，第 146 页，北京大学出版社 2008 年版。

力所有者——人民对授权关系的认可。我们知道，公民具有授权主体的性质，并不等于公民的手中真正掌握着一切权力，公民所掌握的是权利与义务的共存，真正体现公民权利的就是选举。而恰恰是这几年一度的选举，使授权关系并不虚幻，公民切实地感到了授权关系的实在性。正是这种实在性，使公民对授权关系认可。当然，认可这种授权关系还有民主制的形式、法律的保障、公民对自己与国家相互关系的共识和对治政制度的认同等等作为基本条件。治政的授权关系有着十分重要的作用。一是权力合法化。通过这种授权，使权力在治政者手中运用合法化，治政者代表人民行使治政权力。二是公民意识增强。在权力授受中，公民感受到了自己的权利，即通过选举而体现，从而使权力意识增强了。三是公民的监督意识增强。四是治政人才的竞出。通过授权中的竞争，不仅推动了治政制度的完善还使治政人才不断涌现，从而形成治政精英群。五是治政权力的再分配。① 六是推动法律的健全。

（4）矛盾运动层面的关系。毛泽东讲："一切事物都是对立的统一。"② "恩格斯说：'运动本身就是矛盾。'列宁对于对立统一法则所下的定义，说它就是'承认（发现）自然界（精神和社会两者也在内）的一切现象和过程都含有互相矛盾、互相排斥、互相对立的趋向'。这些意见是对的吗？是对的。一切事物中包含的矛盾方面的相互依赖和相互斗争，决定一切事物的生命，推动一切事物的发展。"③ 治政主体和治政客体共存于治政这个事物之中，其对立统一的性质是必然的，斗争和转化也是必然的。

第一，治政主体和治政客体目标一致的关系。所谓目标一致指对人类社会的物质、精神追求上的一致、对民主进步追求的一致以及推动治政事物发展的一致。治政主体是治政活动的组织者，治政客体是治政活动的参与者，两者共存，才可能实现治政活动，这便是一致性的性质。治政主体和治政客体在治政过程中还体现出利益的趋同、关系的协调、命运的把握和被把握、授权的同一等等，这些都表现为治政目标的一致。

第二，治政主体和治政客体的对立关系。所谓对立指治政主体和治政

① 参见李景鹏著：《权力政治学》，第149页，北京大学出版社2008年版。
② 《建国以来毛泽东文稿》第11册，第86页，中央文献出版社1987年版。
③ 《毛泽东选集》第1卷，第305页，人民出版社1991年版。

客体在作用、地位、资源拥有和处置权力上，在利益的具体追求上，在权力的授受上等等方面都是不同的和对立的。这种对立在特定条件下会成为凸显的矛盾，处理不当会影响治政的稳定和社会的稳定。尤其当治政主体一旦表现得不公、不正、不廉、狭隘、自私、自傲、专制、横暴乃至无法无天时，治政客体不仅不会再信任和支持他们，而且会迅速地转到治政主体的对立面，并使双方的关系由客观需要的科学适当的不平等互动迅速变成尖锐而定有破坏性的冲突和搏斗。① 这种关系是危险的，是治政主体所不想看到的。

第三，治政主体和治政客体的对立统一的关系。治政主体与治政客体共存于治政事物之中，两者既有统一的一面，又有对立和斗争的一面。也只有有对立和统一的特征，才能形成两者的矛盾形势，才能发生矛盾运动，才能有进步的动力，才能有我们所见到的治政活动。也只有两者同时存在并保持着不平等的形势，才能积蓄治政主体和客体运动的不同势能，才能推动治政的科学发展以及治政主体和治政客体的进步，才能形成治政发展的动力。治政主体与治政客体两者既相互对立，又互为条件，互相依存，这便形成了对立而统一的关系。

3. 推动治政关系和谐的办法

治政关系的和谐主要是指治政主体与治政客体的和谐，治政主体与治政客体的和谐关键在治政主体。只有治政主体自身廉明、守法守纪、尊重客体，在利益分配上注重公平，治政关系必然是和谐的。否则，就不会和谐。虽然有些地区表现出平静的治政形势，但是其内部不一定和谐。一旦有某种导火索，便会引发大的事故。2008 年 11 月 17 日甘肃陇南的"打砸抢"群体性事件当属治政不和谐的典型。这个事件和之前的几起群体事件都应该值得研究和引起治政主体的重视。推动治政关系和谐的办法有许多种，其中关键的有几种。

（1）治政民主。民主是治政客体的追求，也是治政和谐的基础。在治政过程中，治政民主首先是国家形式和国家的形态，民主不仅仅是指政体，首先是指国体。在国体政体确立之后，便有了治政者具体的治政民主的内涵，这些内涵对于推行民主非常重要，是治政客体在治政过程中的第一感受。

---

① 参见邱霈恩著：《领导学》，第 133 页，中国人民大学出版社 2004 年版。

第一，国家制度的民主。国家制度民主首先必须保持国体、政体的民主。治政关系和谐才能实现治政组织的目标，而要保持治政关系的和谐，就要在治政国体和治政政体上保持民主。没有民主的国家制度，在治政过程中实现民主必然成为一句空话。在西方发达国家，探求用三权分立的方式推动民主；在社会主义国家，用"人民代表大会制"的方式保证民主。民主一定也必须成为一种国家制度，只有这样，才能真正体现治政的民主，也才能实现治政的和谐。在西方发达国家，他们的民主是生产资料私有制条件下最完备的民主，它作为封建专制的对立物，在历史上是一大进步。他们的议会制、普选制、两党制或多党制、公民享有各项自由权利等是其主要表现形式。在社会主义国家，实行的是生产资料的公有制，人民是国家的主人，国家的一切权力属于人民，人民有管理国家和各项事业的权力，人民享有人身、言论、通信、出版、集会、结社、游行等权利，在法律面前人人平等。不同国体、政体下的民主内容不同，但实质是一样的，必须保持治政客体的民主，才能实现治政主体与治政客体关系的和谐，才能保证社会的和谐。

第二，保障人权。人权泛指人身权利和民主权利，是治政民主的核心。没有人权，便不会有治政的民主可言。我们可以从人权"成长"过程对人权是治政民主的核心加以理解。人权最初是资产阶级在其革命时期提出的，是封建特权和神权的对立物。1776 年美国《独立宣言》被马克思称为"第一个人权宣言"，① 它宣称：人人生而平等，生命权、自由权和追求幸福权是造物主赋予他们的不可转让的权利。1789 年法国大革命通过了《人权与公民权宣言》（简称《人权宣言》），它宣称："在权利方面，人们生来是而且始终是自由平等的"，"在法律面前，所有公民都是平等的"，"每个公民都有言论、著述和出版的自由"。同时，它规定：所有权是神圣不可侵犯的权利。1948 年 12 月 10 日联合国通过了《世界人权宣言》，宣称世界各地所有男女毫无区别地有权享有各种基本权力和自由，其中包括生命、自由、人身安全、参加选举、工作、受教育等权利，以及言论、集会、结社等自由。1966 年 12 月 6 日，联合国大会又通过了《国际人权公约》。1986 年 12 月 4 日第 41 届联合国大会通过了《发展权力宣言》，确认每个国家和每个个人均享有发展权利，发展权利是一项不可剥夺的人权。

---

① 宋原放主编：《简明社会科学词典》，第 16 页，上海辞书出版社 1982 年版。

治政主体要注意保障人权。保障人权不仅仅是保障治政客体的权利，而且也是保障治政主体自身的权力。无论国体、政体怎样区别，人权应该是一致的，是人类所共享的权利。

第三，法律民主。所谓法律民主指立法的民主以及执法的公开、公平和公正。法律指拥有立法权的国家机关依照立法程序制定和颁布的规范性文件。立法民主指制定法律的国家机关应该广泛听取治政客体和治政主体中不同个体的意见，使立法更为科学。执法的民主指有法必依，违法必究，执法必严。无论是治政主体还是治政客体，执法中一律平等对待，真正体现出法律面前人人平等的原则，实现执法的公开、公平、公正，保证治政关系的和谐。

第四，治政主体的作风民主。在民主尚不健全的政体中，治政者的民主作风尤显重要，因为通过具体的治政者的作风，可以改进和推动一个地区的作风建设，推动一个地区的治政和谐。一是思想作风的民主。思想作风民主指实事求是，理论联系实际，一切从实际出发，坚持真理，发扬民主，走群众路线。二是工作作风的民主。指坚持群众路线，理论联系实际，勇于开展批评和自我批评、任劳任怨、克己奉公、精益求精、争挑重担等。三是生活作风的民主。指谦虚谨慎、艰苦朴素、襟怀坦白、团结互助、磊落正派、接受民众监督等等。治政主体的作风民主就是要把治政客体中的民众放在心上，以他们的利益为利益而制定工作方针，并虚心听取民众的意见，修正自己工作中的错误和不足。

（2）治政者自律。治政者自律是指治政者自己约束自己。治政者的自律是治政的福祉，也是治政者自身的福祉，更是治政客体的福祉。治政者只有自律，才能处理好自己与治政客体的关系，处理好治政者之间的关系，才能达到一种治政的境界。

第一，确立自己做人的标准。治政者做人的标准上升到官方语言即是理想信念、道德素质、业务水平等等。治政者的做人标准是自律之魂，是自律之本。没有做人标准的治政者绝对不是一个好的治政者。有人讲做官要做到基本的两条：一条是干净，即不贪、不占、清清白白；一条是干事，即要为民治政，这是通俗化的标准。治政者要做到堂堂正正做人，清清白白治政，真正实现民众所要求的那种做人的标准，真正做到职为民守、责为民尽、利为民谋、情为民系、权为民用、益为民求、业为民兴、绩为民创。只有这样，才达到了治政者做人应有的境界。

第二，正确运用治政权力。正确地运用治政权力，是治政者自律的基础。治政权力是一把双刃剑，它可以使治政者高尚，也可以使治政者堕落。在治政过程中，职位越高，责任就越重；权力越大，义务就越多。一个治政者做官是暂时的，做人是一生的。治政者正确、公平、公正地使用自己的治政权力，保证治政权力为治政客体服务，即真正实现权为民用，实现关系的和谐。

第三，不断增强治政者自身的修养。修养是一个治政者的理论、知识、艺术、思想等方面达到一定的水平以及正确的为人处事态度的一种能力境界。一个治政者也只有修养到位，才能对个人的名誉、地位、利益等问题会想得透、看得淡，才不去计较个人的得失，才能达到良好的治政境界。

（3）统一利益。统一利益指治政主体在治政过程中要考虑到治政客体的利益，使自己的利益尽量与治政客体的利益相统一。利益统一，不是利益平均，而是让利益更为公平，让治政主体与治政客体在利益分配上实现一致。

第一，利益目标统一。在治政利益方面，治政主体和治政客体是一致的，即为了一个共同的利益走到一起来了。治政主体要尽量保证治政客体利益的获得与治政主体利益的统一。要照顾到治政客体利益的合理性、合法性和应得性，以最大限度地调动治政客体的积极性。

第二，分配标准的公平。在治政过程中，由于治政主体和治政客体所处的位置不同，利益获得的结果也不一样，为此，要通过民主的方式制定利益分配的标准，以保证利益分配和再分配中的公平。公平不仅仅是利益分配的核心，也是治政和谐的基础。治政主体一定要千方百计保证治政利益分配上的公平。

在治政过程中，治政主体和治政客体有时是一致的，治政主体的作用不仅仅影响治政关系的和谐，而且关系到全社会的和谐。一般来说，治政主体的德强，则民风就纯；治政主体的能力强，则治政客体就有序；治政主体守纪守法，治政客体就会安定；治政主体有为，治政客体就会有福气，就会有大的收益；治政主体清廉，治政客体就会民风淳朴。

第五章 治政的相关取向与绩效

【本章要点】 治政的相关取向是指治政本身的取向、价值取向、目标取向、职能职责取向、过程和结果取向等与治政内涵、外延相关的治政现象的标准和最终方向。治政现象的相关取向取决于治政主体对治政理解和要求，取决于治政主体高层的决策，说它是治政的主体价值取向，其实就是治政的方向。治政的绩效一般指治政结果后的成效，是对治政以及治政结果的一种衡量，是调节治政不可缺少的环节。

【关键概念】 治政；取向；绩效

治政的相关取向是治政所选择的最终方向，是治政主体在实施治政时所依据的价值尺度和价值动力，它包括了治政的价值取向、治政的目标取向、治政的职责职能取向、治政的过程取向和治政结果取向以及对治政结果的绩效总结。治政的全部过程是一个复杂的事物，它由目标、过程、结果以及与之相关的内容组成。治政的相关取向既是治政的走向和趋势，也是治政必须遵循的相关尺度。没有这个标准和尺度，治政就成为无序的、不科学的治政行为，是治政过程应该防止的现象。

一、治政价值及目标的取向

治政价值和目标的取向实质上就是治政的取向，因为治政价值观是治政主体确定的，确定什么样的治政价值观，就会有什么样的治政过程，也就会有什么样的治政结果。治政的价值是一个重要的治政因素，是治政构成和治政本质的决定性成分之一。如果说治政权力是治政的枪筒和子弹，那么治政价值就是治政的瞄准器。① 没有了治政价值，治政活动便失去了治政的意义。治政价值是治政的本源，而治政目标是治政的瞄准方向，是一种预测，如果把治政权力说成是治政的枪筒和子弹，治政价值是治政的瞄准器，那么，治政目标则是治政的"靶子"。

1. 治政的价值

治政价值是治政的核心。治政资源和利益的流向是治政价值决定的，治政价值在治政过程中起着标准、尺度和治政最终依据的作用。治政价值现象的主要根源，是治政行为和治政活动的主导、本源，是治政本质的最核心的体现。② 治政价值是治政主体衡量治政结果的标尺，是治政客体希望的理性结果和理想结果。

（1）治政价值的概念。治政价值的概念是治政思想观念的行为表现，是一种治政观念的动力整体。我们分析治政价值的概念，必须首先厘清价值的确切含义。

第一，价值的概念。价值最初的含义是指凝结在商品中的一般的、无差别的人类劳动。用在治政活动中，则是用其引申的意义。

第二，治政价值的概念。我们在前面把价值形容为枪的"瞄准器"，那是讲治政价值的作用。从直接意义上来讲，治政不是商品，治政是一种行政活动以及活动的过程。从引申意义上讲，治政价值是指治政对满足社会物质和精神需要所作的贡献。这其中精神的贡献包括了政治的贡献。治政价值是由促使治政得以发生的利益目标、治政意识、价值观念、价值取向、治政主客体群体价值取向和价值定位③等组成的整体。治政价值的根本起源是治政客体的需求和愿望。它是通过治政过程转变为治政现实结果，也是治政客体运用公共治政价值尺度衡量的结果。说到底，治政价值指治政的用途和积极作用。

（2）治政价值的内容。我们已分析过，治政价值主要指治政对满足社会物质和精神（包括政治）需要所作的贡献，就是说治政价值具有自身许多的特征，这些特征只是价值的外在表现形式，而在治政过程发挥作用的

---

① 参见邱霈恩著：《领导学》，第 59 页，中国人民大学出版社 2004 年版。
② 同上。
③ 同上。

和被治政客体所认可或评价的，是治政价值的内容。从治政实践来看，治政的价值是指掌握治政之舵、直接左右治政的事物，因此，它的内容既是丰富多样的，同时又有一种非常直观的价值核心——治政为政治、经济、文化、社会的贡献，这是治政价值的根本标尺，是治政客体所希望的治政结果。

第一，政治方面的内容。治政价值政治方面的内容，从治政过程和治政活动方面来看，它包括了①作为政府艺术的政治：即政治发生在政体内部，而政体这种社会组织系统的核心是政府机构，是治政的主要场所，所谓政府艺术的政治指治政者巧妙地、科学地制定与实施集体政策，在社会内施加控制，"政治不是科学……而是艺术"。[1] 作为公共事务的政治：即治政者必须运用"权力"完成治政客体所需求的公共服务，这种公共服务不是社会个体能够完成的，必须由治政主体进行公共服务。②作为妥协和共识的政治：即在治政这个大舞台上，治政者之间有分歧乃至争斗，也有治政主体与治政客体之间的分歧和争斗，治政的这种分歧和争斗不能用武力来解决，而必须通过沟通、思想工作、道德规范、妥协、调解以实现治政的共识。③作为权力的政治[2]：指治政者代表某些权力层而掌握的支配力量，这种支配力量包括了强制的力量。有的学者把权力归纳为是一种关系，就是以非他人选择的方式对其施加影响的能力。[3] 这是从治政价值政治概念方面的价值分析，从治政价值的具体内容来看，这种价值包括了治政主体的具体的精神意志、思想观念、治政道德、治政人格、治政素质、治政作风、治政服务的倾向等等。

第二，经济方面的内容。在政治经济学的概念中，政治与经济是不可分割的有机整体，有学者时常讲政治是"经济的集中体现"，便从概念上说明了经济与政治的关系。作为治政价值的核心标准即治政经济价值方面的内容是治政者追求的治政价值的核心。治政为社会尽可能地提供经济财富，并以治政经济价值为标准，区别社会中治政客体的经济所属，诸如穷国、富国；贫民、富人等等。治政价值经济方面的标准也分为几个尺度。一是作为政治的经济，这是治政者运用经济手段实现政治目的的一种方

---

① 参见〔美〕安德鲁·海伍德著：《政治学》，第62页，中国人民大学出版社2006年版。

② 同上书，第13页。

③ 同上。

式。政治的经济尺度，一般是同治政者的政治前途连在一起的，不然就不会有那么多的治政者不顾环境、不顾资源、不顾百姓的身体健康而追求"GDP"了，也不会有"温饱"、"小康"的经济划分和追求。有些治政主体，把经济作为治政价值的标准，一切唯经济是谈，这是一种偏颇了的治政价值，但却在今日社会中流行。二是作为基础的经济。经济是治政的基础，经济是治政价值实现的保障。恩格斯讲："政治、法、哲学、宗教、文学、艺术等等的发展是以经济发展为基础的。"① 这种基础是治政所必需的，也是治政在治政过程中实现治政价值的必要手段，同时，也是治政价值体现的某一方面的标准。三是作为收入的经济。治政价值的实现，必须体现出治政主体、治政客体的收入，这是治政价值的现实标准。在经济发展条件都具备的基本情况下，如果治政主客体的经济收入在减少，那么，治政价值就没有实现，运用这种治政价值标准来衡量治政结果，必然是不理想的，也是治政客体所不希望的。在一般人看来，经济收入就是财富的增加，因此，人们会不断地争取财富的增长。人们"从事生产的资本的目的，决不是使用价值，而是作为财富的一般形式。"② 因此，"资本家不是挣一文吃一文的。最大限度地增殖他的资本就是他的动机。"③ 作为普通治政客体，在常态下也应该是不断追求自身的收入，并以收入的高低作为标准，从而体现了治政价值。四是作为调节手段的经济。在治政过程中，如何保证治政价值的公平作用，即治政者运用经济的手段，调节社会中治政客体的需求。我们治政所面对的一个简单的事实便是人们的需求和欲望是无穷的，而可以满足他们的资源却是永远有限的，这便需要治政主体运用貌似经济的政治手段加以调节，实行分配和再分配，从而尽可能体现治政的公平，尽可能体现治政的价值作用。五是作为治政者治政倾向的经济。在不同的体制中或在同一体制中的不同时代，治政者对经济倾向是不尽相同的，因此，治政的价值也会因为这种不同而发生变化。邓小平在 1979 年 10 月就提出："经济工作是当前最大的政治，经济问题是压倒一切的政治问题。不只是当前，恐怕今后长期的工作重点都要放在经济工作上面。"④ 这种治

---

① 《马克思恩格斯选集》第 4 卷，第 732 页，人民出版社 1995 年版。

② 《马克思恩格斯全集》第 46 卷下册，第 100 页，人民出版社 1979 年版。

③ 《资本论》第 2 卷，第 498 页，人民出版社 1975 年版。

④ 《邓小平文选》第 2 卷，第 194 页，人民出版社 1994 年版。

政价值观的改变，使得"抓革命，促生产"的治政观念发生了变化，从而确立了新的、具有中国特色的治政价值观。2007 年在中共十七大上，胡锦涛指出："中国特色社会主义道路，就是在中国共产党领导下，立足基本国情，以经济建设为中心，……"① 仍把治政的中心确立为经济建设，这是中国特色的治政价值标准，也是具有中国特色的治政价值观。

治政的经济价值是治政价值的中心，也是治政客体对治政主体最为客观和最为现实的评价，是衡量治政公平与否的一个主要的标准。在这个价值规则的推动下，为个人价值评价尺度机制的形成和民主平等观念的形成创造了条件。马克思讲："平等和自由不仅在以交换价值为基础的交换中受到尊重，而且交换价值的交换是一切平等和自由的生产的、现实的基础。"② 虽然在治政过程中，治政分配制度容易造成交换起点（也是一个过程的终点）的不平等，但"流通本身不会产生不平等，而只会产生平等，即把那仅仅是想象的差别扬弃。不平等只是纯粹形式上的不平等。"③ 因为"自然差别成为他们的社会平等的基础。"④ 正是治政平等价值中的平等意识，使不同政体中的政治民主制度不断科学发展，为不同利益层面的民众之间的对话、谈判、解决利益分歧创造了条件，从而出现了治政客体参与治政的民主形式，改写了治政的价值原则。"民主制度信奉'一人一票'（政治权力的平等），而资本主义制度则信奉市场决定一切（实际上是经济权利的极大不平等）。在 20 世纪，民主制度的平等要求和资本主义制度的不平等现实之间的意识形态对抗被社会投资和社会福利国家巧妙地与资本主义制度和民主制度的嫁接所掩饰。国家出资营造的社会安全网防止了社会的弱者（老人、病人、失业者和穷人）在经济上的灭绝。教育方面的社会投资缩小了收入的悬殊。如果由市场做主，人们的收入差距将大不一样"⑤，这便是发达国家治政价值作用的功劳。作为其他治政政体和国体的国家，应该也必须注意治政价值的平等原则，保证治政价值得到发展，治政价值原则实现公平，从而发挥治政在经济方面的中心价值的作用。

---

① 胡锦涛：《高举中国特色社会主义伟大旗帜　为夺取全面建设小康社会新胜利而奋斗》，《十七大报告辅导读本》，第 11 页，人民出版社 2007 年版。

② 《马克思恩格斯全集》第 46 卷上册，第 197 页，人民出版社 1979 年版。

③ 同上书，第 198 页。

④ 同上书，第 194 页。

⑤ 〔美〕莱斯特·瑟罗：《资本主义的未来》，第 17 页，中国社会科学出版社 1998 年版。

第三，文化方面的内容。在治政价值原则中，治政的文化包括了治政的精神以及政治方面的内涵。为了对治政文化价值加以分析，我们只取与治政价值相关方面的内容，这些内容包括了物质文化和精神文化。在治政价值内容中，文化是治政价值的核心，因为它涉及政治文化、精神文化、物质文化的各个部分。一是政治文化，政治文化指人类社会政治生活的进步状态，包括了政治思想、政治传统、政治活动、政治制度等相关的文化成果。政治学家还用该词专指人们的心理倾向。政治文化是针对政党、政府和宪法等政治客体的"倾向模式"，表现为信仰、符号和价值。政治文化不同于公共舆论，它由长期的价值而非对具体政策、问题或人物的反应塑造而成。① 治政的政治文化主要源自两方面，一个是治政者对政治文化的确立和引导，包括了确立的力度。确立的力度大，其文化价值就大；力度小，其表现的文化价值也小。另一个是人民对治政政治文化的认可度。治政的手段再硬，力度再强，文化价值的认可和传承还必须靠人民，因为人民是推动历史进步的主要动力。因此，政治文化的核心内容仍然是民主，只有民主了，人民认可了，政治文化的价值才能真正显现。二是精神文化。在历史进步过程中，世界分为物质的和精神的，精神的包括了政治的、治政的。在现代社会，因政治发展的需要，政治文化从精神文化中独立出来，但其联系仍十分密切。精神文化指人类生活的进步状态。包括了教育、艺术、卫生、体育、科学、伦理等发展水平。治政文化的精神价值，是人们得以生存和发展的支柱。人们在某一特定时期可以缺乏物质，但不能缺乏精神。在物质充沛的情况下，人们更应该有一点精神，这点精神是同除人之外的动物类的根本区别。治政文化价值的核心是精神文化。三是物质文化。物质文化是人们物质生活条件的进步状态。物质文化是精神文化和政治文化的基础，没有这个基础，其他的文化价值便不会长久。物质文化是治政文化价值的保证，也是人类社会追求的治政目的之一（有人认为是主要目的），因为它可以从物质方面满足人们在治政价值上的追求尤其是生理满足方面的需求，这种需求也被认为是人们的第一需求即满足了人们的吃、喝、住、穿。

第四，社会方面的内容。治政价值社会方面的内容主要是指社会建设方面的治政价值取向。不同的社会制度有不同的治政社会价值取向，它包

---

① 参见〔美〕安德鲁·海伍德著：《政治学》，第242页，中国人民大学出版社2006年版。

括了社会结构、社会分层、社会控制、社会保障等方面的治政价值取向，是社会和谐发展的保障和基础，也是社会人的行为导向。

社会结构的治政价值。所谓社会结构指一个群体或一个社会中的各要素相互关联的方式。① 不同的社会制度，形成了不同的治政的结构价值。应该说，社会结构是因治政主体不同而发生变化的。伴随着社会的发展，身份与角色、群体与组织、社会设置与社区得以产生。这些产生了的社会形式便是社会结构，而这些不同的社会形式就是社会结构的"单位"。这些不同的社会结构单位又是治政的现实单位，这些单位往往显示着治政价值的取向。其一，地位。在治政过程中，不同的治政主体和不同的治政客体（均指人）都有不同的地位，这些地位又都表示了治政主客体的不同身份，显示了不同的地位价值。由于地位不同，治政的责任也不同，因此地位的价值也不会相同。治政中人的地位一般有两种类型，一个叫做自致地位，另一个叫做先赋地位。这些地位都与治政有关。所谓自致地位指一个人的生命历程中作为个人努力与否的结果而获得的地位；所谓先赋地位指被指定的、并且通常不能被改变的社会地位。绝大多数的地位可以在治政责任、权力和声望等方面与其他地位相比较而被划分为某一等级，② 在同一治政系列中，这种等级就是治政地位，地位不同，价值也不会相同。治政地位价值的取向还包括了地位固有价值取向和社会价值取向。正因为地位价值取向不同，不同地位上的治政者才会努力改变自己的自致地位，而向更（被认为）有"价值"的地位努力。从地位的实质上分析，每一个治政者还具有多重地位。在治政研究中，我们主要研究治政者的治政地位以及治政地位的价值取向。这种取向，决定了治政地位获取和失去的走向。其二，角色。角色是指对治政过程中群体或社会中具有某一特定身份的治政主客体的行为期待。在治政过程中，应该这么认为，一个治政主客体（均指人）占有的是地位，而扮演的是角色。在每一次治政高度结构化的社会互动中，社会都为其提供了某种"机会"，让其或指导其在其中扮演不同的角色。有了这种治政地位，却不一定能演好某一地位的角色。这便是治政角色的规范与角色扮演者的实际表现之间的差距。因此，对于治政者来说，获得了某种治政地位，一定要尽力扮演好这种地位的角色，以实

① 参见〔美〕戴维·波普诺著：《社会学》，第91页，中国人民大学出版社1999年版。
② 同上书，第96页。

现自己的治政地位的价值。其三，社会群体和组织。社会群体和社会组织指治政组织之外的社会组织，也是治政者必须认真研究和对待的治政社会现象。在不同的社会群体和组织中，会因不同的"价值"观而有组合的疏密，这便是"物以类聚、人以群分"的原因。治政主体应该利用和引导这些社会群体和组织，为治政服务，并支持治政主体的价值以及组织目标的取向。

社会分层的治政价值。所谓社会分层指根据一定的标准将社会成员划分成不同的等级层次。诸如因收入差别形成了富裕者、中等收入者、贫困者的层次；因治政权力而形成了治政高级、中级、下级、基层不同的治政层面等等。不同的治政层面有不同的治政价值，同样，共同的治政层面也必然有共同的治政价值。其一，治政权力分层。治政权力不同层面会形成不同的治政价值，因此也便有了不同的价值取向。治政基层诸如居委会或者村委会的治政者所取的价值有权力的局限性，这是非常正常的，如果一个村委会选取了中央的治政价值，那不仅仅是空想，可能有"造反"之嫌疑。由于权力的分层明显，所以治政的价值取向也就明显。其二，收入与财富分层。在收入财富分层中，有人利用具体的数字做过分析，可以作为我们研究治政分层的参考。"以一九八〇年为基数，当时国民生产总值人均只有二百五十美元，翻一番，达到五百美元。第二步是到本世纪末，再翻一番，人均达到一千美元。实现这个目标意味着我们进入小康社会，把穷困的中国变成小康的中国。那时国民生产总值超过一万亿美元，虽然人均数还很低，但是国家的力量有很大增加。我们制定的目标更重要的还是第三步，在下世纪用三十年到五十年再翻两番，大体上达到人均四千美元。做到这一步，中国就达到中等发达的水平。"[1] 这是以国家富裕程度的分阶段目标，以此分法为基础，我们可以对不同治政主体和治政客体（均指人）的收入和富有程度进行三段分法。穷困层，即人均国民总值不到一千美元时的水平，这一部分人治政价值是解决温饱的问题。一般层，即达到一千美元的人均国民总值的水平，这是社会中较多的人。富裕层，即大大超过人均四千美元的那一个层面。在不同的收入分层中，会有不同的治政价值取向，治政主体也好，治政客体也好，在同一层面上的价值取向应当是相同的。其三，地位分层。治政地位分层是治政者层面较为常用的分

---

① 《邓小平文选》第 3 卷，第 226 页，人民出版社 1993 年版。

层法。治政者层面不同地位层有不同的治政价值取向，当然，这种取向包括了治政价值总的取向。在治政客体中，虽然都处于同一治政客体层面，但是由于社会声望等原因不同，仍有地位之分。地位层面不同，治政价值取向也不会相同。

社会控制的治政价值。所谓社会控制指社会治政组织对偏离和违背社会规范的越轨行为所采取的各种防范、纠正和惩罚措施。治政的社会控制除了对社会越轨的控制之外，主要还是对治政者本身的规范式的控制。其一，治政者自身的控制。近来，治政者队伍中的贪污、贿赂、买官卖官、渎职等行为屡禁不止，影响了治政者在民众中的形象。其原因是因制度控制不到位。有些治政者的价值取向从一开始就是错的，没有确立为民治政的价值观；有些治政者价值取向正确，但在治政过程中却因一时私利而走向治政的反面。有些治政者官至高层，却境界不高，虽然现在不出事，将来出事是必然的。治政主体高层，要有控制治政者本身的治政能力，要建立正确的治政价值走向。控制中的教育是必要的，教育也是控制手段的一种，但从制度上防止比教育更为重要。其二，治政客体的控制。任何社会制度下的治政都不会是一块净土，某些治政客体价值观的偏差也是自然的。对治政客体"越轨"的控制除了制度以外，治政者的道德表率具有意想不到的作用。上行下效在治政吏制不健全的情况下几乎成为一种"习惯"，这便是"半部论语治天下"的人治带来的独有的特色。在"人治"治政形式中，道德榜样比制度控制还重要。社会控制是治政学研究中的科学，应该加以探讨。

社会保障的治政价值。社会保障是治政的进步，是人类最基本平等的体现。所谓社会保障是指治政者对社会的全体成员尤其是个别丧失劳动能力或劳动机会的成员在经济和社会生活方面提供的帮助和照顾、保护和保证的治政行为。社会保障是治政价值的风向标。社会保障的主体是国家及社会（即治政者），社会保障的对象是全体社会成员。社会保障一般分为社会保险、社会福利、社会救助等方面的内容。在治政过程中，治政者通过社会保险，即对社会成员（尤其是治政客体）的各种损失、灾害等进行补偿，体现治政的保险价值取向。治政者通过社会福利，即对社会成员（尤其是治政客体）的生老病死、对伤残和具有生理缺陷的治政客体（也含主体）提供帮助和保护，体现了治政的福利价值取向。治政者通过社会救助，对社会成员（尤其是治政客体）中的生活困难者、失业者、遭受各种不幸事故者提供救济和援助，体现了治政的救助价值取向。

治政社会方面的内容还有许多，我们只选四个方面的内容和价值取向做了分析，诸如社会制度、社会交往、社会流动、社会变迁等等内容我们不再赘述。

（3）治政价值特征。治政价值以及取向具有很强的治政特征。什么样的治政主体会设置什么样的治政价值。治政现象和过程都受治政价值的制约，而种种治政现象又都可以从治政价值中找到根源。治政价值的特征反映了治政者治政行为启动和形成的内在起点以及治政行为的发生机制，同样这些治政价值又对治政现象作出了科学的解释。在治政现象出现之后，人们可以通过治政价值对治政行为和现象进行评价和研究，了解其中的必然性和治政的本质之所在。

第一，阶级性。在阶级社会中，任何治政行为都带有阶级的特点，而治政价值也必然在治政的阶级特点中得以充分体现。任何治政价值都是代表一定的阶级利益和阶级意志的。治政过程中所有阶级倾向都是阶级利益和意志的集中表达，并转变成治政价值之后得以体现，同时，通过治政价值在治政实践中发挥作用。哪个阶级治政，就有哪个阶级的治政价值和治政价值取向。治政价值是治政阶级性的直接体现，同样，治政价值反过来又在维护治政的阶级利益，并保护治政阶级利益的实现。

第二，民族性。世界是由不同的民族组成的，不同的民族有自己民族的治政追求。治政价值是一个民族价值的间接体现和直接体现的结合物。在与外国的治政交往中，治政价值体现的是直接的民族价值，维护的是直接的民族利益。在国家的治政过程中，治政价值又是不同民族之间的价值的融合，是一个民族价值的集合体。治政价值首先是国家民族的，然后才是阶级和阶层的。

第三，阶层性。阶层与阶级是有很大区别的，阶级指人们在一定的社会生产体系中，由于所处的地位和对生产资料的关系的不同而形成的集团。阶层指阶级中因经济社会地位不同而分成的层次或因共同的经济状况及其他某种共同特征形成的社会群体。阶级和阶层之间又有紧密的联系。阶层是一个较为松散的概念，阶级是一个较为紧密的概念。治政价值不仅是阶级利益和意志的体现，通常还代表着一定的阶层的利益和意志，治政价值有时是由于某一阶层的利益而形成的某种价值观和价值标准。

第四，政治性。由于治政价值是不同利益集团的利益和意志的体现，所以治政价值具有很强的政治倾向，并且有着自身的政治标准。治政价值的政治性还表现为为治政集团的利益和意志服务，并成为实现某些政治目标的条件。治政价值代表着治政高层的政治倾向，反过来又为治政集团的政治利益以及其他利益服务。

第五，经济性。治政价值的根本价值仍是经济价值，因为政治是经济的集中体现，其他的价值标准和条件又都是以经济为基础的，经济是它们的保障，因此，治政价值的根本价值非经济价值莫属。在治政现实中，虽然某些治政价值并不体现出经济特性，但最终仍以经济目的的实现为终极目标。治政为经济服务，推动经济的发展；经济为治政提供保障。治政价值是治政者工作成效的最终标准。

第六，利益性。治政价值最核心最实质的内容体现为特定倾向的实际利益和利益关系。治政利益是治政的本质所在也是社会的利益核心。治政价值作为社会价值的一部分，是以治政利益为基点的，也是社会利益的核心。治政组织目标就是社会发展目标，治政价值就是社会的主导价值。当然，这种价值要以社会需求为目的，是在社会价值的基础上提炼出来的核心价值。治政价值的利益，已成为治政者追求的目标，也成为治政效果的某种衡量标准，它是治政者治政的最根本的动力。治政的利益性是治政者最根本的特性。

第七，权威性。治政价值的权威性源自价值的自身和运用这些价值的治政者。治政价值的权威指治政价值的本身力量。治政价值实际上是以治政者权威为后盾的社会价值体系，是能够也必然会转换成为权威行动主导推力的特定治政者心理，成为治政行为需要的主观理由。① 治政者的主观愿望必须转化为治政价值从而转化为治政实践。没有"价值"的治政不仅没有权威性也不会成功；有"价值"的治政必须具有科学的权威性，从而才能推动治政实践。因此，治政价值的权威必须科学，才具有治政的力量，也才能真正有"价值"。

第八，实践性。治政价值的提炼源自实践同样又面向治政实践。面向治政实践指治政价值引导和规范着治政实践，满足着治政者治政行为的需求、欲望和冲动，并规范和导引着他们的这种治政行为的需求、欲望和冲

---

① 参见邱霈恩著：《领导学》，第60页，中国人民大学出版社2004年版。

动。没有治政价值的治政实践是不存在的，没有治政价值规范的治政实践有的也不能体现治政价值。治政价值源自实践规范并引导实践是治政价值的实践性特征。

第九，核心性。治政价值源自社会价值，源自社会实践，治政价值又是社会价值的核心。一切社会价值都是由治政主体根据治政主体的组织目标确立的，而治政价值是社会价值中最重要的核心部分。它主导着社会价值的走向，成为治政主体治政的精神动力和实践的动力源。

第十，标准性。所谓标准性指治政价值是一种治政理论和实践的过程以及结果的衡量准则。治政有无价值以及价值的多少是一种尺度上的说法，在治政实践中，治政价值起着治政标准和治政的最终依据的作用。治政者以治政价值的标准规范治政实践、规范治政主客体的行为。

第十一，主体能动性。治政价值是治政主体制定的一种标准，是治政实践中必然会转换成为治政行动主导推力的特定的治政心理。虽然每一个治政者都会面对同一的治政价值，但不同的治政者又都在自己的心中保留着自己的治政价值标准。治政主体的个体在治政价值标准的作用下产生着一定的治政心理活动，从而决定某种取舍。治政主体的这种治政价值的取舍取决于治政主体的水平、素质、能力、人格标准，具有极强的主观性。这种"主观"又是在治政价值引导下能动地工作着，从而推动着治政实践的进行。

第十二，客体客观性。治政价值是由治政主体在治政实践中提炼的，而治政实践又是由治政主、客体共同完成的。治政客体在治政价值的形成中发挥着客观的实践作用和对治政价值的客观评判。在治政特定的条件下，治政客体对治政价值的评判有着决定性作用。那就是对治政价值拥护不拥护、赞成不赞成、答应不答应，这在特定的治政条件下成为治政价值的客观标准。治政主体必须也应该注重这个客观标准。

第十三，行为意志性。治政价值是形成治政者治政行为的治政心理来源，是治政者治政行为的心理倾向，是治政行为的意志。这种治政意志成为治政者治政实践的实际推力，[1] 是治政价值向治政行为转换的看不见、摸不着的"基本机制"。

---

① 参见邱霈恩著：《领导学》，第61页，中国人民大学出版社2004年版。

2. 治政目标取向

所谓治政目标取向指治政者治政活动所要达到的预期结果的指向。

（1）治政目标的概念。治政目标有目标和目的之分，两者有区别又有联系。我们只从概念上加以区别。

第一，治政目的。治政目的指治政组织目的即治政者对治政主体活动的结果的打算和期望。是治政主体在实施治政之前对治政活动和治政过程的成果的打算和期待。目的是较小的范围的希望未来达到的治政的境地，是治政目标的起始和来源，治政目的一般存于治政目标之中。

第二，治政目标。治政目标指治政组织目标即治政者对治政主体活动最终结果的明确设定和指向，是治政者治政活动所要达到的明确的预期结果，是治政的未来目的。治政组织目标是治政组织目的的明朗化、具体化和条理化。目标是较大范围的希望达到的治政境地，是治政目的的综合和提升，治政组织目标一般包括了治政组织目的。

在治政活动中，治政组织的目的和目标的确立取决于治政价值。治政目标包括了治政过程中与治政相关的治政群体目标、治政组织目标、治政社会目标，当然，也包括了治政的政治、经济、文化的目标。治政目标还包括了治政者个人的目标。治政者必须注意把自己的个人目标融入治政的组织目标中去，切不可为了自己的目标而损害或放弃组织目标，就是不能以一己之利而损害治政组织目标的实现。在确定治政组织目标时，要注意治政组织目标的科学、端正、可行。科学，指组织目标既有实现的基础，又有操作的可能；既与治政主体利益相一致，又与治政客体利益相一致；既有目标，也有实现目标的途径和办法。端正，指组织目标的公正，经得起历史和实践的检验。可行，指组织目标切合实际，具有可操作性和可把握性，具有一定的物质、精神等方面的基础，具有主、客体的追求和支持。

（2）治政目标的类别。从不同层面分析，治政目标有不同的类别，这些不同的类别又都是互相交叉的和互相联系着的。因此，治政目标分类也往往是一种尽可能减少交叉的分类方式。我们曾在前一章分析说：严格地讲治政本身不存在目标，所谓治政目标是指治政组织目标。我们所讲的治政目标，均是治政组织目标，简称治政目标。

第一，从治政主体主导层面分析，治政目标可以分为治政总目标，治政分目标；治政的不同层面的目标；治政的政治、经济、文化、社会的目标等。

第二，从治政主体职能层面分析，治政目标可以分为治政决策目标、治政计划目标、治政协调目标等。

第三，从治政主体目标的实现期限层面分析，治政目标可以分为治政的短期目标、治政的中期目标、治政的长期目标等。

第四，从治政客体层面分析，治政目标可以分为治政民主目标、治政公平目标、治政效益目标、治政利益目标等。当然治政客体目标离不开治政主体，治政客体所有目标都受治政主体的制约，但在特定条件下治政客体目标向主体目标转换后，客体的目标才可以不被制约。

（3）治政目标制定与检验。治政目标制定源自治政实践，源自治政实践的需求。治政目标对治政组织和治政者具有引导和规范作用。治政者必须准确地、及时地抓住治政目标，治政组织必须准确地、及时地确定治政目标指向，这样才能把握住治政的方向，才能具有切实可行的治政目标和有治政目标的规范和指引。

第一，治政目标制定的原则。制定治政目标，必须遵循一定的原则，有些原则是治政规律自身所要求的，有些原则是治政客观规律所要求的，有些原则是人类历史规律所要求的，这些原则，关系到治政的成败。一是科学把握的原则。治政目标的制定必须依据一定的科学方法和科学的依据，并且要以一定的科学预测为前提。制定治政目标必须实事求是，必须进行深入实际的调查研究，必须善于科学地总结，在制定治政目标过程中，进行多因素、长时区的定性定量分析，进行科学的归纳和提升，找出不同治政层面、不同治政任务的关键点，从而科学地制定治政的原则。二是充分调查研究的原则。调查研究是所有治政工作的必由之路，当然也包括了治政目标的制定。"没有调查，没有发言权"①。在制定治政目标时，调查更为重要。"实际政策的决定，一定要根据具体情况，坐在房子里面想像的东西，和看到的粗枝大叶的书面报告上写着的东西，决不是具体的情况。倘若根据'想当然'或不合实际的报告来决定政策，那是危险的。"② 治政目标的制定，必须依据治政实际，而对治政实际的把握，必须对治政现实进行调查。三是民众参与的原则。所谓民众参与指治政目标的确立既要听民众的意见，又要让民众参与目标的制定。民众参与治政目标的制定，不仅可以

---

① 《毛泽东选集》第 1 卷，第 109 页，人民出版社 1991 年版。
② 同上书，第 254 页。

听取民众的意见，集中民众的智慧，增强治政目标的科学性，而且，关键是在制定目标中能够获得民众基础，调动民众参与治政目标实现的积极性，以保证治政目标得以实现。四是方案备选的原则。治政目标的方案可以制定多个以备选用。方案备选本身就带有科学性，让治政者选择最科学的治政目标方案。制定优秀的治政目标方案，要注意科学、先进、可行，要充分考虑治政的效益。五是实践检验的原则。制定治政目标，要注意治政实践检验的可能性和必要性。治政目标是否正确，其效益的大小，必须经过治政实践的检验。六是历史经验性原则。治政目标的制定，要充分借鉴治政历史经验，对于历史治政的教训要记取，不能犯相同的治政错误。对治政的历史经验，可以借鉴、学习，但不能照搬，因为历史条件不同了，民众个体变化了，所以历史经验只能有条件、有选择地借鉴。七是反馈调整性原则。治政目标在制定和执行中要不断收集反馈信息，及时纠正偏差。对于有益于完善治政目标的信息，都要听取和采纳，对不利于治政目标的信息，也应分析其原因，以求治政目标的"尽善尽美"，以求目标实现的顺利。由于人们的认识有一定的历史局限性，对治政目标的调整也是必然的了。要尽量使治政目标合理、科学、先进、可行，并能经得起历史和实践的检验。

第二，治政目标检验的原则。治政目标的制定和实施都必须经过一定的检验，只有经过检验，才能确定治政目标是否科学，是否先进，是否可行。一是实践检验的原则。"社会实践是检验真理的唯一标准。"[①]治政目标是否科学、可行，治政目标实践后的结果是否正确，治政者的决策对治政目标的实现有无推动作用等等必须由实践来检验。实践是检验治政目标正确与否的唯一标准。二是主体对治政目标的反馈原则。治政目标的制定和实施，主要靠治政主体的推动，治政主体对治政目标科学与否最有发言权。高层治政者要注意一般治政者对于治政目标的反应以及在治政目标实施中的反应，要及时听取不同治政者对治政目标的意见，以检验治政目标的科学性、实用性和正确性。三是治政客体的反馈原则。治政目标的制定和实施情况，民众最知情，民众对治政目标的科学性也较为了解，尤其对治政目标在民众中间的实施情况最有发言权。因此，要注意治政客体（民众）的反馈情况，及时收纳反馈意见。四是交流检验原则。所谓交流检验

---

① 《建国以来毛泽东文稿》第 10 册，第 414 页，中央文献出版社 1987 年版。

指治政主体在国际间有关的交流以及治政主体在国内不同地区的治政相关交流。交流是一种比较，同时更是一种学习，通过交流，可以用他人的成果和他人的经验检验自己的治政目标和目标落实情况，以把握治政目标调整的角度、力度。五是历史检验的原则。所谓历史检验指用已有的治政历史经验和事实对现实治政目标的检验，并使治政目标和治政的结果经得起历史的检验。检验的方法和秩序也要科学。

（4）治政目标实现的措施。治政目标确定之后关键靠实施，实施治政目标是一个实践过程，实施治政目标，需要治政主体的同心协力，需要治政客体的积极响应，需要治政目标实施者对治政目标有全面的研究，反复推敲，周密思考，科学地落实。

第一，制定周密的治政目标实施计划。治政目标确定之后，不同层面的治政者要根据不同层面的治政任务，制定出治政目标的实施计划。这个计划必须围绕治政目标，紧密联系治政实际，以使计划周密、科学、可行，以保证治政目标的落实。

第二，排出治政目标实施的重点。治政目标实施要根据治政目标本身的重点要求和实施落实中的主要矛盾和矛盾的主要方面，排出治政目标实施的战略重点，抓住治政目标实施的战略重点，分出治政目标实施中的轻重缓急，以落实重点并推动整个治政目标的落实。

第三，切实做好治政目标的分解。所谓分解指把治政目标按治政实体的内部机构设置自上而下地分成治政目标的各个组成部分。对于治政中层来讲，要把治政目标分解到所有横向部门；对于一个具体的治政实体来讲，要把自己的治政目标分解到人，即达到纵向到底，横向到边，具体到人。一是分解目标要注意科学方法，即层层分解，人人分解，在分解中要注意不同组织和个体对分解和落实治政目标的积极性。二是分解目标要注意目标责任。要使不同的治政者在治政目标分解中承担自己应该承担的责任，即明确自己在治政目标落实中所担负的目标、任务；明确治政者任务的不同，责任也不同；明确完成治政目标任务中做什么，怎么做。三是分解目标要注意目标协商。分解目标不是武断地"切西瓜"，把任务切割到人，而是要围绕目标的分解、目标的落实进行有关治政目标分解和落实的思想交流以及分解目标的协商。在协商中注意使不同治政者明确自己所要担负的治政目标任务，并尊重不同治政者对目标分解中的意见，尤其是下级的意见，以调动不同治政者的治政积极性。四是分解目标要注意制定落实目标的相应对策。应该根据治政的不同层面所承担的治政任务，根据不同层面中不同的治政者个体的情况，找出落实治政目标的共同点，找出落实治政目标可能会出现的问题，把能够预测到或者找到的"治政问题"进行归纳、整理、分类，防止这些"治政问题"在治政目标实施过程中影响治政，并有针对性地制定落实治政目标中"治政问题"出现后的解决办法，以求治政目标较好地实施。五是分解目标要注意治政目标成果的评价。评价包括治政目标实施过程中的早期、中期和后期成果等方面的评价，以求校正和修正治政目标，以求目标措施的科学落实。

第四，保证各种落实治政目标措施的科学运作。在治政实践中，治政目标措施相同但落实和运作这些措施的方法不会相同，因此，落实治政目标或实施落实目标计划，必须科学运作。科学运作包括了工作计划、要求、措施、落实目标的方法、途径等等要实事求是，科学可行。要把计划层层分解到人，科学地调整；要使目标责任明确，使所有治政者知道自己该干什么，怎么干，干到什么程度；要用目标图表的分解方法，让治政目标深入人心；要作治政目标实现之后的科学总结、评价，让有功者有奖，让有差距者受鞭策。治政目标实施中要以人为本，即用人情化的方法，做好不同治政者的思想工作，形成完成治政目标的合力等等，这些都要求治政者在落实治政目标中科学运作。

二、治政的职能与职责取向

治政的职能、职责取向指治政的职能与职责的指向。每一个治政组织都有自身的职能、职责，每一个治政者也都有自己的职能、职责，只有使职能清楚、职责明确，才能真正实现各司其职，才能实现科学治政。

1. 治政的职能取向

治政的职能包括了治政组织的职能和治政者个体的职能，治政者个体有时又代表组织行使职能。因此，治政组织职能和治政者职能在一定条件下是交叉的、混合的。我们把组织职能和治政者职能分开分析，以求使职能更明确，更便于理解。

（1）从治政组织层面分析治政职能的取向。治政组织职能取向指治政组织职能的指向，即根据治政组织的任务确定治政组织的职能范围。这种指向包括了治政组织的作用及功能的范围。

第一，治政组织的组织职能。所谓组织职能指根据治政组织的要求，使治政过程中的人或事物具有一定的系统性和整体性。顾名思义，治政组织必须具备组织职能，使相关治政的人或事物系统化和整体化，为实现治政组织目标而发挥职能作用。

第二，治政组织的统一职能。所谓统一指治政组织在组织内部和外部使相关事物联成一体。治政组织的本身就是一个统一体，其职能也必然具有很强的统一性。对于治政组织内部来讲，统一的步调、思想、行动，会使治政目标更容易实现，治政的"政令"更为畅通；对于治政组织的外部来讲，相关事物联成一体，更能形成治政合力，从而实现治政目标。对于治政组织来讲，治政各主要方面的统一是必须的，是治政者的天职。

第三，治政组织的系统职能。所谓系统指治政组织本身按一定的关系组成整体，治政组织的外部也按一定的关系组成相关的联合体。治政组织本身就是一个系统，在系统内部要按系统要求做好相关工作。对于治政组织外部来讲，治政组织要使治政的相关事物系统化，以便按系统的要求发挥系统职能的作用。

第四，治政组织的指挥职能。所谓指挥指治政组织对组织内部的下级以及治政客体的号令和调度。治政组织的指挥职能是在授权之后对治政工作的指导和调度，是完成治政任务的根本职能。缺少治政组织的指挥，治政任务的完成是不可想象的。而治政组织的正确指挥是获得治政成功的必要条件。

第五，治政组织的决策职能。所谓决策指治政组织对重大目标任务的决定和取舍。治政组织是一个系统的组织，其目标任务关系到治政全局，关系到民众的生活生存质量，治政者要注意发挥治政组织的决策职能作用，让治政决策更科学。

第六，治政组织的任用职能。所谓任用指治政组织对治政者以及组织（主要是治政者）的任命和使用。在有关的政体中，治政者的职务和职能划分均来自治政的上级任用。在这种政体下，治政者只能也必须唯上，因为唯实、唯下对自己的升迁没有任何好处，这是一种现代政治的悲哀，也是治政的悲哀。

第七，治政组织的调整职能。所谓调整指治政组织对治政相关事物进行改变式的调理整治。治政组织的调整包括了对治政相关事物的调整，即组织调整和人员调整。治政组织的调整有时是治政者以治政组织的名义发出的，是独裁治政常用的手段。

第八，治政组织的协调职能。所谓协调指治政组织通过治政组织的力量对治政相关事物之间的关系加以调和。治政组织的协调是治政组织职能中的重要职能，因为它要对组织内部上下、左右之间加以协调，对治政组织与治政其他事物加以协调，对治政主客体之间的关系加以协调。其实，治政组织的协调就是治政。

第九，治政组织的服从职能。所谓服从指治政组织听从安排的职能。对于整体治政组织来讲，治政者必须服从治政组织；对于一个具体的治政组织来讲，治政下级组织必须服从治政上级组织；在治政组织原则不正常时，组织有时又服从于治政者，这种反向服从在治政历史中并不少见，当然，这是一种治政的反常现象。

（2）从部分治政者又同时为治政客体的层面分析治政职能取向。相对于治政高层来讲，治政中、下、基层的治政者又都是治政的客体，这是治政客体中治政双重角色或多重角色的性质所决定的。在治政实践中，这种双重角色的职能层面是较复杂和较"难为"的职能层面。治政高层所面对的这部分既是治政主体又是治政客体的治政者是治政群体中最能动、最活跃的部分，这也是中国特色社会主义治政中最敏感的职能——"做人的工作"职能，这种做人的工作的职能是治政职能中第一位和最重要的治政工作，"治政先治党，治党先治人"，讲的就是这种职能。

第一，政治职能。所谓双重角色治政者的政治职能指治政者的思想、行为的政治规范职能。在相关的政体中，治政者的政治职能是必须的，在封建时代，忠于朝廷是政治职能的首要职能。在现代，治政者的可靠性与"向上忠诚"仍被列为首要政治条件。这种条件规范了双重角色治政者的政治职能。

第二，人事职能。所谓人事职能指按治政职能要求对治政者的录用、培养、调配、奖惩等与人相关的工作。包括人事方面常讲的识人、选人、用人、育人、助人和相关的授权等等。人事职能是治政职能中治政者的主要职能之一，这也是因政体而异的。因为有的政体中的治政者不是由治政上级选拔和任用的，是由民众选举的，他们的双重角色的人事职能也就有了很大区别。

第三，利益协调职能。所谓利益协调指治政者按治政组织原则和社会相关法律进行的利益关系的处理。人们所奋斗争取的一切，都因他的利益有关，治政者也不例外。为了保证利益使用的尽量公正、使治政关系在利益方面更为协调，发挥治政者的利益协调职能是必须的，使治政者按照治政公平公正的原则处理好治政组织内部、治政主客体范围内的利益关系，包括利益的分配、享有、维护、延续、增加、减少、终止、再分配等等。利益协调职能，是治政的主要职能。

第四，资源使用职能。所谓资源使用包括了人、财、物的调配、使用和"再生产"。资源的科学配置是资源使用的首要职能，在财、物科学配置之后，人是治政成败的决定因素，而人的资源配置也成为主要的职能。在人力资源的开发和利用中，要注意调动一切治政的积极因素，发挥治政组织、治政主客体成员的积极性、主动性、创造性，把这种积极性、主动性、创造性引向治政群体目标方面。

第五，思想协调职能。思想协调包括了通过人性化的思想工作，按照组织原则处理好各种组织与个人，组织与组织，个人与个人之间的关系，通过沟通、协调、交流、谈心、感情交往等，形成治政向心力、治政凝聚力、治政亲和力，形成治政合力。当然，形成治政合力不是一下子能够解决的，必须靠长期的思想磨合，靠治政者的人格魅力，靠相关利益的牵制，靠全体治政者的带头作用。

第六，自律自洁职能。在民主健全情况下，治政者的"清洁"由选民清扫，而在特殊的治政体制下，治政者的清洁必须由治政组织和治政者自身加以清扫。在治政实践中，不少理论者提出了慎独的自洁方式，因为在制度、体制、民众作用不到的时候，自律自洁就首当其冲了。自洁自律是中国共产党一直提醒的话题。从江泽民的"自重、自省、自警、自励"①到胡锦涛的"讲党性、重品行、作表率……"② 一直要求治政者要廉洁自律。慎独指治政者要处理好自身的关系和问题，真正实现自省、自查、自责、自纠、自正，治政者真正成为表率。

---

① 《中共中央关于加强和改进党的作风建设的决定》，《中共十五届六中全会文件学习问答》，第 20 页，中共中央党校出版社 2001 年版。

② 胡锦涛：《高举中国特色社会主义伟大旗帜　为夺取全面建设小康社会新胜利而奋斗》，《十七大报告辅导读本》，第 53 页，人民出版社 2007 年版。

第七，处置职能。所谓处置指治政组织自身设立的处理、惩治的职能。在特殊政体之中，靠治政者的自洁和自律是不行的，因为有的治政者没有自洁、自律的觉悟和能力，有些治政者的欲望使自己失落了，必须有处置的部门给予教育和处置。这种处置作用非常重要。

（3）以民众为客体的治政职能取向。相对于治政诸多的"客体"来讲，民众是治政纯粹的客体。对于民众来讲，治政职能取向多是平稳、化解、和谐，是社会的长治久安。治政客体的职能和任务有些相近，但两者又有很大的区别。

第一，领导职能。领导职能指治政者是领导，具有领导的职能作用。无论是高层治政者还是具有双重身份的治政者在民众面前都代表着治政主体的形象，而双重身份的治政者的领导形象更直接。这种治政的主体形象已被中国高层治政者认可："县委书记是我们党执政治国的骨干力量。""县委书记是党在当地执政团队的带头人"，"县委书记是党在当地各级组织的领导人"，"县委书记是当地人民中党的形象的具体代表人"①。这几个"人"已把双重身份治政者的领导职能概括得非常清楚。

第二，主导职能。所有治政者都具有主导职能，治政主导指因时因地提出适合社会的主导思想，既考虑治政客体的心理意愿，又要对治政客体的行为加以引导和规范。治政的主导职能，是治政的重要职能。

第三，构建职能。构建社会结构、社会组织的合理架构，构建这些组织和社会结构中的制度和规范。

第四，调整职能。调整社会结构中，社会组织内部的各种关系，调整和理顺治政者之间，治政者与民众之间的关系，调整和理顺民众之间的各种关系。

第五，保障职能。保障和保证社会组织和民众的各种需求，包括治政者自身的不同需求，保障和保证全社会的不同需求，提供资源、保障治政组织的正常运转。

第六，优化职能。优化治政组织结构，优化人、财、物等资源的配置，优化治政队伍的结构和组成，优化民众社会组织的构成，发挥各类治政组织的效能。

---

①　李源潮：《县委书记要切实履行抓发展抓民主抓稳定抓班子抓队伍的责任》，人民网 2008年 11 月 16 日。

第七，化解职能。化解治政组织、治政者和民众的情绪，及时了解和掌握整个群体和组织反映出来的认识、观念、愿望、需求、期待、不满、怨气、仇恨等倾向，化解不利因素，尤其是化解治政者与民众之间的怨气。2008 年发生的公安、陇南等群体事件多是因化解职能的"失效"。

第八，公平职能。运用法律、法规和不同的治政手段，体现治政尤其是社会的公正、公平。公平见"良心"，公平见人心，公平见治政。

第九，民主职能。充分发扬民主，科学治政、民主治政、依法治政，构建民主的制度化、规范化、程序化的体制。真正实现治政客体所终生追求的"健全民主制度，丰富民主形式，拓宽民主渠道，依法实行民主选举、民主决策、民主管理、民主监督，保障人民的知情权、参与权、表达权、监督权。"① 民主职能是治政最基本也是最根本的职能，是治政的生命力之所在，是治政客体的根本追求。

第十，民生职能。解决民生问题是治政者的根本任务，也是治政者本应具有的根本职能。但是，在治政实践中，治政的这个根本职能许多治政者并没有认识到，有不少治政者把民生放在脑后，把自己的治政升迁作为最根本的任务。治政者一定要纠正这种丢了本职职能的治政状况，把握住自身的根本职能，做好自己本应做好的工作。真正做到"着力保障和改善民生，推进社会体制改革，扩大公共服务，完善社会管理，促进社会公平正义，努力使全体人民学有所教、劳有所得、病有所医、老有所养、住有所居。"②

第十一，和谐职能。构建和谐社会是治政者理想的社会，也是民众所希望的社会。构建和谐社会是治政者的根本职责。构建和谐社会是一个复杂的全局的任务，是治政建设的一个目标，在构建和谐社会中，有一方面达不到和谐的要求，社会就不会和谐。真正实现民主法制、公平正义、诚信友爱、充满活力、安定有序，人与自然和谐相处的和谐要求，恐怕路子还很长。但构建和谐社会是治政者的根本任务和奋斗的目标。

（4）以国际事务为客体的治政职能取向。国际事务是高层治政者必须面对的治政任务，这是一种捉摸不定而又有规律可循、紧迫而又松散的、

---

① 胡锦涛：《高举中国特色社会主义伟大旗帜　为夺取全面建设小康社会新胜利而奋斗》，《十七大报告辅导读本》，第 28 页，人民出版社 2007 年版。

② 同上书，第 36 页。

有理而又无处讲理的治政事务。应对治政国际事务，不仅可以表现出治政者应对变幻莫测的局面的能力，也可以看出治政者代表国家和民族的气节。

第一，独立职能。所谓独立职能指保持国家民族独立的外交职能和治政者独立处理国际事务的职能。不同的时代，国际事务的治政任务也不会相同，但独立职能即维护国家独立这种处理国际事务的原则不会改变。独立职能是治政者在国际事务中的根本职能。

第二，维护主权职能。作为治政者，维护国家和民族主权是他们的天生职能。在治政过程中，主权指一国固有的处理其国内、国际事务而不受他国干预或限制的最高权力。治政者必须全力维护主权平等，尊重国家主权。维护主权职能展现的是治政者在国际事务中的根本能力。

第三，平衡职能。国际事务中的平衡也是治政者应对不同国际环境的重要职能。每一个国家的利益追求是不会相同的，在不同利益的国际关系中平衡各种关系，以期达成共识、维护和平，作用重大。

第四，调解职能。国际事务中的争端有些是通过武力解决，多数是通过调解解决的。治政不仅要善于调解本国的事务，还要善于帮助他国调解事务，以获得更多国家的支持。这种调解有时在国际事务中会有意想不到的回报。当1971年26届联合国大会恢复中华人民共和国在联合国的一切合法权利时，毛泽东说："主要是第三世界兄弟把我们抬进去的。"① 这说明了在国际事务中有时调解职能有奇特的作用。

第五，科学发展自身的职能。治政外交的关键是在复杂的国际环境中科学发展自身，有人讲弱国无外交，讲的是弱国弱外交，这也是符合"适者生存"道理的。作为治政者，必须在外交同时大力地、科学地发展自身，使自身在实力上与发达国家相近。

（5）以治政共性和个性为标准的治政职能走向。所谓治政共性、治政个性标准指治政活动中主体体现出来的性质和这些性质决定了的治政职能，这些治政职能又是治政者根本任务的另一种表现方式。从治政社会层面看，我们可以感受到治政不同职能的指向，感受到治政性质规范治政职能的巨大作用。这些职能从外观上看是概括的、抽象的，在治政活动中，它却又是具体的、历史的。

① 逄先知、金冲及主编：《毛泽东传》，第1634页，中央文献出版社2003年版。

第一，政治治政职能。治政者多是政治家，治政者的任务有相当的政治任务，政治的治政职能指治政者创造适于治政事业发展的政治环境和引导治政事业为治政政治目标服务的职能，包括了政治治政路线确定、政治治政方向引导、政治治政思想教育、政治治政文化的确立、政治治政传统的继承和发扬、政治治政结构的构建、政治治政活动的进行、政治治政制度的建设等等职能。在集权治政的情况下，政治治政职能还包括要切实规范和保证地方政治治政正常化。在中国，地方政治治政的监督不在治政客体，他们是由治政上级选拔的，他们的治政监督在治政上层、治政高层，这也是有些地方政治治政失控的根本原因。

第二，行政治政职能。行政治政职能是管理治政职能，指要建立有效的分级指挥系统管理系统和行政治政职能系统，是在管理中创造行政治政中的人、财、物外部条件，并在管理中合理调配治政资源的一种职能。

第三，业务治政职能。业务治政职能是治政职能的核心职能。政治、行政、管理等在不同系列的治政职能作用发挥中可以不是行家职能，而业务治政职能必须依据业务，按照业务发展的规律来解决治政的业务问题，它是一种用治政业务发展规律解决治政管理等相关问题的职能。这种职能是治政不可缺少的，也是治政者不断追求提升的职能。

第四，领导治政职能。领导是落实治政目标的主要手段，治政职能的体现多是由领导这种方式实现的。领导治政职能是按治政计划组织实施、管理、调节、评价、总结等组织、指挥的职能。领导治政职能是治政的主要职能，领导又是实现治政目标，完成治政任务的根本方式。

第五，文化治政职能。治政实施需要文化作保障，治政过程也是一种治政文化产生、创造和支撑治政运转的过程。在治政活动中，治政主体会有意或无意地形成或创新治政文化以及与治政相关的文化形态，以促使治政的文化化。

第六，社会治政职能。治政的目的是为社会服务。治政主体立足于社会，治政客体是构成社会的基础，治政是社会建设，构建社会公平、社会幸福、社会和谐的主力，治政社会职能是一种以治政为手段，构建法制社会、公平社会、民主社会、和谐社会的职能。

2. 治政的职责取向

治政的职责是指治政主体为实现治政职能而承担的责任，包括为实现治政职能所做的工作，治政职责是治政者治政必然承担的义务。

（1）从治政内部看治政职责。治政的职责有内部和外部之分。在治政内部即治政主体内部（包括双重身份的治政者）其职责和义务与外部职责有很大的区别，主要体现在几个方面。

第一，有建立健全法律、制度的责任。治政是全民的事务，包括了治政的主体和治政的客体。在治政主体方面，有建立和健全法律和制度的责任。治政者如果要科学治政，必须依法治政，必须建立相应的法律制度，以确保治政有法可依，有法必依，这是治政规范的根本。

第二，有执行铁的纪律的责任。在特色的治政体制中，必须有治政的铁的纪律，所有治政者又必须有执行纪律的义务。在治政纪律面前，所有治政者人人平等。作为治政者的上级，还有用铁的纪律监督下级的责任，因为下级治政者是由上级治政者任命的。在这种体制中，民告官成功的可能性很小，因为民众无法监督或罢免有问题的治政者，因此，治政者无须害怕民众，治政者必须由治政上级监督和免除职务。

第三，有公正选拔治政者的责任。在特色的治政体制中，公正选拔治政者是治政主体的首要义务。在这种体制中，上至中央领导，下至村支部书记，多是由治政主体挑选出来的，虽然也有民主推荐和选拔的方式，那是极个别的，关键的治政者以及绝大多数的治政者都是上级选拔培养的，因此，治政主体有公正选拔治政者的责任和义务。

第四，有推行公平竞争的责任。在特色的治政体制中，公平竞争源自治政主体内部，作为治政主体，有制定公平竞争原则、利益公平分配原则的责任，有公正实行公平竞争的责任。在民众即治政客体无法直接选择治政者的情况下，治政主体内部公平竞争的推行显得尤为重要。

第五，有廉洁从政的责任。尽管有不少治政者认为贿赂是全球性问题，但是，在民主的国家中贿赂还是很少发生的，因为贿赂者和被贿赂者所付出的成本太大，加上不少治政者都是以民选方式上任的，只要对民众负责就可以了，不需要去讨上级喜欢。而在特色政体中，廉洁从政、廉洁自律非常重要，所有治政者手中都有一定的权力，如果治政者不廉洁自律，那结果可想而知，因此，廉洁从政是所有治政者的义务和责任。

第六，有领导和指导下级治政者的责任。在治政实践中，治政者的培养是治政主体的一项重要任务。治政的上级必须对下级不断地进行引导、指导，以身作则，作好表率，必须用自己的实际行为去率领不同层面治政者完成治政任务。

第七，有团结治政者一同工作的责任。在治政主体中，讲团结非常重要。由于治政者的进取方式不同，同级治政者和下级治政者谋取更高或更重要的职位是正常的，掌握了政权就是主要治政者，就可以有较高较大的权力，就等于得到社会的承认（民众不承认也无法），因此，便出现了买官卖官这一封建社会才会出现的怪状，阴谋诡计也就必然了。在这种治政情况下，"团结"便显得非常重要，于是便有了"互相补台、好事连台；互相拆台，必将倒台"的格言。在发达国家中，谋官是向民众"谋"的，不是向上级或向同事"谋"的，这是治政关系中最本质的区别。

第八，有绝对服从的责任。所谓绝对服从指下级服从上级，个人服从组织，全体治政者服从最高层治政者。在正常情况下，服从是绝对的、无条件的，理解的服从，不理解的也要服从，这是特色政体下的一大特色。

第九，有变为内行的责任。在治政活动中，不少治政者并不是内行，但由于治政现实要求，治政者应该逐渐成为内行。因此，对于不少中下层治政者来讲，内行也成为他们的责任和义务，尽管内行的含义不尽相同，但变为内行是治政者的基本责任。

（2）从治政主体外部看治政职责。治政主体的外部责任指治政主体应该承担的自身之外职责。从治政社会责任来看，治政外部职责应该是治政的主要职责之一，因为履行这些职责，是治政主体的根本任务之一。

第一，具有维护国家、民族利益的责任。治政者代表着国家，具备行使国家主权的权力，因此，治政者尤其是治政高层具有维护国家、民族利益的义务和责任。他们从国家外交、政治、经济、文化、社会等不同层面既代表民众的利益，又要代表国家维护民众的利益，即维护国家的主权和领土完整。

第二，具有服务的责任。治政高层多是选举出来的，他们有为选民为民众服务的义务和责任。这种服务是一种广义上的服务，即把民众授予的权力用好管好。

第三，具有接受监督的责任。民众选举了治政者，就有监督治政者的权利，有弹劾治政者的权利。作为治政者，必须按法律和治政责任踏实工作，接受民众的监督。

第四，具有合理配备资源的责任。在治政资源配备方面包括与治政相关的人、财、物的配备上，必须力求公正、合理、科学，优化治政资源，是治政者的义务和责任。

第五，具有公平分配的责任。所谓公平分配指以经济利益为主的利益分配。在社会主义初级阶段，人们的不满多来自分配的不满。因此，在分配上必须注意初次分配和再分配都要处理好效率和公平的关系，再分配更加注重公平。分配和再分配的执行者是治政主体，因此，治政具有不容推卸的公平分配的责任和义务。

三、治政过程与治政结果的取向

治政过程指治政主体实施治政，履行治政职能职责的具体过程，治政结果指治政过程之后的治政现实形态。治政过程与治政结果两者紧密相连，没有治政过程，就不会有治政结果。治政主体根据治政的主客观情况确定了治政过程指向和治政结果的预测指向。治政过程和治政成果是治政必然的现象，对这些现象的取向表现出了治政主体的倾向，即选用什么样的治政过程，达到什么样的治政结果。

1. 治政过程取向

治政过程取向指选择治政过程的指向。治政过程指治政现象产生、展现和形成治政利益、治政命运的社会运动过程。它关系到治政力量作用的发挥、治政能量的释放、治政客体的改变的社会的历史的过程，是实现治政组织目标必须经过的过程，也是实现治政组织目标过程的必然。要实现治政组织目标，必然要有治政过程，没有治政过程的治政是不存在的。从治政的本质来看，治政过程是治政主体的代表为其所代表一方服务并具有明确价值取向的特定的治政活动。[①] 治政过程的取向，表明了治政主体的本质所在，因为治政过程是治政主体治政目标的特定活动，因此，这种过程倾向也是明确的，即以为治政主体价值取向服务为主的倾向，这种取向，使治政的过程沿着取向的轨迹而运转。

（1）治政过程是治政计划、治政目标实施的过程。所谓治政过程是指治政进行和发展所经过的程序。治政过程是治政计划、治政目标实施的过

---

① 参见邱霈恩著：《领导学》，第78页，中国人民大学出版社2004年版。

程，是治政计划中的程序，是治政的必由之路。

第一，治政过程是治政计划的一部分。治政者的治政计划，除了对治政目标、步骤、结果等筹划之外，还必然对实施治政的过程进行筹划。因此，治政过程是治政计划的一部分。

第二，治政过程是实现治政计划的过程。实现治政计划需要一个过程。这个过程也是治政的过程，是治政过程中的必然过程的部分。治政过程包含了治政计划实施过程。

第三，治政过程是治政的行为计划。治政过程是实施过程，也叫做治政行为过程，是一种计划行为的过程。这种行为，已经跳出了"书面计划"、"理论计划"的范畴，是治政行为计划的实施过程。

（2）治政过程是治政能量发挥的过程。治政能量指治政过程中治政的各种事物的能力，发挥各种事物的治政能力，是治政主体实施治政计划的必要手段，也是实现治政组织目标的保证。发挥治政能量的本身，就是一个治政过程，而治政过程必须注意发挥治政能量以及使能量作用使用的充分。

第一，必须注意治政者自身的能量。治政者是一个群体，这个群体中也有"头"，治政这个"头"以及以这个"头"为首的群体必须发挥自身的能量。治政者自身能量包括了不同层面治政者的自身能量，能有十分力，不出九分九，治政者应该把自己的治政知识、技能、智慧、经验等等能力发挥到极致。在特色的治政体制中，治政的能量还包括了治政的团结，这种团结有时比其他的能量更重要，因为治政者之间的不团结，容易造成治政能量的抵消，这是特色治政体制必须注意的问题。

第二，治政人、财、物等资源能量的优化。治政光靠治政者还不行，还要靠治政相关资源事物的组合和优化。只有有了各方面能量的充分发挥，实现资源的优化，才能完成治政任务，没有治政资源的组合优化，治政的过程就不是一个完美的过程。

第三，必须注意治政客体的能量。治政客体在治政过程中处于被动状态，但治政客体的能量不能轻视。在西方发达国家中，选民（民众）有选举治政者的权力，其能量足以让治政者"上台"或"下台"；在特色政体国家中，民众是水，治政者是舟，民众的能量可以载舟和覆舟。治政者包括治政者的主张得到了民众的拥护、认可，治政过程才可能顺利；治政者包括治政者的主张得不到民众的认可，不仅治政过程不完美，治政实践最终将走向失败。因此，治政者必须注意治政客体能量的发挥。

（3）治政过程是改变治政客体的权力运作过程。治政过程是实施治政、形成事关利益和命运的现实成果的过程，这种过程可以改变治政客体。改变治政客体的主要能量是治政权力权威，是治政权力权威的运作。

第一，治政权力权威运用过程是建设政治文明、经济文明、精神文明、社会文明等等的过程。治政建设社会的各种文明，改善了治政客体的生活生存条件，也改变了治政社会中各种事务的存在形态，推动了治政的文明和社会的文明，使治政过程更为科学。

第二，是组合社会力量的过程。在治政结构中，社会力量有两种概念，一种是以民众为主体的社会客体，另一种是除了治政高层之外的治政客体，在后一种治政客体中包括了治政的中、下和基层治政者，改变治政客体实质是对不同的治政客体力量的重新确立和重新组合。在改变治政客体过程中，有些治政客体可能变成了治政主体，有些治政低层可能进入治政的中、高层，也有的治政者可能会变成治政客体，这是治政力量组合中的正常现象，也是治政力量组合的必然过程。

第三，是改变治政客体命运的过程。治政过程是形成事关利益和命运的现实成果的运动过程，必然会改变治政客体的命运，这种改变会表现在治政的经济、政治、文化、社会、利益等各个方面。在实际治政过程中，治政客体也不都是被动的、被改变的，也有主动的方面和主动的时候。

（4）治政过程是治政环节组合的过程。所谓治政环节的组合指治政主体和治政客体在治政实践中以不同的治政环节组合而形成整个的治政过程。治政的环节是按照治政规律在时空上按一定顺序组合在一起，从而形成了不同的治政环节，并形成了治政的整体。

第一，治政计划环节。治政计划环节指治政在计划的筹划、制定、实施、检查、结果等方面形成的环节，又由这些环节构成了治政计划的整体。治政过程必须有计划的不同环节，并要使计划环节不断完善。

第二，治政决策环节。对于治政的计划、结果预测、过程检查等等需要作出决策，治政决策环节是治政的重要环节，是不可缺少的环节。

第三，治政组织环节。有了计划、有了决策，必须对治政计划和治政决策组织实施。组织实施是指安排治政组织和治政者按治政组织计划和决策要求而操作的过程。

第四，治政指挥环节。治政指挥指治政的组织者对组织和治政者个人的指令和调度，让其在治政过程中发挥自身应有的作用。治政指挥非常重要，必须切合治政实际，遵循治政规律、把握治政需求，指挥到位，而不是治政的瞎指挥和乱指挥，指挥也需要科学。

第五，治政的控制环节。治政的控制指治政的组织者对治政过程和结果预测的掌握和操纵。治政的控制包括了治政的沟通、协调、反馈、调整、再实施等等，是治政必需的环节。

（5）治政过程是治政具体行为的过程。治政过程的具体行为包括了治政计划、决策、人事、指挥、组织、管理、领导、协调、调节、反馈、成果使用等等过程，这些治政行为构成了治政的具体过程，也构成了治政。

第一，具体治政行为的过程。具体治政行为指治政具体实施的行为。包括了治政计划过程、治政决策过程、治政用人过程、治政组织过程、治政管理过程、治政实施过程等等。由于治政层面不同、治政系统不同、治政任务不同，具体行为也有区别。有些具体的治政行为具有特殊性，有些具体的治政行为具有普遍性；有些具体治政行为不需要完整的程序，有些具体的治政行为必须有完整的程序。这都要因具体治政任务而定。

第二，治政过程是改变治政者自身命运的行为过程。治政具体行为要由具体治政者来实施，具体治政者在发生具体治政行为后，会直接改变自己的命运，这是治政形成事关利益和命运的规律决定的，也是治政者主观能动性决定的。改变治政者自身的命运，在特色的治政体制中，与治政者的素质无关，而与治政者上级有关。个别治政者因个人素质太差而引发的事件改变了自己命运的特例除外。

第三，治政过程是落实科学治政的过程。科学治政包括了治政者的民主治政、依法治政、以人为本治政、魅力治政等内涵。科学治政是一个实事求是的治政过程，是治政客体所希望的民主的治政过程。科学治政指治政要合乎科学、合乎规律，要得到治政者和治政客体的拥护。

2. 治政结果取向

治政结果是治政要素经治政者治政过程之后化合而成的现实形态。[①]治政过程之后便是治政结果，治政结果因取向不同而有不同的现实形态。诸如实的结果、虚的结果；满意的结果，不满意的结果；好的结果、差的结果；民众拥护欢迎的结果、民众反对的结果；预计的结果，预想不

---

① 参见邱霈恩著：《领导学》，第78页，中国人民大学出版社2004年版。

到的结果等等。所谓结果的取向指治政主体的治政结果的指向。在治政结果的分析上，我们只取常规的分析方法即治政成功的结果和治政失败结果。

（1）治政成功的结果。最简便的治政结果可以分为两种，即成功的结果和失败的结果。成功的结果表现为实现了治政价值和治政成效的现实形态。治政活动的结果与治政的预期目标相一致，这是成功的成果。预期目标再好，治政活动的结果不理想，其结果也不为成功的结果。

第一，治政成功的结果表现为实现了治政预期目标。治政预期目标因治政内容不同而有很大的区别，在同一治政系统中，有总的治政目标和治政分目标；在不同治政部门，又有不同的治政目标。在不同的治政系统和不同的治政部门中，治政的结果都应该实现治政预期目标，也只有实现了治政预期目标，治政的成果才可能称作成功。当然，治政的预期目标必须科学、实事求是。

第二，治政成功的结果表现为实现了治政计划。治政计划是为了完成治政目标而制定的，治政成果达到了治政目标也就是完成了治政计划。完成了治政计划，才能称得上治政的成功。

第三，治政成功的结果表现为治政客体的拥护和欢迎。权为民所用、情为民所系、利为民所谋的目的是为治政客体造福。治政成功的成果应该是为民造福的成果，为民造福的成果才能得到民众的拥护和欢迎，受到了民众即治政客体拥护和欢迎的治政结果才是治政成功的成果，这样的成果才科学，才有生命力。

第四，治政成功的结果表现为经得起实践和历史的检验。实践是检验真理的标准，治政结果科学与否需要社会实践的检验；治政结果有理论和实践的，它还需要社会和历史的检验。治政结果成功与否不是治政者自封的，而是经过实践和历史检验而证实了的。因此，要"不断创造经得起实践、人民、历史检验的业绩"[1]。

（2）治政失败的结果。对于治政者来说，谁也不想治政失败。但是，在治政实践中，治政失败的结果还是时常出现的。治政失败的结果说明了治政目标落空、治政成效失控，治政结果与预期目标不一致。治政失败的

---

[1]　胡锦涛：《高举中国特色社会主义伟大旗帜　为夺取全面建设小康社会新胜利而奋斗》，《十七大报告辅导读本》第55页，人民出版社2007年版。

结果有几种表现形式。

第一，违反治政规律的结果。治政必须遵循社会发展规律、历史规律、自然规律，同时又必须遵循治政自身的规律。治政自身规律指在治政过程中不断重复出现，在一定条件下经常起作用，决定治政趋向的治政事物之间的本质联系。治政者应该遵循治政规律，只有遵循治政规律，才能获得治政成功。否则，治政失败就是必然的了。

第二，治政决策失误的结果。治政决策失误的原因是治政不科学，有些治政者在治政过程中不顾实情不顾民情而想当然，好大喜功，搞政绩工程，拍胸脯、拍脑袋胡决策、瞎指挥，导致花架子治政到处都是，造成了治政不应有的损失。

第三，治政者素质的结果。治政者是治政主、客体的表率，是榜样、楷模，可是有些治政者素质太差，因为素质差而失去了民心，从而使治政事业受损，这便是"一只狼带领一群羊可以打败一只羊带领一群狼"的道理。素质是治政成败的内在的关键。

第四，治政者治政方法失当的结果。治政者应该有相当的治政艺术、治政方法、治政手段去完成治政组织目标和治政计划。完成治政任务不仅要有规范，还要有适当的治政方法。

第五，治政制度缺憾的结果。治政体制、治政制度决定了治政的成败。如果治政制度不合理或者治政制度不科学，必然会导致治政客体的反对或者漠视，这样的治政体制所形成的治政结果最终肯定是要失败的。

四、治政的绩效

治政绩效实际上是指治政者的成绩或成效，在实际治政过程中，治政绩效的概念又远远不止在成绩和成效上，因为治政是一个需要上下共动的过程。有些治政绩效不是能够表现或者感受到的，但是它的绩效却是存在的。我们分析治政绩效，就是为了推进有效治政，反对无效治政，杜绝负效治政。

1. 绩效与治政绩效的含义

绩效与治政绩效是两个概念，但治政绩效源自于绩效。

（1）绩效的概念。绩效在中文中一般指成绩或成效，在英文中是performance，指履行、执行、行为、表现、完成等等意思，引申为性能、成绩、成就、成果的意思。从这种意义上讲，绩效是指工作的人们在实践中的行为表现与工作质量、工作业绩、工作贡献、工作水平和工作有效性等等方面的总和。①

（2）治政绩效的概念。

第一，治政绩效的含义。治政绩效是绩效的一种，源于绩效的含义。治政绩效指治政主体制度建设、行为表现与工作质量、工作业绩、工作贡献、工作水平和工作有效性等方面的总和。在理论研究上，理论界对绩效并没有统一的定义，"不同人都可以根据自己的兴趣和理解来对绩效进行界定，或许正是一种开创性研究所存在的必然现象"②。

第二，治政绩效的三要素。在现代社会中，治政者是一个公众角色，他们受到治政客体的评判。不少国家运用不同时期民众对治政者的支持度测量治政者的"支持率"，实际上就是对治政者的评估。在治政过程中，治政绩效具有明显的复杂性、多维性等特征。治政首先是一个过程，然后才是结果。一般情况下，治政绩效包括了目标成就，内部协调，外部适应力等要素。所谓目标成就，指制定并完成了治政目标，满足了治政主、客体的不同需求。所谓内部协调性，指治政内部系统中，不同层面内治政者的团结力、效率力、进步力以及治政满足情况和行动的一致性。所谓外部适应力指治政的团队尤其是主要治政者能够适应环境的变化具有成功的转变能力，能够组织治政客体中关于治政推动的潜力等等。

第三，有效治政和无效治政是理解治政绩效的关键。在领导学理论中，不少研究者认为领导的集体有良好的绩效时，该领导才是有效的，③我们认同这一观点，没有绩效的治政是一种无效的治政，得不到治政客体拥护和支持的治政也是一种无效的治政。只有民众（治政客体）满意时，治政才是有效的。具体来说，治政者和治政集体在完成治政目标的同时保持了治政内部的稳定性和对外部的适应性，便是有效的治政。而与此相反，治政者和治政集体不能取得治政目标成就，治政内部无序，治政外部

---

① 参见邱霈恩著：《领导学》，第81页，中国人民大学出版社2004年版。

② 〔英〕理查德·威廉姆斯著：《组织绩效管理》，第13页，清华大学出版社2002年版。

③ 参见刘建军编著：《领导学》，第408页，复旦大学出版社2007年版。

反对这便是无效的治政。在有效的治政中还分为低效、中效、大效，因为治政目标制定的科学程度，治政目标完成的满足度和超额情况不一样，治政绩效也就有了差别。

2. 治政绩效内涵分析

治政绩效指治政主体的制度建设、行为表现以及与工作相关的质量、业绩、贡献、水平和有效性等方面的总和，反映了治政过程成效、治政活动质量、治政水平刻度等等，治政绩效是社会系统所追求的绩效的核心部分。

（1）体制层面的治政绩效内涵。所谓体制层面治政绩效指在治政体制层面治政绩效所包含的具体内容，这些内容是治政宏观部分的治政绩效，是具体绩效获取的基础和依附。

第一，科学制度绩效的内涵。科学制度指治政的根本依据以及规范治政的根本体制。依据这种体制建立的各种法律、法规也都属制度的范畴。治政的这些制度，既是理论上的治政绩效，又是规范和指导治政的依据，有了科学制度绩效的内涵，治政才能做到有法可依。这种绩效又被称为体系绩效。

第二，民主绩效内涵。所谓民主意为人民的统治，就是政治权力、治政权力和影响尽可能地广泛分布。卢梭等人认为政治参与是个人发展和自我实现的源泉。民主因而就是自由的质料，因此，卢梭认为自由的意思是"成为自己的主人"①。在民主的内涵中，民主最重要的构成是民治（government by the people）和民享（government for the people）。民治指民众的治政参与，这其中有参与的程度问题。民享指民众对于治政成果的享用。而马克思把民主归纳为："代替那存在着阶级和阶级对立的资产阶级旧社会的，将是这样一个联合体，在那里，每个人的自由发展是一切人的自由发展的条件。"② 治政是否民主，治政中民众参与程度以及治政成果民众共享程度，都反映了民主的绩效，这是治政体制层面治政绩效的主体部分。在民享上应该要做到"尊重人民主体地位，发挥人民首创精神，保障人民各项权益，走共同富裕道路，促进人的全面发展，做到发展为了人

---

① 〔英〕安德鲁·海伍德著：《政治学》，第485页，中国人民大学出版社2006年版。
② 《马克思恩格斯选集》第1卷，第294页，人民出版社1995年版。

民、发展依靠人民、发展成果由人民共享。"① 历史经验证明，没有民主的治政是不会长久的。

第三，治政稳定绩效。应当承认除了无政府主义者以外，人们都赞同政府是控制混乱和不稳定的唯一手段的说法。霍布斯讲，没有政府，生命将是"孤独、贫穷、龌龊、凶残和短促的"②。从这种意义上讲，治政的核心目的就是治理、统治，就是用权威保持社会的稳定，没有治政的稳定，治政的一切工作都是空话。"压倒一切的是需要稳定。没有稳定的环境，什么都搞不成，已经取得的成果也会失掉。"③ 从治政高层层面上分析，社会稳定、治政稳定是治政的最大绩效。治政稳定有暂时和长久之分，要有治政长久的稳定，仍需要民主作保障。因为只有民主才能具有共享治政价值的可能，才能有共同的治政认识，才能实现真正意义上的长治久安。在混乱中保持暂时的稳定，就必须"专制"，专制能够威慑社会，保持暂时的稳定，但这种稳定不会长久，这是历史已经证明了的。当然，民主不是无政府，民主不是随心所欲，民主是在共同的法律法规基础上共享治政成果。

第四，公正选拔治政者机制的绩效。治政绩效来自治政者队伍的工作，治政者队伍是治政绩效获得的关键。治政实践中，治政者的素质和行为直接影响治政者绩效的获得，这种决定性的作用很值得研究。在伊拉克战争的问题上，2005年12月14日布什首次直接承认事实证明美国发动伊拉克战争时依据的大部分情报是错误的，我对决定进入伊拉克负有责任。④ 这是典型的治政负绩效。在治政绩效的追求上，如何让公正的治政者走上治政岗位，需要一个科学的选拔机制。要注意公正选拔治政者的机制建设，从高层治政者到低层治政者，都要注意公正地选拔公正的人做治政者，因为治政者是获得治政绩效的关键。

第五，治政客体的公民资格绩效。治政客体的公民资格绩效指公民资格确立的成效和具有资格的公民在治政中的成效。在常规的治政概念之中，治政的公民资格指在治政中的身份、权力和责任。公民是治政客体的

---

① 胡锦涛：《高举中国特色社会主义伟大旗帜　为夺取全面建设小康社会新胜利而奋斗》，《十七大报告辅导读本》第15页，人民出版社2007年版。

② 〔英〕安德鲁·海伍德著：《政治学》，第480页，中国人民大学出版社2006年版。

③ 《邓小平文选》第3卷，第284页，人民出版社1993年版。

④ 参见武林：《布什首次直接承认对发动伊拉克战争负有责任》，央视国际www.cctv.com。

主体，是治政共同体中具有权利和义务的成员。对于公民权利的确定，马歇尔（T. H. Marshall）归纳为三组权力即公民权利、政治权力和社会权力。① 治政客体的资格成效和在治政中的成效，都与治政客体的公民身份有关，而且都因这种身份而发挥成效。治政的公民资格是一种个人与国家相互的权利义务结合在一起的关系。公民与臣民以及外国人的区别在于公民拥有基本权利而成为所属治政共同体或国家的完全成员。② 在治政过程中，公民资格也被学者们分为两类即权利公民资格和义务公民资格，其实权利和义务是公民资格的两个方面，应分开分析。治政客体有了权利也必然有了义务，这是公民资格成效所要求的。在确定了公民资格的成效之后，公民必须按治政要求发挥自己在治政中的成效，这是由公民资格的权利和义务所决定的，也就是说，没有治政客体的公民资格绩效，也不会有治政客体的公民参与的绩效。

（2）管理层面的治政绩效内涵。管理层面的治政绩效是治政体制绩效的"后绩效"，没有一定的治政体制以及一定的治政体制绩效，便不会有治政客体的绩效。严格地说，两者是相连、相通的，只是为了方便理解，我们把它分为两个层面进行分析。

第一，物质绩效。物质绩效指治政者的治政经济成效。物质绩效是看得见摸得着的绩效，是与治政主、客体密切相关的绩效，也是多数治政者视为"治政纲领"的东西。正因为拿得着看得见，因此，物质绩效成为了治政的主要评价标准，甚至成为不少治政者评判治政绩效的唯一标准。在分析治政实践中，我们发现了东欧和苏联解体的原因除了治政者本身的原因之外，还有一个重要原因就是治政客体认为自己没有发达工业国家的高度物质繁荣和丰富的消费品，认为物质绩效不如发达工业国家，因而拥护变化，这是治政者所料所不及的。对于中国来讲，发展经济，获得物质绩效之后的关键在于如何通过福利和再分配制度来改变"市场"结果，让治政客体感受到公平，这是一个难题。也就是说，以物质繁荣作为绩效指标关键在于在增长和公平间保持平衡，这便是经济学上被称为蛋糕大小以及如何切分蛋糕的问题。③ 这种切分蛋糕的问题，一直有不同的实践，但归

---

① 参见〔英〕安德鲁·海伍德著：《政治学》，第483页，中国人民大学出版社2006年版。
② 同上书，第484页。
③ 同上书，第482页。

根到底还是公平分配和有效福利作用发挥的问题，是使治政者包括治政客体感到"公平"的问题。当然，绝对的公平是没有的，这是事物的辩证规律证明了的。

第二，用人绩效。用人绩效指上级治政者对不同层面治政者的选择、提拔、使用、培养的成效。在用人问题上，从古至今有不少办法，其实用人一般不外乎两点，一是人们的积极性问题。人们的积极性有物质的原因、更有精神的原因；有环境的原因，也有人的自身的原因。上级治政者，要善于调动下级的积极性，善于团结同级一道工作，要针对治政者上面所讲的不同"原因"，充分调动治政下级的积极性。在调动治政下级积极性时，治政下级自身也要注意治政的方式、方法和治政的艺术。要注意在用人中的两个比例，即合理用人数与用人总数之间的比例和下级治政者能力发挥和潜能间的比例，这两个比例是治政者上级应注意把握和调整的。二是用人如器，对不同的治政个体，针对他们身上的不同特点，充分使用，做到用其所特，用其所长。

第三，决策办事绩效。决策办事绩效指治政者在治政活动中发现问题，分析问题和解决问题。不同层次的治政者办事绩效不一样，治政者要防止假、大、空的办事绩效，防止政绩工程式的办事绩效，防止越俎代庖上级干了下级活的办事绩效，防止办平常事有绩效办重大应急事件时无绩效或负绩效等等。治政办事绩效反映治政者的治政能力。

第四，时间绩效。所谓时间绩效指时间的使用效率。作为治政者，时间是公平的，关键是看在法定工作时间内治政者的有效的工作时间。治政者有效的工作时间和法定的工作时间的比例，就是有效时间利用率。时间的合理利用，就是节约治政时间，节约治政时间就是充分利用治政时间。马克思讲，一切节约归根到底都是时间的节约。"真正的经济——节约——是劳动时间的节约（生产费用的最低限度——和降到最低限度）。而这种节约就等于发展生产力。""节约劳动时间等于增加自由时间，即增加使个人得到充分发展的时间，而个人的充分发展又作为最大的生产力反作用于劳动生产力。从直接生产过程的角度来看，节约劳动时间可以看作生产固定资本，这种固定资本就是人本身。""自由时间——不论是闲暇时间还是从事较高级活动的时间——自然要把占有它的人变为另一主体，于是他作为这另一主体又加入直接生产过程。对于正在成长的人来说，这个直接生产过程就是训练，而对于头脑里具有积累起来的社会知识的成年人来说，这个过程就是［知识的］运用，实验科学，有物质创造力的和物化中的科学。"① 时间绩效除了时间利用率之外，还要看时间内的创造力。

第五，组织整体的贡献绩效。组织整体的贡献绩效指治政主体的贡献成效，在治政组织运转中，必须耗费一定的人力、物力、财力以及治政组织者的精力，这是获得治政成果所必需的。对于获得一定的成果的耗费来讲，当然是越小就越好，耗费少贡献就高。这种贡献的衡量尺度实际上是治政成果与耗费之比。成果大消耗少其贡献成效就高；成果一定消耗少其贡献成效也高；否则，则相反。

3. 治政绩效的评价办法

治政绩效不只是浮于表面的治政表象，有许多的治政绩效是不能被看到的，有些是不让看到的。在一般的治政情况下，治政绩效是能看到或者能够感受到的治政表象，对于这些治政绩效要有一定的评价、考评办法。评价和考评治政绩效，目的是激励治政者获得更高的治政绩效。

（1）主体层面对治政绩效的评价办法。主体层面对治政者绩效的评价、考评办法指治政主体组织对治政者下级或下级组织的考评，主体考评的组成可以是上级治政者，也可以是某些方面的专家、学者。从治政的实践来看，考评是必要的，尤其对不是普选的治政者，考评尤为重要。主体层面对治政绩效的评价有不同的办法。

第一，治政目标考评法。治政目标考评指对治政组织和治政者的治政目标进行考核评议。简单地说治政目标考评就是考核和评议治政者确定的目标是否科学，实现治政目标的方法、措施是否得当。治政目标实现的程度如何，治政者对实现治政目标的能力发挥程度等等。治政目标是治政活动的一个最基本的要素，是治政活动的起点，也是治政活动的归宿。治政目标有不同的层级，不同治政层面有不同的治政目标，在治政目标考评中应该区别对待。

第二，治政实绩考评法。治政实绩考评指对不同的治政层面依据所取得的政治、经济、文化以及在社会等方面的治政实绩进行考评。治政实绩考评有治政组织考评和治政者考评。由于许多治政实绩很难在短期内见到成效，需要有一定的周期，因此，考评治政实绩必须实事求是，防止假大

---

① 《马克思恩格斯全集》第 46 卷（下），第 225—226 页，人民出版社 1980 年版。

空的政绩，多考为民造福的实绩。对治政者实绩的考评要多听治政客体的意见，让治政客体参与治政组织、治政者的治政实绩考评，以求考评更科学。

第三，治政比较考评法。所谓治政比较考评就是通过选择一定的参照系来对比评价治政组织和治政者绩效的办法。有比较才有鉴别，有比较才能知道实绩的差距，有比较才能找出不同治政组织和治政者个人的进步方向。比较的方法很多，可以纵向比较，即现在同过去比较；可以横向比较，即在不同系统，或同一系统中不同治政者，同一层面的治政者进行比较；还可以多视角、多层次、全方位进行比较。在比较中，要注意在质量的前提下，比数量、比进度、比速度、比效果、比效益。在比较中无论治政组织还是治政者个人，都要注意治政的可比性，注意比较之间的科学性。比较考评是为了促进治政的科学发展，是为了比出士气，比出干劲，因此比较的主导思想必须明确。

第四，治政权变考评法。在行政管理中，发达国家学者提出了结果标准（R. Factor Standards）和过程标准（P. Factor Standards）两种考评办法。所谓结果标准就是一种注重治政工作结果的考评方法，所谓过程标准就是一种注重治政工作过程与程序的考评方法。[①] 在治政权变考评过程中，有的治政考评把结果标准与过程标准混合在一起进行考评，这种混合不一定科学。因此，权变考评也要科学。

第五，治政项目考评法。所谓项目考评指按不同治政项目和治政过程中的不同内容进行考评的方法。对于治政单项的考评，可以选取较为重要的项目进行单项考评，考评中可以运用治政过程中的不同内容进行考评。治政过程中的不同内容考评可以分为几个步骤，诸如工作量考评、效率考评、结果考评、治政客体满意度考评等等。项目考评注意不同项目的内在联系，注意项目运转中的科学性。

第六，治政模拟考评法。所谓治政模拟考评就是使被考评的治政者进入一个模拟的工作环境，按考评要求让其按照规定的条件进行模拟操作，用多种方法观察其治政的行为方式、心理素质、反应能力、治政为民举措等等，以测评治政者全面的能力。模拟考评分为文件处理、讨论、口试等等内容。

---

① 参见刘建军编著：《领导学原理》，第418页，复旦大学出版社2007年版。

第七，治政综合考评法。所谓综合考评指对治政者的社会评价与内部评价综合进行测量，以求科学把握治政的绩效。治政综合考评可以分为治政考评、政治考评、社会评价考评、副作用考评等等。

（2）客体层面对治政绩效的评价办法。客体层面指民众层面，在治政实践中，民众对治政者的治政绩效最有发言权，因为民众是治政绩效的直接受益者，他们对治政组织、治政者的治政行为最了解，对治政结果最熟悉，因此对治政组织和治政者的绩效最有发言权。如果治政要长治久安的话，就应该让治政者客体掌握评价权。

第一，物质效益评价法。所谓物质效益评价法就是指利用恩格尔系数评价社会的经济支配情况，评价一个家庭的收入和支出情况的方法。恩格尔总结出消费结构变化的规律：一个家庭收入越少，家庭收入中（或总支出中）用来购买食物的支出所占的比例就越大，随着家庭收入的增加，家庭收入中或（总支出中）用来购买食物的支出比例则会下降。推而广之，一个国家越穷，每个国民的平均收入中（或平均支出中）用于购买食物的支出所占比例就越大。随着国家的富裕，这个比例呈下降趋势。联合国粮农组织判定，恩格尔系数60%以上为贫困，50%—60%为温饱，40%—50%为小康，40%以下为富裕。物质效益评价不仅靠恩格尔系数，还要靠基尼系数以及生态经济指标来衡量。

第二，社会治安情况评价法。一个法制的地区、经济收入较高地区、治政者公平治政的地区，社会治安情况就必然好，否则，则会事故不断。我们已分析过，治政稳定是治政的首要任务，一个地区社会不稳定，民众过得不安宁，经济再发展，也不适宜人居住。社会治安有自己的评价方法。这种评价主要来自民众，来自民众对治政社会治安的满意度。

第三，治政者亲和力评价法。所谓亲和力指治政者与治政客体之间亲近和愿意接触的力量。亲和力的主体是治政者，治政者有亲和力，民众才愿意亲和，否则，民众则会离心离德。治政者的亲和力来自他们对民众的"服务"情况，民众心中有杆秤，说的正是亲和力的标准。

第四，选举认可式的评价。在民主社会中，民众可以通过自己手中的选票，支持自己认可的治政者，虽然不同国度，选举的办法不同，有的是直选，有的是间接选举，但民主选举是一种正义的潮流，是一股不可抗拒的力量。社会越发展，民众民主的要求就会越高。应该说，民众对治政者的选举就是一种认可评价。

第六章　治政者素质

【本章要点】　治政组织者是由治政者个体组合构成的，治政者的个体素质是治政活动的基础、前提，是治政活动的核心力量。治政者素质高，治政活动的成功性就大，治政的效果就好。治政者素质又包括了治政的身体、心理、教养等等不同方面，这些方面既单独发挥作用，又在运动中发挥作用，从而产生互相影响力，共同发挥作用。治政者不同的素质具有不同的素质特征，这些素质特征反映了治政者个体素质的实质，形成了治政者的不同个性。对于治政整体来讲，治政者个体又必须构建成某种组织整体，以这种群体的形式发挥治政效用。

【关键概念】　治政；治政者；个体；素质

一、治政者素质的概念与意义

治政者应该是社会的精英，其素质应高于治政客体。治政者的素质引领着治政组织的素质，引领着治政客体的素质，引领着社会的素质。治政者的素质是社会的旗帜，是社会素质的表率。

1. 治政者素质的概念与界定

治政者的素质有不同的内涵，不同治政层面的治政者，有着不同的素质。由于素质是因治政者而异的，所以其概念必然具有概括性和抽象性。

（1）治政者素质的概念。

第一，素质的概念。素质一般指事物本来的性质、素养，是事物区别于其他事物的根本性质，是事物立足于事物之林的特点。

第二，治政者素质的概念。治政者素质是指治政者内在的、借以推动治政工作、发展和贡献的个体性质。从治政工作层面来讲，治政者素质就是指充当治政角色的个体为完成其特定职能职责，发挥特定影响和作用所应具备的本来的性质。治政者素质是素质的一种，是因治政地位和作用而区别于其他工作者的专门素质。

（2）治政者素质的界定。治政者素质是治政者自身所具有的，区别于其他工作者的本来的性质，它是素质的一种，以普通素质为基础，以普通素质的素质内容为自己的基本素质内容。除了具有普通素质特点之外，还具有自身的独到的特点，即以治政为基本内涵的独特的治政素质结构、独特的治政素质内容。在治政素质界定中，我们又把治政者素质基本界定为三个方面的内容：先天素质、经验素质和修炼素质。

第一，先天性素质。所谓先天性素质是指治政者生来具有的智力、活力、遗传等等先天所具有的本来性质。先天性质是从生物学的视角来看的。当然，有些先天性素质可以在后天改变，但有的先天性素质是伴其终生的。先天性素质源自继承、遗传、习惯或者某些生存培训的素质，是治政者最基本的脾性或重复出现的行为。我们从现实的社会来看，并不是每一个人都可以成为治政者，而成为治政者的人中又不都是合格的治政者，这其中有治政者自身和环境的原因，但主要源自治政者先天素质的原因。当然，对于具备了基本素质的普通人来讲，不要迷信先天决定的因素，因为有些素质是可以在治政实践中改变的。在哲学上，先天和后天是拉丁文 a priori（历来就有的）和 a posteriori（后来产生的）的意译。一般来讲，先天指先于实践和经验，后天指来自实践和经验。辩证唯物论认为人在生理上的禀赋差异会对认识活动产生一定的影响，但是，否认一切不以经验和实践为基础的先天的知识。

第二，经验实践性要素。所谓经验实践性要素指在治政实践中提炼出来的治政知识、技巧、手段、智慧。经验实践性素质是从社会学的视角分析的。作为治政者，要具有极强的治政组织和协调能力，治政者首先是组织型人才，如何调动同级、下级治政者以及治政客体的积极性，如何合理地、科学地、有效地配置和组合资源，如何处理治政突发性事件，如何进行非程序化决策，如何同治政客体"打成一片"，显示亲民、爱民等等，均是在总结经验和治政实践的基础上获得治政的办法，治政经验性素质是治政工作中治政者的主要素质，也是治政者得以"安身立命"的素质。

第三，修炼性素质。所谓修炼指治政者在对外界事物学习、摸索、经验实践的基础上对自己素质品行的修理和整治。修炼是从伦理学的视角进行分析的，它是指高素质治政者在其治政全部事业中的行为和风格所体现出来的素质以及价值。[①] 修炼是有区别的，不是每个治政者都能达到治政修炼的要求，只有在治政中具有某种悟性的人才能在治政的实践中修炼出自己的坚强意志、自我监控能力、处乱不惊的心态、高尚的道德风范、对他人的认可以及鼓励下属的艺术等等。修炼素质是所有治政者都必须追求的治政素质目标，治政者修炼的起点是一样的，但修炼的结果却完全不同。

2. 治政者素质的地位作用及意义

治政者素质在治政活动中具有十分重要的地位，有着重要的意义，治政者的素质关系到治政活动的成败，关系到治政客体的福祉。

（1）治政者素质的地位。治政者素质既是治政者治政行为的内有渊源，又是治政行为的外在体现。治政者素质在治政者自身以及治政者的治政活动中有着不同的地位。

第一，内部地位。治政者素质内部地位指治政者素质在治政者自身所处的位置。高素质的治政者其素质地位一定会高，低素质治政者素质地位一定会低。有些治政者素质不高，对自己的素质要求一定是低标准的，其素质地位在其心目中一定是低下的。内部素质地位一般是由治政者人格人品、修养、学识、能力、能动性、独善性等表现出来。如果治政者对自己素质要求高，其素质地位必然就高。

第二，外部地位。所谓外部地位指治政者素质在治政活动中所表现出来的作用地位，这些作用地位往往带有根本性和现实性。统治者的素质对社会有着重大的影响，它直接或间接地影响或决定着治政主体及其治政组织的命运，也决定着治政客体的命运。其地位表现为决定性的、基础性的、前提性的、结果性的、利益性的、决定性的等等。不同的治政者素质会引发不同的治政行为，进而产生不同的治政结果，治政者素质地位决定了国家、民族、民众、治政组织、治政者自身的利益走向，因此，治政者外部地位非常重要。

---

① 参见刘建军编著：《领导学原理》，第 179 页，复旦大学出版社 2007 年版。

（2）治政者素质的意义。治政者素质的地位已从地位层面展现了治政者素质的意义，治政者的素质关系到治政活动的成败。治政者的素质是治政活动的事关重大的特殊素质，抓住治政者素质，治政主体的许多问题都会迎刃而解，因此，治政者素质对于政治、经济、文化、社会等建设意义重大。

第一，关系到治政的民主走向。治政者素质的高低，对治政组织和治政客体的政治思想、政治传统、政治结构、政治活动、政治制度尤其是政治民主有决定性的作用，治政者的素质关系到民主政治还是独裁政治；关系到为己治政还是为民治政。治政者的素质关系到了治政政治的民主走向，关系到治政者政权的稳定。

第二，关系到经济的科学走向。经济的发展必须讲科学，治政者的素质关系到经济的发展科学还是不科学。科学的经济发展，必然是以人为本，是全面协调可持续，是统筹兼顾。治政者的素质决定了经济是只求"GDP"还是求科学发展的走向，关系到经济的命运。

第三，关系到文化的繁荣。文化是人类传承的主要平台之一，是人类社会发展过程中所创造的物质财富和精神财富的总和，具体也指社会意识形态以及与之相适应的制度和组织机构。在人类发展的过程中，每一社会都有同它相适应的文化，而与之相适应的文化都源自治政主体的主导和推进，源自治政客体的社会需求。每一个社会的治政者都会规范与治政相适应的文化。作为意识形态的文化，是一定社会的政治和经济的反映，它反过来又给予一定社会的政治和经济以巨大的作用和影响。文化具有阶级性，文化具有民族性，这些文化的性质都是由治政主体决定的。治政主体可以控制、抑制文化的发展，同样可以运用治政力推动文化的繁荣。中共十七大报告中就讲到，"推动社会主义文化大发展大繁荣"。"当今时代，文化越来越成为民族凝聚力和创造力的重要源泉、越来越成为综合国力竞争的重要因素，丰富精神文化生活越来越成为我国人民的热切愿望。要坚持社会主义先进文化前进方向，兴起社会主义文化建设新高潮，激发全民族文化创造活力，提高国家文化软实力，使人民基本文化权益得到更好保障，使社会文化生活更加丰富多彩，使人民精神风貌更加昂扬向上。"① 这就诠释了社会主义国家中的治政主体对文化繁荣的作用。

① 胡锦涛：《高举中国特色社会主义伟大旗帜　为夺取全面建设小康社会新胜利而奋斗》，《十七大报告辅导读本》，第32—33页，人民出版社2007年版。

第四，关系到社会建设。社会建设是治政者主要任务的一个方面，治政者的素质，关系到社会建设的成效。社会建设是治政者治政的重要内容，是治政成效的一面镜子，折射出了治政者的治政结果。社会建设与人民幸福安康息息相关，与社会的和谐稳定息息相关。治政者要创造那种以治政者为主导的，紧紧依靠人民，调动一切积极因素努力形成社会和谐人人有责、和谐社会人人共享的生动局面。这种局面的创造，关键在治政者。

第五，关系到人类自身的发展。治政者虽然主政着不同的国家和地位，但他们却关系着人类的共同进步和发展。治政者掌握着国家权力，关系到人类和平、人类健康，经济科学发展、环境得以保护、地球适宜人类生存等等。治政者的治政关系到他们自身包括整个人类的发展，意义重大。

第六，关系到治政者自身的成败。治政者自身的素质，不仅仅关系到社会进步、经济发展，也关系到治政者自身的治政成效。一个高素质的治政者，不仅会有一定的治政绩效，而且会得到治政客体的拥护和爱戴；一个低素质的治政者，即使一时谋得治政高位，最终必定会受到人民的唾弃。治政者的"功成名就"不是自封的，是历史授予的，是治政客体授予的。正是"滚滚长江东逝水，浪花淘尽英雄。"①

二、治政者素质构成

治政者素质构成有共性的地方，也有个性的地方。在共性与个性相比之下，个性因素不得不占主导地位。就是说一个治政者除了与其他治政者共有的条件之外，他自身的特质是非常重要的。所谓治政者特质指治政者自身所具有的某些品格和特征，这是治政者必备的要素。在 20 世纪初到40 年代末，相关学者对领导者进行了相关研究，这些研究对研究治政者可以作为参考。他们研究的范围是：年龄、身高、体重、体格、外貌、精力、健康、表达的流畅、智力、单位、知识、洞察力、制造力、适应性、内外向性格、优势、积极性、坚韧性、志向、责任感、诚实与信用、自信

① 杨慎：《廿一史弹词》，《临江仙·滚滚长江东逝水》，清华大学学习吧 bbs. heze. cc。

心、情绪控制与乐观主义、情感控制、社会与经济地位、社会能动性与流动性、身体能动性、社会技能、知名度与声望、合作、坚定性和交融性等。这些研究范围和成果是治政者素质研究应该借鉴的。

1. 治政者的必备条件与素质的区分类别

治政者素质的必备条件与区分类别是治政者素质构成分析的条件，是治政者素质构成分析的前沿部分，了解了治政者素质的必备条件和区分类别，更便于了解和分析治政者素质的构成。

（1）治政者的必备条件。治政者必备条件是我们确定治政者素质的前提，必备条件的另一角度就是治政者素质的层面，但是，条件比素质更具体，更细化，两者有相通之处，两者内容和分析的角度却有很大的区别。就是说治政者要具备某些条件才可以成为治政者，而治政者又必须具备治政者应有的素质，这些素质并不是每一个治政者都能够达到的。

第一，品质条件。品质条件是治政者应该具备的首要条件。治政者的品质除了具有一般人的道德之外，还必须具备治政应该有的道德模范的品质。治政者自身要有正直、诚实、公正、尊重、信任、为他的品质，对外还要成为社会公德、职业道德、家庭美德、个人品德的模范。品质条件是治政者必要的条件，也是治政者治政事业成功的必备条件。

第二，求知条件。知识和技能是治政进步的基础，没有一定的知识、技能，没有新知识和新技能，治政者的进步是不可能实现的。治政者要有自知之明，要有求知欲，要对自己有深入的了解，对治政工作有深入的了解，对治政客体有深入的了解。治政者要了解自己的不足，知道自己的长处和不足，在治政实践中不断获取新知识。

第三，笃实条件。笃实指实在忠诚。治政者要具有实实在在的精神，要对组织、对选民、对治政客体忠诚，这是治政者必备的条件。一个治政者如果对组织、对治政客体耍滑头，对治政事业不负责任，那就不具备治政者笃实的条件。

第四，创造性条件。任何事物都是在变化的，治政这一事物也一定会在治政实践中发生变化。在治政事物的变化中，治政者要随着变化而创新治政工作。由于治政的实践不相同，治政的方法与手段也绝对不会相同，要在不同的治政环境中创造性地治政，也要在相同的治政条件下创造性地治政。创造是治政进步的灵魂。

第五，决策条件。治政需要有计划、有安排，更需要治政者具有前瞻、计划、决策的能力，具有发现问题、分析问题和解决问题的能力。只要具有了决策等相关的能力，才能在治政中有科学决策的本领，才能具备治政者决策的素质。

第六，沉着应付的条件。治政者的一个重要条件是面对不同事物和出现不同情况尤其是在困难或者危急时刻沉着应付。沉着应付的条件包括了治政者的学识水平、治政能力、对情况的把握、胆大心细的胆略。一个治政者只有有了某些基础的治政素质，才可能在治政中实现沉着应付，也才能真正具备治政者沉着应付的条件。

第七，治理政务的业务条件。治政有其自身的规律和自身的业务要求。治政者要成为治政的内行，成为治理政务的专家，必须要掌握治政的业务知识。这其中包括了治政的理论知识，治政的实践要求，治政的业务能力，治政者的培训、选拔和管理，治政目标的实施，治政内涵的把握和治政结果的处理等等。

第八，治政团队的条件。治政团队指治政集体，主要是指治政集体的合作、共同奋斗精神。治政团队是由治政者个体组成的，每一个治政者都是团队中的一员，每个治政团队的成员都必须具有治政团队的精神，具有了团队精神，才可能成为团队的合格成员，这是必需的条件，也是治政集体治政成功的条件。治政团队的条件还有一个基础条件是关心人，只有关心人才有凝聚力。

第九，服务治政客体的条件。服务治政客体是治政者素质的必要条件，所有治政者都来自百姓（王朝统治者除外），最早都是治政客体，服务治政客体是治政者的首要任务，也是主要的必要的条件。没有服务治政客体的意识，没有服务治政客体的实践，没有最终回归百姓的眼光，那绝对不是一名明智的、合格的治政者。

（2）治政者素质的区分类别。所谓区分类别指从不同的角度去观察和分析治政者的素质。由于观察和分析的角度不同，治政者素质的类别就不尽相同。治政者素质不同的类别却有互相的联系，根本的联系是这些素质共处于治政者之身。

第一，从原始层面看，治政者素质可以划分为自然性素质和修饰性素质。所谓自然性素质指治政者朴素真实的原貌素质，包括了治政者行动、能量、精力、年龄等素质。修饰性素质是根据治政需要在形式上、表现方式上经过加工和整饰的素质，包括了语言表达、热情态度、积极性以及部分的外貌等等。自然性素质含"金"量较高，价值真实；修饰性素质有些"伪装"，价值虚假。

第二，从源流层面看，统治者素质可以划分为元素质和派生素质。所谓元素质指治政者的第一的开始的素质，包括了身体、智能、认识心理等等。所谓派生素质是在元素质的基础上产生的治政者素质。元素质是基础，是可以在基础素质上完善和发展的治政者素质。派生素质指经过补充可以丰富、完善的治政者的素质整体，实现素质完整价值。

第三，从显现层面看，治政者素质可以划分为内在素质和外显素质。所谓内在素质指治政者在身内隐含的基本素质，这些素质是一个人治政的基本保证。治政者的素质能看到或者感受到的只是外显部分，而外显部分又必然是治政者内在素质的反映。所谓外显素质指治政者在治政活动中或者日常生活中所表现出来的素质。在具体的治政者身上，外显是表象，内在是实质，两者都是治政素质的内涵。外显素质以内在素质为基础、为源头，内在素质决定了一个治政者外显素质的本质。

第四，从功能效用层面看，治政者素质又具有维持性素质、施与性素质、表演性素质、创造性素质、忠诚性素质、发展性素质、服务性素质等等。所谓治政者维持性素质指在治政活动中能够起到对治政者发挥维护作用的治政者素质，诸如治政者健康、忠厚、维护、勤恳等方面的素质。所谓治政者施与性素质指在治政活动中发挥实施作用的治政者素质，诸如动员、命令、指挥、引导等方面的素质。所谓治政者表演性素质指在治政活动中能够发挥自我表现、与他人沟通的治政者素质，诸如仪态、风貌、举止、谈吐、演讲等方面的素质。所谓治政者创造性素质指在治政活动中发挥开拓作用的治政者素质，诸如发现、思考、挑战等方面的素质。所谓治政者忠诚性素质指在治政活动中发挥对上层治政者效忠作用的治政者素质，诸如诚实、忠心、服从等方面的素质。所谓治政者发展性素质指在治政活动中发挥推进作用的治政者素质，诸如治政工作未来方向明确、有头脑、肯干事、干成事等方面的素质。所谓治政者服务性素质指在治政活动中发挥保护治政客体作用的治政者素质，诸如保护、为民、廉洁等方面的素质。从功能层面看治政者的素质还不止这七类，但这七类素质是治政者主要方面的素质。

第五，从价值层面看，治政者素质具有好素质和差素质。所谓治政者好素质指治政者在治政活动中所表现出来的既符合自然规律又符合历史规律，为社会所认可的良好的治政素质。所谓治政者差素质指治政者在治政活动中所表现出来的违反规律又被社会所反对的素质。治政者好素质包括了我们所分析的品德、求知、信任、团队精神、笃实精神、创造精神、服务意识等等。治政者差素质正与之相反，尤其是因私利而引发的与治政者素质相反的、与治政客体要求所相悖的素质。

（3）治政者素质变化的导引。人的素质都是在变化着的，治政者的素质也是在变化着的。作为治政组织，应该注意引导治政者素质向好的方面转化，杜绝和防止治政者素质向差的方面转化，这就有一个引导方法的问题和如何引导的问题。治政者的素质是在导引中而逐渐改变的。

第一，理想导引。治政者素质的养成和演化要用一种治政理想进行引导。治政者需要理想，需要有信念，治政者上层要用科学治政的理想和信念，引导治政者在素质上向理想的方向演化，要引导治政者在治政中有一种科学的追求、一种精神上的寄托，并以此支撑治政理想，支撑治政者的精神，使治政者对治政有一种积极的向往。

第二，制度导引。所谓制度导引指治政组织和治政上级用治政制度引导治政者向治政规范方向转化。治政者的素质总是在不断地运动，不断地产生相应的现实结果。这种运动必须要用制度加以规范和引导，使素质的演化向高级的、阳光的、积极的方向前进。治政素质的制度规范也必须实事求是、必须科学，对于制度的运用也必须讲实效、讲公平，以确保活动制度在规范治政素质时达到预期的目的。

第三，惩处导引。所谓惩处导引指用惩戒处罚的方式告诉治政者应该保持的素质。用惩处的方式导引治政者的素质实际上也是制度导引的一种，是不可缺少的手段。在治政较为混乱的时期，惩处是必须的，就是告诉治政者应该保持、树立和发扬的素质，应该去掉和防止出现的素质，以保持治政者素质的高尚和进步。

第四，利益导引。所谓利益导引指用好处引领治政者确立某些治政素质。治政利益与治政者密切相关，治政者也正是为了某些利益而确定治政组织目标的。治政组织和上级治政者，应该用利益促生治政者某些治政素质，用利益弱化治政者某些治政素质。利益导引是治政素质确立的原始导引方式，也是主要的导引方式。

第五，表率导引。所谓表率导引指用好的榜样引领治政者确立某些治政素质。治政者上级素质是所有下级治政者素质确立的榜样，在很大程度上，治政者下级会照着上级的样子做，素质的确立更是如此，人们对治政行为用上行下效来形容，说明了治政者上级的表率作用。其实，所有治政者又都是治政客体（民众）的素质表率，治政者的素质是治政客体认识治政活动的主渠道。

第六，科学导引。所谓科学导引指用科学的方式引领治政者确立治政素质。好的治政素质并不是所有治政者都想确立，治政者上级必须用科学的方式，让好素质的治政者素质更优，上中素质的治政者向好素质偏向，让差素质的治政者逐步确立好素质，使所有治政者确立好素质，并使他们的素质向优化方向运动。

第七，心理导引。所谓心理导引指治政者上级运用心理方式引领治政者确立理想的治政素质。所有正常的治政者每时每刻都有心理活动，人们在某种行为之前都有某些心理准备。治政者素质的确立以及确立什么样的素质，都是经过心理活动之后而确定的。因此，治政者上级要从治政者的心理上加以引导，让治政者在心理上确立某些素质和素质标准，然后再落实到现实中。

2. 治政者素质的构成及形象展现

治政者素质的构成有自身的特点，也有治政环境的原因。治政者素质构成是一个全面的整体的构成，治政者在某些素质上强一点，在某些素质上弱一点，这是正常的。但是有些素质是治政者必备的，诸如道德、伦理素质，这是做人的基本素质。治政者素质总有外在形象，这些形象有时代表了治政者素质的实质，有时却是某种假象，这是研究者应该注意的。

治政者素质构成可以从政治的、文化的、社会的不同层面进行分析，每一层面又都有其素质的特点。治政者素质从根本上确定了治政者特质，也是区别治政者水平、能力的基点。

第一，治政者的道德素质。治政者道德素质是治政者素质的核心之一，是做治政者的基础，一个治政者如果没有道德，那么，其他方面越强，对社会的危害就越大。正如司马光所讲："夫才与德异，而世俗莫之能辨，通谓之贤，此其所以失人也。夫聪察强毅之谓才，正直中和之谓德。才者，德之资也；德者，才之帅也。""自古昔以来，国之乱臣，家之败子，才有余而德不足，以至于颠覆者多矣。"① 司马光用古人之眼光说明了才与德的内涵和德之重要。治政者的道德素质，不仅是治政成功之基础，还是社会道德的表率，是人们效法之榜样。治政者道德素质包括了几个方面。一是治政者的政治道德。包括了深明大义、忠诚、高尚的精神、气节、政治纪律性、政治原则、顾全大局、勇于奉献、廉洁奉公、为民、协作、善于听取批评意见等等。二是治政者的法律道德。治政者法律道德包括了治政者懂法、遵法、守法，自觉用法律约束自己，自觉接受法律的约束。自觉把自己置于法律之下，而不能置于法律之上，不搞以言代法、以权代法，真正实现依法治政。三是治政者的权力道德。治政者的一切治政权力是民众授予的，无论是通过选举掌权的治政者，还是上级任命的治政者，要保持治政权力的民众性、公共性、公正性，让治政权力回报民众、回报社会，而不是以权谋私，真正保证权力服从法律，服从民众意愿、服从真理、服从科学。四是治政者的社会公德。社会公德包括了遵纪守法，支持公益事业，尊重人性、人道，爱自然、爱社会、爱人类、爱生命，团结友爱，利他、利社会。五是治政者的职业道德。治政者的职业道德包括了以人为本、实事求是、言行一致、尊重民众、光明正大、严于律己、虚心好学、勤恳敬业、忠于职守，讲配合、讲信用、讲支援、讲责任、讲贡献、讲进取、讲发展。六是治政者的家庭美德。治政者的家庭美德就是在家庭中尊老爱幼、承担家庭的责任，建立亲和温馨的家庭氛围。在家庭中治政者要管好家中人。七是治政者的个人品德。治政者的个人品德除了前面讲的官德之外，包括了艰苦朴素、不奢侈放纵、生活检点、不沾恶习、为他人、为社会、不贪不沾、积极健康向上。治政者道德素质是治政者的首要素质、核心素质，是治政者为官为人治政的基础，是治政者治政成功的基点。

第二，治政者的伦理素质。所谓伦理素质指治政者之间、治政者与治政客体之间相处的准则。"伦"指治政者与治政者、治政客体的关系，"理"指道德和规则。治政伦理实际上也是治政者互相之间以及治政客体之间的道德准则，但它与道德又有所区别。伦理一词来源于希腊语 ethos，指的是风俗、行为和性格。一般认为，伦理意味着个人或社会能够带来愉悦和正当的各种价值和道德，包括了美德和动机。伦理理论提供引导人们

---

① 司马光著：《资治通鉴》卷一，第4页，吉林人民出版社2000年版。

对正确或错误、好与坏进行评判的规则和原理。治政伦理关心的是治政者行为的本质和美德，它可以从治政者的行为和人格等层面来审视，如表6－1所示。

表6－1　伦理理论的范围①

行为：	人格：
△结果(目的论的观点)	△以美德为基础的理论
——道德的利己主义	
——功利主义	
△责任(义务论的观点)	

我们研究治政者伦理素质，既有结果的内涵，也有责任的内涵，还包括了美德的内涵。治政者伦理素质的内涵有与领导伦理素质相同之处，也有很大的区别。区别在于治政者与领导的范围不同，所有治政者都是领导，而有些领导不一定是治政者，诸如企业领导、协会、学会的领导等等，因此，伦理素质也就有了区别。治政伦理包括几个方面。

一是服务。从某种意义上说，治政者是由民众选举出来或者推荐出来的，首要任务和首要治政价值就是服务。从理论讲，治政者活动的本原应体现为公共使命的承担，"公共"是一种聚合，是一种"对个人私利所不能涵盖之领域的包容"②，因此，服务就是治政者治政本质的主要内涵之一。治政者不是权力永久的占有者。西方发达国家的理论研究把治政中的领导确认为代理者、议事者和促进者的统一，所以，服务就是必然的了。服务是以利他为核心的，治政者就是要使民众在其治政之中获得利益而不是治政者只为自己获利。

二是至善。所谓治政至善指治政者做到尽力为他人做善事。善是人性追求之本。至善一直被许多人解释为完善完美的境界，我们用在这里指治政者对治政者群体、治政客体（民众）的那种大爱，那种关心，那种善举。中国有句话叫做"人行善事，不问前程"。说的是只要做善事，前程是不用担心的。这里的善是指慈善、善行。治政是需要爱心的，只有对他人、对事物有了爱心，才能真心实意地做善事，才会治政至善，才会实现

____

① 刘建军编著：《领导学原理》，第57页，复旦大学出版社2007年版。
② 同上书，第54页。

那种为民的理想，才是治政之本原。

三是正义。公平正义是伦理型治政者治政的中心。在治政事物中，治政者会遇到许多争取正义的要求，因此，治政者要把主持正义作为决策的核心。治政中的正义指公正的有利于民众的治政决策、治政行为，这是治政公平的实际含义。治政伦理中的正义指对组织者的内部要讲正义，要使同一层面的治政者感受到公平，实现公平治政；对治政客体要讲正义，讲公理，讲利益分配上的公平。在分配公平上毕相普（Beauchamp）等人曾规划了引导领导在组织公平分配资源和任务对的几条原理，如表6-2所示（此原理可以在多种情景下使用）。

表6-2　分配正义的原理①

1. 平均分配	3. 按能分配	5. 按社会贡献分配
2. 按需分配	4. 按劳分配	6. 按品德分配

这几条分配原理并不全面，但可以作为治政者在公平分配中作参考，因为这几条原理已对治政者为什么要如此分配作了诠释，治政者可以针对不同客体（包括治政下属）使用其中一条原理或多条原理，以使治政分配达到正义。

四是尊重。治政尊重指治政者对他人的尊敬和敬重。治政者相互之间以及与治政客体互相尊重是治政者的责任，尊重他人要注意把他人视为尊重目的而不是实现目的的手段，即把他人作为能够独立确定自身目标的人看待，而不是把他们视为单纯的实现他人目标的手段，这要求治政者尊重他人的决定与价值。② 治政尊重是多方面多层次的。不少治政者认为对治政上级的尊重是必然的，因为上级有时决定下级的"命运"，有些下级治政者是不得已而"尊重"之，这种尊重不是诚实的，一旦治政地位发生变化，原来毕恭毕敬的下级会变成"认不得"的治政者。对同级的尊重，这是尊重合力，尊重自己的治政行为，同级尊重更显修养。对下级的尊重，这是治政者的真心体现。在特色政体中，下级是上级任命的，所以上级可以不尊重下级。在这种情况下，对下级的尊重就更显治政者的风格水平。民众是治政的基础，对民众的尊重，是治政者得以治政的基石。在尊重的内容上，要注意尊重他人的

---

① 刘建军编著：《领导学原理》，第58页，复旦大学出版社2007年版。
② 参见刘建军编著：《领导学原理》，第56页，复旦大学出版社2007年版。

工作努力和工作创造，尊重他人的创造性需求，关心他人的需求和价值。治政者通过尊重实现治政伦理价值，最终实现治政组织目标。

五是诚实。所谓诚实指治政者言行和内心一致，不虚假。诚实貌似简单其实做起来非常困难。因为不少治政者把谋略与诚实相对立，认为治政"不撒谎"便无法治政，其实治政诚实与治政谋略是两个不同的概念。治政诚实是治政者的伦理原则，而治政谋略是治政过程中治政者使用的计谋策略。对于治政者为人来讲，必须诚实。治政者对上级不诚实，会失去信任；治政者对同级不诚实，会失去朋友；治政者对下级不诚实，会失去支持；治政者对民众不诚实，会失去民心。一个治政者如果在他人心目中被视为不值得信任和依赖的人，那么他也就失去了治政者的价值。而治政谋略主要是用在不同治政集团的斗争和竞争中，与治政者在治政中的为人是完全不同的两个概念。治政者在诚实待人中要注意他人对诚实的感受。戴拉·考斯特（Dalla Costa）在《伦理责任》中把诚实解释为：不要答应你不能兑现的要求；不能歪曲事实；不要文过饰非；不要不履行职责；不要逃避责任；不要接受"商业压力下的适者生存排除了我们对他人尊严和人性的尊重"这一观点。诚实需要表率，诚实也需要规范和要求，诚实还需要环境即首先要在治政内部形成诚实的氛围。

六是责任。所谓治政者伦理责任指治政者对事业和他人包括自己应承担的分内的事情。治政者的治政责任感是治政活动的支撑力量，也是治政者个人成就治政事业的支撑力量。对于具体的某一个治政者来讲，责任包括了两个方面，一个是职位责任，即治政者某一职位必须承担的责任，另一个是对治政任务执行中的个体责任心，也就是完成职位责任的责任心。治政者承担责任就必须具有完成治政任务的责任心，要承担起自己应该承担的责任。治政者承担责任包括应有的职位责任等等都要有一定的规范和制度要求，以保证职位责任和应承担的责任规范化、制度化。

七是修养。所谓治政伦理修养指治政者在治政过程中理论、知识、艺术、思想等方面的水平和正确的待人处事、态度。治政者的修养主要是从治政层面理解的，而"为民"是所有治政者的修养核心，为民也包括了修养中的为他，这是一种难得又难做的修养境界。其一，德为先。修身养德，有精神、有理想、有追求，这都是以德为基础。其二，贵无私。公生明，廉生威，不贵无欲，而贵无私，"无欲"会造成"无为"，而无私则会形成公明。"无私"只是"贵"的境界。在治政过程中，应当公私兼顾，在特定环境中，应以公为主。"公是对私来说的，私是对公来说的。公和私是对立的统一，不能有公无私，也不能有私无公。我们历来讲公私兼顾，早就说过没有什么大公无私，又说过先公后私。个人是集体的一分子，集体利益增加了，个人利益也随着改善了。"① 对于治政者来说，少私最主要是治政清廉。廉者，民之表也；贪着，民之贼也。其三，增学识。增学识包括了治政者掌握自然科学、社会科学和治政业务知识，以真正达到博学、审问、慎思、明辨、笃行。博学，是要求治政者对于天地万物之理，修己治人之方都加以学习，尤其是对治政的道理更应该学习。学无止境，一个治政者对各种知识的学习仅仅是很少的一部分，有人在某一方面知识学得多一些、精一些，被称为行家、专家，但对其他方面的知识却知之甚少，因此，博学是所有治政者都应该尊奉的道理。只有博学才是增学识的前提。增知识还要慎思，孔子曾讲"君子有九思，视思明、听思聪、色思温、貌思恭、言思忠、事思敬、疑思问、忿思难、见得思义"②。其四，善听言。多听对治政的意见，尤其包括对治政的反对和批评的意见。在治政实践中，许多治政者感受到民众的嘴是无字的碑。善听，注意少听表扬、赞扬的意见，因为有些赞扬的意见并不是发自内心的，而是畏权势、讲面子的一种折中。一个治政者善于听"骂"，那才是治政者善听言的最佳境界。

八是团队。所谓治政伦理的团队指治政者在治政过程中的团队精神。团队指治政集体，包括了局部区域、部门的治政客体，治政团队以治政者为主体。团队是一个为了一个共同目标的共同体，在共同体中，治政者必须注意团队中每一个成员的意图，对整个共同体的利益予以充分的关注。这种注意、关注、照顾带有治政伦理的含义。我们在治政团队研究中使用的"团队"概念，源自日本管理模式。对于治政团队来讲，每一个团队成员都非常重要，但最重要的还是主要治政者，主要治政者是治政团队的核心。主要治政者除了是治政团队活动计划的制定者、治政团队活动的决策者、治政团队活动的引领者之外，他们还是治政团队活动的催化者、教练，是治政团队活动的守护神。因此，治政团队中的主要治政者的作用至关重要。治政团队精神作用的发挥，还要注意明确简单明了的治政目

---

① 《毛泽东文集》第 8 卷，第 134 页，人民出版社 1999 年版。
② 金良年撰：《论语译注》，第 202 页，上海古籍出版社 2004 年版。

标，因为一个治政团队是由拥有共同目标的治政者组成的团组，治政团队的存在意味着治政成员间要合作共事，共同为了一个共同治政目标而运转。因此，治政团队的共同目标排在团队活动的第二重要的位置，有了共同的目标，才能凝聚人心。治政主体要组成治政团队必须注意团队的特点，这些特点又决定了治政团队共同体的治政绩效。治政团队的特点可以分为几点：治政团队成员与共同目标一致；治政团队成员治政成果向治政组织负责；治政团队要有一种以合作为中心，以妥协、合作和协作为内涵的团队文化；治政团队必须具有所有成员共享的治政方式，如表6-3所示。①

表6-3　一个热情团队的11条戒律

1. 互相帮助从事正确的事情，而不是错误的事情；
2. 寻找令新思想起作用的途径，而不是不起作用的理想；
3. 如果有怀疑，就核实一遍！不要互相有消极的猜疑假设；
4. 互相帮助取得胜利，并为共同取得的胜利感到骄傲；
5. 在任何机会下都积极正面地谈论彼此和组织；
6. 不论身处何种境遇，都要保持一种积极的心态；
7. 勇敢主动地采取行动，好像所有的事情都得依靠你；
8. 积极热情地做每一件事情，而且这种情绪可以传染；
9. 不论你想做什么，都请放弃，以全局为重；
10. 不要丧失信念，永远不要轻言放弃；
11. 要有乐趣。

第三，治政者的政治素质。所谓政治素质指治政者在政治方面的素养。在不同的政体下，治政者政治素质的要求也不一样。在一党制的国家中，对政治素质要求要高而且全面；在议会制等国家中，对政治素质要求则要简单许多。总的说来治政者的政治素质被治政组织认为是首要素质，因为政治素质要求治政者要对组织忠诚，这便使治政者的政治素质产生了许多特点。治政者要具有深厚的政治理论修养。要懂理论、学理论，要有一定的理论成熟度和坚定的政治性，运用政治理论解决治政中的问题；要有一定的阶级斗争知识、政党知识、国家知识、人类社会发展知识、政治

---

① 参见〔美〕克利夫·里科特斯著：《领导学：个人发展与职场成功》，第129页，中国人民大学出版社2007年版。

科学知识和政治艺术知识。治政者要具有正确的世界观、人生观和价值观。要有牢固的政治纪律观念、政治原则观念、政治路线观念、政治组织观念；具有一定的政治原则，保持一定的政治觉悟；用政治立场、观点和方法发现问题、分析问题和解决问题；要有鲜明的政治信仰、政治信念、政治理想，用信念支撑自己的治政活动。治政者要具有爱国热情。治政者要爱祖国、爱民族、爱人民、爱和平。治政者要具有强烈的治政组织原则。要以治政组织的要求为要求，把治政的政治原则化解到自己的治政行动中，保持治政者应该具有的理论联系实际、密切联系群众、批评和自我批评的作风，坚持杜绝治政历史和现实中所存在的奢侈风气、贪功逐利风气，贪污腐化风气、衙门风气、官僚风气、内耗风气、"手电筒"风气、家长风气、浮夸风气、空谈风气、自大风气、命令主义风气、形式主义风气、马虎风气、事务风气和小集团风气。治政者要具有强烈的法律意识。治政者要学法、懂法、守法、护法、依法治政、依法治国、依法办事、依法管理、依法调节社会关系，要促进治政工作的科学化、规范化、制度化、法制化。

第四，治政者的思想素质。所谓治政者的思想素质指治政客观存在反映在治政者意识中经过思维活动而产生的结果。治政者的思想素质有不同的层次和类别。在层次方面对于主要治政者来讲，要出思想——出正确的思想，以此指导其他治政者的正确思想的确立；对普通治政者来讲，要接受正确的思想，以保证自己思想主线的明晰和正确。在类别层面上，治政者思想素质包括了哲学修养，即运用辩证唯物主义和历史唯物主义指导自己，并熟悉掌握它们，用它们去分析和解决治政现实中的各种问题。治政者思想素质包括了理论修养，即具有治政、领导、管理等等相关的思想理论知识，并熟练运用理论知识指导治政实践。治政者思想素质包括了实践体认，即社会历练和生活磨炼以及治政锻炼等等。治政者思想素质包括了治政者的心灵体认，即自知之明的体认，自我意识、自知、自明、自悟、自爱、自重、自尊、自信等等。治政者思想素质包括了治政者在治政实践所形成的具有自身特色的具体思想，即治政思想、政治思想、哲学思想、民主思想、科学思想、经济思想、文化思想、社会思想、生态文明思想、创新思想、团队思想等等。治政者思想素质包括了治政者的精神倾向，即治政者的志向、抱负、理想、信念、信仰、觉悟、决心、情感、价值取向、心性、精神境界、心境等等。治政者思想素质包括了治政者在治政实践后形成的观念意识，即治政者的人生观、价值观、世界观、治政观、官观、幸福观、荣辱观、义利观、生死观、宗教观、国家观、社会观、民族观、阶级观、政治观、经济观、社会观、文化价值观、生态文明观、政党观、民主观、正义观、生活观、发展观、公民意识观、效率观、①服务观、成就观、友情观等等。

第五，治政者的治理素质。所谓治政者的治理素质指治理政务的素养。治政者的治理素质是治政者的根本素质，是治政者实施治政的保证和根本。除了我们按常规分析的治政者必须具有的政治、经济、文化、社会、生态文明等素质之外，治政者的治政素质还包括几点：一是具有治理政党的素质。在特色的政体下，治理政党素质是治政者的头等素质。正因为执政党掌握着治政大权，而且是自上到下的治政权力，所以治理政党便成为了重中之重。治理政党的素质包括了治理者本人和政党的全体治政者在内，都要有一种为国、为民的治政理想，有为国为民的治政行为，保持为国为民而治政的治政素质。治政政党要上下配合，内外配合，党首（包括不同级别的）必须具有执政党治政者应具备的素质，真正达到讲党性、重品行、作表率。在治理政党的要求上，胡锦涛有过阐述，这些阐述中包括了执政党中的治政者应有的素质。"世情、国情、党情的发展变化，决定了以改革创新精神加强党的建设既十分重要又十分紧迫。必须把党的执政能力建设和先进性建设作为主线，坚持党要管党、从严治党，贯彻为民、务实、清廉的要求，以坚定理想信念为重点加强思想建设，以造就高素质党员、干部队伍为重点加强组织建设，以保持党同人民群众的血肉联系为重点加强作风建设，以健全民主集中制为重点加强制度建设，以完善惩治和预防腐败体系为重点加强反腐倡廉建设，使党始终成为立党为公、执政为民，求真务实、改革创新，艰苦奋斗、清正廉洁，富有活力、团结和谐的马克思主义执政党。"②真正使执政党的治政者具备"权为民所用、情为民所系、利为民所谋"③的治政素质。二是具有领导者的素质。治政者在某种意义上讲都是领导，而领导不一定是治政者，因此，治政者在治

①　参见邱霈恩著：《领导学》，第155页，中国人民大学出版社2004年版。
②　胡锦涛：《高举中国特色社会主义伟大旗帜　为夺取全面建设小康社会新胜利而奋斗》，《十七大报告辅导读本》，第48页，人民出版社2007年版。
③　同上书，第53页。

理政务中必须具备领导的素质。领导素质包括了先天性素质、经验性素质、修炼性素质和能力性素质，这是领导必备也是治政者必备的，除此之外治政者治理政务还必须具有治理政务的基本素质，即抓住关键、抓住根本治政的能力素质。斯道格迪尔（Ralph M. Stogdill）和巴斯（M. Bass）在其编辑的领导学手册中提出了界定领导的 11 种内涵，这 11 种界定是领导者素质的解读，也是治政者领导者所必备的。领导意味着群体过程的中心；领导意味着人格及其影响；领导意味着劝导服从的艺术；领导意味着影响力的运用；领导意味着一种行动或行为；领导意味着一种说服的形式；领导意味着一种权力关系；领导意味着一种互动中逐渐形成的效果；领导意味着一种分化出来的角色；领导意味着结构的创新；领导意味着一种实现目标的手段；[1] 领导意味着某种性质方面的服务。三是具有行政管理者的素质。所谓行政管理指行使国家权力而负责某项工作使之顺利进行。行政管理的素质，指治政者除了自身固有的素质之外还要具备行政管理者的素质。从行政管理不同层面，可以分析其不同的职能素质。从发生的作用领域看，行政管理者素质包括了政治职能素质、经济职能素质、社会职能素质和文化职能素质。从作用的目标来看，可以分为统治职能素质、保卫职能素质、管理职能素质、服务职能素质。从实现的方式看，又可以分为指挥职能素质、计划职能素质、组织职能素质、协调职能素质、控制职能素质、监督职能素质。这些职能素质都应该是治政者了解并且掌握的。四是具有应变能力素质。治政者的应变能力是治政者的基本素质。所谓应变能力素质指统治者应付突然发生的情况的能力素质。具备应变素质要有知识素质、能力素质和辨析素质；要有胆识、沉着应付的素质；要有预见性素质、科学性素质、实效性素质；要有协调能力素质。五是具有治理监督的素质。所谓治理监督指代表权力对权力者本身、其他权力者以及治政客体的惩治和管理的能力素质。治理政务，就有从严、依法管理和惩办治理队伍中不法分子的含义，因此，治理的含义比管理的含义更严肃、更严格。治理监督的素质要求治理者自身素质要高、表率能力要强、把握政策水平能力要强，素质要求比行政管理、普通领导要高。

　　第六，治政者的业务素质。所谓治政者的业务素质指治政者的专业素养。治政者的专业素养会因治政的岗位不同而不同。一是治政者的专业知

----

① 参见刘建军编著：《领导学原理》，第 12—13 页，复旦大学出版社 2007 年版。

识和能力要全面，并以不同的专业层面提高治政者的业务素质，包括专业资格、专业知识、专业技能、专业阅历、专业经验、相关专业基础、职业适应度、职业熟悉度、职业角色的成熟度、专业胜任程度、专业资历、专业操守、专业创新、专业潜力、[①] 专业转化能力、专业拓展能力、专业融入能力等等。二是熟悉并掌握专业部门的状况和环境状况。治政的部门不同，相关部门的现状、问题、潜力、主要矛盾、发展趋势和人文环境也就不同，治政者应该成为该部门的内行。治政部门不同，所在治政部门的社会环境也不会相同，这种环境包括了治政部门的自然环境，上、下、左、右的单位环境、系统环境、上级分管者的环境等等。治政部门不同，所在的治政部门的核心业务也不会相同。不同的治政部门有不同的治政业务，同一系统的治政部门也具有不同的治政业务内容。治政者要掌握这些业务。治政部门不同，所在的治政部门的业务特点也不会相同。治政者要把握治政部门的业务特点，运用业务特点，发挥业务特点的作用。三是治政者要有自己进取的业务目标。治政者在有了一定的治政身份之后，还应该具有自己进取的业务目标。要了解自己所在的行业以及治政职能部门的业务情况，明确自己在专门业务上或者专业技术职称上的进取方向，这种进取并不以获得业务专业技术职称为目标，而是以业务进步、研究为目标。在专业上，所有治政者都应该是内行专家，在专业上应具有真才实学，具备优秀、过硬的业务素质，强化和优化治政者自己的通才核心部分和专才核心部门，尤其在专才核心上要不断努力，以实现自己在治政专业上的专业化。治政者的专业业务目标一定要与自己治政的职能相结合，使两者在治政中合二为一，发挥专才的作用和治政通才的能力作用，实现治政组织的目标。

第七，治政者的经济素质。所谓治政者的经济素质指治政者在发展经济方面的素养。在以经济建设为中心推行市场经济的经济政策下，所有治政者都应该对经济以及发展经济有所了解。治政者的经济素质不是让所有治政者都去经商或者抓经济，而是在治政中主动为发展经济服务。目前，次贷危机引发的金融危机愈演愈烈，迅速从局部发展到全球，从发达国家传导到新兴市场国家和发展中国家，从金融领域扩散到实体经济领域，酿成了一场历史罕见、冲击力极强、波及范围很广的国际金融危机。在国际

---

① 参见邱霈恩著：《领导学》，第155页，中国人民大学出版社2004年版。

金融危机冲击下，实体经济增速大幅下滑。目前，这场金融危机不仅本身尚未见底，而且对实体经济的影响正进一步加深，其严重后果还会进一步显现。受国际金融危机快速蔓延和世界经济增长明显减速的影响，加上我国经济生活中尚未解决的深层次矛盾和问题，目前我国经济运行中的困难增加，经济下行压力加大，企业经营困难增多，保持农业稳定发展、农民持续增收难度加大，金融领域潜在风险增加。① 对于治政者来讲，无论自己的工作与经济有无关系，这场金融危机将深刻地影响到每一位治政者，因为它会直接地影响治政者的收入，影响治政者所处地区的经济，影响部分治政者的治政绩效。治政者的经济素质包括几个方面。一是包括了治政者对经济方针、政策、路线的把握。治政主体在不同的时期会制定不同的治政经济政策，既有长远的治政经济规划，也有短期的治政经济计划。对于高层治政者来讲，要审时度势，制定与国际经济、国内经济发展相吻合的经济政策，及时引导经济走上健康发展的轨道。对于中、下层和基层的治政者来说讲，要了解和把握上层治政者的治政经济政策，运用经济策略，落实上层治政者的经济政策，推动经济的科学发展。二是包括了把握治政经济发展的目标。对于治政者来讲，谁都想快速发展自己所治理的地区的经济，以实现经济发展的目标。但是，经济发展有自身的规律，又受到外部环境的影响，实现目标并非易事，因此，把握经济目标至少要把握两个方面，一个是内部发展的实力要把握住，要具备实现某种经济目标的实力；另一个是对经济发展的环境要把握住，要有防止环境制约地区或全局经济发展的对策。这种防止的对象需要有一定经济素质的治政者把握。三是包括了拉动协调经济增长的"三驾马车"平稳前进的能力。按照主流经济学的观点，拉动经济增长的"三驾马车"是投资、消费和净出口。如何使投资、消费、净出口三驾马车齐驾并驱，需要治政者的驾驭能力，需要治政者在经济困难时期尤其是危机时期驾驭经济的高素质。三是经济分配的相对公平。任何公平都是相对的，即使是相对的公平，也必须加以注意。作为治政者，要有把握经济相对公平的基本素质，要明白不相对公平容易带来的严重后果。治政者必须明白，任何社会制度下的经济都必须相对公平，而绝对不是贫富悬殊。治政者经济素质重要的一点就是要具备保证经济发展中相对公平的素质，有保证相对公平的能力。四是要有经济发

---

① 《中央经济工作会议在北京召开》，参见《人民日报》2008 年 12 月 11 日。

展冷热阶段的调节能力素质。任何国家的经济都是在世界大环境中获得发展的，世界大环境（一体化）直接影响着国家经济的命脉，作为治政者要具有在不同情况下经济发展的调节能力。没有调节能力，一切跟着世界经济大环境走，经济发展不会健康。五是具有创和谐经济的能力。在治政者队伍中，不少治政者只顾眼前不顾长远、只顾暂时的绩效不顾生态环境、只顾自己这一任、不顾下任治政者经济如何发展，因此出现了上一任借贷，下一任还贷的不和谐不正常的经济现象。治政者要淡泊自身的名利，为地方民众造福祉，要有治政为民的素质，创一方经济的和谐发展，在中国，和谐发展经济是治政者必备的素质，因为经济是治政者直接抓工作的抓手。

第八，治政者的文化素质，文化的概念有广义和狭义之分，我们讲的文化素质中的文化，指狭义的文化，即社会意识形态和与之相适应的制度等等。治政者要有"文化"，这是现代社会的必然要求。治政者的文化素质多指治政者的文化品位和文化品质。作为治政者不仅要有学校学习得来的"文化"式的文化，更要有在意识形态即精神层面的文化。治政者无论是组织还是个人都要进行从文化兴趣、文化爱好、文化功底、文化内蕴、文化陶冶程度、文化品质、文化品位、文化气韵、精神态度、审美、文化知识面和治政文化知识面、历史文化层面、技艺、才情、专长、文化活动水平、群众娱乐结合、治政风气精神等方面进行全面的优化和整饰。在政治文化方面，还必须结合治政文化的总的要求，把握治政文化的导向，按照治政要求，建设核心价值体系，增长主流意识形态的吸引力和凝聚力；建设和谐文化，培养文明风尚；弘扬传统文化，建设民族共有的精神家园；推进创新文化，增强文化发展活力。这些任务，需要治政者以特有的治政文化素质去加以贯彻和落实。在治政的具体过程中，治政者要以特有的文化精神，影响治政者队伍，要用自己较为广泛的文化知识面，诸如哲学、历史、政治、经济、法律、社会、美学、伦理、管理、领导、科学技术、体育卫生、文学艺术以及治政环境相关的生产、生活知识，文化传统，地域风情，人们习惯等等去感染身边人，引领身边人，以特有的治政文化推动治政环境的进步，同时，要在进步的文化环境中，增强治政者自身的素质。

第九，治政者的社会素质。社会是由一定经济基础和上层建设构成的整体，是由共同特质条件而互相联系起来的人群。所有治政者都是社会的一员，社会素质是治政者必备的素质。一般情况下，治政者基本的社会素质包括了社会利益意识与处理。社会关系意识与处理、社会资源意识与态度，[①] 社会利益意识、社会规则意识、社会性质意识、社会特点意识、社会人性意识、社会观念意识、社会群体意识、社会角色意识的确定和扮演，社会价值取向、社会机会把握、社会活动意识、社会交往意识、社会公关意识、社会保障意识与实施、社会福利意识与保障、社会经验意识。治政者的社会素质的关键在于做社会的表率，引领社会全面进步；治政者的社会素质的核心是用法律法规和道德风尚规范社会；治政者社会素质的提升办法是深入社会，了解社会，并真心为社会服务，而不是利用社会，提升自己的治政职务。其实，治政者的自身就是社会的一员，不仅必须具有社会人应有的素质，而且还应具有高于社会人的素质，最终融入社会，真正实现"和而不同"。

第十，治政者的生活素质。所谓治政者的生活素质指治政者在日常生活中的工作作风和生活作风。治政者的生活素质是治政者的基本素质之一，是日常素质的显露。一个治政者在官场上可能会表现得得体高雅，而在生活上却会显露其本质。在现实的治政者队伍中，的确有些治政者生活作风不检点、做事不严谨、语言行为不文明、低级趣味、自私自利。一事当前先替自己打算，不顾他人和环境。有些治政者认为自己的职位是通过"活动"而得来的，一旦权在手，便也要"活动"，想的不是治政、不是社会、不是他人。这种人不仅违背了治政者应该遵守的基本原则，而且失去了做人的资格。让这种人治政，治政不会见天日。对于治政者来讲，治政者必须优化和打造自己的生活素质，在生活价值取向、生活规则和方式、生活习惯和交往、生活条件的获取和追求、生活情趣与偏好、生活人性与情理、生活嗜好与健康等方面不断优化。要逐步在治政活动中建立自己健康的生活作风，树立为他人为社会的工作作风，使生活作风和工作作风相得益彰，显现治政者应有的生活素质。

第十一，治政者的能力素质。所谓能力素质是指治政者胜任治政的主观条件素养。对于治政者个体来讲，能力是有限的，但作用却是关键的；对于治政者群体来讲，能力却是巨大的，其作用也是巨大的。在治政过程中，如何发挥治政者共同能力是一个科学的问题，研究者把治政者共同能

---

① 参见邱霈恩著：《领导学》，第156页，中国人民大学出版社2004年版。

力的发挥称为"能力群"。中共中央组织部颁发的《领导干部选拔任用考试大纲》中把共同能力的检核分为九大类,可供我们研究治政者能力时参考。

- 综合分析能力,包括了通过分析与综合、归纳与概括、判断与推理,揭示事物的内在联系、本质特征及变化规律的能力;
- 言语表达能力;
- 组织协调能力;
- 人际沟通能力;
- 决策能力;
- 创新能力;
- 应变能力;
- 激励能力;
- 选拔职位需要的特殊能力。①

在能力分析上,管理学中把能力分成"T"型管理能力结构,"T"的"—"结构称为"通才能力",即一般的治政能力,包括了政治、思想、道德、文化、社会、健康等方面的能力。"T"的"|"结构称为"专才能力",即指职业治政能力和专门业务能力。职业治政能力包括了治政者的综合能力、决断能力、权威能力、治政内务性能力等等;专门业务能力指治政者纯业务能力和治政的专门能力等等。② 应该承认,由于治政者的身份不同,治政者所处的地位不同,对通才和专才的要求还是有所区别的。对于在业务要求极强的岗位上,还是应以业务能力强为主,即要用内行治政;对于治政基层岗位,一般需要通才的治政者。治政者的能力素质包括了治政者的智慧素质,治政的智慧本身就是一种治政能力,包括了治政者为人的应变、天赋的运用、灵感的启迪、悟性的发挥、方法的运用、创新的推进等等。治政智慧指治政者辨析判断、发明创造的能力,当属能力素质的一种。治政者的一切智慧能力的运用都应以道德作基础,没有这种基础,治政智慧则是非常可怕的。

第十二,治政者的心理素质。所谓心理素质指治政者头脑反映客观现实过程的素养。包括了治政者的感觉、认知、情绪、意识、兴趣、欲望、

---

① 参见邱霈恩著:《领导学》,第156—157页,中国人民大学出版社2004年版。
② 同上书,第157页。

意志、气质、情格等方面的素养。治政者要在治政环境中不断调节自己的心理素养，不断地了解治政现实，以健康的心理去治理政务，去与他人相处。治政者的一切治政行为都是先源于心理后才进入行动的，因此，治政者的心理素质在治政者行为中非常重要。治政者自身和治政组织都要注意培养、调适、优化治政者的心理素质，以保证治政者行为的合情、合理、合法。

第十三，治政者的身体素质。所谓治政者的身体素质指治政者健康强壮、精力充沛。人们在日常生活中强调身体健康时常说人的身体是"1"，其他都是"1"后面的零，讲的是身体素质的关键性。治政者要有健康的体格和体魄，并在治政实践中优化这种体格和体魄。要保持和优化自身健康的身体，在治政中保持治政者应该具有的朝气、活力、精力、体力、耐力、运动力、生理适应能力等等，以保持健康的体魄去承担治政的任务。

3. 治政者的个人发展

治政群体、治政组织都是由治政者个体构成的，治政者的个体发展有其素质的因素，也有环境的因素。治政者如何利用环境或者改变环境全靠个人的能力和水平。因此，我们把治政者的个人发展放入治政素质研究之中，就是因为两者实在是密不可分。治政要从治政者开始，治政任务要由治政者执行和完成，所有治政者都应认识治政者自己——认识自我。认识自我是科学治政的需要，认识自我防止自傲、自大、自狂；认识自我防止在治政过程中的自我膨胀。所有的治政者都应该从"自我"开始，"自我"是重要的、珍贵的，的确要认识到你是唯一的，你是独一无二的。积极的治政者自我概念就是科学地认识自己、尊重自己，意识到治政者自身的劣势和优势。要在治政活动中经过科学筹划之后相信自己，使自己有积极的自我概念，从而正确面对错误和挫折，减少愧疚而加大修正的力度。

（1）治政者自我概念的把握。治政者没有自我概念是不行的，没有自我概念便缺少了治政者素质的依附体，因此，治政者的自我意识非常重要，它是提升治政者素质的"抓手"。在提倡治政者自我概念意识时，必须把握治政者自我概念，使治政者对自我的把握恰到好处。

第一，改善治政者的自我概念。一个治政者如果自我概念得到提高便会增强对自我素质的意识性，他的治政行为结果就会得到改善。在治政者的治政过程中，治政始终都不能以某种方式行事，长此以往必然会失去自我概念，因为它无法反映治政者自己的看法。治政者的积极自我概念是治政者获得成功的唯一重要因素。[①] 一个治政者在治政过程中，如果连自己都不相信，治政就不会获得应有的成果，也不会得到治政者组织和治政客体的信任。不少研究者对自我概念改善有着相关的要求，这些要求反映了治政者改善自我概念的必需条件。

- 认可自我，更自信。
- 相信自己的观念、技能和知识。
- 把机会转化成现实的能力。
- 从错误中学习并改善。
- 增加持久力和毅力。
- 恐惧和保障不会阻止进步。
- 更具活动和有趣。
- 乐善并注意帮助别人。
- 增加社会认同。
- 把注意力放在人生更重要的事上的能力。
- 安全感。
- 内在勇气。
- 控制自己的未来，创造环境而不是任凭环境摆布的能力。
- 应对成功的能力，既要幻想，同时又要脚踏实际。
- 同情别人，并被别人同情。
- 服务他人，并为他人服务。
- 认识团队中的自我。[②]

第二，把握积极的自我概念与自负的尺度。在治政实践中，任何人都不会喜欢自负大的人，自负的人目空一切其结果必然是一事无成，即使一时有些"结果"，但最终会成为治政的"另路人"。所谓自负指自以为了不起，对自身价值过分尊重，自负的治政者是傲慢和自大的。自我概念的治政者却与自负治政者相反，不会自吹自擂，自然地向他人展示，从而显现被其他治政者和治政客体认可的公众价值。在实际的治政过程中，积极

---

① 参见〔美〕克利夫·里科特斯著：《领导学：个人发展与职场成功》，第466页，中国人民大学出版社2007年版。

② 同上书，第467页。

的自我概念与自负并不是一目了然，它要经过一些言行和治政实践的表现才能区分。有时，积极的自我概念与自负之间也仅仅是一念之差，把这些品质放在某一个具体的治政者身上考察时，我们就会感受到明显的区别。作为治政者应该也必须把握积极的自我概念与自负的尺度，使自己成为一个具有积极自我概念的治政者。

（2）自我概念的组成。理论家对自我概念的研究很多，认为充分达成一致的积极的自我概念的构成可以分为几个方面，这些构成自我概念的不同方面，构成了治政者积极自我概念的整体，构成了治政者自我素质的支撑框架。积极的自我概念包括了自尊、自我形象、自信、自我肯定和自我负责。① 而克利夫·里科特斯把与自我概念类似的术语分为 28 种，这 28 种术语并不是自我概念类术语的全部。克利夫·里科特斯把与自我概念类似的术语分为：自我实现、自我接受、自我调节、自负、自卑、自我意识、自信、自私自利、自我认可、自满、自我决定、自我约束、自尊、自我表现、自我形象、自大、自我改善、自知之明、自我知觉、自傲、自我肯定、反省、自重、自敬、自我负责、自省、自恃、自我价值等。根据克利夫·里科特斯的分析种类，我们只分析具有代表性的几种。

第一，自尊。所谓自尊指治政者尊重自己，不向他人卑躬屈膝，也不容许别人歧视、侮辱。自尊包括了治政者的自重、自我认可、自敬、自我价值等等内涵，它是治政者一种内在的情感，是积极自我概念的核心。在治政现实中，低自尊往往会压制探索和应对人生挑战的能力。自尊是一个治政者确立积极的自我概念的开始，是自己在多大程度上接受自己、多大程度上认可自己作为一个治政者的价值、自己在多大程度上实现自我调节的体现。许多治政者永远不满足自己，这对于进步有益处，但是，一个人如果对自己有较低的评价，虽然有治政的事业，有家庭、孩子、房子，总会对生活感到不满意，并对生活有失望和绝望的评价，② 这便是缺少自尊的体现，说严重一点是一种治政心理障碍。纳撒尼尔·布兰德博士（Nathaniel Branden）在他的著作《如何提升你的自尊》（*How to Raise Your Self-Esteem*）一书中讲到："除了生物起源方面的问题，我认为单纯的心理

① 参见〔美〕克利夫·里科特斯著：《领导学：个人发展与职场成功》，第468页，中国人民大学出版社2007年版。
② 同上书，第469页。

上的困惑——从焦虑和压抑到对隐私和成功的恐惧，到酒精和毒品的滥用，到学习或工作上较差的成绩，到虐待配偶或猥亵儿童，到性功能紊乱或情绪不成熟，到自杀或暴力犯罪——没有不是缘于糟糕的自尊的。我们做出的判断没有任何一个比对我们自身的判断更重要。"[①]

第二，自信。所谓自信指治政者相信自己。治政者的自信是治政者完成治政工作的必要条件。治政者的自信还表现为在接受治政任务时的能力感和有把握，自信心是防止恐惧左右自己的决策或阻止自己追求新机会的能力。[②] 治政者的自信，是治政者在治政岗位上重要的精神支柱，是治政者治政行为的内在动力。当然，自信并不是凭空而生，而是源自于人们对治政主客观条件深入了解的基础上，源自于自己对自己的了解的基础上，源自于治政者善于接受意见并不断修正自己的片面认识和错误认识的基础上形成的。治政者确立自信主要有几个因素。诸如治政者在治政事业上成功经验的获得，治政客观环境的期望和评价；治政者正确的自我估计。当然，一个治政者的自信也是有"度"的，正如一切事物运转有"度"一样，过度自信，便会产生自大，缺少自信，容易产生自卑，而自信的度又掌握在治政者自己的手中，所有治政者都应该在自信中把握这个"度"，使自信在治政中发挥得恰如其分。

第三，自我形象。所谓治政者自我形象指治政者在他人心目中的治政形态。治政者自我形象非常重要，他是治政客体以及其他治政者心目中的评价标准。对于治政者来讲，应该以自信的方式展示治政民主、治政公平、治政科学，展示自己的才能、品德，获得治政客体和其他治政者认可和支持。当然，治政者的外在表现不是衡量治政者的尺度，但是治政者的外在表现却可以帮助自己的成功，这种形象指通过主观努力可以改变的部分。对于治政客体和其他治政者来讲，某个治政者的形象往往代表了某个治政者的治政水平和治政能力，是人们认可的某种尺度。治政者应该利用治政活动和治政活动之外的场合，树立自己的形象。治政者自我形象的确立，不可以刻意为之，但也不能自由"放任"，因为你的形象在某种场合就代表你自己。在治政过程中，治政客体往往用"形象太差"评价某一治

---

① N. Branden, *How to Raise Your Self-Esteem*, New York: Bantam Books, 1988, p. 5.

② 参见〔美〕克利夫·里科特斯著：《领导学：个人发展与职场成功》，第469页，中国人民大学出版社2007年版。

政者，这是一种形象否定，其实也是一种治政者为人的否定。形象是一种"品牌"，是一种标签，是一种认可，治政者应该重视自我形象的作用。

第四，自我价值。治政者的自我价值指治政者自己认可的用途或积极作用。治政者的自我价值是治政者自我概念的核心。治政者认为自己有价值，才可能产生自信，才可能有自尊，才可能在治政过程中实现自我，才可能形成积极的自我概念。当一个治政者自我感到没有价值时（要么真正没有价值，要么是自己看低自己），治政的成果一般都很小。治政者应该正确看待自我价值，把握自我价值的标准，发挥自我价值的作用。

第五，自我负责。治政者的自我负责指治政者承担自己应该承担的责任。从治政者的层面看，治政者的自我负责主要对自己以及自己所担负的治政工作负责。对于治政者自身来讲，自己的品行、自己的工作态度都展示着自己的责任心，展示自己的能力。治政者要有接受好的或坏的结果的能力。失败并不可怕，可怕的是自己对自己不负责任，可怕的是不从失败中总结经验和教训，以备再来。治政者在做选择的时候，要尽可能调查和掌握必要条件，要有应对预料之外的事情的准备，在治政活动尤其在工作交往中，尽量避免责怪他人。责怪他人是一种无能的表现，是一种回避责任的方法。在现实社会中，尤其是在治政活动中，责怪他人的现象越来越多，有责任的治政者要防止责怪他人现象的出现。治政者自我负责还表现为从头再来的能力和把握自己何时需要帮助或援助他人的能力。治政者的一生不会是一帆风顺的，那是祝福和愿望，因此，治政者要有在困难中、困境中和失败中能够重新再来的能力、心理和气魂。治政者治政行为和治政活动不可能是孤立的，是自己就可以达到治政目标的，而必须有他人的帮助。帮助是需要的，依赖帮助是不应该的。援助他人是必要的，而企图在援助中图报答是不应该的。

（3）治政者积极的自我概念的培育。治政者积极的自我概念以及由此形成的素质是靠培养和逐渐恢复的，在积极的自我概念以及素质养成中，培养是主要方式。美国学者克利夫·里科特斯列举了32种培育健康的自我概念的实践活动[1]，并证明这32种实践活动有助于培育健康的自我概念。下面是32种实践活动，供治政者在培育积极自我概念时参考。

---

[1]　参见〔美〕克利夫·里科特斯著：《领导学：个人发展与职场成功》，第477页，中国人民大学出版社2007年版。

- 识别和接受你的缺陷。
- 学会接受他人。
- 列出你最杰出的才能。
- 决策。
- 停止延迟。
- 培养某些领域的专长。
- 寻找顾问。
- 避免对自己和他人的表面分析。
- 穿着要像你已经取得了成功。
- 进行积极的自言自语。
- 继续学习，并密切关注时事。
- 应对你畏惧的事情。
- 谨慎地选择你的朋友和同事。
- 从失败中吸取教训。
- 高质量地完成工作，然后赞扬自己。
- 向他人微笑，并赞扬他们。
- 发表并与人共享你的观点。
- 就像原谅他人一样原谅自己。
- 抓住学习新技能的机会。
- 支持别人。
- 付出额外的力量继续努力。
- 相信自己。
- 做对他人有好处的事。
- 列出你的积极品质，并时常翻看。
- 列出你过去的成功经历。
- 参加你需要进入的组织。
- 说话时要盯着对方的眼睛。
- 不允许任何人让你感到自卑。
- 完成你开始的每项工作。
- 把敌人变成朋友。
- 礼貌行事。
- 养成喜欢阅读的习惯。

4. 治政者的个性学习风格及心态

治政者的个性、学习风格及心态相关联而又有区别，个性与心态又是连在一起的。个性与心态，既是个人素质的体现，又影响着个人素质的形成。

（1）治政者个性。所谓个性指治政者在一定社会条件和教育影响下形成的一个人比较固定的特性。有人认为个性指一个人总的精神面貌，包括个人的需要、兴趣、气质、能力、性格、理想、世界观等等。我们仅从气质、能力和性格等方面进行简单的分析。

第一，气质。所谓气质指治政者相当稳定的个性特点，是高级神经活动在治政者行动上的表现。在心理学上，研究者把气质归结为人的心理活动和行为在动力学方面的特征，特别是情感与动作中的特征。治政者气质表现在心理活动的动力学方面，指治政者心理活动的速度、强度、稳定性、灵活性等等。治政者的气质相对稳定。治政者的气质可以分为不同的类别。古希腊的医生和哲学家希波克拉底把人的气质分为四种类型。但有的学者认为希波克拉底相信的四种气质都是主导人的体液所形成的，似乎有所不妥，我们在此不作分析。希波克拉底确定的四种气质和体液为下：

- 多血质（血液）——活泼的气质
- 胆汁质（黄色的胆汁）——活跃的气质
- 抑郁质（黑色的胆汁）——灰暗的气质
- 黏液质（黏液）——慢吞吞的气质

在个性研究过程中，尽管现代心理学对于气质或者个性的划分已经提出了许多建议，但是很少有建议像希波克拉底的观点一样被那么多人接受。① 我们根据克利夫·里科特斯的综合，② 列表如下（6-3）

在治政实践中，肯定某一名治政者或某一名治政客体绝对属于某一气质的人，是难以决定的事，但是，不同的人的气质，对于治政者在用人上具有很重要的参考。

---

① T. LaHaye, *Spirit Controlled Temperament*, Wheaton, IL: Tyndale House Publishers, 1973, p. 10.
② 参见〔美〕克利夫·里科特斯著：《领导学：个人发展与职场成功》，第34页，中国人民大学出版社2007年版。

表 6 - 3   四种基础个性的别称

希波克拉底	迈尔斯·布里格斯 (Myers Briggs)类型研究	卡尔松(Carlson) 学习公式	克利夫·里科特斯	真实的色彩
多血质	直觉的感受者	有影响的	有魅力的,具有影响力的	橙 色
胆汁质	直觉的思考者	支 配 的	自我的	金 色
抑郁质	感性的感受者	谨 慎 的	系统的,有条理的	绿 色
黏液质	感性的思考者	静 态 的	懒散的,无忧无虑的	蓝 色

说明:尽管大多数人同意四种基本类型,但是不同的人给它们不同的名字。

在气质的研究中,人们还区别了不同气质人的不同的特征。这些特征也可以作为人们在研究治政者个性中作参考。

多血质的治政者的性格需要立即行动的自由。这种类型的治政者情感活动微弱,情感发生迅速,情感表现明显,运动灵活,情感和行为的特征为机敏、愉快、不稳定。多血质的治政者的性格缺点为缺乏耐力与毅力。

胆汁质的治政者看重规则,珍视家庭传统。这种类型的治政者的情感活动强烈,情感发生迅速,情感表现明显,运动迅速,情感和行为的特征是容易激怒。胆汁质的治政者的性格缺点为缺乏耐心,冲动,不大可能承认错误,不太愿意道歉。

抑郁质的治政者的性格为力图表现自己,具有很强的分析能力。抑郁质的治政者的情感活动微弱,情感发生迟缓,情感表现不明显,运动不灵活,情感和行为的特征较悲观。抑郁质的治政者不太公开表达自己的感情,但是,他们往往会有很深的情感体验。抑郁质的治政者往往比较悲观,这是他们缺点的方面。同时,抑郁质的治政者更具有批判性,比其他类型的人更加以自我为中心,也更容易自我否定,这类治政者时常进行反省,这种反省容易消耗治政者的意志和毅力。[1]

黏液质的治政者力图用真切的诚实来表达他们内在的自我。[2] 这种类型的治政者的情感活动强烈,情感发生迟缓,情感表现不明显,运动迟缓,情感和行为的特征迟缓、冷醒。黏液质的治政者突出的缺点是迟缓和懒惰。

---

① 参见〔美〕克利夫·里科特斯著:《领导学:个人发展与职场成功》,第42页,中国人民大学出版社2007年版。

② 同上书,第43页。

第二，能力。我们知道，治政者的个性既代表一个人所具有的一定的意识倾向性（如兴趣、爱好、需要、动机、理想、信念等），又体现着治政者与治政者，治政者与治政客体之间在能力、气质、性格等方面的差异。所谓能力在个性方面表现为治政者顺利完成某种活动所必需的心理特征，或者说是完成一定活动的本领。治政者在个性上的能力一般分为三种，即一般能力、特殊能力、创造能力。一般能力是治政者在各种活动中都必须具备的、并在各种治政活动中表现出来的基本能力，诸如观察力、记忆力、想象力、思维力等等，一般能力也被称为智力。特殊能力指完成特殊活动所具备的心理条件，即在某些专业活动方面必需的能力，又被称为专门能力，诸如数学计算、绘画、表演等等。创造能力指治政者在治政活动中不限于理论或事物而创造的心理条件。诸如理论创新、实践创新、治政管理创新等等。在治政的现实中，一般能力和特殊能力之间存在着辩证关系，而创造能力是一般能力和特殊能力在治政活动中迸发出来的能力。

在治政的现实中，不同的治政者的能力肯定不同，就是说在治政者之间能力存在着差异。当然治政者的能力差异也表现为质的差异和量的差异。质的差异诸如人们讲的擅长不同，有的擅长演讲、有的擅长协调、有的擅长理论研究、有的擅长体育、有的擅长音乐等；量的差异指在同质中能力大小不同和能力发展水平不同。治政现实中，在知觉方面，有的治政者知觉事物的整体性、概括性较好，但分析方面较弱，这是属于综合型的人。有时对细节感知清晰，具有较活的分析能力，而对整体的感知较差，这是属于分析型的人等等。治政者的能力相差很大，是治政管理必须研究的。

根据心理学研究表明，在全球人口中，智商分布基本上呈常态分布，如表 6 - 4 所示。[①]

表 6 - 4 智力商数

IQ（智商）等级	分布状况（占人口%）	表现	IQ（智商）等级	分布状况（占人口%）	表现
140 以上	1.33	超 常	80—71	14.50	中 下
120—111	11.30	优 异	70	5.60	临 界
110—91	18.10	中 上	70 以下	2.90	低 下
90—81	46.50	中 等			

---

① 参见吴岩著：《领导心理学》，第 134 页，中央编译出版社 2006 年版。

上表是人们能力中智力量上的分析，表现出不同人口中智商等级情况。在治政队伍中，我们不承认有天才，但是不同的个体具有不同的天赋。

由于不同的治政者在各种能力的发展速度上不同，有些能力发展或成熟较早，有些能力发展或成熟较晚，到了老年，人们的各种能力的衰退速度也不一样，根据麦尔斯的研究，各种能力的发展、衰退速度如表 6 - 5 所示。[①]

表 6 - 5　不同能力的平均发展水平

年　龄	10—17	18—29	30—49	50—69	70—89
知　觉	100	95	93	76	46
记　忆	95	100	92	83	55
比较和判断	72	100	100	87	69
动作及反应速度	88	100	97	92	71

由上表可知，知觉能力发展较早，也首先开始下降，其次是记忆力等等。而在出成果的层面上，早熟者多在艺术界、科学、哲学和历史领域；晚成者多为政治家、科学家。我们把最出成绩的年龄段制成表，供治政学研究者参考。出成绩的年龄如表 6 - 6 所示。[②]

表 6 - 6　最出成绩的年龄

学　科	平均年龄	学　科	平均年龄
化　学	26—29	诗　歌	25—29
数学、物理、植物学	30—34	声乐、小说	30—34
医学、心理学	30—39	绘　画	32—36
生理学	35—39	哲学、歌剧、雕刻	35—39

第三，性格。所谓性格指治政者在对人、对事的态度和行为方式上所表现出来的特点，即治政者对现实的一种稳定的态度体系和行为方式，它

---

① 参见王加微编著：《行为科学》，第70页，浙江教育出版社1986年版。
② 参见吴岩著：《领导心理学》，第135页，中央编译出版社2006年版。

是治政者个体对社会、他人、自己的一种心理倾向，包括了对事物的评价、好恶、趋避等等。性格与气质不同，性格与治政者的世界观、品德有联系，反映治政者的一些本质特点。诸如寡断、果断、勇敢、懦弱、勤劳、懒惰等等。性格有好坏之分，性格中具有核心意义的是个人的道德品质。性格不是天生的，是由后天的生活和教育以及个人的工作实践和人与人之间的交往长期塑造而成的，可以说是一种治政经历的反映。性格是一个总的概念，它有不同的侧面。这些侧面表现出多种多样的特征。我们把这些表现抽出主要部分列入表6－7中，供参考。

表6－7　性格特征表现

性格特征类别	性格特征表现		性格特征类别	性格特征表现	
性格的态度特征	爱团队 正　直 诚　实 同情心 礼　貌 善交际 勤　劳 认　真 细　致 进取、创造、节俭 谦虚、自信 严于律己 大　方	漠不关心 阿谀奉承 弄虚作假 态度傲慢 行为孤僻 马　虎 粗　心 墨守成规 奢　侈 傲　慢 自　卑 任　性 羞　怯	性格的意志特征	果　断 勇　敢 坚定性 纪律性 沉着冷静	犹豫不决 怯　懦 动摇性 散漫性 鲁　莽
			性格情绪特征	心情舒畅 宁　静 全面性 精　细 严谨性 深入钻研	抑郁低沉 易激动 主观性 粗　略 轻率性 草　率

说明：上表是根据心理学研究专家研究的性格制作的。

　　为了综合治政者个性的优缺点，克利夫·里科特斯作出了个性中不同气质的提要。（表6－8）。这种提要能让治政者了解自己以及其他人（包括治政客体熟悉的人），便于开展工作，如果一个治政者不了解自己和同事的个性，便不是一个好的治政者。
　　（2）治政者心态。所谓心态指治政者在治政活动中的心理状态。治政心态不仅影响治政活动，还影响治政者的生活。在治政活动中和在日常生活中，治政者可以选择一种积极的心态，也可以选择一种消极的心态，治政者完全可以通过改变心态来改变自己的治政活动和日常生活。

表6-8 四种个性类型摘要①

个性类型	优 点	缺点(限制)	肯定的陈述
多血质型 (影响的)	热 情 好的交流者 乐 观 参 与 自 发 说 服 喜欢交往的人 想 象	激动,情绪化 说得太多 不 现 实 无 组 织 无 纪 律 控 制 性 爱做白日梦	我对生活是热情的 我善于表达我自己的思想和看法 我是一个积极的人 我热情地想参与进行的每一件事 我有独特的能力来激励别人 我喜欢别人,也希望别人喜欢我 我有许多创造性的想法
胆汁质型 (民主的)	目标导向 自 信 要求结果 竞 争 性 有 主 见 有 胆 量 直 接 反应迅速	不 耐 心 自我依靠 从来慢不下来 回 击 固 执 不计后果 鲁 钝 缺少同情	我能够决定干某事然后就去干 我能够自己处理许多事 我一旦动起脑子来可以做很多事 我是一个赢家 我知道我想要什么并且努力去获得 我是勇敢的 我诚实地表达我对事物的真实感受 我对某个场景迅速反应并且能找到解决的方法
抑郁质型 (尽责的)	分 析 谨慎、深入 尽 责 的 敏 感 的 追求卓越 正确地做 高 标 准 好奇,爱问问题	批 判 社会性不强 担心太多 容易受伤害 完美主义者 害怕工作中的批评 爱管闲事	我思考问题很仔细 我集中精力让事情做对 我努力工作,我总是最好的 我在意别人的评论和感受 我被优秀所鼓舞 我花时间做正确的事情而且从不出错 我是个高标准的人 我希望理解我所要做的事
黏液质型 (稳定的)	坚 定 稳 定 系 统 好 相 处 好的听众 心 软 可 信	拒绝改变 乏 味 迟 缓 缺乏创意,没主见 太折中了 依赖性强 容易被控制 不太善于说话	我希望事情按原样待着 我坚持进行良好的事情 我花时间把事情做好 我放松,而且喜欢被包围 我容易与人相处 我是一个很好的听众 我是一个富有同情心的人 我开始做的事情就把它做完

① 参见〔美〕克利夫·里科特斯著:《领导学:个人发展与职场成功》,第48—49页,中国人民大学出版社2007年版。

第一，心态与自信。一般说来，心态是治政者一种强烈的信仰，是对事物、环境的一种情感，是一种对治政事物的态度。心态影响着治政环境和治政者的行为，心态影响治政者的绩效，心态是一种治政者必须调整和控制的"素质"。从某种意义上讲，治政者的成功取决于治政者的心态。哈佛大学的一项研究表明，85%的成就、职位晋升、好的成绩以及其他"好的事物"，都来自心态，只有15%来自技能性的才能。① 从研究成果看，可以肯定地说，心态是一个人事业、生活成功的决定因素。在治政过程中，每一个治政者的心态与自信又是联系在一起的。一个自信的人（自大者除外）总是以一种积极的心态看待治政事物，总是以积极的心态处理治政事物，即使前进中的困难很大，波折很多，成功的机会总是大于失败的机会。不自信的治政者对于事物的看法不是来自事物的本来面目，而是通过治政者自己的眼光看待事物。一般说来，自信心强的人心态多是积极的，而消极的心态也影响着治政者的自信心。杰西·杰克逊说："是你的心态，而不是才能才决定你生活的高度。"② 而积极的心态和对未来充满信心能够消除社会上一些人的心理问题，同样会消除治政者的心理问题。就是说，治政需要自信，自信需要积极的心态，积极的心态决定着治政的绩效，这不是危言耸听，而是经过治政实践证明了的。

第二，治政心态的类型。心态是一个治政者的感情、信仰、品德、思想和价值观的综合体现。"人逢喜事精神爽"说明了喜事影响人们的心态，而心态也决定了喜事对个人的影响程度。喜事是外因，而心态却是主体因素。研究者认为，一般人的心态由三个部分组成，③ 即认知、感情和行为。认识方面的心态是治政者对治政事物的认识、了解时的心态，它是一个治政者价值观、思想、信仰的组合，是对事物的基本看法，是积极心态的基础。一个人具有辩证的认识，对事物认知就会全面、科学，心态产生的基础就好。感情方面的心态是心理情感的反映。感情方面的心态表现为对外界刺激时的比较强烈的心理反应，表现为对事物的关切、喜爱的心情。治政者对某些事情的快乐、气愤或者失望都是一种感情方面的心态。感情方

---

① 参见〔美〕克利夫·里科特斯著：《领导学：个人发展与职场成功》，第495页，中国人民大学出版社2007年版。

② 同上书，第495页。

③ 同上书，第497页。

面的心态对治政者影响很大，有时直接影响到治政成功与否，影响整个治政的绩效。从中国现代"贪官"的行为来看，有贪必有情人，几乎成为某种"规律"，这也说明了感情心态对某些治政者的影响。行为方面的心态指治政者在特定环境下的行为倾向。行为方面的心态影响着行为倾向，而行为的结果也影响心态的保持和发展。

第三，心态影响治政者的治政行为。心态影响治政者的行为是必然的，但心态不是影响治政者日常行为的唯一因素，我们研究治政者心态时必须注意看到事物的复杂性，必须看到事物的对立统一性。心态影响治政者行为举例见表6-9。[①]

表6-9　人的各种心态举例

心态平和	整　洁	忌　妒	害　怕	诚　实
心态开放	吝　啬	受欢迎	助人为乐	快　乐
不讲理	情绪多变	害　羞	谦　逊	友　好
要求多	独　立	行动迟疑	自　豪	伤　心
多愁善感	生　气	自我炫耀	懒　惰	焦　虑

心态影响治政者的认知科学度。以积极的心态去认知事物，治政者的思考、归纳、行为都会是积极的科学的。心态还影响治政者的自信心，影响治政者的行为力度。当治政者决定某一行为时，心态影响着治政者行为的幅度和深度。心态影响治政者的行为效率。积极的心态，会使治政效率提升，消极的心态会使治政效率低下，有时还会产生破坏行为。心态影响着治政者最终的绩效，心态也影响着治政者的人际关系。

第四，健康自己的心态。治政者的心态是可以改变的，虽然我们的心态是根据日常生活中的经验形成的。治政者要注意改变自己的心态，培养健康的心态。所谓健康自己的心态就是使自己的心态变成积极的、乐观的、善良的心态，变成能够承受失败和打击的心态，变成一种夹缝中求生存的心态。在通常情况下，我们是无法控制自己的生活环境的，包括有时候的治政环境，但是我们可以控制和改变自己的心态。治政者可以通过控制自己的心态来改变对治政以及对生活的看法。

---

① 参见〔美〕克利夫·里科特斯著：《领导学：个人发展与职场成功》，第500页，中国人民大学出版社2007年版。

你改变不了环境，但你可以改变自己。

你改变不了事实，但你可以改变态度。

你改变不了过去，但你可以改变现在。

你不能控制他人，但你可以掌握自己。

你不能预知明天，但你可以把握今天。

你不能样样顺利，但你可以事事尽心。

你不能延伸生命的长度，但你可以决定生命的宽度。

你不能左右天气，但你可以改变心情。

你不能选择容貌，但你可以展现笑容。

克利夫·里科特斯对改变和健康心态提出了几种方法，我们可以作为参考。

- 密切关注自己的心态。
- 运用自己的思想。
- 不要固守消极的心态。
- 保持开放的心态。
- 保持乐观的心态。
- 改变自己的思维。
- 改变自己的思维方式。
- 改变自己的情感方式。
- 改变自己的行为。
- 改变生活状况。
- 保持进取的目标。

三、治政者素质的特征

所谓治政者素质的特征指治政者素质特点方面的突出特点，是治政者素质的某种标志和征象，是治政者素质的本质所在。

1. 从理论层面看治政者的素质特征

所谓从理论层面看治政者素质的特征，指从理论的角度归纳治政者素质所固有的特点，以及这些特点形成的基本原理。通过理论层面分析治政者素质特征，可以从理论层面对治政者素质加以理解和把握，从而在治政实践中培养自己的素质，丰富治政者的素质。

（1）物质性和精神性。

第一，物质性。物质性指治政者素质的物质依托性质。所谓物质依托指治政者本身的生理基础，是治政者素质的载体和物质基础，是其他治政者素质的物质前提，它具有推动治政者素质提升和变化的作用。物质性是治政者素质的基本性质、基础性质，没有这种素质特性便不会有其他素质的依托。

第二，精神性。精神性指治政者素质大部分是心理机能和精神范畴为主的内容，① 这是属于精神方面的，其精神性特征非常明显。

物质性和精神性特点是治政者素质的基本特点，以此便可以把治政者素质分为物质部分和精神部分，从治政者素质内容来看，治政者素质的精神部分是治政者素质的主体部分。

（2）政治性与伦理性。

第一，政治性。政治性指治政者素质的政治导向性质。治政者的政治素质是阶级社会的必然要求，是政治治政集团利益的保证，是实现治政组织治政目标的基础。在不同治政体制中，对治政者政治素质要求不同，但目的是一样的，政治素质是治政者实现治政目标的基本保证，也是治政素质的具体体现。

第二，伦理性。伦理性指治政者素质的道德准则。伦理素质是治政者的基本素质，是确保治政者治政的道德保障。治政者的伦理素质确立了治政行为中正确或错误、好与坏的评判规则，导引着治政者的道德倾向。

政治性和伦理性是治政者素质中重要的素质特点，其中政治性包含着一定的伦理特性，而伦理性素质又是政治性素质的基础，伦理性素质是治政者其他素质的灵魂。

（3）共性与个性。

第一，共性。所谓共性指治政者都应该具有的素质。治政者是一个有组织的团队，其素质必须有共同的一面。只有有了共同的素质，才能保证治政任务和团队目标的完成和实现。

第二，个性。所谓个性指治政者素质中独有的特征。诸如绘画、体育、音乐、创新等带有个性色彩的素质。个性素质因治政者的不同而不

① 参见邱霈恩著：《领导学》，第142页，中国人民大学出版社2004年版。

同，是形成治政者特性的基础。

共性与个性是治政者素质的必然要求，一般情况下，共性存于个性之中，在特殊条件下，个性素质必须服从共性素质。

（4）能量性与能动性。

第一，能量性。所谓能量性指治政者素质所蕴涵的功能大小的物理量即素质能力。治政者素质是"组成"人的材料，蕴涵着丰富的"人"的能量。身体素质中的体能，心理素质中的智能，思想素质中的精神能量，伦理素质中的道德能量等等，不同素质具有不同的能量，另外，不同素质的能量能够转换，治政者的精神能量可以转化为物质能量等等。治政者和治政组织应该充分发挥治政者的素质能量。

第二，能动性。所谓能动指治政者在发挥质量能量时能够主动地、选择地、引导地、控制地释放能量的过程。治政者要主动地、科学地组织治政者能量向着有利于治政的目标释放。

能量性和能动性是相互联系的治政素质，必须能动地发挥素质能量的作用，这两个特性最充分地显示了治政者的本性、特点和价值的实质性。①

（5）先天性与后天性。

第一，先天性。所谓先天性指治政者个体遗传下来的素质。人类素质的基础是遗传，从人的生理到气质、秉性、禀赋、心理以及身体等方面都有遗传。治政者遗传质量的特性决定着治政者素质基本的质量，这便是治政者素质的先天性。

第二，后天性。所谓后天性指治政者个体后天获得的素质。这是因治政组织目标推动治政者素质自身充分寻求优化以满足实现治政目标的需要。这种能够通过培养而获得的素质可以弥补先天素质的缺陷。通过后天获得的治政素质一般是通过治政实践而得来的。

先天性和后天性素质特性是密不可分的，而后天获得的素质又可以在治政实践中发挥更为重要的作用，这是由治政实践的实践性质所决定的。

2. 从实践层面看治政者的素质特征

所谓从实践层面看治政者素质的特征指从治政实践的角度归纳治政者素质所固有的特点以及因这些特点形成的基本原理。通过实践层面分析治

---

① 参见邱霈恩著：《领导学》，第143页，中国人民大学出版社2004年版。

政者素质特征，可以在实践层面对治政者素质加深理解和把握，从而提升自身素质。

（1）科学性与治理性。

第一，科学性。所谓科学性指治政者素质可以在治政实践中科学获得以及素质的本身具有的科学含量。治政者的各种素质都应具有科学性，而不同的素质也应该科学地结合，以实现治政素质的合力。

第二，治理性。所谓治理性指治政者素质应具有"治理"的特点，因为治政就是治理政务，治理就必须有较高的素质内涵和能力，而且还应具有治理的方法，即治理方法素质。治理关键在"治"，治政者要"治"这个"政"，治理者素质的提升和应用必须注意"治"的特性。

科学性和治理性是治政实践中应该突出的素质特色，科学性是素质的内涵实质，治政性是治政事物中所独有的特性，两者必须在治政实践中结合才能更好地发挥作用。

（2）进取性与保守性。

第一，进取性。所谓进取性指治政者素质的进步精神。人类是在不断进取中前进的，治政事业也是在治政实践中进取的，治政者个人也必然在治政过程中进取。治政者有些素质可能并不显现进取的成分，但用不同素质"组合"而成的治政者必然会在治政中进取，何况有些治政者素质的本身就包含了进取的内涵，诸如政治素质、道德素质、能力素质等等都包含着进取的含义和成分。

第二，保守性。所谓保守性指治政者素质的滞后和墨守经验的实践内容。治政者的素质中有着很大的经验成分，有着滞后的素质体现。对于某些经验性素质来讲，保守是必然的。

进取性和保守性看似是一对矛盾素质，可它们的确是治政素质的组成部分。有时两者分属于不同的治政个体，有时两者又共存于某一治政者身上，在共存于一个治政者身上时，指某些素质方面是开放的、进取的，某些素质方面却是凭经验的、保守的。

（3）积淀性与发展性。

第一，积淀性。所谓积淀性指治政者的素质多是经过遗传、熏陶、进取而不断积累沉淀形成的，带有明显的不断增加的性质。对于具体的治政者来说，素质的积累沉淀是不断进行的，而每种素质的增加都为下一种新素质的形成充当基础。

第二，发展性。所谓发展性指治政者的素质是在不断发展着和充实着的，具有发展的性质。每一个治政者素质都具有很大的发展特性和发展的余地，优秀的治政者就是在治政的实践中不断升华自己的素质，从而使素质组合优化。

积淀性和发展性是治政者素质所共有的。积淀为发展打下基础，而发展又成为积淀的条件。对于治政者来说，积淀和发展自己的治政素质是相辅相成的，是素质获得、巩固、提高、加强、优化、增益和升华的必要条件。

（4）延续性与异化性。

第一，延续性。所谓延续性指治政者的素质生成之后可以不断地增益和使用，具有延续的性质。这种延续不仅表现在理论上，还表现在实践上；不仅表现在时间上，还表现在空间上。

第二，异化性。所谓异化指治政者的素质生成之后会在治政实践中发生变化形成变异。从治政实践来看，最强大的治政者主导素质，在思想道德领域，而思想道德素质的形成是后天的，是不断发展变化的，是在接受着治政环境的影响能量，治政者的素质不断得到增益或损减。增益是强化，损减是减少、退化。

延续性和异化性是治政者素质的必备特征，只有有了治政延续，治政才能不断前进；也只有有了异化，才能改变无用的特征，生成新的科学的素质。在治政实践中，尽管有时生成新素质是一个"痛苦"的过程，但那是素质进步的必须。

（5）多样性与组合性。

第一，多样性。所谓多样指治政者素质构成的多样以及具体治政者具有多样的素质。每一个治政者都具有不同的素质，而不同的治政者也具有不同的素质。虽然素质名称相同，但素质的内涵以及构成却差异很大。

第二，组合性。所谓组合指治政者素质是有机组合搭配和相互渗透影响而综合形成的。一个完整的治政者素质是由不同治政素质的某种组合而成。一个治政者的作用或作用的发挥关键在于治政素质的组合方式和组合容量，① 因此，即使某一治政者具有了不同治政者素质但素质组合方式或组合质量不佳，其治政绩效一定不会是优秀的，这就说明了治政者素质组合的重要。

---

① 参见邱霈恩著：《领导学》，第145页，中国人民大学出版社2004年版。

多样性和组合性是治政者素质的基本特征，没有多样的素质，治政者的素质就不会全面；没有组合，单一素质也不会有最佳作用。

（6）品位性与结果性。

第一，品位性。所谓品位指治政者素质的价值和档次水准。治政者的素质不尽相同，其质量也会形成不同的层次，显现出治政者素质的不同的质量和不同的价值品位。

第二，结果性。所谓结果指治政者品位的集中显现。不同治政者素质品位对治政事业的贡献是不同的，其显示的治政价值也是不同的，因此，治政的效果也是不同的。在结果显示中，既显现了治政绩效结果，也显示了治政者命运的结果。

品位性和结果性是治政者素质中紧密相连的两个素质，素质品位是素质结果的前提，素质品位的本身也是一种结果，而治政者素质的结果显示着治政者的品位。

3. 从时空层面看治政者的素质特征

所谓时空层面看治政者素质的特征指从时间和某种空间方面归纳治政者素质所固有的特点以及这些特点形成的基本原理。从时空层面分析治政者素质，可在社会层面、时代层面、历史层面、现实层面对治政者素质加以理解。

（1）社会性与时代性。

第一，社会性。所谓社会性指治政者素质的形成和作用的发挥均在社会中。治政关系是社会关系的一种，表现了治政者素质的社会性。从治政者素质的价值层面看，治政者素质的作用、意义和价值均在于社会，脱离社会，治政者素质便失去了价值的意义。另外，治政者素质是社会人素质的一种类型，形成于社会，发展于社会，作用于社会，同时，治政者说到底也是社会的一员，其素质的社会性是必然的。

第二，时代性。所谓时代指治政者素质形成和作用发挥均打着时代的烙印。不同时代背景下的治政者素质会有不同的时代色彩，不同的社会发展阶段也会形成不同的时代内容。

社会性和时代性是从社会的空间和时代的空间归纳治政者素质的。社会性本身带有时代的特征，不同时代的治政者素质反映着那个时代社会中的治政者素质的品位。社会和时代是从两个不同的时空层面分析治政者素质的，社会侧重于社会横的层面，时代侧重于社会纵的层面。

（2）历史性与现实性。

第一，历史性。所谓历史指治政者素质的形成有历史的原因，而发挥的作用也具有历史的价值。一切都将过去，一切都将成为历史。治政者素质有着历史的痕迹，在不同的历史阶段发挥着一定的作用，而在现实阶段中，历史中治政者的素质同样可以成为现实治政者的借鉴。这种过去的借鉴和现实都将成为历史的形态，这也表明了治政者素质的历史特征。

第二，现实性。所谓现实指治政者素质具有现实的作用和现实的运用价值。治政者素质是要产生现实结果的，素质的作用也是现实的。

历史性和现实性是从社会的纵向分析治政者素质内涵特征的，现实的治政者素质必定成为历史的素质，而历史上治政者素质又将会成为现实治政者借鉴的素质依据，两者联系紧密，只不过是治政者素质作用的时间段不同而已。

四、治政者群体构成的科学要求

治政者群体是一个团队，在这个群体中每一个成员的素质构成以及团队构成的整体标准，必须合理、科学。

1. 治政者群体构建体制

治政者治政体制实际上是指治政中领导体制和治政者班子结构。

（1）治政者群体的治政体制结构。治政者群体的治政体制的结构包括了治政的组织结构、治政层次结构、治政跨度结构和权限、责任结构等等。①

第一，治政者群体的组织结构。所谓治政者群体的组织结构指治政机构内部各部门之间的相互关系和联系方式。治政者群体是一种组织，不同层面有自身的构成，在系统中又有相应的结构关系，有时是上下级关系，有时是隶属关系，有时是利差关系，也就是说，治政者群体组织结构包括

---

① 参见刘建军编著：《领导学原理》，第117页，复旦大学出版社2007年版。

了两种基本关系，一是纵向关系，即上下治政关系，上到高层，下到基层，其中还包括了系统关系；二是横向关系，即治政体制中平行于各部门之间的关系。

第二，治政的层面结构。所谓治政的层面结构指治政机构内部按治政隶属关系划分的等级数量，即要设多少层级进行治政管理，有多少层级，便有多少治政层次。

第三，治政的跨度结构。所谓治政的跨度结构指治政幅度，即指一个上级治政者直接有效地指挥、调动治政者的范围和幅度。

第四，治政权限、责任结构。所谓治政权限、责任结构指构建不同层面、不同系列治政层级和治政者的权利义务以及追究责任的制度。不同系统、不同层面的治政组织有其权利和义务，不同的治政者也有不同的权利和义务，这些权利和义务需要科学地规范，有法律的规范，制度的规范，包括责任制、追究制。治政者如果没有了义务和权限，或者权限、责任不规范，那么治政一定会成为无序和无规范的治政。

治政者群体的治政结构体制有其构成要素，这些要素一般包括决策系统、咨询系统、执行系统、监督系统和信息反馈系统。这些系统本身就是治政体制结构的组成部分。

（2）治政班子结构。在一般性的治政群体结构中，治政班子结构与体制结构是相通的，但内容却完全不同。体制结构是针对治政组织而言的，而治政班子结构是对治政者某一层面构成而言的。治政班子结构包括了治政班子的年龄结构、知识结构、智能结构、性格气质结构、学历结构、性别结构等等。治政者班子是一个团队，团队结构和任务有其独特之处，有关研究者把团队治政结构制成了模型图，如图6-1所示。①

第一，年龄结构。所谓年龄结构指不同年龄之间的治政者互相组合搭配的状态。我们已分析过，不同年龄段人的生理、心理有不同的特点，要根据这些特点，科学地搭配治政者团队成员，使年龄分布和组合更合理、更科学。除了特殊情况之外，一般情况下年纪轻的人有活力、有朝气、敢作为；年纪长的人经验丰富；中年人年富力强等等。要注意发挥不同年龄结构的治政者的特点，减少缺点，以使班子科学搭配、有机配合。

① 参见刘建军编著：《领导学原理》，第135页，复旦大学出版社2007年版。

治政者调停决策
- 干涉的类型（监控与行动）
- 干涉的层次（内部与外部）
- 干涉的功能

内部团队治政的功能

外部团队治政的功能

任务

关系

环境

清楚地阐述目标
建立结构
计划
决案
培训
设定标准

指导
协作
管理冲突
建立责任
满足需要
模范领导

工作网络
支持
协商式支持
评估
分享信息

团队绩效
- 绩效
- 发展/维持

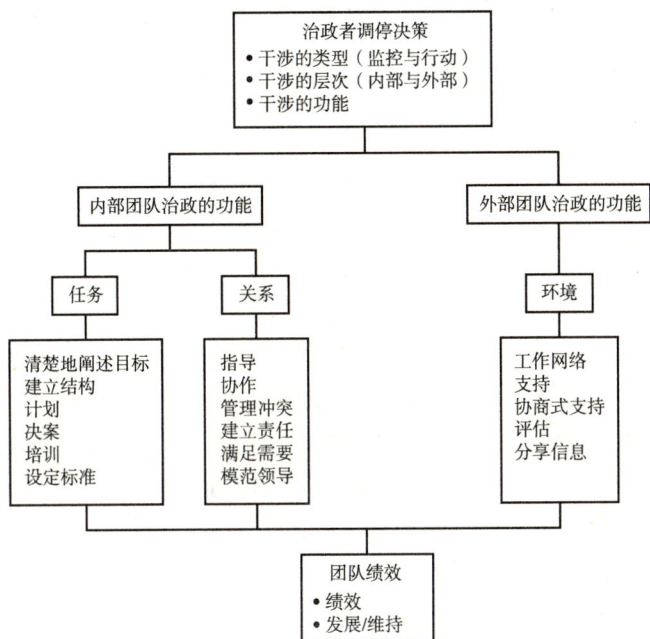

图 6-1　团队治政模型

　　第二，知识结构。所谓知识结构指治政群体中拥有不同知识积累的治政者的组合状态。在治政的实践中，需要有不同知识的治政者共同治理政务，因此，治政者之间的知识水平和成员间的知识构成尤为重要。一般来讲，知识在治政中有两层含义即文化知识和专业知识，而对于治政者来说，文化知识是从社会获得的，治政专业知识一般是从治政理论培训尤其是治政实践中获得的。治政专业知识又可以分为两个层面，即治政专业知识（包括岗位专业知识）和通用的治政、管理、领导等专业知识。在治政成员中间，一个治政者想达到各种知识都"精"是很困难的，但在某一方面"专"是可以达到的。因此，在某一治政实体中，知识结构非常重要，要注意使不同知识的治政者组成一个治政实体，实现知识的互补。在治政现实中，不少治政组织非常重视自然科学方面的知识和技能，这无可非议，但是忽视社会科学方面尤其是行政管理方面的知识是不正确的，也是必须加以纠正的。治政组织要使不同知识结构和具有不同知识的治政者实现最佳组合，实现治政的整体效能。

第三，学历结构。所谓学历结构指治政群体中拥有不同学历文凭的治政者的组合状态。在治政者队伍中，学历越来越高，这是可喜的一面，是教育发展的结果，也是治政者学历提高的结果，它使治政者的学历水平上了层次。但是，在追求知识化和专业化过程中，不少治政组织把干部知识化专业化变成了治政者的学历化，学历成为提职的"敲门砖"，这是治政知识化、专业化的悲哀。而在中国治政队伍中屡屡出现假学历文凭以及花钱买来的真学历文凭，这也是独具中国特色。据《西安晚报》2008 年 12 月 22 日报道："12 月 20 日下午，西北五省（区）党校研究生班咸阳考区被一名考生搅成一锅粥：身为该校 07 级经济管理专业研究生班学员的乾县科技局局长王显亮，竟然对一位重申考场纪律的考区负责人破口大骂，并声称'我掏钱买文凭，你有啥资格管我'！致使该考场考试时间延迟 10 多分钟。"① 这是通过掏钱买文凭的治政者之口的道白，难怪人们要问："王局长只是说破了官员文凭'潜规则'的冰山一角，全国有多少党校在卖文凭，有多少官员的文凭是买来的'水货'"？② 从治政官员买文凭可以顺推，在某些买了文凭的治政官员治理下的"问题奶粉"等假货，也是必然要出现的，治政者自己本身就是"假"的，治政焉能不假？其实买文凭学历之假不仅仅存在于党校，在其他学校也有类似的情况。百年大计，教育为本，如何规范文凭是高层治政者在教育上拨乱反正的关键所在。由此看来，治政者的学历结构首先要真，要有其学历；其次学历结构要"高、中"相结合，要不同学科相结合。当然，文凭不是水平，不是能力，但具有水平、能力和文凭的治政者的最佳组合是治政所需要的。

第四，智能结构。所谓智能结构指治政群体中拥有各种不同智能的治政者的组合状态。简单地说，智能是治政者运用知识、智慧的能力。智能主要指观察、记忆、想象、思维、行动、综合、运用等方面的能力。对于具体的治政者来讲，智能结构越合理、越通、越好，即要尽量掌握或了解治政相关的知识，增长治政能力；对于治政组织来讲，要使拥有不同智能的治政者科学地组合在一起，要使不同的治政者发挥不同的智能，以实现最佳组合和有效互补。在治政者群体中，要有不同智能结构的人，即帅

---

① 周鹏：《一局长自称掏钱买文凭，在考场上大骂监考官》，《西安晚报》2008 年 12 月 22 日。

② 参见咸阳论坛：《局长一怒道破了潜规则，还有多少官员文凭是买的?》，咸阳朋客 www.xypk.com。

才、将才、干才互补，各司其职，各尽其能，以使智能结构配合最佳。

第五，性格结构。所谓性格结构指治政群体中拥有不同性格气质的治政者的组合状态。中国有一句古话讲"百人百性"，即不同的人具有不同的性格气质。性格气质是存在于不同治政者之身的，但如何使不同性格气质的人实现最佳组合即实现最佳性格结构是治政上层应研究的内容。如何使治政组织中性格不同的人实现最佳组合和互补，如何使治政者个体能够掌控好自己的脾性，使性格气质发挥最佳；如何使具有相近（或几乎相同）的治政者实现性格相融等等，都是治政性格结构应该研究的问题。

第六，政治结构。所谓政治结构指治政群体中不同政治组织的治政者的组合状态。在不同的政治体制中，治政者的政治组织结构不会相同。在三权分立的国家中，在野党一样可以在不同层面实施治政；在共和制的国家中，可以由不同的政治党派成员共同组成政府，实施共同治政；在一党制国家中，治政者必然是由该党成员组成的。政治结构的组成，关系到国家的体制，因此，治政政治结构的运用以及作用发挥的关键在治政高层。

第七，性别结构。所谓性别结构指治政群体中拥有男、女治政者的组合状态。人类是由男女两种性别为基础构成的，治政群体中有男有女应该是治政的正常状态。当然，在不同的国家中，对女性的限制不同，但男女组合治政是社会进步的方向和主流。男性的刚性、女性的柔性；男性的粗放、女性的细腻等等不同特征，可以使治政者群体合理搭配、刚柔相济、相互补缺、相互促进，实现治政的最佳效能。

（3）治政体制分类。不同的国家取不同的治政体制。取某一种体制或者取两种以上体制的混合进行治政完全是由治政者高层决定的。在某些国家特殊时期的治政体制可能是由民众决定的，但特殊时期少而短。治政体制的取舍有政治的原因、区域的原因、历史的原因、文化的原因以及治政者高层的原因等等，有些体制的取舍又是由不同原因综合而造成的。

第一，一体制与分离制。所谓一体制指治政同一层级的治政机关或者同一治政机关的各个构成单位所接受上级的指挥、监督完全集中于一位治政者或单一的治政机关。一体制的治政体制又被称为完整制、一元制、集约制、议员统属制等等。被人们称作的一元化领导。一体制治政体制的特点是权力集中、责任明确、合作简化、效率统一，便于统筹兼顾，减少重复和治政体制内部的冲突。其不足是便于独裁、专断，影响其他治政者的主动性、积极性和创造性。所谓分离制指凡同一层次的治政机关或者同一治政机关的各个构成单位所接受上级的指挥、监督不集中于一位治政者或一个治政机关。分离制又称独立制或多元制，即被人们称作的多元化领导。分离治政体制的特点是权力分散，可以防止个人专断和滥用职权，可以直接了解其他治政者和治政客体的需求，可以实现治政单位之间的竞争，可以发挥治政组织和个人的主动性、积极性和创造性。其不足是容易在治政单位中造成政出多门、各自为政、设置重复、权力互争、责任互推，从而造成一定人、财、物的浪费。治政的一元制和多元制是从接受上级治政机关的指挥控制程度等方面分析的，供治政者参考。

第二，集权制与分权制。所谓集权制指一切重大治政问题的决定权均集中在治政上级机关或上级治政者手中，治政下级机关必须依据上级的决定和指示办事，下级治政机关没有或很少有自主权。治政集权制的特点是政令统一、标准一致、力量集中、便于统筹全局，指挥方便，命令易于贯彻。其不足在于治政过程中容易忽视矛盾的特殊性，缺少灵活性、创造性，缺乏弹性，难以考虑和照顾不同治政单位和治政部门的特点。所谓分权制指治政下级机关在自己管辖的范围内，有权独立自主地解决问题，治政上级对治政下级处理的事情不予干涉（这是相对的）。治政分权制的特点是治政者能因地、因事制宜地发挥自己特长，适应治政环境变化的需要，实事求是、独立自主、主动地做好治政各项工作，充分发挥不同层面治政者的才能。其不足是，由于治政权力的过分分散，可能会导致政令不统一，造成治政中不应该出现的本位主义、地方主义和分散主义，[1] 造成某种程度上的治政浪费。治政的集权制和分权制是按照职权集体和分散的程度进行分析的。集权和分权都有科学定位和科学划分的问题，应该实事求是地研究和推行。

在治政集权和分权的问题上，权力配置有三种情况，一种是治政平行机关的分权问题，另一种是治政上下级的集权和分权的问题，还有一种是同一治政机关中"一把手"与副职、党委与行政的集权和分权的问题。如何集权和分权，有几条原则。一是责任原则。所谓责任原则指集权分权中责任都必须明确，集权中的责任必须由集权者负责，而分权中的责任，则

---

① 参见迟树功主编：《干部大百科》，第 186 页，中国广播电视出版社 1991 年版。

应由分权者负责，权力到"人"，责任也必须到"人"，以防止有权无责或者有责无权。二是决策原则。决策权与集权和分权是统一的，在重大问题方面，决策权仍在治政者的上级。治政过程中需要规范治政者行为等相关任务的，应由治政上级来决策。三是监督原则。监督来自上下两个层面。由于政体不同，直选的治政者对选民负责，同样也由选民来监督。而由上级任命的治政者，监督与考核必须来自上级，即使民众对某些治政者有意见，也必须通过治政者上级来监督和治理。四是业务原则。所谓业务原则指治政者所"经营"的业务范围多是上级治政组织和治政组织规范的，法制社会是由法律和制度规范的，治政者应该熟悉和掌握业务知识，把握治政业务的内涵，处理好自己责任范围的业务工作。① 五是集分结合的原则。集权有度，分权也有度，集权分权都应该实事求是，应该科学地划分权力。对于集权体制来讲，应明确责任，让下级治政者权责结合；对分极体制来讲，应防止各自为政，服从和服务于治政大局，使分权更为合理、科学、实事求是。

第三，首长负责制与合议制。所谓首长负责指治政的最高决策权掌握在一人手中。在现有的治政行政部门中，一般都采用首长负责制，因为首长负责制的效率高、速度快。在中国的治政体制中，治政的首长负责制包含三个必备条件。一是治政中的治政首长对于本单位、本部门和本层级具有最高领导权和最终决策权，并负有主要的治政行政责任。二是治政中的治政首长尊重民主、民主治政，在治政过程中受制于民主化的规则，从而保障集体领导的真正落实。应该说治政中治政首长负责制最难的问题就是民主，对同级民主、对下级民主、对治政客体民主以及所有治政决策、治政进程以及治政成果的使用等方面的民主。一直是难以彻底解决的问题，也是实行治政首长负责制必须解决的问题。三是治政首长负责制的运作必须以分工负责的方式展开。治政分工有横向分工和纵向分工，纵向分工即自上而下的逐级逐层的分工；横向分工即同单位、同部门、同一层级之间的分工。分工是必须的，合作也是必须的，由治政首长的最终科学决策、民主决策也是必须的。在治政现实中，的确存在窝里斗现象，正职之间、副职之间、正职与副职之间等等产生不应该有的内部的争斗，影响了治政权力，影响了科学治政。系统理论指出，治政整体功能应大于个体功能的

---

① 参见刘建军编著：《领导学原理》，第118页，复旦大学出版社2007年版。

简单相加。要做到治政集中整体功能大于个体功能的简单相加，有赖于整体所依赖的治政个体之间的协调和取长补短，有赖于治政整体对治政环境的适应。从严格意义上分析，任何一个治政者都是某领域中的偏才，[①] 因此，互相补充和配合就成为治政者队伍建设所必需的条件了。而在科学管理的现实中，我们也发现，集体领导不能代替首长负责制，而治政首长负责制也必须善于运用集体领导，从而发挥治政的整体效能。

第四，层级制与职能制。所谓层级制是将一个治政组织系统分为若干层次，下级层次对上级层次负责。从治政指挥中心到基层形成一个像连续台阶那样的指挥系统，每一层次所管辖的内容相同，但管辖的地区和范围随着层次的降低而缩小。层级制又称为层次制、系统制。其优点是指挥统一，权力集中，上下畅通，不足是容易造成治政者管辖的事太多，必须与职能制结合使用。所谓职能制指一个治政机关内平行地设置若干部门，每一个职能部门所管辖的范围均以全机关为对象，只是管辖的内容分工各异。简单来说，就是在治政的一个系统或一个单位，在横向上按照业务性质的不同平行设置若干职能部门，辅助治政上级机关实施领导。职能制又称分职制、功能制、机能制。其特点是分工精细，治政者可以各司其职，可以提高工作效率，可以熟悉业务。其不足是专业性强和分工过于精细，易使人浮于事、机构臃肿、互设关卡、本位主义、互相扯皮、不了解全局、请示过多等等。

层级制和职能制是按照一个系统或单位的指挥、监督和控制方式来划分的，两者应该科学地结合，以使治政管理效率最大、效益最优。

第五，一长制与委员会制。所谓一长制指治政权力由一人负责使用。一长制与首长负责制大体相同。一长制指在治政某一职能部门最高决策权掌握在一人手中，其优点是效率高、速度快，便于集中精力办事。其缺点是易形成一言堂、土霸王风气、民主短缺。所谓委员会制指治政机关把决策权力交给两位以上的治政者，并按少数服从多数的原则处理问题。委员会制与合议制大体相同，但与合议制又有区别。委员会制优点在于集思广益，缺点在于权力分散，意见不好统一。

第六，独裁制与民主制。所谓独裁指治政者（主要治政者）大小权独揽和一言堂的治政方式。这种治政方式的特点是独揽政权、专制统治。所

---

① 参见刘建军编著：《领导学原理》，第 119 页，复旦大学出版社 2007 年版。

谓民主指让民众参与国事并对国事有自由发表意见的权利。独裁与民主是对立的，独裁者一般是通过非法方式攫取政权或以民主方式掌权而后独裁；民主则由民众选举和授权罢免治政者，监督治政者治政的科学性和合法性。独裁是没有出路的治政方式，民主是治政发展的趋势。

2. 治政者群体结构的科学探索

治政者群体结构是指为了发挥治政群体的整体功能，由各种不同状态的治政者有机组合起来的构成形式与状态。治政群体是由众多知识、年龄、智能、性格、性别等不同的治政者构成的，这便形成了治政者群体构成的形式与状态。治政者群体结构必须科学化，必须保持相应的标准。

（1）治政群体结构科学化标准。第一，合理结构式的标准。所谓合理结构式的标准指治政集体中治政者的各种素质构成科学合理、在各种素质构成中诸如使知识、智能、学历、性别、性格等不同的所有者合理地组合。这种组成需要治政组织切实研究和科学安排。

第二，整体结构式标准。所谓整体结构式标准指治政者集体要讲整体效能。整体结构式要求每一个"构成者"都必须协和、配合，以产生集体力的作用。

第三，互补结构式标准。所谓互补结构式标准指治政者集体要实现组建的互补和工作互补。在治政集体中，要尽量使职务与责任、责任与权力对等，明确划分治政者整体每一个成员的职责范围，以实现工作中的互补。

第四，适应结构式标准。所谓适应结构式标准指治政者集体要互相适应实现平衡。适应和平衡并不是在一次治政活动中完成的，需要不断地适用和不断地保持平衡。对内，每一个治政集体成员要互相适应；对外，治政者个体和集体要适用环境和治政的上下级。

第五，高效结构式标准。所谓高效结构式标准指治政者集体要追求效率和效益。治政集体治政的效果是通过治政效率和效益反映出来的。因此，高效是治政组织最终目标的一个方面。

（2）治政群体结构科学化方向。治政群体结构科学化有不同的方向和途径，也具有不同的条件。这些条件不是治政者在群体结构建设中单方面能够做到的，主要应由治政主体中治政组织者来完成，因为只有他们把握了治政群体结构的方向、途径和条件，才能规范治政群体结构，才能推进治政群体结构科学化。

第一，用科学发展观选配治政者。在和平建设时期，选拔治政者必须用科学发展观作指导，根据治政群体结构的特点，把握系统观和整体结构观，对不同层面的治政群体进行分析，从整体结构制定用人规则，从整体结构考察治政个体，把握某一层面治政群体的情况和治政者个体的情况，推进治政班子的优化组合，发挥班子中治政者的治政作用。

第二，把握治政群体的教育工作。治政者是乐于接受教育的群体，治政组织要把握对治政者的教育工作，这种教育包括了治政者在职位上的继续教育。一个治政者永远在某一个治政岗位上工作是少见的，而组成不同的治政群体是常见的，这说明了治政群体具有极大的变化性和变换性。时代的进步，工作环境的变化，职务的改变，都需要学习和教育，这是治政者在变化的环境中换知识、换责任、换专业的必由之路，治政者的教育主要应由治政组织来完成。

第三，注意开发治政者人才资源。开发治政者人才资源是治政队伍后继有人的主要保证。开发治政者人才资源必须注意治政者队伍建设，注意治政者队伍的选拔、培养、提高、发展、使用、储备等工作。

第四，从严治理治政队伍。治政就是治理政务，治政的本身就需要"治理"，如果治理政务的制度不健全，队伍不健康，治政肯定不会有正绩效，有可能会是负绩效。要治政，必须从严治理治政队伍，要有引进和疏导队伍的制度并严格执行制度，用法律法规作保障从严治理治政队伍。

（3）推进治政体制变革。治政体制的变革是必然的，世上没有一成不变的东西，治政体制的变是绝对的，不变是相对的，治政体制的变革要对传统的治政体制有所突破。

第一，突破分工结构。从治政现实来看，治政传统的科层结构和分工结构的理性化特点已使治政的影响力面临着严重的体制性障碍，治政者已为科层结构和分工结构所操纵。治政分工一般分为职能式分工（专业性分工）和流程式分工。职能式分工是以部门分工的，例如政府分经济部、财政部等部门，对于治政组织来说，多一项业务就会多一个部门，即使实行大部制，大部制中的分层仍有这一项部门的职能。在治理管理中，为了克服分工结构中的治政层次多、治政幅度分解细、沟通难的困难，不少治政者采用化整为零的组织分工方式，即依据治政中一定的任务，从其他组织中抽调一批治政者重新组织一个治政组织，来完成某一项特定的治政任务，这也被管理学称为"临时性组织"，[①] 这是对治政分工结构的重大突破，已彰显其重大作用。

第二，突破科层结构。科层制作为现代官僚制的核心特征，是德国思想家马克斯·韦伯分析现代法理型统治的理论基础之一，科层制具有五个特点：有正式规章；有明确分工；权力分层；按正式规则发生公务关系；任职资格通过考核和任命。在具有了这些特点的同时，治政者还发现了这一正式结构可能会使治政者的活动职能按照从上级到下级的这一单项线路运转，不仅治政者与下属的沟通因为体制的力量受阻，而且治政者与下属之间的鸿沟也导致了正式结构的僵化，这样一来，突破科层结构便成为治政研究和试行的热门"话题"。西方学者估计到，当信息时代真正到来，安全的内部市场经济将成为公司结构的主流，如图 6-2 所示。[②]

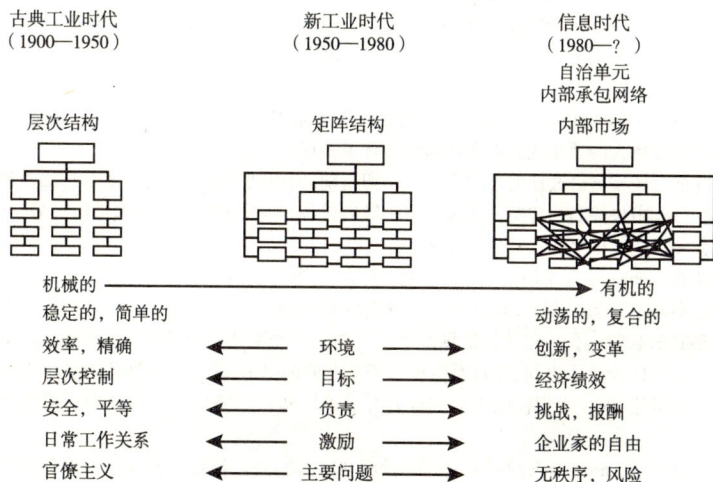

图 6-2　组织结构的演变

---

① 参见刘建军编著：《领导学原理》，第 126 页，复旦大学出版社 2007 年版。
② 同上书，第 121 页。

表 6 − 10　组织结构的主要组织形式如下所述。①

主要组织形式

（大致按前后发展次序）

　　层次结构（hierarchy）。这是一种历史悠久的组织形式，曾被早期的埃及人、罗马人和天主教加以利用，因为它提供了最佳的基础结构；一个有不同层次的权力结构来对工人加以控制和管理，并将他们分成不同的组合，有从事研究的，有进行生产的，有专搞销售的等等。这种结构有一套完整的原则，确保自上而下的权威，形成了一套权威性的体制，在这种体制下，总是由"上级"控制"下级"。

　　矩阵结构（the matrix）。矩阵权力结构出现于 20 世纪 50 和 60 年代，主要是为了促进横向的协作。比如一家飞机制造公司要组建一个"项目班子"，一些专家被召在一起，为某个项目而共同工作，项目完成之后再回到各自的部门里去。公司原来的职能加上这个项目班子就组成了矩阵层次结构，它创造了两种交叉的层次结构，可以从两个层面来协调工作：职能性的一面和项目性的一面。今天，多数大公司所采用的基本上就是这种矩阵管理结构的变种，因为他们必须从两个、三个甚至更多的层面来组织他们的工作，比如：领导技巧、生产线、地区、不同的顾客等。

　　多部门形式（multidivision form）。有人将这种结构称之为"M 形结构"，它提供了一种便于管理不同生产线的大组合形式。在这种形式下，每个部门管理一种产品的生产，而在部门内部又有不同的职能小组，并作为一个盈利的单位进行运转，因此每个部门也像一个单独的公司。比如说，一个多部门公司就好比是一家控股公司，它将那些管理不同生产线的半独立的部门组合成一个整体。

　　联邦组织（the federal organization）。这种结构由于采取了比"多部门"形式更为松散的关系，因此各部门具有更大的独立性。就像联邦政府将很多权力下放给半自治的州政府一样，联邦公司让下属的各部门能按自己最佳的方式来组织一切活动，因而创造出一种由很多半自治性质的业务单位组成一种非中央控制的体制。联邦公司一级通过每年一度的实绩检查来进行监督，并有任命部门的总裁和行使其他一些关键性的职能。

　　网络关系（networks）。网络始于 20 世纪 70 年代，当时出现一种战略联盟的想法，试图将一些独立的公司联在一起。今天，大多数公司与供应商、经销商、政府甚至自己的竞争对手也常常建立某种形式的联盟。合并和接管是将企业单位并进一个更大的联合公司，而网络关系的特点是在享有自治权的合伙人之间，在自愿组成合资企业的前提下，建立临时性的业务关系。信息网络促进了组织网络，这一发展使网络形式看上去成了以知识为基础的经济社会所需要的一种结构模式。

　　内部承包关系（intrapreneurship）。在 20 世纪 80 年代，企业流行承包，因此，多数大企业在其内部开发了新的体制，以鼓励有创造意识的普通雇员来承包新企业，实现自己的设想。这些新体制允许公司雇员脱离原来的工作去开发他们的新设想，公司还为他们提供开发资金、咨询和其他帮助。内部承包由于在公司内引进了市场概念，很快便成了一种重要的发展趋势。自那以后，企业在其内部还陆续引进了一些其他方面的市场概念，诸如"内部顾客""按绩效定工资"等等。

---

　　①　参见刘建军编著：《领导学原理》，第 127—128 页，复旦大学出版社 2007 年版。

重新设置机构(reengineering)。这是进一步更新公司机制努力的一部分,我们通常将它称之为"更新业务流程"、"重新设计组织机构"和"改造政府"。这样做的目的是要将某些分散的业务流程整合成一个具有"交叉功能"的协作小组,使企业能以快捷、有效的方式提供产品或服务,这当然还需要有自动信息系统作为保障。重新设置机构的目标是要将机构改组成能集中精力为顾客提供服务的各种类型的协作小组。

虚拟机构(the virtual organization)。这一想法近年来已得到越来越多人的青睐。由于信息革命已使任何员工可以在任何地方与别人合作,因此,这种合作就不一定非要在机构上进行合并,它可以采用电子手段进行合作,以建立一种全球性的协作网络,使为了吸引更好的人才、资源和知识而不得不经常变化的协作成为可能。这种虚拟机构由于人们既看不到对方、又不能互相天天见面,从某种意义上讲,它已不再是"真正的"机构,而只是个"影子",它只存在于一种有组织的体系之中,通过电子手段这一媒介,建立某种工作关系。

内部市场(internal market)。以上所描述的各种组织形式,看起来都是为了要实现内部市场的目的。内部市场的基本概念十分简单:一个内部市场体系就是由很多自我管理的内部企业所构成的,这些企业互相做生意,同时也与体系外的客户做生意,因此,就在本机构内部也具有外部市场的种种特点,这样就创造了完美的"内部市场经济"。

表6-11　内部市场三原则①

1. 从层次结构向内部企业单位过渡。传统的权力结构将被"内部企业"所取代,而将来的公司就由这些内部企业所构成。所有的内部企业,包括生产部门、职能部门及其他单位都要对效益负责,但在执行自己的业务计划时,享有如同外部企业那样的自主权力。可以通过将权力分散到享有自治权力的工作小组的办法,将上述的概念贯彻到最基层。在机构里的工作小组和内部企业之间建立了某种联盟,而这种联盟又将各种公司联在了一起,从而组成了环球经济。
2. 创造一种指导决策的经济基础。行政领导不再用指挥系统来管理企业,而是通过设计和调节企业的经济基础来实施管理,就好比政府管理国家经济那样,设法通过财会、通信、财政刺激、管理政策、企业家文化等方面的共用系统。最高管理层也可鼓励成立在经济体系中能够生存下去的各种类型的企业部门,诸如风险资本公司、咨询服务、经销服务等。
3. 为搞好协调和合作而提供领导。内部经济不仅仅是一个自由放任的市场,而是一个在内部或外部合伙人之间经常进行合作和协调的企业家团体,如比合资、分享技术和解决共同性的问题等。公司的行政领导就是这个团体的高级成员,由他们组成领导班子,鼓励开发各种战略,指导内部市场的健康发展。

---

① 参见刘建军编著:《领导学原理》,第128页,复旦大学出版社2007年版。

企业组织试图突破机械的层次权力机构，试图构建更富有生命力的组织机构，也推动了治政组织结构的变革。奥斯本提出了改革官僚体制的十项原则：掌舵而不是划桨；重妥善授权而非事必躬亲；注重引入竞争机制；注重目标使命而非繁文缛节；重产出而非投入；具备顾客意识；有收益而不浪费；重预防而不是治疗；重参与协作的分权模式而非层级节制的集权模式；重市场机制调节而非仅靠行政指令控制。① 这些原则可以为在治政体制结构突破中参考。

---

① 参见刘建军编著：《领导学原理》，第130页，复旦大学出版社2007年版。

第七章　治政人才

【本章要点】　治政任务的完成、治政组织的构成需要治政人才，治政人才是治政工作的主体的主体部分，治政人才是治政组合体的主要成分。治政人才有自身的特征、地位、作用和类型，治政人才有其自身的规律。在治政岗位的治政者多是治政人才，作为治政后备军的佼佼者也是治政人才。治政人才需要治政组织和治政实践的培养和选拔，需要对人才的道德、能力、水平进行考核。治政人才们需要治政客体（民众）和治政主体的评价，并通过评价促进治政人才队伍的建设，促使治政人才的成长。发现治政人才、使用治政人才、调动治政人才积极性、培养治政人才是一门科学。

【关键概念】　治政人才；价值；特征；选拔

一、治政人才的特征与类型

治政人才具有整体性特征，不同的治政人才又具有自身的个性特征，治政人才具有一定的地位和作用，并由不同的治政类别构成。

1. 治政人才的概念和特征

（1）治政人才的概念。所谓治政人才是指在治政实践中具有优良治政者素质、顺利从事某一具体治政岗位的治政工作并适合担任某一具体治政职务的特定人才。治政人才是社会精英，是人才系统中核心的关键的部分。在治政实践中，治政人才是治政主体中具有良好的治政品德和治政才能的主要治政者。治政人才是治政素质的组合体，只有充分具备了担负特定群体责任和治政使命的治政者素质，能够履行治政职能，做好治政工作，具有达到治政组织目标的潜力才是治政人才。① 治政人才不是以是否在"治政之位"为标志的。

（2）治政人才特征。治政人才不是以是否在治政之位为标志正说明了治政人才的基础特征，即具有在位的特征，也有不在位的特征，特征的核心仍是治政者的素质与潜力。从已在职位的治政者来讲，治政人才具有道德性、整体性、组织性、驾驭性、社会性、创造性和显露性；从没有在治政者之位的后备治政人才来讲，治政人才具有相对性、待定性、备用性、潜性、道德性等特征。

第一，道德性。所谓道德性特征指治政人才都必须具备的治政道德、社会公德、个人品德等方面的道德。治政人才的德才兼备，德必须放在首位，这是治政人才的首要特征。没有道德的人才不能称为人才，不过是一个"坏才"而已。

第二，业务性。所谓业务性特征指治政人才必须是治政方面的内行，是业务专家。业务性说明治政人才首要的是"专才"，即懂治政的业务，懂不同系统的治政业务。当然，治政人才最好是通才，但治政实践说明了治政人才中的通才很少，而专才较多。

第三，特殊性。所谓特殊性特征指治政人才因治政工作不同于普通工作而显示出治政工作的特别，从而确定了治政人才在人才群体中的特殊性，确定了治政人才是人才群体中最特殊、最重要的人才。因为治政人才（无论在位与否）决定着其他人才和所有治政客体的命运，所以，其特殊和重要性就必然了。

第四，整体性。所谓整体性指治政人才是人才队伍中的一部分，即使具有自身的特殊性，但也有与其他人才相同的社会性等特征，治政人才与其他人才共同构成了人才队伍。对于治政组织本身来讲，治政人才在治政组织中也具有整体性。对于治政人才的选拔、使用、培养、考核、奖惩等都必须全盘考虑，区别对待。

第五，驾驭性。所谓驾驭性指治政人才必须具有驾驭治政机构，施展治政才能，完成治政组织交给的治政任务的能力。这种驾驭不仅仅是一种简单的治理、领导，而必须具有科学的目标和科学的方法。

---

① 参见邱霈恩著：《领导学》，第 168 页，中国人民大学出版社 2004 年版。

第六，组织性。所谓组织性特征指治政人才首先属于治政组织的人才，而每个人才个体又都属于不同系统和不同层面的治政组织，这些组织有时会同属某一政党组织，但级次却不尽相同。治政人才的组织性还表现为要善于组织群众、组织其他治政者共同完成治政组织交给的治政任务。诸如治政人才的凝聚集体、驾驭机构、激发群众积极性等基本特征都与组织性特征相关。治政人才的组织性特征是治政人才的基本特征。

第七，社会性。所谓社会性特征指治政人才来自社会，又直接为社会服务同时又接受社会的检验。治政的内涵是治理政务，治理政务就是管理社会、服务社会，而治政人才（无论在职和不在职）又都是社会的一员，其社会性是主要特征。

第八，创造性。所谓创造性指治政人才既要接受前人已有的治政成果和经验，又要在治政的不同层面创造性地开展工作。治政人才的治政工作需要创造，人才的选拔、培养以及使用也需要创新。要善于发现不同层面治政人才的特长，真正实现用人才之所长。

第九，显露性。所谓显露性指治政人才本身及其所做的工作是明显的，是看得见并被治政实践所检验的。

以上九个特征主要是从治政人才在职在位的状态下分析的，这些特征中的某些特征是不在位的治政人才也应该具备的，诸如道德性、创造性等等。

第十，相对性。所谓相对性指后备治政人才的后备性质是相对而言的，因为治政人才的本身性质也是相对而言的。治政人才要具备治政者素质，而素质的高低是相对的。治政人才的相对性特征还表现在对某一治政事务的认识、处理的方式方法上，同一治政事物，不同的治政人才可能会有不同的认识和不同的处理方式。另外，对于不在位的治政人才来讲，不同层面的治政人才潜显是不同的，在较低层面上的治政人才可能是显性的，而在较大治政的舞台上却是潜性的，即是"数不着"的。

第十一，特定性。所谓特定性指治政人才处在后备状态其被发现或继续潜埋是一种尚未确定的状态。在一定的治政环境中，一个治政的后备人才可能脱颖而出变成社会以及治政所需要的显人才，在另外条件下可能仍处在后备状态，这便是人才的待定。造成治政人才待定的原因不外乎两个，一个是内在因素，一个是外在因素。

第十二，备用性。所谓备用性指治政人才的本身以及人才的其他部分并没有显现或被治政组织使用，处于备用状态。对于具体的治政人才来讲，有的长期处于后备状态，表现为备用性；对于已在治政职位的治政人才来讲，其才能并没达到全部发挥的层面上，备有许多潜在的才能素质。应该说，每一个治政人才都有一定的备用素质没有发掘出来。

第十三，潜性。所谓潜性指治政人才没有被发现、启用或治政人才身上没有发挥出来的潜素质。每一个治政者本身都有一定的潜性素质。在治政者队伍中，有不少治政人才是潜人才，即没有合适的舞台或者没有时机被发现。在治政的实践中，有些治政人才被发现成为显人才，有些人才被暂时埋没，有些人才被永久性埋没，还有的潜人才蜕化为非人才。治政人才的被埋没或治政人才的某些素质没有显现，这是由治政人才的潜性素质所决定的。

| 治政潜人才 | ← 不被承认 埋没 ← | 治政潜人才 | ← 社会承认 发现 ← | 治政显人才 |

治政人才的"显"与"潜"看似简单，其中影响的因素很多。从外因分析，有治政环境、较高层治政者的心理、治政人才观念、治政人才制度、高层治政者对人才使用的习惯等等。

2. 治政人才的类别构成及相应的关系

治政人才是治政者队伍的核心，是组成治政者队伍的主体部分。但是，在治政实践中人们发现有些治政者并不是治政人才，而有些是治政人才却不是治政者。这其中有类别构成的原因，更多是治政现实的原因。

（1）治政人才的类别。

第一，从治政人才治政层级上分析，治政人才可以分为高层治政人才、中层治政人才和基层治政人才等。在治政实践中，治政人才因层面不同在治政实践中承担的治政任务也就不同，而小材大用或大材小用在治政实践中是不可避免的。在不同治政体制中，虽同为治政人才却不一定可以成为某一级别的治政者，这就是治政实践中出现的治政人才级别不合理或升降不合理、不合法的问题。

第二，从治政人才表象和内涵上分析，治政人才可以分为潜性治政人才和显性治政人才。所谓潜性治政人才指没有达到治政者岗位的具有治政才能的人，所谓显性治政人才指已在治政者岗位的具有治政才能的治政者。我们已分析过，治政人才是尚未成为治政者的潜人才或后备骨干，也可以是已经担任某一具体治政职务的已经在治政职位的才用一致、入位到位的现实治政者，治政者队伍中也有无德无才或有才无德的治政者，这种治政者一般存在于特色的治政体制中。

第三，从治政人才对治政业务熟悉方面分析，治政人才可以分为通才和专才。所谓通才指治政者对各种业务都很熟悉、精通；所谓专才，指治政者只对某一方面的业务很熟悉、精通。通才和专才是相对而言的，在治政人才培养上当然越通越好，这种通指通中有"专"。

第四，从治政人才领导技能上分析，治政人才可以分为政治人才和业务人才。所谓政治人才指当官当成了官痞，对治政业务不一定懂，但对于把握权力，利用治政者之间的关系达到了炉火纯青的地步，却能在治政上不断进步。这种人对上有自己的政治方式，讨得信任；对下运用政治手腕，实现控制的目的。这种治政人才被民众称为"玩政治的"，在治政实践中，这种玩政治的治政者不少。所谓业务人才指熟悉治政业务的人才。这种人才守法、规矩、本分，但升迁的机会却不多。

第五，从治政特殊时期分析，治政人才多成为治政怪胎。所谓治政怪胎指某一治政特殊时期，由于治政实力的缺失、治政法律的不健全或者治政有法不依而产生的"治政人才"。这种人才不是治政人才，是特殊环境中的特殊产物。从治政高层来讲，清代末期的慈禧便是怪胎的典型，她既不是最高治政者，不是最重要的大臣，也不是太上皇，却以太后身份垂帘听政，这是特殊时期、特殊治政条件下形成的。这种治政怪胎现象很值得治政学研究。

（2）治政人才与治政者的理论关系。

第一，治政者就是治政人才。治政者就是治政人才指在位的治政者德才兼备，熟悉治政业务，治政有方，治政绩效显著。

第二，治政者不是治政人才。治政者是由不同渠道走上治政岗位的，有特色的治政体制中，治政者是由治政上级选拔的，这种选择绝对不能排除上级治政者对下属的喜好。这种喜好有正确的一面，也有偏见的一面。以"人"选才是最不民主的方式，因此，治政者不是治政人才就是必然的了。其实，在治政现实中，不是治政人才的人充当了治政者说明了治政体制存在缺陷，这种治政者是不称职的，是滥竽充数的，他们会给治政现实带来许多危害，是治政人才选择和使用中的大忌。

第三，治政人才就是治政者。治政人才就是治政者指治政人才成为了治政者，充分发挥了治政人才在治政工作中的作用。正因为治政人才有时不一定能够成为治政者，而治政者又不一定是治政人才，所以，治政人才成为治政者的确难能可贵，这种可贵在上级治政者任命下级治政者的治政体制中尤显突出。在治政民主的情况下，治政人才一般都能够成为治政者。

第四，治政人才不是治政者。治政人才不是治政者指德才兼备的治政后备人才一直没有成为治政者，这在治政者是上级任命的治政体制中较为常见。治政人才成不了治政者，有的甚至永远成不了治政者，这是一种对治政人才的浪费。在上级任命治政者的体制中，"天生我才必有用"不是真理。

（3）治政人才与治政者素质的关系。应当承认，治政人才不是因为是否在治政岗位上才得以判断的，而是以是否具备治政者素质来判断的。治政者素质是构成治政人才的"基材"，治政人才是由治政者各种素质构成的综合体，是治政者素质运动的结果。治政人才与治政者素质相比，治政人才是治政者素质的集合体，是治政者素质的承载体。[①]

第一，治政者素质的品位决定了治政人才的品位。治政人才是由治政者的治政素质构成的，因此，什么样的治政者素质就构成了什么样的治政人才，治政者的治政素质质量和品位，决定着治政人才的质量和品位。治政者治政素质决定了治政人才的实力、竞争力，也决定了治政者所治理的国家或地区以及不同治政层面的实力和竞争力。

第二，治政人才是随着治政者治政素质的运动而变化的。治政者的治政素质是在不断运动着的，这种运动直接或间接地影响治政人才的变化，治政者的治政素质的变化发展关系到治政人才的成长和发展。

第三，治政人才的价值以及作用发挥又影响着治政者治政素质的运动和进步。治政人才虽是治政素质的集合体和承载体，但是对治政者治政素质的运动存在着反作用，治政人才的作用发挥，导引着治政者治政素质的走向，规范着治政者治政素质的构成。通俗地说，治政人才就应该具备治政者素质，而治政者具备了治政素质就是治政人才，两者在这一点上是一

---

① 参见邱霈恩著：《领导学》，第 171 页，中国人民大学出版社 2004 年版。

致的。因此，治政人才的作用发挥影响着治政者治政素质的变化。

第四，必须以治政者的治政素质为依据做好治政人才的相关工作。治政者的治政素质是治政人才的实质内涵，必须注意提高和全面优化治政素质，提高素质品位，强化素质能量。选拔、培养和规范治政人才都要从治政者素质入手，以治政者的治政素质为标准去选拔和培养治政人才。

第五，治政者的治政素质是内涵，治政人才是载体，是一种内涵与载体的关系。治政者的治政素质是存于治政人才之体的，组成治政人才内在实质的核心部分——治政者的治政素质是决定治政人才是否德才兼备的根本原因。没有治政者的治政素质，便不会有治政人才。

二、治政人才规律

治政人才的成长、形成有其自身的规律，也有与其相关的一些外在规律。选择、培养和规范治政人才，要遵循这些规律，把握这些规律，按照治政人才规律办事，推进治政人才的科学发展。

1. 治政人才的机遇规律

机遇在一般人眼中是神秘的，难以捉摸的，在成功者眼中却是一种通畅和必然的现象，虽然这种通畅中有许许多多的波折，但对于成功的治政人才来讲，那只是治政中的涟漪而已。恩格斯指出："被断定为必然的东西，是由纯粹的偶然性构成的，而所谓偶然的东西，是一种有必然性隐藏在里面的形式"[①]。机遇大多数治政者认为是偶然的，"在表面上是偶然性在起作用的地方，这种偶然性始终是受内部的隐蔽着的规律支配的，而问题只是在于发现这些规律。"[②] 应当看到，治政人才的机遇不是"命运"之神支配着的，而是在一定的条件和原因下出现的。治政人才的机遇是反映必然性的一种偶然现象。有关偶然性的特征，我们还将再作分析。

---

① 《马克思恩格斯选集》第4卷，第244页，人民出版社1995年版。
② 同上书，第247页。

（1）治政人才机遇规律的概念。机遇的解释有许多种，人们试图更为科学更为全面地解释机遇的概念。机遇规律也有着一定的概念和意义。

第一，机遇的概念。在解释"机遇"的过程中，有着不同的概念。贝弗里奇解释为：研究过程中某种意外的观察。[1] 王极盛解释为：科技创造过程中偶然出现的意外情况。[2]《自然辩证法讲话》解释为：在科学研究工作中以及在进行科学观察和实验的过程中，出现了出乎人们意料的新现象，由此而导致科学上的新发现或新发明，这种意外现象就叫做机遇。[3]《辞海》解释为："有利于社会发展，工作开展和科学发现的机会、时机。"[4] 杨敬东讲潜人才的机遇概念为"潜人才在孕育、发现过程中出现的意外机会"[5]。

对于治政人才来讲，我们认为治政人才的机遇指治政人才在选拔、培养、使用过程中的机会。

第二，治政人才机遇规律的概念。所谓治政人才的机遇规律指治政组织与治政人才在治政实践中偶然遇到的展现治政人才素质机会的必然联系。这种联系是经常的。

第三，治政人才机遇的本质特征。治政人才机遇的本质特征包括了几个方面，这些方面多与治政人才的主体有关。即使有些机会是治政组织构建的机会，那也需要治政人才去把握，从而在治政人才机遇规律面前充分发挥自己的主观能动作用。一是偶然性。所谓偶然性，指治政人才在治政实践中遇到的不是必然的机会，也有人称之为意外性。治政人才要认识到机遇的偶然性，要注意在治政实践中留意意外之事。二是实践性。所谓实践性指一切治政机遇都来自实践或需要治政人才的实践。没有"实践"，便不会有治政的任何机遇，即使有了某种治政方面的引领，也需要治政人才的实践，机遇才会变为成功的现实。三是即逝性。所谓即逝性指治政人才所面对的机遇有可能是稍纵即逝。这个特征和规律，说明了治政人才要珍惜机会，抓住机遇，不失时机。四是素质性。所谓素质性指治政人才要

---

① 参见〔英〕贝弗里奇著：《科学研究的艺术》，第43页，科学出版社1979年版。

② 参见王极盛著：《科学创造心理学》，科学出版社1986年版。

③ 参见《自然辩证法讲话》，安徽科技出版社1983年版。

④ 夏征农主编：《辞海》中卷，第3549页，上海辞书出版社1999年版。

⑤ 杨敬东著：《潜人才学》，第194页，山西教育出版社2004年版。

把握治政机遇必须具备的一定素质，没有这种素质，即使遇到了某种治政机遇，一样会失之交臂，或者虽抓住了治政机遇，却没有能力去完成。五是意识性。所谓意识性指治政人才要有机遇意识，有这种意识，才能在治政实践中善于捕捉机遇，抓住机遇。

第四，治政人才机遇的类型。治政人才的机遇有三种类型，即追求型、失误型和意外型。[1] 所谓追求型指治政人才在追求某种目标过程出现的机遇。治政人才在治政实践中"行动的目的是预期的，但是行动实际产生的结果并不是预期的，或者这种结果起初似乎还和预期的目的相符合，而到了最后却完全不是预期的结果。这样，历史事件似乎总的说来同样是由偶然性支配着的。"[2] 治政人才追求是有目的的，而抓住了偶然的机遇之后，其结果与原来的预期结果会有较大的改变。这种机遇的类型特点，就是一定要在追求治政目的时才能够实现。不追求治政目的便不会有这种偶然性的机遇，也不会实现治政人才的根本追求。所谓失误型指治政人才在治政实践中的某些失误造成了治政机遇。这种机遇是一种被动的机遇，可能会促使治政人才在治政实践中审视治政实践，审视自己，从而有所发现，有所创造。"错误和挫折教训了我们，使我们比较地聪明起来了，我们的事情就办得好一些。"[3] 治政实践的失误，有可能为治政人才创造了机遇。所谓意外型指治政人才在没有任何思想准备的情况下发现的。在治政实践中，有些人并不是治政人才，而在某些治政实践中有所发现、创造或者被上级治政者发现，便成为了某一方面的治政人才。

第五，机遇在治政人才成为人才中的作用。有些治政人才本身是治政人才，但没有得到使用，无法发挥治政人才的作用，而机遇就可以使治政人才不仅是人才，而且在治政中发挥治政人才应有的作用，因此，"明确认识机遇的作用是极其重要的"[4]。因为机遇可以使潜治政人才成为显治政人才，可以使显治政人才成为名副其实的治政者。一是可以提供治政人才被发现的机会。治政人才在成为治政者之前可能是默默无闻或者无法发挥自身作用的，而机遇给了某些治政人才被发现的机会。二是可以提供潜治

① 参见杨敬东著：《潜人才学》，第 195 页，山西教育出版社 2004 年版。
② 《马克思恩格斯选集》第 4 卷，第 247 页，人民出版社 1995 年版。
③ 《毛泽东选集》第 4 卷，第 1480 页，人民出版社 1991 年版。
④ 〔英〕贝弗里奇著：《科学研究的艺术》，第 35 页，科学出版社 1979 年版。

政人才成为治政人才的机会。三是可以促使某些具有天赋的人成长为潜人才。四是可以促使治政潜人才确定成长为治政人才的目标。五是可以给社会想成治政人才的人提供目标和提高信心。

（2）治政人才机遇的产生。任何机遇的产生必然有主观的原因和客观的原因，偶然的机会的出现，这是客观现象，而要捕捉这种机会，还必须靠治政人才的主观因素。治政人才的机遇产生，主要是从治政人才机遇的客观情况分析的，我们把机遇的产生分为历史偶然机会、治政的偶然需要、政治事件的偶然发生、上级治政者的偶然识别、制度的偶然变革等等。

第一，历史的偶然机会。治政者在治政的实践中会遇到不同机会，有不同的时机。治政实践是一部历史，治政人才和潜人才在这部历史中会遇到一定的机会。历史的机会是治政者在事后的总结，而现实的治政实践中，一定要总结治政经验，抓住机会的规律，及时把握机会，抓住机遇。

第二，治政中的偶然发现。治政实践是一个不断显现治政机会的过程，在这个过程中，要善于发现治政问题、治政经验、治政成果，在这些问题、经验、成果中把握机遇。

第三，治政的偶然需要。由于治政是由上、中、下和基层等层面构成的，不同时期，治政中心的工作就不同，不同治政层面的工作中心也不相同，这些工作中心往往产生不同的需要。在治政体制中应该说不同层面又有着不同的治政需要，治政人才要善于把握这些需要，尽快使自己适应这些需要，并在创造自身条件中抓住治政机遇。在不同层面，治政的不同需要是不同的。治政人才要善于分析这些需要，抓住机遇。

第四，政治事件的偶然发生。在治政过程中，国际、国内会发生不同的政治事件，要抓住政治事件的机遇，实现治政人才的某种抱负。

第五，上级治政者的偶然识别。在治政实践中上级治政者对下级治政者是有所识别的，但是偶然识别在治政实践中有时非常重要。偶然识别指在某些重要工作、重大事件等方面的识别，尤其是上级治政者对下级的偶然识别较多。

第六，制度的某些变革。在治政实践中会遇到治政制度的不断变革，每一次变革都是一次治政机遇，在这些变革中会涌现出许多的治政人才。以改革开放为例，在以经济建设为中心的改革中，治政体制改革、经济体制改革、文化体制改革、科技体制改革，冲破了许多的成规定势，造成了某些机会均等的竞争态势，原先没有机遇的治政人才因改革而获得机遇，又因机遇而崭露头角，从而使许多新的治政人才脱颖而出。

第七，治政人事变动中的机会。治政人事变动有正常的变动和非正常的变动的不同形式，正常变动和非正常变动都是一种机遇，对于潜人才和不是治政者的治政人才来讲非常重要。正常变动中包括了原治政者的正常升迁、调动、退休等等，这使治政人才面临提升或变换岗位的机遇。治政人才应该抓住正常人事变动的机会。

（3）治政人才机遇的捕捉。治政的机遇在治政领域中时常出现，治政机遇的出现，并不意味着某些治政人才的成功。治政人才必须善于抓住机遇，只有抓住了机遇，才有成功的可能。培根引用过一句古谚语说明抓住机遇的重要性。培根说："古谚说得好，机会老人先给你送上它的头发，当你没有抓住再后悔时，却只能摸到它的秃头了。"① 巴斯德讲："在观察的领域中，机遇只偏爱那种有准备的头脑。"②

2. 治政人才的成长规律

治政人才是在治政环境中不断运动变化而成长的。治政人才不是天生的，必须来自治政实践的锤炼，来自治政组织对治政人才的培养，来自治政人才素质的提升，来自民主思想的确立。

（1）治政组织的计划培养。治政组织需要什么样的治政人才，什么样的治政人才才能在治政实践中发挥作用，这要治政组织根据需求的治政人才而确定。近年来，每年的中央、省和地方公务员公开招考中的专业方向（岗位）就是一种需求导向，而治政组织所需求的人才又必须由治政组织来培养。

第一，接需求培养。治政人才的成长有自身成长的因素，也有治政组织培养的因素。对于治政组织需求的某些专业性人才，必须经过治政组织有目的、有计划地培养，才能达到治政人才使用的要求。对于治政组织来讲，需求什么样的人才，就应该培养什么样的人才，这是治政人才成长的规律决定的。

---

① 肖兰、丁成军编：《人才谈成才》，第239页，中国青年出版社1986年版。
② 〔英〕贝弗里奇著：《科学研究的艺术》，第35页，科学出版社1979年版。

第二，按治政"职位"培养。治政岗位需要什么样的治政人才，治政组织应按岗位需求进行招聘和培养。按治政职位培养治政人才的方式一般采用先培养后任用和先任用后培养的方式。先培养后任用指先进行"岗位"培养，使其具备治政人才的治政业务素质之后再进行任用。先任用后培养指因治政岗位的需要先任用到岗之后，再进行治政业务的培养。在特殊治政体制中，这种按职位培养使治政人才成长的方式是常用的方式。当然，这种培养一般只限于中、下和基层岗位的治政者，而高层治政者一般是不参加培养的，这也独具治政特色。

第三，按治政备用人才培养。由于年龄、知识结构、专业结构的原因，治政人才的使用是呈梯队型的，这种梯队以年龄梯队为主，知识和专业结构为辅。治政组织为了满足自身对治政人才的需求，有意识地培养治政人才的后备队伍，培养后备人才以备治政的需求。应该说除了专业需求之外，培养治政队伍的后备干部也是欠发达国家政体中的一大特征，颇具特色。

（2）治政人才的政治服从。治政人才具有极强的政治素质的要求，而政治素质的重要表现是政治服从。

第一，服从组织目标。所谓服从组织目标指治政人才必须服从治政组织确定的治政目标，作为治政人才的个人，只有服从了治政组织的目标，自身的成长才能符合治政组织的要求，才能有治政人才的政治前途。当然，治政组织目标有时是涉及民族、国家政治、经济、文化、社会建设的目标，在一般情况下，治政人才个人目标与治政组织的目标方向是一致的，在方向不一致的情况下，治政人才的个人目标必须服从治政组织目标。

第二，服从政治中心任务。对于治政组织来说，不同的阶段和时期有不同的政治中心任务，这些政治任务也是治政者的首要任务。诸如中国的以经济建设为中心，这个任务已成为治政者共同的任务，其他各行业也必须为这个中心任务服务。在治政人才培养中，也应该围绕政治中心培养治政人才。

第三，服从组织利益。每一个治政组织都有自身的利益，每一个治政人才也都有自身的利益。作为治政人才，个人利益必须服从治政组织利益。只有服从了治政组织的利益，才可能实现治政组织的共同利益。当然，治政组织也应该保障治政人才的个人利益的实现。现在，组织利益讲得少了，实际上组织利益（有时是国家的）是一直存在的。而在社会上"常常把物质利益的原则，一下子变成个人物质利益的原则，有一点偷天换日的味道。他们不讲全体人民的利益解决了，个人的利益也就解决了；他们所强调的个人物质利益，实际上是最近视的个人主义。这种倾向，是资本主义时期无产阶级队伍中的经济主义、工团主义在社会主义时期的表现。历史上许多资产阶级革命家英勇牺牲，他们也不是为个人的眼前利益，而是为他们这个阶级的利益，为这个阶级的后代的利益。"①

（3）治政实践。任何治政人才都是从治政实践中成长起来的，没有治政实践，治政人才也不能称为治政人才，只有经过治政实践的锻炼和考验，治政人才才能真正成为治政人才。"辩证唯物论的认识论把实践提到第一的地位，认为人的认识一点也不能离开实践，排斥一切否认实践重要性、使认识离开实践的错误理论。"②

第一，治政人才的治政实践要有治政理论作指导。治政人才的成长，要经过实践的锻炼，在治政人才的治政实践过程中，必须要有治政理论作指导。"认识从实践始，经过实践得到了理论的认识，还须再回到实践去。认识的能动作用，不但表现于从感性的认识到理性的认识之能动的飞跃，更重要的还须表现为从理性的认识到革命的实践这一个飞跃。"③治政理论指导治政实践，正是这种飞跃。这也是治政实践规律所决定的，没有这种飞跃，治政者也就不能成为一个合格的治政人才。

第二，治政人才的治政认识必须在治政实践中升华。治政人才在理论指导下，参加治政实践，使得自己有了较为全面的较为贴切的认识和感受，而这种认识又必须经过实践并在实践中实现升华。没有理论指导的治政实践是盲目的实践，没有实践中的认识升华也没有真正达到培养治政人才的目的。因为"人类认识的历史告诉我们，许多理论的真理性是不完全的，经过实践的检验而纠正了它们的不完全性。许多理论是错误的，经过实践的检验而纠正其错误。"④这种在实践中

---

① 《毛泽东文集》第 8 卷，第 134 页，人民出版社 1999 年版。
② 《毛泽东选集》第 1 卷，第 284 页，人民出版社 1991 年版。
③ 同上书，第 292 页。
④ 《毛泽东选集》第 1 卷，第 293 页，人民出版社 1991 年版。

的检验和认识是完善治政者理论与实践关系所必需的，是培养治政人才成长的根本途径。

第三，善于总结。治政人才通过理性认识到实践行动，又在实践行动中对治政有新的认识，这是治政人才培养规律所决定的。治政人才的成长，还必须在治政实践中进行总结，并且善于对治政实践加以总结。治政人才是在社会实践、生活实践尤其是治政实践中经过不断的摔打磨炼而成长起来的，治政实践赋予了治政者的治政素质。善于总结治政实践就是要总结治政人才在治政过程中的经验、教训，找出治政人才成长的规律性，探寻治政人才成长的道路。

（4）素质培养。治政人才的素质培养是治政人才成长的基本成长规律，没有治政人才的素质培养，治政人才便不会成为治政人才。治政者素质的培养离不开理论与实践这两个部分，治政人才的本身要通过主观的努力，结合治政理论和治政实践进行归纳、提升，只有在治政实践中加强学习和自我修持①，推动治政素质运动，才能使治政的经验教训和治政理论知识转变成现实的治政人才的治政素质，从而实现素质的转变和提升。

第一，道德素质的培养。道德素质是治政人才最基本的素质，这如同建筑的根基和支柱，缺少道德的治政者不是治政人才，有可能是"坏才"。治政可以有不同的体制，但治政人才的道德素质要求却是相近或相同的。治政人才必须是遵守社会公德、职业道德，保持家庭美德和个人品德的模范。培养治政人才道德素质，主要靠治政人才的学习、揣摩、修炼，以实现道德的美化和升华。治政人才的道德是治政人才素质的主支柱，是"挡火墙"。邱霈恩先生分析认为，权力及其带来的利益作为具有强大诱惑力的外因，会产生性质相反的两种作用，这两种作用会直接影响治政人才的成长。一种作用是治政人才原有的道德素质受到严重侵蚀，使治政人才视权力为私物，把权力作为谋私的工具和手段，进而使治政权力出现了异化，治政人才道德素质发生退化，降低了治政人才道德品位、质量，改变了道德素质的性质，致使治政队伍中、社会生活中充斥假冒伪劣的物品，不断出现坑蒙拐骗的行为。有人认为这是经济发展中必然的现象，这是错误的。治政人才道德素质的滑坡已致使社会失去了诚信

---

① 参见邱霈恩著：《领导学》，第 173 页，中国人民大学出版社 2004 年版。

和公信力，诸如 2008 年"三鹿奶粉"事件的发生，这是治政人才道德素质退化的必然结果。而在治政者的队伍中，贪污腐败、失职渎职违法乱纪屡禁不止。胡锦涛 2008 年《在第十七届中央纪律检查委员会第二次全体会议上的讲话》中指出："腐败现象在一些部门和领域易发多发的状况仍未改变，反腐倡廉建设面临不少新情况新问题。一是有的领域案件发生率仍在上升。如工程建设、土地管理等领域案件有较大幅度上升，近 5 年比前 5 年增长 61.3%；失职渎职案件增多，近 5 年比前 5 年增长 39.8%"。"二是出现一些案件多发的新领域"。"三是涉及高级干部的案件居高不下，党员、干部受到刑事处分的案件有所增多。2006 年全国受刑事处分的党员、干部 14121 人，比 2003 年增长 11.2%"。"四是一些党员干部仍然存在不廉洁行为。有的想方设法利用职权为自己和亲友谋取不正当利益；有的生活腐化堕落，搞权色交易，道德败坏；一些重大恶性事件和群体性事件背后也隐藏着腐败问题。"① 治政人才道德遭到严重腐蚀的根本原因不在执政党抓得不严，教育不够，而在于治政者对谁负责的授权体制出了问题。治政人才不需要对民众负责，他们只需要对任命他们的治政上级负责就可以了，这样治政客体——民众没有了监督权和罢免权，腐败就必然滋生和泛滥。治政人才的素质运动，致使治政者的治政素质整体失去自主自珍的能动性，加速了治政者治政素质的整体退化、劣化和毁灭，治政事业的衰败和质变。另一种作用是考验、历练和强化治政人才的政治素质、道德素质和思想素质，使这些素质变得更加清纯和更加过硬。

第二，业务素质的培养。治政人才的成长，除了道德作保障之外，最重要的是业务素质的培养。治政人才只有把握了治政者的业务素质，才能在治政岗位上成为内行，才能有目的、有针对性地、较好地完成治政工作。治政人才业务素质培养的内容包括了治政业务资格、治政业务知识、治政业务技能、治政业务经验、治政规则熟悉度、职业资历和职业操守，熟悉把握治政部门特长和缺点等等。治政人才业务素质培养的途径有两条，一条是治政组织的培养，另一条是治政人才的自学和自悟。在业务素质培养上，对业务的精通自学和自悟占有重要的地位，因此，治政人才不

① 胡锦涛：《在第十七届中央纪律检查委员会第二次全体会议上的讲话》，2008 年 1 月 15 日。

自学自悟是不行的。

第三，其他素质的培养。治政人才在接受了道德素质和业务系质培养之后，已基本"成型"，基本具备了治政人才的素质基础。治政人才的成长，还必须加强其他素质的培养，诸如治政的政治素质、思想素质、社会素质、生活素质、能力素质、文化素质、智慧素质、心理素质等等，都必须培养或提升。

3. 治政人才的效能规律

治政人才的效能效用的释放和做功、科学地开发和利用、科学地规范等是治政人才效能效用的基本规律。只有把握了治政人才的效能效用的基本规律，才能真正做到适才适用，人尽其才。

（1）治政人才的主观能动性规律。所谓主观能动又叫主观能动性，有人还叫做自觉的能动性，指治政人才的主观意识和活动对于客观世界的反作用。[1] 治政人才在认识活动中可以能动地透过现象反映事物本质，在治政实践中自觉地改造客观世界。治政人才要正确地发挥人的主观能动性，就必须悉心探索客观规律、尊重客观条件给主观能动性提供的舞台和范围。发挥治政人才主观能动性，既是治政人才作用规律的发挥，也是治政人才成长规律的必由之路。只有治政人才的培养达到一定的境界，治政人才的主观能动作用才能达到一定的"自然"程度。

第一，道德高尚。要发挥治政人才在治政实践中的主观能动性，首要条件是治政人才必须道德高尚。一个没有道德的人是不可以做治政者的。而治政人才的道德要求不仅仅是有道德，而且必须道德高尚。治政人才的使用和成长要以道德作保证，这是治政历史和实践证明的铁律。"是故才德全尽谓之圣人，才德兼亡谓之愚人，德胜才谓之君子，才胜德谓之小人。凡取人之术，苟不得圣人、君子而与之，与其得小人，不若得愚人。何则？君子挟才以为善，小人挟才以为恶。挟才以为善者，善无不至矣；挟才以为恶者，恶亦无不至矣。""小人智足以遂其奸，勇足以决其暴，是虎而翼者也，其为害岂不多哉！"[2] 治政人才，德之重要是治政历史证明的

---

① 参见宋原放主编：《简明社会科学词典》，第266页，上海辞书出版社1982年版。

② 司马光撰：《资治通鉴》第1卷，第4页，吉林人民出版社2000年版。

规律，不能忘记，不能弃之。

第二，心理健康。治政人才要发挥主观能动的作用，遵循主观能动性规律，心理必须健康。在现代社会中，心理健康非常重要，据中国疾控中心提供的数字表明，全国大学生中 25.4% 有心理障碍。① 而在现有的治政者中，有多少官员心理不健康没有统计，但对有"官瘾"疾病的有数字统计，据中国估计，大约 10% 的官员受到官瘾困扰。② 研究者认为，做官成瘾者每天花 6.13 小时计算权术（非用于工作），这个数字与美国得出的一天 6.14 小时的评估一致。由互联网媒体公司 IAC 与中国零点 1 + 1 调查公司进行的调查显示，受访中国"官瘾"患者有 42% 的人感到做官成瘾不能自拔，相比之下，在美国这个比例是 8%。在做官成瘾者不做官时，特别是临近 60 岁退休时表现得淋漓尽致！临近 60 时的官员能捞则捞，不能捞也要创造机会捞！另一些官瘾患者则选择在 60 临退前培植自己的党羽势力，期望能当个幕后指挥官。官瘾的表现不止这几个方面，治政人才的心理疾患也远远不止这些。所谓心理指客观事物及其联系在人脑中的反映，包括感受、知觉、记忆、思维、情感、意志、性格、能力等等，心理健康是完成治政人才能动性的主要条件，没有这个条件，主观能动便不能发挥，主观能动的规律便不能够得到遵循。

第三，能力技能达标。所谓能力、技能指治政人才的特质，即治政人才的治政能力、治政技能。这些能力和技能是治政人才的基本特质，是完成治政任务的基本保障，是作出治政效能的基础。这便是相对于"德"来讲的"才"的那部分。传统上讨论治政人才能力、技能时往往分为概念型、技术型，我们按照克利夫·里科特斯的分析方法，增加人际关系类型。这里的类型包括了能力、技能的标准，如表 7 - 1 所示。③

① 参见 Yoyowill17：《数字表明 25.4% 的在校大学生有心理障碍》，http：i. mop. com。
② 参见 zrprof（find eventllally）：《中国可能成为首个把官瘾列为精神病的国家》，http：bbs. ustc. edu. cn。
③ 〔美〕克利夫·里科特斯著：《领导学：个人发展与职场成功》，第 95 页，中国人民大学出版社 2007 年版。

表 7 - 1　治政者能力、技能

技能、能力类型	事　　例	拥有的技能、能力
概念型 （思想）	分析一个环境 逻辑思维 将概念和思想结合进一种工作关系 产生思想 帮助解决一个群体或个人的问题 期望变革 确认机遇与潜在的问题	良好的想象力 奉献精神 将概念和思想与工作相结合的解决办法 良好的解决问题的技能 创　新 逻辑思维 良好的决策技能 期望问题
概念 - 技术型		独立思想的能力 预算变革 开放性思维 欢迎新的机遇 坚持不懈
技术型 （如何做）	了解做事情的不同方法 懂得如何完成事情 建立和跟踪程序的能力 执行特殊活动的技术 研究和经验所获得的知识	沟通技能 有准备的演讲技能 即兴演讲技能 会议程序 群体组织、群体动态和引导讨论
技术 - 人际 关系型		目标设定和活动项目 时间管理 财务管理 召开成功的会议 组织技能
人际关系型（人）	人类行为 人际沟通（如何与他人相处） 对你自己和他人的感受 人们所拥有的不同态度和价值观 他人所拥有的动力 良好的自我概念和自尊	诚　实 勤奋工作的能力 社会技能 倾　听 合　作 强烈的自我概念 乐意与人共事 敏 感 度 积极的态度

治政人才如果没有这些能力和技能，便也没有了效能规律可循，主观能动性也无处发挥。

第四，行为科学。所谓行为科学指治政人才的行为既符合道德要求和治政人才的行为标准，又具有治政个性和向上的气概。主观能动性的发挥有时正是由这些气概所引发的，所以，治政人才的治政行为要科学。治政人才的行为科学一是思想上要乐观向上。治政的环境、治政人才的人际关系、治政升迁的可能性，都容易对治政人才的思想方向产生影响，要学懂辩证法，要用辩证的思想看待治政中的一些现象。无论处在什么样的环境中，都要保持乐观向上的心态，相信一切都会改变，一切都将改变，绝不因一事一时而沉沦。二是态度上要主动积极。对于治政这个事物，治政人才可以积极面对，也可以消极面对。治政人才要以主动积极的态度，对待治政事物。三是行为上要正义正直。正义正直是人类的人性要求，是人都应具备的。但是，由于物欲、权欲的原因，不少治政者缺少了正义正直，才使治政蒙羞，才使社会道德下滑，才使有些治政事物缺少人性。四是乐善好施。善心是人人都应具备的，治政人才更应具备善心。善心不在于治政人才捐了多少钱物，而在于治政人才在一生中不经意的善行，治政人才都应该是乐善好施的人。五是自律自强。治政人才需要他律，但应该以自律为主，在任何场合、任何情况下都要自我约束，要用法律法规、道德、治政纪律要求自己，只有自律，才可能自强。六是善于总结和纠错。治政所有的工作应当进行治政总结，总结不是为了回顾做了哪些工作，而是为了找出某些工作中的规律，找出经验，找出不足。对于工作中的失误或者错误，要善于总结并在以后的治政工作中加以纠正。不会总结，不能够纠错，绝对不是好的治政人才。行为科学还包括了治政者言行的许多方面，我们只抽出上面几点加以分析，以求治政的行为更科学，更能推动治政者主观能动性行为的确立。

（2）治政人才的环境规律。治政人才发挥效能效用除了主观能动之外，还需要良好的治政环境，这个环境要求具有一个科学、有利的外部环境和外在机制，自然而严格地确保治政人才效能效用最科学地发挥。

第一，宽松的政治环境。民主、科学是人们追求的政治方向，宽松的政治环境首要的是政治民主，不仅要让治政人才敢讲真话，还要敢讲实话，敢讲如何治政。除了敢讲话之外，还要保证治政人才和治政客体具有民主权利，这个民主权利是真正的、科学的。民主的实质是治政客体（民众）对上级治政者具有选举权和弹劾权。

第二，良好的经济保障。治政人才效能效用的发挥必须有经济作保障，这种保障除了生活生存的需要之外，还要有良好的经济环境，以使治政人才把握经济规律，运用不同的手段直接或间接地推动经济的科学发展。在中国，经济作为党和国家的中心工作，治政中心工作也离不开经济这个中心。

第三，科学的治政体制。治政体制是治政的根本，是治政人才成长和治政的依附。治政体制包括了各个系统和各个层面的体系和制度。所谓治政体制指关于国家机关以及相关单位的机构设置、隶属关系和权限划分等方面的体系和制度的总称。治政体制包括了国家体制、治政体制、行政管理体制、工农业管理体制、经济体制等等。只要属政党、团体以及行政管理范畴的都是治政管理体制的范畴。治政体制一定要科学，其科学实质在于治政者的选用和监督制度。治政者由谁"任命"、"选用"，他们必然对选用和任用自己的人负责。记得有一篇文章叫做《总统来了怎么办?》，写了美国副总统戈尔到了美国纽海文市，市长 John Destefano 置若罔闻，就是总统来了，市长也不出面。文章说到中国，"上级领导来了，当地官员不只是紧随其后，前呼后拥，甚至还要到当地迎驾，有警车开道，走到哪儿清场到哪儿。一句话，上级领导的到来，是下级官员天大的事，要放下手中一切工作，甚至提前数十天准备汇报材料和研究接待方案，让时间和精力等一切都围绕着上级领导的活动来进行。我们常说：领导干部都是'人民的勤务员'，在这个时候，人们更多看到的是所有下级官员和机关的机关干部都成了地地道道的上级领导的勤务员"①。文章究其原因是美国的政府在真正意义上建立了契约型政府、社会型政府和服务型政府，充当着守夜人的角色，总要求政府官员只对民众负责，对议会负责，而不必对上级某个权力者负责。因此，对下级官员来说，他们心中的"上帝"不是总统，而是身边的百姓。如何使治政体制科学，根本点是我们建立什么类型的政府，治政者值得思考和探索。当政府类型即治政者任用体制解决之后，其他的治政问题都会迎刃而解了。

第四，公正的法律。治政人才的效能规律的遵循必须有法律作保证，没有法律的治政是野蛮的无序的治政。治政人才的培养和成长也必须由法

---

① 张心阳：《总统来了怎么办?》，《半月选读》2008 年第 24 期。

律作保障。法律的公正、执法的严格、守法的自觉、违法必究等等是治政人才实现效能和获得绩效的保证。

第五，科学的监督。治政人才的效能规律决定了对治政人才的本身和治政人才的行为必须加强监督。这种监督也包括了对治政人才的考察、表彰、惩处，治政上级（在不可能民主选举的情况下）根据治政人才考察、表彰、惩处的结果决定治政人才的升降。科学的监督需要治政人才的上级来监督，但更需要（应该说是根本需要）治政客体（民众）和下级治政者来监督，因为治政客体（民众）和下级治政者对上级治政者（治政人才）的治政水平、能力、绩效最有发言权。这种监督绝对不是年终走过场的考核，也不是一次不公开民主的推荐。

4. 治政人才的潜能规律

治政人才的潜能同其他人才的潜能一样，是一种潜在的能力。治政人才的潜能的识别、开发等都具有自身的规律。发挥治政人才的潜能是上级治政者和治政组织的根本任务。

（1）认识治政人才的潜能。应该承认每一个人都具有自己的潜能，学者们用"海上冰山"的理论形象地说明人的潜能的巨大。他们形容：人的能力好似一座浮在海面上的冰山，浮在水面上的像人类已知能力——显能，这里是很小的一部分，而沉没在水面之下的未显露部分却是显露部分的 5 倍、10倍、20 倍、30 倍……[①]我们必须对治政人才的潜能有一个较为全面的认识。

第一，潜能的概念认识。潜能指治政人才潜在的尚未显现的智能和体能的总和。潜能，是潜在的能力，是尚未开发的能力，而作为潜能所有者的人，其潜在能力是非常惊人的。美国心理学家威廉·詹姆士认为，一个正常健康的人，只适用了其能力的 10%，尚有 90% 的潜力。[②]又有些学者认为"据最新估计，一个人所发挥出来的能力，只占他全部能力的 4%。我们估计的数字之所以越来越低，是因为人所具备的潜能及其源泉之巨大。根据现在的发现，远远超过我们 10 年前，乃至 5 年前的估测"[③]。控制论奠基人之一的 N. 维纳说："可以完全有把握地说，

---

① 参见杨敬东著：《当代人才问题新视角》，第 90 页，湖南科学技术出版社 2004 年版。
② 杨敬东著：《潜人才学》，第 217 页，山西教育出版社 2004 年版。
③ 〔美〕马斯洛等著：《人的潜能与价值》，第 385 页，华夏出版社 1987 年版。

每一个人，即使他是作出了辉煌创造的人，在他的一生中利用他自己的脑潜能还不到百亿分之一。"① 我们认识潜能，不仅要认识到潜能的含义，更要认识到潜能的巨大。

第二，治政人才潜能的特征。治政人才的潜能同人类潜能一样具有潜性和可诱发性。所谓可诱发性指治政人才的有些能力在某种条件下或实践的过程中而显现出以前所没有的水平。

第三，重视治政人才中的潜能资源。治政人才是治政事业的宝贵财富，在他们身上有着巨大的潜能，这些不同个体中的潜能成为治政事业的潜能资源库。尽管每一个治政人才的潜能可能是不同的、是各个方面的，但它需要得到治政组织和上级治政者的重视，需要治政组织有计划、有目标地发掘，需要有一个供治政人才潜能发挥的科学、民主的环境，真正实现治政人才在治政实践中人尽其才。

（2）治政人才潜能的识别与激发。

第一，治政人才潜能的识别。治政人才的潜能虽然是潜在的能力，但是，可以从已显现的能力来预测和推断潜能的大小，可以在某些治政实践中加以诱发。识别治政人才常见的办法有经验判断法和测验法。② 所谓经验判断法即治政组织或上级治政者凭借某种专业经验从治政人才身上发现某些潜能。伯乐识马，讲的就是凭对马的了解的经验而"识"马，治政组织和上级治政者也应该具有识别治政人才的能力和胸怀。所谓测验法指用测验的办法即用智力测验、创造力测验、人员功能测验等方法，测验治政人才的潜能。美国著名教育学家托拉斯，研究了一些判断项目（共 21 条），③检查学生的创造力尺度，我们可以用来作检测治政人才潜能的参考。

- 听人说话，观察事物，行动时专心一致。
- 口头或文字表述时能使用类比的方法。
- 全神贯注地读书和书写。
- 完成一定的治政任务后有兴奋的表现。
- 敢于向权威提出挑战。
- 习惯于寻找事物的各种原因。

---

① 参见杨敬东著:《潜人才学》，第 217 页，山西教育出版社 2004 年版。
② 同上书，第 234 页。
③ 同上书，第 235—236 页。

- 精心地观察事物。
- 能从他们的谈话中发现问题。
- 从事创造性工作时废寝忘食。
- 能发现问题和发现与问题相关的各种关系。
- 除了日常生活，平时都在探索学问。
- 持有好奇心。
- 持有自己独特的实验方法和发现方法。
- 有所发现时精神异常兴奋。
- 能预测结果，并正确地验准这一结果。
- 从不气馁。
- 经常思考事物的新答案、新结果。
- 具有敏锐地观察能力和提出问题的能力。
- 在学习上有自己关心的独特研究的课题。
- 除了一种方法外，能从多方面来探索他的可能性。
- 能不断产生新的设想，在娱乐闲暇时也能产生新的设想。

第二，治政人才的潜能的激发。治政人才的潜能释放需要一定的实践和措施，这些实践和措施是激发和诱发治政人才潜能的根本手段。从治政历史过程来看，治政人才的潜能激发不外乎灾难、危机、压力、刺激、艰难困苦、自我砥砺等条件，这些条件要同治政人才自身的潜能素质相结合，没有一定的潜能素质，再好的外因也不会发生作用。

（3）治政人才潜能的开发规律。开发治政人才的潜力，是治政创新的新课题。作为治政人才，应该从自身的条件出发，寻找开发自己和其他治政人才潜能的开发途径。

第一，创造有利于治政人才潜能开发的外部环境。治政环境是治政人才治政潜能开发的重要条件，没有这个条件，治政人才的治政潜能便不会在治政环境中得到开发。治政环境主要是指治政政治、文化、体制、关系、政府等方面要科学、开明，要有利于治政人才治政潜能在治政实践中擦出"治政火花"，迸发出治政的潜能。

第二，治政人才自身要具有开发潜能的相应条件。马克思讲过："人自身作为一种自然力与自然物质相对立。为了在对自身生活有用的形式上占有自然物质，人就使他身上的自然力——臂和腿、头和手运动起来。当他通过这种运动作用于他身外的自然并改变自然时，也就同时改变他自身的自然。他使自身的自然中沉睡着的潜能发挥出来，并且使这种力的活动受他自己控制。"① 治政人才注意开发自身的潜能有几条途径。一是寻找特长潜能及其灵敏点。寻找特长潜能及其灵敏点一般使用强度攻击法，所谓强度攻击法是一种不太常见的对目标者实施语言形式围攻的方法，参与活动的对象是自愿参加者，所有参加者将自己的名字写在纸条上，置于容器内，然后以随机的方式抽出一个名字，被抽中的人就成了被攻击的靶子。他先把自己的人格强度及能力一一列出来，然后问其他人："你们认为我还有什么长处？还有些什么能力没有发挥？"大家便根据这个人的人格、实际具有能力，以及他如何没有充分发挥这些能力的印象攻击他。结果发现，别人比自己更了解自己的能力，也更了解自己没有充分发挥能力的理由。攻击到尾声时，大家还要对下面的问题作延伸性想象：假定从现在起，这个人能够将我们所发现的潜能完全发挥，5 年后将是怎样的光景呢？据实验者介绍，这种方法既可以发现人的多种潜能，也能发现人的特长潜能及其灵敏点。② 体验高峰经验也是寻找和发现人的特长潜能及其灵敏点的方法。所谓高峰经验指人们重温成功的喜悦以寻找潜能。二是想象。治政人才的想象指治政人才在知觉材料的基础上，经过新的配合而创造出新形象的心理过程。这种"新形象"是治政人才成功的心理图像。治政人才通过想象，促进了自身潜能的开发。爱因斯坦说："想象力远比知识更重要。"拿破仑说："想象支配人类。"③ 三是心理健康。潜能发挥如何，开发如何，要看治政人才的心理健康如何。心理健康，生活正常，心情舒畅，才能达到某种忘我的境界，才能实现潜能的发挥。四是琢磨。琢磨就是思索、考虑、放松、推敲，反复对某些治政现象进行分析、厘清，最终实现突破。

5. 治政人才的价值规律

价值是治政人才素质决定的，治政人才有无价值，有无使用价值，主要由治政人才自身素质决定。治政人才的价值指治政人才在治政实践中的作用。

（1）治政人才的自身价值和使用价值。治政人才自身价值和使用价值

---

① 《马克思恩格斯全集》第 23 卷，第 202 页，人民出版社 1972 年版。
② 参见杨敬东著：《潜人才学》，第 240—241 页，山西教育出版社 2004 年版。
③ 同上书，第 242 页。

是两个概念，两者有区别又有联系。

第一，治政人才的自身价值。所谓治政人才的自身价值指治政人才素质的能量和品位所显示出来的价值。治政人才素质的能量高、品位高则价值就高，这种价值并不因为治政人才是否在重要治政岗位而有所区别，也不因为治政人才的职位高低而高低。这是治政人才自身的价值规律所决定的。

第二，治政人才的使用价值。辩证法认为，但凡有价值的东西，必定有使用价值。使用价值的体现还要视使用者的使用而定。治政人才都具有使用价值，使用价值除了受治政人才自身的价值决定之外，主要靠治政人才组织和上级的使用情况来决定。治政人才的使用层次高，价值就显得大，但是治政人才的作用不一定与显示的价值成正比。

（2）治政人才在治政实践中的价值体现。治政人才的自身价值即有价值和价值体现是两个概念，治政人才有价值必须体现出自身的价值，治政人才用自身的价值引领社会价值的走向。

第一，治政人才价值的社会认可。治政人才虽然有价值没有用到治政实践中去，没有得到认可，其价值的作用就没有得到充分的发挥。治政人才的价值得到社会的认可，这是治政人才价值的社会实现，治政人才的现实价值必然会受到社会标准的评判。

第二，治政人才价值的高低受治政人才素质释放能量的影响。治政人才的价值体现，要经过治政实践的过程，而影响治政实践成果优劣的是治政人才的素质和素质的释放能量。治政人才如果要不断地创造和设法实现自己的价值，就必须保持和提升自身的素质。

第三，治政人才价值的体现，主要形式是治政人才的治政绩效。在追求实际价值的年代里，治政人才的治政实绩有时成了治政人才价值体现的主要形式，因此，治政人才实绩的好大喜功、弄虚作假在治政事业中出现便不足为奇了。那种只追求"GDP"不顾能源消耗，不顾环境污染的畸形经济发展方式也就成为了"必然现象"。由此看来，治政人才的治政绩效检验也要科学，要实事求是，坚决反对为了"升迁"而追求的伪绩效。

三、治政人才的培养、使用、考核

选拔、培养、使用、考核治政人才是治政组织和上级治政者的重要任务，因为它关系到治政人才队伍的建设，关系到治政队伍的发展和壮大，关系到治政事业的后继有人，这也是独特的治政体制中的治政者的主要任务。从字面上看，治政人才的选拔、培养、使用、考核分属不同的环节，但在治政人才的选拔使用中是一体的，是相互连贯、互为条件的，是治政人才使用管理的共同组合体。

1. 治政人才的选拔

选拔治政人才是治政人才管理的第一步，是第一个环节，没有治政人才的选拔和发现，其余的环节便无从谈起。治政人才的选拔是治政人才管理的起点。治政人才选拔要坚持几个原则。

（1）公开公平原则。公开、公平是人才选拔的首要原则，也是治政人才选拔的基本原则，没有公开、公平就选不出好的治政人才。

第一，普选。所谓普选指较大范围内的公开选拔。旧时代的科举，现代社会的考公务员就属于普选的一类，符合条件的人都可以参加和应选。普选是最能体现公平的方式，也是被不少民众接受的方式。普选就是多中选好，让更多的治政人才展示自己的才华，接受挑选。

第二，优选。所谓优选指在前一轮选拔的基础上好中选优。经过前一轮或前几轮的挑选之后，再进行选拔，把较为优秀的治政人才选到治政岗位上来。

（2）科学原则。选拔治政人才坚持科学的原则就是要按制度、按规范专门去挑选人才。挑选治政人才的标准也要科学、合理，实事求是。

第一，程序科学。选拔治政人才有不同的程序，这些程序要合理、科学，每一环节要科学连接，所有过程都要科学、合理、合法。

第二，标准科学。挑选治政人才要有一定的标准，不仅要观其言、察其行，还要考察治政人才的日常德行。治政人才选拔的标准有基本标准即心理品质、伦理道德、政治品德；有具体标准即治政人才所需要的业务标准、专业标准；有性格等标准即性格、气质、身体情况等等。这些标准要科学。

（3）素质原则。治政人才的素质原则与前面的科学原则中有交叉，主要强调道德标准。

第一，重品行。治政人才不是普通的民众，其素质应是高标准的，其品行也应是高尚的。

第二，重能力。一个治政人才有"德"作保障之后，其他方面素质就成为了标准原则，这些素质构成了治政人才的治政能力和其他各方面的能力。

（4）规律原则。治政人才的选拔有必须遵循的规律，有机制方面的，有人才选拔方面的，有不同事业方面的等等。在选拔治政人才中要注意遵循这些不同的规律，以在规律规范之中发挥治政组织挑选治政人才的主观能动性。

第一，事业规律。治政人才可能从事不同的治政业务，这些不同的治政业务有着自身的规律，作为治政组织选拔治政人才时就要遵循这些不同的业务规律，按规律办事。

第二，机制规律。治政人才的选拔有许多的机制，这些机制都是依照治政自身规律而形成的。治政人才的选拔，一定要遵循各种机制的规律，真正实现科学选才。

第三，人才竞争规律。人才是竞争的、流动的，治政人才相对好一些，但其竞争性也是非常明显的。人才选拔，要遵循人才竞争规律，让治政人才动起来，在竞争中较好地完成自己所担负的治政任务。

2. 治政人才的使用

治政人才的使用要因材而用、量才而用、科学使用。治政人才使用的关键在于人尽其才。

（1）要德才兼备。使用治政人才必须坚持德才兼备的原则，因为治政工作不同于其他工作，德才兼备是治政人才使用、培养最基本的要求。

第一，德才兼备。所谓德才兼备，指治政人才必须达到德和才都具备，因为德者才之帅也，才者德之资也。德离开才，才离开德的治政者都不是优秀的治政人才，治政人才必须德才兼备。

第二，以德为主。治政人才德才兼备，在德才皆具时，要坚持以德为主。因为德决定了才的走向，决定了治政者是君子还是小人。但历史上重才者多而重德者少。"夫德者人之所严，而才者人之所爱；爱者易亲，严者易疏，是以察者多蔽于才而遗于德。"[1] 因此，我们必须接受历史教训，用人要把德放在首位。

---

[1] 司马光撰：《资治通鉴》，第4页，吉林人民出版社2000年版。

(2) 要科学。用人的科学主要指冲破习惯势力，用人所长，在用人上建立科学的使用人才机制。

第一，冲破某种习惯，遵循人才使用规律。在不同的治政体制中，用人规律有所区别，但人才的成长规律是基本相同的，在用人方面，使用德才兼备的治政人才的用人规律也是相通的。作为治政组织和治政者上级，对治政人才不要求全责备，要本着对事业、对治政负责的精神，冲破治政中的某些习惯，打破一些作用之中的某些陈旧的框框，遵循人才使用规律用人。

第二，用人任长。要把用人所长作为治政人才使用的某种规律加以研究。汉高祖刘邦曾对自己用人作了总结："夫运筹策帷帐之中，决胜于千里之外，吾不如子房；镇国家，抚百姓，给馈饷，不绝粮道，吾不如萧何；连百万之军，战必胜，攻必取，吾不如韩信。此三者，皆人杰也，吾能用之，此吾所以取天下也。项羽有一范增而不能用，此其所以为我擒也。"① 人才由于资质不同，接受教育的条件、影响的环境不同，因此，不同的人才个体，才能参差各异。作为治政组织以长取人，是最务实的也是最积极的用人政策。古人诸葛亮是用人以长的理论先导，他把用人任长的理论加以推衍，认为即使先代圣贤能者，也不是完人，也是各有所长的。他指出："老子长于养性，不可以临危难。商鞅长于理法，不可以从教化。苏、张长于驰辞，不可以结盟誓。白起长于攻取，不可以广众。于胥长于图敌，不可以谋身。尾生长于守信，不可以应变。王嘉长于遇明君，不可以事暗主。许子将长于明臧否，不可以养人物。此任长之术者也。"② 用人任长是用人史上证实的科学手段，但运用于这个手段不可以太机械，也必须因事、因人而异。

第三，建立用人机制。人才光靠治政组织和某些治政上级的发现是不全面的，治政组织必须建立科学的、有利于治政人才脱颖而出的机制。识人善任讲的是开明的治政上级，而真要识许多人怕是很困难的。中国古式用人机制是靠科举选人用人，被后人评长论短，而今社会用人似缺少科学的用人机制。用"民推"、"公选"方式不失为好的方式，但决定权并不在"民"和"公"，决定使用人才的权力仍在某一治政者上级，这似乎最不科学。既然"民"推了，"公"选了，就应让民作为决定者

① 司马迁著：《史记》，第86页，北京出版社2006年版。
② 苗枫林著：《中国用人史》，第121页，中华书局2004年版。

而真实地选出德才兼备的人才，让他们对民负责，由民考核和罢免又将如何？

3. 治政人才的培养

选拔出的人才需要培养，使用中的人才也需要培养，培养治政人才是治政组织和治政上级一个非常重要的任务。对于具体的治政者来讲，每个治政者并不是全人和完人，对于治政业务、治政环境和治政内容都有一个了解的过程，熟悉的过程和把握的过程，因此，培养治政人才是不可缺少的环节。

（1）教育。教育是培养治政人才的主要形式之一，这种教育包括理论的和实践的形式，虽同为治政人才的教育内容但与其他的教育又有较大的区别，治政人才的培养必须经过治政实践才能达到治政者素质的培养目标要求。

第一，各类正规与非正规教育。治政人才的教育既要有正规的教育，也需要有非正规的教育。治政人才的教育包括了多数治政人才所经过的前期的系统的学校教育、家庭教育和中后期的社会教育以及教育全过程的自我意识教育等等，其中最主要是通过治政组织的社会教育。治政人才的教育有理论的、实践的和自我意识的教育类别。

第二，各类培训。培训也是教育的一种。培训是治政人才接受教育不可或缺的形式。对于治政人才来讲，培训是专门针对某一种治政人才素质中的技能目标或部分的知识目标进行的训练活动。培训要根据治政人才素质提升的需要而确定目标，采用多种形式进行。培训具有其他教育方式所不能够具备的迅速、高效地解决某些具体素质问题的特殊功能。治政人才的培训具有针对性、实效性、科学性，这种培训方式在发达国家称之为"削尖"①，即在某种具体能力上达到拔尖的程度，这是其他教育形式所达不到的教育形式。

第三，实例实战教育。实例实战教育既不同于一般的教育也不同于某种目标培训，而是通过治政现实中某种实例而进行的实际的培养。这种教育有与实践相通的地方，又保持着一种范例教育，这种范例有成功的正面教育，也有失败或反面的教训教育。而这种范例又需要治政人才实际动手

---

① 参见邱霈恩著：《领导学》，第 179 页，中国人民大学出版社 2004 年版。

才能完成教育的任务。

（2）锻炼。所谓锻炼指治政人才通过治政实践提升自己的治政觉悟和治政水平的有意识或无意识的活动。锻炼是治政人才干中学即在治政实践中提高治政素质的必要途径。治政人才只有经过理论、实践、理论再实践的治政锻炼，才能不断地总结经验，发现问题，不断地形成自己对治政工作的新思路、新方法，才能真正把握自己对于治政的经验、技能、知识、水平，达到某种治政的境界，达到治政的目的。

第一，有意安排。治政人才的培养锻炼多是治政组织有目的安排的，这种安排，是让治政人才在一定的治政实践中通过一定的实践体验，进行理性思考，掌握某些治政技能。有目的、有组织地安排治政人才锻炼，是培养人才常用的方法。

第二，顺其自然。所谓顺其自然指治政组织对某些治政人才的培养不是有意地安排一些项目，而是使其在某种治政环境中自然地接受教育，受到锻炼。顺其自然的培训方式需要治政人才有一定的自觉性，有一定的悟性，这样才能达到培养的目的。

第三，善于总结。善于总结指来自治政组织和治政者个人的两个方面的总结。来自组织的总结主要是从培养治政人才的层面进行总结，以保证培养目标的实现，并为以后的治政人才的培训打下经验式的基础。来自治政人才的个体总结主要是从治政人才个体对治政实践的感悟，对治政组织培养目标的推测和培训成果的归纳。由于两种总结的角度不同，得出的经验肯定有区别。真正发挥培训作用的，还是要靠治政人才个体在治政实践中的悟性，因为治政人才是治政实践的主导者。

（3）治政人才的修持。我们在前面分析过，治政人才的培养主要点在于"悟"，其实"悟"的重要点在于治政人才的修持。

第一，修持的含义。修指修养、修正，持指坚守纪律、持之以恒。修持指治政人才不断提升自己的修养，端正品行，遵守治政纪律，并长期坚持不懈。《大学》开篇讲："大学之道，在明明德，在亲民，在止于至善。知止而后有定，定而后有能静，静而后能安，安而后能虑，虑而后能得。物有本末，事有终始。"①《大学》的知、定、静、安、虑、得，概括了治政修持的基本内容。有的学者认为，修持是公认的各种德才标准内化、德

①　陈襄民等译：《五经四书全译》第 4 卷，第 2995 页，中州古籍出版社 2000 年版。

才水平提高的修炼过程，是自我要求、自我推动的、高度自律的状态下进行的品格锻炼、精神锻炼和才干精进的综合过程。[1] 古人把修持看成一种自我提升的过程和方法。

第二，修持的要求。所谓修持的要求指修持的做法。修持的第一要求是治政人才的修心。修心包括治政人才刻苦、坚毅、求精、好学的精神，指治政人才正其心。正心要求治政者要有一种精神和道德的标准。修持的第二要求是治政人才的修养。所谓修行指把握自己的行动。要通过自身的行动不断地提高自身的文化素质、道德素质、思想素质、业务素质、智慧素质等等。

4. 治政人才的考核

治政人才的考核是治政人才使用培养等不可缺少的环节，考核是一种总结，也是一种动员，它可以推动治政人才反思自己的言行，反思治政成果，从而实现未来的治政绩效。

（1）治政人才考核的一般原则。治政人才的考核具有不同的要求，也必须坚持不同的原则。

第一，公正、公平、公开的原则。所谓公正原则指对治政人才的考核一定要坚持公正、公平、公开的原则。所谓公正指目标、标准、操作、结果使用都要实事求是，准确，不夸大，不缩小。所谓公平，指考核不带有倾向，不送人情。所谓公开，指考核要把考核的原则、考核的标准、考核的结果等告知参与者与考核对象。湖南省岳阳市在公开招考处级干部时，社会学者搞了调查，人们担心不公正的占 20.3%，如表 7 - 2 所示。[2]

表 7 - 2　应选者担心情况

单位：%

考题泄露	评判不公正	拉关系走后门	其　他
5.2	20.3	30.8	43.6

---

① 参见邱霈恩著：《领导学》，第 180 页，中国人民大学出版社 2004 年版。
② 参见杨敬东著：《潜人才学》，第 99 页，山西教育出版社 2004 年版。

第二，全息的原则。所谓全息指对治政人才的考核信息收集要全面、准确。要防止在考核中对治政人才反映的失真。收集治政人才在考核中的信息，要尽量达到全面，调查了解要全面，业绩考核要全面，评价结果要全面，以减少失误或疏漏。

第三，重素质的原则。治政人才的言行无不受自身素质的影响，应该说有什么样的素质就会有什么样的治政行为。在考核中，要注意素质内容的比重，要注重治政人才素质的考核。考核不能只顾表面，关键在治政人才的素质。

第四，重发展的原则。治政人才的考核还要注意治政人才的发展潜能。注重治政人才的发展潜能，必须实事求是地考核治政人才的德、能、勤、绩。正因为考核是为使用准备的，所以"重发展"非常重要。重发展就是要用发展的眼光，看治政人才发展中的业绩。重发展实质上也是重使用、重未来。

（2）治政人才考试的标准。第一，德才标准。这个标准是用考核的方法评价治政人才的德才水平和能力，考核中的德才都要兼顾到。考核时要注意把德放在首位，一改过去重才轻德的做法。

第二，业务标准。治政人才一般是拟担任某些业务工作，注意考核治政人才的业务，是治政工作的基本要求。如果治政人才长期不熟悉业务，那绝对不是合格的治政人才。

第三，一般素质标准。对治政人才考核规律的把握还必须把握素质标准。我们在这里讲的一般素质指基本素质，不是我们分析治政人才素质时的政治、业务、文化等素质，而是指治政人才的生理素质和心理素质，诸如身高、体重、速度、耐力、神经类型、性格、气质等等。考核治政人才这些素质，目的是把握治政人才在一般素质方面的特长，对治政人才将要担负的治政岗位有的放矢地安排，真正实现在治政方面的人尽其才，"好钢"用在刀刃上，才能实现治政人才的合理、科学使用。

（3）治政人才考核的主要内容——实绩。在治政人才使用方面，胡锦涛讲："坚持正确用人导向，按照德才兼备、注重实绩、群众公认原则选拔干部，提高选人用人公信度。"[①] 选人用人"注重实绩"，实质上就是治

[①] 胡锦涛：《高举中国特色社会主义伟大旗帜　为夺取全面建设小康社会新胜利而奋斗》，《十七大报告辅导读本》，第51页，人民出版社2007年版。

政人才考核的注重实绩。胡锦涛还讲："完善体现科学发展观和正确政绩观要求的干部考核评价体系"①。考核评价治政人才的实绩，说到底还是考核评价治政人才的"政绩"。考核治政人才的政绩，必须要注意职务分类和职务规范；注意考核；注意述绩等等。干部的考核也是中国一大特色，因为只有考核，才能对下级干部有所了解，才能加以任命，而非"民选"。

第一，治政职务分类与职位规范。治政职位分类与职位规范，是考核评价治政人才的基础和依据，如果对治政职位不加以分类和规范，便不会有真正的科学的考核评价，有了考核评价也是随意的、表面的，不能作为使用培养治政人才的依据。治政职位分类又被称为职务分级，而职位是指治政机关和团体中执行一定职务的位置，指符合一定规格的人担任的工作职务和责任。职位强调的是工作岗位。治政职位分类一般由职位、职系、职组、职门、职级、职等等方面构成。职系指工作性质相同而责任不同的职位系列；职组指治政工作相近的若干职系的组合；职门，反映若干治政工作性质大致相近的职组归纳构成；职级指治政工作性质、职务、责任、技术、教育等因素相同的职位构成；职等指治政工作性质或主要事务不同，但困难程度、职责轻重、工作所需资格相同的职位归为同一等级。②职位分类一般分为几个步骤：职位调查、职系区分、职位归级、制定职级规范等等。治政职位规范又称治政岗位规范。职位规范是根据责权利相统一的原则，业务同一性原则等科学原则和方法，对治政职务所需用的职务、职责、职权以及任职资格所作的规定的集合。③在现在的治政岗位中，由于治政体制的原因，在我国出现了职位设置交叉、职位名称不规范、副职设置过多等等不和谐的现象。诸如媒体曝光的辽宁省铁岭市政府设20个副秘书长④而引起争议的问题，辽宁省铁岭市20个副秘书长并没有算上市委的副秘书长以及市委、市政府和办公室副主任等等，市委、市政府中相当于副秘书长职务的远远不止这些，而全国的地级市市委、市政府的副秘书长又有多少呢？应当说职位设置交叉、副职设置过多已不是中国的

---

① 胡锦涛：《高举中国特色社会主义伟大旗帜　为夺取全面建设小康社会新胜利而奋斗》，《十七大报告辅导读本》，第50页，人民出版社2007年版。

② 参见杨敬东著：《潜人才学》，第118页，山西教育出版社2004年版。

③ 同上书，第119页。

④ 参见郭晶晶、刘伟：《辽宁铁岭市政府设20个副秘书长引争议》，《成都商报》新闻中心news. sina. com. cn 2008 年 11 月 27 日。

个别现象，中央政府应该有明确的规定，不能出现社会主义制度下的"官场现形记"。

第二，考绩。所谓考绩指考核治政人才的政绩。在发达国家中，公务员制度有一个带根本性的原则——功绩制原则，而考绩是功绩制的基本内容之一。在功绩制中规定的公务员考核内容包括了对事和对人，对事考核评价包括考勤、工作完成情况、特殊贡献；对人考核评价包括治政人才的品行、能力、性格、工作态度和发展潜力等。在我国，考绩主要是对治政者的治政行为和工作目标完成情况进行考核评价。不同的治政体制把对治政人才考核内容分成不同的若干要素。我国组织部门对治政人才的考核分为德、能、勤、绩、廉，应该说是比较全面的。湖南省对1000多名县市领导干部测评资料进行了分析，设计了若干因素进行问卷，归纳为两个表，如表7-3、7-4所示。

表7-3　引导性行为[1]

单位：%

内　　容	所占比例	内　　容	所占比例
贯彻执行路线方针政策	43.5	公正廉洁	22.2
事业心	23.9	其　他	10.5

表7-4　履职性行为[2]

单位：%

内　　容	所占比例	内　　容	所占比例
决　　策	45.9	改革创新	8.0
组织发挥	27.8	其　他	5.5
用人授权	12.8		

组织部门对两表进行了分析和归纳，从而确定了10项治政者行为的考核要素，这些要素分别为[3]：

---

① 杨敬东著：《潜人才学》，第120页，山西教育出版社2004年版。
② 同上书，第120页。
③ 同上书，第121页。

- 贯彻执行党的路线方针政策；
- 决策；
- 指导、检查、督促；
- 用人授权；
- 沟通协调；
- 改革创新；
- 工作的后继能力；
- 事业心；
- 公正廉洁；
- 贯彻民主集体制。

第三，述绩。这里讲的述绩是指治政人才的述职，述职说到底就是讲自己的治政实绩，包括自己"不良"的业绩，因此，我们把述职称为述绩，即陈述自己在某一职能上的业绩。应该说，述职是治政古老的话题，《辞源》解释为：诸侯向天子陈述职务。《左传》："朝聘有珪，享兆见有璋，小有述职，大有巡功。"[①]《孟子·梁惠王》（下）："诸侯朝於无子曰述职。述职者，述所职也。"[②] 述职并不是当代人的发明，过去大臣向天子述职，而今治政人才（中、下、基层）要向下级述职，尽管述职有走过场之嫌，但不失为一种进步。如何规范这种进步，使治政人才的述职能够更科学、更实事求是，即把握好述职这一方法，非常重要。个人的述职，现已发展为述职述廉，其实廉本应属职的内容，由于不廉的治政者太多，才把述廉单列出来。述职应注意几个特点。一是必须实事求是。在述职中既不扩大自己的成绩，也不缩小自己的成绩，要本着实事求是的精神，既讲成绩，也必须找出不足，否则，有可能成为一种自吹自擂。二是述绩为主。既有成绩，也有工作中的不足，在述绩中应该以述绩为主，要抓住工作中的主要成绩，不可能面面俱到，一年365天流水式的述绩是不需要的。三是突出个体，兼顾集体。治政工作是治政者共同完成的，在述绩中，应该以述自己的绩为主，既要把自己的成绩（主要的）讲到位，又不能贪他人之绩为己有，科学地把握突出个体、兼顾集体的度。

---

① 《春秋左传·昭公》（五年），《五经四书全译》（三），第2596页，中州古籍出版社2000年版。

② 《孟子·梁惠王》（下），《五经四书全译》（四），第3273页，中州古籍出版社2000年版。

四、治政人才的评价

科学地评价治政人才，是治政人才成长、培养、使用不可缺少的环节，只有科学地、合理地、实事求是的评价，才能真实体现治政人才的价值、成绩和不足，才有可能有的放矢地解决人才培养中存在的问题，才能总结出人才培养中的经验教训，才能鼓励和引导治政人才向着有利于治政的方向发展。

1. 治政人才的评价原则与评价体系

（1）治政人才的评价原则。治政人才的评价有一套评价原则，只有遵循治政人才的评价原则，才能对治政人才作出较为科学的和较为正确的评价。治政人才的评价原则是依据治政人才成长、培养和使用规律确定的，原则的本身也具有一定的科学性和可操作性。

第一，客观性原则。所谓客观性原则指在评价治政人才时应该按照治政人才的本来面目去考察和评价，而不加个人偏见，不主观臆断掺杂个人感情去评价。坚持客观性评价治政人才的原则，一是要有治政人才的评价标准，这个标准也必须是客观的，必须从实际出发的。二是要有评价的制度，用制度去推动评价和规范评价。三是必须规范评价者行为。所有评价和被评价均为两个不同的治政方面，评价者的行为必须规范，这样才能客观、公正地评价治政人才。

第二，实践性原则。所谓实践性原则指通过治政实践来评价治政人才的原则。一切治政人才都是在实践中得到锻炼并在实践中经过评判的，离开治政实践去评价治政人才必然是"蒙上眼睛捉麻雀"，离谱太远。在实践中评价治政人才可以先给治政人才一个职位，一个舞台，让其在实践中得以发挥和表现，以使治政组织更加全面地把握治政人才的本质和特点。现在，治政组织中对治政人才采用试用期制，实际上就是采用实践的评价方式。

第三，科学性原则。所谓科学性原则指用全面的、辩证的方法去评价治政人才的原则。对治政人才的评价既要看他们的一时一事，又要看他们的一生一世；既要看到他们的优点，又要看到他们的缺点。要全面地、客观地、实事求是地、辩证地评价治政人才的德、能、勤、绩，以较为全面地认识治政人才。毛泽东曾讲过："我们看事情必须要看它的实质，而把它的现象只看作入门的向导，一进了门就要抓住它的实质，这才是可靠的科学的分析方法。"① 评价治政人才也必须抓住人才成长的实质，这样才真正是科学评价。

第四，目的性原则。所谓目的性指按照治政人才评价的既定目的进行评价。按既定目的评价治政人才就是要有计划、有目的、有步骤地评价治政人才，有计划、有目的地评价治政人才，既要保持科学的原则，又要给治政人才的评价以导向性，使治政才按照评价目的的标准成长。

第五，发展性原则。所谓发展的原则指治政人才的评价要具有变化的预测。世界上一切事物都在发展变化着，治政人才处于发展变化的治政实践中，其发展变化是必然的。治政组织和治政者上级，要对治政人才以发展的眼光评价，不能凭感觉评价盲目得出结论而阻碍治政人才的成长和发展。中国人对人和物的变化常讲三十年河东三十年河西，就是发展变化的道理。

（2）治政人才的评价体系。治政人才的评价是一个系统的工程，不能只凭一时一事和治政者上级的某种感觉去评价，那种主观式的评价多数不科学。治政人才的评价是由评价设计体系、评价指标体系、评价信息体系、评价方法体系、评价者体系、评价监督体系等评价体系构成。

第一，评价设计体系。所谓评价设计体系指对治政人才的评价目的、方法、途径、结果认定、监督等要进行设计，只有有了评价的科学设计，才有可能使评价过程和结果更科学。评价的设计也需要科学，要根据不同层面、不同系统的治政人才进行设计，使评价体系全面、辩证、系统、科学。

第二，评价指标体系。所谓评价指标体系指根据不同的治政人才确定不同的治政评价目标。由于治政人才是能动的，评价的指标也必须要有所变化，有所涵盖。治政人才的评价指标体系要根据治政人才的类别而科学确定，指标体系要具有可靠性、简洁性、科学性和量化性。

第三，评价信息体系。所谓评价信息体系指评价治政人才信息较全面较真实的系统的建设。对治政人才的评价，不是凭空而论，而是通过收集

① 《毛泽东选集》第1卷，第99页，人民出版社1991年版。

到的不同的相关信息而进行的。治政人才的相关信息包括了治政人才的历史信息、现实信息，外在信息、内在信息，个体信息、组织信息等。有关的治政组织应根据治政人才的不同情况建立相应的治政人才信息库，以求信息的真实全面。治政人才评价信息体系，要根据治政人才的全息、存真、实绩等原则建立，并且要使体系建立能够较为全面。

第四，评价方法体系。所谓评价方法体系指评价治政人才运用的方式、方法和评价途径。评价治政人才有许多的方法，最常用和最根本的方法是定量评价方法和定性评价方法。所谓定量评价方法指用数学方法对治政人才进行评价。定量评价方法有许多种，常用的有"测评法"、考试评分法等等。定量评价方法是将各项指标实行量化，在计算中常常使用加数平均法和复合平均法。所谓定性评估方法指对一些无法量化的指标采用概念描述的方法进行评价，这种方法常用的有经验型判断法、意向测验法等等。①

第五，评价者体系。所谓评价者体系指治政组织和上级治政者组成的评价队伍系统。不同治政层面有不同的评价者，不同系统的序列也有不同的评价者。评价者似有"伯乐"的特征，但又不同于伯乐的手法，评价者对治政人才的发现、培养和使用有决定性的作用。评价者体系的建立和运转要把握几点。一是体系科学。所谓体系科学指评价体系要合理，内部人员构成的知识、技能、水平要互补。二是评价者素质要高。如果评价者的素质还不如治政人才的素质，"相识"就难以做到。另外，评价者还要有甘做人梯的精神，为治政人才的成长做铺路石子。三是方法要适时，即使用的评价方法必须因治政实践相对应，要有针对性地对治政人才加以评价。

第六，评价监督体系。所谓评价监督体系指在治政人才评价中对评价过程和结果的察看并督促。正因为治政人才的评价关系到治政人才的使用，所以，对治政人才的评价就显得非常重要。要保证治政人才评价的公正、科学，对治政人才评价的监督特别是对治政组织和上级治政者的监督就不可缺少。治政人才评价监督体系由反馈监督和民主监督构成。在民主缺乏的体制中，真正的监督尤其是民众对治政者的监督、下级治政者对上级治政者的监督往往只是一种口号和装饰，民主监督任重道远。

---

① 参见杨敬东著：《潜人才学》，第77页，山西教育出版社2004年版。

2. 治政人才的评价方法与主要评价内容

（1）治政人才的评价方法。治政人才的评价方法我们已在评价方法体系中有过简单的介绍，评价治政人才的方法是实现治政人才评价不可或缺的手段，没有这些评价方法，便得不出关于治政人才的公正评价。巴甫洛夫说过："科学不是随着研究方法所获得的成就而前进的。研究方法每前进一步，我们就更提高一步，随之在我们的面前也就开拓了一个充满着种种新鲜事物的、更广阔的前景。因此，我们头等重要的任务乃是制定研究法。"[①]

第一，绩效评价法。所谓绩效评价法指运用治政人才的治政绩效对治政人才加以评价的方法。治政人才无论在治政主要岗位还是在治政的其他岗位，其治政工作是应该有绩效的，这些绩效便是对治政人才的最好评价。当然，治政人才治政绩效的评价要有科学性，即要看绩效的结果科学不科学。治政人才的治政绩效评价要注意导向性。对某种绩效的肯定，往往会成为治政人才获得绩效的导向，因此，要注意导向性作用。

第二，成果评定法。所谓成果评定指通过对治政人才某项或某些成果进行评价的方法。成果评定与绩效评定的区别在于治政成果多是单项的评价，而绩效评定是综合的评价。成果评定要注意与治政绩效评定相结合，与治政人才的业务评定相结合。

第三，民意测验法。民意测验法又叫意向测验法。是通过民众评判对治政人才的一种评价方法。据考证，民意测验法起源于19世纪的美国，现已被广泛采用。在西方发达国家，民选就是一种民意测验，民众拥护的、信任的，就能够当选。在其他治政体制的国家中，民意是民众对治政人才的一种不可缺少的评价。虽然民主进程很难，但我们已看到了民主的曙光。说到底民意就是民主的导向，民众不拥护的治政者绝对不是合适的治政者。虽然民意不是民选，但却是治政人才使用中不可缺少的民主环节。中共总书记胡锦涛在十七大报告中讲："人民当家作主是社会主义民主政治的本质和核心。要健全民主制度，丰富民主形式，拓宽民主渠道，依法实行民主选举、民主决策、民主管理、民主监督，保障人民的知情权、参

---

① 杨敬东著：《潜人才学》，第78—79页，山西教育出版社2004年版。

与权、表达权、监督权。"① 在民主权利落实不到位的情况下，民意测验显得非常重要。

第四，专家评定法。所谓专家评定指通过有关专家对治政人才的成果加以鉴定和评价。管理、治政都是一门学问，对治政人才的德、能、勤、绩、廉等诸方面的素质、绩效等等通过同行或某些方面的专家进行评价，以求通过不同"眼光"发现人才。专家评定法不失为科学评价方法之一。

第五，领导以及相关的同行评价法。所谓领导以及相关同行评价法指治政人才的上级以及治政人才的相关同事对治政人才评价的方法。领导及相关同行评价法较为实事求是，对治政人才的评价也较为客观。有些治政组织在民意测评中，专门列出不同的系统，即请相关系统的领导及治政人才的同行对治政人才进行评价，这是一种较为科学的评价方法。

（2）治政人才评价的主要内容。治政人才的评价内容主要是指治政人才素质方向的内容，包括了治政人才的道德、才能、业务水平、心理健康和身体健康的水平等方面。通过这些方面内容的评价，使治政组织和治政上级对治政人才有一个较为客观和较为全面的了解。

第一，道德评价。道德评价是治政人才的基本评价，是对治政人才是不是人才的评价。对于治政人才来讲，毫无疑问，道德标准必须放在第一位。治政人才的道德还包括了政治品德、个人品德、社会公德、职业道德、家庭美德等方面的内容。恩格斯讲："一切已往的道德论归根到底都是当时的社会经济状况的产物。"② 社会的经济基础决定了社会道德，反过来，道德又为一定的经济基础服务。正因为道德具有历史性和阶级性的特征，治政人才的道德评价往往把政治品德放在首位。政治品德包括了政治觉悟、政治品质、世界观等。治政人才的道德评价就是用一定的道德观念对治政人才进行评价，这种评价是一种判断人们道德行为价值的活动。治政人才道德评价的目的在于对治政人才在道德方面进行衡量，从而对治政人才作出全面的、公正的评价。对治政人才进行道德评价必须遵循一定的要求，由于社会制度和治政阶级不同，要求也不尽相同，总体是应该按照

---

① 胡锦涛：《高举中国特色社会主义伟大旗帜　为夺取全面建设小康社会新胜利而奋斗》，《十七大报告辅导读本》，第 28 页，人民出版社 2007 年版。

② 《马克思恩格斯选集》第 3 卷，第 134 页，人民出版社 1972 年版。

社会公德、职业道德、家庭美德和个人品德等方面的要求进行。治政人才的评价首要的和必要的是道德评价。

第二，才能评价。所谓才能评价指对治政人才的知识和能力的评价。在治政人才队伍建设中，能力包括了智力、专门能力和创造力。对治政人才的才能评价实质上是对治政人才的贡献以及社会价值的评价。对治政人才的才能评价，要注意从实质上和科学发展上进行评价，要着眼于治政人才的才能结构。

第三，业务评价。所谓业务评价指对治政人才从事某一系统具体工作水平的评价。对治政人才的业务评价要注意从业务资格、专门业务知识、专门业务技能、专门业务阅历、专门业务经验、业务基础、职业规则、职业资历、职业操守等等相关业务内涵方面加以评价。这种评价，务求是内行评价。

第四，心理评价。所谓心理评价指对治政人才的心理素质进行评价。治政人才心理素质的评价包括了从感觉、认识、意识、情绪、兴趣、爱好、欲望、意志、气质、性格等方面作为评价的内容，帮助治政人才形成一定的心理基础。

第五，身体评价。所谓身体评价指对治政人才的身体状况进行的评价。治政人才的身体评价主要从治政人才身体健康的程度进行评价，主要是评价治政人才的身体能否胜任某一角色而进行的。每一个个体身体都有很大的差异，评价要注意这些差异。

3. 治政人才评价结果验证与使用

（1）治政人才评价结果的验证。通过科学的方法评价治政人才，必然得出科学的评价结果。评价的结果科学与不科学，需要在治政实践中加以验证。验证治政人才的评价结果方法很多，主要还是实践。

第一，实践验证法。实践验证是验证治政人才的评价结果的总的方法，或者叫做根本的方法。对治政人才的评价结果，也只有通过实践才能检验其正确与否。"辩证唯物论的认识论把实践提到第一的地位，认为人的认识一点也不能离开实践，排斥一切否认实践重要性、使认识离开实践的错误理论。"① 可以这么认为，治政实践是检验治政评价结果的唯一标准。

---

① 《毛泽东选集》第1卷，第284页，人民出版社1991年版。

第二，具体事件验证法。治政实践是一个漫长的过程。如果要对某一治政人才的评价结果进行检验，可以把它放到一个具体治政事件中加以验证，以实现较为快速的验证。当然，某一个具体的治政事件不一定全面科学，还应该利用更多的治政事件进行评判。治政事件的验证实质上是实践验证的一种。

（2）治政人才评价结果的使用。评价治政人才除了鼓励治政人才发挥治政积极性之外，重要的是对治政人才评价结果的使用。使用治政人才的评价结果，是治政人才评价的主要目的。

第一，科学地使用评价结果。由于评价治政人才的复杂性等原因，使用治政人才评价结果必须注意科学性。这种科学性包括了要注意治政人才所处的客观环境的变化、时代的变迁等客观原因。在治政实践中，此环境的治政人才的治政水平和能力好坏，在彼环境中就不一定能够发挥出来。另外，由于人是在不断发生变化的，评价结果能否保持"一直性"，也需要科学地使用。邓小平对评价自己选择接班人时有一段话，可以使我们对治政人才评价结果的使用有更为深刻的思考。"党的十一届三中全会建立了一个新的领导集体，这就是第二代的领导集体。在这个集体中，实际上可以说我处在一个关键地位。这个集体一建立，我就一直在安排接班的问题。虽然两个接班人都没有站住，但在当时，按斗争的经验、按工作的成就、按政治思想水平来说，也只能作出那样的选择。况且人是在变化的。"①

第二，评价结果使用要重德。我们已反复地讲过用人重德，对治政人才评价要重德，对治政人才评价结果的使用也必须重德。"德为先"是使用治政人才的首要标准。

第三，评价结果使用要重"所长"。所谓重所长即指对治政评价结果的使用要注意治政人才之所长，要注意治政人才使用中的用人所长。

---

① 《邓小平文选》第3卷，第309—310页，人民出版社1993年版。

第八章 治政与政治

【本章要点】 治政与治政是两个不同的概念,两者包含着不同的内容。两者有区别又有联系,根本区别在于治政是一种治理、管理的手段,而政治是一种社会关系。治政利用政治、经济、文化等不同方面发挥自身的作用,从而达到治政组织的目的。治政通过政治这种特殊的社会关系,保障和实现治政者的权力、权利;治政通过治理这一手段,实现治政者自身的政治文化;治政又利用政治特殊的社会关系推动着治政的发展。治政与政治有着密不可分的关系。

【关键概念】 治政;政治;关系;研究

一、治政与政治的区别与联系

治政与政治有联系又有区别,治政是治理政务,政治是某种社会关系,而治理政务必须运用社会关系;同样,治理政务又是一种政治目标,在利益诉求上,治政与政治又具有共同性。

1. 治政与政治的区别

(1)治政与政治的概念区别。治政与政治是两个不同的概念,其区别也非常明显。

第一,治政的概念。治政指官员、政务员、公务员或相关的国家工作人员治理政务。治政有行政治政、政党治政及类似其他人员的参政。治政的概念我们已在第一章中作过详细的阐述,为了与政治在概念上加以比较,我们再作以上的简述。

第二，政治的概念。"政治"的概念，最早出现在奴隶社会时期。在中国的古代典籍中，《尚书·毕命》说"道洽政治，泽润生民"，其中的"政治"指"政化治理"，① 这与治政有联系，指政事得到治理，在治理政务上是相通的。在《周礼·地官·遂人》中有"掌其政治禁令"，联系上下文来看，这里的"政治"中的"治"亦作动词用，② 政治在这里也指政事得到治理，而在以后的政治一词中，政治已成为一个专有名词，成为一种修饰语。在西方，"政治"（politics）一词来源于古希腊语的"polis"、"polity"和"politeria"，在古希腊人看来，家庭只代表着公民出于动物本能的需要，而城邦（政治）则赋予公民一种超越动物本能的自由。政治生活包括战时的军事工作和平时的事业。③ 政治在他们的著作中得到了广泛的运用。在以后的发展中，政治则形成了不同的内涵。

一是西方政治学者对政治的解释。西方政治学者对政治的解释有着交叉关联特点，④ 这些解释同样可以帮助我们对政治的理解，西方政治学者对政治的解释分别为：政治是国家的活动，是治理国家，是夺取或保存权力的行为；政治是权力斗争，是人际关系中的权力现象；政治是人们安排公共事务中表达个人意志和利益的一种活动，政治的目标是制度政策，也就是处理公共事务；政治是制定和执行政策的过程；政治是一种社会的利益关系，是对社会价值的权威性分配。西方政治学者对政治概念的解释一般有两个角度：权力性解释和管理性解释。

二是马克思主义对政治的解释。马克思主义经典作家运用辩证唯物主义和历史唯物主义，结合不同时期的社会政治实际，对政治的含义作过多方面的论述，构成了马克思主义政治观的基本内容，主要包括几点。其一，政治是一种具有公共性的社会关系。马克思主义认为，人类社会不过是人与人关系的总和，"人们的政治关系同人们在其中相处的一切关系一样自然也是社会的、公共的关系。"⑤ 列宁说："政治就是各阶级之间的斗争，政治就是无产阶级为争取解放而与世界资产阶级进行斗争的关系。"⑥

---

① 参见《尚书正义》（十三经疏标点本），第 525 页，北京大学出版社 1999 年版。
② 参见《周礼注疏》上册（十三经注疏标点本），第 396 页，北京大学出版社 1999 年版。
③ 参见〔古希腊〕亚里士多德：《政治学》，第 15 页，商务印书馆 1965 年版。
④ 参见《中国大百科全书·政学卷》，第 482 页，中国大百科全书出版社 1992 年版。
⑤ 《马克思恩格斯全集》第 4 卷，第 334 页，人民出版社 1958 年版。
⑥ 《列宁全集》第 39 卷，第 406 页，人民出版社 1986 年版。

与此同时，政治还包括非对抗阶级之间的关系和社会关系如民族关系。在彻底消灭了阶级之后，单就国内情况来说，政治就完全是人民的内部关系。① 其二，"政治是经济的最集中的表现，""政治同经济相比不能不占首位，不肯定这一点，就是忘记了马克思主义的最起码的常识。"② 这里所讲的经济，指特定的经济关系，这种经济关系包含生产资料所有权关系、生产过程中的支配被支配关系和生产成果的分配关系。而"每一既定社会的经济关系首先表现为利益。"③ 因此，列宁在苏维埃政权建立以后说："现在我们主要的政治应当是：从事国家的经济建设，收获更多的粮食，开采更多的煤炭，解决更恰当地利用这些粮食和煤炭的问题，消除饥荒，这就是我们的政治。"④ 在中国改革开放过程中，邓小平也讲"经济工作是当前最大的政治，经济问题是压倒一切的政治问题。"⑤ 其三，政治的根本问题是国家政权问题。政治活动的主要内容"就是参与国家事务，给国家定方向，确定国家活动的形式、任务和内容"⑥。其四，政治是有规律的社会现象。政治本质上是一种社会矛盾运动，其产生、发展、变化乃至消失，都遵循着特定因果联系的规定性，都有其客观内容，⑦ 从这个意义上来讲，"政治是一门科学，是一种艺术"⑧。治政者在把握政治内涵的同时，必须以科学的态度对待政治，深刻地认识政治的本质，把握政治发展的规律，并运用规律来指导政治实践。⑨

三是对政治的定义概括。治政者必须"讲政治"，这个政治到底应该有什么样的定义，这对于治政组织、治政者在纷杂的国际国内环境中，怎样更好地运用政治规律指导政治实践非常重要。政治不是治政者挂在口头上的口号和形式，也不是治政者用来显威的"虎皮"，更不是因利益而抛弃之的"弃物"，治政组织和治政者"讲政治"是治政规律和阶级社会规律所决定的，是不以人们的意志所转移的，无论治政组织及治政者

① 参见王浦劬等著：《政治学基础》，第7页，北京大学出版社2006年版。
② 同上书，第407页。
③ 《马克思恩格斯选集》第3卷，第209页，人民出版社1995年版。
④ 《列宁全集》第39卷，第407页，人民出版社1986年版。
⑤ 《邓小平文选》第2卷，第194页，人民出版社1994年版。
⑥ 《列宁全集》第31卷，第128页，人民出版社1985年版。
⑦ 参见王浦劬等著：《政治学基础》，第8页，北京大学出版社2006年版。
⑧ 《列宁选集》第4卷，第189页，人民出版社1995年版。
⑨ 参见沈文莉等主编：《政治学原理》，第8页，中国人民大学出版社2007年版。

愿意不愿意，"讲政治"是治政者天然的任务。为此，政治学研究者把政治的含义定为：政治是在特定社会经济关系及其所表现的利益关系基础上，社会成员通过社会公共权力确认和保障其权力并实现其利益的一种社会关系。①

（2）治政利益与政治利益的区别。治政组织和治政者个人都必然有其自身的利益，没有利益的治政者是不存在的。正如马克思和恩格斯所讲的："一切人类生存的第一个前提，也就是一切历史的第一个前提，这个前提是：人们为了能够'创造历史'，必须能够生活。但是为了生活，首先就需要吃喝住穿以及其他一些东西。"② 毛泽东讲："要保证人们吃饱饭，然后人们才能继续生产。没有这一条是不行的。"③ 毛泽东又讲："人们生活的需要，是不断增长的。"④ "得到满足的第一个需要本身、满足需要的活动和已经获得的为满足需要而用的工具又引起新的需要"⑤。正是这种需要和不断地需要构成了利益的核心。

第一，利益的概念。所谓利益指治政组织和治政者的好处。在我国古代的史书典籍中，最早对利益开展系统论述的是春秋时期的管仲，他说："夫凡人之情，见利莫能勿就，见害莫能勿避。"⑥ 在西方，对利益问题展开系统论述的是 18 世纪法国唯物主义哲学家爱尔维修。他在《论精神》一书中对利益的本质、内容和特征以及利益对社会生活的作用作了较为全面的分析。他说："利益是我们的唯一推动力"，"人永远服从他理解得正确或不正确的利益"，主张"把个人利益和公共利益很紧密地联系起来"⑦。马克思讲过："人们奋斗所争取的一切，都同他们的利益有关。"⑧ "利益本身已经是社会所决定的利益，而且只有在社会所创造的条件下并使用社会所提供的手段，才能达到；也就是说，私人利益是与这些条件和手段的再生产相联系的。这是私人利益；但它的内容以及实现的形式和手段则是由

---

① 参见王浦劬等著：《政治学基础》，第 9 页，北京大学出版社 2006 年版。
② 《马克思恩格斯选集》第 1 卷，第 78—79 页，人民出版社 1995 年版。
③ 《毛泽东文集》第 8 卷，第 133 页，人民出版社 1999 年版。
④ 同上书，第 137 页。
⑤ 《马克思恩格斯选集》第 1 卷，第 79 页，人民出版社 1995 年版。
⑥ 王浦劬等著：《政治学基础》，第 45 页，北京大学出版社 2006 年版。
⑦ 《十八世纪法国哲学》，第 536—537 页，商务印书馆 1963 年版。
⑧ 《马克思恩格斯全集》第 1 卷，第 82 页，人民出版社 1956 年版。

不以任何人为转移的社会条件决定的。"① 毛泽东对社会主义时期的利益关系讲得非常清楚："物质利益也不能单讲个人利益、暂时利益、局部利益，还应当讲集体利益、长远利益、全局利益，应当讲个人利益服从集体利益，暂时利益服从长远利益，局部利益服从全局利益。"② 而后又强调在利益关系上"我们历来讲公私兼顾，早就说过没有什么大公无私，又说过先公后私。"③ 在不同社会制度下，对利益的理解以及对利益的关系的运用是有区别的，但个人利益与公共利益是联系在一起的，离开社会条件，任何个人利益追求都是不能够实现的。

第二，利益的构成因素。从以上分析来看，所谓利益就是基于一定生产基础上获得社会内容和特定的需要。从这个定义我们可以得出利益构成因素。④

一是利益的基础是治政者的需要。治政者来自人民，说到底是人民中的一员，治政者应该也必须为了满足全部人的需要而治政。毛泽东说："共产党人决不将自己观点束缚于一阶级与一时的利益上面，而是十分热忱地关心全国全民族的利害，并且关心其永久的利害。"⑤"我们要使得男子没有痛苦，女子也没有痛苦，大家都没有痛苦，大家有饭吃，大家有衣穿，大家有工做"⑥。在治政实践中，利益是需要的社会形态，而"在现实世界中，个人有许多需要，"⑦ "人以其需要的无限性和广泛性区别于其他一切动物"⑧。需要的无限性和广泛性对治政者同样"适用"。需要又是不断发展的，需要的满足必然受社会生产条件的限制，因此，满足人们的需要（包括治政者本身）也必须科学和合理。人们对于物质生活需要的追求，构成了物质利益的基本内容；人们对精神生活的需要追求，构成了精神利益的基本内容。因此，对需要必须加以分析。如图 8 - 1 所示。⑨

---

① 《马克思恩格斯全集》第 46 卷（上），第 102—103 页，人民出版社 1979 年版。

② 《毛泽东文集》第 8 卷，第 133 页，人民出版社 1999 年版。

③ 同上书，第 134 页。

④ 参见王浦劬等著：《政治学基础》，第 47 页，北京大学出版社 2006 年版。

⑤ 《毛泽东文集》第 1 卷，第 483 页，人民出版社 1993 年版。

⑥ 《毛泽东文集》第 2 卷，第 170 页，人民出版社 1993 年版。

⑦ 《马克思恩格斯全集》第 3 卷，第 326 页，人民出版社 1960 年版。

⑧ 《马克思恩格斯全集》第 49 卷，第 130 页，人民出版社 1982 年版。

⑨ 王加微编著：《行为科学》，第 83 页，浙江教育出版社 1986 年版。

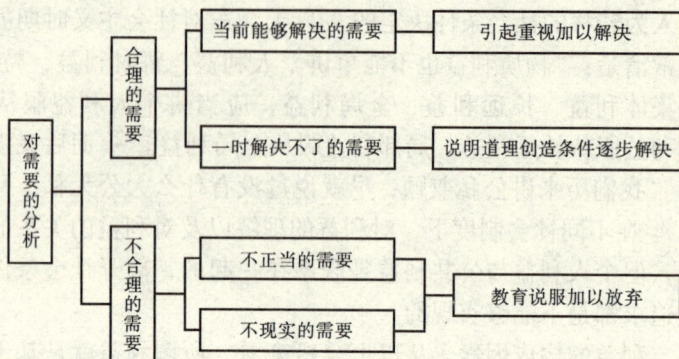

图 8-1　对需要的分析

在治政现实中，人们的需要又是有层次的，不同的层次构成了不同需要层面，构成了利益内容的不同层面。第二次世界大战期间，美国心理学家马斯洛（Maslow）把人的需要划分为五个层次，形成了"马氏"的需要层次，从而也构成了利益内容的层次论，因为需要是利益的主观基础。马斯洛认为，人的需要（利益的内容）是以层次的形式出现的，一般是按照需要的重要程度和发生顺序，由最低级的需要开始。向上发展到高级的需要，显阶梯状，共分为五个层次。五个层次需要的基础内容如图 8-2 所示。①

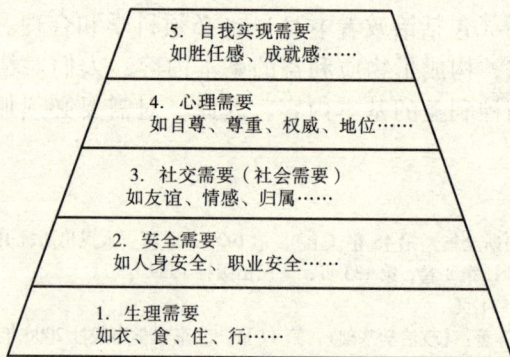

图 8-2　马斯洛的需要层次

① 王加微编著：《行为科学》，第 84 页，浙江教育出版社 1986 年版。

马斯洛认为，在低层次需要获得相对满足之后，才能发展到高层次的需要。由于各人需要动机结构的发展情况不同，这五种需要在个体内所形成的优势动机也不同，高层次的需要发生后，低层次的需要仍继续存在，只是对行为的影响作用减低而已。马斯洛还认为，五种层次固定的顺序会有许多"例外"，会出现颠倒的情况，这正是由于每一个个体的不同所致。马斯洛对需要层次作了如下解释。①

生理需要：这是人最原始、最低级、最迫切也是最基本的需要。人冷了要穿衣，饿了要吃饭，困了要睡觉，病了要有药物治疗，要有地方住，要休息和运动等等。这类衣、食、住、行等方面的需要，是人赖以生存的基本生理需要，它包括维持生活所必需的各种物质上的需要，这些物质利益如果不能满足，人就难以存在下去。从这个意义上讲，它是推动人们行动的最强大的动力。

安全需要：当一个人的生理需要得到基本满足之后，就希望满足安全需要。诸如希望解除对生病、失业、职业危害、意外事故、养老等经济生活的担心。安全需要包括多方面的安全。心理方面的安全，希望解决严酷监督的威胁，希望避免不公正的待遇等；劳动方面的安全，希望工作安全不出事故，环境无害等；职业方面的安全，希望不失业，希望对不确定的未来有保障等；环境方面的安全，希望免于天灾、战争、破产等；经济方面的安全，希望对医疗、养老、意外事故有保障等等。

社交需要（社会需要或归属需要）：在基本满足前两种需要之后，社会需要成为强烈的动机，它包括社交的欲望，希望得到别人的安慰和支持，离群独居会感到痛苦。希望同事之间、伙伴之间、朋友之间关系融洽，保持友谊和忠诚，希望得到信任和互爱。还有一个重要的需要内容是归属感。人是社会动物，每一个人都有一种归属于一个团体或群体的感情，希望成为其中的一员并得到相互关心和照顾，不感到孤独。社会需要比生理需要、安全需要更细致、更难以捉摸，它与一个人的性格、经历、教育、所属国家和民族、农教和信仰都有关系。

心理需要（尊重需要或自尊需要）：心理需要是指自尊和受人尊重，是一个社会承认。马斯洛认为这类需要很少得到满足。心理需要一般分为三类。一类是与自尊有关的需要，如自尊心、自信心、自我成长、自我表

---

① 王加微编著：《行为科学》，第85—86页，浙江教育出版社1986年版。

现等等。对知识、能力的追求，对独立从事工作的信心等，是一种自慰感。另一类是与他人尊重有关的需求。诸如威望、荣誉等。威望是社会授予一个人的一种无形力量。人总是希望别人看得起他，受到别人的重视。荣誉是社会或别人给他的较高的评价，受到社会的尊重和赞颂，是一种荣誉感。还有一类是地位、权力欲。地位指受到仰视，权力欲指一个人想做治政者或做更高一层的治政者。凡是有人群的地方，必然都有权力和地位的差别意识，尽管社会制度不尽相同。社会地位是影响力的标志。

自我实现的需要：这是人最高层次的需要，这种需要要求最充分地发挥一个人的潜力，是实现个人的理想、抱负的需要，做一些自己认为有意义有价值的事情。自我实现的需要包括两种感受类别。一类是胜任感。表现为出色完成任务的欲望，喜欢承担挑战性的工作，能废寝忘食地工作，把工作当作一种创作活动。另一类是成就感。它表现为进行创造性活动和取得成功。如音乐家努力演奏好乐曲，教师努力教好学生，军人力求打胜仗，工人做好一种产品等等。要求做出更大的成绩，有高度的成就感。

马斯洛的需要理论系统地分析了人的需要和利益层次，对我们分析治政者需要有参考作用，但我们不能机械地套用这些理论，诸如人的需要由低到高，逐级上升就值得商榷。虽然值得商榷，但绝对不失在治政需要中的参考价值。马克思、恩格斯对需要曾有许多的论述。恩格斯说："正像达尔文发现有机界的发展规律一样，马克思发现了人类历史的发展规律，即历来为繁芜丛杂的意识形态所掩盖着的一个简单事实：人们首先必须吃、喝、住、穿，然后才能从事政治、科学、艺术、宗教等等"①。马克思和恩格斯又认为，对于现实存在的人来说："他自己的实现作为内在的必然性、作为需要而存在。"② 马克思说："他们的需要即他们的本性"③。

二是利益反映了一定阶级中人们的生产能力和生产水平。马克思讲："像野蛮人为了满足自己的需要，为了维持和再生产自己的生命，必须与自然搏斗一样，文明人也必须这样做；而且在一切社会形式中，在一切可能的生产方式中，他都必须这样做。"④ 因此，人们的"第一个历史活动就

---

① 《马克思恩格斯选集》第3卷，第776页，人民出版社1995年版。
② 《马克思恩格斯全集》第3卷，第308页，人民出版社2002年版。
③ 《马克思恩格斯全集》第3卷，第514页，人民出版社1960年版。
④ 《资本论》第3卷，第928页，人民出版社2004年版。

是生产满足这些需要的资料，即生产物质生活本身"①。在人们的生产活动中，人的需要受到生产力水平的制约。"为了进行生产，人们便发生一定的联系和关系；只有在这些社会联系和社会关系的范围内，才会有他们对自然界的关系，才会有生产。"② 利益是人们企图借助生产来满足需要的，因此，它反映了那个社会中人们的物质生产能力和生产水平。就是说，社会的物质生产能力和生产水平高，人们获得的利益就高。

三是利益反映的那个时段人与人之间的关系。利益是人们需要的社会转化，是治政的目的表象，在利益的实质中，表现出来的是不同的社会关系。正是因为这种社会关系，才把治政利益向前推进。人们为了某种或某些利益，便会结成某种形式的社会关系"把他们连接起来的惟一纽带是自然的必然性，是需要和私人利益，"③ 而"每一个社会的经济关系首先是作为利益表现出来。"④ 治政不仅表现为与政治方面的关系，它表现出来的是与政治相关的所有的社会关系。在阶级社会中，一切利益首先表现出来的是阶级利益，阶级利益是其他利益的主导利益。"必须到生产关系中间去探求社会现象的根源，必须把这些现象归结为一定阶级的利益，"⑤ 这是阶级社会中社会关系的特点。

我们分析利益的概念和利益的构成，正是为了让人们从分析中感受到治政与政治利益的区别。治政者需要的不同，利益诉求便不同，运用的治政方式以及政治的纲领也不会相同。每一个治政层面都会有不同的需求，每一个治政者又都有不同的需求，这些不同的需求，在治政的活动中，形成了不同的社会关系，目的是为了实现自身的需求。即使同一政治组织中组织目标需求是相同的，但对于每一个治政个体自身的需求来说却不会同治政目标需求完全相同；即使同处一个层面的治政者，利益诉求也不会完全相同，这是利益需求的本质区别所决定的。

第三，利益的矛盾。利益矛盾实质上就是利益的区别，治政组织、治政者的利益矛盾可分为内在矛盾和外在矛盾，正是由于这些矛盾，构成了利益的共同体，推动着利益的发展。利益是一种受到主体和客体、自然和

---

① 《马克思恩格斯选集》第 1 卷，第 79 页，人民出版社 1995 年版。
② 《马克思恩格斯全集》第 6 卷，第 486 页，人民出版社 1961 年版。
③ 《马克思恩格斯全集》第 3 卷，第 185 页，人民出版社 2002 年版。
④ 《马克思恩格斯全集》第 18 卷，第 307 页，人民出版社 1964 年版。
⑤ 《列宁全集》第 1 卷，第 464 页，人民出版社 1984 年版。

社会、生产力和生产关系等诸方面因素的影响和制约的社会现象，其自身以及自身与社会其他事物必然形成矛盾。

一是利益的内在矛盾。所谓内在矛盾指治政主体在利益诉求时所发生的矛盾，或叫做利益现象内含的矛盾。首先是利益实现要求的主体性与实现途径的社会性之间的矛盾。治政和治政者对利益实现有着主体性、本质性的追求，是对自身即治政主体的满足。任何需求主体的任何需要，从其产生那一刻起，就带有主体满足的动力基因和目标指向。[①] 而治政主体的利益不可能在治政自身系统中得以全部实现，它在社会中形成，而又必须通过治政的特定的社会关系和社会途径才能实现，这便是治政利益追求和实现途径的矛盾。其次是利益的目标性与手段性之间的矛盾。治政者和治政组织的利益诉求是具有目标的，既有治政组织目标，也有治政者个体在实现组织目标之后的个人利益目标。正如《中国共产党章程》所陈述的那样，中国共产党"代表中国先进生产力的发展要求，代表中国先进文化的前进方向，代表中国最广大人民的根本利益。党的最高理想和最终目标是实现共产主义。"[②]《章程》已把治政组织的利益目标讲得明明白白。在治政实践中，一切治政活动都是围绕着治政利益开展的，都是为了满足和实现治政利益而进行的，这便是治政利益的目标意义。在实践治政过程中，治政利益又成为调节不同治政层面组织和不同治政者努力治政的某种手段，具有手段性。其次是利益的具体有限性与利益发展无限性之间的矛盾。对于治政组织和具体治政者来讲，利益总是有限的，而对治政主体发展来说，治政利益又具有了无限发展的可能，这便形成了利益具体有限性和利益发展无限性之间的矛盾。

二是利益的外在矛盾。所谓利益的外在矛盾指不同治政利益主体的利益及它们共同利益之间的差异。治政利益的外在矛盾包括了三个方面的内容。一个方面指同一层次上不同利益主体的利益之间的矛盾，诸如个人与个人、组织与组织、民族与民族之间的利益矛盾；另一个方面指不同层次上利益主体的利益之间的矛盾，诸如治政者个人与治政者所处的集体、集团、阶层、民族、社会群体之间的矛盾；还有一个方面指治政组织和治政者利益追求最大化与其他事物和谐发展之间的矛盾。治政者为了满足自身

---

① 参见王浦劬等著：《政治学基础》，第 49 页，北京大学出版社 2006 年版。
② 《中国共产党章程》，第 1 页，人民出版社 2007 年版。

的需求，不断地创造、创新，以追求自身最大的利益。在追求自身最大利益的过程中，形成了生态的改变，这种改变已经危及到了治政者自身的生存安全。

2. 治政与政治的联系

治政是治政组织（包括政治组织）治理政务的手段，而政治是治政过程的一种社会关系，治政者利用这种社会关系，实现治政组织的目标。政治这种社会关系又是治政所不能缺少的治政根本，两者联系分别表现为理论上的关系、治政必须把握政治等关系、治政中政治利益的共同性等等。治政与政治有区别也有联系，而且这些联系，使治政在追求利益时得心应手，同时，在治政中又发展了政治这种特殊的社会关系。

（1）治政要把握政治本质。治政指治政者治理政务，治政政务必须运用政治这种特定的社会关系，而"政治"又通过治政实现治政利益。治政组织和治政者应该把握政治的本质，运用好政治这个特定的关系。

第一，治政者要注意政治涵盖的全面性。对于任何治政组织来讲，必须注意政治不只是为某一个组织或政党服务的，政治应该为全民服务，这一点治政者必须注意把握好，即把握好政治的周延。列宁讲："要求估计到在本国内部现有的一切力量、集团、政党、阶级和群众，要求决不能仅仅根据一个集团或一个政党的愿望和见解、觉悟程度和斗争决心来确定政策。"[1] 毛泽东讲："国事是国家的公事，并非一党一派的私事。"[2] 把握政治涵盖的全面性，既要把握政治生活价值取向层面的内容，又要把握政治生活实际层面的内容；既要把握政治特定方向的活动，还要把握政治一般性活动的动因；既要概括对立的阶级社会中政治现象的特征，又要概括一党治政的现象和特征；既要概括不同集团、阶层的本质，又要概括某一集团内部的政治现象的本质。

第二，治政者要注意政治内涵的确定性。社会的政治关系是围绕一定的特定利益通过社会公共权力而形成的。只有通过社会公共权力确认和保

① 《列宁全集》第39卷，第60页，人民出版社1986年版。
② 《毛泽东文集》第2卷，第395页，人民出版社1993年版。

障的权利和利益要求才具有政治性，否则则不具有政治性。

第三，治政者要注意政治内涵的本质性。① 政治的本质内容是政治关系，而不是仅仅反映政治现象的某种实际形态、活动方式、制度形态、治政过程内容等。"人们按照自己的物质生产率建立相应的社会关系，正是这些人又按照自己的社会关系创造了相应的原理、观念和范畴。"② 治政中的政治本质内容包括了利益、政治权力和政治权利三种关系。所谓利益关系是政治关系的基础，是人们进一步结成政治权力关系和政治权利关系的动因。所谓政治权力关系指人们在政治生活中的力量对比和相互作用。所谓政治权利关系指治政者在政治生活中的地位和资格分配关系。③

（2）治政与政治有政治关系上的联系分析。我们分析治政与政治在政治关系上的联系，主要是从治政利益层面进行分析的，即通过治政利益在政治关系和政治活动中的联系分析治政与政治的联系。治政利益是政治关系的基础。

第一，治政利益是治政者结成政治关系的基点。在社会形态中，人们为了生产和生活而结成各种社会关系，而治政者为了自己的抱负以及生活生存的改善结成治政关系，通过这些治政关系转化为治政者的利益。专家们分析，治政者结成治政中的政治关系是由于特定社会的共同利益以及需要社会的合法强制性权威力量予以实现时而形成的，因此得出结论，治政利益是治政者结成政治关系的原始动机。④

第二，治政利益关系是治政的政治权力和治政权利形成的基础和条件。治政者的共同利益是治政者结成特定政治力量的内部基础，正因为治政者的共同利益，才凝结成一定治政的政治力量。治政者为了实现治政集团的共同利益，必须借用权威性的政治力量——治政政治权力，处理好与其他不同群体之间的横向利益矛盾。而治政利益的实现，又需治政的政治权力方式解决治政内部利益的纵向矛盾。

第三，治政利益关系决定了治政政治权力和政治权利的功能。⑤ 所谓

---

① 参见王浦劬等著：《政治学基础》，第9页，北京大学出版社2006年版。
② 《马克思恩格斯选集》第1卷，第142页，人民出版社1995年版。
③ 参见王浦劬等著：《政治学基础》，第10页，北京大学出版社2006年版。
④ 同上书，第61页。
⑤ 同上书，第62页。

政治权力功能指治政者以治政的政治权力及其权威性强制方式来实现治政的共同利益，并解决不同利益的矛盾。所谓政治权利功能指在治政权力的保护下，实现治政者的治政权利以及获得主张共同利益的资格。

第四，治政利益关系决定了治政的未来。任何治政组织和治政者都希望有一个光明的未来。在治政现实中，如果治政利益关系缺少监督，在一定时期内可能实现治政的两个相反的结果，即治政组织的兴旺和衰败。缺少监督的治政权力是可怕的权力，也是最终必然灭亡的权力，这是治政者高层应该研究的治政规律。即使治政权力在缺少监督下出现了兴旺，那也只是暂时的，绝无长久可言。如果对治政权力加强监督，如何把治政利益的关系理顺，关系到治政的未来，关系到治政者的未来。

（3）治政与政治在政治生活上的联系分析。治政利益不仅对政治关系有决定性意义，而且对治政者的政治生活也具有决定性的意义。政治理论学者研究认为治政利益对治政者的政治生活的决定性关系表现为几点，[①]这些关系是治政利益对治政政治生活的决定性意义。

第一，治政利益是治政者政治行为的动因。所谓动因指治政者采取政治行为的动机和原因。一切治政者所从事的政治活动都是有动因的，这个动因便是治政利益。治政者实行的一切政治行为都与他的利益有关。"唯物主义的方法在这里就往往只得局限于把政治冲突归结于由经济发展所造成的现有各社会阶级以及各阶级集团的利益的斗争"[②]。治政者进行的治政是为了维护和发展治政者及治政组织的利益，治政者进行治政，同样也是为了实现自己的利益。"每个场合都证明，每次行动怎样从直接的物质动因产生，而不是从伴随着物质动因的词句产生"[③]。

第二，治政利益是治政组织建立的基础。治政组织以及与治政组织相关的制度都是围绕着特定的利益建立起来的，治政利益又为治政组织和治政者服务。国家是以特定的阶级利益为基础，并采用公共权力的形式建立保护组织利益的制度。政党是阶级利益的代表者，代表了治政者的利益诉求。毛泽东讲："我们共产党人从来不隐瞒自己的政治主张。我们的将来纲领或最高纲领，是要将中国推进到社会主义社会和共产主义社会去的，这是确定的和

---

① 参见王浦劬等著：《政治学基础》，第62—63页，北京大学出版社2006年版。
② 《马克思恩格斯全集》第22卷，第592页，人民出版社1965年版。
③ 《马克思恩格斯选集》第2卷，第39页，人民出版社1995年版。

毫无疑义的。我们的党的名称和我们的马克思主义的宇宙观，明确地指明了这个将来的、无限光明的、无限美妙的最高理想。"① 毛泽东把共产党的利益追求和理想讲得明明白白，共产党员的共同利益催生了共产党组织并形成了治政制度。在治政过程中，国家的政策、方针、法规、条令，政党的政纲、政纪、政治活动等都是以治政利益为基础建立的，这是毫无疑问的。

第三，治政利益是治政的政治思想的本源。所谓本源指治政思想产生的根源。政治思想源自于治政者的政治利益，是从这种利益中产生了治政思想，从而又指导着治政者为获得利益而进行治政实践。恩格斯讲："政治词句和法律词句正像政治行动及其结果一样，倒是从物质动因产生的。"② 而 "'思想'一旦离开'利益'，就一定会使自己出丑。"③ 但是，在治政实践中，治政的政治思想往往并不直接与治政者的特定利益相联系，在研究中必须加以注意。

第四，治政利益运动是治政的政治发展推动力。所谓治政利益运动指在治政实践中，因为共同的利益或不同的利益引发的一切活动，这种活动（或叫斗争）就是为了争取政治利益的运动，而这些运动，推动了治政的政治生活的变化和发展。在这些运动中，政治革命是横向利益矛盾引发的冲突的结果。政治改革是治政的权力主体根据社会治政利益调整治政的政治体系，采取新的利益分配方式，以实现维护统治的过程。治政民主是指社会成员对平等、自由权利的追求及实现利益公平的过程。所有这些运动，都推动了治政的政治发展。

（4）治政与政治在利益上的联系分析。治政与政治的利益联系又被称为共同利益。所谓共同利益指处于同一社会关系和社会地位中的治政者的各自利益相同的部分。在治政实践中，我们发展共同利益的基础是治政者的个人利益，而个人利益的相同部分构成了治政者的共同利益。"'共同利益'在历史上任何时候都是由作为'私人'的个人造成的。"④ 而共同利益是人们结成群体后形成的利益。正因为所有治政者因共同利益而形成了治政群体，因此，治政与政治在利益联系上表现为一定的特性。

① 《毛泽东选集》第 3 卷，第 1059 页，人民出版社 1991 年版。
② 《马克思恩格斯选集》第 2 卷，第 39 页，人民出版社 1995 年版。
③ 《马克思恩格斯全集》第 2 卷，第 103 页，人民出版社 1957 年版。
④ 《马克思恩格斯全集》第 3 卷，第 275—276 页，人民出版社 1960 年版。

第一，公共性。所谓公共性指治政与政治在利益上的相同性。正因为共同的利益追求形成了治政群体，这种治政群体必须为公共利益而奋斗。治政利益的公共性有两点内在联系，一个是治政利益的共同性。即治政者为了共同的政治等利益而形成了治政组织，形成了共同制度，形在了某些共同遵守的政治规则，并在治政的社会公共生活中围绕特定利益和利益矛盾而达成的利益妥协等等，这种共同性也表现为治政利益的共识性。另一个是为了某种特定的利益而形成的政治等合力。在治政过程中，常常听到治政者讲"共存共荣"，这正是为了共同利益而作出的共同努力，这些努力包括了治政利益主体在内容、规则、形式上形成的共识，只有先形成共识，才能为共识而努力治政。

第二，实现性。所谓实现性指治政、政治利益的可实现性和治政共同利益不是通过市场方式实现的特征。在治政实践中，治政者的共同利益是通过"公共产品"的供给来实现的，而"公共产品"具有的消费非排他性和非竞争性特点，所使得"公共产品"不可能通过市场方式实现，而必须通过政治组织的公共权力来实现。在治政利益可实现方面，治政利益从时段上可以分为现实利益和长远利益；从个体与集体上可以分为个人利益和集体利益等等。有些利益并不是现实可以获得的，具有一定的"时空性"，还有些"远大"的利益是要经过长时间治政才可以实现。

第三，多重价值的复合性。所谓多重价值的复合性指治政利益有丰富多样的价值的结合。治政的共同利益包含着生存、安全、效率、公正、民主等多重价值，正是这些多重价值，使得治政者在政治生活和政治管理方面必须注意协调不同的价值，保持治政利益的共同诉求。

第四，相对独立的支配性。所谓支配性指治政利益一旦形成，治政利益的主体便对其具有独立支配的权力。在共同利益中，共同利益还对同一利益关系中的不同利益取得支配地位，即毛泽东常讲的在一定的环境中"个人利益服从集体利益，暂时利益服从长远利益，局部利益服从全局利益。"[①] 这种服从是从"个人利益"、"暂时利益"、"局部利益"而言的，而从治政主体利益来讲，即"集体利益"、"长远利益"、"全局利益"支配着个人的、暂时的、局部的利益，具有不可替代的支配性，尽管这种支配性有时并不一定正确、合理。

---

① 《毛泽东文集》第8卷，第133页，人民出版社1999年版。

第五，统治性。所谓统治性指治政共同利益对其他方面利益的支配和控制。毛泽东讲："人民民主专政有两个方法。对敌人说来是用专政的方法，就是说在必要的时期内，不让他们参与政治活动，强迫他们服从人民政府的法律，强迫他们从事劳动并在劳动中改造他们成为新人。对人民说来则与此相反，不是用强迫的方法，而是用民主的方法，就是说必须让他们参与政治活动，不是强迫他们做这样做那样，而是用民主的方法向他们进行教育和说服的工作。"① 这是强力对利益的控制，也说明了统治性的本质。在阶级社会里，治政者在利益本质上是占有着全部生产资料，而在形式上却极力地表现为社会全体成员的共同利益。马克思、恩格斯说："每一个企图取代旧统治阶级的新阶级，为了达到自己的目的不得不把自己的利益说成是社会全体成员的共同利益，"② 以此把不同的利益冲突，尤其是对立阶级之间的利益冲突控制在秩序范围内。③

二、治政的政治权力

政治权力是用来描述治政主体之间相互作用以及对治政客体治理作用的理论范畴。要研究治政，必然要研究政治权力。要研究政治权力，有必要研究治政内部的治政权利。

1. 治政的政治权力含义

治政的政治权力是从治政这一层面上考察政治权力的，政治权力又是从权力引申而来的，因此，我们研究治政的政治权力，有必要了解一下权力的含义。

（1）权力的含义。中外学者对权力有过许多的论述，有些论述侧重于权力的原始意义即"能力"，而在治政的实践中，权力已不仅仅是原始的意义。

第一，中外概念举要。一是权势和威力。《汉书·贾谊传》讲："况莫

① 《毛泽东文集》第6卷，第81页，人民出版社1999年版。
② 《马克思恩格斯选集》第1卷，第100页，人民出版社1995年版。
③ 参见王浦劬等著：《政治学基础》第57页，北京大学出版社2006年版。

大诸侯，权力且十者乎？"这里的权力意思为权势和威力。二是衡量审度。孔子曰："谨权量，审法度，修废官，四方之政行焉。"① 三是控制。马克斯·韦伯把权力定义为："在社会交往中一个行为者把自己的意志强加在其他行为者之上的可能性。"② 四是影响力。拉斯韦尔和卡普兰认为："权力是施加影响力的特例。这是借助制裁（真正的或威胁性的）背离拟行政策的行为来影响他人的决策的过程。"③

第二，权力概念含义。权力指政治上的强制力量及治政者职责范围内的支配力量。

（2）政治权力的含义

第一，政治权力的概念。政治权力指治政主体依靠一定的政治力量和资源，为实现某种利益或原则而在治政过程中体现出治政主体间的相互作用和对一定治政客体的制约能力。④

第二，与政治权力相关的概念。治政主体所依靠的政治力量主要是政治强制力；政治权力所依靠的资源包括经济、政治、心理、社会等等各种影响因素；政治权力实施的目的主要表现为利益，这些利益是较为广泛的，可能是物质的，也可能是精神的，或者两者兼而有之的；治政的政治权力主体对客体的作用方式是多种多样的，可以是物质的、意识形态的、心理的，还可以是暴力的、非暴力的、准暴力的等等。无论是治政主体间的相互作用还是对治政客体的作用都会有一定的反作用。

（3）治政的政治权力的构成要素。治政的政治权力的形成，有历史的原因，但主要的和关键的原因还是治政权力的主体动员和凝聚有效政治资源的能动过程。

第一，治政的政治权力构成的客观要素。治政的政治权力的客观构成要素是指治政的政治权力形成过程中，外在于治政政治权力主体的促成因素和条件。⑤ 治政的政治权力客观构成要素主要有几种。一是对生产资料的有效占有。生产资料的占有者对于生产资料的控制和占有使得自身力量得到强化并在运动中形成政治力量的主体。推动治政政治权力的健康运

---

① 陈襄民等注释：《五经四书全译》，第3245页，中州古籍出版社2000年版。
② 参见《布莱克维尔政治学百科全书》，第595页，中国政法大学出版社1992年版。
③ 罗伯特·A.达尔：《现代政治分析》，第60页，上海译文出版社1987年版。
④ 参见李景鹏著：《权力政治学》，第28页，北京大学出版社2008年版。
⑤ 参见王浦劬等著：《政治学基础》，第68页，北京大学出版社2006年版。

行。二是社会财富。社会财富指劳动形成的物质和精神产品，代表着一定的社会力量。积累社会财富就意味着力量的扩大，占有社会财富就意味着力量的拥有，控制社会财富就意味着力量的掌握。三是强制力。强制力又被称为暴力，暴力包含了暴力执行者、暴力组织和暴力工具。暴力本身就是一种力量，它是治政政治力量的有机组成部分。恩格斯说："构成这种权力的，不仅有武装的人，而且还有物质的附属物，如监狱和各种强制设施"①。而形成强制力，还必须有经济作保障即对物质财富的占有。"在任何地方和任何时候，都是经济条件和经济上的权力手段帮助'暴力'取得胜利，没有它们，暴力就不成其为暴力。"② 构成治政的政治权力的客观要素还有治政者所拥有的自然资源、地理条件、文化传统、民众心理等等。③

第二，治政的政治权力构成的主观要素。所谓构成政治权力的主观要素指在治政的政治权力形成过程中治政主体自身所具有的条件和素质。治政的政治权力构成的要素主要包括了几个方面。一是道德素质。任何政治权力都应该是道德要素的集中，没有道德的政治权力，是独裁的、荒唐的和即将消亡的权力，它必然会被社会和历史所淘汰。因为政治权力主体有个人和群体之分。就政治权力的个人来讲有品德、公德、美德之分。二是能力素质。能力素质是智力和体力的总和，就治政者个人来讲，包括了知识水平、经验阅历、性格意志、分析判断能力、领导决策能力、组织动员能力、创新能力、协调能力等。对于治政群体来讲，它包括了群体的教育水平、文化传统、团队协作精神等等。三是治政组织。治政组织是构成治政主体政治权力的必备要素。治政组织的力量取决于治政的组织原则、组织基础、组织结构、组织文化和组织人员的构成。"乌合之众"不是组织。治政组织是治政者可凭借和利用的独到的政治力量。四是治政者的身份资格。治政的政治权力主体的身份资格包括了个人的资历、所担任的职位、威望以及不可忽视的血缘关系等。对治政组织来讲，其身份资格主要指群体形象、威望、声誉以及群体的社会地位等。五是路线与政策。所谓路线指治政者（包括治政组织）对社会政治的战略性思考，是治政权力主体关

---

① 《马克思恩格斯选集》第 4 卷，第 171 页，人民出版社 1995 年版。
② 《马克思恩格斯选集》第 3 卷，第 515 页，人民出版社 1995 年版。
③ 参见王浦劬等著：《政治学基础》，第 69 页，北京大学出版社 2006 年版。

于社会政治基本状况的分析把握以及治政走向的规范和引领。再好的治政组织、再强的治政政治力量，必须要有正确的路线和政策作规范和引领。对于治政个体来讲，路线指治政理论的确立；对于治政群体来讲，即组织的政治目标是否得到客体的拥护，实现途径是否科学等等。当然，治政的政治权力主观构成要素还包括了已有的权力、社会资本等等。

在分析治政的政治权力要素时，有些学者把要素统一分为权力主体、目的性、权力资源、权力作用的对象、权力主体对客体的一定作用方式、权力格局、权力关系的稳定度等等。[①] 这种分析的方法没有把主客观要素区别分析，分析得出的结果相差不大，其中的"权力格局"倒是值得研究的提法。

我们从权力运作的关系分析中，引用一张权力运作和影响图，帮助我们研究治政的政治权力要素以及权力的运作，理解其中"力量"的构成，如图8-3所示。

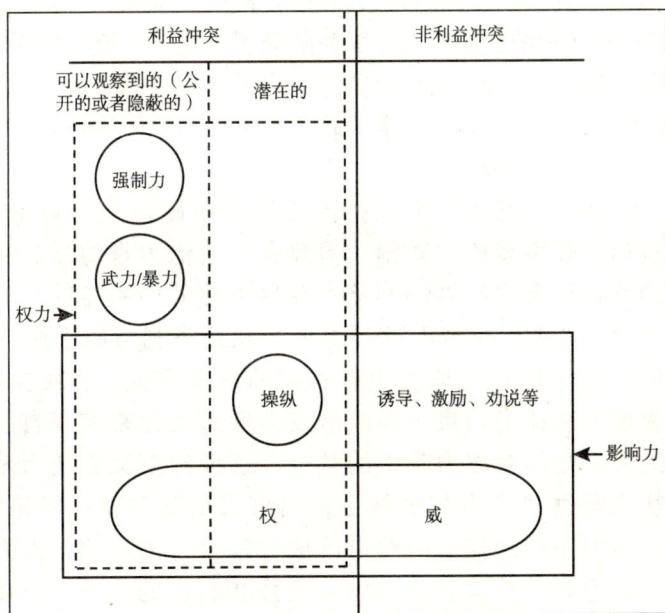

图8-3 权力运作和影响[②]

---

① 参见李景鹏著：《权力政治学》，第29页，北京大学出版社2008年版。
② 〔美〕史蒂文·卢克斯著：《权力》，第36页，江苏人民出版社2008年版。

（4）治政的政治权力的特征。治政的政治权力是在特定的利益和利益关系的基础上形成的独有的政治力量，是治政者实现治政不可缺少的必备"工具"，有了这个工具，才能完成治政任务。治政的政治权力有许多特征，在治政实践中，主要包括几点。

第一，利益性。所谓利益性即主体利益性。在治政实践中社会关系在现实形态方面体现为利益和利益的关系，而且这种关系以该权力的主体为主。在前面的利益分析中，我们可以从中看到，治政的政治权力的主体利益性首先是特定利益关系中共同利益的公共性的体现。一切治政的政治权力都是因利益而形成，又是为了维护和发展利益而运动，尽管运动的结果并不一定是利益设计者的愿望。

第二，阶级性。在阶级社会中，政治权力必然表现为为阶级的利益服务。阶级是在一定社会经济结构中，由于人们与生产资料的关系不同而形成的社会集团。这些社会集团的共同利益，构成了阶级的利益。而政治权力是因阶级利益构成的，同样也必须为阶级利益服务。统治阶级的统治集团进行的政治统治、进行的政治管理都是为了本阶级的利益，而不同的社会阶级、集团、政党、个人所从事的政治参与活动，同样是为了实现自己的政治权利，表现出某种阶级性。

第三，约束性。所谓约束性指治政过程中政治权力对治政过程、现象、利益和治政主客体的限制。治政者以政治力量的强制和约束来实现和维护治政社会中的共同利益，并尽力使共同利益的享有实现某种公平，因此，"政治权力不过是用来实现经济利益的手段。"① 政治权力的约束性在不同社会形态中有不同的约束方式。在民主的社会，这种约束表现为法律的约束，即政治权力通过法律来实现自己对自己和他人的约束。在相对权力集中的社会，这种约束又表现为统治和治理，他们往往通过"人为"的禁令，约束人们的政治、经济等行为。在文明的社会中，政治权力的约束已成为社会人的习惯，人们会自觉地用文明的政治条件约束自己，以保证公共利益的公平。而在倾向于"人治"的治政社会中，"政治运动，即目的在于用一种普通的形式，一种具有普遍的社会强制力量的形式来实现本阶级利益的阶级运

① 《马克思恩格斯选集》第 4 卷，第 250 页，人民出版社 1995 年版。

动",① 在这种治政形态下，"政治统治到处都是以执行某种社会职能为基础，而且政治统治只有在它执行了它的这种社会职能时才能持续下去。"②

第四，权威性。治政的政治权力本身就是"权威"，这里的权威性指政治权力的某种使人信服的力量和威望。治政的政治权力的权威性，可以从治政者个人和治政者组织两个层面进行理解。治政者组织的权威主要来自治政目的的科学性、组织的先进性、利益代表的广泛性等方面。而作为治政者的政治权力的权威，主要是来自治政者的职权和人格感召力。恩格斯在《论权威》中讲："我们看到，一方面是一定的权威，不管它是怎样形成的，另一方面是一定的服从，这两者都是我们所必需的，而不管社会组织以及生产和产品流通赖以进行的物质条件是怎样的。"③研究治政的政治权力的权威性，就要重点研究治政者的职权和人格感召力，我们通过三个图表来分析权威的内涵所在。如图8-4、表8-1和表8-2所示。

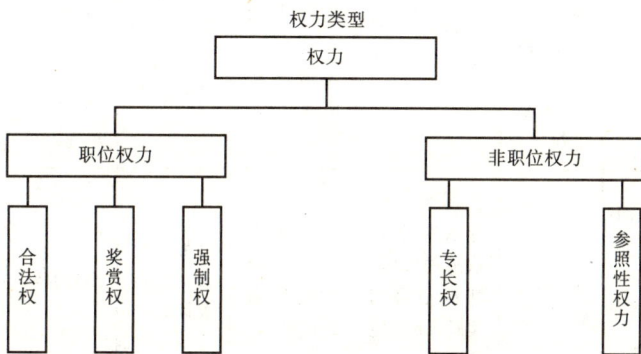

图8-4　权力类型权力④

①　《马克思恩格斯选集》第4卷，第604页，人民出版社1995年版。
②　《马克思恩格斯选集》第3卷，第523页，人民出版社1995年版。
③　同上书，第226页。
④　刘建军编著：《领导学原理》，第194页，复旦大学出版社2007年版。

表 8 – 1① **权威基础的测定**

一个治政者具备一种还是多种权威基础,对下列问题的确定性反应就可以回答这个问题

基 础 内 容	权力形态
这个人可以为难他人,但你总是避免惹他生气	强制性权力
这个人能给他人以特殊的利益或奖赏,你知道与他关系密切是大有好处的	奖赏性权力
这个人掌握支配你的职位和责任的权力,期望你服从法规的要求	合法化权力
这个人的知识和经验能使你尊重他,在一些问题上你会服从于他的判断	专 长 权
你喜欢这个人,并乐于为他做事	参照性权力

表 8 – 2 权力类型比较②

权力类型	权力来源	权力过程	下属与领导者关系模式	要求的条件	领导者行为特征	优点	缺点
合法权	注定的	内在化与外在化的统一(认同与服从的统一)	领导者与下属的一致性关系	领导者与下属拥有相似的价值观	作出决策,下属自愿服从	具有较为明晰和和谐的领导关系,行动比较迅速	领导者难以引起变革
奖惩权	下属的恐惧或期望(手段—结果控制)	服从	下属想从领导者那里获取某种反应,即渴望得到奖励,而避免惩罚	领导者必须对下属进行监督的控制	给与不给自愿,以求服从	迅速有效	成本较高
强制权	下属的恐惧(手段—结果控制)	服从	下属被动执行,渴望获得一种安全而已	领导得必须对下属进行监督和控制	对下属采取威胁和命令	迅速有效	成本较高

① 刘建军编著:《领导学原理》,第 197 页,复旦大学出版社 2007 年版。
② 同上书,第 197—198 页。

续表

权力类型	权力来源	权力过程	下属与领导者关系模式	要求的条件	领导者行为特征	优　点	缺　点
专长权	信　任	内在化认同	一致性关系	领导者与下属拥有相似的价值观	下属自愿执行	有效、可信	不能绝对保证效果的充分性
个人魅力权	吸引力	辨　认	渴望与领导者建立关系	领导者必须在下属面前具有显著的优越地位	下属自愿执行	成本较小,具有内在鼓舞力	因缺乏有形的奖励,会侵蚀领导者权威
背景权	相关性(社会关系)	辨　认	渴望与领导者建立关系	领导者必须在下属面前具有显著的优越地位	下属自愿执行	安全系数较高	权威基础过于单一
感情权	相关性(社会关系)	辨　认	渴望与领导者建立关系	领导者必须在下属面前具有显著的优越地位	下属自愿执行	成本较小	不能绝对保证效果的充分性

第五,排他性。所谓排他性指治政的政治权力采取不容许其他权力方式同自己在同一范围内存在的特性。治政的政治权力具有专属性,这种专属性决定了治政权力运行采用了强制约束的方式而确保政治权力的权威,确保治政者的治政权力在社会和政治生活中的支配地位。在治政现实中,政治权力作为超越其他社会政治力量的力量,利用强制的治政机制,以确保权力的专属。

第六,规范性。所谓规范性指治政的治政权力按照治政的要求对治政现象和过程加以规范。这种规范主要体现在法律、法规上,体现在规章制度上,体现在约定俗成上。政治权力不仅仅只是对反对者的压迫,而且还必须对拥护者的言行加以规范,以使社会更加有序。治政的政治权力的规范还表现在对治政者的权力规范方向,以使治政者在法规范围内行使政治权力，防止政治权力的滥用。

第七，扩展性。所谓扩展性指治政权力的内在扩张延展性。治政的政治权力的扩展首先体现在其作用范围方面的扩展，治政的政治权力一经形成，必然会最大限度地扩展自身的作用范围。其次，治政的政治权力在其他层次方面的扩展，这种作用的扩展主要体现在政治权力的纵向运动上，即将较低层级向较高层次扩展。再次，治政的政治权力其利益含量方向的扩展。① 最后，治政的政治权力的扩展还表现在意识形态上的扩展，即在思想、信仰、习俗、禁忌上主导着方向，扩展着影响范围。

第八，多重职能性。② 所谓多重职能性指治政的政治权力在协调利益矛盾、发展公共职能中的多方面的任务和能力。治政的政治权力的多重职能在相同的层次上有不同要求。在价值层面，体现为生存、安全、秩序、效率、公正、民主等公共价值职能；在行为层面，体现为统治和管理；在日常运行层面，体现公共事务、治理、政治等职能；③ 在成果运用层面，体现为协调、公平、化解、共享等职能。

2. 治政的政治权力类型、关系

（1）治政政治权力的类型。对于治政的政治权力的划分，因划分的标准不同，划分出来的结果也不会相同。

第一，按照治政政治权力主体性质划分的类型。按照治政的政治权力主体性质划分的政治权力类型可以分为原始社会的政治权力、奴隶主阶级的政治权力、封建主阶级的政治权力、资产阶级的政治权力和无产阶级的政治权力。④ 其中的资产阶级政治权力在世界范围内仍处于主流地位。列宁说："世界各国的资产阶级都必然要规定出两种管理方式，两种保护自己利益和捍卫自己统治的斗争方法，并且这两种方法时而交替使用，时而以不同的方式结合在一起。第一种方法就是暴力的方法，拒绝对工人运动作任何让步的方法，维护一切陈旧腐败制度的方

---

① 参见王浦劬等著：《政治学基础》，第74页，北京大学出版社2006年版。
② 同上书，第74页。
③ 同上书，第75页。
④ 同上。

法，毫不妥协地反对改良的方法。……第二种方法就是'自由主义的'方法，即采取扩大政治权利、实行改良、让步等等措施的方法。"① 在发达资本主义制度中，改良和政治权利让步已成为政治权力发展的主流。在无产阶级政治权力中，"对人民内部的民主方面和对反动派的专政方面，互相结合起来，就是人民民主专政。"② 如何实现对人民的民主，必须科学地探索。

第二，按照治政的政治权力主体组织划分的类型。按照治政的政治权力主体组织划分，政治权力可以分为社会公共权力和执政党权力。所谓社会公共权力是以全社会成员的共同利益即社会共同利益为基础的政治权力。所谓执政党权力是以特定阶级和阶层的共同利益为基础的政治权力。有关执政党的政治权力我们还要作分析。

第三，按照治政的政治权力主体层级划分的类型。按照治政的政治权力的主体层级划分可以把治政的政治权力分为中央权力、地方权力；上级权力、下级权力。在这种权力划分中，如何使不同层级的权力在法律规范下，积极地发挥作用，如何在权力运作中真正体现民主，让上下拧成一股绳，为完成治政组织的任务而奋斗。

第四，按照治政的政治权力的功能划分的类型。③ 按照治政上的治政权力的功能划分，政治权力可以分为立法权、行政权和司法权。所谓立法权指社会公共权力中制定、修改或废止法规、法案的权力；所谓行政权指社会公共权力的实施法案、管理社会行政事务的权力；所谓司法权指社会公共权力中实施法律并以此为标准规范社会生活的权力。

第五，按照治政发达情况的体系划分的类型。按照治政的发达情况的体系划分的政治权力可以分为第一世界、第二世界和第三世界。三个世界划分也说明了不同世界中国家政治权力的强弱。三个世界的划分是毛泽东1974年同赞比亚总统卡翁达的谈话时首先提出来的，这其中有政治原因，也有经济原因。毛泽东讲："我看美国、苏联是第一世界。中间派，日本、欧洲、澳大利亚、加拿大，是第二世界。咱们是第三世界。""美国、苏联原子弹多，也比较富。第二世界，欧洲、日本、澳大利亚、加拿大，原子

---

① 《列宁选集》第 2 卷，第 276 页，人民出版社 1995 年版。
② 《毛泽东选集》第 4 卷，第 1475 页，人民出版社 1991 年版。
③ 参见王浦劬等著：《政治学基础》，第 79 页，北京大学出版社 2006 年版。

弹没有那么多，也没有那么富，但是比第三世界要富。""亚洲除了日本，都是第三世界。整个非洲都是第三世界，拉丁美洲也是第三世界。"① 正是因为第一世界在政治上实行强权政治，在经济上实行封锁、垄断，这个世界才不太平。邓小平讲："贫弱国家、第三世界国家的国权经常被他们侵犯。他们那一套人权、自由、民主，是维护恃强凌弱的强国、富国的利益，维护霸权主义者、强权主义者利益的。"② 三个世界的划分虽不那么精细，可能还会发生变化，但是，使人们对世界政治权力的认识构成了一个框架，以供人们研究。美国政治学体系功能学派著名人物戴维·阿普塔（DavidE. Apter）把第三世界的政治制度分为四大类，对第三世界的政治体系以及政治权力作了比较，对我们研究治政政治权力有一定的参考作用，如表 8 – 3③ 所示。

表 8 – 3　第三世界政治体系

类型	子系统	统治思想	中央政府权力	主要决策者	政府专业化程度	政策对社会变化的影响
民俗型	部落社会	重精神价值	软弱	家庭中的长者,部落首领	很低	有限
	低级农业社会	重精神价值	软弱	社会中的长者,具有较高威望的社会成员等	较高	有所扩大官
僚权威	农业社会	重精神价值	软弱	国王、皇室、军队、贵族	较低	有限
	工业社会	重物质利益	集权	总统、军队、文官、技术官僚	较高	有所扩大
和谐型	竞争的寡头社会	重物质利益	软弱	内阁、贵族	较低	有限
	多文化的民主社会	重物质形态	软弱	总统、总理、内阁、立法、政党	较高	有所扩大

---

① 《毛泽东文集》第 8 卷，第 441—442 页，人民出版社 1999 年版。
② 《邓小平文选》第 3 卷，第 345 页，人民出版社 1993 年版。
③ 孙哲著：《权威政治》，第 286 页，复旦大学出版社 2004 年版。

类型	子系统	统治思想	中央政府权力	主要决策者	政府专业化程度	政策对社会变化的影响
动员型	民粹社会	重意识形态	软 弱	委员会、大众政党	较 低	长期看来有限
	精英社会	重意识形态	集 权	政治精英、魅力领袖	较 高	长期看来有所扩大

从上面的表中，我们可以看到几个特点。① 一是在民俗社会中，集体利益比个人利益更为重要。二是官僚权威型体系在第三世界占有很大的比重，应当是第三世界的学者们研究的重点。三是在和谐型体系中，统治者承认不同的利益集团之间产生冲突具有一定的合理性，他们更强调社会的多元化发展。四是在动员型体系中，政治领导人追求的目标不是社会的稳健变革，而是激进的根本革命。

（2）治政的政治权力关系。所谓治政的政治权力关系指各种类型的政治权力之间的联系。从治政的实践来看，治政的政治权力之间的关系非常重要，处理得好，可以在不同的政治权力之间形成合力，推动治政的高效进步，处理不好，可能容易形成政治权力的纠争，从而影响治政效率。

第一，不同世界的政治权力关系。由于意识形态、国家传统、地理区分不同，国家政治权力的形式和内容也不尽相同，但是，用政治权力维护本国利益和推动本国的全面发展是相同的。国际上，在尊重国家主权的基础上，合谈、发展是主流，但分歧与战争仍然不断，这种现象一方面缘于有些国家的强权政治，干涉他国内政；一方面缘于利益的纠争。世界间的政治权力的关系总体上是"和平与发展"的关系，但是，"世界和平与发展这两大问题，至今一个也没有解决。"② "老殖民主义、新殖民主义、霸权主义、强权主义，真不少啊！现在贫穷弱小的国家，环境比过去更困难一些，需要更多的艰苦奋斗。""可能是一个冷战结束了，另外两个冷战又已经开始。一个是针对整个南方、第三世界的，另一个是针对社会主义的。"③ 世

---

① 参见孙哲著：《权威政治》，第287—289页，复旦大学出版社2004年版。
② 《邓小平文选》第3卷，第383页，人民出版社1993年版。
③ 同上书，第344页。

界间的政治权力的关系复杂多变，但总体上是恃强凌弱，这是一种不变的关系。

第二，不同性质的政治权力的社会公共权力之间的关系。所谓不同性质政治权力的社会公共权力间的关系指虽为不同性质的政治权力，但可以在某种共同目标中实现妥协或者协调。诸如抗日战争期间的国共合作，中华人民共和国建国前夕的政治协商会议等等。

第三，执政党权力与社会公共权力间的关系。所谓执政党权力与社会公共权力是领导与被领导的关系。从本质上讲，执政党的权力与社会公共权力是一致的，但是由于执政党的力量在社会公共权力意志形成和实际运行中具有领导地位，对社会公共权力的运行方向、过程具有支配性和主导性作用，因此，它们之间是领导与被领导的关系。

第四，中央权力与地方权力的关系。中央权力与地方权力的关系是在共同利益或共同利益方向下的隶属关系基础上的协调关系。这种隶属的协调关系是因为地方权力两重性引起的。一方面，地方权力是特定地方和区域共同利益的代表和权力的体现，另一方面，地方权力又是中央权力在特定地方区域层次上的配置。虽为隶属基础上的协调关系，也有转化为对抗关系的可能性，这种关系的出现一般是在社会利益与社区利益发生对抗之后。①

第五，立法权力、行政权力和司法权力之间的关系。立法权、行政权和司法权是社会公共权力的横向权力关系，因为这三权都属于社会公共权力。在资本主义社会中，这三权不过是："为了简化和监督国家机构而实行的日常事务上的分工罢了。"② 在特色国家体制中，这三权本质上一致，但立法权对司法权、行政权是统率与被统率的关系。

3. 治政的政治权力的作用

治政者为了实现组织的治政目标，必然把治政的政治权力施诸社会、其他政治力量和自然界，这便形成了治政的政治权力作用。治政的政治权力是社会政治关系的核心内容，它对社会的政治关系、政治生活等都有特别的作用。

---

① 参见王浦劬等著：《政治学基础》，第 82 页，北京大学出版社 2006 年版。
② 《马克思恩格斯全集》第 5 卷，第 225 页，人民出版社 1958 年版。

（1）治政的政治权力作用。治政的政治权力作用主要是维护和获取治政利益，它对于治政的政治关系、政治生活、社会生活具有重大的作用。

第一，政治关系方面的作用。治政的政治权力是实现治政主体成员（包括治政组织）利益要求的特定方式。治政组织和治政者一方面维护自己的利益赖以形成的经济关系和社会关系，从而维护治政利益，一方面利用获得的特定的社会资源，直接满足治政利益的需求。治政的政治权力还是治政者获得和实现政治权利的必要条件。

第二，政治生活方面的作用。治政的政治权力是治政政治生活的核心。说治政权力是治政政治生活的核心，是因为治政者的治政行为和政治活动都是以政治权力为中心展开的。治政过程中的政治统治、政治管理都是通过政治权力实现的。① 治政客体的政治参与也是通过治政中的特定方式对治政的政治权力影响以及作用来实现的。治政所构建的政治制度、治政政治组织、社会政治体系也是依靠政治权力而完成的。同时，治政的政治文化也是以政治权力为核心内容确定社会的价值取向。

第三，社会生活方面的作用。在社会生活方面，治政者利用政治权力维护和获取自身生活的必需和特定的社会资源，并以法律的形式确定下来。与此同时，治政者同样以法律的方式，分配共同利益，规定着治政客体的利益边界和实现规则。② 由于政治权力属于上层建筑范畴，它可以制约也可以推动社会生产力的发展，支配着社会文化价值观的走向，直接或间接地影响着治政客体的思维方式和行为方式。

（2）治政的政治权力的作用特征。治政的政治权力的作用具有独特的特点，这些特点，体现了治政的政治权力作用的本质。

第一，具有目标指向性。所谓目标指向性指政治权力的作用是有特定的目标，它总是对治政特定客体发生作用。这种目标作用可能是直接发生作用，也可能是间接发生作用，而目标的实质还是治政利益。

第二，具有特定的效益性。所谓效益性指治政的政治权力的作用是一个"能量转化"的过程，它必须讲求政治权力的作用效益。没有作用效益的政治权力是没有作用的，在治政现实中也是不存在的。而治政的政治权力的作用效益与成本一般呈正比关系。

---

① 参见王浦劬等著：《政治学基础》，第88页，北京大学出版社2006年版。
② 同上书，第89页。

第三，具有合力性。所谓合力指政治权力的作用后果常常显现多方面力量的平行四边形合力。由于社会不同力量的交错，治政权力的作用受到了历史条件、社会关系以及其他力量的制约，因此，治政的政治权力的作用不可能完全体现为单一意志性，在治政实践中往往与其他力量一起呈现出一种合力的作用。"这样就有无数互相交错的力量，有无数个力的平行四边形，由此就产生出一个合力，即历史结果，"① 这种结果实际是一种变动着的总的平行四边形，是治政运行的实际状态②。

第四，具有维护性。所谓维护指治政的政治权力对效益以及社会发展的维持和保护。治政的政治权力在维护方面的表现首先体现在对治政效益的维护上，政治权力会千方百计减少成本，增加效益，这也是由于治政利益这一根本原因决定的。治政的政治权力的维护性还体现在社会公平上。社会公平是治政客体的需要，也是全社会的需要，因为只有社会公平，才可能实现社会的稳定、和谐，才可能实现治政组织的目标。

第五，具有双刃剑式的效用性。③ 所谓双刃剑式的效用指治政的政治权力既可以保护自己，指挥别人，同时也会损害社会和自己。在治政现实中，任何治政权力都有双刃剑的效用，这种双刃剑的效用主要体现在治政者可以利用治政的政治权力实现公共利益，同时也可以根据特殊利益的需要侵害公共利益。这种侵害不仅仅危及治政客体，而且也直接损害了治政客体对治政主体的信任度，直接影响到治政的政治权力的社会地位，有时会导致治政者失"权"。

（3）治政的政治权力的作用方式。所谓作用方式指治政主体在运用政治权力时所采用的运行方式。运用不同的治政政治权力的作用方式，主要是根据治政实践需要和治政利益需要而确定的。有些方式并不是单一使用，可能是多种方式并用，这也必须视治政实践的情况而定。治政的政治权力的作用方式，主要有几种。④

第一，暴力方式。所谓暴力形式指政治主体运用政治权力直接以暴力

① 《马克思恩格斯选集》第 4 卷，第 697 页，人民出版社 1995 年版。
② 参见王浦劬等著：《政治学基础》，第 85 页，北京大学出版社 2006 年版。
③ 同上。
④ 同上书，第 85—87 页。

手段实施治政。这种暴力治政有国内的阶级斗争，也有国际的战争。暴力方式包括武装镇压、起义、改变、暗杀、战争，其中战争是暴力的极端方式。列宁讲："战争不过是政治通过另一种〈即暴力的〉手段的继续"。①毛泽东说："'战争是政治的继续'，在这点上说，战争就是政治，战争本身就是政治性质的行动，从古以来没有不带政治性的战争。"② "政治是不流血的战争，战争是流血的政治。"③ 在现代社会中，战争是强权政治、利益政治常用的手段。

第二，专政形式。所谓专政指治政主体运用压迫的方式推行自己的政治路线、方针、政策，实施政治统治，这在治政的初始时期是不可缺少的方式方法。"我们的专政，叫做工人阶级领导的以工农联盟为基础的人民民主专政。这就表明，在人民内部实行民主制度，而由工人阶级团结全体有公民权的人民，首先是农民，向着反动阶级、反动派和反抗社会主义改造和社会主义建设的分子实行专政。"④ 专政是维护治政者政治权力不可缺少的方式，也是保护政治权力发展的根本手段。

第三，规约方式。所谓规约指治政者运用政治权力制定的政治社会规范和规则来贯彻治政者的意志，规范治政客体的行为。规约的形式是治政者在和平建设时期必须采用的方式，它包括了法律规约、制度规约、纪律规约和道德规约（价值体现规约）。一般来讲，治政的规约本身就是治政权力共同利益的构成内容，治政缺少不了规约，规约可以规范治政，因为规约有时是对治政主体、客体共同的规范，这是"法律面前人人平等"的要求。

第四，指令形式。所谓指令指治政主体凭借治政权力指示命令治政下级或治政客体必须照办的方式。指令方式是治政政治权力制约性的直接体现，是管理、领导治政等活动中常用、多用的方式。治政下级必须服从治政上级，服从的就是一种指令。治政客体必须贯彻治政主体的要求，贯彻也是治政指令。

第五，压力形式。所谓压力指治政者凭借政治权力对治政下级和治政

① 《列宁全集》第26卷，第235页，人民出版社1988年版。
② 《毛泽东选集》第2卷，第479页，人民出版社1991年版。
③ 同上书，第480页。
④ 《毛泽东文集》第7卷，第207—208页，人民出版社1999年版。

客体以强制和挤迫的心理氛围。治政者往往以政治权力的威势，通过明示或暗示的方式，使治政下级或治政客体意识到某种治政行为的后果，从而改变自己的行为方式，达到治政主体的要求，其表现形式以常有的政治声势、政治警告、政治恐怖、政治戒严、政治威慑等等。①

第六，说服形式。所谓说服指治政者以特定的理论、方案和现实说法与治政下级、治政客体进行心理沟通，以使治政下级和治政客体同意治政者的主张从而实现治政组织目的。说明在治政过程中是常用的作用方式。在治政主体内部，常常使用说服、教育、批评的方式以实现治政目的。毛泽东讲："用民主的方法，就是说必须让他们参与政治活动，不是强迫他们做这样做那样，而是用民主的方法向他们进行教育和说服的工作。这种教育工作是人民内部的自我教育工作，批评和自我批评的方法就是自我教育的基本方法。我希望全国各民族、各民主阶级、各民主党派、各人民团体和一切爱国民主人士，都采用这种方法。"②

第七，榜样引领形式。所谓榜样引领指治政主体运用治政下级或治政客体中拥护治政主张并积极工作获得一定成绩的集体或个人的事迹，去教育和引领其他人共同向治政组织目标迈进。这种方式在独特的治政体制中是常用的方式。榜样引领有时具有不可估量的引领力和号召力。

第八，奖酬形式。所谓奖酬指治政者运用自己所掌握的资源对治政下级和治政客体施行奖酬的方式，以鼓励治政下级和治政客体按照治政者预定的治政组织目标行为。奖酬形式一般遵循社会和政治生活中的价值原则和价值规范设置的不同的奖酬等级标准，这种奖酬有物质的、精神的、社会身份性的。社会身份性指特定的职位、职称等。具体的奖酬方式如表扬、记功、酬金、奖励工资、授予称号以及特定职位、职称等等。

第九，处罚形式。所谓处罚指治政者利用政治权力根据治政规范和要求对治政下级和治政客体进行处分惩罚的行为。处罚在行为科学中被称为负激励或负强化，主要是对治政下级和治政客体以劝阻或警告。处罚的形式是治政过程中不可缺少的作用方式，必须注意切实用好。在运用处罚方式时，一定要注意把握时机。惩罚的最好时机一般为：一是事实已搞清楚

---

① 参见王浦劬等著：《政治学基础》，第86页，北京大学出版社2006年版。
② 《毛泽东文集》第6卷，第81—82页，人民出版社1999年版。

（如果连事实都没有弄清楚就急急忙忙处理，处理容易失当）；二是治政者的激情已经过去（如果在治政者的"气头上"急忙处理，一般都会偏重，等头脑冷静下来再处理，一般比较客观）；三是错误影响尚未扩大（如果该处理而迟迟不处理，许多人都向坏样子学了，这时再处理，势必"打击一大片"）；四是大家记忆犹新时（如果久拖不处理，时间长了，大家对此早已淡忘，这时治政者再提出要严肃处理，便会使人感到"算旧账"，得不到大家的支持。）①

4. 治政的政治权力量化研究

任何可以量化的事物都应该量化，如果一个事物不能量化或在一定程度上量化，那则是无法计量的事物。政治权力能否量化，怎么样量化，是我们研究的课题。

（1）治政的政治权力量化的可能性。在治政实践中，完全离开量的分析而进行定性分析是没有的，只不过是有些量是模糊的，有些量是清晰的。在量化分析中，进行量化研究的前提是事物之间的差异。如果一个事物是变化的，我们就可以根据其变化的程度和幅度，找出其在不同时间内变化的量的差异，而在同一时期内，事物在空间上的差异或性质上的差异，也可以归结为一定的量的差异。我们分析治政的政治权力时，也必然遇到量化的问题，这是事物本身的性质所决定的。构成治政的政治权力的多种因素都是处于不断变化之中，我们可以根据治政的政治权力在一定时间内的变化，归纳出其量的对应关系；同时，在同一时间内，根据治政的政治权力在空间性质上的差异也可以找出量的对应关系，这便是治政的政治权力量化的可能。② 这种可能性主要体现为几点。

第一，治政的政治权力力量基础的量化。所谓基础指政治权力基础的各种量，对各种量以量化分析。诸如治政的各种强制机关的数量、组织程度、内聚力强弱、技术条件及装备程度、治政人员数量和质量、治政人员的经验度、效率的高低度等等。

第二，治政的政治权力运行中的量化。所谓运行中的量化指政治权力在进行中要经历多少中间层次、中间层次透明度、经过中间层次后权力方

---

① 参见王加微编著：《行为科学》，第127页，浙江教育出版社1986年版。
② 参见李景鹏著：《权力政治学》，第36—37页，北京大学出版社2008年版。

向改变度、不同层次权力自身组织状况、治政的政治权力经过每一层次时其透过性和折射性的比率、治政权力在诸多层次中能量消耗情况以及治政权力运行中间层次能量消耗度等等。

第三，治政的政治权力传导过程中的量化。所谓治政的政治权力传导量化指治政的政治权力在传导过程中时间的迟滞程度、权力中断后的惯性的长短度、权力运转传导中需要的权力追加量、权力中断之后恢复所需的量以及为保持权力正常运转所要的传导维持量等等。

第四，治政的政治权力被吸收情况的量化。所谓治政的政治权力被吸收指权力运行中被治政下级以及治政客体吸收量的强弱，包括吸收的程度、反射程度、权力运行的折射率、折射回路所需时间量、中间层次中对权力信息反馈效率大小等等。

第五，治政的政治权力被吸收后的合适度。所谓治政的政治权力被吸收后的合适度指治政的政治权力最终被治政下级和治政客体吸收后，治政客体的客体行为与治政全部意志的符合度等等，这种符合应是双向的。[①]

研究治政的政治权力量化的可能性以及量化的度的情况，必须实事求是，既不能机械地套用，也不可一律排斥，权力量化分析必须科学。

（2）治政的政治权力的量化研究方法。我们在前面分析了可能量化的内容，那么，这些内容怎样进行度量即用什么样的方法去度量。度量的方法有以下几种。

第一，分解法。所谓分解法指把治政的政治权力总体分解开来，一个方面、一个层面逐项进行归纳、计算、分析。在分解之后再按照权力运作中的类别进行归纳、汇总。

第二，关系法。所谓关系法指弄清权力相关的关系。在对每一方面、每一层面进行归纳分析之后，就要找出权力因素的各种关系。找出权力因素的关系之后，并计算出权力因素在不同地位的比重，找出关系之下的作用机制等等。

第三，比例法。所谓比例法指把各种权力因素分解之后，找准关系，尽量使模糊量转化为清晰量，找出比例关系，计算出不同权力相关因素之间的关系。

[①]　参见李景鹏著：《权力政治学》，第 37 页，北京大学出版社 2008 年版。

第四，计算机法。所谓计算机法指对不同政治权力进行归纳、分析、比较的方法。这是对治政的政治权力分析中不可缺少的方法，即利用计算机进行分析。美国政治学者塞尔多·韦克夫在为国际政治学会第十一届年会撰写的文章中对政治权力的计算作了一个尝试，对我们有启发性。他把一个国家或地区的实力分解成七个要素：人口、地理、社会结构、军事力量、经济力量、心理力量、领导因素，根据对欧洲两大军事集团各国七种因素的实际考察，并通过比较找出了相对应的指数和比率，然后输入计算机，再进行积累及分析。[①]此外，韦克夫对于计算机如何计算政治权力关系的七点意见也可以供我们参考。他讲：现在我们已经达到开始利用计算机的帮助解答某些问题的时代。首先人们需要用代数方式表达我们的思想，然后需要把这些方程式编制为程序再输入电子计算机，利用计算机处理各种数据。具体地说，我们希望计算机为我们完成七项任务：

- 我们希望在计算机存储器中尽可能多地存储有关数据，使我们掌握各种有益的数据集组。这些数据集组在量上等值于图书馆书架子上储藏的统计资料。
- 我们希望能从计算机的存储器提取尽可能多的能懂、能用，能加以编纂的硬数据。
- 我们希望能够得到计算有关社会心理和政治研究的计算机软件，用来表示有关的原始资料并用于计算机的处理。
- 我们希望能够处理和测定这些社会和心理数据的逻辑可靠性的内部连续性，以便能够编制近似于事实的索引。
- 我们希望能够把已经结合起来的数据和索引转换成多国或多地区的权力比率，转换成力量等级秩序。这种转换应该根据和平时期的标准进行。
- 我们希望把和平时期的力量等级秩序转变成可用于估计假设冲突环境中风险的双方力量对比方程式或比率。
- 除了完成上述任务，我们还需要能够运用已汇集的历史资料和现实统计资料，计划和预测未来的事情。[②]

---

① 参见李景鹏著：《权力政治学》，第38页，北京大学出版社2008年版。
② 同上书，第38—39页。

三、治政的政治权利

权利与权力是两个不同的概念，在治政研究中必须加以区分。权利指治政主客体依法行使的权力和享受的利益；而权力指强制力量和支配力量。在分析治政权力的同时，我们也应该简单地分析一下权利。

1. 权利的概念含义

权利不同于权力，权利一般从两个层面分析，"权利"是"义务"的对称，讲权利必然要讲到义务，而讲到义务也必然要讲到权利。

（1）概念含义。

第一，法律上的权利概念。法律上的权利指公民或法人依法行使的权力和享受的利益。按照马克思法学的观点，法律上的权利的性质取决于法律上的阶级性质。权利和义务不可分离，是统治者阶级意志的体现。在法律上一方有权利，他方也有相应的义务，或者互为权利义务。

第二，社会团体规定的权利概念。社会团体规定的权利泛指社会团体规定享受的利益和允许行使的权力。各种社会团体的章程，都对其成员的权利有规定。

我们分析的权利指法律上公民或法人应有的权利。

（2）有关权利的不同学说。权利有许多诠释和分析的方法。有的学者认为权利是法律所保障的自由；有的学者认为权利是可享受特定利益的法律之力（指法律许可要求他人作为或不作为的资格）；有的学者认为依照公法和私法的关系，应该把权力区分为公权（包括国家的公权和公民的公权）和私权（人格权、身份权、物权、债权等）；有的学者认为依照权利效力所及的范围，可以把权力分为对世权（对物）和对人权；有的学者依照权力的相互关系，分为主权和从权。因此，围绕着治政政治权利，西方的学者有不同学说，[①] 可以供我们在研究治政的政治权利时参考。

第一，权力天赋说。这是以洛克为代表的近代自然法学派对于权力的解释。这一观点依照自然法理论，认为权利是人与生俱来的天赋，只要是

---

① 参见王浦劬等著：《政治学基础》，第90—92页，北京大学出版社2006年版。

人就天然地具有权利，因此，权利是人的本性的有机构成内容。这一学说，不符合历史事实。

第二，权利自由说。权利自由说认为权利就是法律允许范围内人们所享有的各种自由，也就是社会成员作为和不作为的自由。这一学说丢失了责任。

第三，权利利益说。权利利益说从功利主义出发，认为权利就是受到法律保护的利益，当某人的某种利益被法律认为有义务促进时，该利益就成为此人的权利。权利说把权力与利益联系在一起，这就使权利有了现实的事物和精神内容。这种学说过分强调利益。

第四，权利力量说。权利力量说认为权利就是法律赋予权利主体的强制力量，权利由此而成为一种法律规范。这一学说没有把权力与权利区分开来。

第五，权利平等说。权利平等说认为权利意味着政府对人民的平等关心和尊重。新自然法学派的代表人物罗纳得·德沃金就权利平等讲："政府必须关心它所统治的那些人，这就是说，把他们看作可能遭受痛苦和挫折的人；政府必须尊重这些人，这就是说，认为他们能够就本身应该如何生活形成明智的观念，并照此行事。不仅如此，政府还必须同等地关心和尊重人民。"①

（3）治政的政治权利的含义。治政的政治权利是权利的一种类型，也是权利中的核心类型。我们之所以说政治权利是核心的类型，是因为政治权利在政治权力的作用下，主导着人的其他权利。所谓政治权利，就是在政治权力的确认和保护下，建立在特定的经济社会关系及其特定利益的基础上的人们主张自己利益的资格。治政的政治权利的内容是人们对于自己利益的主张，这种主张也必须以共同利益为基础。我们之所以认为政治权力的内容是人们对自己利益的主张，是因为所有人都有自己的权利，这种权利不可能都是为了"共同利益"。虽然权利的个人利益主张因人而异，但又必须是在共同利益的基础上的主张，否则，这种单纯的"个人主张"将很难实现。因此，必须辩证地看待共同利益基础上的权利。

第一，政治权力本质上是社会成员共同利益的体现。在治政共同利益

---

① 转引自杰克·唐纳利：《普通人权的理论和实践》，第74页，中国社会科学出版社2001年版。

要求的基础上，形成了政治权力，而政治权力又决定了政治权利。不同的治政者将利用政治权力，确定不同治政者的共同权利和不同的权利。共同的权利正是法律所规定的公民权利，这是由共同利益作基础的。而执政党或者治政者的不同的权利，正是它们所独有的而其他社会成员所不能拥有的权利。这种形成在共同利益的基础上的权利，实质上是有很大区别的。其区别在特定历史时期尤为明显。毛泽东讲："人民是什么？在中国，在现阶段，是工人阶级，农民阶级，城市小资产阶级和民族资产阶级。这些阶级在工人阶级和共产党的领导之下，团结起来，组成自己的国家，选举自己的政府，向着帝国主义的走狗即地主阶级和官僚资产阶级以及代表这些阶级的国民党反动派及其帮凶们实行专政，实行独裁，压迫这些人，只许他们规规矩矩，不许他们乱说乱动。如果乱说乱动，立即取缔，予以制裁。对于人民内部，则实行民主制度，人民有言论集会结社等项的自由权。选举权，只给人民，不给反动派。"① 建国时期的权利不是平等的，而且有很大差异。

第二，治政的政治权力是政治权利的前提和后盾。在治政的实践中，治政的政治权利是由政治权力确认的社会成员和社会群体在社会治政生活中的资格，如果没有政治权力的确认，政治权利可能只是道德权利，不会成为法定权利。②

第三，治政的政治权利体现着人们和社会群体与政治权力之间的关系。在治政实践中，为了实现各种各样的利益，聚结成各种各样的力量，这其中包括了社会成员个人、社会群体和作为公共力量而存在的政治权利。而政治权利体现了个人、群体与政治权力之间的关系，因为政治权力是在社会利益关系转化为社会力量关系之后形成的。

第四，治政的政治权利是法定的资格性规定。③ 这种资格性的规定表明，"这种权利的内容就是参加共同体，确切地说，就是参加政治共同体，参加国家。"④

2. 治政的政治权利的特征与作用

治政的政治权利在政治权力的作用下，具有自身的特征，这些特征又

① 《毛泽东选集》第4卷，第1475页，人民出版社1991年版。
② 参见王浦劬等著：《政治学基础》，第96页，第97页，北京大学出版社2006年版。
③ 同上。
④ 《马克思恩格斯全集》第3卷，第181页，人民出版社2002年版。

确定了政治权利的作用。政治权利是每一个个体的人都追求和保有的"利益",也是在治政实践中很难达到的"利益"。为"权利"而奋斗成为不少"民主"人士的奋斗目标。

第一,共同利益的基础规定性。所谓基础规定性指政治权利形成的基础、主张的目标均是共同利益,而且政治权利又是政治权力确定和治政权力用法律规定的,因此,治政权利是以共同利益为基础,由法律规定的,这是治政的政治权利的根本特征。同时,政治权利是由政治权力确认和保障的社会成员、社会群体的法定政治资格,是政治权力以政治资格形式对社会成立和社会群体的让渡,是集中的公共力量对于分散的各社会成员和社会群体资格和权力的确认,此时,政治权力的特征相应转化为政治权利的特性。[1]

第二,主体的相对个体性。所谓主体的相对个体性指治政的政治权利属于相对共同利益意义上社会个体的政治权利。对于社会成员来讲,每一个人都具有自己的政治权利,这种政治权利正是在共同政权利益基础上的个体权力。而对于个别群体来讲,相对于个人来讲是集体,而相对更大的群体来讲,它又是一个特定的个体。对于群体来讲,政治权利归根到底还必须落实到该群体的每个成员身上。就是说,治政的政治权力是相对个体所拥有的,[2]"只是与别人共同行使的权利。"[3]

第三,法定规范性。所谓法定规范性指在法律规范范围内的权利。除了道德之外,人们的一切政治权利都是由法律规范的,是在法律规范的范围内行使的。对于治政主体来讲,法定规范性是政治权利的强制约束力在政治权利主体法定政治资格上的转化,它是以法律形式在作为相对个体的政治权利主体政治资格上的还原。当然,这种资格上的还原,与治政客体的资格还原是有区别的,除了共同的法律规定利益之外,治政主体还具有治政客体所没有的资格和权利,诸如对公共权利的指挥、使用,对资源的占有等等。对于治政客体来讲,法定规范性是政治权力主张共同利益的法定资格的转化,政治权利首先保障共同利益上的政治权利,其他则为法律规范的政治权利,而以服从和执行、遵守为主。这种服从、执行、遵守也是在政治的共同利益规范基础上的。从理论上讲,法定规范性既是对治政

---

① 参见王浦劬等著:《政治学基础》,第97—98页,北京大学出版社2006年版。

② 同上。

③ 《马克思恩格斯全集》第3卷,第181页,人民出版社2002年版。

主体的，也是对治政客体的，应该是平等的。但是，在治政现实中，除了共同的权利之外，治政主体的政治权利比治政客体的权利要丰富得多，这是由治政者特定的治政的政治权力所决定的。

第四，权利主体的自主性。所谓权利主体的自主性指政治权利所有者自主行使治政的政治权利的特征。在治政实践中，如果没有政治权利主体的自主性，那么，就不存在人们的政治权利。为治政客体来讲，有些治政的政治权利治政客体可以行使，有些治政的政治权利治政客体可以不行使，这就是治政权利的自主性的体现。对于治政主体来讲，有些规定的政治权利一定能够行使到位，这是因为权利主体按照自己的理解和把握所主张的共同利益的原因，这是权利自主性的实质。

第五，权利与义务的统一性。所谓权利与义务的统一性指政治权利与政治义务是有机构成、相辅相成、相存相依的两个方面。政治权利中必然有政治义务。正如马克思所讲："没有无义务的权利，也没有无权利的义务。"① 权利和义务不可分离，在法律上一方有权利，他方必有相应的义务，或者互为权利义务。就是说，治政的政治权力和政治义务是不可分离和对应存在的。但在治政实践中，由于社会形态的不同，政治权利和政治义务的不可分割有不同的实际体现。在公有制社会中，政治权利和政治义务基本上统一于拥有政治权力的社会成员身上，而在私有制社会中，往往使政治权利与政治义务相分离。② 这种分离"几乎把一切权利赋予一个阶级，另方面却几乎把一切义务推给另一个阶级。"③ 权利与义务的统一性还表现在政治权利和政治义务是互为条件的，而且权利与义务在量上还应该是等量的。另外，所有的政治权利和义务又都是建立在实现共同利益这个基础之上的。

第六，权利的制约性。所谓制约性指所有的政治权利都受到一定的约束，一些制约来自法律法规，一些约束来自治政主体的操作。应该说，没有毫无约束的权利。政治权利的约束性还表现在共同利益的制约上，政治权利是以共同利益为基础的，必然受到共同利益的制约。就权利本身而言，对于治政主体个体也是一种约束，他们应该在权利规定的范围内行使自己的权利，而不是因为掌握了政治权力就为所欲为。

---

① 《马克思恩格斯选集》第 2 卷，第 610 页，人民出版社 1995 年版。
② 参见王浦劬等著：《政治学基础》，第 101 页，北京大学出版社 2006 年版。
③ 《马克思恩格斯选集》第 4 卷，第 178 页，人民出版社 1995 年版。

第七，权利实现的折扣性。所谓折扣性指法律规范的权利在治政实践中有时并不到位。权利实现的折扣性主要体现在"人治"盛行的国家。中国人讲"半部论语治天下"，发达国家人讲"一部宪法治天下"，其中表现的便是人治与法政的区别。在治政实践中，法律规定的权利有时却无法实施，当然这种情况不普遍，但足以证明权利实现的折扣性。

（2）治政的政治权利的作用。治政的政治权利的作用是政治关系中最为重要的作用形式。对于治政者来讲，希望治政客体能够在治政实践中发挥应有的作用，实现治政组织的目标，而实现这种目标最根本和最重要的一点便是让人们充分地行使自己的政治权利。人们的政治权利的落实是一个社会民主与法制的最根本的体现，也是一个社会文明程度的体现。治政的政治权利的作用体现在几方面。

第一，推动了社会的民主与法制。政治权利具有推动社会的民主建设和法制建设的作用。就治政的政治权利本身而言，政治权利就是民主与法制的体现，社会民主、法制越好，政治权利就越有保障。同样，治政的政治权利发挥是社会民主建设、法制建设的必要条件。

第二，维护、实现和发展政治权力主体的利益。政治权利是由社会政治权力确定的，政治权利体现了治政主体的意志和要求，必然维护、实现和发展政治权力主体的利益。政治权利的实现，为实现共同利益即政治权力主体利益创造了条件，同时又为维护共同利益提供了保证。

第三，维护了社会的稳定和谐。维护社会的稳定和谐除了"强制"之外，主要的方法便是保持治政主体与客体的政治权利。而"强制"的稳定和谐只是暂时的，政治权利发挥而创建的稳定和谐是长久的。治政的主客体政治权利有了保障，必然会心正气平，必然会维护社会的和谐与稳定。

第四，有利于政治生活的正常。治政的政治权利具有规范性，并用法定的形式规范着治政主体、客体的政治行为和政治活动，保证了治政主、客体的政治生活的正常。在一定范围内，政治权利在形式上是平等的，彰显了治政的公平和正义，有利于消除共同利益和不同利益之间、治政主体与客体之间、治政主体之间、治政客体之间的矛盾，保证了政治生活有序、平稳地进行。

第五，有利于调动治政主、客体的积极性。治政的政治权力分配着治政主、客体的政治自由，① 而政治权利是政治自由的主要内涵，让治政主客体具有应有的政治权利，让治政主客体有了"权利"的感觉，便会调动治政主客体的积极性，并为实现治政的共同利益而积极工作。同时，治政的政治权利又为治政的主客体提供了参与政治活动的有效空间，提供了参与治政的积极条件。

第六，实现了治政客体（民众）的价值观念。治政的政治权利的充分实现，使治政客体有了"当家作主"的感觉，有了使自己"成为人"的感受，体现了治政客体的社会价值。在治政实践中，治政的政治权利，就是一种实际的治政价值，是治政主客体都感受到的政治利益，是实现共同利益法定资格的根本体现。

3. 治政的政治权利的基本内容

政治权利在不同的国家和不同的地区有不同的内容，在同一国家、同一地区的不同的历史发展阶段也有不同的内容。从政治权力的基本内容来看，政治权利包括了治政主客体对于社会的共同利益的确定、实现、享有、分配以及对自身的行为范围、行为方式相互关系的规范。

（1）发达国家治政的政治权利的基本内容。发达国家指政治以及经济相对发达的国家，这些国家有保障政治权利的不同规定，但实质都是相通的，内容上也大体一致。②

第一，自由权。发达国家所规范的自由权有政治性活动的自由也有非政治性活动的自由，主要包括了人身自由、言论自由、通信自由、集会自由、结社自由、迁徙自由、罢工自由等等。

第二，参政权。参政权指治政主客体具备参与社会政治生活的权利。参政权包括了选举权、创制权、否决权、罢免权等等。其中创制权指治政主客体的立法提案权。

第三，诉愿权。所谓诉愿权包括了公民对于国家机关及其工作人员的控告和诉讼权利，包括了宪法诉讼权、行政诉讼权和选举诉讼权。宪法诉讼权是治政主客体由宪法规定的权利或者人权受到国家机关、社会组织侵犯或侵害时提起诉讼的权利。宪法诉讼在发达国家也不普遍使用。行政诉

---

① 参见王浦劬等著：《政治学基础》，第112页，北京大学出版社2006年版。
② 同上书，第108—109页。

讼权是公民权利或者利益受到行政机关及其人员侵犯或者侵害时提起诉讼的权利。选举诉讼是治政主客体认为选举过程不合法、违法或者自己的选举权或者被选举权受到侵犯和侵害而诉讼的权利。①

（2）发展中国家（包括社会主义国家）治政的政治权利的基本内容。发展中国家尤其是社会主义国家治政主客体的治政权利主要表现为几个方面。②

第一，自由权。自由权是社会主义国家治政主客体的一种社会和政治权利。它包括了人身自由、人格尊严，言论、出版、集会、结社、游行、示威自由和通信自由。毛泽东说："人民的言论、出版、集会、结社、思想、信仰和身体这几项自由，是最重要的自由。"③ 但是，使用这些权利的程度却有所控制。

第二，选举权与被选举权。选举权是指治政主客体依照法律规定拥有的选举人民代表和国家公职人员的权利，被选举权是指治政主客体是公民依照法律规定拥有的被选举为人民代表和国家公职人员的权利。由于社会主义国家是由执政党治政，执政党党内还有自己的选举方法，因此，这些国家的选举权和被选举权较为复杂。

第三，监督权和罢免权。监督权是指治政主客体监督一切国家机关和国家机关工作人员的权利；罢免权是指治政主客体按照法定程序对于不合格的人民代表有罢免的权利。

第四，诉愿权。指治政的主客体对于国家人员及其工作人员的批评和建议权、检举权、申诉控告权和要求赔偿权。

四、治政的政治文化

治政的政治文化性质讨论集中于公民文化的思想，该思想通常与阿尔蒙德（G. A. Almond）和维巴（S. Verba）的论述（1963，1980）相联系，阿尔蒙德和维巴力图找出最有效支持民主政治的政治文化。他们发现了三

---

① 参见王浦劬等著：《政治学基础》，第108—109页，北京大学出版社2006年版。
② 同上书，第109—111页。
③ 《毛泽东选集》第3卷，第1070页，人民出版社1991年版。

种一般类型的政治文化：参与文化、层民文化和地域文化。① 政治文化属于治政的政治社会的精英范畴，它是治政关于治政的政治体系和治政的政治生活的态度、信念、情绪和价值的总体倾向。② 由于治政的政治文化与治政的政治体系联系密切，因此，治政的政治文化研究有时就是政治体系研究；由于政治文化反映了治政的政治体系的特点，治政的政治文化研究又可以作为研究治政的政治体系的一种主要方法。治政的政治文化，一般包括了治政的政治心理、治政的政治思想和治政的政治意识形态等等。

1. 治政的政治文化的含义

治政的政治文化的含义是从治政的角度阐述政治文化的，与我们通常讲的政治文化有一定的区别，但区别不大。政治文化提出是在 20 世纪 50 年代，但政治文化的研究却非常久远。当代政治文化研究起始于美国政治学家阿尔蒙德。1956 年，阿尔蒙德在美国《政治学杂志》上发表论文"比较政治体系"，首次提出"政治文化"这个概念。阿尔蒙德和维巴在系统研究美国、英国、德国、意大利、墨西哥五国国民的政治态度的基础上，于 1963 年出版了《公民文化》一书，该书为政治文化研究提供了基本概念和理论框架。治政的政治文化的内涵有不同的"定义"，西方发达国家就有不少的概念分析。在中国，政治文化也有许多研究，其中定义不尽相同。我们拟把西方国家政治文化的"定义"和中国政治文化的"定义"进行比较，确定治政的政治文化概念。

（1）西方学者治政政治文化的定义。西方不少学者对治政的政治文化作过定义，其中比较有代表性的有几种。③

第一，阿尔蒙德的定义。阿尔蒙德认为政治文化是一个民族在特定时期流行的一套政治态度、政治信仰和感情，它由本民族的历史和当代社会、经济和政治活动进程所促成。

第二，维巴的定义。维巴认为政治文化是由包括经验性信仰、表达性符号、价值观交织而成的体系。同时界定了政治行为发生的背景乃是政治

---

① 参见〔英〕安德鲁·海伍德著：《政治学》，第 243 页，中国人民大学出版社 2006 年版。

② 参见沈文莉、方卿主编：《政治学原理》，第 217 页，中国人民大学出版社 2007 年版。

③ 同上书，第 220 页。

活动的主观取向。

第三，阿尔蒙德和鲍威尔的定义。他们认为政治文化是指政治体系的成员对于政治所持有的态度与取向的模式。

第四，派伊的定义。派伊认为，政治文化是治政系统中存在的政治主观因素，包括一个社会的政治传统、政治意识、民族精神和气质、政治心理、个人价值观、公众舆论等，其作用在于赋予政治系统以价值取向，规范个人治政行为，使政治系统保持一致。

（2）中国学者对治政政治文化的定义。中国学者对政治文化的定义也有许多种，我们只介绍几种。

第一，宏观的三层面定义。认为政治文化是政治理论、政治制度、政治心理三个层面的综合。这种学说较为宽泛，比较宏观。

第二，两个层面说的定义。这种观点的学者认为政治文化只包含政治思想和政治心理两个层次的内容。如戚珩讲政治文化"主要由三方面构成：一是以理论形态出现的政治理论、政治意识，二是以情感、习俗等表现的政治心理，三是在上述两方面作用下形成的政治价值及判断。"[1]

第三，心一层面的定义。持这种观点的学者认为政治文化只研究政治心理层面。如孙西克讲要"接受国际政治学界对政治文化概念的限定，把政治文化作为'政治体系的心理方向'加以研究"[2]。

第四，精神层面的定义。持这种观点的学者认为政治文化应定义为"公民及其团体对其生活在一定历史条件下的政治体系所怀有的认知、情感和态度的总和，它与政治体系中制度性结构硬体相对应，是政治体系的精神部分"[3]。

我们感到政治文化应定义为指治政主客体（公民）普遍具有的政治态度、信仰、感情和价值观念的总和，通常表现为政治认知、政治情感、政治态度、政治意识、政治信念、政治动机、政治价值观等等。

2. 治政的政治文化内容

治政的政治文化内容一般可以分为三个层次，即政治心理、政治思想

---

① 戚珩：《政治文化结构剖析》，《政治学研究》1988 年第 4 期。

② 参见孙西克：《政治文化与政策选择》，《政治学研究》1988 年第 4 期。

③ 沈文莉、方卿主编：《政治学原理》，第 221 页，中国人民大学出版社 2007 年版。

和政治意识形态。

（1）治政的政治心理。所谓治政的政治心理指治政的主客体（公民）在政治生活中对政治关系、政治现象和政治行为等心理上的反应。政治心理一般指治政的政治认识、政治情感、政治动机和政治态度。①

第一，治政的政治认知。所谓政治认知指治政的主客体（公民）对自己所处治政的政治生活中的人、事、政治现象、政治规律等事物的认识和评价。在治政实践中，不同的治政个体和组织对政治的认知不同。即使对同一政治事件，不同的治政主客体对该事件的认识、评价、判断等也绝不会相同。治政的政治认知过程包括了政治知觉、政治印象和政治判断。治政的政治知觉指治政的主客体对治政的治政实践中各类政治现象的属性、联系的反应；治政的政治印象指对治政实践及对政治实践中的事物的记忆；治政的政治判断指治政的主客体对政治事务和现象的综合分析、评价、结论等等。

第二，治政的政治情感。所谓政治情感指治政的主客体（公民）对自己所处的治政的政治生活中的人、事等现象的体验和感受。治政主客体的治政情感是政治情绪和政治感情的心理情感，表现为对政治实践、事物的亲疏、喜恶等等，在行动上和心理上则表现为拥护、反对或保持中立等行为。

第三，治政的政治动机。所谓政治动机指激励治政主客体（公民）在治政的政治活动中实现某种政治目的的内在动力。这种动力主要来自某些政治需求或者因为某些需求不能得到满足而使原需求动机转移到政治动机方面。对于不少治政主客体（公民）来讲，有时政治动机并不十分明确。像现在社会上经常出现的"上访"、"围攻"等事件，参与人多数与这些事件并无直接关系，可他们却积极参与了，被称为"无直接利害冲突"，这就是某种政治、生理、社会需求动机的转移。这种政治动机需要治政者认真研究。

第四，治政的政治态度。所谓政治态度指治政主客体（公民）对政治事件等所采取的看法和准备的行动（有时包括了行动）。政治态度是在政治认知、政治情感、政治动机综合的基础上进行的，是政治认识、政治情

---

① 沈文莉、方卿主编：《政治学原理》，第222—223页，中国人民大学出版社2007年版。

感、政治动机的综合状态。①

（2）治政的政治思想。治政的政治思想具有两层含义，一层是作为一种过程的政治思想活动即政治思考和政治思维；另一层是作为一种结果的政治思想观点即政治学说、政治观点。归纳起来说，治政的政治思想指政治主客体（公民）在政治思考中所形成的观点、想法和见解的总称。② 治政的政治思想是治政主客体（公民）对社会生活中各种政治活动、政治现象以及隐藏在其后的政治关系和运动的反应，是一种较为稳定的政治价值观，是政治文化的表现形态，是政治主客体（公民）认识现实并同现实密切结合的手段。"许多伟大的政治思想不仅可以照亮现实的存在，而且可以照亮前进的道路。如果没有这些思想，人类生活就处于一片黑暗之中。"③ 治政的政治思想以各种观点、政治理论学说、政治主张和见解的形式出现在治政的实践中。

第一，治政的政治学说。所谓政治学说指治政主客体（公民）对有关政治生活的系统性认识以及基于这种认识所形成的概念原理，即对治政政治系统的主张和见解。政治学说包括了政治理论，它对人们政治理念的形成和指导人们政治实践具有十分重要的意义。政治学说和政治理论，是政治文化重要的组成部分。

第二，治政的政治理想。所谓政治理想指治政主客体（公民）对政治生活、政治体系、政治实践的想象和希望。政治理想是政治目标的指向设定，是治政主客体对政治的精神寄托。我们讲的政治理想包括了政治信仰。政治信仰除了对政治事务的想象和希望之外，还包括了治政主客体的政治理论、信条、政治设计抱有独特的感情。治政的政治理想是治政主客体（公民）主要的政治取向，是鼓舞治政主客体（公民）前进的动力，直接影响他们的政治动机和行为。

第三，治政的政治价值观。所谓治政的政治价值观指治政的主客体（公民）对治政的政治事务、政治体系等政治现象的总的看法。治政的政治价值观不仅是人们对政治现象的总的看法，而且决定了人们对某些政治现象的拥护、反对或取舍，影响着人们的政治热情和政治行为。政治价值

① 参见沈文莉、方卿主编：《政治学原理》，第 223 页，中国人民大学出版社 2007 年版。

② 参见王浦劬等著：《政治学基础》，第 263 页，北京大学出版社 2006 年版。

③ 格伦·蒂德：《政治思维：永恒的困惑》，第 4 页，浙江人民出版社 1988 年版。

观同治政主客体（公民）政治理想、信仰、动机是密不可分的。

第四，治政的政治思想内容结构。① 所谓治政政治思想内容结构指探讨治政主客体（公民）政治思想构成的内涵，政治思想对政治问题的探讨形成了几个相互联系的层面。一是对人的研究。马克思恩格斯指出："全部人类历史的第一个前提无疑是有生命的个人的存在。"② "政治学以人作为基础"，③ 所谓对人的研究包括了对人的本性或本质的研究，对人的需求和利益的研究，对人的社会过程的研究。二是对人赖以存在的现实政治体系的研究。这种研究包括了对治政体系和人类政治生活的起源的研究，对权力和组织结构安排的研究，对政治权利及相关内容的研究。三是对政治发展的研究。④

（3）治政的政治意识形态。治政的政治意识形态是治政政治文化中较为特定的部分，马克思和恩格斯在其早期著作《德意志意识形态》中讲："统治阶级的思想在每一时代都是占统治地位的思想。这就是说，一个阶级是社会上占统治地位的物质力量，同时也是社会上占统治地位的精神力量。支配着物质生产资料的阶级，同时也支配着精神生产资料，因此，那些没有精神生产资料的人的思想，一般地是隶属于这个阶级的。"⑤

第一，治政的政治意识形态的概念。治政的政治意识形态又称"观念形态"或"意识形态"，一般指属于上层建筑的各种社会意识形式，包括了法律、道德、艺术、宗教、哲学等社会的政治意识形式。安德鲁·海伍德（Aadrew Heywood）认为："意识形态是一套有或多或少内在一致性的思想观念，不管目的是维护、修正还是推翻现存的权力关系体系，它都提供了有组织政治行动的基础。因而所有的意识形态都有以下特点：①通常以世界观的形式解释现存秩序；②提供一个理想未来的模式和美好社会的构想；③勾画出政治变迁何以产生并应该如何发生。但各种意识形态并非封闭的思想体系，相反，它们是由流动的思想观念组成的，这些思想在某些方面互有重合。在'基础'的层次上，意识形态类似政治哲学；在'操

---

① 参见王浦劬等著：《政治学基础》，第 268 页，北京大学出版社 2006 年版。
② 《马克思恩格斯选集》第 1 卷，第 67 页，人民出版社 1995 年版。
③ 《马克思恩格斯全集》第 3 卷，第 527 页，人民出版社 2002 年版。
④ 参见王浦劬等著：《政治学基础》，第 270 页，北京大学出版社 2006 年版。
⑤ 《马克思恩格斯选集》第 1 卷，第 98 页，人民出版社 1995 年版。

作'层次上，它们表现为一般的政治运动。"①

第二，治政的政治意识形态的几种形式。从安德鲁·海伍德的介绍，我们了解了政治意识形态的几种形式，这对于我们研究治政的政治意识形态很有帮助。

一是社会主义。社会主义思想可以追溯到 17 世纪的平等派和掘地派，或者托马斯·莫尔的《乌托邦》，乃至柏拉图的理想国，但社会主义作为一种政治信条直到 19 世纪早期才逐渐形成。它的发展是对工业资本主义出现的反映。② 在社会主义的理论体系和意识形态中，又分为两种，一种是马克思主义，另一种是社会民主主义。马克思主义的社会主义作为一种理论体系、一种政治力量"表现为国际共产主义运动，被视为西方资本主义的主要敌人（至少在 1917—1991 年是这样）"③。马克思主义的社会主义有以下要素：历史唯物主义；辩证法；异化；阶级斗争；剩余价值；无产阶级革命；无产阶级专政；公有制；共产主义；社会主义革命和建设④等等。邓小平在东欧剧变、苏联解体的 1992 年说："我坚信，世界上赞成马克思主义的人会多起来的，因为马克思主义是科学。它运用历史唯物主义揭示了人类社会发展的规律。封建社会代替奴隶社会，资本主义代替封建主义，社会主义经历一个长过程发展后必然代替资本主义。这是社会历史发展不可逆转的总趋势，但道路是曲折的。资本主义代替封建主义的几百年间，发生过多少次王朝复辟？所以，从一定意义上说，某种暂时复辟也是难以完全避免的规律性现象。一些国家出现严重曲折，社会主义好像被削弱了，但人民经受锻炼，从中吸收教训，将促使社会主义向着更加健康的方向发展。因此，不要惊慌失措，不要认为马克思主义就消失了，没用了，失败了。哪有这回事！"⑤ 社会民主主义主张在市场与国家、个人与共同体之间保持平衡。社会民主主义是两方面妥协的产物：一方面它承认资本主义是唯一可行的财富创造机制；另一方面它又期望根据道德而非市场的原则来分配财富。⑥

---

① 〔英〕安德鲁·海伍德著：《政治学》，第 51 页，中国人民大学出版社 2006 年版。

② 同上书，第 63 页。

③ 同上书，第 65 页。

④ 同上书，第 66—67 页。

⑤ 《邓小平文选》第 3 卷，第 382—383 页，人民出版社 1993 年版。

⑥ 参见〔英〕安德鲁·海伍德著：《政治学》，第 70 页，中国人民大学出版社 2006 年版。

二是自由主义。自由主义事实上是西方工业社会的意识形态，有时被描绘成为能够涵盖多种对立价值和信念的元意识形态。它是 19 世纪初开始出现的一种资产阶级政治思潮，反映资产阶级政权确立以后的要求。它着重于维护和论证公民自由，按照他们的理解，公民自由就是个人谋求私利的主动精神、经营企业和订立合同的自由。他们主张，国家应该保障人身和私有制的安全，维护以公民自由为基础的社会，特别强调"国家不干涉经济生活"。19 世纪晚期以来，出现了一种社会自由主义，它更倾向于福利改革和经济干预。这种思想成为现代（或 20 世纪）自由主义的特有内容。自由主义有下列要素：个人主义、自由、理性、平等；宽容、同意、宪政等等。①

三是保守主义。保守主义的思想与学说最早出现于 18 世纪和 19 世纪早期，是对当时日益加快的经济与政治变革步伐的反动（在许多方面以法国大革命为标志）。为了对抗自由主义、社会主义、民族主义的发展所带来的压力，保守主义坚持捍卫当时已四面楚歌的传统社会秩序。保守主义有下列要素：传统、实用主义、人类的不完美性、有机体论、等级、权威、财产等等。②

四是其他意识传统。其他意识形态传统分别为法西斯主义、无政府主义、女性主义、环保主义、宗教原教旨主义等等。

在治政实践中，我们发现意识形态总是把政治理论同治政实践联结起来。意识形态在某种层次上构成了一套价值、理论与学说，即一种独特的世界观，因而与政治哲学类似。在另一层次上，意识形态也表现为广泛的政治运动，通过政治领袖、党派和团体的活动获得表达。③

3. 治政的政治文化的特征、结构、类型、功能

（1）治政的政治文化的特征。治政的政治文化作为治政的精神层面，是治政的政治体系的观念形态，区别于一般的文化形态，表现为政治心理、政治思想、政治意识形态，其特征有几点。

第一，政治性。政治文化的表现无论从内容到形式必然保持着十足的

---

① 参见〔英〕安德鲁·海伍德著：《政治学》，第 54—55 页，中国人民大学出版社 2006 年版。
② 同上书，第 57—59 页。
③ 同上书，第 79 页。

政治性。可以说,不带政治性的文化不是政治文化。政治性的文化特征在阶级、国家、国际等方面的特点更加鲜明突出,其内容又总是围绕国家权力、民主、选举等政治范畴展开的。政治文化中的治政政治意识形态最为明显。

第二,阶级性。任何政治文化必然带有明显的阶级特征,不同的阶级持有不同的政治文化内容和持有不同的政治文化特征。治政的政治文化是人们对政治体系持有的态度、情绪、信念、价值,反映了自身的利益诉求和阶级的利益诉求。在阶级社会里,占有统治地位的文化必然为统治阶级的政治文化。

第三,民族性。治政的政治文化的民族性指不同的民族有不同民族的政治文化,它是一个民族由特定的社会、政治、经济、文化条件下形成的民族精神特质,是民族的精神、文化、形象的体现,是民族传承本质所在。民族的政治文化为民族服务。

第四,文化性。治政的政治文化性是治政文化的必然特征,政治文化是文化的一种,文化性是其本质特征。治政文化的文化性正是同文化的基本特征一样,具有继承、发展、变异等特性。

第五,时代性。治政的政治文化是随着不同的政治时代而发生变化的,即使处于同一政治时代,不同的历史时期和历史阶段,政治文化同样会具有不同的特点。就大的政治时代来讲,奴隶社会、封建社会、资本主义社会、社会主义社会的政治文化必然带有他们那个时代的特征,具有那个时代的内容,带有那个时代的烙印。就社会主义时期来讲,在新中国建国前、建国后这一段时期实行以革命为中心的文化和改革开放时期实行以经济建设为中心的文化从内容到形式都有很大的不同,彰显了同一政治时代中不同时期的文化特性。

第六,社会性。治政的政治文化从统治者占有统治地位之日开始,便被推广为社会的政治文化,这是统治者治政所需要的,也是治政者统治的必然的政治手段。在一个具体的国家中,政治文化可以是多种多样的,但占据主导地位的必然是统治阶级的政治文化。而"这种文化通常以政治意识形态的形式表现出来,并且被宣扬为整个社会的共同政治文化,从而实现政治统治的目的"①。当然,政治文化因统治者不同而有所区别,但是,

---

① 参见沈文莉、方卿主编:《政治学原理》,第226页,中国人民大学出版社2007年版。

政治文化必然具有文化共同的特点，即普适的社会性。

（2）治政的政治文化结构。治政的政治文化结构指在政治实践中治政政治文化构成的特质。政治学者们把政治文化的内部构成分为体系文化、过程文化和政策文化，① 对我们研究政治文化很有帮助。

第一，治政的政治体系文化。所谓治政的政治体系文化主要指治政者统治体系中的文化构成，包括了治政的主客体对政治生活中的政治体系、国家制度、宪法性安排的态度和看法。政治学家阿尔蒙德把政治体系文化的表现归纳为三点：政治的合法性、国家认同和体制的权威。

第二，治政的政治过程文化。所谓治政的政治过程文化主要指治政者治政过程的文化构成，包括了治政主客体对治政政治过程的一整套看法，反映了治政主客体对政治参与的态度。政治过程文化有两个特点，即自我影响力和自身与他人的关系。自我影响力的看法又被阿尔蒙德分为地域型、依附型和参与型三种。自身与他人的关系被注释为"信任感"。

第三，治政的政策文化。所谓治政的政策文化主要指治政者治政实践中的政策构成，包括了治政主客体对治政政策的基本看法，反映了治政主客体对重大问题的政策倾向和价值倾向。治政的政策文化表现为理想社会的想象和公共政策倾向两个层次。②

（3）治政的政治文化类型。由于政治、阶级、社会、治政主客体利益诉求以及民族、时代等等原因，治政政治文化可以分为不同的既有联系又有区别的类型。这些类型的划分主要是从"文化"的内部结构、治政主客体政治态度和政治倾向等方面进行分析的。

第一，治政者的政治文化与民众的政治文化。治政者和民众是治政的主客体，由于在治政实践中两者角色的不同，其拥有的政治文化也必然不同。治政者的政治文化，一般从治理政务的层面出发，强烈地维护现存的治政政治系统，把握治政的权力，推行现行的政策路线，以实现治政组织目标，表现为治政者的政治文化价值。治政者的政治文化是治政系统中占统治地位的政治文化。治政客体（民众）在民众的立场上对政治文化和统治者政治系统的取向有关心的、有漠视的、有反对的、有帮助改良的。治政客体文化是治政政治文化的组成部分，是治政者文化推行的对象，也是

---

① 参见沈文莉、方卿主编：《政治学原理》，第 226 页，中国人民大学出版社 2007 年版。
② 同上书，第 230 页。

治政统治文化的最大接受者，是互存互依的两个方面，也是政治文化进步的最大动力。

第二，治政地域型、依附型和参与型政治文化。我们今天分析的地域型、依附型和参与型政治文化，已经与阿尔蒙德"三型"有所不同。我们从全球政治文化的类型层面进行分析，以求更加贴近治政实践。治政地域型政治文化指区域治政中形成的政治文化，这种文化以区域传统文化和区域利益为基础。治政依附型政治文化指对治政上级和治政者文化的依附，对上级的唯命是从。治政参与型政治文化指民众以及治政者下级对治政路线、方针、政策的参与热情和认同度，以及政治重大决策的发言权和部分表决权。

第三，治政的整合文化和多元文化。所谓整合文化指因治政需要而加以整合之后的政治文化。整合文化又被称为同质文化，即经过整合或者其他原因的融合使政治信念和政治价值观非常相近，治政客体（民众）对治政主体全力拥护，治政主客体的行为取向和政治规范形成共识，整个治政系统便团结和谐。有些学者把整合文化的特征概括为：

- 始终比较一致的阶层化的政治认同；
- 政治暴力程度低并以文明程序解决冲突；
- 社会团体之间的广泛的政治信任；
- 合理的、强烈而持久的政治忠诚。

学者罗森堡姆认为，在西欧和北美以及少数的中东和亚洲国家（主要指日本）中都可以找到比较同质型的政治文化。[①] 所谓多元文化指治政体系中不同类别政治文化的共同发展，即对治政理念、政治生活参与以及政治权威认同允许多样化，并以法律规范的形式认同。政治文化多元化也是政治民主的一个方面，是治政发展中的必然趋势。政治文化的多元，并不是指"权力"的多元，而是指掌握权力的组织文化的多元。

第四，治政的精英文化和大众文化。所谓精英文化指治政主客体中出类拔萃的人对治政政治体系的认同现象。治政中的精英对政治、治政、管理热心并活跃，有确定的政治信仰，有明确的政治主张，有做好政治的能力和水平。在治政实践中，精英文化有时就是统治文化，是治政的主流文化。所谓大众文化指治政实践的治政客体中的民众文化。大众文化有对政治拥护、赞成、反对、认同的区分，主要表现为对治政者治理的拥护程度。

---

① 参见沈文莉、方卿主编：《政治学原理》，第 231 页，中国人民大学出版社 2007 年版。

第五，治政的独裁文化。所谓独裁文化指治政实践中治政者实行独裁统治而形成的独裁文化。"只许州官放火，不许百姓点灯"就是治政独裁的文化现象。独裁文化一般以迷信、蒙蔽、封锁、愚民、专制、暴力等政治政策实行统治，在政治上实行看似民主实为独裁的选举方式，实行终身独裁政治。这种治政文化现象在全世界已不多，但仍然存在。这种现象在具体的治政系统和治政部门中时有发生。

（4）治政的政治文化的功能。政治文化对治政有着十分重要的影响，尤其是对治政主客体的政治生活的影响，政治文化的功能往往是从这些影响中彰显的。治政的政治文化功能主要表现为几个方面。

第一，治政的政治文化对治政主客体政治生活的影响。一是影响治政者的政治决策行为。治政者的治政决策，来自对治政实践的调查、研究、判断。而调查、研究、判断最终都受到治政者自身政治文化的影响，同时决策的治政者又不得不考虑治政客体的要求，治政客体的要求有时又是治政决策中最大的变项。二是影响着治政者改革开放和创新的力度。一切改革开放和创新都是建立在原有治政基础上的，这就要求治政者对原来的治政路线、方针、政策和治政客体（民众）要求有充分的了解，找出其中的不适应部分，而后进行创新。没有治政者的政治责任心，没有对现有治政模式的把握，没有对治政客体的政治要求的理解，改革开放是不可能进行的。三是关系到治政体系的建立。治政政治文化影响政治体系主要是从治政的政治精英的政治取向和治政实体（民众）的政治利益的要求方面体现的。一个政治体系的建立，必须要有新的理论、思想、政治观念的指导和引导，有治政客体对新体系的拥护和支持，这些拥护和支持都与治政客体的治政利益紧密相关。

第二，治政的政治文化对治政主客体道德的影响。学者们喜欢把道德放入伦理范畴，其实道德与一个社会的政治文化是紧密相连的。可以这么说，有什么样的政治文化，便会引领什么样的社会道德。政治文化对治政主客体的道德影响主要体现在官德和民风上。什么样的官德表现出来的必然是那个社会政治文化的核心部分。正因为如此，这种政治文化也构建了社会的"民风"，而民风又是"民德"的显示器。作为治政主体，要十分注意政治文化的建立乃至官德的确立。

第三，治政的政治文化对社会经济发展的影响。治政的政治文化一般是通过影响治政主客体的政治行为以及治政体系设立后影响社会经济体制的运行而产生影响的。治政的政治文化可以为经济发展提供价值规范和行为规则，从而引领和规范经济发展的走向。政治文化包括文化对经济影响最为显著的是 20 世经东亚某些地区的经济起飞背后的儒家文化因素的作用，并得到了广泛的认同。1965 年到 1984 年，世界 10 个发展最快的国家和地区，有五个深受儒家或佛教传统的影响，即新加坡、韩国、中国香港、中国台湾、日本。在 20 个发展最快的国家和地区中，有 3 个国家的华裔起着超乎它们在总人口当中比例的经济作用，即马来西亚、泰国、印尼。在南亚、美国、加拿大和西欧，东亚移民都取得高水准的经济成就，这说明了儒家文化对经济发展的影响。

4. 治政的政治社会化与政治文化走向

（1）治政的政治社会化。治政的政治文化是治政主客体对政治体系和政治生活的态度、倾向的总和，它的形成需要一定的治政过程和治政环境。治政主客体的政治倾向、政治行为和对政治体系的认识、认可不是与生俱有的，而是经历了学习、认识、实践、再认识和在不同环境下获得的，这种获得的过程被治政的政治学家称为政治社会化的过程。

第一，治政的政治社会化的含义。所谓治政的政治社会化指治政主客体在社会中对治政的政治文化的学习、传播、普及和延续等推而化之的形式。① 就治政主客体的个体角度而言，政治社会化是个体学习、实践获得有关政治生活的知识、价值、规则的过程。对于治政组织来讲，是把自己的政治主张和政治制度推而广之的过程。

第二，治政的政治社会化的途径。治政的政治社会化的途径有几种，诸如治政组织、治政主体与客体、家庭、学校、大众媒体、社会共同体等等。

（2）治政的政治文化走向。治政的政治文化是在不断发展中获得进步的，政治文化的走向往往体现了治政主体的发展趋势。

第一，治政的政治文化进步的动因。政治文化必须随着社会的发展进步而发展进步，而政治文化进步有着一定的动因，那就是源自生产力的发展、治政主客体不同利益的诉求以及治政者政治行为的理性化等等。对于治政的政治文化环境来讲，外来政治文化的进入、碰撞、推动等也是推动治政的政治文化变化的动因之一。

① 参见沈文莉、方卿主编：《政治学原理》，第 236 页，中国人民大学出版社 2007 年版。

第二，治政的政治文化进步的趋势。治政的政治文化的进步趋势主要体现在政治文化的普及化、平民化、参与化等方面。所谓普及化指治政文化已不再是治政主体所掌握和运用的文化形式，已成为治政客体（民众）反映政治愿望的方式；所谓平民化指治政客体（民众）习惯于用自己经常的利益理性地衡量和评价政治；治政客体有表达自己政治愿望的途径；所谓参与化指治政客体参与政治活动的要求和积极性越来越高。

第三，治政的政治文化还表现为政治的民主化在加强。现代治政的基本特征就是政治的民主化，随着政治的不断进步，政治民主已成为政治生活的发展趋势。不少国家和地区的治政客体不再盲目服从治政的政治主体，而有自己的政治愿望、诉求和选择。政治民主化需要一定的民主机制，需要一定的政治文化。"为民主政治而奋斗，政治家经常致力于创立一套正式的民主政治制度和成文宪法，或者努力组织一个政党来鼓励群众的参与。但是，一个稳定的、有效的民主政府的发展，不仅仅依赖于政府和政治的结构：它依赖于人们对政治程序的取向——依赖于政治文化。"①

---

① 〔美〕阿尔蒙德、维巴著：《公民文化》，第586页，浙江人民出版社1999年版。

第九章　治政与政党

【**本章要点**】 治政与政党在治政中是密不可分的两个概念，因为绝大部分国家和地区都是以政党治政的形式出现在政治舞台上的。无论是执政党还是在野党，治政一直是他们追求的目标。政党与治政有区别又有联系，政党正是通过治政来实现政党组织的目标，通过治政来维护和发展政党利益的。政党治政有其相应的特征、作用、类别和功能，治政又面对着不同的政党制度，不同的执政党又都发挥着不同的治政作用，这些作用成为推动历史进步的动力之一。

【**关键概念**】 政党；执政；治政；制度

一、治政与政党的区别和联系

治政与政党有区别也有联系，在治政实践中，它们的联系大于区别。世界上不同的国家和地区，所有政党都想掌握治政权力，通过治政实现政党目标，从而维护和发展政党的自身利益，这正是治政与政党的密不可分之处。

1. 治政与政党的区别

治政与政党的区别主要可以从两个方面来理解，即概念的区别和实质的区别。

（1）治政与政党的概念区别。在治政与政党的概念区别上主要有"字面"的区别和概念所包含的内容的区别。政党所独有的概念特征是其与治政区别的根本点。

第一，字面区别。治政是治理政务的简单称谓，是管理社会的一种手段；政党是组织的概括称谓，是一种政治组织。政党是通过治政来实现政党目的的，治政是政党在政治、经济、文化、社会的实践中的根本任务。

第二，概念区别。治政是指官员、政务员、公务员或相关的国家工作人员治理政务。这其中包括了政党作为执政党治理政务；包括了作为参政党参与治理政务；包括了作为在野党监督治政者治理政务。政党指为赢得执政权力（通过选举或其他手段）的人们组织而成的团体。① 只有有了执政权力，政党才可能名正言顺地、切实地治政。

第三，政党与团体的区别。政党在绝大多数国家和多数政治体系中存在，是现代国家政治生活中一种普通的政治现象。政党起源于派别，是基于政治人物对于政治现象的不同理解而产生的。政党可以是权威的，也可以是民主的；可以通过选举上台，也可以利用革命手段掌权；政党的意识形态可以是左、中、右，也可以排斥任何政治理念。在治政研究中，我们发现政党容易与利益集团或社会运动相混淆，因此，有必要把政党的显著特征阐述一下，以示同其他团体和运动相区别。

- 政党的目标是赢得政治职位并掌握执政权（但小党更多是利用选举宣扬理念）；
- 政党是由正式成员组成的组织化团体，从而与较广义和分散化的社会运动相区别；
- 政党所关注的议题通常比较广泛，涉及政府政策的各个主要领域；
- 政党基于共同政治偏好和一般意识形态认同而团结起来，但各党程度不一。②

第四，政党在治政中被确定的不同定义。一是政治团体说，认为政党是实现某种主义的团体。诸如保守主义政治学家埃德蒙·伯克认为："政党是一群人以共同的努力，实现一致同意的特定意义，以增进国家利益而联合的团体。"③ 中国学者萧超然等人也认为："政党是有明确的纲领和一定的政治目的，在观点上和行动上或多或少许统一起来的团体。"④ 二是选

---

① 参见〔英〕安德鲁·海伍德著：《政治学》，第 294 页，中国人民大学出版社 2006 年版。

② 同上书，第 294 页。

③ *The Werks of Edmund Burke* (*II*)，London：Oxford Universitypress，1930，p. 82。

④ 沈文莉、方卿主编：《政治学原理》，第 149 页，中国人民大学出版社 2007 年版。

举组织说，认为政党是选举的工具。当代美国政治学家哈罗德·D. 拉斯韦尔认为：政党是在选举中规划广泛问题及提出候选人的一种团体。① 布赖斯认为，"在行代议政治的国家中，政党有两种主要的任务：即宣传政策及办理选举"。② 英美等国政治学者大都认为："政党是为了争取选民投票支持它所提名的候选人而高度组织起来的集中统一的团体。"③ 日本学者冈泽宪芙则用争取政治过程的持续支配权来说明"组织说"："政党可以表述为在政治空间展开'共同竞争'的组织（在'竞争'与'对抗'中发现存在的根据和生命源泉），也可以表述为一些人的集合体：他们吸引和动员游荡于政治领域的各种利益及思想，并试图以这种力量为依托去争取政治过程的持续支配权。"④ "持续支配权"是通过"共同竞争"而实现的，"共同竞争"即为选举。这些学者把政党视为选举的工具，忽略了政党其他社会政治功能。三是组织机构说。不少学者认为政党是一种政治权力的组织机构。美国政治学家索拉福认为："政党可以说是政治权力组织的机构，其特征是独占政治功能，稳定的结构，排他性的党员以及支配竞选的能力。"⑤ 这种学说，没有说明政党的基础和目的、任务。四是挑选人员说。有些政治学者认为政党是人们挑选公职人员的工具，诸如美国现代政治学家戴维·杜鲁门指出："政党被认为是一种机制，通过它完全可以在追求公职的人们中挑选合适者。"⑥ 五是中介说。认为政党是在政府和社会之间发挥着中介作用的组织。持这种观点的是美国的斯莫尔卡等。他们认为政府与社会、政府与个人之间的矛盾需要一个组织即政党作为中介和仲裁，认为政党是个人与政府之间的一个链环，"是社会与政府之间的中心媒介和仲裁人的组织"⑦。六是联合说。认为政党是民众的联合，如美国学

---

① 参见 Harold Dwight lasswell, and Abraham kaplan, *Power and society a Fram ework for Political Inquiry*, New Haven: Yale University Press, 1950, p. 169。

② 〔英〕詹姆斯·布赖斯著：《现代民治政体》（上册），第 114 页，吉林人民出版社 2001 年版。

③ 萧超然、晓韦主编：《当代中国政党制度》，第 14 页，黑龙江人民出版社 2000 年版。

④ 〔日〕冈泽宪芙著：《政党》，第 3—4 页，经济日报出版社 1991 年版。

⑤ Frank J. Sorauf, *Political polties in American System*, Boston: Little Brown, 1964, p. 13.

⑥ 〔美〕戴维·杜鲁门著：《政府过程——公共利益与舆论》，第 294—295 页，天津人民出版社 2005 年版。

⑦ 罗豪才等著：《资本主义国家的宪法和政治制度》，第 130 页，北京大学出版社 1983 年版。

者比尔德认为："政党是从现实角度设想的，它是一群人的联合，这群人一心要占有宪法所批准的政府，并运用政府的各种手段来制定和实施他们认为公正、适当或对他们的利益有好处的法律，"是"团结起来的男男女女的联盟"。① 七是阶级利益说。即认为政党与阶级利益是紧密联系、紧密相关的。马克思恩格斯在《共产党宣言》中就指出："共产党人是各国工人政党中最坚决的、始终起推动作用的部分"②。在 1889 年 12 月 18 日致格·特里尔的信中，恩格斯就明确指出："要使无产阶级在决定关头强大到足以取得胜利，无产阶级必须（马克思和我从 1847 年以来就坚持这种立场）组成一个不同于其他所有政党并与它们对立的特殊政党，一个自觉的阶级政党。"③ 列宁就政党的本质指出："在通常情况下，在多数场合，至少在现代的文明国家内，阶级是由政党来领导的;"④ "党是阶级的先进觉悟阶层，是阶级的先锋队。"⑤ "各阶级政治斗争的最严整、最完全和最明显的表现就是各政党的斗争。"⑥ 毛泽东讲：政党就是一种社会，是一种政治的社会。政治社会的第一类就是党派，党是阶级的组织。⑦

（2）治政与政党的实质区别。在正常情况下，治政通常由政党尤其是执政党来实行的，治政是政党统治社会的一种必不可少的手段。而政党则是通过治政来实现自身利益和组织目的。治政与政党的实质区别有三点。

第一，治政的治理性与政党的权力性。治理政务是任何国家和地区的根本任务，治政者必须依据相关的法律和规定治理政务，完成对社会的政治、经济、文化的管理和统治，以保社会的进步、发展和稳定。治政最为突出的特点是治理性。政党是一种组织，其目的和宗旨是获取执政权力，用所获取的执政权力治政。所以政党的最为突出的特点是权力性。这是治

① 〔美〕查尔斯·A·比尔德著：《美国政府与政治》（上册），第 61—62 页，商务印书馆 1987 年版。

② 《马克思恩格斯选集》第 1 卷，第 185 页，人民出版社 1995 年版。

③ 《马克思恩格斯选集》第 4 卷，第 685 页，人民出版社 1995 年版。

④ 《列宁全集》第 39 卷，第 21 页，人民出版社 1986 年版。

⑤ 《列宁全集》第 24 卷，第 38 页，人民出版社 1990 年版。

⑥ 《列宁全集》第 12 卷，第 127 页，人民出版社 1987 年版。

⑦ 参见 1957 年毛泽东在省市自治区党委书记会议上的讲话。

政与政党的本质区别之一。

第二，治政的全民性与政党代表的局部性。从治政的性质分析，治政是为全民的社会治理政务，是为治政客体（民众）服务的。而政党所代表的只是政党组织的那部分人的权力，因此具有局部性的特点。虽然有不少政党讲代表全民利益，但在治政实践中并非如此，政党说到底还是为自身的组织和组织目标服务，这一点是毫无疑义的。

第三，治政的手段性与政党的组织性。治政是治政者执政的手段，是治政者用来完成管理任务的一种根本方式，治政又表现为治政者要求的目的即"治"这个"政"。政党是一种政治组织，它是一种利益表达和聚合的组织，因此，组织性是政党的原始本质。

2. 治政与政党的联系

在政治的实践中，治政是政党执政的手段和目的，政党是治政的主导者，这是最为明显的联系。如果政党不治政，要么不是执政党，要么是政党不理政务，没有抓住执政的根本。治政与政党的联系可以分为三个方面，即治政方面的联系、服务方面的联系和利益方面的联系。

（1）在治政方面的联系。治政应该是政党的根本任务，尤其是执政的政党。执政的政党必须治政，只有科学治政，才能实现组织目标；只有通过治政，才能实现政党组织的利益。

第一，治政与政党任务的统一性。从本质上来讲，治政就是政党的根本任务，执政党尤其如此。作为手段的治政，是执政党的管理方式；作为目的治政是执政党掌握权力之后的主要任务。无论治政作为手段还是目的，都是执政党这个主体使用和运作的。这便是它们之间的统一性。

第二，治政与政党的目标一致性。在治政实践中，如果把治政作为治政者的组织目标，那么治政同执政党执政的目标是一致的，执政党执政的最根本的目标任务就是治政。执政党不治政或者不很好地治政，便无法完成治政任务，最终会失去执政的地位。

第三，治政与政党的权力性。政党从诞生之日起就在为获取执政权力而奋斗，正是因为为了获取执政权力才组成了政党组织。治政是政党行施权力的目的和手段，是完成组织任务的保证。在治政实践中，治政又是政党权力的体现，因为只有有了权力，才可以治政。也只有治好政，才能保证执政权力的稳固。

第四，治政与政党组织的科学性。治政要科学，执政党也必须科学治政。这里的治政科学指民主、规范、合理、公正、依法、可持续，而政党组织的内部建设也必须科学，治政的政党组织建设也必须民主、规范、合理、公正、依法和可持续。治政与政党组织建设都必须坚持科学的原则，保证内涵的科学。

第五，治政与政党的发展性。治政从有政权以来一直在不断地发展进步，作为执政的政党，也必须具有发展性。政党的"首领"有时就是最高治政者，他们必须具有远见，必须有战略的眼光，必须用科学发展的方法去推动政党自身和治政事业的发展。

（2）服务方面的联系。治政是为社会发展服务的，这一点与政党是一致的。作为执政党必须认真地、切实地为人类社会的发展服务，在服务方面，治政与政党联系是非常紧密的。

第一，服务政治。政治是执政党在意识形态等方面不可缺少的目的，政党必须为社会的政治发展服务，治政是政党服务政治的手段和目的，其本身就具有为政治服务的性质。服务政治是治政以及政党的根本任务，政党通过治政服务政治。

第二，服务经济。经济是社会发展的基础，是社会发展与进步的显示器，政党尤其是执政党通过治政直接为经济建设服务。当然，经济发展的水平也体现了政党的治政能力和治政水平。治政和政党服务经济是两者的根本任务。

第三，服务社会。治政和政党是一种社会现象，同样也离不开社会，治政和政党都必须为社会服务，以服务推动社会的发展。治政服务社会是治政者的又一重要任务，而执政党就是通过治政实现服务社会目的的。

第四，服务民众。以人为本，民众是社会构成的主体，任何政党都必须为民众服务。治政的目的是服务治政客体——民众，在服务民众上，两者是一致的。

第五，服务自身。执政党有其自己的利益目标和组织目标，执政党的一切努力和工作在表面上先为社会、政治、经济、民众服务，实质上是为了执政党自身的发展，为了治政自身的科学，从这一点来讲，政党通过治政服务社会，实质上是服务自身，这也符合政党治政的实际。

（3）利益方面的联系。治政作为目的时，同政党的目的是统一的；治政作为手段时，则是政党执政实践中的工具；治政作为一种行为时，则应由执政党作出。因此，治政与政党在利益方面有着十分密切的联系。

第一，治政权力的共有性。治政权力是治政者在治政实践中所拥有和使用的权力，治政者一般都是执政党成员。从治政学层面看，这些治政者来自执政党；从政党层面看，执政党的各层首领多为治政者，因此，治政权力是执政党和治政者共同拥有的。

第二，政治利益的共同性。所谓政治利益指政党组织和治政者在政治目标、政治权利、政治荣誉等方面的益处。治政者与执政党的部分成员在政治目标、政治权利、政治荣誉等方面的政治利益是一致的。

第三，经济利益的一致性。政党通过治政实现执政目标，这个执政目标就包含着经济利益。治政正是为了维护和发展治政主客体的利益而科学治政，这同执政党的治政目标是统一的，都是为了共同的经济利益而治政。

二、治政政党的特征、作用、类型和功能

1. 治政政党的特征

政党是特殊的政治历史现象，具有同其他社会政治组织、社会团体相区别的显著特征，正是由于这些特征构成了政党的基本要素。

（1）政党是有组织有纪律的政治组织。作为治政的政党，要发挥阶级组织者、领导者和代言人的作用，实施治政目标，把握治政利益就必须有完整的组织体系。这种组织体系指上、下联系有严密级别的职责、权力、权利，有互通互助的联系。从国家或地区层面上来讲，治政政党的组织一般都具有层级结构，这种层级结构的构成又大多与国家行政区域、行政单位或选举单位的划分有很大关系。在治政政党的内部有严密的组织体系就必然有严格的纪律，以此来约束党员的行为。在治政实践中，我们发现的确有些治政政党对纪律要求很严格、很严密，但在治政实践中却大相径庭。一般是治政党上层要求严，越往下越"减严"；一般是书面纪律要求

严，而执行中"随机"，即党员有执行纪律各取所需的现象；一般是对他人要求严，而对自己、对朋友或亲人要求松或干脆无组织无纪律。治政政党的纪律变化与政党的治政纲领、治政基础、治政体制有关系。所有治政政党都必须明白，政党的纪律严格与否是检验政党有无生命力和战斗力的重要标志。一句话，治政政党要想长治久安必须科学治政；而科学治政，又必须有科学的体制；科学的体制并不神秘，即"民主"。让治政客体（民众）有权监督、弹劾、罢免治政政党成员，这样才能保证治政政党纪律的严格、严密，才能保证执政党治政地位的巩固。

（2）治政政党具有自己的治政目标和治政纲领。任何政党都有自己的政治目标，这些政治目标一般都与治政相联系。治政的政治目标有两点，一点是政权目标，获取社会公共权力；另一点是社会目标，即社会治理和社会发展的目标。社会公共权力是治政权力的核心，社会治理和社会发展是治政的根本任务。在政党发展过程中，为了有效地组织政治力量，开展政治活动，政党必然要把自己的政治目标上升为政治纲领。政党的政治纲领所表过的是政党谋求获取政权的途径、方法和获取政权之后达到的目标。"一个政党如果没有纲领，就不可能成为政治上比较完整的、能够在事态发生任何转折时始终坚持自己路线的有机体。"[①] 政党的纲领有最高纲领和最低纲领之分。在发达的国家中，由于主要政党的阶级属性是相同的，也由于现代政治的发展和政党在政治生活中的地位日益凸显出来，正如肯尼斯·米诺格说的那样，政党开始互相偷窃对方的政治外衣，把对方的支持者挖到自己这边来——这是政治游戏的一部分，因此导致了政党政治纲领趋同现象。这便使政党政治纲领不能如实反映政党在政治主张上的实质差异。为了拉拢选民，政党在竞选纲领中仍有一定的区别。发达国家中政党竞选纲领一般表现为一系列具体的政策主张，主要包括：一是可以评估的具体的政策目标，如数值目标、实施期限、程序、手段以及达到这一政策目标所必需的财政预算。二是政策实施的体制与结构。三是政策实现的日程表等等。为了获得相当的选票，虽然有时竞选的具体政策指标不同，但在政治主张上却基本一致，如表 9-1 所示。[②]

---

① 《列宁全集》第 20 卷，第 357 页，人民出版社 1989 年版。
② 参见沈文莉、方卿主编：《政治学原理》，第 152—153 页，中国人民大学出版社 2007 年版。

表 9-1　2003 年日本众议院选举中自民党和民主党竞选纲领若干政策主张

	经济、雇佣	道路公团改革	国家与地方关系	宪法改正
民主党	2006 年名义 GDP 达到 2% 以上；2004 年以前不良债权比率少一半；两年创造 300 万就业岗位。2005 年开始实施民营化；2004 年在国会提出这一法案	高速公路"国民负担最小化"原则。	2006 年以前削减和废止 4 兆日元的辅助金计划，交付税向地方税转换。	2005 年完成宪法修改草案；制定"宪法改正国民投票法"。续表
民主党	失业率下降到 4% 以下；制定"金融重建计划"；以民间需要为中心经济复苏五年计划。	废除道路公团；除了三大城市外，三年内实现高速公路零收费；2005 年道路特定财源转换为一般财源。	带有附加条件的 18 兆日之辅助金在四年内废除；五年后废除交付金制度，并向地方税源转换。	在取得国民一致意见的前提下，从"论宪"向"创宪"发展。

（3）治政政党是特殊的政治历史现象。我们知道政党是人类历史的产物，不是从来就有，也不会永远存在。它在一定历史条件下产生，也必然会在一定历史条件下消亡。国家消亡之日，也就是政党消亡之时。

（4）治政政党具有鲜明的阶级性。政党的阶级性是政党的本质特征。首先，它表现为政党是在一定的阶级基础上产生的，是阶级合乎规律性发展的产物。其次，政党集中代表了本阶级的利益。再次，政党是阶级的核心。最后政党斗争是阶级斗争的集中表现。我们不应该忌讳讲阶级斗争，生怕讲阶级斗争就不和谐了，就不以经济建设为中心了，这是一种误解。在我们所处的阶级社会中，阶级斗争是复杂的和多样的。不同的阶级在一定的时期，在一定的政治基础上，可能互相联合；而同一阶级内部各个阶层也可能互相倾轧。所以，治政政党的阶级性的表现形式也是复杂的和多样的，既可以代表一定的阶级或阶层，也可以代表由不同的阶级或阶层所组成的联盟。①

（5）治政政党具有明确的"获权性"。所谓"获权性"指治政政党的目标是获取政权和掌握政权，用把握政权来治政。说到底政党治政的根本

---

① 参见王邦佑等主编：《新政治学概要》，第 183 页，复旦大学出版社 2004 年版。

问题就是国家政权问题。政党作为阶级的代表，要想治政，就必须牢牢掌握国家政权，否则就不可能有效地治政，不可能维护本阶级的利益。从治政的实践来看，政党从产生的那一日开始，就以掌握治政权力为目的，并利用这种社会公共权力进行合法治政。

（6）治政政党必然竭尽全力争取民众。作为没有执政的政党，必然要争取治政客体，为实现获取政权作准备；作为已获政权的政党，必然要巩固已获得的政权，那就必然要争取民众的支持和理解。任何抛弃民众而治政的政党是愚蠢的，也必然会走向失败。任何一个政党，不管其是否真心实意地爱护人民、代表人民，都必然力争民众，时时地把自己的党贴上"人民"的标签，① 目的是获得更多民众的理解和支持。

2. 治政的政党类型

据统计，全世界于 20 世纪 80 年代已有 4000 多个政党，② 每一个政党组织都在历史发展过程中形成了自己的特征。对这么多的政党加以研究和分门别类，比较困难，划分的标准也就有异议，我们把划分方法主要的方面和可供参考的方面加以归纳，以便研究。

（1）治政政党的较大影响划分类型。所谓较大影响的划分方法指在国际政党研究中，以大多数研究者认可的有影响的划分方法而划分出来的类型。

第一，以治政政党的阶级属性划分的类型。按照政党的阶级属性划分，可以把政党划分为资产阶级政党和无产阶级政党，也有人认为应更进一步划分为资产阶级、小资产阶级和无产阶级的政党。无产阶级和资产阶级的区分法太具有阶级性的特征。

第二，以法律认可情况划分的类型。按照一个国家法律认可的情况可以把政党划分为合法的政党、非法的政党和半合法的政党。

第三，以组织活动范围进行划分的类型。按照这种划分办法又可细分为两种较大的类型：按照政党的组织主体的差异，划分为精英党、干部党和群众党；按照活动范围，可以划分为全国性政党、地区性政党和国际性政党。

---

① 参见王邦佑等主编：《新政治学概要》，第184页，复旦大学出版社2004年版。
② 同上书，第187页。

第四，以是否掌握政权划分类型。按照是否掌握政权划分的类型又分为两种划分的方式。在国际上，以掌握政权与否划分可以分为执政党（在朝党）、反对党（在野党）；在中国，以掌握政权与否可以分执政党和参政党。中国的执政党是中国共产党，而参政党则为：中国国民党革命委员会、中国民主同盟、中国民主建国会、中国民主促进会、中国农工民主党、中国致公党、九三学社和台湾民主自治同盟。

第五，以意识形态划分类型。按照意识形态划分的类型一般把政党划分为左、中、右三派，即激进型政党、改良型政党和保守型政党。也有的学者根据意识形态把政党划分为共产主义政党、社会民主主义政党、保守主义政党、民族主义政党、法西斯主义政党、生态主义政党和地区主义政党等。

（2）治政政党类型划分的政治光谱。所谓政治光谱指以左－右的政治光谱（Political spectrum）描述政治理念和信仰，并以此概括政治人物、政党和运动在意识形态上的立场位置。

第一，安德鲁·海伍德的政党分类。按照安德鲁·海伍德的分类方法①，政党可以分为：

- 干部型政党和群众型政党；
- 代表型政党和整合型政党；
- 宪政型政党和革命型政党；
- 左翼政党与右翼政党。

第二，政治光谱的不同类别。政治光谱肇始于法国大革命时期，1789 年的三级议会第一次会议上各阶层即采取了最原始的政党光谱法：左右分法。

一是左右分类法。这是第一种政治光谱分析法，如表 9 - 2 所示。②

表 9 - 2　左右分类

左	右	左	右
自　由	权　威	进　步	传　统
平　等	等　级	改　革	反　动
博　爱	秩　序	国际主义	民族主义
权　利	义　务		

---

① 参见〔英〕安德鲁·海伍德著：《政治学》，第 295 页，中国人民大学出版社 2006 年版。
② 同上书，第 298 页。

二是直线政治光谱分析法。直线政治光谱分析法在狭义上概括了对经济和国家角色的不同态度：左翼观点支持干预和集体主义，右翼观点则倾向于市场和个人主义。有人认为直线政治光谱反映了更深层次的意识形态或价值差异，如图9－1所示。①

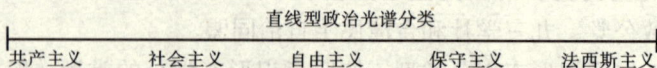

直线型政治光谱分类

共产主义　　　社会主义　　　自由主义　　　保守主义　　　法西斯主义

图9－1　直线型政治光谱分类

三是马蹄形政治光谱。马蹄型政治光谱是在二战后提出的，用来强调法西斯主义的极权主义和一元化（反多元主义）倾向，与据认为属于主流信条的宽容和开放相对。如图9－2所示。②

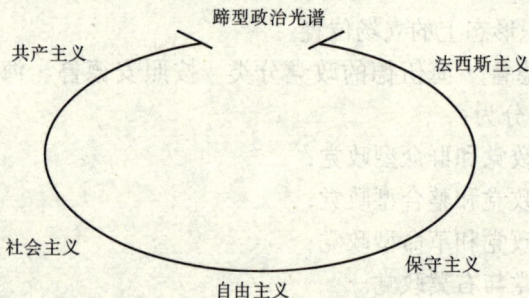

蹄型政治光谱

共产主义　　　　　　　　　　　　　　　法西斯主义

社会主义　　　　　　　　　　　　　保守主义

自由主义

图9－2　马蹄型政治光谱

四是汉斯·艾森克（Hans Eysenck，1964）提出了二维政治光谱。二维政治光谱试图增添垂直的威权主义——自由主义光谱，以弥补传统左－右光谱的缺陷，这便使有关经济组织的立场同有关公民自由的立场相分离。如图9－3所示。③

---

① 〔英〕安德鲁·海伍德著：《政治学》，第298页，中国人民大学出版社2006年版。
② 同上书，第299页。
③ 同上。

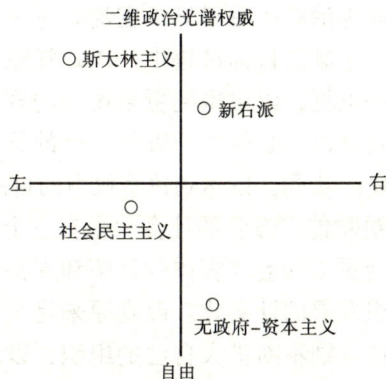

二维政治光谱权威

○ 斯大林主义

○ 新右派

左 ———————————————— 右

○
社会民主主义

○ 无政府-资本主义

自由

图 9 - 3　二维政治光谱

3. 治政的政党功能和作用

　　每一个政党都有自身的功能，有些功能是政党所共有的，有些则是政党所独有的。在治政实践中，执政党的功能和参政党的功能有着很大的功能区别。

　　（1）凝聚利益和政治意识的功能。任何政党都有自己的利益诉求和政治意识，在形成政党的集体目标过程中，政党也会帮助表述和凝聚社会上存在的各种不同利益，有时政党甚至成为企业、劳工、宗教、族群等团体捍卫利益的工具。诸如英国工党就是由工会运动创立的，目标是实现工人阶级的政治代表权。[①] 在治政实践中，政党会把自己的理论纲领和政治意识化为大众的纲领和意识，并对不同的利益表达加以整合，尽可能满足不同组织和个体的要求，从而形成一个全民党的形象。人们对具体的某一个政党的形象往往是从利益代表和政治意识等方面进行认识的。恩格斯讲："一个新的纲领毕竟总是一面公开树立起来的旗帜，而外界就根据它来判断这个党。"[②]

　　（2）确定目标功能。确定政党的目标是政党的首要任务，也是政党的主要功能之一。对于执政党来讲，把政党的意识形态和纲领贯彻到国家建

---

① 参见〔英〕安德鲁·海伍德著：《政治学》，第 301 页，中国人民大学出版社 2006 年版。
② 《马克思恩格斯全集》第 19 卷，第 9 页，人民出版社 1963 年版。

设中，政党的纲领就成为治政的总目标。在治政过程中，执政党又会把总目标分解为具体目标。在制定目标过程中，执政党还必须注意听取参政党的意见以及部分民众的意见，以求得到更多民众的理解和支持，确保自己长期执政。对于在野党来讲，必须大力宣传自己的纲领，讲明白自己的政党目的，以求得到选民的认同，以达到执掌权力的目的。

（3）社会化和动员功能。政党的社会化来自三个层面，一个是使自己的纲领社会化，以得到更多的治政客体的理解和支持，以求获得更多的选票；另一个是政党组织发展的社会化。政党原来是少数人组成的团体，为了政党的目的，政党按计划不断扩大自己的组织，以求自己在治政客体中影响最为广泛、最为社会化；还有一个是政治教育的社会化，政党总希望自己的政治意识成为社会共同的社会意识。所谓动员功能指政党动员选民参与政党的各种活动，动员选民支持和拥护自己。

（4）培养功能。所谓培养功能指培育和遴选精英。培养和录用精英，是保证政党发展的主要条件，也是保证政党治政有成的主要条件。所有的政党都会负责向国家输送它们的政治领导人。对于执政党来讲，培养和录用精英是为了保证治政任务的完成和治政组织目标的实现，因为，执政党要靠精英们来完成治政任务。对于在野党来讲，精英们一方面能获得治政客体的支持，一方面有政治活动的能力，保证政治活动健康地发展。"在大多数情况下，政党提供了训练政治人物的场所，使他们获得一些技能、知识和经验，提供给他们通往仕途的阶梯。"①

（5）干预国家政权的功能。所谓干预国家政权指领导、组建、干涉国家政权。从理论上讲，政党不是国家机关，也不是国家组织，但获取政权、掌握政权、干预政权是政党的基本目的，这种干预在一党执政的治政国家中更为明显，在这些国家里国家政权实质上与党权已合二为一，执政党虽然不直接代表国家机构，但却可以组建国家机构，决定机构人选。在议会制国家中，政党能够帮助组建政府，甚至可能建立"政党政府"（Dartr government）。政党使政府具有一定的稳定性和连贯性。另外，政党还能促进议会与行政两大政府部门的合作。同时，政党是政府内外批评声音的极为重要的源头。②

---

① 参见〔英〕安德鲁·海伍德著：《政治学》，第300页，中国人民大学出版社2006年版。
② 同上书，第302页。

（6）控制功能。所谓控制功能指对政党内外部的控制能力和作用。就政党的内部来说，其控制功能是从其内部结构产生的，它通过内部一定的结构形成不同程度的统一认识和统一意志而把政党内部的成员联系在一起；就政党外部来说，它以政党的内部功能所提供的能量为基础，控制政党在竞争中的权益。在资本主义民主制的国家中，民主结构是以政治竞争为核心或为主线的政治参与系统与政治管理系统的统一。政党的地位、作用首先是在政治竞争中显示出来的，而政党之所以能充当政治竞争的主体，是因为它具有控制大众传播媒介、从而控制舆论、从而操纵选举、从而控制选民的功能。[①] 政党作为政治竞争的主体，还体现在政治参与方面。而选举的本身就是政治参与的重要内容，这种参与主要体现在对政府、对执政党的监督方面。

（7）影响功能。所谓影响功能主要指政党在治政实践中对政治生活和国际事务的影响。在现代国家中，任何政党的政治活动都是政党实现自己利益的实践过程，作为政党必然以影响和治理政治生活作为自己的主要政治职能。在获得政权之前，政党往往通过自己的纲领、路线、方针、政策组织治政客体展开合法的或非法的、和平的或暴力的、议会的或议会外的斗争来影响治政的政治生活，使国家的政治生活朝着有利于自己的方向发展。在获得政权之后，政党便会以治政者的身份，控制和监督国家政治权力，把政党的纲领、方针、政策变成国家的方针和政策，以实现政党的治政组织目的。[②] 在国际事务方面，政党已成为国际事务中的重要力量。政党国际间的交流、交往，已成为国际舞台上不可缺少的政治活动。政党在政治活动中，直接影响国家形象，直接影响国际交往。

（8）美国政党功能参考[③]。

第一，选拔出任公职的候选人。由于掌管政府是政党的目标，它们必须针对所有的选举性职位努力选拔出候选人。这常常需候选人与强大的在任者竞争，或竞争不那么热门的工作。如果政党不找出并鼓励那些有政治前途的人，缺乏竞争性的职位就会多出很多，选民的选择也将受限制。

---

① 参见李景鹏著：《权力政治学》，第52页，北京大学出版社2008年版。

② 参见王浦劬等著：《政治学基础》，第215页，北京大学出版社2006年版。

③ 参见〔美〕施密特等著：《美国政府与政治》，第179—180页，北京大学出版社2005年版。

第二，组织并进行竞选。尽管选举是一项政府活动，实际上却是政党在安排选民登记，招收在投票站工作的志愿者，组织旨在提升人们对选举的兴趣的竞选活动，并为增加大众对选举的参与程度而努力。

第三，向参选人提供政策选择。与常以某个领导人为中心的派别形成对比的是，政党是以系列的政治立场为纽带的。在国会中联手投票的民主党或共和党人之所以如此行事，是因为它们代表着具有类似期望和要求的选民。

第四，接受管理政府的职责。当某政党经选举产生了总统、州长和国会议员时，它就接受了政府管理的责任。这包括用本党的忠实支持者组成行政班子，并加强当选官员之间的联络，以为各项政策及其推行赢得支持。

第五，作为执政党的反对派组织发挥作用。人们期望，在野党或未执政的政党能宣传自身政策，并适时地对执政党提出反对意见。通过对执政党的有组织的反对，反对党促成了有关政策的辩论。

三、治政所面对的政党制度

治政多是在政党（尤其是执政党）的带领下进行的，政党制度直接关系到治政的成败，关系到治政的模式和治政的结果。治政所面对的政党制度是多样的，不同的政党制度同样是治政的产物，有些政党制度就是政党治政的结果。

1. 治政的政党制度的含义和类型划分

（1）治政的政党制度的含义。所谓政党制度指国家法律规定的、在长期治政的政治实践中固定下来的制度性规定和运行方式，包括了政党的地位及政党同政党、同政权之间的关系等等内容。政党制度是现代国家政治制度的重要组成部分，是治政制度中的核心部分，是治政实践中不可缺少的政党结构模式，规范着政党的发展。

（2）政党制度分类方式。政党制度的形成有自身的规律，也有环境影响的因素。正因为政党的形成源自不同的历史和社会环境，政党制度也就具有了不同的特点和风格。西方政治学家按照不同的标准把政府制度分为几种类型。[1]

---

[1] 参见沈文莉、方卿主编：《政治学原理》，第 168 页，中国人民大学出版社 2007 年版。

第一，以政党数量为依据划分的政党制度分类方式。所谓以政党数量为依据划分的政党制度的分类方式指在治政实践中有资格执掌国家政权的政党的数量。这种分类方法是使用最多、影响最为广泛的分类方式。到目前为止，以政党数量分类已具有了"三分法"、"五分法"、"七分法"、"九分法"等方式。所谓"三分法"指 1951 年法国著名学者迪韦尔热在《政党》一书中的分类法，他把政党体制分为一党制、两党制和多党制。所谓"五分法"是由 A. S 班克斯和 R. B 泰克斯特提出的，他们在"三分法"的基础上把政党制度分为一党制、主从政党制、一个半政党制、两党制和多党制。所谓"七分法"指把政党制度区分为一党制、霸党制、第一大党制、两党制、有限多党制、极端多党制和微型多党制。所谓"九分法"指意大利政治学者都万尼·萨托利在 1976 年出版的《政党与政党制度》中，对政党数量不同的政党体制进行区分，研究者即把这一类方法称为"九分法"，其政党体制的九个层面是一党极权制、一党威权制、实用主义一党制、霸权党制、极化多党制、温和多党制、碎片化多党制、两党制和优势党制。[①]

第二，以政党相互联系为根据划分政党制度的分类方式。所谓以联系为根据指根据政党间的关系划分政党制度的分类方式。一般的学者把政党制度划分为竞争性体制和非竞争性体制。在竞争性体制中，两党或多党之间围绕着政权展开争夺，因此有着执政党和反对党之分，在选举中形成竞争。在非竞争性体制中，有两种情形，一种是指在一个国家之内只有一个政党存在，或在法律和事实上禁止除执政党之外的其他政党的存在和活动；另一种是在国内虽存在多个政党，但党际关系是非竞争性的，如中国共产党领导的多党合作制度，执政党与其他政党是友党关系。

第三，以不同的政治倾向的力量对比关系为据划分的政党制度的分类方式。[②] 所谓不同的政治倾向的力量对比关系指从地域分布的角度，观察到一些多党存在的国家中，具有不同政治倾向的政党在力量对比关系上具有某些共性特征，并依据这些共性特征，划分政党制度的类型。诸如 S. 亨利格按照政治倾向的差异把政党先分为右翼、中右、中左、左翼，再按各

---

① 参见沈文莉、方卿主编：《政治学原理》，第 169 页，中国人民大学出版社 2007 年版。

② 参见王邦佑等主编：《新政治学概要》，第 189 页，复旦大学出版社 2004 年版。

种得票率，将政党制度划分为三种类型：以中右和中左政党占优势且力量对比相当的"北欧型"；以中右和左翼政党占优势的"南欧型"；以中右政党占绝对优势的"日本型"等分类方式。①

此外，按照其他标准的划分方式，政党制度还可以分为其他类型。诸如丁·拉帕隆巴拉等学者根据政党的执政方式把政党制度的体制模式划分为独霸型和轮流型；又如按照马克思主义划分国家历史类型的原理，可以把政府制度分为社会主义国家和资本主义国家的政党制度，而这两大类型中，不同的国家又有不同的样式。②

2. 治政政党制度的特征和类型

（1）治政政党制度的特征。治政政党制度具有自身的特征，正是由于这些特征，才使政党制度既有联系又有区别，使政党制度的自身独具特色。治政政党制度的自身特征，既是政党制度的特色，也是政党制度的本质所在。我们分析政党制度的特征，并不是这些特征在某一政党制度中所占份额是平均的，必须科学对待。

第一，政治性。所有的政党制度都是因政治集团或阶级的需求而建立的，政党制度的本身就是政治的产物，而政治制度又是为政治集团的政治需求服务的，政治性是最为明显的特征。当然，政党制度的政治性还分别体现在治政的民主性上。政党制度的民主，主要指在民主的国家中，政党制度的建立包括政党设置的本身都是民主的。说到底，政党制度的民主最终要靠政党民主来体现。在政党制度中，政党民主是民主统治的形式，政党作为民主机构而成为其运行的中介机制。③ 政党民主的实现有两个条件。一是党内民主。意味着在选举领导人和挑选候选人过程中应该有广泛参与，政党会议和代表大会应在政策制度中发挥突出作用。二是民主要求。决策权应集中在由选举产生并对公众负责的少数成员手中。

第二，利益性。政治制度是按照统治阶级的利益要求而设立的，④ 政党制度最大的原则是有利于维护政党利益的实现。在政党利益与其他群体

---

① 参见《中国大百科全书·政治学卷》，第478页，中国大百科全书出版社1992年版。
② 参见沈文莉、方卿主编：《政治学原理》，第170页，中国人民大学出版社2007年版。
③ 参见〔英〕安德鲁·海伍德著：《政治学》，第304页，中国人民大学出版社2006年版。
④ 参见王浦劬等著：《政治学基础》，第217页，北京大学出版社2006年版。

或个体利益发生冲突时，统治阶级可以根据政党利益而改变政党制度。这里的政党利益就是统治阶级的利益。

第三，法律性。政党制度应该是在宪法和其他法律规范的基础上建立和运转的，就政党制度本身而言政党制度就是一种法规，具有法律的明确、具体和特定的规定。在世界范围内考察政党制度的法律性，我们发现，政党制度有在宪法中作原则性规定的，也有按宪法惯例形成而无明确的宪法规定的。①

第四，规范性。就政党制度的本身而言，政党制度就是规范，政党制度不仅规范着政党本身的作用、地位、目标以及活动方式，而且以其自身制度的规范性和影响性，直接或者间接地影响着国家制度、国家政治体制以及全社会成员的生活以及活动方式②。

（2）治政政党制度的类型。不同的国家有不同的政党，有不同的政党制度，即使在同一个国家中，政党制度对不同的政党来说也存在着一定的差异。在不同国家里，虽为同一名称的政党，但由于区域不同等原因，政党制度是不同的。正是由于政党与国家政权的关系、政党之间的关系不同，政党制度也就不同。在现代的治政政治中主要的政党制度有一党制、两党制、一党独大制和多党制等类型。

第一，一党制。所谓一党制指在国家政治生活中，单一政党长期占居主导地位，独自执掌国家政权的政党制度。一党制一般有三种形式。一是法西斯一党性，也称为一党专权。法西斯主义是垄断资本主义与封建主义、军国主义相结合的产物，其特征是只允许法西斯政党一党合法存在，并利用这一党治政从而实施法西斯统治。法西斯一党制公开取缔其他一切政党，实行恐怖专政，剥夺人民的各种自由权，取消现代民主制度，以暴力和屠杀作为实行政党统治的主要手段，对外则实行疯狂的军事扩张。一党制中的法西斯主义最为典型的便是纳粹德国。二是民族主义一党制。当代民族主义一党制出现于第二次世界大战后亚非拉地区新建立的民族独立国家中。这些国家原先大多是帝国主义的殖民地，为了维护民族独立，加速社会改造和发展，抵御外来侵略和干涉，社会政治的领导力量逐步发展成为民族主义政党并实行一党制。民族主义国家

---

① 参见王浦劬等著：《政治学基础》，第217页，北京大学出版社2006年版。
② 同上。

一党制的形成一般包括几种情况：第一种是这些国家在争取民族独立的斗争中，本来就由单一的政党领导，在独立后基于这一政党在民众中的崇高威望被推举为执政党。诸如莫桑比克解放阵线党、阿尔及利亚民族解放阵线党、赞比亚联合民族独立党等；第二种是在民族独立之后和平地将若干个政党合并为一个政党，诸如坦桑尼亚革命党；第三种是一些国家显然允许多党存在和活动，但事实上，始终由一个政党单独执政，诸如新加坡人民行动党；第四种是一些国家在经历了军事政变之后，取消了原有的一切政党，重新建立的唯一合法的执政党，诸如扎伊尔人民革命运动、马里人民民主联盟等等。[①] 这种一党制同法西斯一党制有根本区别，这种政党制度承认公民的权利，并在某些方面与民主制度共存，对于保持政治稳定、维护国家的独立有着特定的历史作用。三是一党领导制。[②] 所谓一党领导制指社会主义国家的一党制，它是指处于统治地位的无产阶级代表人民利益，掌握国家政权，它又包括两种类型即单一政党领导和一党领导的多党合作制。目前一党领导制的社会主义国家有古巴、朝鲜、越南、老挝和中国。中国实行的是中国共产党领导，其他八大民主党派参政的政治协商制度。

第二，两党制。所谓两党制指一种两强控制的体制，即指代表着不同集团利益的两大政党通过竞选而轮流掌握国家政治权力，组织政府，主持国家政治事务的制度[③]。这种形式的两党制又被称为"两党竞争制"、"两党对峙制。"安德鲁·海伍德认为，两党制的典型形式具有三个标准：[④]

- 尽管可能有多个小党存在，但只有两个党是凭选举和议会实力获取赢得执政权的现实机会。
- 较大的政党能够单独执政（一般以议会多数为基础），其他政党处于反对党地位。
- 两大党轮流掌权，双方皆有可能当选，在野的一方则充当于"准备中的政府"（government it the wings）。

① 参见王邦佑等主编：《新政治学概要》，第 191 页，复旦大学出版社 2004 年版。
② 参见沈文莉、方卿主编：《政治学原理》，第 171 页，中国人民大学出版社 2007 年版。
③ 参见王浦劬等著：《政治学基础》，第 217 页，北京大学出版社 2006 年版。
④ 参见〔英〕安德鲁·海伍德著：《政治学》，第 308 页，中国人民大学出版社 2006 年版。

实行两党制的国家，一般在理论上和法律上允许多党存在，但在现实生活中最具有势力和地位的只有两党，其他政党势单力薄，在竞争中不能与两大政党抗衡，在这方面只能看着两党"演出"。因此，两党轮流执政，不过是统治的两手交替使用，正如恩格斯所讲的那样，它"不是靠把政权经常保存在同样一些手中而使自己永存下去的，而是采用这样的办法：它轮流地使政权从一只手中放下，又立刻被另一只手抓住。"① 而列宁讲得就更为明白："两个资产阶级政党利用它们之间的虚张声势的毫无内容的决斗来欺骗人民，转移人民对切身利益的注意。"② 而国民可以"看到两大帮政治投机家，他们轮流执掌政权，以最肮脏的手段用之于最肮脏的目的，而国民却无力对付这两大政客集团"③。"两党制"源于英国，早在17世纪末，美国议会内部就出现了辉格党和托利党。托利党主要代表地主、豪绅、旧贵族的利益，到了19世纪中叶，它改建于保守党；辉格党主要代表新兴资产阶级、新贵族的利益，到了19世纪中叶，它与其他党合并称为自由党，后为工党所取代。实行两党制的国家还有美国、加拿大、澳大利亚和新西兰等国。安德鲁·海伍德认为：两党政治除了是协调回应性与秩序、代议制与有效政府的稳妥的途径之外，主要的优势在于"它使政党政府的制度成为可能，而这种制度据认为具有稳定性、选择性和问责性的特征"④。

所谓政党政府指一个政党就可以组建政府的制度。政党政府与政党制度是统一的，有了政党制度才可能有政党政府。政党政府有自己的特征。⑤

- 主要的政党有明晰的政策纲领，因而使选民对谁能执政能进行有意义的选择。
- 执政党能够获得人民授权，并具有充分的意识形态内聚力和组织团结起来实现其纲领诉求。
- 选民通过授权使政府对自己的选民负责，有公信力的反对派可以充当平衡力量，两者使政府的责任性得到维系。

① 《马克思恩格斯选集》第11卷，第399页，人民出版社1972年版。
② 《列宁全集》第22卷，第211页，人民出版社1980年版。
③ 《马克思恩格斯选集》第3卷，第12页，人民出版社1995年版。
④ 参见〔英〕安德鲁·海伍德著：《政治学》，第309页，中国人民大学出版社2006年版。
⑤ 同上。

第三，一党独大制。所谓一党独大指在几个政党定期选择中一直由某一大党独自支配权力。一党独大制和一党制有相通的特征，但两者有明显区别。一党制指只有一党执政，别无竞争者，而一党独大制指有竞争者，但却由某一政党长期掌权。一党独大制也就是萨托利所说的优势党制（predominant-party system）。[1] 在萨托利看来，一党独大制必须具备几个要素。一是多党并存和竞争。二是在国家政治生活中某一政党占据优势地位，即在议会中占据绝对多数席位。三是优势政党必须长期执政，"长期"的期限在 15 年以上。日本通常被看作是一党独大制的典型。日本自民党到 1993 年下台，曾连续执政 38 年，其间仅 1976、1979、1983 三年没有获得国会的总体多数议席。印度也通常被看作是一党独大制的典型。印度国大党自该国 1947 年独立起，连续 30 年稳居台上。非洲人国民大会也类似独大型政党，其地位自 1993 年南非种族隔离政策废除以来一直处独大地位。欧洲一党独大的例子当属瑞典社会民主党（SAP），该党在 1951 年至 1993 年中除了两年中断外，一直在台上。另外，意大利的基督教民主党主导了战后 52 届政府的每一次组建，直到 1992 年至 1994 年间不断受到腐败的指控，该党才不再执政。一党独大制有其突出的特点，这些特点表现为国内政治的焦点从政党间竞争转向了独大党内部的派别冲突；一党独大长期执政，容易造成党内自满、自大甚至腐败；一党独大致使反对党势力弱小难以发挥应有的监督等作用；[2] 一党独大容易形成民众对政府的怀疑心理。

第四，多党制。所谓多党制指以特定方式竞相执政的政党制度。多党制指一国存在大量政党，其中任何一个政党都没有能力单独执政，因而出现了两个以上政党或政党联盟轮流执掌国家政权的一种政党制度。在这种制度下，减少了一党执政的机会，增加了联合政府的可能。了解联合政府需要了解相关联合的含义。[3]

- 联合指原先对立的政治行为者走到一起。
- 选举联合（联盟）是政党同意不进行相互竞争而结成同盟。
- 立法联合（联盟）是两个或更多政党为支持特定法案或政策而达成一致。

---

[1] 参见沈文莉、方卿主编：《政治学原理》，第 175 页，中国人民大学出版社 2007 年版。
[2] 参见〔英〕安德鲁·海伍德著：《政治学》，第 311 页，中国人民大学出版社 2006 年版。
[3] 同上书，第 312 页。

- 联合政府是两个或两个以上政党通过正式协议而组成跨党内阁。
- "大联合政府"（grand government）或"国民联合政府"（national government）则囊括所有主要政党，但一般只是在全国性危机或经济紧急状态下才出现。

多党制能够在政府内部促成制约和平衡机制，但也有着自我节制和妥协的弱点，在政治上易走政治中间路线。

四、一党治政中政党的规范

一党治政指一党执政，一党执政有优点也有不足，如何发挥一党治政的优点，注意克服一党治政中的不足，是治政者以及政治学家应该研究的问题。一党治政的成败与否，关键在于如何使用"党权"，如何规范"党权"，如何让"党权"在治政中发挥作用。

1. "党权"的内涵和特征

就像有了国家便有国家权力问题一样，有了政党也必然就有政党权力问题。政党已成为政治活动的核心，政党也成为治政的中坚，政党权力成为治政权力的重要组成部分，在一党执政国家中，政党权力已成为治政权力的主要组成部分，因为在一党执政的国家中，"党权"也就是政权的象征。

（1）党权的概念。所谓党权指的是政党权力。政党权力指政党为维护自身生存和实现自我价值而具有的政治统御力、政治干预力，也包括了政党的政治技能和政治能力。[①]

（2）党权内涵的理解。党权从不同的层面理解，其内涵有很大的区别，这些区别不是本质的，但却可以帮助我们对党权的实质有更深的理解。

第一，党权的实质在获得和干预国家政权。无论是党内需要还是党外的竞争，党权的实质是获得和干预政权，只有获得国家政权，才能真正实现治政组织目的，才能真正体现政党的实质追求。从政党的性质来看，政

---

① 参见王韶兴：《政党权力的科学内涵与基本特征》，《新华文摘》2008 年第 11 期。

党不是国家机关，也不是国家组织，但却与国家政权密切相关，政党的产生，最初多半是出于某些团体对国家的政权活动、政治方向以及政策、方针的不同见解。政党要维护本集团的利益，往往借助国家政权，所以最可靠的方式就是掌握国家政权，对于一党治政的政党来说，还有一个重要任务是如何巩固国家政权，如何保证政权的路线、方针、政策得到贯彻执行。党权的实现一般是通过"政党政府"来实现的。

第二，党权的意义在于对精英的培养和控制。一切政党都会向国家输送自己的政治领导人。政党权力的基础是政党资源，而政党资源的核心又是人才资源，政党正是由那些治政的政治精英所组成。对于执政党来说，精英是有效行使国家权力完成治政任务的主要保证。对于在野党来说，精英又是保证自己的政党获得政权的保障。从人才层面分析，政党的职能主要是对政党精英、国家精英、社会精英的培养和控制，对这三种精英的培养和控制表现为吸纳精英、教化精英和回归精英。

第三，党权的内容包括了内生性与外生性的平衡。党权的内生性反映的是政党内部的政治关系及其运作，是政党对自身的管理能力，即"治党"。党权的外生性反映的是政党与国家权力机关、行政机关和司法机关的政治关系及其运作，是党权治政，对政权而言是执政，对社会而言是领导。党权的外生性还表现为党际关系，即竞争与合作的关系。党权的内生要平衡，外生也要平衡，内生和外生之间也要平衡。

第四，党权的作用在于力量的制约。党权的实施过程中表现为政治关系及其运作，而控制这种政治关系及其运作的恰恰又是党权。在党权、政权、民权形成的特定关系中，党权处于核心地位，它决定着政权、民权的发展方向和发展质量。政权是党权在治政中的表现形式，是党权与民权中间的"媒介"；民权是党权和政权的基础和目的，① 尽管有许多掌握了党权和政权的治政者不承认这一点，但民权保障与发展是历史的潮流和社会发展的必然。

（3）党权的基本特征。政党权力与其他政治权力一样具有阶级性与政治性、组织性与强制性等基本特征，就党权的性质作用而言，党权的特征是他们的外在形式。只有了解党权的特征，才可能在实质上规范党权，才能永葆党权的魄力及其先进性。

---

① 参见王韶兴：《政党权力的科学内涵与基本特征》，《新华文摘》2008 年第 11 期。

第一，阶级（阶层）层面的政治性与竞争层面的民主性。政党权力毫无疑问是为阶级（阶层）或政治集团服务的，是为了自身最大的利益而组合的，其政治性是必然的本质。为了更好地实现自身的政治利益，党权又必须寻求更多民众的拥护。对于两党制的党权来讲，缺少民众的投票支持，党权便有可能失去掌握政权的可能，从而使党权失去了应有的作用。对于一党治政的党权来说，看似"唯我独尊"，实质上也必须获得治政客体（民众）的认可和支持，没有了民众性，最终会失去政权，这是历史规律。

第二，纪律上的规范性与党员个体的自由性。政党权力作为治政的核心，必然有自身的严格纪律，这种纪律多是由建党的目的所决定的。党权需要规范也必须规范，只有规范了党权，才能规范政权，才能有更充分的民权，才有人们所争取的人权。有了一定的人权，党员个体也才有自由性可言。当然，我们讲的党员个体的自由性主要是与规范性相对而言的，民主的党权一定会有党内的自由，有党员个体的政治自由。只有有了在规范下的党员个体的充分自由，才能保证党员与政党组织的统一，才能保证政党权力的作用发挥。

第三，本质上的部分性与作用对象的社会性。① 政党是阶级组织，是社会部分成员的代表，也是那部分成员利益的代表，反映了那部分社会成员的利益需求。而作为作用对象除了那部分成员之外，还有一般的治政客体——民众。对于执政的政党来讲，不仅要协调好政党自身这个"社会"，还要协调好一个国家和地区的社会。因此，政党权力不仅仅是党内的权力，而且影响和决定着社会的治政权力。

第四，本质上的先进性与利益上的聚合性。政党之所以能够掌握政权，实现党组织的目的，很大程度上因为政党自身具有某种先进性。政党的先进性不是天生的，也不会自然而然地保持下去，政党的先进性需要政党组织根据社会和党内的需要不断进取才能保持。我们讲利益上的聚合指政党因"先进"的本质而获得了政权，就必然获得某些利益。而这些利益有党内的利益即政党自身的利益，也有社会其他成员的利益。也正因为党权诉求较为广泛的社会利益，政党的先进性才能得到体现。在治政过程中，政党会帮助表达和凝聚社会上存在的不同利益，甚至常常成为企业、

---

① 参见王韶兴：《政党权力的科学内涵与基本特征》，《新华文摘》2008 年第 11 期。

劳工、宗教、族群等团体提出或捍卫它们各种利益的工具。① 当然，这种"工具"构成的目的，仍是政党自身利益的驱动。

第五，本质上的强制性与实现中的自觉性。② 权力都具有强制性，政党权力也同样具有强制性。政党权力的强制性与其他权力的强制性的区别在于，政党权力的强制在实现中又具有自觉性。政党内部有自己的纪律，理论上讲政党的成员都必须服从这些纪律，而且还应该自觉遵守。除了政党内部的纪律规范之外，政党的成员要有党德，党内要有民主，党内要体现党员的价值，这些是保证政党成员自觉服从党权的基础。有了这个基础，强制性的自觉服从才能得以实现。在党外，党权要转化为某种权威，还要靠政党自身的魅力、感召力和影响力，靠政党自身硬，靠人们对党权的信服。

第六，构建的民族性与活动的世界性。所谓民族性指政党都是在一个国家和地区组建的，以某一民族的精英为基础，政党又为民族的利益而活动和运作，政党本身就带有民族性，这是目前世界格局所决定的。所谓世界性指政党的活动已经不仅仅局限于国内和民族内，而是具有了世界性的特点。这些特点包括了党权的实现形式——政权的世界性以及政党交往的世界性即政党建设的实质受世界政治、经济的影响。

第七，对组织载体的依附性与组织载体的动态性。③ 党权是通过组织来实现的，通过政党组织活动来实施的，党权离不开党组织，这种依附是天然的。而作为党权载体的政党组织，不是一个静态的组织，而是在不断发展变化的组织，这种发展变化有政党内部的原因，也有政党外部的原因。从政党内部来看，由于政党组成人员的自然规律，领袖人物是变化的，政党组织内部许多的构成包括路线、方针、政策也都会发生变化。另外，政党生存环境不断变化，政党的一些政策和组织构成也必须发生变化。从政党的外部来看，世界在发展变化，国家、民族也在发展变化，公共权力、民主要求都在随着社会发展而变化，因此政党也必须适应这些变化。

第八，组织上的独立性与政治上的妥协性。任何政党都是有自己纲领和组织目标的独立的政党，这些政党从组织形式到组织内涵都具有独立性，这种独立性正是政党之间的区别。所谓妥协性指政党为了实现组织目

---

① 参见〔英〕安德鲁·海伍德著：《政治学》，第301页，中国人民大学出版社2006年版。
② 参见王韶兴：《政党权力的科学内涵与基本特征》，《新华文摘》2008年第11期。
③ 同上。

标而不得不进行的让步，在和平建设时期，妥协与竞争一样，成为政党又一重要任务。

第九，性质要求上的服务性与运行过程中的变异性。无论是什么性质的政党，一旦掌握政权，其服务民众的任务是首要任务，这是"公权"性质所决定的。但是，党权有时也会使一部分治政者失去自我，把自己所掌握的权力独立于政党权力和民众权力之外，有时还会凌驾于"民权"之上，这便是政党权力在运行过程中所具有的变异性，这种变异性的根本原因在于党权没有监督或者对党权监督不到位。

2. 规范治政中的党权关键在治党

规范党权关键在于治理党务，治理党的各级干部队伍，执政党尤为如此。因此，我们认为应治政先治党，治党先治干部队伍。

（1）治党的内涵。简单来说，治党就是加强党的建设，但加强党的建设似乎并没有全部包含治党的内容。治党，应该是党权建设最基本的要求，是党组织内部强化的必由之路。

第一，治党的概念。治党指对执政党的治理和建设，具体指对党存在的问题尤其是对党的干部队伍的整治。[①] 以中国共产党为例，党对自身的治理一直没有停止过。毛泽东在 1957 年讲，"整风就是整顿思想作风和工作作风。共产党内的整风，在抗日时期进行过一次，以后在解放战争时期进行过一次，在中华人民共和国成立初期又进行过一次。现在共产党中央作出决定，准备党内在今年开始整风。""这一次整风，主要是要批评几种错误的思想作风和工作作风：一个是主观主义，一个是官僚主义，还有一个是宗派主义。"[②] 邓小平在 1983 年讲："这就要求我们党下决心，用坚决、严肃、认真的态度来进行这次整党，切实解决上述那些必须解决的严重问题，绝对不能走过场，使全党同志和全国人民失望。"[③] 江泽民讲："党的性质、党在国家和社会生活中所处的地位、党肩负的历史使命，要求我们治国必先治党，治党务必从严。治党始终坚强有力，治国必会正确有效。"[④] 胡锦涛

---

① 参见许海清著：《治党论》，第 1 页，辽宁人民出版社 2004 年版。
② 《毛泽东文集》第 7 卷，第 273—274 页，人民出版社 1999 年版。
③ 《邓小平文选》第 3 卷，第 37 页，人民出版社 1993 年版。
④ 江泽民：《论党的建设》，第 359 页，中央文献出版社 2001 年版。

在中国共产党十七大报告中讲："必须把党的执政能力建设和先进性建设作为主线，坚持党要管党、从严治党，贯彻为民、务实、清廉的要求。"①只要政党存在，治党就必然是政党建设的主要任务。当然，治党的关键在于党必须在宪法和法律规定的范围内活动，任何政党都不能成为宪法和法律管辖范围之外的政党。因此，治党还有一个极为重要的标准，依法治党。只有依法治党，才能依法治政。

第二，治党与党建。治党指对党本身的治理，建党是对党自身的建设，从字面上看，两者有很大区别。治理是对党"身上"存在的问题进行整治，而建党指按党的规定对党在组织、作风、纪律、制度等方面常规的建设，但说到底，治党的本身就是党的建设，而党的常规建设，是按法规要求的，其中也包括了治理的含义。建党与治党一个是按常规对党进行整治，一个是对党存在的问题进行整治，党建和治党是统一的，不应人为地分为两个部分，都应属于党的建设范畴。

第三，治党与党情。治党是党组织一项根本的任务，不论是执政党还是在野党，治党是党组织的长期任务。但治党重点治什么，主要治什么，怎么治是根据党情而进行的。对于执政党来说，它肩负着治政的重任，党风必须正，党性必须强，治党必须严，执政党还要根据治政的需求对党进行整治，以保证治政任务的完成。对于在野党来说，为了参政和未来有可能执政，必须注意党的建设，为参政和执政作准备。在野党的治党，没有执政党那么令人关注，但治党的任务绝不能放松。就不同的政党内部来讲，要根据党情即根据党内的情况，有针对性地进行整治。就如同中国共产党的"整风"、"整党"、"先进性教育"等治党情况一样，抓住突出问题和带有普遍性的问题进行整治。

第四，治党与治政。治党是治理和建设党，治政是治理政务，两者似乎不相联系。治党说到底是治理党权，而党权是政党权力的简称，它是治政的根本。执政党正是利用党权进行治政的。在政党治政的国家中，有许多的党权与政权是一致的，即执政党在执掌政权，政党执政是政党通过一定的方式进入国家体制并在国家权力体系中居于主导地位，借助于国家力

---

① 胡锦涛：《高举中国特色社会主义伟大旗帜　为夺取全面建设小康社会新胜利而奋斗》，《十七大报告辅导读本》，第48页，人民出版社2007年版。

量和通过国家体系实现政党意志，① 即通过掌握政权而治政。而政党掌握政权在常规情况下来自治政客体——民众的选举，这又有治政中的民权问题。在治政的实践中，由党权、政权、民权构成治政的特定关系，党权处于核心地位。② 政权是党权的"媒介"，政党通过政权发挥作用，政党的治政和民众权力通过治政中政权的运行来实现。民权是党权和政权治政的基础，党权正是通过政权治政来实现和保障民权的，从而获得治政客体——民众的支撑。

（2）政党治政的中国特色。中国的政党治政的确独具特色，这种治政的特色以其不同于其他国家的发展模式推动着中国的进步。其特色有几点。

第一，以党治政。我们分析过党权、政权、民权的关系，在中国，党权和政权在某种意义上是统一的，即以党治政。这种以党治政表现在几个方面。首先是党管干部。党管干部指中国共产党对干部工作的管理和领导。党管干部是中国干部管理制度的一项根本原则，也是中国共产党的一贯方针。中国共产党正是通过对不同类别、不同部门、不同级次的干部任免和管理而实现治政的目的。安德鲁·海伍德说："共产党控制国家，经济和社会，并保证下级服从上级的核心机制是'党任命干部'制度（人事制度，nomenk latura system）。这是一种审查任命制度，实际上所有高级职位都由党批准的候选人担任。"③ 其次是党主导制定法律法规。党主导制定法律法规是以党治政的又一大特色。应该讲所有公布实施的法律都是由党组织主导制定、人大会议通过而实施的。再次是党管治政的路线、方针、政策。党制定路线、方针、政策是党治政的重要方式。党正是通过制定的路线、方针、政策以及贯彻之而实现党的政治意图和治政目的。最后是党抓经济为中心的各方面建设。胡锦涛讲："中国特色社会主义道路，就是在中国共产党领导下，立足基本国情，以经济建设为中心，坚持四项基本原则，坚持改革开放，解放和发展社会生产力，巩固和完善社会主义制度，建设社会主义市场经济、社会主义民主政治、社会主义先进文化、社会主义和谐社会，建设富强民主文明和谐的社会主义现代化国家。"④

---

① 参见王韶兴：《政党权力的科学内涵与基本特征》，《新华文摘》2008 年第 11 期。

② 同上。

③ 〔英〕安德鲁·海伍德著：《政治学》，第 307 页，中国人民大学出版社 2006 年版。

④ 胡锦涛：《高举中国特色社会主义伟大旗帜　为夺取全面建设小康社会新胜利而奋斗》，《十七大报告辅导读本》，第 11 页，人民出版社 2007 年版。

第二，多党合作治政。多党合作治政是中国治政的一大特色，全称为中国共产党领导多党合作制度。中国共产党是执政党，其他民主党（八大民主党派）为参政党。1949 年 9 月，中国共产党同各民主党派一起参加了中国民主政治协商会议，共同制定了具有临时宪法性质的《中国人民政治协商会议共同纲领》，选举产生了中央人民政府。1956 年社会主义改造基本完成之后，中共中央和毛泽东肯定地指出，多党合作比只有一个好，正式提出了"长期共存、互相监督"的方针，并将这一方针列入中央"八大"的决议，标志着共产党领导的多党合作作为中国一项政治制度被确定下来。1982 年 9 月，中共十二大将"长期共存，互相监督"的八字方针发展为"长期共存、互相监督、肝胆相照、荣辱与共"的十六字方针。1987年 10 月，中共十三大把共产党领导的多党合作和政治协商制度，同人民代表大会制度并列为中国特色的社会主义政治制度。1989 年 12 月 30 日，中共中央制定了《中共中央关于坚持和完善中国共产党领导的多党合作和政治协商制度的意见》，明确指出，中国共产党是社会主义事业的领导核心，是执政党，各民主党派是同中共通力合作、共同致力于社会主义事业的亲密友党，是参政党。多党合作治政主要体现在几个方面。一是中国人民政治协商会议。[①] 中国人民政协是中国共产党领导的具有广泛代表性的统一战线组织，是具有中国特色的实现多党合作的重要组织形式。政协是民主党派参政议政的重要场所，具有鲜明的党派特点和覆盖面广的特点，县级以上（含县级）城市均有政协。二是中国共产党召集的协商座谈会。协商座谈会由中国共产党召集，应民主党派的领导人和无党派民主人士代表参加，就大政方针和国家政治生活中的重大问题、国家机关及人民政协的重要人事安排等提交意见、协商讨论。三是共同参加国家治政。中国共产党和各民主党派共同参加国家政权治政，主要是通过它们在全国和地方各级人大、国务院和各级人民政府中的合作来实现的。[②] 中国共产党领导下的多党合作治政具有自身的特点，吸收八大民主党派一起参政共同治政的确是一种创新。从治政总体上分析各民主党派，属于治政主体；但是对于接受中国共产党领导这一层面上来讲，民主党派又成为治政的客体。民主党派同中国共产党的关系既是一种互相合作互相监督的合作关系，更是一种

---

① 参见王邦佑等主编：《新政治学概要》，第 201—202 页，复旦大学出版社 2004 年版。

② 同上书，第 204—205 页。

领导与被领导的关系，而领导与被领导的关系又是它们之间的主要关系，是与外国党派之间关系的根本区别。多党合作的特点主要表现为几点。诸如坚持中国共产党的领导；多党长期合作；有一定的组织形式；具有宪法保障。从多党合作治政的本身来看，又有几个优点。诸如有利于加强社会主义民主政治建议；有利于团结一切可以团结的力量，推进中国现代化事业；有利于加强和改善中国共产党的领导；有利于促进祖国统一大业。①邓小平讲："共产党总是从一个角度看问题，民主党派就可以从另一个角度看问题，出主意。这样，反映的问题更多，处理问题会更全面，对下决心会更有利，制定的方针政策会比较恰当，即使发生了问题也比较容易纠正。"②

第三，从严治党治政。从理论上讲，从严治党就是从严治政，因为在中国以党治政是治政的主要特色。从中国共产党的中央来看，治党从严一直是其传统。但是治党中仍有许多差距，诸如在理论掌握和实践上，在党的治政能力建设上、在干部人事改革上、在党的基层建设上、在党内民主建设上、在反腐倡廉上等方面都必须不断地加强。只有从严治党，才能实现从严治政，只有从严治党，党才能带领民众实现党所规划的蓝图。而从严治党关键在党的各级领导，从治政实践看，党的各级领导也是不同层面的治政者，由此推及，从严治党，关键在治政者，治政者过得硬，治政才能过得硬。

第四，主动治党治政。主动治党治政，表现的是一种自觉的形态，只有自觉从严治党治政，才能把握住治党治政的主动权，才能自我发现问题，自我解决问题，才能实现治党治政的长治久安，才能在治党治政实践中创新创造，才能用科学发展观的思想指导治党治政实践。主动治党治政也反映出中国共产党治政的"精神头"，主动治党治政，才能保持清醒的头脑。要"以坚定理想信念为重点加强思想建设，以造就高素质党员、干部队伍为重点加强组织建设，以保持党和人民群众的血肉联系为重点加强作风建设，以健全民主集中制为重点加强制度建设，以完善惩治和预防腐败体系为重点加强反腐倡廉建设，使党始终成为立党为公、执政为民，求真务实、改革创新，艰苦奋斗、清正廉洁，富有活力、团结和谐的马克思

---

① 参见王邦佐等主编：《新政治学概要》，第206—208页，复旦大学出版社2004年版。
② 《邓小平文选》第1卷，第273页，人民出版社1994年版。

主义执政党"①。实现和把握治党中的这五个"以"，就把握了治党治政的主动权。主动地治党还要"顺应世情、国情、党情的新变化，明确党的历史方位"，② 还要认识到："党的先进性和党的执政地位都不是一劳永逸、一成不变的，过去先进不等于现在先进，现在先进不等于永远先进；过去拥有不等于现在拥有，现在拥有不等于永远拥有。党要承担起人民和历史赋予的重大使命，必须认真研究自身建设遇到的新情况和新问题，在领导改革发展中不断认识自己、加强自己、提高自己。"③ 这样才能真正把握主动权。

第五，治党治政不折腾。所谓不折腾指坚持的"道路"不能变，不怀疑、不动摇、不懈怠，这也显示了治党治政中的一种信念，邓小平讲："不搞争论，是我的一个发明。不争论，是为了争取时间干。一争论就复杂了，把时间都争掉了，什么也干不成。"④ 胡锦涛讲："我们的伟大目标是，到我们党成立100年时建成惠及十几亿人口的更高水平的小康社会，到新中国成立100年时基本实现现代化，建成富强民主文明和谐的社会主义现代化国家。只要我们不动摇、不懈怠、不折腾，坚定不移地推进改革开放，坚定不移地走中国特色社会主义道路，就一定能够胜利实现这一宏伟蓝图和奋斗目标。"⑤

3. 治党治政须搞好"五大建设"

胡锦涛在中国共产党十七大报告和在纪念党的十一届三中全会召开30周年大会上的讲话中两次一字不差地讲到党的五大建设：以坚定理想信念为重点加强思想建设，以造就高素质党员、干部队伍为重点加强组织建设，以保持党同人民群众的血肉联系为重点加强作风建设，以健全民主集中制为重点加强制度建设，以完善惩治和预防腐败体系为重点加强反腐倡廉建设。这"五大建设"说明了治党的全部内涵。

---

① 胡锦涛：《高举中国特色社会主义伟大旗帜　为夺取全面建设小康社会新胜利而奋斗》，《十七大报告辅导读本》，第48页，人民出版社2007年版。

② 胡锦涛：《在纪念党的十一届三中全会召开30周年大会上的讲话》，《人民日报》2008年12月19日。

③ 同上。

④ 《邓小平文选》第3卷，第374页，人民出版社1993年版。

⑤ 胡锦涛：《在纪念党的十一届三中全会召开30周年大会上的讲话》，《人民日报》2008年12月19日。

（1）治党要加强思想建设。以坚定的理想信念为重点加强思想建设是中国共产党的首要任务。中国共产党是以共产主义为理想信念而组织和建设起来的，思想建设是其他建设的基础和前提，这也是中国共产党的独到之处。

第一，思想建设的内涵。思想建设的内涵就是用共产主义、社会主义的理想信念，用马克思主义的思想和中国共产党的路线、方针、政策教育党员，用科学的理论武装党员头脑，用正确的世界观、人生观、价值观指导自己的行为，克服党员头脑中不正确的思想。近年来，党的思想建设提得少了，这也是治党中应该注意的。

第二，思想建设的原则。思想建设必须坚持几个原则。坚持思想建设服从和服务于党的政治路线的原则；坚持实事求是的原则；坚持理论联系实际的原则；坚持群众路线的原则；坚持思想建设与制度建设相结合的原则；坚持思想解放的原则；坚持科学发展的原则。

（2）治党要加强组织建设。党的组织建设是治党的根本保证，有了组织建设作保证，治党治政才能正常进行。

第一，组织建设的内涵。所谓党的组织建设指与政党相关的组织工作的建设内容。具体来说党的组织建设包括了组织路线的确定、组织发展、组织处理、组织表彰、组织纪律、组织原则、组织制度、组织构建、干部人事制度、组织领导、组织班子建设等等。组织班子建设是组织建设的核心。

第二，组织建设的原则。组织建设要坚持几个原则。坚持科学发展的原则；坚持吐故纳新的原则；坚持纪律平等的原则；坚持健全制度的原则；坚持科学用人的原则；坚持班子"四化"建设的原则。

（3）治党要加强作风建设。党的作风建设是以联系群众为重点的内部强化，是政党在治政客体——民众之间形象的载体。

第一，作风建设的内涵。所谓作风建设指党员在思想、政治、工作、生活等方面的态度和行为特点的规范。党的作风建设内涵主要包括了思想作风、工作作风、生活作风等方面的建设，被人们称为党风建设。党风具体表现为理论联系实际、密切联系群众、批评和自我批评等等内容。

第二，作风建设的原则。作风建设必须坚持几个原则。坚持严格规范的原则；坚持有错必纠的原则；坚持为民、务实、清廉的原则；坚持人民利益第一的原则；坚持"两个务必"的原则；坚持"权为民所用、情为民所系、利为民所谋"的原则；坚持"讲党性、重品行、作表率"的原则；

坚持优良传统的原则；坚持严以律己的原则。

(4) 治党要加强制度建设。制度建设在党的建设中带有根本性、全局性和长期性。是巩固党的思想建设、组织建设、作风建设成果的保证。制度建设最根本就是使党的所有组织和所有党员都按照党章办事，按党的制度办事。

第一，制度建设的内涵。所谓党的制度建设指党的办事规程和行为准则的建设，其重点是民主集中制。党的制度建设包括了党的组织制度建设即选举制度、机构设置制度、发展和管理党员制度、基层组织制度、干部制度、纪律处分制度等等。党的制度建设还包含党的领导制度建设，即党委领导制度、对各级组织的领导制度、党组制度、党政分开制度等。党的制度建设还包括党的工作制度建设即请示报告制度、会议制度、档案管理制度、保密制度、财务制度、文书制度等。党的制度建设还包括党的生活制度建设即民主生活会制度、学习制度、监督保障制度等制度的建设。①

第二，制度建设的原则。党的制度建设必须坚持几个原则。坚持规范化原则，即所有制度都必须规范，来自实践并能指导实践；坚持制度化原则，即制度建设也必须用制度作保障，对制度的建设也必须制度化；坚持科学化原则，即制度建设必须科学、可行，制度是长期性的规范，不科学是危险的；坚持长期化原则，即制度建设不是一蹴而就的，也不是一劳永逸的，必须注意其长期使用并不断发展的特点；坚持稳定性原则，即制度建设不能朝令夕改，不能随心所欲。"这些方面的制度好可以使坏人无法任意横行，制度不好可以使好人无法充分做好事，甚至会走向反面。""不是说个人没有责任，而是说领导制度、组织制度问题更带有根本性、全局性、稳定性和长期性。"②

(5) 治党要加强反腐倡廉建设。以完善惩治和预防腐败体系为重点的反腐倡廉建设被中国共产党列为"党建"的内容，说明了中国共产党对反腐倡廉的重视，同时也说明了反腐倡廉工作的严峻。"我们也必须看到，腐败现象在一些部门和领域易发多发的状况仍未改变，反腐倡廉建设面临不少新情况新问题。一是有的领域案件发生率仍在上升。""二是出现一些案件多发生在新领域。""三是涉及高级干部的案件居高不下，党员、干部受刑事处分的案件有所增多。""四是一些党员干部仍然存在不廉洁行为。"

---

① 参见许海清著：《治党论》，第176—177页，辽宁人民出版社2004年版。
② 《邓小平文选》第2卷，第333页，人民出版社1994年版。

"应该说，目前反腐败斗争形势仍然严峻，任务仍然艰巨，决不能掉以轻心。"① 治党的一个艰巨而又复杂的任务就是反腐败斗争。"中国共产党的性质和宗旨，决定了党同各种消极腐败现象是水火不相容的。坚决惩治和有效预防腐败，关系人心向背和党的生死存亡，是党必须始终抓好的重大政治任务。全党同志一定要充分认识反腐败斗争的长期性、复杂性、艰巨性，把反腐倡廉建设放在更加突出的位置，旗帜鲜明地反对腐败。"②

第一，反腐倡廉建设的内涵。反腐倡廉建设就是要对党员、干部加强教育，对腐败分子严厉惩治，使党员、干部自觉抵制和反对各种腐败之风，保持和发展党同人民群众的血肉联系。加强反腐倡廉建设，就是为了党员、干部坚定理想信念，增强党性修养，更好地促进党的思想建设；就是为了树立正确用人导向，建设团结奋进的领导班子和高素质党员、干部队伍，更好地促进党的组织建设；就是为了党员、干部保持奋发进取的精神和清正廉洁的作风，保持同人民群众的血肉联系，更好地促进党的作风建设；就是为了健全以民主集中制为核心的党内各项制度，增强党内制度法规的权威性和实效性，更好地促进党的制度建设。

第二，反腐倡廉建设的原则。党的反腐倡廉建设必须坚持几项原则。坚持标本兼治综合治理的原则；坚持惩防并举、注重预防的原则；坚持党风廉政建设责任制的原则；坚持廉政文化建设的原则；坚持权力运行临近机制的原则；坚持反腐倡廉的部门更要廉洁的原则；坚持民主监督和民主监督创新的原则。

治党的"五大建设"是必须的，也是治党的保证。但是，从治政的实践来看，治党的根本点在对党的组织、党员、干部的监督。没有监督的权力必然发生腐败这是一种规律，执政党必须看到。党权靠谁监督、怎么监督也是非常重要的。"没有监督的权力必然发生腐败这样一种带有规律性的认识没有因政党的产生而发生改变，具有社会主义性质的政党权力也没有因其阶级性质的先进性而自动免除变异的危险。"③ 怎样减少变异的危险，怎样使党权真正置于被监督之下，怎样实现党内和党外的民主，怎样提升党德、官德等等，都是需要研究的。

---

①　胡锦涛：《在第十七届中央纪律检查委员会第二次全体会议上的讲话》，2008 年 1 月 15 日。

②　胡锦涛：《高举中国特色社会主义伟大旗帜　为夺取全面建设小康社会新胜利而奋斗》，《十七大报告辅导读本》，第 53 页，人民出版社 2007 年版。

③　王韶兴：《政党权力的科学内涵与基本特征》，《新华文摘》2008 年第 11 期。

第十章 治政与国家

【本章要点】 治政与国家在治理政务层面上的任务是统一的，治政是治政者治理政务，治理政务又是在国家内进行的，而国家是一个行使权威的综合体，它包括了各种政府机构，这些政府机构又都是治政机构。从理论上说，治政者治政是国家授权给他们，让他们代表国家来管理、治理国家的一切事务。但治政实践中却是民众授权给治政者，让治政者代表民众治理政务。两者表述形式不同，实质是一样的，因为人民是国家的主人。国家是一个概念，而治政是一种实实在在的任务。从治政与国家的关系上看，治政也就是治政者在治理国家，国家与政府在某一层面是重叠的，国家的范围比政府更为广泛，而政府只是国家的一部分。在治理国家事务中，国家有着与治政紧密相关的本质、类型、职能、形式。国家不同的政府机构构成了治政的不同层面，治政是通过政府机构实现的。因此，治政与国家有联系又有区别。

【关键概念】 国家；政府机构；治政；关系

一、治政与国家的区别与联系

在治政实践中，治政与国家是两个不同的概念，两者有区别又有联系，从治政运行情况来看，两者的联系大于区别，就是说治政与国家是紧密相连的。治政是通过国家机构即政府机构来实现的，而治政又在按治政组织的要求治理国家。

1. 治政与国家的区别

治政与国家的区别可以从概念性质和两个概念所包括的内容的实

质加以区别。

（1）治政与国家的概念区别

第一，治政与国家在文字表达上的区别。治政是治理政务的简称，是管理、治理国家政务的一种手段；国家是行使权威的结合体，是国与家及与其他相关的集中抽象，在某种意义讲，国家是一种区域的形象。

第二，治政与国家的概念区别。治政指国家政务员、官员、公务员及相关的国家工作人员治理政务，这里包括了最高治政者通过授权代表国家中的民众治理国家。国家一般包括了四个要素，即领土、民众、政府、主权，从这四个要素中我们可以理解国家的概念是某种具有领土、民众、政府、主权的政治结合体。安德鲁·海伍德则归纳为"国家是在确定的领土边界内建立最高管辖权，并通过一套永久性机构行使权威的政治结合体。这些机构负责共同体生活的集体性组织，由公共开支提供经费，所以可以认为是'公共的'。"① 而马克斯·斯特纳则认为"国家的目的总是相同的：限制个人，驯服之、征服之、压制之"②。

"国家"一词早就出现在中国的古籍中，汉字的"國"字来自古汉字的"或"，其中包含着"一"：土地；"口"：人口；"戈"：武力；"王"：统治者。③ 在西方，"国家"被用来指正在成长的一种世俗的政治共同体。1538 年英国人斯塔基在《英格兰》一书中以"status"的英文"state"指称国家，从此，"state"成为政治意义上的"国家"专用概念，指国家的某些要素诸如土地、人民、政府和统治技术等等。

第三，国家概念上解释的不同。在"国家"的含义上，不同的政治理念则有不同的解释。在非马克思主义解释中有典型的几种说法。一是社会共同体说。古希腊的亚里士多德讲，国家是许多家族及村落的联合体，它是为了达到完美的和自治的生活而组织的④。古罗马的西塞罗认为，国家是由许多社会团体，基于共同的权利意识及利益互享的观念而结合成的组织体。⑤德国哲学家康德也认为，"国家是许多人依据法律组织起来的联合体"。⑥

---

① 参见〔英〕安德鲁·海伍德著：《政治学》，第 108 页，中国人民大学出版社 2006 年版。
② 同上书，第 106 页。
③ 参见王浦劬等著：《政治学基础》，第 187 页，北京大学出版社 2006 年版。
④ 参见亚里士多德著：《政治学》，第 140 页，商务印书馆 1965 年版。
⑤ 参见莫基切夫主编：《政治学说史》，第 77 页，中国社会科学出版社 1979 年版。
⑥ 〔德〕康德著：《法的形而上学原理》，第 139 页，商务印书馆 1991 年版。

二是管理劳动说。有些研究者认为国家起源于人类生产力水平低下阶段联合劳动的需要。如卡尔·A. 魏特夫认为，国家起源于社会治水的需要，是"治水社会"①。马克斯·韦伯也讲："在埃及、西亚和中国文化演进中灌溉是具有关键性的问题。治水问题解决了官僚阶级的存在、依附阶级强制性劳役以及从属阶级对帝王的官僚集团职能的依附。"② 三是国家契约说。社会契约学说认为，在国家产生以前人们处于自然状态中，拥有与生俱来的自然权利，由于人们在自然状态中生活不方便或不安全，因而相互订立契约，交出了自己的部分权利，因而形成了国家，这个观点发源于古希腊思想家伊壁鸠鲁。③ 四是国家要素说。国家要素说一般有三要素和四要素之分。三要素指人民、土地、主权者，如梁启超讲："夫国家者何物也？有土地有人民，以居于其上之人民，而治其所居土地之事，自制法律而守之。有主权，有服从，人人皆有主权者，人人皆服从者，夫如是斯谓之完全成立之国家。"④ 四要素指人民、领土、主权、政府，如美国政治学家迦纳认为："国家是由很多人民组成的社会；永久占一块一定的领土；不受外来的统治；有一个为人民在习惯上所服从的有组织的政府。"⑤ 五是五构成说。所谓五构成说指至高无上的权力、公共的机构、合法性、统治的工具、领土等元素，如英国学者安德鲁·海伍德认为根据组织的取向，国家具有五个关键特征："国家是至高无上的"、"与市民社会的'私人'机构不同，国家机构被认为是'公共的'"、"国家的活动暗含合法性"、"国家是统治工具"、"国家是一个领土单位。"⑥ 国家概念的解释存在许多差异，这也是学者观点的差别，列宁讲："未必还能找到别的问题，会像国家问题那样，被资产阶级的科学家、哲学家、法学家、政治经济学家和政论家有意无意地弄得这样混乱不堪。"⑦ 在马克思主义论著中也有关于国家的说法。马克思主义的学者们认为，国家的产生是基于统治阶级的意

① 参见卡尔·A. 魏特夫著：《东方专制主义》，中国社会科学出版社 1989 出版。
② 马克斯·韦伯著：《世界经济通史》，第 133 页，上海译文出版社 1981 年版。
③ 参见王浦劬等著：《政治学基础》，第 188 页，北京大学出版社 2006 年版。
④ 梁启超著：《饮冰室文集》（上），第 265 页，上海广智书局 1907 年版。
⑤ 〔美〕迦纳著：《政治科学与政府》，第 50 页，上海商务印书馆 1934 年版。
⑥ 〔英〕安德鲁·海伍德著：《政治学》，第 108—109 页，中国人民大学出版社 2006 年版。
⑦ 《列宁选集》第 4 卷，第 25 页，人民出版社 1995 年版。

志，国家政权始终掌握在统治阶级手中。"国家是一定阶级的统治机关，"①"国家就是统治阶级的组织，"② 国家权力始终是用来为统治阶级利益服务的。

第四，国家与政府的概念区别。在日常生活中，人们往往把国家与政府混为一谈，有些人认为国家就是政府，政府就是国家，这是不准确的。从治政实践来看，我们发现国家与政府有很大的区别。③ 一是概念范围的区别。国家的范围比政府更为广泛。国家涵括了所有公共领域内的制度机构以及所有的共同体成员，而政府只是国家的一部分。二是时限方面的区别。国家是一个持续存在的甚至是一个永久性的实体，而政府是暂时性的，政府往复更替，政府体制也可改革和重组。三是手段运用方面的区别。政府是国家权威借以实施的工具，使国家能够生生不息。四是政治要求的区别。在发达国家，国家行使着非人格（impersonal）的权威，而政府机关的人员按照官僚制原则录用和培训，通常被期望能够保持政治中立，是国家机关能够抵御当下政府的意识形态狂热，从而实现公正治政。五是利益代表的区别。国家在理论上代表着社会的永久利益，即公共利益或公共意志，而政府代表的则是在某一特定时期内掌权的党派的利益。

（2）治政与国家的实质区别。治政与国家概念不同，内涵实质也不相同。治政是国家中政府应该完成的工作任务，但治政与国家在许多方面又有不同的内涵。它们的区别主要表现为几点。

第一，国家的政治意志性与治政的政治中立性。我们知道国家的产生是基于统治阶级的意志，不是像契约论者所理想的那样，基于全体人民的同意，而恰恰是发端于当时社会上最强大、占有最多财富的那个阶级的意志。而治政是代表国家中的政府治理政务，治政者的多数来自官僚体制原则录用，在治政中往往有些政治者对政府的意识形态保持政治中立，这在发达国家中的公务员则是典型代表，在其他国家中，民主党派和无党派的治政者是典型的代表。

第二，国家政权的统治性和治政权力的服务性。国家政权掌握在统治者手中，因为国家是应统治者的需要依照统治者的意志建立起来的，把握

---

① 《列宁选集》第3卷，第176页，人民出版社1972年版。
② 同上书，第162页。
③ 参见〔英〕安德鲁·海伍德著：《政治学》，第109—110页，中国人民大学出版社2006年版。

政权具有统治独裁性的特点，即统治者牢牢把握政权。而在国家政权领导下的治政者则用自己所把握的权力为不同层面的治政主体和客体服务，这种服务是治政权力的典型特征。

第三，国家政权的利益维护性和治政权力的利益公正性。国家政权始终是用来为统治阶级的利益服务的，这是国家的目的。恩格斯讲："国家是文明社会的概括，它在一切典型的时期毫无例外地都是统治阶级的国家，并且在一切场合在本质上都是镇压被压迫被剥削阶级的机器"。① 列宁讲："一个政府不管它的统治形式如何，总是代表一定阶级的利益"。② 国家政权因统治阶级而建立，必然为统治阶级服务，必然全力维护统治阶级的利益。而治政者运用权力治政，一定会尽量维护社会利益的公正性，只有这样，才能实现公平治政、和谐治政。

第四，国家政权组织的暴力性和治政权力的规范治理性。国家统治本质最集中地体现在国家暴力的特征方面。③ 国家政权具有高度的强制性，并利用合法的暴力手段治理国家，因此恩格斯讲："国家无非是一个阶级镇压另一个阶级的机器"④。国家的权力是以暴力强制为基础的，因此，所有国家都会有军队、警察、法院、监狱等"暴力机关"。而治政则多用法律法规规范人们的行为，根据人民的需求和国家的需要，使用国家赋予的权力，推动经济社会平稳地发展。在这一点上，国家政权组织特征凸显为暴力性，而治政权力特征凸显为治理性。虽然治理有强制的内涵，但与国家的暴力在程度上有很大的区别。

第五，国家政权的形式性与治政权力的行为性。国家政权平时往往表现为某种形式和形象，虽然国家有暴力机关，但某些暴力是不能经常使用的，诸如军队等等，特殊情况除外。国家政权在一定情况下是一种威慑和象征，而治政权力则必须具体到民众和经济社会的生活生产中去，治政权力多表现为行为性的特征。

第六，国家政权的利用性和治政权力的实用性。作为政治者，以治政为理由，可以利用国家政权的威力及作用，实现治政组织和治政者个人的

---

① 《马克思恩格斯选集》第 4 卷，第 172 页，人民出版社 1972 年版。
② 《列宁全集》第 25 卷，第 13 页，人民出版社 1958 年版。
③ 参见沈文莉、方卿主编：《政治学原理》，第 45 页，中国人民大学出版社 2007 年版。
④ 《马克思恩格斯选集》第 3 卷，第 13 页，人民出版社 1995 年版。

某些目的，即利用国家政权治政。而治政权力是国家赋予的，必须解决现实中的问题，因此，治政权力多具有实用的性质。

2. 治政与国家的联系

政府是国家机构的组成部分，是治政主要的承载形式。因此，治政与国家无论在治政组织还是在治政组织目标上是统一的，国家正是通过治政者治政而实现国家政权的效力和国家经济社会的进步，这便是治政与国家的联系。

（1）治政与国家在政权方面的联系。国家是政权的所有者，治政是国家政权的使用者，治政利用国家政权完成治政任务。在政权的利用和使用上，两者是统一的，一致的。没有国家政权，治政便无从谈起，治政者治政不科学、不规范，国家权力就会被滥用或乱用，就会影响国家政权的巩固。因此，治政与国家在政权方面的联系表现为共有性、获取性、使用性、巩固性和发展性等方面。

第一，共有性。所谓共有指治政与国家在政权拥有和使用方面具有统一性质。政权是国家所有，也是国家的象征，治政利用和使用国家政权治政，没有国家政权，治政便无从谈起，因此，国家对政权的所有，治政对政权的所用表现为对政权的共有性质。治政组织和治政者一刻也离不开政权，只有有了政权，才可能实现治政组织目的，才能进行治政实践。

第二，获取性。统治阶级为了维护自己的利益，必须要获取政权，从而"创立了新的机关以保护自己的利益"①，创立暴力组织以获取国家政权实现自己对社会的统治是国家与治政者的共同任务。在政权获取阶段，"治政者"必然是政权的获取者，也只有获取政权，才能建立国家，才有治政的可能。在政权获取上，国家和治政者是一致的。

第三，巩固性。治政者获取了政权必然希望政权的不断巩固，以使政权长期掌握在自己手中，这也是治政组织和治政者的希望。治政者是权力使用者，无论从治政组织还是从治政个人层面，都希望政权长期稳固，并为政权的长期稳固而治政。在巩固国家政权方面，治政与国家是一致的。

第四，使用性。治政者使用政权治政，这是国家赋予治政者的权利，是治政组织和治政者的根本任务。治政与国家在政权方面的联系主要是

---

① 《马克思恩格斯选集》第4卷，第112页，人民出版社1995年版。

对政权的使用上。国家通过治政组织和治政者利用政权，推动经济社会不断进步，以满足人们日益增长的需求。使用政权，是治政者的治政本质。

第五，发展性。所谓发展指政权的内涵和政权的使用方式是不断发展变化的，治政者和国家都必须注意政权的本身和使用过程中的发展变化，以推动政权的拥有和政权作用的发挥更为科学、更为民主、更有效益。

（2）治政与国家在治政方面的联系。国家通过治政而实现对社会的统治，国家离不开治政，治政也脱离不了国家。治政者在治政中可以科学治政也可以怠政，而怠政不是国家政权所希望的。治政与国家在治政层面上有着十分密切的联系，它们在结构上是统分的关系，在任务上是统一的关系，在利益上是共同的关系。

第一，治政与国家在结构方面的统分性。从国家的治政结构来看，治政结构具有不同的层面，这些不同层面多与国家政府的结构是相同的，政府是国家治政的载体，而政府机构是国家机构的一部分，国家是总的机构，政府治政的不同层面是国家机构中的分机构，因此，治政同国家在机构方面是一种统分的关系。

第二，治政与国家在治政任务方面的统一性。国家政权的目的是推动政权的巩固，而推动政权巩固的目的又是推动经济社会的发展。经济社会的发展是国家政权的根本任务也是治政的根本任务。只有经济社会不断地科学发展，治政才有成效，国家才会富强，人民才会安居乐业，政权才会日益巩固。因此，在治政任务方面，治政与国家是统一的，尽管治政与国家发展的初始目的不一定一致，但任务是相同的。

第三，治政与国家在治政利益方面的共同性。恩格斯讲："每一个社会的经济关系首先是作为利益表现出来。"[1] 人类社会的社会关系如阶级关系、阶层关系、民族关系、集团关系、国家关系、治政关系等分别表现为阶级利益、阶层利益、民族利益、集团利益、国家利益、治政利益等形形色色的利益。治政与国家在治政利益上是共同的，即治政应该也必须维护国家的利益，并使利益最大化。国家是为某些利益而建立的，治政必须维护国家利益，而国家利益又是治政利益，两者在利益方面尤其在治政利益方面是共有的和相同的。

---

① 《马克思恩格斯全集》第18卷，第307页，人民出版社1964年版。

（3）治政与国家本质上的联系。治政与国家本质上的联系指统治与治政上的关系，国家的本质在于实行阶级统治，而治政的本质在于实现国家的阶级治政。

第一，治政与国家在统治方面的联系。国家的本质是阶级统治，"国家是维护一个阶级对另一个阶级的统治的机器。"① 国家又是社会公共权力组织，通过治政而实现统治，因此，对于统治两者是共同的。

第二，治政与国家在管理方面的联系。国家在实行政治统治过程中，必须履行政治管理职能;② 而治政正是这种管理职能的实践者。"政治统治到处都是以执行某种社会职能为基础，而且政治统治只有在它执行了它的这种社会职能时才能持续下去。"③ 国家的统治与治政上的管理的二重性正是治政者阶级利益的自我实现和社会实现途径之间的矛盾在国家性质上的反映，④ 而治政又以调整人的身份出现在国家的政治管理之中。

第三，治政与国家强化方面的联系。任何事物都希望强化自己，这是自然规律所决定的，即使有些事物在特定环境中并不以强化的形式出现而是以"弱化"形式出现，那也是为了强化而选择的"弱化"。国家无论在政治上、权力上、经济上、文化上、社会管理上都希望强化，这种强化又都需要治政来实现。治政要实现国家权力等方面的强化，自己也必须强化，因此，在国家政权的强化上，治政与国家是共同的。

（4）治政与国家职能上的联系。从治政与国家对外和对内的社会作用来看，治政与国家在职能上的联系非常密切，这种密切的关系表现为治理职能、建设职能、服务职能、发展职能等等。

第一，共有治理职能。国家通过治政而统治和管理国家，从事治理政务工作，在治理国家事务上，两者是一致的。国家主要职能表现为通过治政者的治政保卫国家安全，同时制裁敌对分子，保持社会稳定，防止外来侵略。国家主要职能还表现为通过治政对社会的政治、经济、文化、生态、社会等公共事物的管理。马克思讲："在谈到'一般国家事务'的时

---

① 《列宁全集》第37卷，第66页，人民出版社1986年版。
② 参见王浦劬等著：《政治学基础》，第191页，北京大学出版社2006年版。
③ 《马克思恩格斯选集》第3卷，第523页，人民出版社1995年版。
④ 参见王浦劬等著：《政治学基础》，第191页，北京大学出版社2006年版。

候，每每会造成一种假象，似乎'一般事务'和'国家'是两回事。其实，国家也就是'一般事务'"①。如果没有治政对国家事务的治理，国家的统治就难以维持下去。

第二，共有建设职能。国家对各方的政务除了统治职能以外，还有建设职能，这种建设职能表现为国家通过治政对政务的治理实现政治建设、经济建设、文化建设、社会建设、生态建设以及治政组织建设。这些建设职能是国家与治政所共有的。

第三，共有服务职能。在政治学研究中，很少讲到国家的服务职能，其实统治与服务正是国家职能的不同的两面，国家在以一个阶级对另一个阶级统治中，必须为统治阶级服务，不过这种服务是通过政府治政来实现的。治政除了治理之外，主要的任务就是为国家服务，为治政客体（民众）服务，为治政客体服务是国家服务职能的体现。从国家是社会公共权力组织的性质来讲，服务是国家与治政的共有职能。

第四，共有发展职能。国家和治政都具有发展的责任和职能。国家的内部发展即经济、文化、政治、社会、科学和国防实力的发展是国家的天然职能，国家的这些天然职能绝大部分是由治政完成的，所以说，国家的发展职能也是治政的发展职能。国家和治政的发展必须依据事物发展的规律，科学地发展。

二、国家治政的本质、类型和职能

国家是依靠治政发挥作用的，国家治政的本质、类型、职能有着与国家本身的本质、类型、职能等相近相通之处，正是因为这些相近相通之处，才使两者有时"职能"不分。

1. 国家治政的本质

国家是依托治政而完成治理政务的，国家治政有着与国家相似的本质，国家治政的本质只不过是比国家的本质更具体和更具操作性。

（1）国家治政的统治性。国家权力是通过治政体现的，而国家治政依

① 《马克思恩格斯全集》第 1 卷，第 392 页，人民出版社 1956 年版。

据国家权力统治着国家辖区中的治政客体。"随着社会本身进入一个新阶段，即阶级斗争阶段，它的有组织的社会力量的性质……也不能不跟着改变（也经历一次显著的改变），并且它作为阶级专制工具的性质，"① "国家是统治的工具。国家的权威以强制力为后盾；国家必须有能力确保法律被遵守，违法者受到惩罚。"② 从治政实践来看，治政者正是借助国家这个统治工具而实现治政，从而体现了国家治政。

（2）国家治政的意志代表性。建立国家，实现国家治政，是统治阶级的意志，正是统治阶级为了把自己的统治固定下来，建立有利于统治的秩序，从而建立了国家，并实行了国家治政。国家治政源于统治阶级的意志。

（3）国家治政的政权把握性。国家政权始终掌握在统治阶级手中，国家是适应阶级的需要而建立的，掌握政权是统治阶级的目的。在治政实践中，我们会发现所谓的统治阶级即掌握政权者多为当今的治政者。因此，从抽象的阶级统治，到现实的治政者掌权，我们感到正是某些治政者代表阶级把握着国家政权。恩格斯讲："由于国家是从控制阶级对立的需要中产生的，由于它同时又是在这些阶级的冲突中产生的，所以，它照例是最强大的、在经济上占统治地位的阶级的国家，这个阶级借助于国家而在政治上也成为占统治地位的阶级，因而获得了镇压和剥削被压迫阶级的新手段。因此，古希腊罗马时代的国家首先是奴隶主用来镇压奴隶的国家，封建国家是贵族用来镇压农奴和依附农的机关，现代的代议制的国家是资本剥削雇佣劳动的工具。"③ 在现代经济社会中，对剥削和雇佣讲得少了，不讲不等于没有剥削和雇佣。而国家正是运用治政实现对政权的把握和巩固，尽管这个国家的概念是抽象的，但它却由治政最高层面代表着、运作着。

（4）国家治政的政权服务性。国家政权为统治阶级服务这是由国家政权的本质所决定的，统治阶级为了自身的利益必然会用政权加以保护。而国家政权的行使又由治政者进行，国家政权也必然为治政者服务。列宁曾讲过："一个政府不管它的统治形式如何，总是代表一定阶级的利益，"④ "国家至少在理论上代表着社会的永久利益，即公共利益或公共意志。"⑤

---

① 《马克思恩格斯选集》第 3 卷，第 118 页，人民出版社 1995 年版。
② 〔英〕安德鲁·海伍德著：《政治学》，第 109 页，中国人民大学出版社 2006 年版。
③ 《马克思恩格斯选集》第 4 卷，第 172 页，人民出版社 1995 年版。
④ 《列宁全集》第 25 卷，第 13 页，人民出版社 1958 年版。
⑤ 〔英〕安德鲁·海伍德著：《政治学》，第 88—89 页，中国人民大学出版社 2006 年版。

而治政者则是不同时期内国家中社会永久利益的代表者，治政者会利用政权为治政者服务，同样为了社会的稳定和治政政权的稳固，也必然会用政权为治政客体服务，这是国家治政的政权服务性质的体现。

（5）国家治政的组织暴力性。国家治政对内要使用暴力加以治理，对外，要有军队保证国家的安全，国家是一种特殊的暴力机器。列宁讲："系统地使用暴力和强迫人们服从暴力的特殊机构……就叫作国家。"① 国家的治政正是在"暴力"的保持下进行，"对'合法性暴力'的垄断是国家主权的实际体现"②。因此，国家必然有军队、警察、法院和监狱等暴力机关。

（6）国家治政的区域性。所谓区域性指国家治政是按区域划分国民的。在现代社会中，绝大部分国家都具有自己的民族性特点，而这种民族就是源自于过去的氏族，氏族一般都具有区域性。恩格斯讲："国家和旧的氏族组织不同的地方，第一点就是它按地区来划分它的国民。"③ 在现代社会中，国家治政仍带有明显的区域性，就一个国家治政而言，仍然按区域划分进行治政。

（7）国家治政的公共性。在国家治政的实践中，治政者是个体的，治政者组织却是有组织的，而国家的本身就是社会公共权力组织，代表国家治政的治政者是社会公共权力组织中的成员，必须代表国家行使治政的公共权力。"与市民社会中的'私人'机构不同，国家机构被认为是'公共的'。公共机构负责做出和执行集体决定，而家庭、私人企业和工会等私人机构是为满足个人利益而存在的。"④ 恩格斯讲："国家是以一种与全体固定成员相脱离的特殊的公共权力为前提的，"⑤ 并"创立了新的机关以保护自己的利益；各种公职都设置起来了。"⑥ 这便为"公共治政"打下了基础。

（8）国家政治的合法性。国家会用宪法等法律约束社会同时宣称自己的合法，同样宣称依据治政实现政务治理的合法，这是国家治政的必然行

---

① 《列宁全集》第 37 卷，第 62—63 页，人民出版社 1986 年版。

② 〔英〕安德鲁·海伍德著：《政治学》，第 109 页，中国人民大学出版社 2006 年版。

③ 《马克思恩格斯选集》第 4 卷，第 170 页，人民出版社 1995 年版。

④ 〔英〕安德鲁·海伍德著：《政治学》，第 108 页，中国人民大学出版社 2006 年版。

⑤ 《马克思恩格斯选集》第 4 卷，第 94 页，人民出版社 1995 年版。

⑥ 同上书，第 112 页。

为，国家从获取政权之日起就会组成"合法"政府以推行治政，治政客体（民众）多数会认同国家治政的合法性，因为治政主体总是宣称治政行为都是根据公共利益做出的。

2. 国家政治的类型

国家本身就有不同的类型，有按国家主权划分的，如主权国家、部分主权国家、殖民地国家等；有按治政权力大小划分的，如把国家分为君主国、贵族国、民主国；按利益所有制划分的，把国家划分为奴隶制国家、封建制国家、资本主义国家和社会主义国家。我们按国家治政的形式划分国家治政的类型，即传统的国家治政形态和现代的国家治政形态。

（1）传统的国家治政形态。所谓传统的国家治政形态指过去式的国家治政形态，传统的国家治政形态对现代国家的治政仍有许多的借鉴，以古为镜，是治政者反思治政的重要途径。

第一，城邦国家治政。城邦国家指大约公元前 8 世纪古希腊建立的一种国家形态，最著名的是雅典和斯巴达，中世纪西欧的一些城市建立的城市共和国如意大利的威尼斯和佛罗伦萨等。城邦国家治政特点一般为城邦是一个共同体，有的就是一座小城，在这种城邦中治政是民主的，城邦公职（治政者）的产生通过直接选举或抓阄产生，所有公民都要参加公共政治生活，参与公共生活又纯粹是一种义务。公民权仅限成年男子，其他人包括外邦人、奴隶都是没有公民权的。另外，城邦治政又是相对封闭的。

第二，古代帝国治政。古代帝国指某一国家通过武力，把不同民族纳入同一个统治者治政下的国家形态。[①] 如罗马帝国、奥斯曼帝国、英卧儿帝国、古代阿拉伯帝国等等。古代帝国治政的特点是武力治国、治政，这些国家往往"全民皆兵"，地域辽阔，民族成分复杂，控制松散。虽然帝国中有最高统治者，但统治者下又设有很多的次级政治的治政客体，而这些次级治政实体有相当的独立性，一旦有机会它们就会挑战最高统治者。[②]

第三，封建王国治政。封建王国指层层分封建立起来的相对独立的政治实体，封建王国治政特点一般为层层分封的等级制，在领主与附属之间

---

① 参见沈文莉、方卿主编：《政治学原理》，第56—57页，中国人民大学出版社 2007 年版。
② 同上。

存在一种契约关系。封建王国治政容易使国家政治长期处于征战之中。

第四，专制国家治政。专制国家的治政形态是从封建王国中分出来的，是在封建王国基础上的发展。专制国家治政最为典型的就是古代中国，中国的专制国家建立早，持续的时间也最长，从公元前 221 年秦始皇统一六国到清王朝结束长达两千多年。专制国家治政的特点有几点。① 一是建立了中央集权制度，地方政权受中央政权的统治，中央政府委派地方官员治理地方政务，形成了金字塔式的国家治政权力结构。二是确立了绝对的君主专制统治的治政方式。国家权力归皇帝（君主）私人所有，利用世袭制来延续君主的家族统治。君主权力具有至高无上的绝对性，是一切治政权威的源泉，国家的法律、法规均源于君主权力，而国家形态的权威结构是"家国同构"，君主一家均为治政者还都是高层治政者，哪怕是几岁的孩童，也可以"治天下"，当然要有成人辅助，这是典型的血缘宗法关系。君主治政在意识形态上尤为强调祖先崇拜和传统礼制。三是形成了严密而庞大的治政官僚机构。君主专制治政往往依赖于官僚体系的运作，由君主以下的治政官僚贯彻君主的意志，协助君主治理社会公共事务。四是君主的"公共领域"完全覆盖私人领域，君主治政是"家天下"的治政方式，"普天之下，莫非王土；率土之滨，莫非王臣"，土地、人口都归君主所有，君主权力覆盖了整个社会，形成了治政"权利本位"的政治文化和"绝对服从"的治政心态。

（2）现代的国家治政形态。所谓现代的国家治政形态指在封建和专政国家治政形态基础上的进一步的形态，它最早出现于 16 世纪左右的欧洲，它是由商品经济的资本运动的推动而产生的国家治政新形态，包括了自由资本主义国家治政、法西斯国家治政、晚期资本主义国家治政、社会主义国家治政、第三世界的威权主义国家的治政等等。②

第一，早期自由资本主义国家的治政。③ 早期自由资本主义国家治政是以人民主权和现代代议民主制为基础的治政形式。早期自由资本主义国家的治政有几个基本特点。一是治政者从法律上确定了公共领域和私人领域的界分，治政者代表国家规定了民众的财产所有权和独立的经济

---

① 参见沈文莉、方卿主编：《政治学原理》，第 56—57 页，中国人民大学出版社 2007 年版。
② 同上书，第 59—62 页。
③ 同上。

活动权，并以宪法的形式规定保障公民的基本权利，保护私有财产神圣不可侵犯。二是治政上推行普选制度，公民权利得到了广泛普及，这是治政客体权利的体现，实行了法律面前人人平等的原则，人权观念得到了广泛承认，人权也得到了很好的保障。三是治政体系中建立了分权制衡的政治制度。自由资本主义国家治政均以代议民主制为基础，形成了立法、行政、司法三权分立的制度，三权分立的形势和关系并不是一致的，但自由资本主义国家都建立了国家治政权力分立的制衡的格局。四是治政体系中"政党"成为国家政治生活中治政的重要力量。政党在自由资本主义国家中作为国家政权与社会力量最为重要的联系机制，逐渐走向成熟。各政党在议会选举或总统选举中进行竞争，角逐执政党的治政地位，以实现把握国家政权实行治政的目的。在现代社会中，政党已成为政治社会化的重要途径，民众通过加入政党或者参与政党活动实现治政参与。

第二，后期资本主义国家的治政。① 所谓后期资本主义是相对早期资本主义而言的，发端于1847年后英国政府对贫困问题的关注，到了20世纪30年代美国的"罗斯福新政"时已经得到了一定程度的发展。1948年英国工党政府首次宣布建成福利国家，到了20世纪70年代，几乎所有西方资本主义国家基本上都演变成为福利国家这一资本主义国家的现代发达的资本主义形式。这一时期的资本主义国家治政有着明显的特点。一是国家的治政干预。公共领域的治政政治权力开始全面干预私人领域的事务，私人领域的个人幸福成为公共领域最为关心的问题。被人们称道的消极国家小政府变成了积极国家大政府，国家治政以民众福利为目标，国家几乎涉及个人从摇篮到坟墓的所有私人事务。二是高度的治政集权。由于国家全面干预市场社会，社会管理日益复杂化，政府的治政职能日益泛化和细化，原来的治政权力关系发生了根本性的变革。三权分立和制衡的具体内容发生了重大变化，治政中的行政权力日益扩大而有凌驾于其他政府权力之势。三权之间的关系也由议会至上逐渐演变为高度的治政行政集权。政府治政权力结构从由以议会为中心转变为以行政为中心，呈现出"行政集权民主制"的特征。② 三是资本主义国家机制的高度完善和成熟，尤其是

① 参见沈文莉、方卿主编：《政治学原理》，第59页，中国人民大学出版社2007年版。
② 参见曹沛霖、徐宗士主编：《比较政府体制》，第10页，复旦大学出版社1993年版。

福利国家的提出，消除了社会治政进程的富裕与贫穷矛盾，化解了治政中潜在的社会危机。但是这一时期的资本主义国家治政实行的财政赤字政策和信贷膨胀政策，造成了高财政赤字、高通货膨胀、高失业率和高利率并存的局面，2008年美国次贷危机引发的金融风暴，正是这些治政方式的必然结果。

第三，法西斯国家治政。[①] 学者们认为法西斯国家的治政是资本主义国家的一种变态形式，它们直接导因于20世纪二三十年代的世界经济危机，最为典型的就是德、意、日三个法西斯国家。这些国家强化国家行政干预职能，实行治政行政集权和治政行政首脑专权，以求摆脱经济困境。法西斯国家治政的特点有几点。一是实际上取消了议会和一切的公民权利制度。二是法西斯党支配一切，实行极权治政。三是行政首脑作为国家的独裁者，具有无限的权力。四是整个政府成为一部强行管制和战争的治政机器。法西斯国家治政与一般资本主义国家治政的区别在于治政中代议民主制的运行机制，法西斯治政一党极权，党魁独裁，取消治政中的代议民主制，实行血腥统治。而一般资本主义仍实行治政中的代议民主制的运行机制，这是最根本的差别。

第四，第三世界的威权主义国家治政。[②] 所谓第三世界威权主义国家治政指第三世界国家中面对现代化挑战而演化出来的资本主义国家治政变形的国家治政形态。第二次世界大战之后，发展中国家普遍面临着巩固民族独立成果和发展经济的双重压力，从而使国家治政形态呈现出政治上集权和经济上自由的特征。威权主义国家的主要治政特征有几点。一是保留或建立了民主制度如代议制、普选制、政党制度以及三权分立的治政政府等，但这些制度却没有发挥应有的作用。二是保护权威，即军队强制力的威慑、领袖人物的权威、单一政党长期治政的强势，在治政上排斥一切威胁权威的可能。他们通过各种重要资源的垄断制造施惠特权，政治不公开，镇压一切反对派等等。三是保持了自由市场经济的模式，促进了经济的发展。四是治政上的高度人治。人治治政需要有一个精英集团，并尽力维护这个精英集团的形象，另外，由于人治治政，会形成复杂的裙带关系和腐败的社会网络。

---

① 参见沈文莉、方卿主编：《政治学原理》，第60—61页，中国人民大学出版社2007年版。
② 同上。

第五，社会主义国家治政。① 社会主义国家治政是一种崭新的国家形态，它是向共产主义过渡的特殊阶段，社会主义国家实行无产阶级专政，在无产阶级专政完成消灭阶级等任务之后，社会主义国家将很快和国家本身一起走向消亡。社会主义国家治政的主要特点有几点。一是实行无产阶级专政，国家仍有极强的作用。二是实行生产资料公有制。三是实行计划为主的经济形式。在 1981 年之前计划经济一直是社会主义国家的经济形式。1981 年中国实行了经济改革，实行社会主义市场经济，并取得了相当的经济成就。邓小平曾对中国改革计划经济方式十年时讲"计划多一点还是市场多一点，不是社会主义与资本主义的本质区别。计划经济不等于社会主义，资本主义也有计划；市场经济不等于资本主义，社会主义也有市场。计划和市场都是经济手段。"② 英国学者安德鲁·海伍德对计划做过比较和分析，对我们研究市场和计划是有启发和帮助的。安德鲁·海伍德认为，计划是这样的一种经济制度，它根据明确规定的目标理性地配置资源，通过部分或完全协调的生产、分配和交换来实现这些目标。但在实践中，各种计划体制有明显差异，国家社会主义政权形成了一种以针对所有经济企业安排的生产指标为导向的指令性计划体系，通过党国的等级机构自中央进行管理。而法国、荷兰以及日本则用指导性计划来补充或引导资本主义经济的运行，使用经济管理而不是国家指令的手段。这是指令与指导性计划的区别点。计划的长处有几处方面：使经济掌握在人手里，而不是受制于非人格化和有时变化无常的市场；经济是满足人类需求的，而不是私人利润的最大化；与市场相比，不易受不稳定和危机的影响；能够确保高水平的物质平等。计划的不足有几个方面：计划不能应付复杂的现代工业化经济；由于它使中央机构控制经济而具有或隐或现的威权特征；将精英的观点强加于大众，而不是对消费者需求作出回应；不能奖励或鼓励企业精神，往往造成官僚性僵化。③ 现在多数社会主义国家都已对市场模式进行了改革。四是社会主义国家一般都实行一党领导制或一党领导的多党合作制。五是社会主义国家的治政形式是一项不断探索的形式，其中的改革是必然的，摸索、探索也是必然的。

---

① 参见沈文莉、方卿主编：《政治学原理》，第 62 页，中国人民大学出版社 2007 年版。
② 《邓小平文选》第 3 卷，第 373 页，人民出版社 1993 年版。
③ 参见〔英〕安德鲁·海伍德著：《政治学》，第 227—228 页，中国人民大学出版社 2006 年版。

3. 国家的治政职能

从国家管理的层面看，治政是国家的主要职能。国家的治政职能从治政层面可分为统治职能和治理职能；从内外部层面可以分为对内职能和对外职能。

（1）治政层面的国家职能。从治政层面分析国家的职能可以分为统治职能和管理职能。统治和管理都是国家的治政职能。

第一，国家统治的治政职能。国家统治的治政职能包括了政府的治政职能，正如国家包含了政府一样，国家治政职能也必然包含了政府的治政职能。国家是阶级统治的机器，其核心任务是实现和维护阶级统治。这种统治在正常情况下是弱现的，而在关键时刻是强现的，关键时刻指危及国家安全或地区安全时刻。所以，统治是国家治政的天然职能。

第二，国家管理的治政职能。说到底国家是从社会分化出来的公共管理机构，很大程度上是为了协调社会各阶级以及各种关系。国家管理职能是在社会发展中不断发展的。到了近代社会之后，国家管理的范围、深度和方式都在改变，到了这时，"资本主义社会的正式代表——国家终究不得不承担起对生产的领导。这种转化为国家财产的必然性首先表现在大规模的交通机构，如邮政、电报和铁路方面。"[1] 1848 年欧洲革命后，国家对社会的管理也进一步扩大，"在这里，国家管制、控制、指挥、监视和监护着市民社会——从它那些最广大的生活表现起，直到最微不足道的行动止，从它的最一般的生存形式起，直到个人的私生活止"[2]。在国家治政过程中，国家的统治职能和管理职能是密不可分的，统治必须以管理为基础，而管理必须靠统治做后盾。恩格斯曾讲过："政治统治到处都是以执行某种社会职能为基础，而且政治统治只有在它执行了它的这种社会职能时才能持续下去。"[3]

（2）内部外部两层面的国家职能。国家治政职能有内部外部之分，职能不同，任务也不同，相对而言，国家外部职能和国家内部职能是相对应

---

[1]　《马克思恩格斯选集》第 3 卷，第 752 页，人民出版社 1995 年版。

[2]　《马克思恩格斯选集》第 1 卷，第 624 页，人民出版社 1995 年版。

[3]　《马克思恩格斯选集》第 3 卷，第 523 页，人民出版社 1995 年版。

的，分别具有政治职能和管理职能。

第一，国家治政的外部职能。国家治政的外部职能是防御外来侵略，保卫国家安全，参与国际社会的管理，维护国家利益等等职能。

第二，国家治政的内部职能。国家治政的内部职能主要表现为以维护治政阶级利益为基础，科学地对国家内部的政治、经济、文化、社会进行治理并加强这些方面的建设。

第三，国家治政的内部、外部职能的结合。国家治政内部职能与外部职能结合已在治政实践中获得了治政的成效。在治政实践中，国家治政的内部职能和国家治政的外部职能是紧密相连的。国家治政只有强化内部职能，不断增强自己的政治、经济、文化、社会和军事实力，才能在国际交往中有发言权，才能顺利实现国家治政的外部职能；同时，国家外部职能的充分实现，诸如成功的外交活动，成功的政治、经济的谈判，成功的国际事务的管理等等，对国内的政治、经济、文化、社会的建设与发展都有着巨大的推动作用，有的可能直接是治政的经济利益。因此说，国家治政的外部职能和内部职能是密不可分的。

三、国家治政的形式、机构

国家治政的形式分为国家政权的组织形式和国家结构的形式，这两种形式构成了国家治政的形式，同时也是国家形式的基本构成。

1. 治政的国家形式

治政的国家形式指在治政过程中国家所选取的国家政权组织形式和国家结构形式。

（1）以国家与社会关系分类的治政的国家政体组织形式。所谓治政的国家政权组织形式即国家政体，它指"一定的社会阶级取何种形式去组织那反对敌人保护自己的政权机关。"① 由于政体源自于国家的治政实际情况，因此，相同性质的国家可能会有不同的政权组织形式即采用不同的政体。诸如英国和美国同为发达国家，性质相同，英国采取君主立宪制，美

---

① 《毛泽东选集》第2卷，第677页，人民出版社1991年版。

国则实行共和制；同样，不同性质的国家也可能会采用相同的政权组织形式。

第一，治政的民主政体。所谓民主政体指公民以一种有意义的方式参与国家治政的政体形式。民主政体治政的方式有几个特征。[1] 一是竞争性的选举制度。所谓竞争性的选举制度指政治权力与权威主要掌握在由选举产生的民意机构和政府首脑手中。而政治治政权力来自民众的委托。这种委托（即授权）是通过选举来实现的，而选举又必须是竞争的，所有成年公民都有权参加选举和竞选"公职"，公民参与的渠道也是多元的。二是立法、行政和司法各权力部门必须相互制衡。立法、行政、司法等互相之间的制衡看似矛盾，其实科学，是以权力制约权力的体现，是民主的进展，是反对腐败的较好的途径。从治政实践来看，失去制约的权力必然腐败已成铁律，治政者都应当思考这个铁律和运用好这个铁律。三是公民社会的独立性。公民社会指由家庭、经济领域、文化活动以及政治互动等社会生活领域构成的社会自组织系统，它是国家控制之外的自治网络。四是在意识形态领域倡导多元价值的并存，这是现代社会民主发展的必然结果。

第二，治政的威权政体。[2] 所谓威权政体指治政者把民众完全排斥在政治决策之外，或民众参与只是形式的以治政者权力和威望实现治政的一种政体方式。威权政体可以细分为几种类型。一是君主统治型，这种统治的方式是家族势力依托的传统君主制，诸如现代中东不少君主制国家依靠巨额的石油财富，为国民提供了充分的福利，完全不让民众对政治的参与。二是个人统治型。指一些具有英雄特质的政治领袖发动民众推翻殖民统治的治政方式。三是支配政党型。指占支配地位的政党控制了全部的公共资源，而选举只是形式上的，限制和排斥其他政党和政治力量参与治政。四是宗教控制型。主要指伊斯兰教主义控制下的治政形态。五是军人政权型。这类治政指军人治政。六是一党执政多党参政型。指一个政党（执政党）治政，其他党不是反对党也不是在野党而作为参政党参政的治政方式。

第三，治政的极权政体。[3] 所谓极权政体指把整个社会囚禁在国家机

① 参见沈文莉、方卿主编：《政治学原理》，第84页，中国人民大学出版社2007年版。
② 同上书，第85—87页。
③ 同上。

器之中，对人们的非政治生活无孔不入的一种政治统治式的治政。意大利的墨索里尼在 20 世纪 20 年代就使用了极权政体这一政治术语，并实施这种治政方式。

（2）以国家机构间关系分类的治政国家政体的组织形式。国家机构间关系的治政政体指国家的结构形式，它是国家的中央权力机关与地方权力机关、整体与局部之间关系的一种构成方式，这种政体可以分为单一制国家和复合制国家，细分又可以分为更多种形式，即前期资本主义国家的政体、后期资本主义国家的政体以及社会主义国家的政体等等。

第一，前资本主义国家的政体及结构形式。前资本主义国家政体指封建建制向资本主义国家体制演变时期所形成的政体形式，它可以分为几种。

一是民主共和制。民主共和制是古希腊城邦国家实行的一种政体，它以直接民主制为基础，城邦的主权属于它的公民，公民直接参与城邦的治理，不是后来的选代表或组成议会治理国家。民主共和制治政的政治精神就是全体民众是政权的最高根源，是法律的主宰，公民大会是城邦的最高权力机关，在公民大会休会期间，"议事会"是国家最高治政机关，机关中的公职人员由公民大会以公开表决方式产生或者以抽签方式决定，公职人员的任职任期一般为一年。在古希腊的民主政体里，还存在贵族院，由任职期满的执政官组成，而贵族院的权力只限于审理几种刑事犯罪案件。我们感到古希腊的民主共和制不是一种真正的民主制度，在这种制度中妇女、奴隶和外邦人无权参加公民大会。这种治政政体不是真正的民主制度还体现在"公民"是依财产划分等级的，这种等级划为四等。一、二等级的富裕公民有资格被选为治政的执政官；三、四等级的中产公民和贫民只能被选入五百人会议和担任陪审法官。

二是贵族共和制。贵族共和制主要由元老院、人民大会和执政官、保民官等组成。其中元老院地位最重要、权力最大，在治政中起经常作用。元老院多由贵族构成，成员也基本不变。人民大会通常由执政官和最高裁判官召集，实质上是一个表决机构。长官在形式上由人民大会选举，可实质上是由元老院指派，虽然长官掌握国家权力，但是，他们必须服从元老院的安排。执政官是国家治政的最高长官，掌握军事和治政方面的最高权力。

三是专制君主制。专制君主制主要特征是君主拥有绝对的至上的权力，君主的意志就是国家的意志。另外，君主的君位是世袭的，君主治政是通过一套对他负责的、庞大的政治军事官僚机器而实施的。君主不受任何人或机关的限制和监督，中国历代皇帝都是专制君主。

四是贵族君主制。贵族君主制是专制君主制的变种，主要特征是最高国家权力名义上掌握在君主手中，但实际上君主却受他人的幕后操纵。在这种政体下，国家虽有君主政体形式，但是，国家只是许多独立自主地区不稳定的联合体。君主通常只在属于他的领地有实权，国家其余部分则分成大大小小许多封地由封建主治理。而君主的产生，也必须经过封建主组成的贵族会议的同意。

五是等级君主制。等级君主制是专制君主制的变种，它的主要特征是君主建立由僧侣、贵族、商人、市民等组成的等级会议作为咨询机关，这一机关一般享有纳税批准权。君主召集等级会议的目的，是想借等级会议削弱封建主的权力。

第二，资本主义国家的政体及结构形式。资本主义国家的政体指资产阶级推翻封建地主阶级后在资本主义经济基础上建立起来的国家政权的组织形式，主要分为君主立宪制、民主共和制。君主立宪制包括二元制和议会制；民主共和制包括议会制、总统制和委员会制。

一是二元君主立宪制。所谓二元君主立宪制指形成了君主和议会两个权力中心的体制。在这种体制下，君主权力受到议会和宪法限制，但是，在治政实践中，君立实际掌握着政府任命权、解散议会权、钦定宪法权等权力。[1] 实行这种体制的有第一次世界大战前的德意志帝国，当代的尼泊尔、摩洛哥、约旦等。

二是议会君主立宪制。议会君主立宪制的特点是议会是国家最高权力的中心，政府由议会产生，君主受到宪法和议会的实际限制，一般只有国家象征意义。治政的政府内阁对议会负责，不向君主负责，如果内阁得不到议会的信任，内阁必须辞职或者解散议会，重新选举，这是议会君主立宪制的最大特征。当代的英国、日本、西班牙、荷兰等国家仍保留着这种体制。[2]

三是总统共和制。总统共和制是资本主义民主共和政体的一种政权组

---

① 参见王浦劬等著：《政治学基础》，第199页，北京大学出版社2006年版。
② 参见王邦佐等主编：《新政治学概要》，第129页，复旦大学出版社2004年版。

织形式，其最大特点是国家最高治政权力由总统和议会按不同职能分别执掌和行使。总统和议会分别由选举产生并有任期，内阁由总统组织并对总统负责，总统既是国家元首又是政府首脑，总统和议会之间有权力制约的关系。总统共和制一般是根据三权分立的原则建立起来的，总统及其政府行使行政权，议会行使立法权，法院行使司法权。总统的某些决定要受议会的限制，议会的立法权也受到总统否决权的限制，总统不向议会负责，议会没有倒阁权，总统也不能解散议会，但是，如果总统违宪时，议会可以对总统提出弹劾案，并提交法院审理。总统共和制最典型的是美国。①

四是议会共和制。严格地说议会共和制与议会君主立宪制都属于议会制。议会共和制最主要的特征是议会是国家治政权力的中心，议会掌握国家最高权力，内阁由议会产生并对议会负责。国家元首处于"虚位元首"的状态，国家元首只象征国家但不能独立行使职权，在执行宪法规定的职责时必须有总理等政府官员的副署才有法律效力。内阁答复议会的质询，解释政府的政策，如果议会拒绝或否决内阁提案，就是表示对政府的不信任，这时内阁必须辞职或解散议会，宣布重新选举。②

议会共和制与议会君主制的君主地位、作用和享有权限相似，不同的是前者由选举产生，后者为世袭继承；前者的政治活动负政治法律责任，后者则无须负责。当代的意大利、奥地利、印度等国都实行议会共和政体。③

五是委员会共和制。委员会共和制是由地位完全平等的委员组成的委员会行使国家治政行政权的政权组织形式。委员会共和制有联邦议会和联邦委员会的形式，联邦委员会由联邦议会选举的数名委员组成，集体行使治政权力。委员会无权否定议会的决定或解散议会，议会也无权使委员会成员辞职，议会和委员会均实行任期制。联邦委员会内部，各委员地位完全平等，委员会的领袖没有任何特权，只是对内作为委员会会议的主席，对外代表委员会履行国家元首的礼仪，各委员一般又是各部首长，主管所属部门的行政工作。一切政务均由委员会集体讨论才做决定，并以委员会名义执行。这种体制最为典型的国家就是瑞士。④

---

① 参见王浦劬等著：《政治学基础》，第199页，北京大学出版社2006年版。
② 参见王邦佐等主编：《新政治学概要》，第131页，复旦大学出版社2004年版。
③ 参见王浦劬等著：《政治学基础》，第199页，北京大学出版社2006年版。
④ 参见王邦佐等主编：《新政治学概要》，第131页，复旦大学出版社2004年版。

六是法西斯独裁制。法西斯独裁制指在 20 世纪上半叶在德、意、日等国家中形成的极权主义的治政形式。这种治政形式的主要特点是崇尚暴力。"法西斯"是拉丁文 fasces 的音译。该词的原意象征统一和权力。法西斯独裁是一种以恐怖和独裁为特征的统治模式。独裁者侵吞了国家的立法、行政、军事、外交等各项权力，国家机构成为独裁者的工具；独裁者实行法西斯一党专政；独裁者对内实行恐怖统治，对外使用武力大肆侵略，鼓吹反动的民族主义、种族主义、国家主义、军国主义和极权主义。[①]

第三，社会主义国家的政体及结构形式。社会主义国家政体均采用民主共和制，从理论上讲社会主义国家采用的民主共和政体应该是真正的民主共和政体。但是，由于社会主义是一种科学的探索模式，其中有不少的扭曲和变化。社会主义国家政体具有典型意义的有几种形式，即巴黎公社政权形式、苏维埃政权形式和人民代表大会政权形式。

一是巴黎公社政权形式。巴黎公社是社会主义国家的第一次尝试，其特点有几点。直接选举制；国家管理人员轮换制；公社委员会是最高机关，统一行使立法权、行政权；废除常备军且旧式法官、警察、常备军由武装的全体人民取代，法官、警察也由公民选举产生。巴黎公社是新型的、前所未有的"无产阶级社会主义共和国的'一定的形式'"。[②]

二是苏维埃政体形式。苏维埃政体形式是列宁根据巴黎公社原理和俄国无产阶级在社会主义革命中的组织形式发展起来的苏联国家政体模式。"苏维埃"是俄文"COBeT"的音译，意思为"会议"。在俄国 1905 年革命中，乌拉尔的工人创立了工人代表会议作为工人斗争的领导机关，后为各地工人普遍采用，十月革命胜利后，苏维埃成为俄国无产阶级政权组织。苏维埃政体形式的特点有几点。苏维埃代表大会是国家最高权力机关，其成员由人民选举产生或撤换，有特定任期，苏维埃最高主席团是其常设机构；苏维埃由联邦院和民族院组成，两院具有平等的权力地位；苏维埃拥有制定、修改或废止法律、法规、决议和批准国民经济计划的权力；苏联部长会议、苏联最高法院检察机关都由最高苏维埃产生并向它负责；地方各级苏维埃是地方最高权力机关，其他权力机关由它产生并向他负责。[③]

---

① 参见王邦佐等主编：《新政治学概要》，第 132 页，复旦大学出版社 2004 年版。

② 《列宁全集》，第 31 卷，第 177—178 页，人民出版社 1985 年版。

③ 参见王浦劬等著：《政治学基础》，第 200 页，北京大学出版社 2006 年版。

三是人民代表大会政体形式。人民代表大会制是中国共产党领导下在长期实践中创造和发展起来的。它最早萌发于第一次国内革命战争时期，发展于第二次国内革命战争、抗日战争和解放战争时期，成熟于建国后。1954 年《中华人民共和国宪法》确认人民代表大会制度是我国的根本制度以来，人民代表大会制度成为中国的根本政治制度。人民代表大会政体的主要特点有几点。国家一切权力属于人民，人民行使国家权力的机关是全国人民代表大会和地方各级人民代表大会；全国人民代表大会和地方各级人民代表大会的代表由民主选举产生，对人民负责，接受人民监督；国家的行政机关、审判机关和检察机关都由人民代表大会产生，对它负责并接受它的监督。①

（3）治政政体的分类方法。我们前面对治政政体简单作了分类，其实，在人类历史上曾经存在过种类繁多的政体，如何把这种类繁多的政体较为准确地分类，是比较困难的。我们仅把历史上研究者们对政体的分类作简单的介绍。

第一，三分法。三分法即把政体简单分为三种类型，这是比较古老的分法。这种政体划分的方法最早是古希腊的政治思想家亚里士多德创建的，他当时考察了古希腊绝大多数的城邦国家，按执政者人数的多寡把城邦国家分为三种类型即个人统治的称作君主政体，少数人统治的称作贵族政体，多数人统治的称作共和政体，而这三种政体又有相应的三种变态政体，即僭主政体、寡头政体和平民政体。这三种政体被后来研究者分为君主政体，寡头（贵族）政体和民主政体，这种划分方法影响了许多政治思想家。②

第二，二分法。所谓二分法即把历史以及现有的治政政体分为两类，他们把三分法中贵族政体和民主政体通称为共和政体，治政政体可以分为君主政体和共和政体两类。

第三，多层次分法。多层次分法即按不同标准层次划分治政政体。美国政治学家约翰·威廉·柏哲士曾以多种层次标准划分治政政体。他根据国家和政府是否合一，分为直接制和代表制；根据官吏职权的来源，分为世袭制和选举制；根据立法机关和行政机关的相互关系，分为内阁制和总统制。③

① 参见王浦劬等著：《政治学基础》，第 201 页，北京大学出版社 2006 年版。
② 参见王邦佐等主编：《新政治学概要》，第 120 页，复旦大学出版社 2004 年版。
③ 同上书，第 121 页。

　　第四，按人民与治政政体的关系分法。按人民与治政政体的关系划分即按人民民主情况划分，把治政体制分为民主制和专制制。

　　（4）治政政体中民主的主要原则。治政政体是不同社会形态中各阶级在国家地位安排上的制度的体现。在现代国家中，一般都实行民主制的政治体制，其民主的程度如何，有一定的原则，我们讲的这些原则，多是西方发达国家学者所坚持的原则。

　　第一，人民主权。这是现代民主制的根本理念和原则。卢梭是第一个阐发人民主权说的学者，他认为主权由公意组成，不可转让，不可剥夺，也不可被代表，只能由人民集体直接行使，因此他得出了小国寡民的结论。这种理念和原则后来被思想家们作了修正。

　　第二，代议民主制。这是现代国家实现人民主权的制度安排，人民不可能对治政的国事全部参与，需要专门人员进行处理，便委托治政者代表人民处理国事。代议制是一种权力委托行为，理论上讲，代议制的权仍在人民，代表要对选民负责，选民有权监督和撤换自己选出的代表。

　　第三，三权分立制。所谓三权分立指议事、行政、审判三权分设，由不同的机关行使并且相互制衡。三权分立最早由古希腊亚里士多德提出，英国洛克倡导了分析学说，孟德斯鸠作了系统的阐发。三权分立为西方发达国家所采用，而美国又最为典型。

　　第四，多元民主制。多元民主制指让各种不同价值观和经济利益组成的利益集团共同作用，以防止权力被集中到任何一个集团或个人手中，从而保证民主实现的社会体制。

　　第五，市民社会论。市民社会论指让国家与社会分野从而形成一种相对独立的并能对治政政治形成制约的社会的存在形式。市民社会论是基于经济自由和个人权利的维护而形成的。

　　（5）国家治政的结构形式。国家治政的结构形式指国家的中央权力机关和地方权力机关、整体与局部之间关系的构成方式，国家治政的结构方式主要分为单一制和复合制两种类型。

　　第一，单一制的国家治政形式。单一制的国家治政形式指由若干行政区域构成单一治政主权的国家治政结构形式，这种形式有几个特点。

- 国民具有单一国籍；
- 国家具有单一的宪法及其他的基本法律；
- 国家具有统一的国家最高权力机关；

- 国家由中央机关统一行使外交权，地方行使单位和自治单位对外不具备独立性；
- 国家的中央权力高于一切；
- 国家主权高度统一，具有统一的立法、行政和司法体系；
- 国家内部按地域划分行政区域，各行政区域地方权力机关必须接受中央领导。

根据中央权力机关与地方权力机关的相互关系和权力的集中程度，单一制国家结构形式可分为中央集权型和地方分权型两种。中央集权型指国家治政权集中在中央政府，地方各级政府受中央政府的领导和控制。地方分权型指国家治政权力和地方治政权力分别行使，地方政府享有较大的行政自治权，但是，军事、外交等全国统一性政务仍由中央政府执掌。①

第二，复合制的国家治政形式。复合制的国家治政形式指由若干个具有较大自主性的政治实体（如共和国、州、盟、邦、省）联合组成的各种联盟的国家结构形式，是一种联合体。复合制又分为联邦、邦联、君合国、政合国，其中的联邦是最基本和最稳固的一种国家治政政体形式。

联邦制一般是由两个及两个以上的联邦单位（州、共和国、邦）联合组成的统一国家，又称为联盟国家。联邦制国家有几个特点。

- 国家有统一的宪法和基本法律；
- 联邦成员国有自己的立法和行政机关，有自己的宪法、法律；
- 国民既有联邦国籍，又有联邦单位的国籍；
- 联邦国家设有国家最高立法、行政、司法机关，行使国家最高权力，领导并约束联邦成员；
- 联邦与成员单位之间是一种联盟关系，联邦政府行使国家主权，是对外交往的主体；
- 联邦中的各成员单位的权限划分，由联邦宪法规定，如果联邦宪法与成员单位的宪法发生冲突，以联邦宪法和法律为准。

现在实行联邦制的国家主要有美国、德国等等。

邦联制国家是指由若干个独立主权国家为实现某种特定目的而组成的国家联合，实际上是一种国家联盟，邦联制国家的主要特点有几点。

- 邦联各成员国之间都是具有独立主权的国家，相互间是平等的，不

---

① 参见王邦佐等主编：《新政治学概要》，第123页，复旦大学出版社2004年版。

存在隶属关系；

- 邦联是根据各成员国所缔结的条约而组成的，在某些方面采取程度不同的统一行动；
- 邦联本身不是主权国家，既无宪法，无统一的立法和行政机关，也无统一的国籍、赋税和军队；
- 邦联对成员国没有强制力，各成员国既可把让予邦联的权力收回，也可以自由退出邦联；
- 邦联设有邦联成员国的协商机关，邦联的事务由成员国"首脑会议"或邦联会议按条约规定共同决定。

邦联制国家仅是一种国家联盟的形式，并非完会意义上的国家，只是一种松散的国际组织，是一种为了某些利益而构成的共同体。现在的欧洲共同体、东南亚国家联盟都是邦联的典型组织。①

在复合制国家的形式中，历史上还有君合国和政合国。所谓君合国指两个国家由于偶然的因素（如继承王位），以某种条约同意由一个君主进行治政，从而实现国家联合，但两国均有自己的宪法和权力机关，在外交上又都有主权地位。诸如1867—1918年的奥匈帝国。所谓政合国指由两个及两个以上的共和制国家通过某种条约形成的国家联合，其成员国受同一个国家元首的治理，有共同的宪法和权力机关，在国际关系中作为统一的主权国家，而各成员国又有自己的宪法和权力机关，政治上有相对的独立性。如1814—1905年瑞典和挪威的国家联合，君合国和政合国都是比较特殊的复合制类型。

2. 国家治政的机构

在现代国家治政体制中，国家机构的主要组成部分包括国家元首、立法机构、行政机构、司法机构等。而立法机构、行政机构和司法机构又构成了广义上的政府，这正是国家与政府概念最为相关之处，国家包括了政府，政府只是国家构成的一部分。分析国家机构必然涉及到政府，国家的治政又多是靠政府完成的，因此，了解国家治政机构首先要对政府概念加以了解。

（1）国家治政机构的含义及设置原则。第一，国家治政机构的含义。

---

① 参见王浦劬等著：《政治学基础》，第202页，北京大学出版社2006年版。

国家治政机构是治政者为了实现和维护自己的意志和利益完成政治权力的职能而按照一定原则组建的各种机关的总和。① 毛泽东讲：国家是阶级斗争的工具。阶级不等于国家，国家是占统治地位的阶级出一部分人（少数人）组成的。②

第二，国家治政机构设置的原则。国家治政机构设置的原则主要指集权原则、分权制衡原则和民主集中原则。所谓集权原则一般指奴隶制和封建制国家机构设置的原则，通常把立法、行政、司法、监督、军事、外交等权力集于治政者一身或集于治政者直接管辖的机构。所谓分权制衡的原则指按不同功能把治政权力划分为不同的类型，即划为立法、行政和司法权，又使不同功能的权力之间形成相互制约的关系。分权制衡的原则是西方发达国家坚持的国家治政原则。分权制衡说到底还是治政者为了自身利益而设置的方式，"实际上国家不外是资产者为了在国内外相互保障各自的财产和利益所必然要采取的一种组织形式。"③ 所谓民主集中制的原则是社会主义国家治政机构的组织原则。民主集中制的原则是一种不同利益之间的治政协调的原则，在治政实践中，民主集中制一方面是对方方面面的利益和要求表达和协调的过程，另一方面是经过协调的各方面利益与人民的根本利益协调的过程。民主与集中必须统一是这个原则的核心。④

（2）政府治政机构含义及设置的原则。国家与政府的区别与联系我们已经专门分析过，政府是国家的组成部分，国家治政机构的绝大部分是政府的治政机构，但是国家是一个永久性的实体，政府却是往复更替和可以重组的实体，政府是国家权威实施的工具，政府所代表的是掌权的治政者的利益。而国家治政机构中立法机构、行政机构和司法机构却构成了广义上的政府，所以政府治政机构的设置原则大多是相同的，只是从政府的层面理解时有所区别。

第一，政府治政的含义。一般来说，政府是国家的"行政机关"，是国家机构的重要组成部分。政府是代表一定的治政共同体进行集体决策并执行决策和要求民众服从的治政组织。⑤

① 参见王浦劬等著：《政治学基础》，第 203 页，北京大学出版社 2006 年版。
② 参见 1957 年毛泽东在省市自治区党委书记会议上的讲话。
③ 《马克思恩格斯选集》第 1 卷，第 132 页，人民出版社 1995 年版。
④ 参见王浦劬等著：《政治学基础》，第 205 页，北京大学出版社 2006 年版。
⑤ 参见沈文莉、方卿主编：《政治学原理》，第 115 页，中国人民大学出版社 2007 年版。

第二，现代政府构建的基本原则。在治政现实中，与治理相对应的政府，往往被理解为在国家层次运行。政府的核心职能是制定法律（立法）、执行法律（行政）和解释法律（司法），①这是对政府职能的通常理解。现代政府构建的基本原则在某些方面与国家治政机构是相通的。一是人民主权的原则。所谓人民主权指政府的治政权力属于人民，政府所有的治政权力都由人民授予。治政者不要小看这形式上的"授权"，不要小看人民主权，因为水可载舟也可覆舟。人民主权实质上就是民主。二是责任政府的原则。由于政府治政是受人民的委托，因此，政府治政就必须向授权者负责，这便要求建立一个责任政府。责任政府的责任包括政治责任、法律责任和权力责任。所谓权力责任指治政中的权力责任，治政者有多大的治政权力，必须负多大的治政责任，不能让治政者只有权力而没有责任。所谓政治责任指政府的治政行为符合民众的政治要求，否则，民众可以不投他们的票，甚至弹劾他们。所谓法律责任指政府的一切治政行为必须符合法律精神，治政者必须依法治政，有法必依、违法必究、执法必严。责任政府还有一项任务就是宣传民众。宣传民众最好的办法就是进行治政的"议事公开"，人们可以旁听相关的治政会议，会议实况如实向民众转播，会议记录可以由民众查看等。三是分权原则。分权指三权分立，互相制衡。分权一般把政府的主要治政权力分设为立法、行政、司法三大权力，让不同的政府机构和不同的治政者执掌，从而互相制约，防止治政权力过当和防止治政权力腐败。四是法治原则。②法治原则除了上面我们分析的依法治政之外主要指用法律规范治政的一切治政行为和日常生活的行为。法治原则中的"法治"（the rule of law）字面含义就是"法律的统治"，治政的法律都是由政府制定并由政府中的治政者执行和落实的，法律反映的是国家的意志。治政者首先要守法，要按照宪法等法律规范自己的活动，要发挥宪法的作用，不能让宪法成为一种摆设。除了治政者守法之外，全社会成员都要守法，在法律面前人人平等。治政中政府的法治原则是最难遵守的原则，尤其是在民主不健全的社会制度中。在治政实践中，法治不健全，民主就不会健全，在这种社会制度下，上级治政者就是"法律"，对于治政客体来讲，治政者就是"法律"。因此，治政现实中民主与法治

① 参见〔英〕安德鲁·海伍德著：《政治学》，第30页，中国人民大学出版社2006年版。
② 参见沈文莉、方卿主编：《政治学原理》，第120页，中国人民大学出版社2007年版。

是一对孪生兄弟，没有民主，法治不会健全；没有法治，民主也不会有保障。治政呼吁民主与法治。

（3）国家主要治政机构。国家主要治政机构指现代社会的治政实践中国家主要的治政机构的形式，有关古代的国家治政机构我们不作详细分析。国家治政机构是复杂多样的，在不同的国家、不同国家的不同时期又都有不同的国家机构。一般来说，国家治政的机构主要包括国家元首、立法机关、行政机关和司法机关等。

第一，国家元首。国家元首是国家对内对外的最高代表。国家元首一般是国家主权的实际掌握者或象征，在治政实践中，处于首脑地位。如果从治政层面分析，国家元首是一个国家的最高治政者。不同的国家国家元首的名称、产生方式和职权等等，有很大不同。君主制或君主立宪制的国家，国家元首称为国王、皇帝，一般是世袭的，终身任职。共和制国家把国家元首称为总统、主席等，一般由选举产生并有一定的任期。国家元首的设置既是国家政府机构的内部分工的需要，也是国家对外交往的需要，有时又是民族精神支柱的需要，各种类型的国家一般都设国家元首。一是国家元首从构成上可以分为个人元首和集体元首。所谓个人元首指由一个人独自担任国家元首，行使国家治政的最高职权，如中、英、法、美、日、意等国家都采取个体国家元首的形式。所谓集体国家元首，指由两个及两个以上的人共同担任国家元首，集体行使国家治政的最高职权，如瑞士、圣马力诺等国家采取集体国家元首的形式。国家元首的治政职权在各国不尽相同，一般来说主要职权有公布法律；任免国家机关中的高级官员；召集会议，宣布戒严、大赦、紧急状态或对外宣战；以国家最高代表身份对外交往；代表国家颁布荣誉、授予荣誉称号和证书等等。有些国家的国家元首还是国家武装力量统帅，有着全国武装力量的指挥权。① 二是国家元首从权力的虚实内涵上可以分为虚位元首和实权元首。所谓虚位元首指不掌实权只以国家的名义从事一些象征性和礼仪性活动的元首。这种国家的国家实权掌握在内阁及其总理或首相手中。所谓实权元首指掌握了治政实权的国家首脑。对于总统制的治政形式来讲，内阁制中分开的两个职位即礼仪性的政府首脑和掌握实际权力的行政首脑由总统担任。

第二，立法机构（也称立法机关）。立法机构指国家中所设置的代表

---

① 参见王浦劬等著：《政治学基础》，第205页，北京大学出版社2006年版。

大会、国会、议会、国民议会等机构，它指有权制定、修改、废止或恢复法律的国家治政机关。一般情况下，立法机构指由公民选举产生的代表组成的集体议事机构。在一些国家中，立法机构就是通常所说的议会。一是议会的构成涉及许多问题。由于不同国家的国情以及国家内部的治政情况不同，立法机关的构成也有很大的区别。首先是一院制和两院制。所谓一院制指一个国家只有一个议院并由这个议院行使议会全部职权的制度。两院制则是指一个国家设有两个议院并由两个议院共同行使议会职权的制度。一院制和两院制都有自己的特点，必须根据治政的实际情况而定。其次是委员会制。所谓委员会制指议会就某些领域的事务由一定的委员组成委员会协助议会处理的治政制度。委员会制度也有差别，一般可以分为两种类型即常设委员会和特别委员会。再次是议会督察专员制度。议会督察专员制度指议会专设监察专员，专门负责监督法律的执行和治政公职人员行为的制度。二是立法机关的几项具体职能。

- 代表职能。议员以及"代表"都是选举出来的，议员作为被选举出来的选民的代表和选区的代表，会经常地为本选区的利益和那个选区的选民讲话。还有人认为议员更应是国家的代表，代表国家的人民，其实议员应该两者兼顾。现代国家中，议会的代君职能应该是议会的核心职能，一方面要把"民意"向治政者表达出来（尽管代表本身也可能就是治政者），另一方面也要把治政者（政府）的政策和意图向民众解释。

- 立法职能。所谓立法职能指制定、修改、废止法律。立法职能表现为立法机关不仅具有制定、修改、废止国家根本大法宪法的权力，而且具有制定、修改、废止各项具体法律的权力。

- 审查职能。所谓审查职能指审查和通过国家财政预算、决策，并监督其实施的职能。国家行政机关提出的国家财政预算、赋税、公债、专门拨款等等必须经立法机关审定，实施情况必须向立法机关报告。在实施人民代表大会制的国家中，立法机关还有审查通过国民经济发展计划的职责。具体审查可以分为弹劾审查、选举审查、行政审查、立法审查。

- 组织或监督政府的职能。总的来说，人事任命权、预算表决权、监督权是议会制约和监督政府的主要手段。立法机关可以组织政府或对政府的政策和成员的行为进行监督，监督的方式是质询、审议、解散政府或弹颏、罢免政府成员。

- 其他的决定职能。指对国家其他的国家大政方针的决定，如批准对
外宣战等等。

第三，行政机构（也称行政机关）。所谓行政机构指具体执行立法机
构的决议，实施行政治理的机关。国家行政机关是贯彻国家政治决策、管
理国家行政事务和各行政职能部门的机关，它是国家行政权的组织体现。①
一是行政机关的构成。国家行政机关一般由国家行政首脑如总理、首相、
总统等等以及各行政职能部门负责人和行政公务人员组成。在这三部分人
员组成中行政首脑是选举产生的或是由议会或国家元首任命的；各行政职
能部门负责人是由行政首脑任命的；一般治政人员即行政公务人员是通过
考试或人事部门挑选进入岗位的。② 二是行政机关的具体职能。

- 贯彻职能。所谓贯彻职能指行政机关组织必要的人力物力，贯彻立
法机关通过的各项决策、议案、提案，并接受立法机关的检查。
- 管理职能。所谓管理职能指在一定权力范围内，制定政策，发布行
政命令，管理社会经济、文化、科学、教育、卫生等方面的工作。
管理工作重在治理。
- 领导职能。所谓领导职能指领导全国行政机关，征擢、任免、管理
行政工作人员，在这种领导职能中仍然重在治理。
- 军事处理职能。所谓军事处事职能指根据不同的国体，负责或协助
处理军事力量的编制、训练、调遣和指挥事宜的职能。
- 处事处理职能。所谓处事处理职能指负责处理对外事务。

第四，司法机构（也称司法机关）。司法机关又称为审判和追究刑事
责任并提出公诉的机关，是国家司法权的组织体现。一是司法机关的职
能。司法机关的职能由侦查、诉讼和审判等职能构成。侦查指查明情况、
获得证据、查缉犯罪人，在中国如公安部门。诉讼指弄清案情，确定是否
构成违法，并代表国家起诉，一般来讲政府的检察部门具有公诉权。审判
指根据检察起诉的情况进行审理和判决。审判一般由法院担任。法院又分
为普通法院和特殊法院，普通法院按政府不同的治政层次分为不同的层
次，如高级法院、中级法院和基层法院。特殊法院指特殊部门的法院，如

---

① 参见王浦劬等著：《政治学基础》，第 206 页，北京大学出版社 2006 年版。
② 同上。

军事法院等等。二是现代司法机构在治政方面有着重要的地位和作用，主要体现在司法独立制度、司法审查制度和行政裁判制度三个方面，又称为司法制度特点。

- 司法独立制度。所谓司法独立制度是指司法机构服从法律而裁判的制度。司法独立，司法机构根据法定程序，独立行使司法权，不受其他任何权力机构和个人的影响和干涉。对外，独立是指法院和法官行使职权不受行政机构以及议会的干涉；对内，独立是指每一个法院和法官在审判案件时都是独立的，仅仅依据法律判决。[1] 这是治政是否公正、民主、依法的根本体现。司法独立要有一定的制度作保障，这些保障一般体现在严格录用、任期不得更换和专职制度等方面。严格录用指法官都是根据法律和一定的程序产生的，法官的任职资格都要经过严格的法律专业教育和严格的考试，录用之后还要经过一定的训练和选拔。任期不得更换指法官得到任命之后在任期内不得更换。专职制度指法官在任职期间不得兼任其他职务，包括兼任行政职务、议员以及教学以外的其他营利性职务。在西方发达国家，还要求法官一般不得有政党身份，也不得从事政治活动，保证中立，在退休和薪酬上，法官比同级公务员有较优厚的待遇。

- 司法审查制度。司法审查指通过司法程序来审查和裁决立法和行政活动是否违反宪法的一种制度，司法审查又称宪法审查。在现代的各国司法审查中，司法审查制度大致可以分为两种类型：普通法院审查制度和宪法法院审查制度。[2]

- 行政审判制度。行政审判指治政者（官员）以治政者（官员）身份侵犯公民权利时必须进行行政诉讼的制度。在日常生活中治政者（官员）的行为可分为两种，一种是以私人身份进行的作为，另一种是以治政者（官员）身份进行的作为。以私人身份的作为如违法，那么与公民一样进行诉讼和审判；如果以治政者（官员）身份侵犯公民权利时，必须进行行政诉讼。行政审判比普通法院的审判程序要简单得多，诉讼费用也低。现代大陆法系的国家大多在普

---

① 参见沈文莉、方卿主编：《政治学原理》，第140页，中国人民大学出版社2007年版。
② 同上书，第141页。

通法院之外专门设立行政法院，专门审理行政诉讼，英、美、法系的国家也逐步建立了行政审判机构或者授予一些行政机构进行行政审判的权力，这更有利于治政者科学地、公正地治政，从而减少治政者在治政中的顾虑。

第五，赦免权介绍。所谓赦免权指国家元首的赦免权。赦免权主要针对三种情况。第一种是国家政治情势发生重大变化时为政治上的特殊需要进行；第二种是针对司法处理中的不当而特别予以救济；第三种是为鼓励犯人自新而实行的赦免。赦免包括大赦、特赦、减刑和恢复公民权利。赦免权通常仅限于国家元首行使。①

四、国家科学治政的探索

任何治政者都希望自己的事业兴旺发达，自己的治政权威独一无二，自己所在的国家繁荣昌盛。但由于国情、民情、域情和治政个体素质的差异，国家的治政实践和治政结果也有很大的差异。治政的科学以及对治政的科学探索一直还处在"可持续发展中"，即使在世界治政史中有过不少的成功治政范例，但那些范例也不是绝对的科学和可以推广之的治政模式，因此，这也为治政实践和研究治政留下了空间。

1. 治政的经济现代化与政治民主化

治政中的经济现代化和政治民主化是治政结果的呈现。经济越现代化、政治越民主化，治政的结果应该就越好。经济现代化与政治的民主化又应该是相辅相成的，经济的科学发展必然要有宽松的政治环境作保护，同时经济的科学发展同样会推动政治的民主进步；而政治的民主化，同样会使经济发展更为解放、更为科学，其发展的成果也会更大。同时，经济又是基础，是政治进一步民主化的保障。

（1）治政的发展要求政治民主化。政治民主化是治政客体（民众）的要求，是治政发展的必然趋势，治政民主是治政之树常青的最根本的保证，也是治政者应该坚持和追求的原则。治政的政治民主化在发展中也遇

---

① 参见沈文莉、方卿主编：《政治学原理》，第 140 页，中国人民大学出版社 2007 年版。

到了危机，这种危机正是治政主体客体对民主要求的差异以及经济发展的推动。

第一，研究者们认为治政发展的危机类别。美国政治学家卢西恩·派伊（白鲁洵）用功能分析法，把现代民族国家经常遇到的危机（有的是难题）分为六类：一是自我认同的危机（crisis of identity）；二是正统合法危机（crisis of legitimacy）；三是深入民间的危机（crisis of penetration）；四是福利分配的危机（crisis of distribution）；五是社会整合的危机（crisis of integration）；六是人民参与的危机（crisis of participation）。① 所谓自我认同危机指国家民族的认同和个人的认同的差异问题。② 国家认同指"一个民族国家必须了解自己，认识自己，建立独立生存的自我意识，创造贡献的信心观念，使自己的国家、自己的民族、自己的宗教文化、生活习惯与立国精神等，有特殊独存的价值和必要，不易为强邻敌国所击败吞并，其国民有骄傲自尊的爱国牺牲精神和团结奋斗的建国决心"③。个人认同指个人对治政有稳定的认同感，能够把握住自己在治政实践中的角色。所谓正统合法的危机指治政主客体对社会从传统向现代发展中的看法。所谓深入民间危机指治政路线、方针、政策、措施能否有效地、均匀地达到治政的各角落。所谓福利分配危机指治政中如何把福利公平合理地分配给所有的治政主客体，这种福利当然包括了一般价值、权利、义务和经济福利等。所谓社会整合危机指在社会变迁和发展中容易出现不同的意见和纠纷，治政者如何协调不同的治政主客体的意见和利益，提高每个社会成员对治政的向心力。所谓人民参与危机指让治政客体参加治政的程度和时机把握。在治政现实中，我们会发现，经济社会越发展，人对治政的参与积极性就越高。人民要求有权利有机会参与政治活动，监督政府的决策，是当代各国政治发展的一个共同趋势。任何政体都不能忽视这种人民参与的危机。④ 从危机与国家发展的角度出发，我们会发现，越

---

① 参见 Pye, Lucian W. *Aspects of Political Development.* Boston：Little Brown & Co. 1966, pp. 62—67.

② 参见孙哲著：《权威政治》，第334页，复旦大学出版社2004年版。

③ 同上书，第335页。

④ 参见江炳伦：《政治革新与政治现代化》，《中华文化复兴论丛》第4集，第545—547页，台湾中华文化复兴运动推行委员会编印1978年版。

是欠发达国家，发展过程中可能遇到的危机会越多，程度也就越高。① 在治政的实践中，我们会发现，治政中国家的发展和社会变迁，主要涉及治政的政府结构和制度，治政制度越民主，其危机可能就越小，国家的发展速度也就越快。

第二，政治民主化的组合性目标。所谓政治民主化的组合性目标指治政过程中政治以及相关事物向民主化方向发展的集结性目标。白鲁洵（Lucian W·Pye）讲第三世界国家要想取得政治上的进步，必须设法向三个方面努力：一是平等方面的努力，即个人与个人之间、个人与国家之间的平等；二是公权方面的努力，即国家政体的结构性变革；三是政治宽容方面的努力，即政治体系与其环境之间的相互兼容。② 发展中国家的发展有五个方面的目标，这也是治政发展的目标，这些目标的实现，才是治政政治民主化组合性目标的实现。一是经济的增长，这种增长要科学，要讲生态，而不仅仅是"GDP"，就是常讲的又好又快地增长；二是平等。平等是自由和民主的前提和基础，平等的具体表现为贫困的绝对减少和不平等的减少。不平等的减少指各个社会集团成员之间收入差别的缩小。三是民主。民主是社会进步的体现也是治政科学民展的体现。民主的中心是包括治政者、治政客体（民众）在社会中享有的民主条件和民主的发展，包括了治政主客体民主愿望的实现。四是政治秩序稳定。在第三世界国家中，稳定压倒一切，没有稳定的政治经济环境，治政也是一句空话。政治秩序稳定就是指治政的政治条件和政治环境。五是国家独立。③ 国家独立不仅仅表现在主权方面，国家治政发展中的"独立"指在现在的国际经济政治环境中争取自身发展的权利。发达国家都是有自己的政治目的和经济目的的，天上不会掉下馅饼，发展中国家在国家发展中必然会受到发达国家的孤立、封锁和制裁，这就是发达国家的治政政治，发展中国家应该明白这一点，无论哪个发达国家与发展中国家的交往，他们的利益永远都会放在第一位。发展中国家的发展目标确定之后，如何选择恰当的政策来保证这些目标的顺利实现，如何以一种制度化的原

---

① 参见孙哲著：《权威政治》，第 336 页，复旦大学出版社 2004 年版。

② 参见 Hunting ton, Samuel P. "The change to Change: Modernization, Development, and Politics" in *Comparative Politics*, Vol. 3, Apr. 1971, pp. 283—323.

③ 参见孙哲著：《权威政治》，第 339 页，复旦大学出版社 2004 年版。

则，在发展的各个阶段及时地纠正偏差，同时恰到好处地处理社会改革中可能出现的种种危机，① 尤其是对执政党的党权的规范和限制必须科学化，要使民主目标成为执政党的目标，使执政党党权在宪法和法律的规范下行使，从而得到治政客体（民众）的拥护和赞成，减少和化解治政中最根本的危机。

（2）治政的政治民主化发展的过程。政治民主化是社会发展的趋势，是治政科学发展的保障，政治民主化的发展并不是有些研究者想象的那样"政治上的随心所欲"；政治民主化是在规范中进行的，是以治政效益为目标的，是以治政客体（民众）拥护不拥护为基本点的。没有治政客体（民众）拥护的治政政治绝对不是民主化的政治，同样，没有治政客体拥护的治政也不是民主的治政。

第一，集权和监督。在治政结构方面，治政的政治民主化发展与政治稳定一样，必须建立一个相对集中的中央政权，这种集中不能成为专权。集中的中央政权一方面是为了把各个治政层面的治政工作和个人专长结合起来，实现整体效益，另一方面是为了使治政体系内各部门包括立法、行政、司法等机构，发挥不同的功能。在集权建议的同时，必须注意建立科学的监督机制，让监督成为制度化、规范化、经常化的治政行为，让监督的主体转为治政客体（民众），让治政客体对治政集权、对治政者的所有治政行为进行监督。让立法、行政、司法等机构在发挥功能的同时，在作用上互相制约，防止权力的滥用，因为权力的滥用已成为某些治政者的特殊嗜好，这便是许多治政者产生"官瘾"病态的根源。科学监督，防止治政者产生"官瘾"也是治政事业发展的需要。集权是需要的，但集权必须由监督作保障，否则，集权将与腐败同行。

第二，文化的多元和政治文化的主导。在治政心理建设方面，要注意允许和推动文化的多元，允许建立一种世俗化的政治文化。② 在文化多元、思潮交流、观念的碰撞之中，注意用政治文化主导各种文化，使价值观主流不至于庸俗和退化。治政者在允许多元文化中注意发挥主导的政治文化的引导作用，以确保积极、健康、向上的文化占文化建设的主体。

---

① 参见 Huntington, Samuel P. *The Goals of Development*, in Myron Weiner, and Samuel Huntington: Understanding Political Developments, Little, Brown and Company, pp. 3—33.

② 参见孙哲著：《权威政治》，第341页，复旦大学出版社2004年版。

第三，坚持政治平等的原则和发展的竞争原则。政治平等对于治政客体（民众）来讲就是平等地参与，包括了法律的平等、权利平等、机会平等、义务分配平等等等方面的平等，平等是治政政治发展的必然过程和治政客体（民众）追求发展的待遇。平等不是"平均"，平等包括了治政方面竞争的平等。竞争是社会进步的推动器，竞争是政治发展的活力。政治活动需要竞争，政治的参与也需要竞争，治政的实践也离不开竞争。

第四，坚持政治体系的规范和科学发展。政治体系在现代治政实践中必须能够应付许多前所未有的发展中的问题。传统的宗教、社会、经济和政治制度的崩溃、生产方式及家庭组织的嬗变、工业技术的发展、旧的价值观的更新、教育的普及、社会流动的加速和职业结构的变化等问题，最后都要靠政治体系来裁决，所以，政治体系必须具备新的能力才能以变应变，得以继续生存。[1] 政治体系能力建设主要来自对体系的规范，这种规范是一种科学的发展式的规范，以法律为准则，使政治体系更能在发展中发挥作用，成为推动治政科学发展的政治动力，成为推动生产力发展的动力，而不是生产力发展中的某种束缚，因此，科学发展应当包括政治体系，而且应当首先科学发展政治体系。

第五，防止对发展产生的误解。在现代社会中，发展中国家都面临如何同时实现政治稳定和经济发展的问题，要防止在发展中的几种误解。有人认为：目前第三世界（包括中国在内）不少地区最重要的事情是发展，发展是高于一切的硬道理，他们同意"20世纪中期资本主义工业起飞奇迹，必然产生对人类发生巨大影响的不良后果，即任何一种经济腾飞都是以牺牲政治民主为代价的。一个民主的政府追求它的经济政策将是死路一条"[2]。据此，又有些人认为，发展必定以牺牲治政客体为代价；发展必然会让一部分人富起来，产生贫富悬殊从而产生不公平；发展必然牺牲环境；为了发展目标的实现，人们的公权和政治权应当受到一定的限制。[3] 这些认识是一种误解，发展是硬道理，损害环境和人民利益的发展没道

① 参见陈新权：《现代化中的政治：民主与权威》，《新华文摘》1988年第4期。

② Hewlett, Sylvia Ann. *The crnel Dilemmas of Development*: *Twentith Century Brazil*, New York: Basic Books, 1980.

③ 参见孙哲著：《权威政治》，第343页，复旦大学出版社2004年版。

理，科学发展才是硬道理，科学发展就可以破解人们在发展中的种种误解。

（3）治政的政治民主化两种对立意见之比较。对于发展中国家是否发展民主有着不同的看法，因此，对于是发展集权，还是发展民主一直存在争议，这种争议源自于对发达国家走过的治政道路的总结。我们选取两种对立的观点以及他们选取这种观点的理由做一下比较。

第一，有的学者认为，集权政治是发展中国家发展经济的必须之路。[①]这里的集权指中央政府在治政中对本国的经济社会产生的权威式的影响。认为发展中国家发展经济采用集权政治形式的理由在于，一是认为一个国家或者地区只有经济发展到一定的高度，真正的民主才可能实现，因为经济是基础，证明的例子是亚洲"四小龙"等国家和地区。二是认为发展中国家经济上的飞跃是以传统"专制"为最初起点的。他们认为任何事物都是渐进的，从传统权威不可能一步跨入自由民主阶段。三是认为政治稳定才可能发展经济，而民主却不一定能保持政治稳定，政治不稳定必然影响经济的发展，因此，集权政治是必要的。

第二，有的学者的认识与上面的观点截然不同，他们认为集权政治是独裁专制，是发展中国家进步的主要阻碍，而民主是经济现代化的前提。[②]有几点理由。一是集权治政对经济社会发展是有害的而民主才是经济社会发展的条件和保证。民主可以解放思想；民主可以体现以人为本；民主可以公平竞争；民主可以使治政决策科学化等等。二是把亚洲"四小龙"看成集权政治是不对的，因为亚洲"四小龙"是在市场经济、议会以及法治情况下完成的，并有着相对民主的治政环境和经济环境。三是民主有利于政治局面的长久稳定。扩大了治政客体的参与，才可能让治政客体支持治政、支持发展，才能保持稳定。

这两种观点的分歧是正常的，讲集权政治的不一定不讲民主，讲民主的不一定讲全盘否定集权。我们认为经济社会的发展以人为本是前提，这也是社会进步的真谛。民主中有集权，集权形式下保民主，这两者是不可分割的政治方式。这样讲不是"和稀泥"，而是经济发展离不开民主和集中的形式。任何事物发展都是相对的，而"以人为本"是集权和民主的核

---

① 参见孙哲著：《权威政治》，第347—348页，复旦大学出版社2004年版。
② 同上书，第349页。

心，也是经济社会发展的根本，是所有治政者都必须把握的，是科学发展经济社会的根本。"必须坚持以人为本。""尊重人民主体地位，发挥人民首创精神，保障人民各项权益，走共同富裕道路，促进人的全面发展，做到发展为了人民、发展依靠人民、发展成果由人民共享。"① 丢掉以人为本去强调集权或者民主，那便丢失了集权和民主的根本。

（4）治政中经济发展与民主之间的联系。在治政实践中，政治民主与经济民主是相连的，经济发展离不开民主的保障，而民主又要靠经济基础作保障。经济现代化是政治民主化的基础，政治民主化是经济现代化的核心和保证，两者有着必然的内在联系。

第一，从经济基础这个层面看，经济现代化必然促进政治民主化的发展，因为经济现代化必然会改变人们教育、文化等要求，推动文化的全面进步，而文化进步又是民主的必要条件。

第二，经济的高度发展可以让治政者有更多的经济力量去关注民生，去救助治政客体中的弱者，从而减少政治冲突，保持社会稳定，推动政治民主。

第三，经济高度发展可以增强国力，从而保证国家地位的平稳上升，增加民族和国家的凝聚力。

第四，经济高度发展可以增加治政者的权威，因为经济有时成为治政客体（民众）观察治政者的必要条件。

第五，治政政治的民主化必然坚持以人为本，从而调动不同层面的治政者以及治政客体（民众）的积极性和创造性，从而推动经济现代化的发展。

第六，治政政治民主化必然鼓励人们在经济现代化中尽己所能，开展竞争，让创新创造的源泉充分涌流。

第七，治政政治民主化能够控制经济现代化中的两极分化，走共同富裕的道路，让民主在集中中得到发展，让集中更多为民主经济现代化服务。因为民主是"多数人治政"，必然会代表不同层面的治政愿望，从而保证弱势群体的利益。

第八，治政政治民主化和经济现代化是社会进步相辅相成的两个方面，是治政者主体和治政客体（民众）共同追求的治政组织目标，它是人的精神和物质追求的核心。

---

① 胡锦涛：《高举中国特色社会主义伟大旗帜　为夺取全面建设小康社会新胜利而奋斗》，《十七大报告辅导读本》，第 15 页，人民出版社 2007 年版。

2. 治政民主化的科学化、现代化

治政民主说到底就是政治民主，因为所有治政者都是国家工作人员以及参政人员，区别在于治政民主在具体化、业务化方面多一些，政治民主在政治化色彩上强一些。治政民主有相应的原则、模式以及治政政体科学化的标准。

（1）治政民主必须坚持的原则。治政民主有自身的原则和实行民主必须坚持的原则，这两种原则是保证民主的最基本的原则，我们只作简单的介绍。应该说，人们希望民主、追求民主由来已久，因为民主涉及我们每一个人，所以民主有时比什么都重要。治政民主，主要是从治政者保证民众参与即治政客体参与层面分析的，治政者的自身即治政组织自身仍有民主的问题。在中国，人们过去习惯于将"民主"（democracy）一词音译为"德谟克拉西"，"五四"运动时称作"德先生"。"民主"这个词来源于希腊文"demoratia"，在希腊文中，它是由"demos"和"kratos"两词合成的。"demos"是"人民"和"地区"的意思，"kratos"是"权力"和"统治"的意思。从希腊文的原意上看，"民主"就是指"人民的权力"或"由人民直接地或通过分区选出的代表来治理、统治"[1]。希腊英雄伯利克（Pericles）当政时讲"我们的政体叫做民主，因为它不是在少数人手中"，[2] 这是民主的语源。伯利克提出了民主的三原则即自由、法制和平等。法律对所有人都同样的公正，每个人在法律面前都是平等的，任何人只要能对国家有所贡献，绝不会因为贫穷而在政治上默默无闻。[3] 人民进行治理、统治叫做民主，这里便带来了两个问题，谁是人民？人民将如何治理和统治？

从谁是人民这个层面我们仍然可以更进一步提出几个问题：

- 谁是人民？[4]
- 人民都可以参加治理、统治吗？
- 人民在什么样的条件下可以参与治理、统治？

---

① 参见孙哲著：《权威政治》，第 352 页，复旦大学出版社 2004 年版。

② Mayo H. B. , *An Introduction to Democratic Theory.* New York，1960，p. 36.

③ 参见徐大同主编：《西方政治思想史》，第 26 页，天津人民出版社 1985 年版。

④ 参见〔英〕安德鲁·海伍德著：《政治学》，第 85 页，中国人民大学出版社 2006 年版。

- 人民采取何种形式治理、统治？
- 没有参与治政的那一部分人在治政中扮演什么样的角色？
- 在何时、何种情况下，人民可以采取非民主手段达到民主的目的？①
- 人民"进行"了治理、统治，是否也有服从管理的成分？

从人民治理、统治层面同样可以提出几个问题。

- 人民应该如何治理、统治？
- 人民治理、统治的范围有多大？
- 人民治理、统治是治政活动吗？

第一，平等的原则。所谓平等指人们在社会上处于同等的地位，诸如在法律、权力、权利、分配和选举等层面的平等。平等还包括治政主体与治政客体之间的平等，即治政主体与治政客体在政治、经济、文化、社会等不同层面的平等。当然，这种平等是相对的。

第二，自由的原则。所谓自由原则源出拉丁文 Iiberts，原意是从被束缚中解放出来。治政中政治的自由指社会关系中受到保障或得到认可的按照自己的意志进行活动的权利。在治政实践中，自由总是同生产资料的占有和政治上的统治联系在一起的，自由只能为一部分人所享受。任何自由都是相对的，没有不受任何限制的绝对的自由。

第三，少数服从多数的原则。民主不是绝对的，也不可能一下子就能够统一各种思想、行动，在处理民主事物时，必须时常运用少数服从多数的原则。但是，多数人不能利用这一原则剥夺少数人的权利。

第四，集中制原则。集中制的原则又被称为民主集中制的原则，指在民主基础上的集中和在集中指导下的民主相结合的制度。民主集中制是民主的，又是集中的，是民主和集中的辩证统一。只有在充分民主的基础上，才能实行正确的集中，也只有在正确集中的指导下，才能有健全的民主，只讲民主不讲集中，必然导致极端民主化；只讲集中，不讲民主，必然出现极权主义和"独裁"。治政的民主需要集中，有了集中才能有科学的民主，才能保证民主的实现。集中是民主的提升。

第五，程序的原则。治政民主是有一套程序的，平等、自由、少数服从多数、民主集中制等原则的实施也都有一定的程序。保障治政主、客体

---

① 参见 Held, David, *Models of Democracy*, Stanford University press, stanford, CA.：1987, p. 2.

的民主，必须依据民主所规定的程序，任何治政者必须尊重民主的程序，推动民主的进程以及民主的科学化。

第六，治政先治己的原则。也许有人讲治政先治己不应算作治政民主的原则，可是，由于特色的治政体制决定了治政者必须是先治自身，然后才能真正实现民主。在欠发达国家中，治政的民主是十分欠缺的，治政者往往用足或者用超手中的权力，实行极权主义和独裁主义，因此，在这些国家和地区，要求治政者治政先治己，主要是因为治政民主提出的。

第七，治政为民的原则。治政民主的核心是治政为民，这也是科学治政的核心。西方发达国家为民，是为了拉选民，为了自己能够走上治政岗位；欠发达国家的为民，是治政的核心要求，因为这些国家和地区还没有实现直接民选，选民还无法直接表达自己的意愿，因此，要求治政者为民就是必然的了，治政者治政为民，也是民主的体现。

（2）直接民主与代议民主。直接民主指治政客体直接的民主权利的运用；代议民主指治政客体间接民主权利的运用。两者是有很大区别的，并具有不同的特点。

第一，直接民主。① 直接民主有时也称"参与民主"，指治政客体（民众）直接、非中介（unmediated）和持续地参与政府工作。直接民主消弭了统治者与被统治者、国家与市民的区别。直接民主在古希腊以民众会议统治的政府治政形式得以实现，其最通用的现代形式则为公民投票（referendum），直接民主具有几个特点。

- 直接民主强化了治政客体（民众）对自己命运的掌握；
- 直接民主使全体公民更为开明、政治上更为成熟，又有教育意义；
- 直接民主使治政客体能够表达自己的观点和利益，不需要依靠其他政客；
- 直接民主保证了治政统治的合法性；
- 直接民主与治政客体最接近，是直接的民主参政方式。

第二，代议民主。② 所谓代议民主指民主绝大部分内涵是通过间接的形式实现的，有些治政结果，并不代表治政客体的诉求。代议民主是一种

---

① 参见〔英〕安德鲁·海伍德著：《政治学》，第86页，中国人民大学出版社2006年版。
② 同上。

有限间接的民主形式。说其有限是因为治政客体对政府的治政参与是不经常的和短暂的，有时仅限于隔几年举行的选举投票（voting）活动。治政客体不是亲自行使权力，而是选择服务其利益的人的统治，有时则用选举授权（electoralmandate）来表达治政客体的"选举观点"，代议民主具有几个特点。

- 提供了现代社会中较为间接的民主形式，因为直接民主形式只有在目的共同体中才能得以实现；
- 代议民主免除了治政客体具体决策的负担；
- 代议民主使治政分工成为可能；
- 代议民主使有知识、有能力、有经验的治政者主政；
- 代议民主使普通治政客体远离政治；
- 代议民主使普通治政客体接受妥协方案，保持治政的稳定。

（3）治政民主模式的分析。不同的国家和地区的治政有不同的民主模式，即使选择相同的民主模式，其内涵也是有很大的区别。不少人认为西方社会中认定的民主（普选权基础上的定期和竞争性的选举制度）是唯一合理的民主形式，然而，治政现实却有许多种民主理论和模式。哪一种模式更为科学，那是治政主体和治政客体（有时主要是治政主体）的选择。"当我们发现自由主义内部对民主组织也有不同观点时，就可以理解即使自由民主也是一个误导性的术语。"① 这种误导如果不加以分析和研究，往往被表面形象所迷惑，形成认同。安德鲁·海伍德先生把民主模式分为几种，即"古典民主"、"保护型民主"、"发展型民主"、"人民民主"。② 而戴维·赫尔德（David Held）把人类历史上出现的民主形式分为九大类，戴维·赫尔德的九种主要治政民主模式如图 10－1 所示，并可以用文字加以表述。③

第一，经典民主。经典民主指治政客体（民众）享有政治平等的权利，是一种实行自由统治和避免被统治的治政民主模式。其特征主要是：公民直接参与立法和司法活动，公民大会具有至高无上的权利；通过多种方法挑选担任公职的候选人；普通公民与公共行政官员之间的区别很小；

---

① 参见〔英〕安德鲁·海伍德著：《政治学》，第89页，中国人民大学出版社2006年版。
② 同上。
③ 参见孙哲著：《权威政治》，第362—365页，复旦大学出版社2004年版。

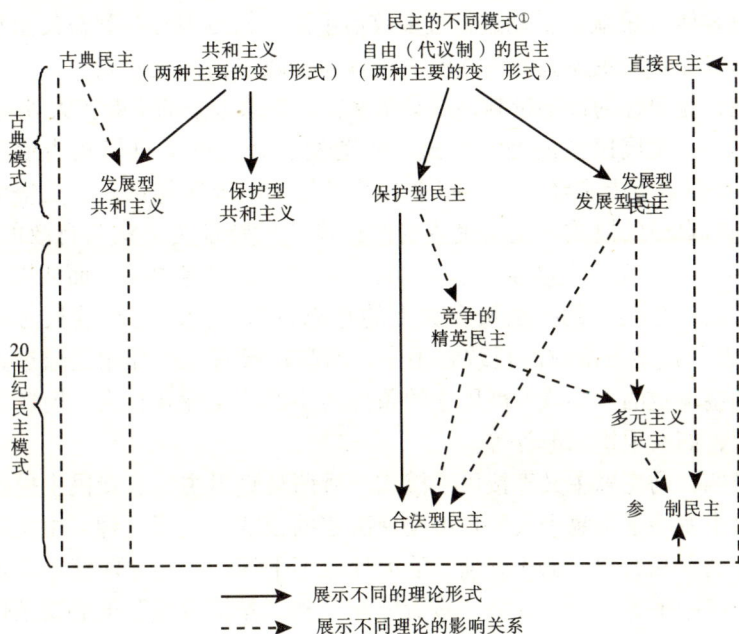

图 10-1　民主的不同模式^①

除了与福利有关的职位外，同一职务可以由同一个人担任两次；所有职务
都有期限，一般任期较短；提供公共服务可以得到报酬。经典民主形式的
一般条件是：小的城邦国家；奴隶制经济为公民创造了自由的从事民主活
动的时间；妇女承担家务，男人专事公务；具有公民资格的人占人口的少
数，甚至是极少数。

　　第二，保护民主的模式。所谓保护民主指治政客体（民众）需要治政
保护以及保证治政者的统治能代表治政客体（公民）的利益。保护民主模
式的主要特征为主权由人民决定，但主权大多由人民代表在发挥国家功能
时合法地使用；定期选举、秘密投票、不同派别之间竞争活动都是为保证
治政者不滥用职权的必要机制；国家权力被法律分为立法、行政、司法等
种类，但不是私人权力；宪法保证人民在法律面前一律平等，人民享有基
本的"人权"，即思想表达自由、结社自由、选举自由等；国家与市民社
会分开，政府活动的目的是为了保证人民更好地追求个人自由，治政者不

---

　　①　Held, David, *Models of Democracy*, Stanford University Press, Stanford, CA：1987，p.5.

对治政客体（民众）活动进行过多政治干涉；权力中心与利益集团相互竞争。形成保护民主模式的条件即治政客体治政自由的逐步发展，生产资料私有制，竞争性的市场机制以及父系家庭，国家疆土的不断扩大等等。

第三，发展民主的激进模式。所谓发展民主的激进模式指治政客体（民众）在政治上和经济上一律平等并且每个治政客体都能享受集体发展中的绝对自由的模式。发展民主的激进模式的特征为立法与行政的分立；治政客体（民众）直接参与立法活动，在公务、事务决策方面如果出现分歧则采用"票决"的办法按多数人的意志行事，治政的行政权力掌握在"治政者"或地方治政的行政官手中；治政行政官员的任用是通过直接选举或抽签决定的；形成发展民主的条件为小的非工业化社会，财产权决定公民权，妇女承担家务等等。

第四，马克思主义直接民主模式。所谓马克思主义直接民主模式指人类的自由发展是由每个人的自由发展决定的模式，实现这种自由发展，只有彻底消灭私有制、消灭剥削、消灭社会不平等，人类才能获得真正的政治与经济的平等，而平等是"按劳分配"和"按需分配"的必要条件。马克思主义直接民主模式主要特征为在社会主义条件下，治政的公共事务由层级式的权力机构决定；治政者、官员应多参与经常性的选举；治政者的福利与治政客体（民众）不可有太大的差距；民兵可以在必要时成为维护政治秩序的力量。在共产主义条件下，人的觉悟极大提高，治政中的政府和政治全靠人民高度自治；人民集体管理公共事务；治政中行政事务的分配是通过轮流制度或选举制度完成的。形成马克思主义直接民主模式的条件为在社会主义条件下，工人阶级团结一致，彻底消灭阶级特权和阶级；在共产主义条件下，私有制、阶级和阶级斗争、市场交换或货币等等全部消亡。

第五，竞争精英民主模式。所谓竞争精英民主模式指治政的政治领导权限制在一小部分具有从政经验和创新能力的治政精英范围内的治政模式。竞争精英民主模式的特征为议会制政府；治政的行政部门权力不断扩大；治政精英与有关政党之间是一种竞争关系；政党政治操纵议会；治政领导阶层相对团结；具有一个精明强干的治政阶层；治政政治决策范围受到宪法的限制。形成竞争精英民主模式的条件主要为工业社会、社会与政治冲突无规律；一种容忍异己的政治文化和新技术治政官僚阶层的出现；世界体系中充满了国家之间的竞争。

第六，多元民主模式。所谓多元民主模式指两个及两个以上的利益集团共同治政的模式。这种模式表明，任何一个集团在国家治政权力竞争中都不大可能取得绝对优势。多元民主模式的特征为：公民权利性，即一人一案例、表现自由、结社自由；监督性，即国家治政权力机关之间实行有效的相互监督、相互制约；竞争性即两党或多党竞争。形成多元民主模式的条件为在经典多元民主条件下，不同利益集团共同分享权力；政治程序、政策合法性问题受到重视，要求政治稳定。在现代多元民主条件下，不同的利益集团争夺治政权力；治政的政治经济权力的分配限制了政治选择的多样性；治政客体（民众）参与政治程度不一。

第七，法制民主模式。所谓法制民主模式指治政和社会讲求法制的一种治政模式。在这个模式中，多数人统治原则是保障个人权利和自由。法制民主模式的特征为宪政性，即是宪政国家；分权性，即是分权而治的治政制度；法制性，即社会讲求法制；自由性，即国家对治政客体即公民社会的干涉为最低。形成法制民主的条件为以自由原则为指导的有效的治政领导，官僚主义和利益集团行动都受到极大限制。

第八，参与民主模式。所谓参与民主模式指治政客体（民众）参与社会赋予的自我发展、自我实现的参与治政的模式。参与民主模式的特征有等几种。直接性，直接性指治政客体（民众）在社会主要组织中直接参与国家的政治决策；政党的服务性，政党直接对政党成员负责，为政党成员服务；政党的参政性，参与政党在议会中起非常重要的作用；政治体系开放性，政治体系是开放的。形成参与民主模式的条件为按不同社会集团的利益重新分配物质财富；国家公共生活中的治政官僚权力降到了最低水平；保证治政客体的知情权，真正信息公开；妇女参与权不断扩大。

第九，民主自治式的民主模式。所谓民主自治式的民主模式指治政客体（民众）有权决定自己事务的治政模式，当然这个模式的前提是不能损害他人的利益。民主自治式的民主模式的特征为两个方面。就国家方面而言，表现为几点。自治性，指人民自治在宪法或人民权利法案中有所表达；制衡性，具有健康的权力制衡系统，包括立法、行政、司法等权力的制衡；竞争性，具有并实行竞争性的政党制度；合作性，中央政府和地方政府之间能够保持一种适当的合作性质的上下级关系。就市民社会方面而言，表现为几点。利益多元性，指治政客体的利益不断朝着利益多元化的方向发展；社区服务性，指社区服务发达；企业平等性，指私有企业有同样的发展权力，私有企业同样可以促进整个社会革新。形成民主自治式的民主模式的条件是责任治政政府；社会信息化水平发达；宪法体现未来发展精神。①

赫尔德分析了九种民主模式，其中第九种即民主自治式的民主模式是赫尔德心目中的理想民主模式。

（4）巴伯的民主政体标准。本杰明·巴伯对民主问题做过探索性努力，其中有的观点很值得我们在治政实践和研究治政中借鉴和参考。巴伯的研究成果反映在他所出版的《强健民主：新时代的参与政治》一书中。巴伯从个人与国家之间的关系角度出发，把西方社会的政治状况比喻成一个奉行"适者生存"原则的动物园。②"人人自私，每个人都不停地追求权力"、"人与人之间永远存在矛盾冲突、自然的人无法在同一时间内占据同一空间"永远是千古不变的牛顿政治定律，是指导人民行动的"北极星"③巴伯把人类历史上追求过的几种不同的民主理想，反映在"民主政体之标准类型"表中，如表 10－1 所示④

表 10－1　民主政体标准类型

政治形式		政治方法	价值观	体制倾向性	公民态度	政府态度	隐性问题
代议制	集权民主	权威（权力/智慧）	秩 序	行 政	恭敬驯服团结一致	中央集权积极	权力中心贵族式的施舍
	司法民主	司法（审判/调节）	权 利	司 法	恭敬但不团结	有限集权	更高一级的法律
	多元民主	协商（妥协/谈判）	自 由	立 法	积极但不团结	放权积极	市场机制

---

① 参见 Held, *David*, *Models of Democracy*, Stanford University Press, Stanford, CA.: 1987, Pp. 34—290.
② 参见孙哲著：《权威政治》，第 365 页，复旦大学出版社 2004 年版。
③ Quated from Benjamin R. Barber, *Strong Democracy*: *Participatory Politics for a new Age.* University of California ppress, Berkeley, CA.: 1984, p. 140.
④ 孙哲著：《权威政治》，第 366 页，复旦大学出版社 2004 年版。

续表

政治形式		政治方法	价值观	体制倾向性	公民态度	政府态度	隐性问题
直接民主	单一民主	共　识	团　结	象征性的	积极的团结	集权积极	个人利益
	强健民主	参　与	活　力	人民当权	积极的集中	适度集权	

　　孙哲先生认为上述民主理想中，除了强健民主之外，其他民主都有极大缺陷。

　　赫尔德、巴伯的民主模式研究开拓了我们的思路，赫尔德所讲的马克思主义直接民主模式是目前社会主义国家实行的"人民民主"的未来，人民民主是"马克思主义直接民主"的前身。"人民民主"一词源于第二次世界大战后在苏联模式基础上形成的社会主义体制，人民民主所设计的民主方式在社会主义阶段指无产阶级和广大人民群众享有民主的政治制度，社会主义民主最根本的是全体人民当家作主，享有管理国家事务和管理其他一切经济、文化和社会事务的权利。人们享有人身、言论、出版、集会、结社等广泛的自由权利，公民在法律面前一律平等。而社会主义的人民民主又是集中指导下的民主，具有明显的平等主义色彩，这种平等是通过财富公有制形式而实现的社会平等目标。马克思预计，随着阶级对立的减弱和完全的共产主义社会形成，无产阶级国家也得消失，政府、法律、政治、民主都将不再存在。虽然这种预计没有实现，但社会主义的平等民主方式应该是一种创举。英国学者安德鲁·海伍德认为人民民主"模式的不足之处，是列宁未能成功建立起制约共产党（特别是其领袖）权力，保证它对无产阶级保持敏感和责任的任何机制。将亚里士多德的话换个说法就是：'谁将制约共产党？'"① 这为我们提出了模式健全的问题。对于资本主义的民主，现代马克思者们的认识也有所变化。现代马克思者已不太愿意将选举民主斥为虚伪骗人之物了。如欧洲共产主义者已经抛弃了原有的思想，转而主张和平、合法地和民主地走向社会主义之路的思想。但是新马克思主义者，如哈贝马斯和奥非仍然注意到了资本主义民主的冲突以及

---

① 〔英〕安德鲁·海伍德著：《政治学》，第94—95页，中国人民大学出版社2006年版。

内在的不稳定。一方面，这种观点认为，民主的过程驱使政府对民众要求做出回应，导致公共开支不可阻挡的增加以及国家责任（尤其是在经济和社会生活领域）的逐渐扩张。另一方面，高税率制约了企业的发展，持续增长的政府举债造成了长期的高通货膨胀，由此出现的财政危机将会危及资本主义的长远存在。哈贝马斯认为，资本主义民主若不抗拒民主的压力，那就得冒经济崩溃之险，它会发现维系合法性将日趋困难。①

3. 以治政民主制约治政独裁

现代社会中不同的民主模式，推动着民主的进程，但在治政实践中，真正实现民主或者真正实行民主，应该说还在摸索之中。不少仁人志士，为了自己的民主形式奋斗终生，但发扬民主必须制约独裁，如果不制约独裁，民主就会成为一句空话，而民主与独裁又紧密相连，因为民主与独裁正是治政的两个不同的方面，即民主治政还是独裁治政。独裁治政有其原始的和装饰了的表现方式。因此，我们有必要对独裁进行了解。

（1）独裁的概念和表现形式分析。独裁指独自裁断，多指独揽政权，独裁的表现形式也发生了较大的变化。

第一，独裁的概念。我们分析的独裁概念，指与治政有关的相关概念。独裁指由一个人或者一个紧密关系的组织以绝对权力控制治政的政治体制。在这种体制下，独裁者独揽国家治政的权力，实行专制统治。在治政上，独裁与专政统治是分不开的。

第二，独裁政体的概念。独裁政体指根据独裁者的愿望建立起来的具有独裁制度的国家体制。在这种体制下，人民必须绝对接受独裁者或独裁统治集团的治政，接受独裁者的行政司法管理，独裁者或独裁统治集团拥有不可置疑的立法权。治政客体（民众）无权利游行、示威，也无权利公开发表反对独裁者或独裁统治集团的言论，独裁者和独裁统治集团可以不受约束地对人民的反抗实行暴力镇压。

第三，独裁的表现形式的变异。所谓独裁表现形式的变异指独裁有时以民主的形式表现出来，使其更具迷惑的力量。一是把民主作为独裁的工具。"高明"的独裁者有时把民主作为工具，以民主的形式，实现独裁的目的。二是把独裁政治作为民主政治的工具。三是借民主政治之名，行独

---

① 参见〔英〕安德鲁·海伍德著：《政治学》，第103页，中国人民大学出版社2006年版。

裁政治之实。四是把独裁政治作为民主政治的准备，即把独裁政治当作向民主政治过渡的桥梁。①

（2）民主与独裁的比较。所谓民主与独裁比较是把民主政治与极权独裁作比较，见下列表格，如表 10 - 2 所示。②

表 10 - 2　民主政治与极权独裁比较

	民主政治	政权独裁
主权所在及行使	1. 主权属于全体人民,并由人民直接行使或选派代表间接行使; 2. 人民是政治的主人,政府官员以及所有治政者是人民的公仆。	1. 主权或名义上属于人民,或形式上没有规定,但实际上由统治者或独裁者占有及行使; 2. 独裁者是政治的主人,人民是政治机器的齿轮。
政治权力的集散	1. 政治权力由若干机关行使,并有所限制; 2. 多元权力中心。	1. 政治权力通常集中在独裁者书中,其行使不受限制; 2. 一元权力中心。
自由权利	1. 保障人民的自由权利; 2. 除非必要及依法,不得限制或剥夺。	1. 人民的自由权利毫无保障; 2. 集中营、劳改营、迫害、压制。
统治者心态	1. 相对仁慈; 2. 以民主和平的方式从事权位斗争,不迫害政敌,具有一定的宽容。	1. 残忍; 2. 以残酷手段追逐权力,整肃异己。续表民主政治政权独裁。
民意政治	1. 民意政治; 2. 人民经由行使政权、大众媒介及民意测验表现民意; 3. 人民有表现或不表现的自由,有说话和沉默的自由; 4. 人民有赞成、批评和反对政府治政政策及行为的自由。	1. 反民意政治; 2. 人民没有行使政权的自由,独裁者独占及控制所有大众媒介,没有民意测验; 3. 以官方意识形态覆盖社会生活各个领域,强迫全民接受,对一切违背独裁者意志的言论和行动加以严厉清洗和制裁。
政治参与	1. 人民以主人身份主动参与政治; 2. 以参与影响决策,表现民意; 3. 投票率有高有低。	1. 人民是政治工具,被迫参与政治; 2. 参与不能表现真正民意; 3. 没有不投票的自由,投票率大都很高。

---

①　参见孙哲著:《权威政治》,第390页,中国人民大学出版社2006年版。

②　马起华著:《比较政治系统》第3章,台北汉范出版社1979年版。

	民主政治	政权独裁
法治政治	1. 法治政治； 2. 司法独立及审判独立； 3. 依法定罪； 4. 保障自由权力的宪法具有最高的地位,任何法律条文不得与宪法冲突； 5. 依法治政； 6. 警察的根本职责在保障人民安全。	1. 反法治政治； 2. 司法审判从属于政治； 3. 无所谓罪刑法定意义； 4. 宪法空有保障人民自由的条文；独裁者的意志就是宪法； 5. 治政者(首脑)无法制观念,行使权力没有制度化； 6. 秘密警察是迫害、控制人民的工具,实行恐怖统治。
政权转移方式	1. 和平转移； 2. 治政者的去留取决于民意及选举结果。	1. 残酷斗争； 2. 治政者的去留取决于权力角逐者的实力及所用的手段。
责任政治	1. 实行责任政治； 2. 统治者向人民负责； 3. 人民可以追究执政者的政治责任； 4. 治政者权力来源于人民经由选举产生,人民可以罢免治政者； 5. 治政者权力受到限制。	1. 无所谓责任政治； 2. 独裁者不对人民负责； 3. 人民无权也无法追究独裁者政治责任； 4. 独裁者垄断权力,人民无法实施罢免； 5. 独裁者可以滥用权力。续表政权独裁民主政治
政党政治	1. 实行政党政治； 2. 各党公平竞争； 3. 政党提名或推荐候选人,人民自由选举； 4. 党纪不严,组织松散； 5. 党员为共同理想而结合,各有其人格尊严。	1. 执政党控制一切； 2. 一党独大,不容许其他政党的存在或竞争； 3. 选民只能投执政党提名的候选人； 4. 党纪森严,组织严密； 5. 党员是独裁者的追随者,人格不受尊重。
国家与社会	1. 开放的民主社会； 2. 国家与社会分开,人民的政治生活与社会生活不同； 3. 政治只是人生的一个方面； 4. 治政者对被统治者生活的过问或干涉有一定的限度,并有法律依据； 5. 政府只是国家机关和为人民谋福利的组织。	1. 封闭的极权社会； 2. 国家与社会混合,人民政治生活和社会生活密不可分； 3. 社会政治化,政治无所不在,无孔不入； 4. 治政者控制人民的生活,包括家庭生活、婚姻、友谊、教育、工作、娱乐、学术、文学、艺术、宗教、礼俗、旅游、服装、甚至个人隐私； 5. 没有独立人格,所有人际关系都从属于政府,所有个人的政治、社会活动都必须支持政府。

我们选取上面表格把民主与独裁做了一个简单的比较，以供研究者多一点研究与思考的线索。

（3）以治政民主制约治政独裁必须遵循的原则。以治政民主制约治政独裁有几个原则，这些原则是实现民主治政的根本原则。在治政过程中，如何实现这些原则，还必须视制度落实情况和治政者的官德而定。

第一，民主制度原则。在治政实践中，必须建立健全民主制度，并在治政中遵守这些制度。我们认为民主制度应当是一种通过定期选举产生集体决策者的制度，通过这种制度的规范实施，以确保民主制度的健康推行。通过定期选举产生集体决策者的制度包括了五个层面，这五个层面应当是相互联系的，有时应是共同发挥作用的。一是具有一部保证公民（主要是治政客体——民众）基本权力的宪法；二是具有一套行政、立法、司法职能分立并互相制衡的政治实体；三是具有一种合乎公平竞争民众能够参与的选举制度；四是具有一个健康的法治的政党制度（通常保持两个及两个以上的独立政党）；五是具有一个不受某一政党或实力集团控制的、不干涉政治的专业军队和情报系统（即国家军队或情报系统）；六是具有民众（治政客体）参与的监督和弹劾办法；七是独立的舆论等等。[①]

第二，正义原则。所谓正义原则指公正的、有利于人民的道理与原则。正义通常与平等、公道、民主等概念相联系，它同极权政治是格格不入的。美国哈佛大学哲学教授约翰·罗尔斯在《正义论》中认为正义的原则应该保持民主秩序中公民政治权利的完全平等和保障社会及经济价值分配中的公平待遇，虽然有时并不一定完全平等。罗尔斯的保持"公民权利的完全平等"，保持"社会和经济价值分配中的公平待遇"的原则远远超过了西方发达国家中通行的政策。对此，罗尔斯解释为在西方国家中，社会和经济的平等是不能允许的，但下面两种情况例外，一是不平等符合每一个人的利益，二是每个人有寻求不同报酬的地位的平等机遇或机会。[②]孙哲认为正义有两种，一种是社会上公认的社会正义，一种是法庭中执行的司法正义。[③]正义的原则涉及了治政的全部，涉及了人类生活的全部，正义包括了政治、经济、文化、社会等各个层面，远远不是社会正义和司法正

---

① 参见孙哲著：《权威政治》，第393页，复旦大学出版社2004年版。
② 参见〔美〕约翰·罗尔斯著：《正义论》前言，上海译文出版社1991年版。
③ 参见孙哲著：《权威政治》，第395页，复旦大学出版社2004年版。

义能够涵盖的，我们所讲的治政正义原则指经济正义、文化正义、政治正义和社会正义全方位的正义，只有全方位正义的实现，才能真正限制极权。

第三，人权原则。所谓人权泛指人身权利和民主权利。"人权"在不同的国家和地区赋予不同的内涵。人权作为一种口号出现至今已有三百多年历史了，对于人权的解释很多，基本上是按"各取所需"安排的。

对人权不同的解释如下。

一是认为人权是人生来具有的权利。"权利就是人的价值、人的地位、人的尊严；只要是人，他就有人的权利，就有人的价值，就具备人的地位。"[1]

二是认为人权"是得到社会承认的人的权利，其中包括宪法所确定的公民权利"。这就是说，人权主要是指人的基本权利，即生存、发展、平等和自由的权利。[2]

三是认为人权即"人格"或"资格"，人权即"有效的要求权"。"人格"或"资格"有三个特征：这种资格是指法定身份，具备了这种身份，社会主体便可以实施予之身份相符的各种行动；这种资格是法律赋予的，在法定范围内依据法定程序基于自己的自由意志实施自己的行为；这种资格可以放弃。[3]

四是认为人权是"国家法律认可并保障其实现的行为的可能性"。这种行为"可能性"所要实现的指"人身权利和其他民主权利"。[4]

五是认为人权指"个人的权利"，特别是指"言论、出版、结社、集会的权利"[5]。

六是认为人权是自由和平等的权利。1789年法国的《人权宣言》的第一条规定"在权利方面，人生来是而且始终是自由平等的"，第二条规定天赋的人权是"自由、财产、安全以及反抗压迫"。1948《世界人权宣言》第一条是：人皆生而自由；在尊严及权力上均各平等；第三条是"人人有权享有生命、自由与人身安全"。宣称世界各地所有男女毫无区别地有权享受各种基本权利和自由，其中包括生命、自由、人身安全、参加选举、

---

① 参见张春津著：《人权论》，第43页，天津人民出版社1989年版。

② 参见孟春燕：《坚持马克思主义人权观，反对资产阶级人权观》，《人民日报》1990年9月17日。

③ 参见孙哲著：《权威政治》，第397页，复旦大学出版社2004年版。

④ 胡义成：《人权悖论》，《人文杂志》1991年第3期。

⑤ 孙哲著：《权威政治》，第397页，复旦大学出版社2004年版。

工作、受教育等权利，以及言论、集会、结社等自由。①

人权的具体内涵。人权的具体内涵指根据《世界人权宣言》以及其他国际公约所规定的人权标准所涵盖的内涵。

一是个人人权。个人人权包括了个人的人身权。指人的生存权（生命权、免于饥饿的权利等）、健康权和人身自由权。还包括了人格权，即人的尊严、人格不受侵犯的权力；人的身份权、姓名权、肖像权、名誉权、荣誉权、婚姻自主权以及人的安全权，即不受非法干扰的权利，通信自由的权利，私生活秘密权、住宅免受侵犯权等等。个人人权包括了个人的政治权。个人的政治权主要包括公民参政权、选举与被选举权、言论自由权、出版自由权、集会自由权、结社自由权、游行示威自由、宗教信仰自由、对公共事务和国家事务的了解权、信息权、男女平等权以及在法律面前人人平等的权利。个人人权还包括了个人的经济、文化和社会权利。个人的经济、文化、社会权利指财产权、就业权、享受劳保福利权、同工同酬权、家庭权、受教育权、与人沟通和交往的权利、休息权、参加工会权、享受社会福利的权利等等。上面所阐述的权利是个人基础上的人权，也是传统观念上的人权。②

二是集体人权。所谓集体人权指对个人人权而言的某一类人所具有的权利。集体人权可以概括为儿童权利、妇女权利（包括母亲的权利）、老年人的权利、痴呆者的权利（包括精神不正常的人的权利和精神病患者的权利）、残疾人的权利、犯人的权利、外国侨民与难民的权利、少数民族的权利等等。③

三是国家人权。所谓国家人权是指相对于个人人权、集体人权而言第三世界国家提出的民族与国家生存和发展的权利。国家人权的核心是要强调民族国家之间的关系平等，不分大国、小国，强国、弱国，国与国之间所有权利是平等的，它与民族自治权和发展相连，与争取世界和平与安全权利、民族国家对自然资源的永久主权、生态权等等相连。④

人权是神圣不可侵犯的，治政者通常不可以强制治政客体屈从压力，

① 参见王德禄等编：《人权宣言》，第14、77—86页，求实出版社1989年版。
② 参见孙哲著：《权威政治》，第402页，复旦大学出版社2004年版。
③ 同上书，第403页。
④ 同上。

以牺牲个人人权换取所谓的国家权利和利益，更不能以集体利益和国家利益的名义实行独裁统治。

（4）西方发达国家民主的可借鉴之处。毛泽东讲："我们的方针是，一切民族、一切国家的长处都要学，政治、经济、科学、技术、文学、艺术的一切真正好的东西都要学。"① "完全不错，一切国家的好经验我们都要学，不管是社会主义国家的，还是资本主义国家的，这一点是肯定的。"② 社会主义民主向西方发达国家民主学习，是国家科学治政所必需的。任何闭门造车、夜郎自大都不是科学治政的态度。社会主义民主向西方发达国家民主学习可以从以下几个方面进行。③

第一，借鉴和学习某些民主形式。普选制、代议机构以及宪法、提案、质询、弹劾、民意测验等等，西方发达国家法律上规定的各种民主权利以及对公共事务的管理方法，社会主义国家可以借鉴并在借鉴中发展。

第二，建立高效的治政机构。发达国家的服务式政府，上级政府与下级政府的民主关系、合理的机构、精干的公务员政务员、分明的职责、高效的工作效率等等，都应学习、借鉴和发展。

第三，制衡的原则。西方发达国家民主有一条很重要的原则就是互相牵制、互相监督、减少错误发生的制衡的原则，这一条原则非常重要，它可以防止腐败。中国政府总理温家宝在 2009 年 2 月 28 日首次与全球网友在线交流时讲："我以为，经济发展、社会公平和政府廉洁是支撑一个社会稳定的三个顶梁柱。而这三者当中，政府廉洁尤为重要。提起反腐败我以为，最重要的还是解决制度问题。因此，就要解决权力过分集中而又不受制约的问题，只有权力受到制约，才能够从根本上防止腐败的滋生。"④ 而制约的行之有效的被治政实践证明了的最好的办法就是"制衡"。"不受监督的权力必将导致腐败。这是颠扑不破的真理，任何异议都不过是腐败者或为虎作伥者的遁词。"⑤

第四，建立干部民主选拔制度。民主推荐、伯乐识马、毛遂自荐等选拔方式都有自己的优点，但任用干部的最民主的办法是"直选"。社会主

---

① 《毛泽东文集》第 7 卷，第 41 页，人民出版社 1999 年版。
② 同上书，第 242 页。
③ 参见孙哲著：《权威政治》，第 430—431 页，复旦大学出版社 2004 年版。
④ 《温家宝首次与全球网友在线交流》，《都市晨报》2009 年 3 月 1 日。
⑤ 孙哲著：《权威政治》，第 430 页，复旦大学出版社 2004 年版。

义国家的选举应该比西方国家更为民主、更为直接，社会主义国家要废除干部终身制，在选举上逐步实行直选。"推广基层党组织领导班子成员由党员和群众公开推荐与上级党组织推荐相结合的办法，逐步扩大基层党组织领导班子直接选举范围，探索扩大党内基层民主多种实现形式。"① 社会主义国家干部选拔的民主，关键在执政党，治政的民主，关键也在执政党。直选的范围扩大、直选推进的时限都在考验执政党治政的能力、水平。

第五，"法律面前人人平等的原则"。有法必依，违法必究，一切服从法律。

第六，政治公开化和决策民主化的原则。政治公开化中治政的政务首先要公开化，接受民众的监督。一切决策尤其是重大决策要听取民众的意见。

---

① 胡锦涛：《高举中国特色社会主义伟大旗帜　为夺取全面建设小康社会新胜利而奋斗》，《十七大报告辅导读本》，第50页，人民出版社2007年版。

第十一章　治政方法

【本章要点】　治政有不同方法、方略和艺术。由于治政是治理政务。因此，治政的方法、方略和艺术又同领导、管理等方法有许多不同点，这是由治政性质所决定的。治政方法包括了治政的规律和治政的原则，治政方法实质上就是治政的方法论。治政方法的运用要视不同的治政环境，不同的治政客体。治政的本身就是一门科学，因此，治政也必须运用科学的方法。在治政过程中，我们必须注意把握治政的规律，掌握不同的治政原则，运用不同的治政方法、方略，在治政实践中不断地探索，以追求科学治政，完美治政。

【关键概念】　治政；规律；原则；方法论

一、治政的规律和原则

治政是一门科学，必然有自身的规律。在治政实践中，这种规律又同治政主体、治政客体紧密相关。治政也有不同的原则，但各种原则把握的目的应该是一致的。

1. 治政规律

（1）治政规律的含义。

第一，治政规律的概念。治政规律是指治政实践中治政的各个要素、各个环节、各个层面围绕治政的内在的、本质的、必然的联系。列宁说："规律就是关系……本质的关系或本质之间的关系。"[①]　治政的规律是不以

---

① 《列宁全集》第38卷，第161页，人民出版社1959年版。

人们的意志为转移的，是治政这一"事物"本身所固有的，是治政者应该在治政实践中研究和把握的。

第二，治政规律的几层含义。一是治政规律是治政者开展治政活动的规律，是治政者对治政要素、治政环节、治政层面把握和运用的规律。二是治政规律是治政这一事物辩证运动的本质表现，是治政实践活动的基本方面或要素之间互相联系、互相依存、互相制约并在一定条件下互相转化的本质表现。三是治政规律揭示了治政者解决治政主观和客观之间矛盾的规律，体现为治政的科学方法。① 四是治政规律是可以不断探索的，因为治政规律同其他规律一样是不以人们的意志为转移的，是不能创造、改变和消灭的。规律的发展指人们在治政实践中对治政规律的探索。治政规律是治政本身所固有的，是看不见摸不着的，治政者必须在治政实践的基础上，对治政中治政规律表现出来的种种现象进行调查研究，从而逐步掌握治政规律、运用治政规律。

（2）治政规律的特征。治政规律是规律的一种，是最重要的社会规律，因此，它具有规律的共性，也具有治政规律自身的特性。只有在治政的实践中把握了这些特征，才能实现科学治政。

第一，治政规律的客观性。所谓客观性指治政规律是客观存在的，这同其他规律是一样的，是不以人们的意志为转移的。治政规律的存在不管人们对其承认或赞许与否。它不可能被创造、改变或消灭。

第二，治政规律的联系性。联系性也被称为必然性。所谓联系性指治政规律所表现的是治政实践中治政各个要素之间的本质的、必然的关系。治政规律揭示出治政过程中各个要素如治政主体、治政客体、治政环境等因素和不同的环节如治理、组织、决策、监督等环节以及不同的层面如上、中、下、基层等序列之间的客观的、必然的联系。

第三，治政规律的稳定性。所谓稳定性指治政规律由于是客观存在的，是不可以被创造、改变和消灭的，因此，治政规律在治政实践中并不因为治政者或治政组织的更替和组织目标的变化而发生变化，治政规律是相对稳定的事物。

第四，治政规律的重复性。所谓重复性指治政规律客观存在中的重要作用。尽管治政规律是看不见和摸不着的，但治政规律的作用却是可以通

---

① 参见邱霈恩著:《领导学》，第93页，中国人民大学出版社2004年版。

过结果看见和摸着的。治政规律的重复性指只要具备了一定的治政条件，治政规律的作用便会重复出现和经常发生作用，同样，这种重复的作用不因治政主体、客体和环境的存在情况而发生变化，而是因作用的条件变化而出现。

第五，治政规律的普遍性。所谓普遍性指治政规律对治政事物具有普遍的作用。治政有不同系列和不同的层面，这些不同的系列和不同的层面都应该尊重治政规律，把握和运用治政规律，治政规律的作用不因治政层面不同而发生变化，因此，它是所有治政者都应该遵守的规律。

第六，治政规律的实践性。所谓实践性指治政规律的作用和形成是在治政实践中产生的。治政实践是治政者发现治政规律的来源，治政规律源自治政实践，治政规律的作用产生于治政实践，治政规律运用得科学与否仍要治政实践来检验。治政规律不可能离开治政实践而发挥作用。

第七，治政规律的可探索性。所谓可探索性指治政规律的认识和把握是在治政实践中不断完成的，是可以不断摸索和把握的。由于治政规律在治政实践中的客观存在，它不可以创造，只可以探索，在探索中、在实践中把握，在把握中运用。人们只有认识、把握治政规律，才能在治政实践中自觉地按治政规律办事，才能实现科学治政。

（3）治政活动的一般规律及具体规律。第一，治政活动的一般规律。所谓治政活动的一般规律指作用范围不受限制、比较普遍起作用的、外延较大的治政活动规律。治政活动的一般规律也称治政活动的普遍规律，是治政事务所普遍具有的共同规律。在治政活动中，治政活动的一般规律主要是治政活动的基本矛盾运动所揭示的内在本质联系。治政活动各个要素中存在两对突出的矛盾，即治政者与治政客体的矛盾和治政主体与治政客体（民众）组成的复合体与共同作用对象的矛盾。[①] 这两对矛盾不停地运动并贯穿治政活动的始终，并由此反映出来的两条治政规律即治政者适应并引导治政客体（民众）的规律和治政主体适应客观环境并改造客观环境的规律。所谓治政者适应并引导治政客体（民众）的规律揭示的是治政者适应治政客体（民众）和治政客体（民众）也必须适应治政者的相互适应的关系。所谓治政主体适应客观环境和改造客观环境的规律揭示了治政主体要适应治政环境的实际情况，在适应中改造治政的客观环境和与其之间的关系。

① 参见邱霈恩著：《领导学》，第95页，中国人民大学出版社2004年版。

第二，治政活动的具体规律。所谓治政活动的具体规律是治政活动中解决具体问题的局部规律，指治政实践中某一具体治政事务所特有的规律。也被称为特殊规律和具体规律。治政活动的具体规律是具体表现某一治政事物的特殊规律或某一治政实践活动的具体规律。诸如治政的全局与局部相结合、治政中心工作与其他治政工作相结合等规则。

2. 治政原则

（1）治政原则的含义。

第一，治政原则的概念。所谓治政原则指具体反映治政规律和治政价值的治政运作的准则，是治政者必须遵循的治政规范。[①] 这些原则，实际上是治政主体必须采用的"多目标、多功能、综合性的根本方法"[②]。

第二，治政原则的类别。治政原则是治政运用的准则，可以分为一般原则和具体原则。所谓治政一般原则指贯穿于治政活动各个方面的共同规律反映的基本准则。这种原则具有普遍性和共同性特征，是所有治政者在治政活动中必须遵守的原则。它包括了治政原则、自治从严原则、政务公开原则、分层原则、系统原则、反映原则、权变原则、民主导向原则、效率效益原则等等。所谓治政具体原则指反映治政行动的某一方面的规律的准则，诸如治政决策原则、治政用人原则等。

（2）治政活动的一般原则。

第一，治理原则。治政就是治理政务，因此，治理是治政的根本原则。在治政实践中，治理就是统治、管理和处理，就是指管好政务，消灭和惩办治政中不良的东西，推行科学、民主、进步的东西。治理原则关键在"治"，治政者如果管而不治，理而不规范，治政就不会有成效。治理还要有法律规范，有制度遵循，有体制制约，有进步的理念引导。治而不理那是无序的治政；理而不治，那将是无为的治政。

第二，自治从严原则。治政最为重要的一点是治政中治政者的自治。所谓自治，是指治政者组织和治政者的本身都需要从严治理。治政者和治政组织需要有严格的纪律、严密的管理、有序的竞争和高效的结果。要实现治政组织的目的，治政者和治政组织自身必须"先治"，而且自治必须

---

① 参见邱霈恩著：《领导学》，第97页，中国人民大学出版社2004年版。
② 同上。

从严。治政者如果自身不正，很难实现治政组织目标。从治政组织长期目标来讲，治政必须首先"自治"，而"自治"又必须从严。

第三，政务公开原则。治政者和治政组织的根本任务是治理政务，而政务指国家以及各级政府中与政府工作相关的所有事务。政务公开指按法律、规定的要求，除了必须保密的内容以及事务之外的，其他都应向治政客体（民众）公布和告示相关的政务事项内容。从治政主体来看，政务公开要求治政者自身工作要实、要正、要有绩效，要能够经得起治政客体（民众）和实践的检验，即自身要以法治政，以法行政，公正、廉政、勤政。从治政客体（民众）来看，公开是民主的需要，是治政客体（民众）监督的需要。政务公开是在治政体制不太健全阶段不可缺少的治政原则，是治政体制的一项重要的补充，也是治政非常重要的手段。

第四，分层原则。治政组织构成的本身有着不同的层面，我们在分层论述中权且把其分为上、中、下、基层等层面，在不同的层面中，同样也有层次的问题。为了治政的方便科学，在治政过程中，还必须在上、中、下、基层等层面中建立合理的层次系列，并在治政实践中正确处理各层次之间的关系。治政层次问题是由"管理跨度原则"引申而来的。在治政的系统中，某一治政者或某一具体的治政组织，以调度和指挥多少下属（人员及部门）为宜，便是治政跨度的问题，这个"跨度"要科学。一个具体治政机构层次过多，效率就成为问题；层次过于笼统，又利于调动下层的积极性。因此，治政分层应该根据实际需要而科学设定。

第五，系统原则。治政组织是由不同系统构成的，这些系统往往自成一体而又构成了不同的层面，因此，治政组织中的不同系统也应该根据"业务"需要而规范权限。由于"系统"在治政组织中自成一体，在治政实践中有着非常重要的作用。而影响治政绩效的往往源自系统，最后涉及某些治政层面。诸如工商、税务、公安等等都是治政组织中的不同治政系统，这些系统往往影响整个治政层面的治政绩效。因此说，治政系统治政绩效好，治政的全局绩效就好，否则，则正相反。加强治政系统的治政组织建设是治政组织建设的主要内容。在科学运用系统原则时，必须运用系统理论，对治政活动进行系统的分析。系统原则要求治政必须有全局观点、全面的观点，把系统中和系统外的各种因素考虑周全，注意治政工作的要素性、全面性、全局性、结构性、整体性、层次性、联动性、综合性、体系性，环境性以及内在关联性。①

第六，反馈原则。控制论中反馈的含义指系统的输出信息返送到输入端，与输入信息进行比较，并用两者的偏差进行控制的过程和方法。在治政实践中，当治政的某一个决策执行之后，治政者根据客观情况的变化，把变化了的情况及时地、准确地反映给决策的治政者，并提出相应的对策建议，以便于治政者（决策者）修正决策，从而实现治政的有效控制。治政的反馈特点为"一是对决策中心而非执行机构或监督机构而言的；二是在决策执行之后进行的；三是经常的和多次的"。②

第七，权变原则。所谓权变指在治政组织目标前提下，采用灵活的办法，考虑到相关的变动因素，随机地处理治政活动中的问题的原则。权变原则在治政实践中宜慎用，对解决问题的办法可以采用权变的方式，而对于某些原则问题，应慎用权变的原则，因为许多治政问题是不可以权变的。

第八，民主导向原则。治政活动必须以民主为导向，因为民主程度反映了治政的进步程度、科学程度。治政的实质是人民治政，因此，治政者必须是代表人民治政。民主在治政活动中不仅仅是体制问题，而且还有治政者的作风等问题。治政的民主体制同君主专制、公开的军事独裁、法西斯统治是有原则区别的。在治政活动中，所有治政者都必须保持民主的导向，保持治政活动民主、治政民主、治政过程的民主。对于治政者本人来讲，在治政活动中要保持民主作风、民主原则、民主的权利；对治政客体（民众）来讲，要求有相同的民主的权利，这种民主权利也应该以民主的方式在治政活动中反映出来。民主既是体制，也是追求的目标。

第九，绩效原则。所谓绩效指治政者治政的效益效率。治政活动应该也必须是讲绩效的活动，治政如果不讲绩效则是无绩效治政。在一般的治政活动中，可以把治政绩效分为政治绩效、物质绩效、公民资格绩效和民主绩效。对于具体的治政者来讲，治政绩效可以分为贡献绩效、效益绩效、时间绩效、用人绩效和决策办事绩效。治政必须坚持治政绩效的原则，反对一切"无效"治政。

第十，目标原则。治政目标指在一定的治政环境条件下解决治政活动

---

① 参见邱霈恩著：《领导学》，第98页，中国人民大学出版社2004年版。
② 同上书，第97页。

中的问题而要达到的结果目标。治政目标具有定向、定时、定量的特点，因此，治政的目标必须简明、集中，并成为对于下属的一种激励。治政目标有总目标和分目标；有长期目标和短期目标；有导向目标和具体目标，这些目标都应成为治政活动的动力。

（3）治政活动的具体原则。治政活动的具体原则指治政者在具体活动中应该坚持的原则。这些具体的原则表面上虽不涉及治政的普遍问题，但是执行原则后的结果，必定影响治政全面的绩效。

第一，决策原则。有关决策我们在下一章中还将作具体阐述。治政活动决策原则指在某些具体治政活动中，治政者对某一具体治政活动的决定策略或办法。决策原则的应用必须注意科学性、适用性和实事求是。

第二，思想政治工作原则。思想政治工作原则是以人为本地有目的地对治政客体（民众）施加意识形态和心理影响，以期转变人们的思想政治品德，引导人们行为的工作方法。思想政治工作是社会主义国家常用的原则，但不少西方国家的"社团"也在运用这种方法。思想政治工作的目的是使治政主客体在为完成治政组织的任务方面形成共识并努力工作。思想政治工作要注意几个特点。诸如因人而异、适时、感化以及综合性、实践性等方法和特点，以使治政主客体（治政者和民众）把工作目标统一到治政组织目标上来，以求治政具体工作的实效。

第三，激励原则。所谓治政激励指在治政活动中治政者所采用的激发与鼓励的原则，这个原则表现为治政组织在追求既定目标时的愿意程度。激励的原则有着激发动机、鼓动行为、形成动力的作用，有着最大限度地调动人们主动性、积极性和创造性的效能，是治政者常用的方法之一。激励的具体形式很多，主要可以概括为精神激励和物质激励。

第四，职权相称原则。职权相称原则也称为责权相称原则。这个原则主要在治政者主体中治政上级对治政下级所采用的原则，也可以把这种原则用在治政客体（民众）方面。职权相称指治政者对治政下级在治政过程中采用的责任和权力同时赋予的原则，治政者的权力和责任必须相适应，只有权而没有责的治政，必然会出现滥用权力，为所欲为，不负责任；只有责任没有权力，责任没有了保障也就必然落空。因此，在治政活动中，责权必须结合。

第五，用人原则。所谓用人指治政组织（包括上级治政者）发现、选拔和任用人才所使用的方法。用人一直是治政者非常重视的原则，选好人、用好人对于治政的成败关系重大。用人有几个重要标准即德才标准、知识化标准、能力标准和年龄健康标准。治政用人也有几个常用的原则，即德才兼备的原则、知人善任的原则、选贤任能的原则、量才任用的原则、竞争择优的原则、因事择人的原则等等。

第六，宽严相宜原则。在治政活动中治政者上级对下级，治政者对民众的管理都有宽严相宜的问题，所谓宽严相宜指宽严并举，适时有度。

第七，适度原则。所谓适度指治政者正确把握和处理质与量的辩证关系，在事物的质所能容纳的量的活动范围内，追求最佳适度。① 在治政活动中，所有的工作都有适度的问题，不能"过度"和"过分"，治政工作多是做人的工作，更要适度。

第八，换位思考的原则。换位思考是治政者利用自身做治政工作的一种有效的方法。所谓换位思考指治政者与下级或治政客体换一个位置而考虑某一个治政问题的原则。治政者处于领导者、管理者、上级的地位，对下属和民众的指挥、命令是否合适，下属以及民众对某一决策是否拥护，下属和民众对某一工作结果的态度等都需要换一下位置进行审视，从而确定事物的好坏程度。同时，换位思考还是治政者（包括民众）心理压力以及不满情绪释放的方法之一。人们有了心理换位思考，才能体验当事者的感受，心理才能实现释然，也才能实现心理的平衡。

第九，弹性原则。所谓弹性原则指治政者在行使职能、制定计划和目标、处理重大治政问题时留有余地的原则。"留有余地"实际上就是在治政活动中不断地适应治政事物的变化，对治政中的计划和目标以及某些措施及时加以调整、修正。弹性原则实质上就是治政的动态管理。动态管理是治政活动一种科学的管理方式，是在实事求是基础上的适应变化。

第十，授权原则。治政授权原则指治政者上级委授给下级一定的权力和责任，使下级在监督下有相当的自主权和行动权的办法。治政授权是治政活动中常用的一种方法及原则，因为治政者上级不可能一直管到治政基层，或者直接处理治政基层的具体治政问题，必须经过不同级层的授权，而实现层级授权治政组织的目的。在一般的治政活动中，治政授权者对被授权者有指挥权、修正权和监督权，治政被授权者有按治政授权的约定行使被授予的权力，行使治政职权，同时，治政被授权者负有报告情况及完

---

① 参见邱霈恩著：《领导学》，第 97 页，中国人民大学出版社 2004 年版。

成治政任务的责任。在授权原则实施过程中，还必须注意运用授权自身的一些原则，诸如责权统一的原则；统一指挥的原则；职能界限原则；授权不直接干预行使的原则；分级原则等等。在治政实践中，正确地使用授权原则可以加强治政组织的结构和力量；可以减轻治政者上级的负担和有利于治理；可以发挥治政下级的积极性；可以提高治政者的工作效率，简化治政工作程序，防止责任不明。授权最大的问题是监督的问题，即如何保证治政下级按授权要求行使被授予的权力。在授权原则的分析中，我们不得不说明一点，即治政体制授权的问题。在社会主义国家中，人民选举出人民代表，授权给人民代表选举出治政者（或层级主要治政者）；人民代表授权给治政者去治理国家不同层级的政务。这种体制授权在社会主义国家治政中并没有真正地科学地体现，反而出现了授权异化，即治政者们并不认可这种授权，不少治政者只认可上级对下级的授权，这是社会主义治政应该认真研究和探讨的问题。

第十一，静心原则。静心是指治政者修炼而得出的一种办法和原则。对于具体的治政者来说，不仅应在"滚滚红尘"的世事中静心，更要在治政活动中学会静心。静心是指在物质等利益冲击中保持一种平静的心态。用平静的治政心态去处理治政事物，一般可以达到奇有的治政效果。在治政活动中，治政者对上静心，不用阿谀奉承，拍马溜须，不用视上级为至尊而丢失自我；治政者对下静心，可以平等对待，以法律、规则约束下级治政者行为，给下级创造一种创新治政的环境；治政者对自己静心，可以真正实现不图虚名，不求应属自己利益之外的利益，而真正实现治政的权为民所用、情为民所系、利为民所谋，才能真正进入治政者难有的境界。静心有一定的原则，静心不是无原则，不是那种逃避世事与世无争的状态，而是有治政者自身的原则性，这种原则要符合治政法律、法规。把握治政的静心原则，要注意治政的平缓性、淡泊性、境界性、乐观性等等。

二、治政方式与方法

在治政实践中，治政者的层面不同，其方式方法也不会相同。即使是同一个治政者，在不同的治政场合，会采用不同的治政方法、方式。

1. 治政者的治政方式

治政方式是治政者实施治政的具体形式。

（1）治政方式内涵。治政者的治政方式指治政者主体以其特定的作风、性格、态度、习惯、思想、教育素质在特定的治政环境制约下形成的对治政客体（民众）作出反应并施加影响的基本定势。治政方式是直接介入治政者行为过程的重要因素。① 治政方式虽为实施治政的具体形式，但却影响治政内容实施的效果。

（2）治政方式的特征。不同的治政者会采用不尽相同的治政方式，当然，治政方式主要由治政内容决定，具有一定的模式，但这些模式也是在发展变化的，并且可以在治政实践中不断创新。治政方式有其自身的特征。

第一，形式性。治政方式是一种"基本定势"，具有一定的形式，这些形式是具体的，具有代表性的。诸如思想方式、决策方式、管理方式、责任方式、用人方式、合作方式、处理方式等等，都是治政者的一种治政形式。

第二，参与性。治政方式的参与性指治政方式直接介入领导行为过程，治政者的行为被赋予了形式上的特点，治政方式直接参与治政者行为并影响治政结果，不过它只是以某种方式的形态参与的。

第三，独特性。治政方式的独特性指治政方式是丰富多彩的，几乎每个治政者都有自己独特的治政方式，这种独特的治政方式有着治政者个体的特点以及治政者群体的特点，也有着治政主体所代表的社会系统中治政文化的特点。治政方式的独特性主要是由治政者个体所决定的。

第四，挑选性。治政者使用什么样的方式治政，有环境的原因，有治政内容的原因，还有治政者素质的原因。治政主体应该也必须具有对治政环境和治政客体（民众）的辨别力、适应力、应对力和把握力，并用这些能力来挑选更为恰当的治政方式。②

第五，创造性。治政方式本身是没有创造性的，所谓创造性指治政者

---

① 参见邱霈恩著：《领导学》，第 99 页，中国人民大学出版社 2004 年版。
② 同上。

在治政实践中根据治政内容的变化而适时创造某些新的治政方式的特征。治政方式来源于治政实践，又在治政实践中得到充实和改造，同样，也会在治政实践中得到发展。治政方式的创造必须实事求是，必须追求形式与内容的统一。

第六，附着行为性。治政方式是通过治政行为而发挥作用，单单的治政方式是一种抽象的事物，没有治政者的治政行为，便无法发挥自身的作用。在治政实践中，治政方式贴附着治政行为，最基本最直接地影响治政行为。贴附的特点是治政方式发挥作用的最根本的特点。

在治政实践中，治政风格与治政方式有时是等同的，治政风格是指富有治政主体个性特征的治政行为方式，两者基本上是等同的，其区别在于治政风格主要是从治政者的行为方面给治政客体（民众）的印象来理解的，具有外在特点；而治政方式是从直接构成影响治政行为层面的基本定势来理解的，具有一定的内在特点。①

（3）治政方式的类别。治政方式有其具体的类别，一般我们习惯于把治政方式分为民主型的治政方式，独裁型的治政方式和无为型的治政方式。所谓民主型治政方式指采用民主的方式，让治政客体（民众）参与治政活动的一种治政方式。所谓独裁型的治政方式指一种强制型的治政方式。所谓无为型的治政方式指以放任的形式让治政下级和治理对象自主治理政务。从具体的治政活动来看，治政的方式又可以治政行为过程及内容和治政行为质量及倾向为标准区分的类别。

第一，以治政者行为过程及内容为标准的治政方式类型。以治政者行为过程及内容为标准，治政方式可以分为两种，一种是施政方式即治理方式、领导方式、管理方式、决策方式、思想方式、组织方式、执行方式、执政方式、指导方式、指挥方式、指令方式、把持方式、控制方式、协调方式、沟通方式、反馈方式、评估方式、监督方式、法治方式、责任方式、治事方式、升降方式等等。另一种为用人方式即培养方式、选拔方式、治人方式、用人方式、考核方式、奖惩方式、自处方式等等。②

第二，以治政者行为质量及倾向为标准的治政方式类型。以治政者行为质量及倾向为标准的治政方式可分为多种。一种为治的方式与理的方式

---

① 参见邱霈恩著：《领导学》，第100页，中国人民大学出版社2004年版。
② 同上书，第101页。

即自治与他治、理政与施政、治政与管理等方式；另一种为民主方式与专断方式即授权与集权、顺应与干扰、主导与包办等方式；还有一种为主动方式与被动方式即积极与消极、推动与插手、制度与武断等方式。

第三，以治政者行为结果及影响为标准的治政方式。以治政者行为结果及影响为标准的治政方式有许多种。一般分为实践与理论的方式即科学与经验、实证与摸索、现代与传统、成功与保守等方式。

2. 治政者的治政方法

治政方法往往是治政者治政中较为讲究和追求的治政管理艺术问题，治政用什么方法能够制定预计的效果，这是治政者追求的主要问题。但在治政实践中，方法只是治政的一种工具，是达到治政组织目标的手段，治政方法不是治政组织目的。我们在前面分析了治政方式，治政方式与治政方法是两个不同的概念。治政方式是治政者的基本行为定势，而治政方法是治政行为为达到某种治政组织目标而使用的工具，两者在治政过程中又会经常共同出现和在同一环境下使用。

（1）治政方法的内涵。治政方法的内涵指治政方法的含义。治政方法的含义是由方法含义引申而来的，就是治政方法的根本内容是从方法延伸出来的。

第一，方法的含义。方法是解决思想、说话、行动等问题的门路、程序①、对策和技巧，是人们行动中的科学和艺术，是人们解决问题的工具。

第二，治政方法的含义。治政方法指治政主体在特定的治政理论指导下和特定的治政环境中为实现治政组织目标而运用的门路、程序、对策、技巧的总和。② 治政方法包括了治政者个人的思想方法、工作方法和一些工作作风，也包括了治政过程中所特定使用的法律、政策、文件、制度、会议以及领导讲话等等。

（2）治政方法的类别。治政方法的类别好多是从领导、管理方法借用而来的，治政方法在治政实践中有多种，归纳起来可以分为几类。

第一，治政方法综合分类。所谓综合分类指把治政方法从作用、层次、功能、时间等方面进行综合分类，治政方法的本质在"治"，执政不

---

① 参见《现代汉语词典》，第 383 页，商务印书馆 2005 年版。
② 参见邱霈恩著：《领导学》，第 107 页，中国人民大学出版社 2004 年版。

治政，领导不治政，管理不治政再好的治政方法都用不上。因此，治政方法运用的基础是治政，只有在治政者治政的基础上，治政方法才有作用。从治政作用层面看，治政方法可以为治政的方法论基础、基本治政方法、具体治政方法等等。从治政层次看，治政方法可以分为不同层面的治政方法，即基层治政法、中层治政法和高层治政法。从治政战略远近层面上看，治政方法可以分为战略性治政方法和策略性治政方法。从治政的基本功能层面上来看，治政方法可以分为执政治政方法、治理治政方法、行政治政方法、经济治政方法、军事治政方法等。从治政的时间上看，治政方法可以分为传统治政方法和现代治政方法等等。

第二，治政方法的具体分类。治政方法具体分类指在治政活动中，治政者所使用的治理方法，它涉及治政活动的全方位、各层面。有些治政活动可能会使用多种方法或综合运用各种方法，有些治政活动可能只使用一种方法。

一是系统治政方法。所谓系统治政方法就是根据治政的不同系统或系统理论进行治政的方法。系统治政方法是根据治政的系统认识而改造治政事物的方法。从系统理论来讲，系统治政的治政方法就是从治政整体出发，着眼于治政的整体与部分、整体与层次、整体与结构、整体与环境的相互联系和相互作用，求得优化的治政整体目标效应的一种综合的治政方法。系统是科学技术的结晶，运用到治政活动中来，就必然形成系统治政方法。从治政本身的不同系统来讲，由于治政系统的区别，治政的客体（民众）不会相同，因此，也必须运用不同的治政方法治政，这也体现了治政的系统性。

二是调查研究的方法。所谓调查研究的方法指通过收集有关资料，了解被调查对象现状及其发展变化情况的研究方法，毛泽东讲："一切实际工作者必须向下作调查。对于只懂得理论不懂得实际情况的人，这种调查工作尤有必要，否则他们就不能将理论和实际相联系。'没有调查就没有发言权'，这句话，虽然曾经被人讥为'狭隘经验论'的，我却至今不悔；不但不悔，我仍然坚持没有调查是不可能有发言权的。"① 所谓调查研究，就是调查和研究两个部分。其一是调查方法。调查的方法很多，国内外通用的有典型调查、统计调查、试点调查、全

---

① 《毛泽东选集》第 3 卷，第 791 页，人民出版社 1991 年版。

面调查、重点调查、抽样调查、个别调查、文献调查、会议调查、民意测验调查等。其中的典型调查、全面调查、重点调查、直接调查、民意测验调查、随机抽样调查是调查中最常见的方法。所谓典型调查,指从具有某种共性的治政总体事物中,选取若干个具有代表性的作为调查对象而进行的一种非全面性调查。这种调查方式的程序包括了确立调查目标、选择调查典型、制定调查方案和调查实施等步骤。所谓全面调查指对治政总体中所有单位进行调查的方法,它是不同层面的治政者准确地了解、认识治政事物的科学方法。全面调查又分为专门组织的一次性全面调查和经常性的全面调查。所谓重点调查指在治政总体中选择一部分在其中起主要或决定作用的单位作为调查点进行调查的方法。重点调查的关键在于选择调查对象。所谓直接调查指治政者直接向调查对象搜集第一手资料的调查方法。直接调查的方法有自己的程序包括:明确调查的目的,查阅有关资料,找出资料与目的的因果关系;征求意见,提出具有关键性的调查命题;确定调查对象,并进行抽样统计,使抽样的样本有较大的代表性,以便正确推测未来;根据调查目的和条件确定收集资料的方法;实施调查,派遣有关人员到现场完成任务;检查、分析、整理资料并做出结论;写出调查报告,对报告所提建议和措施的可行性及作用进行调查。① 所谓民意测验调查指由治政者提出一些题目,让被调查者回答,然后对答案进行统计和分析,从而掌握民众对治政等相关事物的意见的方法。民意测验调查的步骤一般分为不确定问卷内容、发放问卷、回收问卷并进行分析。所谓随机抽样调查指治政者按照随机的原则,从治政客体(民众)中抽取总体代表的部分单位作为调查点进行调查,并以部分调查的调查结果推算总体。随机抽样调查的实行方式:纯随机抽样,也称作简单随机抽样,指从全部单位中随机抽取"样本"进行调查;机械抽样,也称等距抽样,指对调查对象按等距离抽取"样本"进行调查;类型抽样,也称分层抽样,指先将总体单位按与研究现象有关的主要标识进行分组,再在各组中用随机等距的方式抽取样本进行调查;整群抽样,指将总体按一定的标识分为若干群,然后在所分成的群中,抽取一个分群作为样本进行调查。② 其二是分析研究方法。分

---

① 参见迟树功主编:《干部大百科》,第202页,中国广播电视出版社1991年版。

② 同上。

析研究的方法国内外通用的有好多种，诸如系统研究、概率研究、定性定量研究、动态研究、综合分析研究、对比分析法、文件分析法、统计分析法、历史分析法、平衡法、情境探讨法等等，这些方法是治政调查研究中经常使用的方法。

三是思想政治教育方法。思想政治教育方法是社会主义制度下治政不可缺少的方法。思想政治教育方法指通过治政者以人为本耐心、细致的交心工作，达到教育效果的一种方法。治政中思想政治教育方法的研究有许多种，诸如疏导法、讲演法、感化教育法、渗透法、对比教育法、典型示范法、激励法、褒贬法、竞赛法、自我教育法等等。思想政治教育法是治政者与治政客体（民众）沟通的最好方法。

四是治政工作群帮法。所谓治政工作群帮法指让治政客体（民众）主动参与治政而推动变化的方法。治政工作群帮有几个条件：治政者具有群众观念，具有一定理论修养和水平；治政客体（民众）具有参政的积极性，他们已被充分地发动起来了；治政组织中具有良好的友爱氛围，互相尊重、平等待人，大家感到了一种宽松的治政环境；治政者作风民主，工作民主，待人民主，并敢于承担责任和修正治政中的错误；治政客体（民众）参政有效果，并被治政实践证明是正确的。

五是一般号召与个别指导相结合的方法。在治政实践中，号召一般是由治政者发出的，一般号召指治政者泛泛的号召，治政者对全部的下级及民众讲明治政的决策、方案、计划，让大家都知道治政所要达到的目标，并提出实现目标的要求。个别指导指治政者对某一个或多个单位了解情况，倾听意见，在考察蹲点中解决问题。两者结合指在治政实践中既有面上的布置，又有点上的突破，从而推动治政工作的全面开展。

六是处理好全局与局部相结合的方法。治政有全局的治政工作，也有局部的治政工作，对于不同层面治政者来讲都有治政全局与局部的问题。治政的全局指治政的整体及其运动的全过程。治政的局部指治政的各个组成部分及运动过程的某一个阶段。从治政实践来看，如果治政所有的局部都完成了治政工作目标，应该说治政全局工作目标实现了；从全局来讲，全局实现了治政工作目标，并不代表所有局部实现了治政工作目标，这在经济工作中最为明显。在治政活动中，治政的全局工作搞好了，会促进治政局部工作的开展；如果治政局部工作有失误，会对全局治政工作产生影响。在处理治政全局与局部工作中，有几点必须注意。其一是所有层面（或者治政全部）的治政者都必须树立全局意识，要有顾大局的思想，有对全局治政形势的了解和把握，有处理全局与局部治政工作的思想和本领。其二是所有治政者都必须自觉维护治政的全局，以保证局部服从全局。其三是治政主体也要注意兼顾局部，以保证局部积极性从而推动全局治政工作的开展。

七是法治、德治、人治相结合的治政方法。治政就是治理政务以及做好与政务相关的所有工作，治政离不开法治、德治和人治。在已有的社会形态（共产主义社会除外）中都有科学地运用法治、德治、人治结合的问题。西方发达国家号称一部宪法治天下，讲的是法治；中国人号称半部《论语》治天下，讲的是人治。西方发达国家以法治为主，以德治、人治为辅，他们虽为法制社会，但也离不开德治和人治的支持；东方许多国家中，以人治为中心，即靠治政者的治政行为推动社会的发展，同样也必须有法治和德治作保障，因为治政者治政也必须合法。治政者要注意使法治、德治、人治科学地结合，使治政更为科学化。

八是特殊的治政方法。特殊的治政方法指治政者在处理治政活动中对偶发、突发事件的门路和对策。在治政实践中，治政者会遇到许多的偶发和突发事件，这些事件没有规律性、不带普遍性、也无阶段性、更无准确的时间性。由于事件的偶发和突发，相关的治政层面、相关的治政者必须面对事件果断而细致地处置，并争取尽快地、科学地处理好。有的研究者认为，治政中突发和偶发事件的处理，最能体现治政者的素质、能力和水平。对于什么是突发事件，A. 西蒙讲是"新颖、无结构、具有不平常的影响"事件。新颖指首次出现，没有先例；无结构即情况复杂，具有模糊性、随机性；不平常的影响即关系重大非立即处理不可。像百事可乐被消费者投诉发现瓶中有医用针头的"针头事件"、中国 2008 年初的大雪、2008 年 5 月四川大地震等都是偶发事件，这些事件考验着治政者的应急治政能力、治政水平和治政素质。

三、治政的艺术与方略

1. 治政艺术

治政艺术与治政方法有时被治政者混为一谈，治政艺术与治政方法是有区别的。从概念上来讲，治政方法是治政者在治政活动中为了达到治政组织目标而运用的门路、程序、对策、技巧的总和，而治政艺术是在方法上的进一步运用，侧重于"技巧"等方面的运用，治政艺术是治政者处理模糊性、随机性问题的治政方法。

（1）治政艺术的概念与类别。

第一，治政艺术的概念，治政艺术指在一定的知识和经验的基础上非规范化地有创造性地运用治政方法进行治政工作的技能。治政艺术具有几个层面的内涵：治政艺术是一种富于技巧性的治政技能；治政艺术与治政者个人的学识、经验、才能、智慧、气质、胆略、作风等因素密切相关；治政艺术只有在治政者实际运用治政方法和治政条件的过程中才能表现出来；治政艺术表现的主体为治政者。

第二，治政艺术的类别。治政艺术与治政方法一样，存在于每一个治政者行为之中，它可以直接影响治政者的治政效果。治政艺术因治政者、治政者的治政行为而异，一般没有固定的模式和固定的规范。在治政决策过程中，有治政者随机决断的治政艺术；在治政者治理过程中，有宽严相济的艺术；在治政者管理的过程中，有治政者善于用人的艺术；在处理治政者关系的过程中，有治政者协调人际关系的艺术等等。具体来说治政艺术有以下种类：治理艺术、从政艺术、指挥艺术、用人艺术、公关艺术、协调艺术、鼓动艺术、引导艺术、调查研究艺术、批评艺术、政客艺术等等。我们可以从著名贪官江苏省建设厅原厅长徐其耀总结的"从政原则"实际上是"政客艺术"中看反治政艺术的运用，亮出这些反治政艺术是为了防止这种艺术在治政活动中漫延，这种政客的反治政艺术是渣子艺术，当警惕。下面是徐其耀给他儿子的信。

孩子：

你的来信我已收到，对你在大学里的表现，我很欣慰，你要再接再厉。

既然你选择了一定要走仕途这条路，你就一定要把我下面的劝告铭记在心：

1. 不要追求真理，不要探询事物的本来面目。把探索真理这类事情让知识分子去做吧，这是他们的事情。要牢牢记住这样的信条：对自己有利的，就是正确的。实在把握不了，可简化为：上级领导提倡的就是正确的。

2. 不但要学会说假话，更要善于说假话。要把说假话当成一个习惯，不，当成事业，说到自己也相信的程度。妓女和做官是最相似的职业，只不过做官出卖的是嘴。记住，做官以后你的嘴不仅仅属于你自己，说什么要根据需要。

3. 要有文凭，但不要真有知识，真有知识会害了你。有了知识你就会独立思考，而独立思考是从政的大忌。别看现在的领导都是硕士博士，那都是假的。有的人博士毕业就去应招公务员走向仕途，那是他从读书的那天起就没想研究学问，肯定不学无术。记住，真博士是永远做不了官的。

4. 做官的目的是什么？是利益。要不知疲倦地攫取各种利益。有人现在把这叫腐败。你不但要明确地把攫取各种利益作为当官的目的，而且要作为唯一的目的。你的领导提拔你，是因为你能给他带来利益；你的下属服从你，是因为你能给他带来利益；你周围的同僚朋友关照你，是因为你能给他带来利益。你自己可以不要，但别人的你必须给。记住，攫取利益这个目的一模糊，你就离失败不远了。

5. 必须把会做人放在首位，然后才是会做事。这里的做人做事你可别理解为德才兼备的意思。这里说的做人，就是处关系。做事是实际工作，这点会不会都无所谓。做人就是把自己作为一个点编织到上下左右的网中，成为这个网的一部分。记住，现在说谁工作能力强，一点都不是说他做事能力强，而是指做人能力强。呵呵，你看那些把能力理解为做事的人，有好日子过才怪。

6. 我们的社会无论外表怎么变化，其实质都是农民社会。谁迎合了农民谁就会成功。我们周围的人无论外表是什么，骨子里都是农民。农民的特点是目光短浅，注重眼前利益。所以你做事的方式方法必须具有农民特点，要搞短期效益，要鼠目寸光。一旦你把眼光放远，你就不属于这个群体了，后果可想而知。要多学习封建的那一套，比如拜个把兄弟什么的，这都不过分。

7. 要相信拍马是一种高级艺术。千万不要以为拍马只要豁出脸皮就行，豁得出去的女人多了，可傍上大款的或把自己卖了好价钱的是极少数，大部分还是做了低层的三陪小姐，这和拍马是一样的道理。拍马就是为了得到上级的赏识。在人治的社会里，上级的赏识是升官的唯一途径，别的都是形式，这一点不可不察。

8. 所有的法律法规、政策制度都不是必须严格遵守的，确切地说，执行起来都是可以变通的。法律法规、政策制度的制定者从没想到要用这些来约束自己，而是想约束他人。但你要知道，这些不是人人都可以违反的。什么时候坚决遵守，什么时候偷偷违反，让谁违反，要审势而定，否则宽严皆误。

以上这些都是做官的原则。现在要仔细想想，如果你真能逐条做到，你就能一帆风顺，如果感觉力不从心，就马上另外选择职业吧。①

（2）治政艺术特征。由于治政艺术是非程序化、非模式化、非定量化的治政者的技能，又因治政者个体的学识、智慧、才能等关系密切，有时是它们的综合反应，又贯穿于治政者的治政活动过程，所以，治政艺术有自己的特点。

第一，非模式化和非规范性。所谓非模式化指治政艺术是因治政者和治政组织而异的，在治政实践中一般不会有固定的模式。即使是同一个治政者，对不同的治政实践也会采用不同的治政艺术；即使同一治政者在处理性质类似的治政事件时，也不会采用统一的治政艺术。治政主体的学识、能力等方面的差异也决定了治政艺术的非模式化。所谓非规范性指治政艺术虽有总结有归纳，有可以学习的文本，但治政艺术是随机发挥的，没有一个规范的可以供所有治政者使用的文本。不同的治政者和治政组织在处理同一治政事件中也不会采用相同的治政艺术。治政艺术没有统一的格式和定局。

第二，随机性和灵活性。所谓随机性指治政者和治政组织在处理治政事件时运用治政艺术是因事而异、因治政者而异，具有很大的即时性和因事性，这便使治政艺术具有了很大的随机性。所谓灵活性指治政者在运用治政艺术时不是机械地、简单地运用或者照搬他人的治政艺术，而是有针对性地、开创性地运用治政艺术。随机性和灵活性在治政艺术的特征中是相通的。随机多指有准备的变化，灵活多指随时变化。

第三，特殊性和偶然性。所谓特殊性指治政者在运用治政艺术时的不同一般的方法。治政艺术特殊性是治政者在特殊条件下解决问题采用的特殊方式和手段，这些特殊的方式和手段往往又是治政实践特殊情况下所需

① 肖知兴：《一个贪官给儿子的信》，《半月选读》2009年第2期。

要的。所谓偶然性指治政事件有时会偶然出现，治政者和治政组织在运用治政艺术解决偶发事件时采用何种方法也带有偶然性。当然，治政艺术的偶然是在平时的必然准备之中。

第四，创造性和经验性。所谓创造性指治政者在运用治政艺术时的创造能力和创造水平。治政艺术是非模式化和非规范性的手法，治政者在运用时更应该标新立异，有所创造、有所发明、有所前进。创造性地运用治政艺术解决治政中遇到的问题本身也是一种"创造"。治政者不能也不应该照搬已有的治政艺术。所谓经验性指治政者在使用治政艺术时要在自己一定的学识和经验的基础上才可能达到应有的效果。治政艺术不是与生俱有的，必须有一定的使用经验的基础。创造也是在一定经验的基础上才能实现标新立异的。因此，治政艺术的创造性和经验性是相联系的。

第五，多样性和综合性。① 所谓多样性指治政者的治政艺术在治政实践中应该是丰富多彩的，是具有不同层次、不同形式和不同类别的。治政艺术的多样还包括了治政者在处理治政事务时采用的不同的治政艺术。即不同的治政者处理同一治政层面的事务会采用不同的治政艺术，同一名治政者在处理类似事务时也会采用不同的治政方法。所谓综合性指治政者运用治政艺术时可能是综合分析，在不同治政艺术中选取一种或多种而运用；综合性艺术也指治政运用综合的治政艺术处理治政事务；综合性艺术还指运用特殊的治政艺术处理治政中复杂的、综合性的问题。

2. 治政方略

治政方略是治政方法论中不可缺少的一环，治政方略与治政方法有很大的区别，方法简单来说是一种工具，而方略是指治政者的治政谋略。治政方略与治政方法相通点在于都是治政者所使用和运用处理治政事务的一种方式，不同点在于谋略是治政者主动产生并运用的，方法是治政者在处理治政事务时应急运用或被动运用的一种或多种的治政方式。治政方略带有计划性，治政方法带有应急性。

（1）治政方略的概念。所谓治政方略是指治政的全盘计划和策略，也

---

① 参见邱霈恩著：《领导学》，第110页，中国人民大学出版社2004年版。

就是指治政活动中带有全局性的或者统揽全局的重大问题所作的基本谋划和主要对策。治政方略是治政活动中带有一定的逻辑联系的治政方法群。[①]从治政的全局和局部来看，治政方略是治政全局的方法。

（2）治政方略的类别。治政方略是全局的方法和治政方法群，其类别也是多样的，在治政实践中，治政者使用方法的多，运用方略的少。在治政过程中，治政方法的运用必须要有治政方略的支持和保证。治政方略因治政者工作性质不同而有所不同。

第一，治政方略的系统分类。所谓系统分类指治政方略的综合分类。从治政的全盘和局部的层面来看，治政方略可以分为全局治政方略和局部治政方略；从时间上来看，治政方略可以分为长期治政方略和暂时治政方略；从治政系统来看，治政方略可以分为治政横向方略和治政纵向方略；从治政的不同层面来看，治政方略可以分为主导方略和层面方略；从中央到地方的区域来看，治政方略又可以分为治国方略和不同层面的"治层方略"。

第二，治政方略的具体分类。治政方略的具体分类可以分为治国方略、军事方略、政治建设方略、经济建设方略、文化建设方略、社会建设方略、政党建设方略、生态建设方略、科学发展方略等等。

（3）治政方略的特征。治政方略的特征主要是从治政事物方面分析的，即在治政事物运动中治政应有的方略。治政方略从治政主客体层面综合分析具有许多特征。

第一，全局性。所谓全局性指治政方略是治政全局的计划和策略，是着眼于整个社会系统或某一治政领域的全局的方略。对于全国来讲，要有治国方略；对不同系统来讲，要有系统治政方略；对治政的不同层面来讲，要有层面治政方略。治政方略是解决全局性治政问题的指导性依据，是治政全局的根本性计划。

第二，战略性。所谓战略性指治政方略是对治政路线、方针、政策的筹划，是治政科学发展和获得治政成效的计划。战略性与全局性是相近的两个概念。战略主要从治政事物的计划层面理解，全局主要从治政事物的范围层面理解。战略是治政全局的方略，是必须首先谋划好的方略。

---

① 参见邱霈恩著：《领导学》，第110页，中国人民大学出版社2004年版。

第三，策略性。所谓策略性指实现治政战备的手段。治政方略的本身就是一种大的治政策略，治政的策略性是治政方略实现中不可缺少的方法。

第四，系统性。所谓系统性指治政方略因不同系统而形成不同系统的方略，即治政方略带有系统性的特征。治政实践中有不同的治政系统，治政系统本身又有大系统、小系统等区别，其系统性特征更为明显，系统性方略带有纵向性方略的特征。

第五，层次性。所谓层次性指治政方略因治政层次不同而形成不同的治政方略。一般来说治政战略的层次性是因治政全局决定的，治政分层也决定了治政战略形成的分层，这也符合治政实际。治政的层次性非常明显，决定了治政战略层次性区别的明显。层次性方略带有横向性方略的特征。

第六，长期性。所谓长期性指治政方略是一个较为长远的计划。治政方略不是一时的方略，必然带有较长的时间性。治政方略的长期性也是由治政者的时代所决定的，不同的治政时代，必然有那个时代的治政方略，而这个时代的治政方略又必然指导那个时代的治政实践。时代在历史长河中是短暂的，但对于治政者个体来讲是较为长期的。

第七，可持续性。治政方略是治政的长期计划，必然有可持续性的问题。治政方略有继续发展的可能和必要，正因为其长期性的特点，治政方略必须具有可持续性，不因一时或一事而结束，即使治政中某事务完成了，但治政方略却是带有持续意义的。

第八，动态性。所谓动态性指治政事物一直都处在运动之中，都是在不断运动和发展变化的，治政方略虽是某种全盘性的计划，但必然会随着治政事物的发展而发生变化。同时，治政方略又必须注意解决治政实践中随时出现的问题，动态性更为明显。

第九，科学性。所谓科学性指治政方略不仅是计划，而且必须是科学计划，即方略能够紧密联系治政实际，能够规划以及引导治政者科学治政。科学性的治政方略是治政者追求的方略，也是难以保持和达到的特征方略。科学性的治政方略是治政方略制定的要求，也是治政方略"发展"的方向。

第十，措施性。所谓措施性指治政方略是可以指导治政活动的具体方案，这种方案具有极强的措施性。治政方略的制定是为了指导和规范治政实践，是为了治政的具体操作，有些治政方略在治政实践中就是某种治政措施。

第十一，理想性。治政方略是全盘的治政计划，治政计划是计划状态，本身就具有理想的特征。治政方略虽是大的方法，但又不完全等同于方法，它是治政中重大问题的基本谋划，是理想中的治政状态。

（4）治政方略的作用分析。治政方略的战略性决定了治政方略的目标性特征，治政方略是治政发展的规范方向。

第一，治政方略决定了治政活动的方向和总体目标。[①] 治政方略是治政活动的基本谋划，它的制定规范了治政活动的前进方向，决定了治政活动的总目标。治政方略是治政组织目标的保证，是对治政组织目标的规范，同时是实现治政组织目标的策略。

第二，治政方略决定了治政者治政的行为规范。治政方略不是规划，只是一种谋划，而这种谋划却成为者治政的目标，成为治理政务的方向引导。从方向引导这一层面来讲，治政方略决定治政者治政的行为规范。

第三，治政方略成为治政者的治政规划。治政必须有规划，治政总的方略成为所有治政者治政的一种谋划，或者说不同层面的治政者的治政规划是依据治政方略制定的。

第四，治政方略决定了治政者治政的性质。治政者治政指治理政务，治理政务关键在"治"，在有些治政实践中，治政者对政务不"治"不说，有时是在瞎"治"、乱"治"，结果使治政偏离了治理政务这一轨道。如果所有治政者都按治政方略的谋划去做，治政必然成为科学的治政和为民的治政，治政活动也必然会得到治政客体（民众）的拥护。

第五，治政方略决定了治政客体（民众）的思想状态。治政客体（民众）一般处于分散的和无组织状态。治政主体运用治政方略可以把治政客体（民众）的认识、思想引导到方略规范方面来。在治政活动中，只有治政者的治政组织目标、方针、原则、措施被治政客体（民众）所了解和理解，才能得到治政客体（民众）的支持、拥护，也才能把治政方略变成治政客体（民众）的自觉行动。说到底，治政者使自己的治政方略成为了治政客体（民众）的治政愿景，才真正实现了"治政为民"的民主要求。

---

① 参见邱霈恩著：《领导学》，第113页，中国人民大学出版社2004年版。

四、治政方法的科学化探索

治政方法、方略虽不是治政活动的关键，但却关系到治政的成败，因为好的治政方略和治政方法，可以使治政活动事半功倍。我们在前面分析过，治政方略一般被认为是治政者治政系统的领导方法，是大的领导方法或称为领导方法群。① 治政方略的科学化探索，实际上是探索治政科学化的方法途径，从这一点说，治政方略直接关系到治政绩效。治政方略科学化的方法途径可以从两个方面加以理解，即思想理论的科学化和实践行为的科学化。

1. 治政方略思想理论的科学化

思想与理论在治政实践中往往是两个问题，当然，我们讲的思想，不是上升到理论化的思想，而是指人们在治政实践中对于治政方略、治政活动的想法。理论应该源于实践，又反过来指导实践，在实践中上升的理论是一种思维结果。任何治政方略的制定和实践，都需要有一定的治政思想作指导。

（1）治政方略指导思想的科学化。建立和实践治政方略都需要科学化的思想作指导，有了科学化思想作指导，才能实现治政方略制定和实践的科学化。治政方略指导思想可以分为总的指导思想和具体的指导思想。

第一，治政方略总的指导思想科学化。所谓治政方略总的指导思想指指导治政者制定治政方略和实施治政方略时总的想法的指导原则。治政方略总的指导思想是告诉治政主客体"为什么做"，"应该怎么做"，是一种原则性的方略方向，这种方略方向是总的原则，是制定其他方略应该遵循的方向。治政方略总的指导思想，是总的、权威的"想法"，这种"想法"应该是科学的，是能够经得起治政实践检验的。当然治政方略的指导思想与治政组织目标应该是一致的，治政方略指导思想受治政组织目标所约束，并为治政组织目标服务。这种指导思想必须科学、可行。

第二，治政方略的具体指导思想科学化。所谓治政方略具体的指导思

---

① 参见邱霈恩著：《领导学》，第110页，中国人民大学出版社2004年版。

想指指导治政者制定治政方略和实施治政方略时具体想法的指导原则。治政方略具体指导思想是告诉治政的主客体"做什么"、"做到什么样",是一种具体的方法运用。治政方略的具体指导思想是具体的"想法"或"方法",是指导治政者具体治政行为的具体规范。这种想法和规范必须科学化,即科学、实际、可行。

(2)治政方略理论运用科学化。治政方略理论一般来自实践,治政方略理论指导治政方略实施的实践以及理论的创新都必须科学化。只有在治政实践中科学地运用理论才能有正确的理论指导,才能取得治政实践的成功,只有在治政实践中科学地发展理论,才能使理论之树常青。

第一,科学地运用治政方略理论。治政方略理论源自治政实践,治政者必须科学地运用治政方略理论指导治政实践,在治政中选取较为科学、较为合适的治政方略,推动治政科学地发展。科学地运用就是注意根据自己治政实践的情况而运用理论,不能机械地照搬,不能"认死理",不能唯本本,应该把治政方略理论同治政实践相结合,以推动治政理论科学地进行。

第二,科学地发展治政方略理论。治政方略理论来自实践,必须在实践中丰富和发展。毛泽东讲过:"马克思这些老祖宗的书,必须读,他们的基本原理必须遵守,这是第一。但是,任何国家的共产党,任何国家的思想界,都要创造新的理论,写出新的著作,产生自己的理论家,来为当前的政治服务,单靠老祖宗是不行的。""而且每个国家,每个时期,都有新的理论家,提出新的理论。"① 治政方略的理论是发展中的理论,治政者必须在治政实践中注意科学地发展治政方略理论,在治政的实践中归纳、总结、创造、提升理论。治政方略理论是必然和必须发展的理论。

2. 治政方略实践行为科学化

治政方略首先是理论的,有了理论上的方略就要去实践这些方略,实践治政方略必须科学化。

(1)治政行为规划的科学化。治政行为就是治政实践行为,是治政者围绕治政组织目标、运用治政方略在治政中展开的活动。治政行为科学化就是指治政方略实践行为的科学化,指治政行为规划的科学化。

---

① 《毛泽东文集》第8卷,第109页,人民出版社1999年版。

第一，以民为本。以民为本与以人为本是相近的。区别在于以民为本指以民众为本，不包括治政者，"民"指治政客体中所有老百姓；以人为本指与"物"的区别，"人"指所有的人，包括治政者主体、客体（民众）。治政者的行为规划即治政方略必须以民为本，真正把民众答应不答应、赞成不赞成、拥护不拥护作为治政方略实践的标准。治政者的一切行为，都应该以民众需求为出发点和归宿，这是治政的根本。

第二，实事求是。治政者行为规划无论是制定还是执行都必须实事求是。我们讲治政方略科学化的实事求是就是要切合治政这一实际。"做一切工作，必须切合实际，不合实际就错了。切合实际就是要看需要与可能，可能就是包括政治条件、经济条件和干部条件。"① 治政行为规划必须要切合治政实际尤其是切合治政者处的治政环境的实际，不可凭妄想，也不能畏缩不前，治政行为规划要科学。

第三，治政行为规划要科学、合法。不同体制的社会都必然有一些相关的法律，这些治政法律，是治政行为规划的依据。治政者行为、治政者的行为方略首先要合法，无论是法治、德治还是人治的社会，都应该如此。另外，治政行为规划还要科学，这里的科学指规划具有前瞻性、可行性以及可持续性，具有民众对治政行为规划的认可度、拥护度等等。

（2）治政方略制定的科学化。治政方略制定的科学化，指治政方略的制定从治政实际出发，用科学的思想作指导，有计划、有方法、讲艺术，经得起治政实践的检验。

第一，制定治政方略要有计划。治政方略虽不是治政组织目标，但它是保证治政组织目标实现的主要方法。治政者用什么样的手段去实现治政组织目标，保证治政活动的成功非常重要。制定治政方略首先要做到有计划，这里的计划主要指治政者要善于谋划治政方略。治政方略的谋划要有调查、有实践考证、有实施步骤、有运用程序。

第二，制定治政方略要讲艺术。治政方略本身就是一门治政艺术，而制定治政方略也要做到讲艺术。所谓讲艺术即讲究方略制定方法和预计实施方略的方法，讲究这些方法为的是实现治政组织目标，即成功实践治政方略。

---

① 《毛泽东文集》第6卷，第301页，人民出版社1999年版。

第三，制定治政方略要讲实效。讲实效就是指制定治政方略讲究实际效果。治政方略既是实现治政组织目标的方法，又带有实现治政组织目标策略的内容，因此，无论是方法还是策略都要讲究实效，没有实效的治政方略是失败的治政方略。

第四，治政方略要可检验。治政方略是否合乎实际，是否能够在治政实践中得到应用，应用有无效果，治政方略的本身以及实践是否科学等等，都需要通过治政实践来检验，因此，所有的治政方略都应该具有可检验性，这是治政方略制定中必须注意的。治政方略制定的可检验和治政方略的可检验是有区别的。治政方略制定的检验主要指方略制定时要科学，而治政方略的可检验主要指方略实践时要科学，但两者又都必须经过治政实践的检验。

（3）治政方略借鉴的科学化。治政方略的实践有一个很重要的方法就是借鉴。方略的借鉴有前人的，有今人的；有纵向的，有横向的；有朋友的，有反对者的。借鉴是治政方略科学运行的重要方法。所谓借鉴指治政方略的制定和实践与他人对照，以便学习和预防。借鉴也有与自身不同阶段的对照，但主要的是与他人的对照。

第一，善于总结。所谓善于总结指治政者在制定和实施治政方略时善于学习和总结其他治政组织或其他治政者的经验，总结他们的成功之处和不足之处，以使自己的治政方略更为完美。总结包括了治政不同系统、不同层面、不同治政者的成功之处，包括治政者自己在治政实践中的"治政轨迹"，以便找出不足，圆满治政。

第二，善于借鉴。所谓借鉴指治政者在治政实践中善于借鉴他人治政方略的经验和教训，借他人之长，补自己之短；借他人之教训，防错误之重复。治政借鉴在治政实践中非常重要。

第三，善于结合治政实际。不同治政组织和不同的治政个人有不同的治政环境，包括了不同的治政上级、治政下级和不同的治政客体。这些不同的治政实际，需要治政者认真地研究和把握。治政方略也只有同治政客体相结合，才能真正发挥治政方略的作用。在治政实践中，同一层面的治政者由于学识、能力、经验等不同，对治政实际的感受不会相同，对治政实际的真实把握会有差距，治政绩效也不会相同，运用治政方略的程度以及对治政方略的把握等也就有很大的差别。让治政方略恰当地结合治政实际，并在实践中实施和检验，本身就是对治政实际的学习和借鉴。

3. 几种常用治政方法的运用

治政方法是治政者为了达到治政组织目标，按照治政规律所采用的治政手段。治政方法是治政活动中最为生动的一个部分，是治政者治政能力最为精彩的"亮点"，也是治政客体（民众）能够理解和信服治政事务不可缺少的桥梁。不同的治政者、不同的治政组织以及同一治政者在不同的治政环境中均会采用不同的治政方法。

（1）沟通治政法。沟通是治政者不可缺少的治政方法，沟通适用于所有的治政者，基层治政者直接面对治政客体（民众）时沟通方法的运用尤为重要。据克利夫·里科特斯认为，当人们讲话时，词句仅仅是沟通的一小部分，沟通用的口头信息仅占所用话语的7%，而声音表达占38%，身体姿势占55%。管理人员70%的时间用于沟通，沟通的时间结构为9%用于阅读，16%用于写作，30%用于说话，45%用于倾听。① 沟通治政法是治政常用的方法。

第一，治政沟通的目的。一般来说沟通的目的在于通知、影响和表达感受。对治政者来说沟通的目的是为了在治政相关问题上形成共识，从而形成治政合力，实现治政组织目标。

第二，治政沟通的形式。治政沟通同一般的沟通一样，有不同的沟通形式。沟通可以分为产出型沟通、投入型沟通和非言语性沟通。产出型沟通指说和写；投入型沟通包括了听和读；非言语性沟通指姿态和身体语言等。② 具体来说，治政沟通可以分为谈心谈话沟通、书信沟通、会议沟通、处理事物沟通、代话沟通以及现在的上网、短信、电话等沟通，也包括姿态和肢体语言的沟通。

第三，沟通的过程。沟通是通过人与人之间的信息传递而实现的，沟通的信息从一个人（治政者）传至另一个人（可能是治政者也可能是民众）是一个较为复杂的过程。构成沟通的主要因素从沟通的情境、沟通的讯息、沟通的发送者、沟通的发送渠道、沟通的接收者、沟通的反馈、沟通的干扰等等。③

---

① 参见〔美〕克利夫·里科特斯著：《领导学：个人发展与职场成功》，第136页，中国人民大学出版社2007年版。

② 同上书，第137页。

③ 同上书，第162页。

第四，有效沟通的障碍。沟通并不是都能够达到预期效果的，沟通过程存在许多障碍，必须注意加以克服。有效沟通的障碍表现为语言障碍、人际障碍（发达者和接收者）、情境——时间障碍、组织结构和程序障碍等等。①

第五，有效沟通的自我要求。进行有效沟通主要是要求主动沟通方能掌握沟通技巧，只有掌握了这些技巧，才能进行有效的沟通。当然，沟通技能再好，也有"对牛弹琴"的时候，尽管那是很少出现的现象。沟通的技能可以从表11-1中了解。

（2）软硬治政法。所谓软硬治政法指利用软硬两种手段来处理治政中的问题的一种常见的手段。

第一，软治政法。所谓软治政法指以柔克刚的治政法。治政者遇事不惊，一切依章办事，用一种以人为本的温情处理棘手的治政问题。软，是一种人情化的治政法。软，不是不讲原则，而是软中有硬。

表 11-1 沟通的技能②

技能	倾 听	阅 读	写 作	讲 话	非语言	反 馈
技巧	清除分心 保持安静 表示兴趣 做出注解 有目的性 观察非言语 暗示	集中注意力 概括总体意思 定期总结 批评性思考 避免偏见 使用字典 结合自身	了解听众 了解目的 了解主题 准确、清晰、简要 不跑题 语法使用良好 使用正确的风格 校对	清晰地讲话 用眼睛交流 使用愉快的声调 语法使用良好 观察非言语暗示 不跑题 简明扼要，要但充分	自信理解非言语行为的意思 了解自己的非言语行为 解释肢体语言 公开自己的非言语行为 使用关爱 对外在环境保持敏感	鼓励反馈 观察非言语性暗示 提出特殊问题 使用解释技巧 承担被理解的责任

---

① 参见〔美〕克利夫·里科特斯著：《领导学：个人发展与职场成功》，第165页，中国人民大学出版社2007年版。

② 同上书，第178页。

第二，硬治政法。所谓硬治政法指用强硬的手段推行治政的方法。治政者用严格的手段、严明的纪律、严肃的态度处理政务，依法依章办事，是科学的硬治政法。如果治政者刚愎自用容易形成独裁和治政恐怖，给治政带来损害。因此硬治政法中依法、从严治政是可取的，是治政者必须坚持的，但独裁治政是应该防止和杜绝的。

第三，软硬结合治政法。所谓软硬结合治政法指软硬皆用巧妙结合的治政方法。软硬结合治政法被人们称为"胡萝卜加大棒"治政法。这是常用的而且又屡屡见效的治政法。软硬结合治政法要求治政者在权变思维的过程中，通过对治政下级和治政客体（民众）有清楚的了解和判断，并对治政方法、治政态度有较为灵活的调整，运用以人为本的人情化的人格感染方式，使治政规范得到落实。

（3）会议治政法。在治政实践中，会议已成为十分重要的治政方式。虽然从治政者到治政客体（民众），不少人对会议可谓深恶痛绝，但治政者治政又离不开会议。会议治政法无论在发达国家还是发展中国家，已与治政者和治政事物结下了不解之缘，而且现在有越来越紧密的迹象。

第一，会议治政的作用。会议治政的作用也就是人们常说的为什么要通过会议进行治政，主要的作用表现为几点。

- 为治政者阐明立场、宣传决策及自身构建特殊的空间；
- 形成一种治政者与下级（或民众）沟通的渠道；
- 形成某些决定、规定推动治政工作的开展；
- 养成治政组织的统一性；
- 建立共同目标，即治政团队以及治政者同治政客体（民众）间的某些共同目标；
- 分享信息以及经验等等；
- 团队的互相作用；
- 施展才华，发现人才；
- 获得承诺，即治政者对团队的支持和贯彻实施的责任感意识往往在会议中形成。[1]

---

① 参见〔美〕克利夫·里科特斯著：《领导学：个人发展与职场成功》，第334页，中国人民大学出版社2007年版。

第二，会议治政法的内容。会议成为了建立在规划基础上的一个优秀治政组织的活力源泉，治政会议内容特征可以分为以下几点。[①]

- 策划会议、计划周密、准备充分；
- 理清会议的类型；
- 把握会议的经济成本，有守则，讲效率；
- 会议之前做好宣传；
- 会议日程要张贴并送与会者；
- 每一个会议要有具体的目的；
- 成员出席率高；
- 会议程序要正确；
- 会议日程安排要跟上；
- 会议进行有序化、正规化；
- 主持人要有准备、明确自己的职责；
- 出席者要事先安排好；
- 会议安排要有处理事务、启发的好形式；
- 成员对会议有兴趣；
- 会场要使人愉悦、适宜；
- 会议成员不宜太多，要有人维持秩序；
- 会议成员要守会议纪律不瞌睡、不看无关内容、不接听或打出电话、不开小会等；
- 会议要守时，开始、闭会都守时，一般不宜太长，一般不超过90分钟；
- 与会者有"我们为会议而来"的积极定位；
- 会议必须按会议日程进行；
- 会议备忘录要分发给与会人员。

第三，会议治政的形式有不同的类型和过程，如表 11 - 2 所示。

第四，治政会议的障碍。会议治政经常会遇到障碍，这些障碍使与会者烦躁感到无聊，因此出现了有些会议台上讲得欢、台下睡一片的现象，达不到会议应有的预期效果，治政会议的一些障碍或潜在问题有下面几点。[②]

---

① 参见〔美〕克利夫·里科特斯著：《领导学：个人发展与职场成功》，第 335 页，中国人民大学出版社 2007 年版。

② 同上。

表 11 - 2　治政会议类型及过程①

类　　型		进行方式	会议领导人	决议裁决者
咨商型会议		给我建议，其余免谈	主　管	主　管
研究决策型会议		集思广益，达成协议	主　管	主管或投票表决
责任交付型会议	专断或责任交付型会议	领导者的部署	主　管	主　管
	民主式责任交付型会议	由员工讨论决定	与会者	与会者
仪式型会议		由领导者进行富有感染力的鼓动与传达	主　管	无

- 组织差；
- 主讲人言之无物；
- 主讲人信口开河；
- 主讲人照本宣科而读的错句错字太多；
- 主持人关于贯彻会议要求太多太长并偏离主题；
- 重点不突出；
- 由于出席者自私的动机而偏离了议事日程；
- 会议被少数治政者或少数有影响的人控制；
- 会议内容乏味；
- 会议时间太长；
- 与会者的分裂会议行为；
- 某些言行过频或不够；
- 没有结论性。

　　第五，会议筹划中应思考的问题。治政会议如果筹划不当不仅浪费了与会者的时间，而且会影响治政者的治政形象，影响治政绩效。运用会议治政的方式应该注意可开可不开的会议不开；可开小型会议的会议不开大会；可以开一天的会议半天开完。开会讲实效是治政讲实效的重要方面。在筹划治政会议时应该思考下面的问题。②

---

　　① 刘建军编著：《领导学原理》，第 352 页，复旦大学出版社 2007 年版。
　　② 参见〔美〕克利夫·里科特斯著：《领导学：个人发展与职场成功》，第 337 页，中国人民大学出版社 2007 年版。

- 这次会议真的必要吗?
- 举办这次会议的原因是什么?
- 这次会议的目的是什么?
- 谁主持这次会议?
- 所有成员都要出席这次会议吗?
- 要用会议程序指导会议吗?
- 会议讲话核心是什么?
- 由谁主讲?
- 会议在哪儿举行?
- 开会前如何通知与会者?
- 会议期间如何发布信息?
- 何时开会?
- 会期多长,何时结束会议?
- 会议的通行和食宿如何安排?
- 会议将有何结论?

第六,西方国家会议有它的基本程序,这个基本程序是为"动议"而作的,这是在西方国家会议中经常遇到问题,即允许与会者对会议提议,这是与东方国家会议的较大区别之处。允许有提议,就有允许提议的程序。克利夫·里科斯特为此列了一个表,如表 11 – 3 所示。

表 11 – 3　基本治政会动议程序概览①

动　　议	主席确认发言权	附议	可议论的	可修正的	选案要求	动议分类
主动议	是	是	是	是	大多数	M
修正案	是	是	是	是	大多数	S
未决问题	是	是	不	不	2/3	S
提交委员会	是	是	是	是	大多数	S
搁置动议	是	是	不	不	大多数	S
重启动议	是	是	不	不	大多数	U
限期延迟动议	是	是	不	不	大多数	S

---

① 〔美〕克利夫·里科特斯著:《领导学:个人发展与职场成功》,第294页,中国人民大学出版社2007年版。

续表

动 议	主席确认发言权	附议	可议论的	可修正的	选案要求	动议分类
无限期推迟动议	是	是	不	不	大多数	S
不服主席决议而上诉	不是	是	是	不	大多数	I
会议分组表决	不	不	不	不	重选	I
重新考虑一个动议	是	是	不	不	大多数	U
休会动议	是	是	是/不	是	大多数	P
延期动议	是	是	是/不	是/不	大多数	P
暂时取消规则	是	是	不	不	2/3	I
提出程序问题	不	不	不	不	没有	I

1. M＝动议；S＝附属；I＝临时；P＝优先权；U＝不分级

2. 多数的选票。但同等票数支持主席一方。

3. 原动议是可以讨论的，则"是"。

4. 作为主动议的休会动议是可以讨论和修正的。具有优先权的休会动议则是不可讨论但可在既定时间内修正。

5. 作为动议的延期会议动议是可以讨论和修正的。具有优先权的延期会议，动议则是不可讨论和修正的。

第七，发达国家 FFA 会议日程以及允许提议的示例。一些组织经常举行很多活动或安排一些其他特殊形式的活动，以促使治政者熟知日常安排。FFA 就是这样的组织。① 西方发达国家典型的 FFA 议事日程是非常严格的，所有正规会议都要遵循议事程序（见表 11 - 4）。

表 11 - 4　典型的 FFA 议事日程②

序号	日 程 内 容
1	公开典礼(通常是正式的典礼)
2	上次会议的备忘录(由秘书宣读、委员会通过)
3	主持报告(每次会议上的财政报告；其他必需的报告)
4	组织活动方案报告(组织活动方案的内容是活动计划和进程)
5	方案(在议程结束之前最终形成方案是更适宜的)

① 参见〔美〕克利夫·里科特斯著：《领导学：个人发展与职场成功》，第292页，中国人民大学出版社2007年版。

② 同上书，第338—339页。

序号	日 程 内 容
6	未竟事宜
7	委员会报告 ● 常务委员会报告； ● 专题报告(所有委员的报告均应书面提交。报告被接受后，会议主席记录改动之处并将这些报告由秘书在备忘录中存档)续表序号日程内容 8 新的议题 9 授取仪式(通常用于新成员加入或提升)10 闭幕典礼 11 娱乐、休息、喝饮料(在娱乐、休息之前一般休会)。这便于将会议分成正式和非正式部分)

表 11-5　FFA 会议程序竞赛允许提议的示例表①

提　议		讨　论	修　正	要求投票	附　议	再考虑	要求认可	可以打断发言者
特权	确定休会时间	否	是	大多数	是	是	否	否
	休　会	否	否	大多数	是	否	否	否
	休　息	否	是	大多数	是	否	否	否
	特权问题	否	否	无人	无人	否	否	否
	提出议事程序	否	否	不到2/3	无人	否	否	是
偶发	请　求	是/否	否	大多数	是	是	否	是
	议事程序	否	否	无人	否	否	否	是
	议会询问	否	否	无人	否	否	否	是
	取消规则	否	否	2/3，大多数	是	否	否	否
	撤销提议	否	否	通常无人	否	否	是	否
	反对对问题考虑	否	否	2/3	否	是,否定,仅投票	否	是
	问题的划分	否	是	大多数	是	否	是	否
	会议的划分	否	否	否	否	否	否	否

---

① 参见〔美〕克利夫·里科特斯著：《领导学：个人发展与职场成功》，第 323 页，中国人民大学出版社 2007 年版。

续表

	提 议	讨论	修正	要求投票	附议	再考虑	要求认可	可以打断发言者
次 要	搁 置	否	否	大多数	是	否	是	否
	以前问题	否	否	2/3	是	以前是	否	否
	讨论的限制或延伸	否	是	2/3	是	投票	否	否
	有限延期	是	是	大多数，2/3	是	是	是	否
	提交委员会	是	是	大多数	是	是	是	否
	修 正	是	是	大多数	是	是	是	否
	无限延期	是	否	大多数	是	是	是	否
	主要提议	是	是	大多数	是	是	是	否
未 分 类	提交会议程序	否	否	大多数	是	否	是	否
	重新考虑	否/是	否	大多数	是	否	否	是
	撤 销	是	是	大多数，2/3 如果不写出来	是	否定，仅投票	是	否

第八，发达国家会场布置以及木槌用处。在西方发达国家，会场布置很重视，千方百计使会议的与会者产生一种激情和自豪，值班人员应按FFA 手册，确保会场秩序井然。以美国为例，FFA 会场设施如下，[①] 供我们研究治政会议时参考。

- 一面美国国旗；
- 一面 FFA 会旗（3×6）；
- 一尊乔治·华盛顿的半身像；
- 一只猫头鹰像；
- 1 轮旭日图；
- 1 个值班员；
- 1 幅托马斯·杰斐逊像；
- 1 个木槌；
- 1 个秘书记录本；

---

① 参见〔美〕克利夫·里科特斯著：《领导学：个人发展与职场成功》，第 340—341 页，中国人民大学出版社 2007 年版。

- 1 个发言者笔记本；
- 1 个财务笔记本；
- 1 个剪贴簿；
- 7 本或更多正式 FFA 手册；
- 1 份会议室租约（框架式）；
- 1 份会议提要（框架式——可选择的）；
- 1 份会议目标（框架式——可选择的）；
- 1 个禁止亵渎会议的条例（框架式——可选择的）。

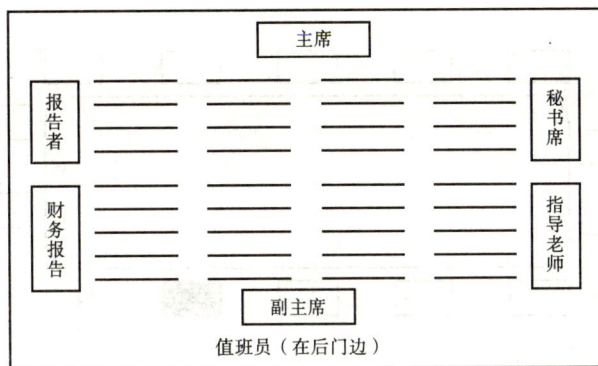

图 11 –1 会场座位布置[1]

会场木槌的作用非常重要，木槌是权威的象征，可以用它来引导会议成员按会议程序进行。会场木槌作用如下。[2]

- 2 声木槌——会议开始；
- 3 声木槌——全体起立；
- 1 声木槌——全体坐下；
- 1 声木槌——宣布投票结果或决定后；
- 1 声重击或连续敲打——保持安静。

第九，会议座位的安排。通过会议座位的安排可以看到治政者治政的

---

① 参见〔美〕克利夫·里科特斯著：《领导学：个人发展与职场成功》，第340页，中国人民大学出版社2007年版。

② 同上书，第341页。

某些心态。作为治政者，也应该从这些摆设中找出自己的不足。应该说，一个治政者的威信，不是由"独裁"获得的，而是由治政民主获得的。独裁者治政自古以来都没有好下场。我们举出会议座位安排的几种类型，供治政研究者参考。

A. 民主型[1]

B. 独裁型[2]

C. 参与型[3]

D. 共享型

E. 摆设型

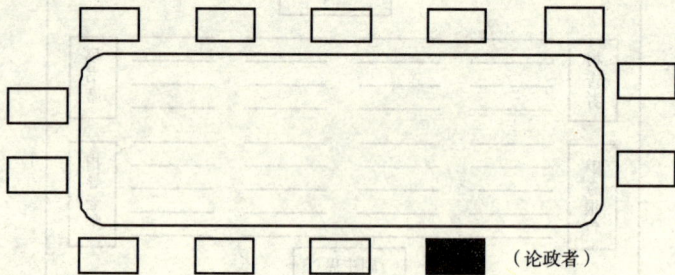

（论政者）

（论政者）

---

① 〔美〕克利夫·里科特斯著：《领导学：个人发展与职场成功》，第344页，中国人民大学出版社2007年版。

② 同上。

③ 同上。

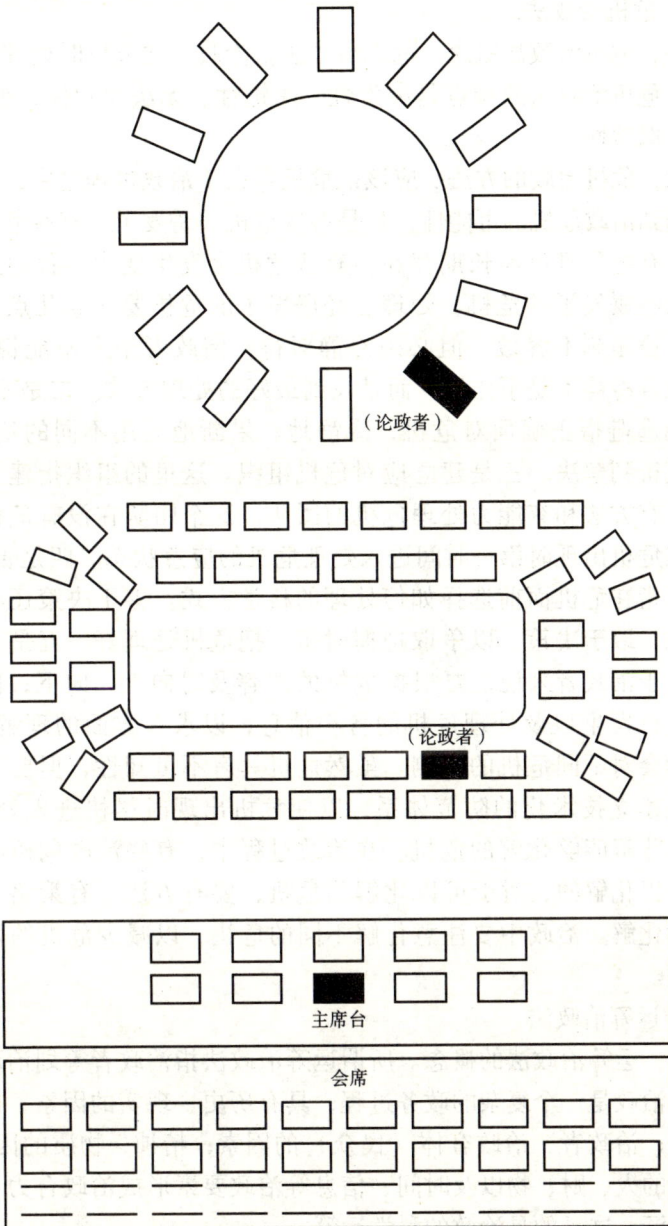

（论政者）

（论政者）

主席台

会席

图 11 - 2　会议座位安排

（4）危机治政法。

第一，危机治政法概念。危机治政法指治政者在危机时处理治政事务的方法。危机治政法的特点是突发性、关键性、无法预知性、被忽略性、颠覆性、偶然性。

第二，危机治政的方法。应该说危机存在于治政过程之中，所有治政者都有遇到治政危机的可能性，只是有些危机被诱发了，有些危机没有诱发而已。有些危机可能长期存在，有些危机会发生变化。我们这里讲的危机指已经爆发了的危机。处理已经爆发了的危机要注意几点。一是沉着冷静。虽是刻不容缓，但必须冷静对待，治政者千万不能惊慌失措。当然，沉着冷静不是不作为，而是找到最好的处理方式。二是不能逃避。所谓不能逃避指正确面对危机，冷静地、果断地运用不同的治政方法，以使危机得到解决。三是建立应对危机组织。这里的组织指建立一个有凝聚力、有方法和有能力处理危机的团队，这个团队在没有危机时并不显现，在危机出现时第一时间进入处理危机的应急状态。四是善于决策。善于决策指在危机面前选择如何处理的科学方式。善于决策还必须注意打破常规，敢于决策，以争取把握时机，把危机处理好。五是及时沟通信息。对于治政者来说，要根据危机的内容及时向上、向下；向外、向内公布危机发生以及处理危机的各类信息，以求多方面的理解和支持。六是要学会对不同危机的预测。虽然危机具有不可知性，但要对能预料到的危机建立技术化的防范体系，以使危机出现时尽快进入处理阶段。七是尽量化解能够化解的危机。在治政过程中，有些治政危机纯属人为的，是可以化解的，对于可以化解的危机，要有方法、有策略、有措施进行科学化解。治政中要注意化解不同的危机，以减少危机的发生和危机的危害。

（5）运筹治政法。

第一，运筹治政法的概念。所谓运筹治政法指治政者筹划治政合力一种方法。治政是一个复杂的政务过程，具有历史、现实的因素；内部、外部的因素；治政者、治政客体（民众）的因素；精神、物质的因素等等。要使治政的人、财、物以及时间、信息等治政要素形成治政合力，形成治政合力资源，这靠的是治政的科学运筹。

第二，治政运筹的基本要素。所谓治政运筹的要素指形成治政合力的不同构成成分，这些成分主要指治政者、民众；财、物；治政时间；治政信息等等。①

第三，治政运筹的基本原理。治政运筹指从治政层面对治政活动进行筹划的原理，包括了系统原理、整分合原理、能级原理和反馈原理。② 其中的整分合原理是治政过程中首先用到的原理，即把治政任务从整体分解到部分，再由部分回归整体的过程。运用这一原理，要注意对任务有整体的把握；对整体的任务进行分解；治政者进行科学的、有力的组织管理尤其是对治政任务完成的情况进行科学管理。治政过程有不同的层次，在每一个层次中都有治政管理的问题，这便是能级管理问题。在管理学中，治政层次结构有简单的结构图，如图 11－3 所示。③

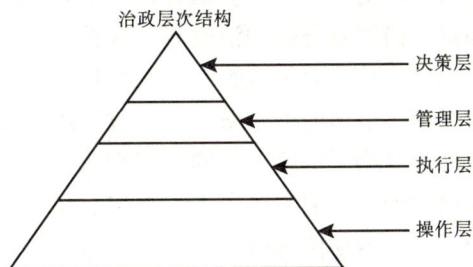

图 11－3　治政层次结构

（6）目标治政法。

第一，目标治政法概念。所谓目标治政法指治政者在治政活动之前就确定了治政目标，并按这个目标进行治政活动，从而确保既定目标实现的方法。目标是治政活动的一个最基本的要素，没有目标的治政是不存在的。治政如果实现不了治政目标，那么，治政就是失败的治政。确立治政目标必须注意目标确立的不同层面即有最终目标和总目标以及具体目标之分。要把治政总目标科学地分为具体的、可操作的、可检验的、有成效的分目标。在不同的治政层面，要把这些可分的、可操作的目标作为治政激励的力量。确立治政目标还要注意使治政目标成为全体治政者的目标，并

---

① 参见刘建军编著：《领导学原理》，第335—356页，复旦大学出版社2007年版。

② 同上书，第357页。

③ 同上。

使有些治政目标成为治政客体（民众）的行为目标。治政目标不仅仅是治政者奋斗的方向，还应该是全体民众的奋斗方向。"一切为了群众，一切依靠群众，立党为公、执政为民，把党的正确主张变为群众的自觉行动，最广泛地动员广大人民群众为实现自己的利益和美好生活而团结奋斗，这些要求高度概括地回答了中国共产党人依靠谁、为了谁这个根本问题。"[①] 如何把治政目标化为治政客体（民众）的自觉行动，需要运用科学的治政方法。

第二，目标治政法的主要环节。所谓目标治政法的主要环节指目标的制定和实践中应该注意把握的功能、要点。目标治政法有几个主要的环节。一是注意治政最高目标的导引功能，即注意把握治政最高目标对其他治政目标包括分层目标的引导作用。美国管理学家杜拉克认为，一般组织中存在三种治政因素：诸如过分强调治政者个人技术第一，以致每个层次的治政者只顾自己的专业技术而忽略组织的总目标，使整个组织成为一盘散沙；诸如过分重视顶头上司的个人所好，以致下级治政者人人尽力讨其上级治政者的满意，而忽略了治政工作的真正需求，使整个治政组织和治政者成为数位主要治政者（有时只为一人）喜怒哀乐的应声虫；诸如不同层面的见仁见智的观点，容易使治政者上下意见难以沟通，赏罚不一，造成组织内部的分歧、争吵、赌气等现象的产生，影响治政效率。因此杜拉克提出了以"目标"贯穿各治政层次努力的方向，这个目标就是与治政者个人价值观结合的最高目标。[②] 二是注意目标分解中层次性与系统性的科学结合。系统性指目标分解中的"纵向到底"，即目标分解的从上到下一级级分解，以致最后到治政者个人。层次性指目标在同一层面中的横向分解。每一个相关的部门和部门中相关的个人都应该有自己所分解到的治政目标。对于治政组织来讲，目标可以分为几个层次即最高目标、总目标、职能目标、工作目标等等。三是目标选择要注意挑战性。所谓挑战指治政目标制定不能是那种不要努力就可以达到的目标，如果那样，组织和个人都不会有积极性，治政者也不会有成功感，因此，制定的治政目标应该是"跳一跳"才能实现的目标，让治政目标本身具有挑战性。四是要使治政组织目标成为治政者个人的目标尤其是下级治政者的目标。要保证治政组

---

① 胡锦涛：《科学发展观重要论述摘编》，第27页，中央文献出版社、党建读物出版社2009年版。
② 参见刘建军编著：《领导学原理》，第359页，复旦大学出版社2007年版。

织目标成为治政者个人和下级的治政目标，就要注意请下级治政者参与制定治政目标，正确传递目标信息，注意治政目标的利益分配平衡度。

第三，目标治政法运用应注意几个原则。一是治政目标要注意自身的科学性。治政目标的科学性指治政目标与上下治政目标的结合，与治政实际情况的联系，治政者对实现治政目标的把握度，治政目标的科学导引性等等都达到最佳或较佳的状态。二是治政目标要注意利益性。利益性指治政目标从制定到实施都要注意治政组织、治政者个人和治政客体（民众）的共同利益，真正使治政目标的实现成为治政者和治政客体（民众）的自觉行动。三是治政目标要注意激励性。治政目标是组织目标，同时也是治政者个人和客体（民众）的某种工作目标，要注意治政目标本身和实现之后的激励性，使治政活动赏罚分明。四是治政目标要注意操作性。治政目标操作性指目标可分解并易于治政者所把握和实现。目标太高，不能实现，便不可操作；目标太低，不用操作便能够实现，这些目标不具备操作性。五是治政目标要注意导引性。治政目标是治者以及治政客体（民众）共同奋斗的目标，导引着人们向治政目标努力。六是治政目标要注意持久性。治政目标持久性指治政目标要有久远的特点，即要有长远的特点，治政目标既有短期的，更应有长远的，以使治政目标一直导引人们前进。七是治政目标要注意修正性。治政目标的修正性指治政目标可以在治政的实践中不断得到充实，并通过治政实践得到丰富和修正。

（7）法、德、人三结合治政法。

第一，法、德、人三结合治政法的概念指法治、德治、人治三治结合的治政方法。在治政实践中，不论发达国家还是发展中国家，治政的方式一般由法、德、人三治结合，要实现科学治政，应该使法治、德治、人治三者科学结合。

第二，法治、德治、人治治政法的含义。法治指以法治政；德治指以德治政；人治指以人治政。法、德、人治政的核心和关键在"治"，如执政不治政，做官不治政，那么，任何形式的治政也都只是一种空谈。

第三，法治、德治、人治结合治政的运用。应该说"法、德、人"三个治政的方式都是治政常用的方式，也是治政的根本方式。法治、德治、人治要注意三者科学结合，使三者在治政活动中相得益彰，发挥各自的优势，以发挥最佳效能。

第四，法治、德治、人治的治政原则。一是主导性原则。主导性原则指治政必须以法治为主导。治政首先要以法治政，要立法、执法、守法。二是科学性原则。科学性原则指在治政实践中使法治、德治、人治科学结合，即法治为主，德治、人治为辅的治政原则。三是规范性原则。规范性指用制度化、程序化等方法规范治政。四是治理性原则。治政关键在"治"，在于治理政务，执政不治理政务，那就不是治政，仅仅是把持政务而已。五是以人为本的原则。以人为本指使治政能够真正使每个人自由发展，"代替那存在着阶级和阶级对立的资产阶级旧社会的，将是这样一个联合体，在那里，每个人的自由发展是一切人的自由发展的条件"①。

（8）治政时间管理的方法。

第一，治政时间管理的概念。所谓时间管理指治政者在治政活动中有效地利用和平衡个人时间和工作时间。有一个通俗的计算办法计算时间，人生如果活到一百岁是三万六千五百多天，如何用好每一天，这是每一个治政者都面对的现实而又客观存在的问题，时间对于每一个治政者来讲是公平的，而治政者如何利用时间却不是均衡的。治政时间管理就是为了更好地做治政和治政者个人应该做的事，有计划地控制自己的时间。对于具体的治政者来讲，时间不能被取代，所以时间是治政者最为珍贵的个人资源，也是治政组织珍贵的资源，这种资源的利用是通过治政者实现的。

第二，治政时间管理的效率层次。为了合理地利用自己的时间，治政者必须注意时间管理中的层次。一是治政者管理时间要有备忘录和清单，这便于清楚地了解治政个人不得不做的事。二是日历安排和各种会议以及约会等活动安排，要有未来治政事务和活动时间表。三是时间使用上的价值排序，基于治政者的价值和设定的目标，诸如长期目标、当前目标、短期目标，一般是对时间价值比较之后确定的目标计划。四是灵活地"见缝插针"地运用时间。对于治政者来说，一天的时间可能不会是一块整体时间，必须学会灵活地利用时间，见缝插针地利用时间。五是治政者对时间方面的自我管理，即通过管理治政者自己而实现时间运用的科学性。史蒂夫·柯维在其著作《高效人士的七个习惯》中展示了时间管理盒子或矩阵，如表11-6所示。

---

① 《马克思恩格斯选集》第1卷，第294页，人民出版社1995年版。

表 11 - 6　时间管理矩阵①

重要性	紧迫的	不紧迫的
重要的	1. 做它,不要争论 ● 出现危机 ● 急迫的问题 ● 最后期限驱动的目标	2. 长期相关的 ● 关系建立 ● 识别新机会 ● 计划,再创造
不重要的	3. 不断催促的、需要关注的 ● 打电话、信件、报告、会议、电子邮件	4. 有组织的、愉快的工作 ● 试验、作业 ● 一些信件和电子邮件需要处理 ● 一些电话需要回复

注：时间管理矩阵分为四个领域。领域 1 的活动是重要和紧迫的，如有最后期限的会议。领域 2 的活动是重要的，但不是紧迫的，如出于健康原因的锻炼身体。

第三，治政者有效的基本时间管理。治政者的首要任务是做事，即做治理政务之事，也就是说治政者围绕治政组织进行治政活动。最优秀的治政者需要满足六个重要标准。②

- 一致性。治政者的治政角色与治政类型，治政目标与目的，要做的事的先后顺序和时间表之间有着内在的协调性。
- 平衡性。保持治政者的工作与生活的平衡，以使治政者不忽略健康、家庭、学业或者职业准备。治政工作与生活的平衡是治政者必须保持的平衡。
- 关注性。治政者始终关注重要的事情，以使治政者能够阻止危机的发生而不是确定危机的轻重缓急。
- 人本性。人本性指以人为本的基点，一切治政者都应该有效率和人性地处理他人的问题。
- 弹性。治政者的时间表是有弹性的，以便应对突发事件。
- 可携性。随身携带一个便于携带的每周工作安排表。

① 参见〔美〕克利夫·里科特斯著：《领导学：个人发展与职场成功》，第 418—419 页，中国人民大学出版社 2007 年版。
② 同上书，第 420 页。

第四，治政者要学会平衡个人时间和工作时间。① 治政者的个人时间和工作时间在一般情况下应该是重叠的，是治政者时间的一部分，正因为个人时间和工作时间重叠，因此，它们必然是互相依赖的。治政者对时间的管理不仅要应用于治政者的工作生活，也必须要应用于治政者的个人生活。治政者必须管理好自己所有领域的时间，以便实现治政者的人生目标。治政者的人生目标与自身治政事业目标是相同方向的，目标有些部分也是重叠的。治政者治政目标一般有几个基本问题，如表 11 - 7 所示。

表 11 - 7　目标和四个基本问题②

- 目标产生知识，回答"是什么"的问题
- 目标产生理解，回答"为什么"的问题
- 计划和战略产生智慧，回答"如何做"的问题
- 排序产生时间计划，回答"什么时候"的问题

治政者的人生目标以及生活目标为自己的时间管理指明了方向。对于治政者来说，花费在各种活动上的时间大约有四种类型：健康、家庭、社区（个人时间）和学业或工作（工作时间）③。这四种时间应该合理划分，不能顾此失彼，如果其中一项被忽略了，对其他几种时间会造成影响。诸如健康的时间会影响治政者的身心健康，治政者身心不健康，会占用其他类别的时间。

第五，治政者要学会分析时间，从而防止时间的浪费。克利夫·里科特斯把分析和防止浪费时间列出了 10 条，④ 供治政者在分析时间时参考。

- 评价时间记录表，确定治政者自己在基本任务上用掉了多少时间。清楚自己的大部分时间如何用掉的；
- 识别治政者自己在哪个领域花掉了太多的时间；
- 识别治政者自己在哪个领域没有投入足够的时间；

---

① 参见〔美〕克利夫·里科特斯著：《领导学：个人发展与职场成功》，第 422 页，中国人民大学出版社 2007 年版。
② 同上书，第 421 页。
③ 同上书，第 422 页。
④ 同上书，第 426—427 页。

- 识别阻止治政者自己做完某件事的主要干扰；
- 识别治政者正在做的本不必涉入的事务；
- 分析出治政者自己多少时间被别人控制了；
- 寻找危机形势；
- 寻找习惯、模式和意向；
- 列举 3—5 个最大的时间浪费因素；
- 确定治政者自己如何才能更有效地管理时间。

同时，克利夫·里科特斯又把治政者（包括职者个人）浪费时间的因素进行了罗列，认为浪费时间因素如下：①

- 拖延，即时间上的延长；
- 电话，被叫和叫出，有人好煲电话粥；
- 电视；
- 不能说"不"；
- 做事拖沓，以适应可得到的时间；
- 惯性；
- 对失败的恐惧；
- 不必要的通信；
- 草率；
- 社会交往；
- 垃圾邮件；
- 抱怨有太多的事要做，而不是着手去做；
- 没有轻重缓急；
- 缺少沟通；
- 过多的承诺；
- 白日做梦；
- 失败的倾听；
- 缺少时间的组织；
- 太多的会议；
- 太多的邮件；

---

① 参见〔美〕克利夫·里科特斯著：《领导学：个人发展与职场成功》，第 427—732 页，中国人民大学出版社 2007 年版。

- 不清晰的目的和目标;
- 聊天室;
- 危机;
- 即时消息打扰;
- 完美主义者;
- 缺少必要的授权而事必躬亲。

(9) 治政激励法。所谓治政激励法指治政者在治政活动中运用激发鼓励的方法使治政下级如醉如痴地工作。治政激励法可以分为"内在缺乏"式的激励和"外在目标"的激励。激励的目的是让治政者以及治政客体(民众)能够积极拥护和推进治政工作,以实现治政组织目标。治政激励法可以分为几个类型。

第一,满足需要法。无论是治政者还是治政客体(民众)与"需要"有分不开的关系。因此,满足需要成为治政者激励方式中主要的方法。人的需要有许多层次,诸如生理需要、安全需要、社会需要、尊重需要、自我实现的需要等等。哈佛大学心理学家戴维·麦克莱兰(David Mccleland)提出了"成就需要理论",认为有成就需要的人,具有希望有作为的愿望,希望把治政工作做好的愿望,希望成为最优者的愿望,他们往往从成就中得到满足,因而他们干什么都希望超过别人。① 正确运用成就需要理论,正是鼓励治政者去出色地治政。心理学家赫兹伯格(Herzbarg)提出了激励因素——保健因素理论,简称双因素理论。赫兹伯格把影响人的治政工作动机的种种因素分为两类,一类叫激励因素,另一类叫保健因素。有一类因素,它们的存在,并不会带来满意意义上的激励,但如果它们不足,却会引起不满,这类因素叫保健因素。② 保健因素有十个:政策和治政管理;监督系统;与监督者个人之间的关系;与上级之间的关系;与下级之间的关系;薪金;工作安全;人的生活;工作环境;地位。③ 这些因素有的没有激励人的作用,但带有预防性,起保持人的积极性作用。另一类因素叫做激励因素。激励因素就如同人们锻炼身体一样,可以改变身体素质,增进治政者身体健康,这是影响治政者工作的内在因素。治政激励因

---

① 参见王加微编著:《行为科学》,第 93 页,浙江教育出版社 1986 年版。
② 同上书,第 95 页。
③ 同上书,第 95—96 页。

素包括：工作表现机会和工作带来的愉快；工作上的成就感；因良好的工作成绩而得到的奖励；对未来发展的期望（个人发展的可能性）；职务上的责任感；升迁（被提拔或重用）。① 赫兹伯格等行为科学家认为，治政激励可以分为内在激励和外在激励。所谓内在激励指直接满足，也被称为职务内满足，指一个治政者在进行工作时就能得到的；所谓外在激励指间接满足，也被称为职务外满足，指在工作之后获得，如工资和奖酬等等。在治政实践中，应该看到需要理论与双因素理论有相似之处，两者也有区别。需要理论指出了行为与需要的关系；双因素理论指出了"诱因"（需要的目标）与需要的关系。两者的区别与联系可以用图表示，如图11－4所示②

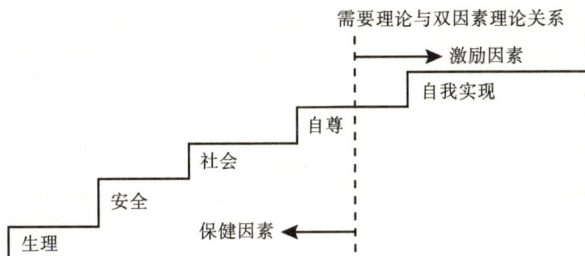

图 11－4　需要理论与双因素理论关系

第二，治政期望法。所谓治政期望法指治政者对治政某个目标能够实现的可能性大小（概率）估计的理论的方法。如果治政者对某治政目标有100%的把握，期望值即期望概率为1（即100%），反之，如果他估计完全不可能实现，则期望值为零。治政期望理论可以用公式表示：

$$激励力量(M) = 效价(V) \times 期望值(E)$$

心理学研究表明，一个治政者追求目标的强度，与目标价值量的大小成正比，达到治政目标的可能性大小，则影响到信心。效价和期望值的不同结合，决定着不同的激励强度。③

---

① 参见王加微编著：《行为科学》，第97页，浙江教育出版社1986年版。
② 同上书，第99页。
③ 同上书，第109页。

- E 高 × V 高 = M 高强激励
- E 中 × V 中 = M 中中激励
- E 低 × V 高 = M 低弱激励
- E 高 × V 低 = M 低弱激励
- E 低 × V 低 = M 低极弱激励或无激励

第三，目标导向激励法。所谓目标导向激励法与前面分析的目标治政法有相似的地方，也有不同之处。所谓目标导向激励法指运用制定治政目标而激励治政主客体的一种常用的方法。行为科学认为，人的行为，可以分为三类：目标导向行为（行动）；目标行为（行动）；间接行为。行为科学把一个治政者从动机到行为到达到目标的过程称为激励过程。

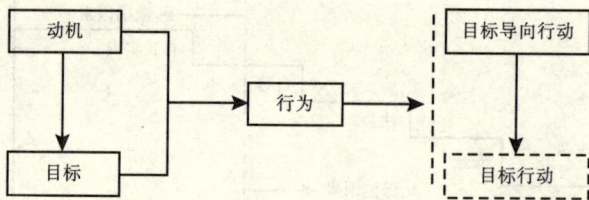

图 11－5 激励过程

目标行动用虚线表示指目标行动可能产生也可能不产生。①

目标导向理论认为，要达到任何一个目标，进入目标行动，都必须通过目标导向行动；目标导向行动与目标行动对需要（动机）强度有着不同的影响力，需要强度会因目标行动的进展而加强，而当目标行动开始后需要强度却有减低、下降的趋向，为了保持动机（需要）强度经常保持在较高水平上，行为科学认为有一个较为有效的办法是循环交替地运用目标导向行动和目标行动，如图 11－6 所示。如此往返，螺旋式地上升，当一个目标达到时，马上提出新的更高的目标，并进入新的目标导向过程，从而使治政

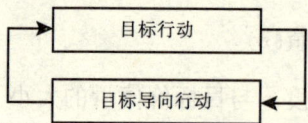

图 11－6 保障动机强度

① 参见王加微编著：《行为科学》，第 106 页，浙江教育出版社 1986 年版。

者积极性保持在较高水平上。①

第四，大目标、小步子方法。② 所谓大目标小步子的方法，就是将较为长远或较大、较高的总目标分解为若干个较易达到的阶段性的小目标，通过目标导向，逐步实现各阶段的小目标，最后实现原来制定的总目标。大目标、小步子被管理者经常通俗地称为向着总目标小步快跑，是人们在治政中常用的目标分解方式。运用大目标、小步子的方法，要注意制定高低适当的目标，并保证目标的最终实现。

第五，治政公平的方法。追求治政公平应该是所有治政者践行的治政准则，因为所有正常的人都会在治政实践中追求公平，无论是治政者还是治政客体（民众）。对公平进行理论研究的是美国的亚当斯（Adans），这个理论侧重研究工资报酬分配的合理性；公平性对职工积极性的影响。该理论认为：每个人会把自己付出的劳动和所得的报酬与他人付出的劳动所得的报酬进行社会比较，也会把自己现在付出的劳动和所得的报酬与自己过去所付出的劳动和所得的报酬进行历史的比较。③ 治政实践中这种人与人之间客观上存在着的相互比较以及社会比较，必然会在治政者以及治政客体（民众）的心理上产生公平还是不公平的问题，因此，治政者必须在治政实践中力求治政的公平、公正，力求给治政者包括治政客体（民众）以公平、公正的心理感觉。对于一般治政者和治政客体（民众）应该尽量减少他们被感知的不公平。减少自己的不公平感，尽量保持自己的心理平衡。保持心理平衡的主要方法有几点。④

- 改变投入，减少自己的努力水平；
- 改变产出，要求更多的回报；
- 重塑自我认知，即改变自己投入的思考方式，较为精确地考虑自己在工作上到底投入多少；
- 重塑对他人的认知，自己可以改变对他人投入、产出整体形势的认识；
- 改变参照物；
- 辞去工作，这是较为困难的取舍。

---

① 参见王加微编著：《行为科学》，第108页，浙江教育出版社1986年版。

② 同上书，第115页。

③ 同上书，第121页。

④ 参见〔美〕克利夫·里科特斯著：《领导学：个人发展与职场成功》，第450页，中国人民大学出版社2007年版。

第六，治政强化的方法。强化理论基于斯金纳（B. F. SKinner）提出的基本假设。强化的方法指通过奖励的适当使用从而鼓励和控制人的行为的方法。治政过程中有四种强化的类型即积极强化、回避、消退、惩罚。积极强化是给予期望的行为以令人愉快的结果（奖励）的方法。治政的积极强化可以分为赞扬、谦恭、积极倾听、积极的书面沟通和绩效评价。治政的回避被称为消极强化，通过回避，个体可以避免一些消极的结果。治政的消退指取消积极的奖励。治政的惩罚指对不良行为的惩治和处罚。"惩罚是对调整某人行为最没有效果的方式，但它是对付无理取闹的人的唯一方式。"①

第七，治政个人行为最好的激励法——抚慰。所谓抚慰指治政者适时的安慰和慰问，是描述一个人对他人行为进行认可的各种方式的安慰。埃里克·伯尔尼（EricBerne）把积极强化称为抚慰，抚慰是治政实践中非常重要的方法，抚慰可以使被抚慰者在身体上和精神上充满或产生幸福感。抚慰可以分为肢体抚慰和语言抚慰。肢体抚慰是用肢体表现出的认可行为，如认可性的微笑、点头或者轻抚后背；语言抚慰指口头上表现出的认可行为，如感激或者感谢的话。一个人缺少来自他人的抚慰就"抚慰不足"，抚慰不足的人实际上非常渴望抚慰，人们往往以抚慰的形式获得积极的反馈，有了积极的反馈，人们才能感受到自身的价值。如果一个人抚慰不足，可能会通过批评或破坏他人的工作而破坏他人的关系，他们看上去为了提高自己而不得不贬低别人。还有一种情况是缺少抚慰的人可能会通过挑剔自己的工作和性格，以夸大的方式来批评自己。② 因此，治政者之间，治政者与熟悉的客体（民众）之间的抚慰是必要的，但要在时机、方式上讲科学。

第八，正视挫折的方法。所谓挫折指治政者在从事治政活动中遇到了干扰或障碍。如人们的需要或动机不能获得满足的情绪状态被称为挫折。治政者人人都会遇到挫折，挫折只存在大、小的区别。在治政实践中，人们面对挫折往往会采取两种不同的态度，一种是正视挫折，采取积极的态度；另一种是消极防范并意志消沉。两种态度也表现出两种结果。

一是正视挫折的表现。当在治政中遇到困难或挫折时，正视挫折，常见的有几种表现：增强努力，克服困难，直至达到目标；重新解释目标，

---

① 参见〔美〕克利夫·里科特斯著：《领导学：个人发展与职场成功》，第 452 页，中国人民大学出版社 2007 年版。

② 同上书，第 454 页。

调整目标；升华，化消极因素为积极行为；补偿，以新的目标需求代替原目标需求。[①]

二是非理智对待挫折的表现。当治政中遇到困难或挫折时，非理智的表现为：攻击，指个体受到挫折后引起的愤怒的情绪，有时会出现攻击行为，多数以动作、表情、语言、文字、网络等方式表现出来，攻击还有直接攻击和间接攻击。妥协，指治政者用让步的方法避免冲突，妥协是治政活动中常见的防卫方式，人们的妥协治政方式往往可以让治政者在受挫时保护自己免受过分紧张的损害。倒退，指治政者在受到挫折时表现出来的与自己年龄不相称的幼稚行为，诸如有的治政者在工作上受挫会装病不起；遇到不如意的事会号啕大哭；还有的会对下级大发脾气，因为一点小事而暴跳如雷等等。另外有的治政者在受挫后表现为固执。指受到挫折后古板执著，不肯变通。过多的惩罚、指责可能会导致"固执"行为，这是治政者在治政活动中应该注意的。

在治政活动中，如何正确对待挫折是治政非常重要的办法，因为治政者随时都会遇到挫折。首先，要认识到挫折难免，主要的是在于提高挫折容忍力。其次，要把受到挫折的人看成是需要帮助的人予以帮助和抚慰。再次是要及时地把非理智对抗的种种表现看作一种"信号"，及时了解，并及时解决。最后是警惕治政活动中因管理不善、处理不当而引起的挫折，防止治政矛盾的激化。

---

① 参加王加微编著：《行为科学》，第129—130页，浙江教育出版社1986年版。

第十二章　治政决策

【本章要点】　治政需要治政决策，治政决策源于决策。决策原指决定策略或办法，治政决策指在治政方案中作出判断和选择，治政决策有非常重要的价值，它构成了治政者活动的灵魂。治政决策有和治政活动紧密相连的模式。治政决策有自身的程序。治政决策有决策的原则、要则和决策者、决策目标、备选方案、决策情势、决策要素等不同的要素。治政决策有自己的类型和决策的方法，治政者不能让智囊团代替自己决策。

【关键概念】　治政；决策；科学化

一、治政决策的概念与模式

治政活动是从治政者决策开始的，是治政实践活动的首要环节。通俗地讲，治政者的治政过程就是治政者制定决策、实施决策和实现治政组织目标的过程。这个过程又通常表现为治政决策的科学化过程和治政者实施决策、实现治政目标所表现的艺术化进程。

1. 治政决策的概念与具体含义

治政决策源于决策，治政决策是决策的一种，它与决策的性质是相通的。

（1）治政决策的概念。治政决策是指治政者在两个或更多的可供决策选择的方案中作出判断和选择。具体来说，治政决策就是治政者的"拍板"，即出主意、定方向、拟计划、提任务、想对策、拿办法。治政决策主体就是治政主体，主要是治政者。不同的治政层面有不同的治政决策者。治政决策是治政主体履行职能职责的最重要的治政行为。治政决策表现为权威过程形态的决策和权威结果形态的决策，① 治政决策的技能包含了解决问题技能、社会判断技能、能力、知识、治政结果等多重技能要素。决策是治政的开始，也是最实质的治政，它贯穿于整个治政过程，最常规最重大的治政活动就是决策。治政过程中一个重大的治政决策足以决定一个组织乃至一个社会的命运。因此，在法治、德治、人治的治政形态下，以人治为主的治政构成中，治政者的素质就成为治政的关键，因为治政决策与治政者的主观因素最密切相关，治政者素质成为治政决策的灵魂。治政者的思想素质、智慧素质、能力素质的纯度、力度以及品位，都直接影响治政决策质量。如果治政者素质高，就会以人为本，造福治政客体，反之，则会祸害百姓。除了治政者素质之外，治政决策水平和质量还受治政者决策科学水平的影响。

（2）治政决策的具体含义和特征。治政决策受治政本质和治政者素质的影响，在治政过程中，治政决策由不同的含义构成，这些含义都与治政者的行为密切相关。

第一，治政决策具有结果性，治政决策是将会产生治政现实结果的治政行为。治政决策来自治政现实的需要，是治政者的集体行为，具有治政的现实性和治政的结果性。治政决策是治政者治政的起始，是最早的治政行为。

第二，治政决策具有特殊性，治政决策是要产生或引发集体行为的特殊行为。② 治政决策多为治政主体作出，即使是某一个治政者"拍板"，也必然是以集体决定的形式出现的。因此，治政决策首先是集体行为，并且又是集体行为中的特殊行为。治政决策是产生或引发集体行为的特殊行为。另外，治政决策一旦作出，治政者群体必然会为这些决策的实现而治政，治政决策由此又成为了治政者行为中的龙头行为。

第三，治政决策具有责任性，治政决策是与治政职能相关的责任行为。治政决策是关系到治政成果的关键的"第一着棋"，它关系到以后治政成果的实现，也体现着治政者治政职责的履行情况。治政决策是一种决定治政大局的治政责任行为，虽然有些治政者的责任一时无法追究，但历

① 参见邱霈恩著：《领导学》，第 232 页，中国人民大学出版社 2004 年版。
② 同上书，第 233 页。

史会真实地标出每一个治政者的责任所在。

第四，治政决策具有价值性，治政决策是具有明显的价值体现的治政行为。治政的本身就是一种价值取向，治政决策也必然具有高度的价值倾向性。治政者无论在什么层面或角度实行治政，首先表现为治政决策。治政的决策大多都涉及利益问题，无论是政治利益，还是经济利益；无论是个人利益还是治政组织利益。因此，治政决策的价值性就是其必然的特征了。

第五，治政决策具有信息性，治政决策是治政者凝聚权威的综合信息行为。治政决策的依据是对治政信息的把握，治政决策是收集、整理、加工、判别以及决断信息的过程，也是形成和产生具有相当权威性的治政新信息的过程。[①] 治政者利用权力权威，综合各种有关治政信息，又不断产生相关的治政决策信息，以使治政信息成为决策的依据。治政加工后的信息，成为治政实践的规范和导向。在治政的政治信息中，诸如什么"务虚会"、"吹风会"正是加工后的决策信息的"广告"形式。

第六，治政决策具有目的性，治政决策是带有目的性的治政组织行为。治政决策的本身就是带有明确目的性的治政组织行为，治政决策因治政组织目的而作出，又为实现治政组织目的而实施。虽然在发展中的国家里民主欠缺，存在那种"脑袋一拍有了，胸脯一拍定了，大腿一拍糟了，屁股一拍溜了"的治政随意决策行为，但是这种决策行为也是有目的的，其目的不过只是为了自己的权威和政绩而已，但目的性是非常明确的。

第七，治政决策具有抉择性，治政决策是以抉择为关键环节的治政行为。治政决策说白了就是在不同方案中作出选择，这种选择有时是困难的和矛盾的。治政者在不同方案面前选择哪种方案，不仅是简单地抉择，而且牵扯到治政者主观条件和决策的客观条件，有时抉择是困难的。

第八，治政决策具有科学性，治政决策是带有治政艺术和治政科学相统一的治政行为。治政决策必须按照科学原理进行，表现出治政者的治政综合能力和治政智慧。在治政实践中，治政决策就是治政理论与实践相结合、主观与客观相统一，使精神变为现实高级活动的形态，[②] 这种形态的产生，与治政者的决策科学性和艺术性紧密相连。治政决策不讲科学和艺术，决策的抉择不会产生好的结果。

---

① 参见邱霈恩著：《领导学》，第 234 页，中国人民大学出版社 2004 年版。
② 同上。

第九，治政决策具有素质性，治政决策是依赖治政者治政素质而实施的治政行为。一个具有良好素质的治政者绝对不会作出荒唐的治政决策。治政者的政策素质、思想素质、道德素质、文化素质、职业素质、能力素质、智慧素质等等是治政者相关决策的主导部分；心理素质、身体素质是治政者相关决策的基本条件部分。治政者素质是可以改变的，因此提升治政者决策所应具备的素质非常重要。

第十，治政决策具有广泛性，治政决策是一种广泛存在的治政行为。治政决策的广泛存在可以从治政主体和治政客体（民众）两个不同的层面进行理解。从治政主体层面来看，由于治政的层面不同，形成了不同的治政主体层面，治政主体层面多，决策层面也就广；从治政主体所涉及的治政事务来看，需要决策的内容很多，涉及社会上几乎所有的与人有关系的事物，因此需要决策的事情也就涉及了与人相关的事物。从治政客体（民众）来看，与治政相关的事物几乎都与民众相连，因此，治政决策几乎都与治政客体（民众）有关，无论是直接的还是间接的，这也表现为广泛性的特点。

第十一，治政决策具有政治性。治政决策是与国家、民族兴衰相关的治政行为。治政决策大到直接影响国家和民族的兴衰，关系到国家和民族的地位，也关系到国家所选取的治政制度；治政决策小到影响治政客体（民众）的吃喝住穿，这些都具有很强的政治性。对于治政者和民众来讲，治政决策也有政治倾向问题，治政决策的过程以及实施过程，都直接或间接地影响治政者的政治倾向。

第十二，治政决策具有利益性，治政决策是以利益为基础的治政行为。一切治政决策都是以利益为基础的，治政决策有时就是为了维护治政不同层面的利益而作出的。治政决策的抉择和决策实施后的结果都与治政利益相关，即与治政者利益和治政客体（民众）的利益相关。

第十三，治政决策具有文化性，治政决策是一种凝聚了治政者文化内涵的治政行为。治政决策的本身具有文化的内涵，对于不同决策方案的选择又表现出治政者的文化涵养，在治政决策实施过程中，有决策实施中的及时修正问题；在决策实施之后，有对治政结果的总结和成果使用的问题等等，都需要治政者有一定的文化力，表现为一种文化现象。

第十四，治政决策具有行为性，治政决策是治政者典型的治政行为。治政决策的制定是治政行为；治政决策的抉择是治政行为；治政决策的实施是治政行为；治政决策的调整是治政行为；治政决策结果使用等都是治政行为。行为性是治政决策的典型特征。

2. 治政决策的模式简介

治政决策有不同的模式，我们只选取几种典型的加以介绍。

（1）传统理性决策模式。所谓传统理性决策模式又被称为科学决策模式，指理想化的信息占有和全面决策的模式。传统理性决策模式和方法具有以下内容。

第一，治政决策者面临的是一个既定的问题。这一问题同其他问题相区分，至少同其他问题比较而言是主要的。

第二，引导治政决策者作出决定的各种目的、价值或目标是明确的并可以按它们的重要程度依次排列。

第三，治政决策把所有可能解决问题的方案全部一一列举出来，供决策者选择。

第四，政治决策者运用一系列的科学方法对每一决策方案进行评估，并预测出执行该决策方案后可能产生的后果。

第五，治政决策者把每一个备选方案进行一一对比，并按优劣排出先后顺序。

第六，治政决策者正确地选择能最大限度地实现预定目的、价值或目标的那个方案。[1]

治政理性决策的应用必须具备下列条件：
- 能够得到所需要的全部详细的决策信息；
- 能够了解所有人的社会价值取向；
- 能够寻找到所有的决策方案；
- 能够准确地预测各种备选方案可能产生的后果；
- 能够正确地选择最有效的决策方案。

（2）西蒙的有限理性决策模式。所谓有限理性决策模式（Bounded-rationality Model）是美国学者赫伯特·西蒙（Hebert A. Simon）提出来的，他因"对经济组织内的决策程序所进行的开创性研究"而于1978年获诺贝尔经济学奖。

---

① 参见刘建军编著：《领导学原理》，第228—229页，复旦大学出版社2007年版。

第一，西蒙对传统理性决策模式的批判。

- 按照理性决策模式，治政决策者必须在收集到有关决策状况的所有信息后才可以进行决策，但事实上决策者并不可能全部掌握有关决策状况的所有信息。因此，完全的理性决策根本无法进行。
- 决策者处理信息的能力是有限的；
- 在实际决策中，决策者往往在有了有关决策状况的简单印象之后就开始行动，并不是掌握了所有信息之后才开始行动；
- 决策者个人的能力是有限的；
- 事实上并不存在绝对的最佳决策。

第二，西蒙提出了决策的两个原则。一个是决策的满意原则。西蒙认为完全的"经济人"和"理性人"是不存在的，实际生活中的人是"行政人"、"有限理性人"。因此，西蒙提出了决策的满意原则，并提出以满意决策代替最佳决策。另一个是决策的程序原则。西蒙认为以往的决策理论看重研究决策结果的合理性，而很少注意决策过程本身，事实上，决策并不仅仅是最后时刻的事情，它包括了整个决策过程。西蒙提出整个决策过程可以分为四个主要阶段：第一阶段是"情报活动"，即找出制定决策的理由；第二阶段是"计划阶段"，即找到可能的行动方案；第三阶段是"抉择活动"，即在各种备选方案中进行选择；第四阶段是"审查活动"，即对已作出的选择进行实施和评价。①

（3）林德布洛姆的渐进决策模式。渐进决策模式（Increamental Model）是美国著名经济学家和政治学家林德布洛姆（Charles E. Lindblom）提出的，是针对传统理性决策模式的缺陷而制定的决策模式。

第一，林德布洛姆对传统决策模式的批判，林德布洛姆认为传统理性决策模式有如下缺陷：

- 传统理性决策模式要求有一个既定的问题，然后才能进入制定、选择和实施方案等阶段，然而在治政实践中，治政决策者面临的并不是一个既定的问题，而必须首先对所谓的问题加以明确并予以说明。在说明之后会产生不同的看法，存在争论，如何解决这些争论，尚无妥善的办法。
- 传统的理性分析不仅不是万能的，而且由于分析的无穷尽，会造成

---

① 参见刘建军编著：《领导学原理》，第230页，复旦大学出版社2007年版。

分析的错误。而在治政实践中，常常是决策者在分析还未完成之前就要作出决定，另一方面，决策也受到费用的限制。

● 决策受到个人价值观的影响，由于治政者每一个人的价值观的不尽相同，因而在选择方案时就会出现意见不一致，而靠分析却不能解决决策者价值观不一致的问题。

第二，渐进决策模式有几个特点。一是渐进主义。所谓渐进指决策是依据过去的治政经验，经过了不断变迁的过程，而获得能够得到大家认可的决策。二是积小变为大变。林德布洛姆认为，渐进决策看上去似乎行动缓慢，但它积小变为大变，实际速度往往要大于一次大的变革。三是稳中求变。渐进决策是一种缓慢的改变过程，是一种平稳中争取变化的过程，既保持了治政的稳定，又在稳定中实现了变化。①

第三，推行渐进模式的原因。② 在和平发展时期，治政过程就是一个平稳发展的过程，治政者的政治也是在渐进中实现变化的，渐进决策是与治政政治相适应的；渐进的治政决策是技术上的困难造成的；渐进决策是因现行政策的巨额成本所决定的；渐进决策是由治政者心理和治政客体（民众）接受心理造成的。渐进决策的模式的最大不足在于保守，因为治政决策和社会变革不都是平稳的。

（4）埃特奥尼的综合扫描决策模式。综合扫描决策模式（Mixed-scanning Approach）是社会学家艾米特依·埃特奥尼（Amitai Etzioni）提出来的，埃特奥尼认为传统理性决策模式和渐进决策模式都有缺陷，因此提出了一种既能克服传统理性决策模式和渐进决策模式的缺点，同时也能综合它们各自的优点的综合性决策模式。

第一，埃特奥尼对传统决策模式和渐进决策模式的批判。③ 埃特奥尼认为传统的理性决策模式对于决策的要求过于理想化，以致超出了决策者认识问题和解决问题的能力，完全理性决策是不可能的。另外，渐进决策只是反映了社会中势力强大而且有组织的那部分人的利益，处于社会下层的治政客体（民众）没有被考虑进去。

第二，综合扫描决策模式的基本内容。综合扫描决策模式是使传统理

---

① 参见刘建军编著：《领导学原理》第 231 页，复旦大学出版社 2007 年版。
② 同上。
③ 同上书，第 232 页。

性决策模式与渐进决策模式两种模式相互结合、相互补充，从而提高作出最佳决策的可能性。综合扫描决策操作方式首先运用渐进决策模式来分析一般性的决策要素，然后在此基础上运用传统的理性决策模式。这样一来，一方面可以避免忽略基本的决策目标，另一方面可以保证对最重要的问题作深入的科学分析。[①]

3. 治政科学决策的价值与手段

（1）治政科学决策的价值作用。治政科学决策对于治政活动和治政成果使用都具有十分重要的价值和作用，治政决策的价值直接影响治政活动的成效，影响治政成果的获得。治政科学决策有几个方面的价值。

第一，治政科学决策具有治政科学化的价值作用。治政决策科学化能够直接提高决策质量和决策水平，使治政工作从起步就纳入科学治理的轨道。

第二，治政科学决策具有治政高效的价值作用。治政科学决策源自治政科学调查，源自于对治政实践的科学把握，治政科学决策能够尽量减少决策失误，从而避免决策低效和实施决策的低效。

第三，治政科学决策具有治政规范的价值作用。治政科学决策能够直接改善治政者决策方式以及治政者工作作风，进而优化和规范治政者的治政方式、治政行为和治政活动。

第四，治政科学决策具有治政现代化的价值作用。治政科学决策需要具有传统经验和传统的决策模式，但只有传统决策模式是不科学的，必须把治政者的决策思维模式和治政思维模式转化到现代治政状态中来，使传统的治政决策思维与现代的治政决策思维相结合，实现治政决策思想观念的现代化。

第五，治政科学决策的民主化。治政科学决策本身就是民主决策，治政科学决策能够直接推动治政进程的民主化和科学化。治政科学决策需要民众的拥护和支持，需要下级治政者的践行，不讲民主决策，践行效果就不会好。另外，治政科学决策只有以民主的形式，让尽可能多的治政者了解和支持，才能真正实现决策的科学。民主与治政者的权威往往是相辅相成的，治政者越讲民主就可能会越具有权威，除非治政者无能。

第六，治政科学决策的利益化。治政科学决策不仅在治政决策环节上

① 参见刘建军编著：《领导学原理》，第 233 页，复旦大学出版社 2007 年版。

保护治政者的利益，而且在治政决策环节上也保护治政客体（民众）的利益，从而使治政客体（民众）乐意践行治政决策、乐意和治政者一道工作。对于治政者来讲，治政决策必然会保护治政者自己的利益，治政者必须确立正确的利益观，自觉服务治政客体（民众）。

第七，治政科学决策的治理化。治政科学决策的目标在于治理政务，治政者不治理政务，不科学治理政务，不仅实现不了治政目的，而且必定失去治政的意义。治政关键在"治"，治政决策的制定和实施都要注意"治"这个特点。

（2）治政科学决策的要素。治政决策具有不同的决策要素，绝对不是有了治政者就有了科学决策。有了治政者可以有决策，但这种决策不一定科学，不一定有科学的治政结果。治政科学决策具有以下的要素。

第一，决策者。治政决策者就是治政的主体，在治政活动中，决策者有时是个人有时是集体，前者称为个人决策，后者称为集体决策。在一些管理组织中，他们把决策者从其他社会角色中分化出来，使决策工作专门化，即决策者由专门的人士承担，[1] 使治政者分工更为细化。在现实社会中，家庭、班级、学校、医院、企业也都存在决策，但这些决策与治政决策内容是不同的。虽然决策的内容不同，但决策活动的程序、方法、运行实质是相似的，决策的原理、决策的程序、决策的原则在很大程度上是相通的。[2]

第二，决策目标。所谓决策目标指治政决策所要达到的治政组织目的。治政决策的目标一般是围绕治政工作为核心的事物。治政决策目标的确立一般来自治政实践，它应该有几条标准：目标是具体的；有衡量目标的具体标准；有实现目标的确定期限和约束条件；只有一种理解的含义；目标是有的放矢的，即是有针对性的；治政目标是系统的；治政目标是切实可行的；治政目标是符合规范的。[3]

第三，决策的备选方案。所谓备选方案指决策方案不只是一种，而是两个或两个以上的治政方案供治政决策者选择。单方案的治政决策时代已经结束了，尤其在科学技术、管理技术和决策理论飞速发展的今天，治政

① 参见刘建军编著：《领导学原理》，第233页，复旦大学出版社2007年版。
② 同上。
③ 同上书，第234页。

决策方案不可能再是没有选择的单一化决策。

第四，决策的多种手段。治政决策的手段指治政决策的多种方法和技术，包括了治政的调查研究技术、统计、运筹、预测、智囊、专门决策分析、环境分析、可行性分析、可靠性分析、计算机网络等等治政决策的科学方法和专门技术。

第五，决策情势。所谓治政的决策情势指治政决策后面临的时空状态，这是一种治政决策的环境。治政决策行为是治政决策者的主观因素和治政决策环境共同作用的结果，因此，治政者在作出治政决策过程中必须把治政决策的环境把握准，以求最佳决策效果。

第六，决策结果。治政决策结果也被称为治政决策后果，指一项治政决策所产生的效果和影响。治政决策的结果不能只看表面只听汇报，必须要依赖科学、全面的预测和评估，因为不同的治政局面、不同的利益集团对治政决策结果反应是不同的。治政者应该科学地把握。

二、治政决策的程序和实践

在治政决策活动中，治政决策的程序和实践是相通的，治政决策的程序是从治政决策的操作层面分析的，治政决策的实践是从比较层面进行分析的。

1. 治政决策的程序

所谓治政决策的程序是指治政决策过程的先后次序。

第一，确定问题。所谓确定问题指治政者在治政实践中决定需要作出决策的问题。这些需要治政者决策的问题是治政主体的决策之源，也是治政决策函数中第一个决策变量。[①] 确定治政决策问题有两个程序。一是把握决策环境，收集需要决策问题的信息。诸如治政工作的性质、特点、内容以及存在的问题；治政客体（民众）的治政需求、愿望、特长以及不足；治政环境的特点和阻力；治政者和治政组织自身的估计和状态分析等等。二是处理治政问题信息，即治政者在考察中诊断治政决策问题、提炼

---

① 参见邱霈恩著：《领导学》，第 240 页，中国人民大学出版社 2004 年版。

治政决策问题和建立治政决策问题的系统。

第二，把握问题。所谓把握问题指弄清与治政决策问题相关的所有情况。首先要清楚地把握治政问题的性质、类别、基础、现状、背景、条件、发展趋势以及需要决策问题的现实可能等；其次要清楚地把握治政者自身的决策水平和能力；再者，还要充分地了解需要治政决策问题的相关人员的希望和要求，包括治政物质条件对治政决策保障情况等等，诸如系统支持、关系支持、物质支持等等。真正要把握治政决策的问题还必须做好几点。一是调查研究，把握第一手信息和资料；二是经验估计，即运用决策艺术和治政艺术，把治政决策问题看准看透；三是科学预测。科学预测是治政决策具有预见性的体现。毛泽东讲："所谓预见，不是指某种东西已经大量地普遍地在世界上出现了，在眼前出现了，这时才预见；而常常是要求看得更远，就是说在地平线上刚冒出来一点的时候，刚露出一点头的时候，还是小量的不普遍的时候，就能看见，就能看到它的将来的普遍意义。"①

第三，确定目标。所谓确定目标指在确定了问题并对问题有了全面的把握之后而确定的决策对象。决策确定目标有时不仅仅是决策的对象，有时又是治政组织的目标，因为确定目标是治政者决定将要把一个群体或组织乃至社会引向什么方向的关键决策。确定目标要注意决策函数关系，决策函数关系指决策目标的因变量关系，决策目标将因决策问题和情况而被确定。决策问题和决策情况发生变化，决策目标就会变化。确定目标还要注意分清主目标和分目标，在分目标中还应划分各种子目标，构成决策目标树。在确定决策目标之后，第二步是审度决策目标。审度决策目标要注意几点：注意目标水平，即保证决策目标水平的适度；注意目标期望值，即目标是否能够较为全面地反映治政者以及治政客体（民众）的共同愿望，目标期望值大则难以实现，目标期望值小又满足不了民众的需要；注意目标偏颇度，即尽量保证治政目标具有较为完全的正确性和准确性；注意目标的明确性，即保证治政决策目标的具体明确；注意目标的实在性和可行性；注意目标的规范性；注意目标的协调性，即协同程度；注意目标的公众性，即有一定的群众支持度；保证目标的科学性，即使目标与治政实践相结合，通过努力可以达到治政的目标等等。

---

① 《毛泽东文集》第3卷，第395页，人民出版社1996年版。

第四，确定标准。所谓确定标准指为决策明确科学的、规范的指导思想或准则。决策标准是科学决策的规划依据、论证准则、仲裁规则、检查标准，是价值标准和科学内容的规范性综合。①

第五，设计方案。所谓设计方案指治政决策方案的制订或拟订，即对治政决策提出的具体设想和安排。设计方案力求具体、科学、实事求是和可操作。对于具体治政事物的决策，要有几个方案备选，因此，方案的全面性和科学性非常重要。设计方案要注意几点：设计方案要注意参考和借鉴已有的经验和做法；设计方案要注意从现有的情况中找到解决问题的可能；设计方案要按事物逐步深入的规律，由表及里，由浅入深，由简单到复杂，由初级到高级；设计方案要结合治政实际，分步拟订方案；设计方案要留有余地，对可能出现的问题有所预测。

第六，方案论证。所谓决策方案论证指对已形成的决策方案在优劣等方面作出比较和分析，提出最有科学性和实效的方案的过程。方案论证可由专家论证，也可以由熟悉治政方案的治政者和民众代表进行论证。治政方案论证非常重要，因为治政方案不仅涉及治政事物，还关系到社会利益、民众利益等等。对治政方案的论证，可以采取考察、审度、计算、比较、分析、批评、举证、反证、挑战、答疑、辩释、提议、修正、添补、完善、否定、肯定等等形式。②

第七，方案抉择。所谓方案抉择指治政者在把握方案的基础上对实行哪一种方案作出的选取。治政方案的抉择指在把握治政决策方案的基础上权衡利弊、抓住时机，当机立断，择优决定。治政决策方案的抉择要注意几点：要严格对照治政决策目标、治政决策标准，注意筛选出矛盾和问题少的较佳的决策方案；要从决策方案的效能以及可行性方面加以比较，确定不同的备选方案序列；从备选方案序列中确定可取方案，备选具体方案；最后是方案的抉择和采用。③

2. 治政决策实践

所谓治政决策实践指分析决策、作出决策和实施决策三个步骤，与前面分

---

① 参见邱霈恩著：《领导学》，第247页，中国人民大学出版社2004年版。
② 同上书，第250页。
③ 同上书，第231页。

析的决策程序有相通之处。决策实践主要是从决策实施层面上进行分析的。

（1）分析治政决策①。分析决策是治政决策活动的起点，没有决策分析，就很难作出治政的科学决策。

第一，认识决策。所谓认识决策指整体上对治政决策熟悉和了解。首先要对决策进行分类，找出自己要作出决策的类别，其次要对决策方案进行了解，通过对实施后果的反馈分析，确定有无必要作出系列决策（如图12-1所示）。② 最后是比较方案。

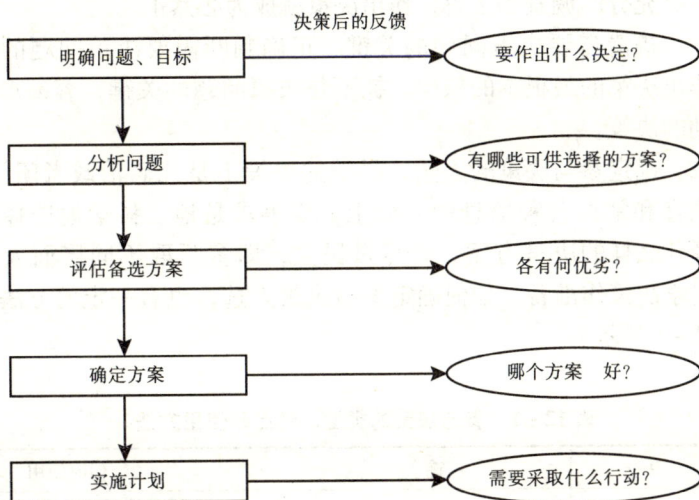

图 12-1　决策后的反馈

第二，确定决策风格。治政政策好的风格应该是科学艺术的、民主艺术的、合理艺术的。确定决策风格要把握信息、系统运用、容纳反对意见、预知风险、慎重结论等等。

第三，认识组织文化。所谓治政决策的组织文化指影响治政决策的文化环境。认识组织文化就是要求治政者把握住治政环境中足以影响治政决策的组织内部传统、习惯等文化现象。同时，也要利用治政决策的优势，改变和影响治政决策环境。

---

① 参见刘建军编著：《领导学原理》，第239页，复旦大学出版社2007年版。
② 同上。

第四，分析治政决策者的责任。所谓分析治政决策者的责任指厘清治政决策者不同系统、不同层面的责任，因为不同的治政系统、不同的治政层面的治政者应当承担不同的治政决策的责任。最高治政决策者不可能把最基础的治政事务决策都承担了，因为各层级有各层级的治政任务。科学治政决策应是在治政总的理念下，各司其职、各治其政、各决其策、防止相仿越级，防止只有责任而没有权利。

（2）作出治政决策。作出决策是治政决策过程的关键环节，有决策方案供选，有充分的调查和了解，作出决策就成为必然了。

第一，搞清需要决策问题的关键。正确判断需要决策问题的关键所在，是作出决策的最根本的依据。抓不住决策问题的关键，容易形成盲目的、被动的决策。

第二，确定参与决策的人选。科学的决策不是几名治政者闭门造车，而是在调查和掌握各种信息的基础上，实事求是地、科学地选择决策方案。选择什么样的决策方案，要尽量民主，即多听取不同层面人士的意见，为科学决策作准备。如何确定参与决策人选，也有一定的方法和特点（如表 12 – 1 所示）。

表 12 – 1　参与决策的类型、特点和使用方法①

方　法	特　点	何时使用
少数人的决策（这些决策是由资深治政者作出的,不需要磋商）	讲述:治政者作出单方向决策	在紧急情况下或有严格时间限制时
	兜售:治政者决策,其他人可以质询其可靠性	在难于达成一致意见,而必须兜售自己的观点时
	演讲:允许员工了解讨论的过程	当管理者态度强硬,又想将其观点强加于人时
有所参与的决策（虽然最后的决策是由治政者作出的,但是需要不少同事参与决策）	建议:治政者提出可供选择且愿作改变的方案	在同事能够提出有价值的方案时
	咨询:广泛征求同事的观点,治政者有最终否决权	当一项决策需要专门的知识时
深度参与的决策（这种决策是一个民主决策过程,所有员工都受邀请参与决策）	询问:治政者提出讨论框架后,由全体员工最后决断	当需要听取大量意见,并最终要由整个团队来决定时
	参与:所有员工都来参与讨论,并经一致同意后才作出最后决策	与顾问的作用至关重要时

---

① 参见刘建军编著:《领导学原理》,第 243 页,复旦大学出版社 2007 年版。

第三，做好与治政决策的要素分析。在治政活动中，要注意与治政决策相关的不同要素，帕累托（PARETO）最优规则表明：20%的行动会产生80%的结果，即80/20规则，又称"少数重要的和多数平凡的"原则。①在分析中，应该给予治政决策相关的每一个因素以同样的权重，并对这些因素进行优先次序排序。

第四，做好备选治政决策的方案。治政决策是对已有决策方案的选择，要注意根据治政实际情况，确定治政决策的备选方案。确定备选治政决策方案，可以通过确定治政决策方案范围、缩小可选范围、罗列可选方案、缩小方案的数量等级等等步骤。

第五，评估治政决策的备选方案。评估治政决策备选方案指对已确定的治政决策备选方案的科学性、有效性、可操作性、后果性等等进行评估，以确定最终是否选取。

第六，预测决策后果。预测治政决策后果指对治政决策所能取得的预期成效进行测评、估计，以防止治政决策过程的风险。

第七，作出治政决策。在前期准备的基础上，治政者对治政决策的预期性、未来性都有了较为科学的把握之后，即可以作出治政决策，并争取自己作出的治政决策得到治政主客体的广泛支持。

（3）实施治政决策。治政决策作出了，决策是否科学，是否能够达到预期的效果，必须由治政决策实践来证实。治政决策实施需要不同层面治政者按照治政决策实施的原则，科学地实施。实施治政决策要注意几点要求。

第一，对照性要求。所谓对照性要求指治政者在实施治政决策过程中要注意把决策实施的过程与决策方案加以对照，尽量按决策方案实施。

第二，原则性要求。所谓原则性要求指治政者在实践治政决策过程中要坚持治政决策所确定的决策原则，决策是经过反复挑选、评估之后作出的选择，治政实践者应该按决策的原则要求践行决策。

第三，科学性要求。所谓科学性要求与治政决策的科学性有较大的区别，这里的科学指在实践治政决策的过程中要坚持科学实施。治政决策有原则、有规范，但在实践中也必须根据治政的实践情况，科学地运用治政

---

① 参见刘建军编著：《领导学原理》，第244页，复旦大学出版社2007年版。

决策方案。

第四，创造性要求。所谓创造性要求指在实践治政决策过程中注意创造性地落实治政决策，因为治政决策的环境是在变化着的，决策的抉择是在一定的历史条件下进行的，因此，决策环境的变化，决策的落实也必须根据变化有所调整。

第五，反馈性要求。所谓反馈性要求指治政决策在实践一段时间之后，要注意收集对决策实践的反应，注意收集决策的反馈信息，使治政者把握第一手资料。

第六，修正性要求。所谓修正性要求反映治政决策经过实施之后可能会发现一些方面的不足，治政者根据治政实践的情况，及时对决策的一些原则和要求加以修正。

三、治政决策的原则与要则

1. 治政决策的原则

治政决策的原则指适用整个治政决策活动的规划即治政决策者和决策参与者必须共同遵守的基本准则。治政决策的原则如下。

（1）治理性原则。治政的原意是治理政务，其决策也必然紧紧围绕"治理"而进行。治政本身离不开治理的性质，治政决策的内容、本质也必须突出"治"的特点，这是治政决策的本质原则。

（2）真实性原则。治政决策来自治政主体，治政本身就具有现实特点，治政主体活动又必须在治政现实中进行，因此，治政决策必须紧紧联系治政实际，坚持实事求是，坚持治政真理。因此治政决策应经得起治政实践的检验，必须真实、客观、全面。

（3）求实性原则。所谓求实性原则指治政决策的内容要求实、制定的过程要求实、实施的过程也要求实。治政的一切工作都是在治政实践中展开的，又是必须解决治政现实问题的。治政决策活动、决策方案应以治政实践为依据，又为治政现实服务，治政决策应一切从治政实际出发。

（4）民主性原则。治政需要民主，治政决策的制定也需要采用民主的方式，在落实治政决策方案时，必须坚持民主的原则。决策民主是治政民主的第一步，只有是民主形式产生的决策，才能得到治政主客体的支持、拥护和践行；只有用民主的方式实践治政决策方案，决策才能成为治政现实；只有用民主的方案，在实践中去检验治政方案的实施结果，才能得到真实的治政决策信息的反馈。

（5）科学性原则。治政实践需要追求科学方式，治政决策制定要科学、实施治政决策方案也要科学。治政者以科学的态度，制定出治政决策的科学方案，运用治政的科学方法、手段，落实治政的决策。治政决策一定要尊重科学。

（6）灵活性原则。治政决策的灵活性指实施治政决策过程中运用灵活的方法推动治政决策的落实。治政决策制定和实施的原则性很强，如何践行治政决策的方法很多。

（7）系统性原则。治政是一个较为紧密、有序的系统，治政决策也必然具有治政系统性的特点。治政的不同系统有不同的决策内容，而决策的内容和落实决策方案又必须按治政系统进行。另外，制定决策和实践决策必须科学地、系统地把握和科学地、系统地进行。治政决策需要准确、全面、系统地制定及落实。

（8）创造性原则。治政过程应该说是治政者创造的过程，因为所有治政事物都不是简单的重复，需要治政者在治政实践中创造性地开展工作。治政决策的制定、确立，需要用一种创造的精神作指导；治政决策的实施，也必须用创造性的方法加以贯彻和落实。创造是治政进步的灵魂，同样也是治政决策制定和实施的灵魂。

（9）规范性原则。治政决策的制定和实施是一个制度化和规范化的过程，治政决策的本身也是对治政活动在一定层面上的规范。治政决策的内容决定了治政者应该干什么和应该怎么干，这种规定就是一种规范。治政决策的程序需要规范、实施的过程需要规范、对决策方案的选择也需要规范。

（10）可行性原则。治政决策的可行性主要指治政决策在治政实践中必须切实可行，在治政决策方案的实施中，具有一定的可操作性。治政决策的方案，必须能够解决治政实践中的问题，必须能够推动治政实践的科学发展。

（11）特征性原则。治政决策是从不同方案中对某一方案的选择。治政的某种决策方案的被选择就说明了这一方案具有与其他方案的不同之处，这不同之处也就是这个治政方案的特征。在实施治政方案的过程中，不同的治政者，又会有不同的治政效果，其中也有治政者自身个性等特点的原因，这些特点包括了治政者本身的能力、素质、水平和性格。因此，治政决策特征性有治政方案本身的特征，也有治政者本身落实治政方案的"个性"特征。

（12）时效性原则。治政决策一般都有一定的时间要求，无论是制定治政决策还是实施治政决策都一样。相对来说，关于治政特殊事件的决策，时效性特点更为突出。治政决策的时效性也不是相对的，对于特殊治政事件，时间更为迫切，应及时地、快速地、果断地决策，而对于一般性治政事务来讲，时效性表现得较为和缓，但其实效性特点是须具备的，因为治政决策是一个追求效率效果的活动。

（13）价值性原则。治政决策是解决治政实践中问题的某些方案，其本身就具有价值性，而治政决策又是治政者目的明确的活动，这些决策工作，形式上是为治政主客体服务，实质上表现为某种价值。治政所有的决策都是有价值的，无论是正价值还是负价值。

（14）利益性原则。治政决策是治政者为了维护治政利益作出的决策方案，是一种从治政利益出发的抉择。治政决策方案自身有时并没有利益性质，可实施之后的效果却存有极为明显的利益特征。在治政实践中，不少决策首先被有些治政者区划为有利还是无利，这是因为治政决策的行为存在利益性。应该说，无利的治政决策是不存在的，无论这种利益是直接的，还是间接的；是现实的，还是长久的；是物质的，还是精神的；是正利的，还是负利的；是利己的，还是利他的等等。

（15）道德性原则。治政决策从制定到实施都存着明显的道德性。治政者可以制定或选择对自己有利的决策，也可以选择和决定对大多数治政者和治政客体（民众）有利的决策，这种"可选"显现了治政者的道德水平。道德性还体现在治政决策实施的过程中。治政者应该讲道德、讲官德、讲为民、讲法治，在决策的制定和实施中体现"官德"水准。

（16）界度性原则①。所谓界度指治政决策在不同层面和不同系统中的

---

① 参见邱霈恩著：《领导学》，第253页，中国人民大学出版社2004年版。

选择和决定都是有边界的，治政决策具有适用的范围和作用的对象，这些范围和对象就是层面或系统的边界。在实践中，治政者应该注意决策的临界度，保持界度也是科学性的体现。

（17）可检验性原则。治政决策与治政实践是紧密相连的，治政决策正确是否，在决策实施中就可以得到检验。因此，治政决策具有可检验性。治政者在制定决策时应该注意决策的可检验性特点，尽量保看作持治政决策的科学、准确、全面。

2. 治政决策的要则

所谓治政决策的要则指决策操作时注意的原则。治政决策要则主要涉及了治政目标确定、方案设计、方案论证和方案抉择等等原则,[①] 是具体操作中经常用到的原则。

（1）确定决策目标要则。

- 调查深入，熟悉情况；
- 问题明确，主题突出；
- 尊重事实，情况清楚；
- 材料充足，精细研究；
- 知己知彼，心中有数；
- 量力而行，踏实稳步；
- 戒骄戒躁，明智务实。[②]

（2）设计方案要则。

- "治"为中心，目标准确；
- 解决问题，实事求是；
- 资源效能，恰当充分；
- 专业知识，方法得体；
- 把握中心，刻意创新；
- 无懈可击，完备周密；
- 现实管用，方便易行。[③]

---

① 参见邱霈恩著：《领导学》，第 253—255 页，中国人民大学出版社 2004 年版。
② 同上书，第 254 页。
③ 同上。

（3）方案论证要则。

- 是否以治理政务为中心突出主问题和主目标；
- 是否充分占有和消化相关材料；
- 是否深入研究决策函数关系；
- 是否全面考虑决策结果与后果；
- 是否精确计算决策全程成本；
- 是否确切估计决策实力基础；
- 是否验证对策措施的根据与效力；
- 是否能够纠正方案所有偏差错漏；
- 是否讲科学讲道德。①

（4）方案抉择要则。

- 最大限度地体现治政决策目标；
- 收效最大，代价最小；
- 正值最大，负值最小；
- 把握最大，风险最小；
- 切合实际，条件适度；
- 治理政务，符合民意；
- 道德公平，合理合法。②

四、治政决策的类型与方法

治政决策的类型与方法是从治政这一事物全局或不同侧面分析的类型和方法，仅供治政者在治政实践中参考。一般治政决策类型按决策主体分类有个人决策、集体决策；按决策影响的规模分类，有宏观决策、微观决策；按决策的层次分类，有战略决策、战术决策；按决策对象分类，有治政决策、政治决策、经济决策、军事决策、企业决策等；按决策时间的长短分类，有长期决策、中期决策、短期决策；按决策目标多寡分类，有单目标决策、多目标决策；按决策目标的性质分类，有常规性决策、非常规

---

① 邱霈恩著：《领导学》，第 254 页，中国人民大学出版社 2004 年版。
② 同上。

性决策；按决策条件和后果分类，有确定型决策、不确定型决策；按决策目标要求分类，有最优决策、满意决策等等。

1. 治政决策的类型

治政决策的类型是指对需要决策的各类治政事物进行具体分析的决策类别，有些类别涉及治政事物的全局，有些类别则只是治政的某一层面或某一系统。

（1）治政的战略决策与战术决策。按照治政决策本身的地位来讲，治政决策可以分为战略决策与战术决策两种类型。

第一，治政的战略决策。治政的战略决策指关系到治政全局、方向性的重大治政问题的决策，主要是表现为反映治政组织发展方向、发展目标、发展规模的决策，战略决策多为非程序化的决策，是一种以定性为主的治政者主观性决策。

第二，治政的战术决策。治政战术决策指为了实现某一治政目标、解决某一治政具体问题而作出的决策。治政的战术决策一般是战略决策的延续和指令化，一般具有具体化、定向化、定量化的特点。[①]

（2）治政的程序化决策与非程序化决策。从决策的方式上来分析，治政决策可以分为程序化决策和非程序化决策。

第一，治政程序化决策。所谓治政程序化决策指在治政活动中重复出现的、例行的、规范的决策形式。治政程序化决策也叫规范性决策。

第二，治政非程序化决策。所谓治政非程序化决策也叫非规范性决策，是指治政过程中首次出现的或偶然出现的非重复性的决策。在治政工作中，经常会遇到没有遇到过的问题，需要治政者在一定时间内作出决策，即治政者要特殊问题特殊处理，这种决策最能显现治政者的治政能力和水平。

（3）治政确定型决策、不确定型决策和风险型决策。治政确定型决策、不确定型决策、风险型决策指根据治政者在决策时掌握的治政信息情况的完备程度而划分的决策类型。这种分类方法是由美国学者耐特提出来的。

第一，治政确定型决策。治政确定型决策指在治政决策所需的各种情

[①]　参见刘建军编著：《领导学原理》，第247页，复旦大学出版社2007年版。

报资料已完全掌握的条件下进行的决策。治政确定型决策的每一个方案都只有一个确定的结果。

第二，治政不确定型决策。所谓治政不确定决策指在决策时治政决策所需的各种信息、情报无法具体测定，而治政的客观现实又要求治政者必须作出决策。这种治政决策由于对信息、情报不能加以确定，所以，决策方案都可能有多个不确定的结果，最终的决策后果也是不确定的。①

第三，治政风险型决策。所谓治政风险型决策指介于确定型决策和不确定型决策之间的一种决策，即治政者只掌握了部分决策必需的信息、情报和资料，对决策的结果可能出现的概率是不可知的。

（4）治政个人决策与群体决策。个人决策与群体决策是从治政决策者的数量方面进行分类的。

第一，治政个人决策。治政个人决策指在治政决策方案选定时由某一个治政者作出决定的决策形式。在通常情况下，个人决策又被称为首长决策，因为某一个治政者往往是某一系统、某一层面的最高治政者。治政个人决策的特点是决策迅速、责任明确，有利于发挥治政者的主观能动性。治政个人决策的缺点也很明显，即决策水平受某治政者（决策者）的学识、能力、经验、性格等诸多因素制约。

第二，治政群体决策。所谓治政群体决策指治政决策由两个及两个以上的治政者组成集体所作出的决策。群体决策的优势在于集思广益。

（5）治政单项决策和序贯决策。治政单项决策和序贯决策是根据决策关联问题的多少以及相互关系而区别的决策类别。

第一，治政单项决策。治政单项决策指针对某一治政问题所作的决策。单项决策有时行动方案只有一个。

第二，治政序贯决策。治政序贯决策又被称为动态决策，是指处理治政处于串联结构状态的问题的决策。这种决策是一串而不是一个；这种决策相互影响、相互制约；这种决策问题的效果不是各阶段决策效果的简单叠加，而是相互影响、组合而成的总效果。②

---

① 参见刘建军编著：《领导学原理》，第248页，复旦大学出版社2007年版。
② 同上书，第250页。

（6）治政定性决策与定量决策。

第一，治政定性决策是指治政决策目标和决策变量等不能用数量来表示的一种决策。这一类治政决策一般依靠决策者的经验和判断力，难以用数学方法测算。

第二，治政定量决策。治政定量决策是指治政决策目标和决策变量等等可以用数量来表示的一种决策。治政定量决策要求有一定的精确度，是一种量化的决策形式。

（7）治政单目标决策与多目标决策。

第一，治政单目标决策。治政单目标决策指治政决策的目标只有一个的决策，这种决策，一直是研究决策问题的基础。

第二，治政多目标决策。所谓治政多目标决策有两个或两个以上的治政决策，在治政决策活动中，一般有一个占据主导地位的主导目标，同时也有依从地位的附加目标。[①]

（8）治政预决策和拍板决策。

第一，治政预决策。所谓治政预决策指在治政最终决策之前，部分治政者作出的初步决策。初步决策是决策的"预案"，是为拍板决策服务的，是一种"预演"，为最终决策做好服务。

第二，治政拍板决策。所谓治政拍板决策指在预决策的基础上由最后的治政决策者作出的决策。这种决策是最终的，是一锤定音的决策，一般情况下是不容置疑的决策。

2. 治政决策的方法

治政决策的方法很多，有基本方法、技术方法、信息获取的方法、信息分析方法、决策评估方法等。在治政决策的基本方法和技术方法方面，有些方法是相通的。

（1）治政决策的基本方法。治政决策的基本方法是人们在治政决策过程中普遍运用的工具，是基础性的方法。

第一，唯物辩证法。唯物辩证法是建立在唯物主义基础上的辩证法理论，是关于自然界、人类社会和思维发展的普遍规律的科学。它有对立统一规律、质量互变规律、否定之否定规律等三个基本规律。唯物辩证法是

---

① 参见刘建军编著：《领导学原理》，第251页，复旦大学出版社2007年版。

治政决策最基本的方法保障，运用这些规律，能够把握治政活动的矛盾的相互运动，帮助治政者把握事物的发展规律，使决策者拥有辩证思维，使决策的内容更为科学。

第二，群众路线的方法。所谓群众路线指治政决策者能够虚心听取治政客体（民众）的意见，与民众打成一片，真正把治政看成为民众服务的事业。用群众路线的方式去完成治政决策，一般都能够保持治政决策的正确性、准确性、科学性以及可行性，其决策实施的成功率也大。在治政现实中，真正走群众路线的治政者已经不多了。

第三，系统方法。所谓系统方法指治政者把需要决策的治政问题分门别类，又把各种类别的决策问题通过某些环节综合分析的方法。系统的方法是治政者一门基本的决策技术。

第四，建模方法。所谓建模指用模型模仿要决策的治政问题决策实施后的问题和情况，然后找到最佳的答案，即需要决策的方案。建模的具体种类很多，诸如形象模型、图表模型、模拟模型、数学模型等等。

（2）治政决策常用的技术方法。治政决策常用的技术方法指治政者在决策过程中经常采用的带有专业性的决策方法。

第一，专家会议决策法。专家会议决策法指依靠一定数量的专家的创造性思维来对决策对象未来的发展趋势及状况作出集体判断的方法。[①] 也被称为集团头脑风暴法。专家会议决策法的特点为可以发挥团体的宏观智能结构效应；可以发挥思维共振；可以获取更多的信息量；所提出的决策方案更全面；可以交流意见、互相启发等等。专家会议决策法的缺点是受心理因素影响较大；容易少数服从多数，尽管有时多数人的意见并不科学；容易受个性影响等。专家会议决策法的原则有几点：在决策会上，对别人提出的意见不许反驳；鼓励个人独立思考，广开言路，对治政决策的意见越多越好；尽量保证意见的改进与联合。[②]

第二，德尔斐法。德尔斐（Delphi）是古希腊阿波罗神殿所在地的地名，后人借用德尔斐比喻高超的决策能力。20 世纪 50 年代，美国兰德公司与道格拉斯公司合作，研究一种如何通过有控制的反馈更为可靠地收集专家意见的方法时，以德尔斐作为代号，也被称为德尔斐决策法。德尔斐

① 参见刘建军编著：《领导学原理》，第 252 页，复旦大学出版社 2007 年版。
② 同上书，第 253 页。

法的实质是采用函询调查，请有关领域的专家对决策对象分别提出意见，然后将他们的意见予以整理、综合、归纳，匿名反馈给各位专家，再次征询意见，随后再进行综合和反馈，如此多次循环，以求得到比较靠近一致意见的决策方案。

第三，竞赛式决策制定法（AAP）。竞赛式决策制定法指把治政决策中有关联、有影响力的多种要素采取阶层结构的方式加以排列把握并用数字进行选择的方法。

第四，方案前提分析法。方案前提分析法指注重对决策方案的前提假设进行分析的方法。方案前提分析法的依据是任何方案都有几个前提假设作为依据。如果前提假设能够成立，则说明这个方案所选取的目标和途径基本上是正确的。①

第五，鱼缸法。鱼缸法指通过治政者宏观智能结构效应的发挥而进行决策的方法。运用这种方法使所有参与决策人员围成一个圆圈，通过某个中心人物同其他成员之间的互动而进行决策，围成一个圆圈，形似鱼缸，故得名鱼缸法。

第六，决策树法。决策树法指以树状图为决策的依据的方法。决策树是决策过程中一种有序的概率的图解表示，它把几项可选方案及有关随机因素有序表示出来形成一个树形。治政决策者根据决策树所构造出来的决策过程的有序图示，不但能统观决策过程的全局，而且能在此基础上对决策过程进行合理分析、计算和比较，从而作出较为科学的决策。决策树由决策点、方案枝、概率点、损益值（结果点）等构成。如图 12 – 2 所示。

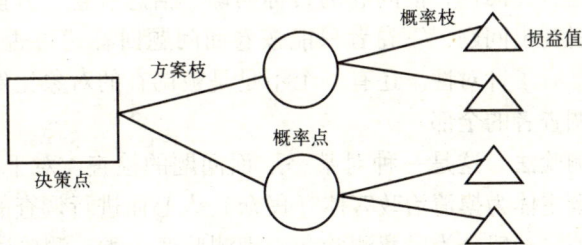

图 12 – 2　决策树

① 参见刘建军编著：《领导学原理》，第 254 页，复旦大学出版社 2007 年版。

在运用决策树进行决策时要注意几个步骤：一是提出问题即决策点，弄清决策点的各种信息特征，二是从决策点出发，设计出各种解决问题的方案，并用方案枝连结起来。三是计算各种方案的概率。四是估算各种方案的损益值，并用概率枝同概率点连接起来。五是比较各种损益值的大小，选出最佳方案。

第七，运筹决策法。指运用运筹学的方法而进行决策的手段。运筹学是用统计数学的方法研究人力物力的运用和筹划，以发挥最大效率。由于运筹学研究对象的不同，形成了一些新的分支。诸如规划论，主要研究如何充分利用组织的一切资源，包括人力、物资、设备、资金和时间，最大限度地完成各种计划指标，以获最大效益。诸如库存论，主要用来研究在什么时间、以什么数量、从什么地方供应，来补充零部件、器材、设备、资金等库存，以保证组织有效地运转。诸如排队论，主要是用来研究在公共服务系统中，设置多少服务人员或设备最为合适。诸如对策论，主要用来研究在利益相互矛盾的各方竞争性活动中，如何使自己的一方获得期望利益最大或期望损失最小等等。运筹决策的程序包括以下几个部分：明确问题，确立目标；集思广益，拟订方案；分析评估，选择方案；实施方案，完善决策等等。①

（3）获取治政决策信息的方法。获取治政决策信息的方法有许多种，我们只列几种供治政决策者参考。

第一，问卷法。这是一种发放询问表、调查表的方法。问卷法在治政实践中有两种，一种是普通问卷，由调查者直接交给调查对象填答或口头回答，另一种是邮寄问卷。问卷的优点是治政者可以根据需要设计问题，尽管有些问题有片面性，但问卷的目标明确、信息规整、方便简洁。其不足是由调查者提出问题，答卷者只能按卷面问题回答"可否"，而治政者设计卷面时已有了针对性。还有一个不足是被调查的对象比例较少，并不能代表需要调查者的全部。

第二，测验法。这是一种对某一层面问题的检查。对于治政者来讲，测验法是治政主体为摸清治政客体（民众）人心而进行调查的一种常规的方法，治政测验一般分为民意测验和心理测验两大类。测验法与问卷法有相似之处，测验法比问卷法更精细、更周密。

① 参见刘建军编著：《领导学原理》，第256—257页，复旦大学出版社2007年版。

第三，研讨法。这是一种治政研究探讨的方法。研讨法是治政者常用的调研方法，主要有两种方式。一种方式是正式的专题调研，就某个治政的专门问题请专家或专门人员进行专门的研究探讨；另一种方式是非正式的研讨，即治政者通过私下、半私下有意识的专门交流，了解相关的治政信息。

第四，会议法。这是一种通过召开会议而进行信息收集的方法。一般来说，有心的治政者在任何治政会议上都会收集到有用的信息。会议收集信息的方法一般有几种形式。一是召开目的明确的专题会议，听取专门意见；二是召开综合性会议直接听取意见；三是利用不同的会议召开后所产生的后果，间接收集信息；四是委托召开会议，间接获取治政相关信息。会议法是治政者常用的收集信息的方法。

第五，观察法。这是一种通过观察而获取信息的方法。观察法是治政者最常用的收集治政决策信息的方法。治政者在未受控的决策活动中，有目的、有计划地了解和分析治政决策主客体的有关行为、举止、言谈、表情和反应等情况，由此把握人们对某些决策的反应，即他们的内心状态、情绪、愿望、思想倾向等等。

第六，考察法。按对治政事物细致深刻地观察的方法，即治政者就某一专门领域、专门问题和专门目标，确立了专门课题，直接到相关部门去进行专门考察，从而掌握第一手资料，以此作为决策的依据。

第七，访谈法。访谈法指对调查者进行访问谈话以获得决策信息的方法。这种方法可以根据治政决策的需要，就调查者所关心的所有问题进行广泛的、纵深的访问和谈话以及征询意见等，访谈法要注意的是谈话的主题必须鲜明。

第八，报告法。这种方法指治政决策者利用治政上层、同层、下层的报告以及他人对这些报告的反映而获得治政决策的信息。当一个治政者报告作出后，人们对报告的反映是不会相同的，及时了解治政客体（民众）对报告的看法，有利于治政者科学决策。

第九，体验法。所谓体验法指以治政者切身体会的方式获得真实治政信息的决策的方法。治政者如果在某一决策之前能够深入到要实施决策的第一线去体验民众和治政下级对某些相关问题的理解、反映，那么，就会有助于治政者的治政决策。

第十，侦探法。所谓侦探法多指军事、公安等治政组织经常使用的侦查手段探明某些事物真相而作出决策的办法。这种方法现在在经济生活、政治生活、科技生活中也常常被使用，诸如在经济安全、经济情报、检察、监察、治安等事物的决策中经常使用。

第十一，文献法。所谓文献法是治政者利用历史文献资料作为真实治政信息来源的调查方法。利用文献为治政者提供前人以及他人的各种决策信息，是治政者常用的方法。

第十二，个案法。所谓个案法指治政者根据其对某专门的人和事作了长时间的专门了解而获得治政信息的方法。这种方法针对性强，获得第一手信息资料较多。

第十三，统计法。所谓统计法指治政者运用各种统计工具而进行治政决策信息统计的方法。治政统计法包括了统计原理、数学模型、统计模型等方式，对治政决策信息进行科学、系统的统计和分析，以求治政决策信息更为准确、精确。①

第十四，实际联系理论法。在治政实践活动中，治政的决策往往是从实际活动中来，最后经由某些治政者或专家作出判断，而作出判断中间往往把已知的实际联系了理论，然后作出的决策。在治政过程中，一般的决策都是从实际到理论的过程，而非我们常常所讲的理论联系实际的过程。

治政者面对治政过程中所要决策的问题，联系自己对决策理论的理解和已知治政决策的经验理论，从结合中作出抉择，这也可能是治政决策的独到之处。这个方法也符合毛泽东所讲的"实践、认识、再实践、再认识"② 的实践认识过程。

（4）治政决策信息分析方法。治政决策信息分析方法指对决策变量的深入把握，是把决策因变量作相应变化而较为妥当地转化为决策方案的过程。这些方法是对已有的决策信息和可能发生变化的信息进行分析的方法。获得治政决策信息是调查为主的方法，分析治政决策信息方法是研究为主的方法。③ 我们把常用的治政决策信息分析方法简单作一介绍。

第一，因果分析法。因果分析法也被人们称为原因分析法，即治政问

① 参见邱霈恩著：《领导学》，第258—259页，中国人民大学出版社2004版。
② 《毛泽东选集》第1卷，第296页，人民出版社1991年版。
③ 参见邱霈恩著：《领导学》，第259页，中国人民大学出版社2004版。

题产生的原因的分析方法。这种方法要求治政者对治政问题的原因进行全面系统的分析，尽可能地找出问题的原因，并最终找出治政者所要决策的问题。

第二，环境分析法。环境分析法是把握决策环境的研究方法。要对治政环境作全面的把握，从大环境到小环境；从物的环境到人的环境，找出治政决策环境的性质、特点以及对治政决策产生影响的可能性。

第三，态势分析法。态势分析法是治政决策初始的研究方法，它对治政初始态势和治政决策之后的趋势态势进行分析，以求对治政决策的科学定位。

第四，类比分析法。类比分析法是指将相同或相似的问题放在一块儿进行分析，找出问题的异同，找出问题的根源，找出问题产生的规律，为科学决策打基础。

第五，假设分析法。假设分析法指对治政决策提出假设的观点和结论，而后进行分析、论证。把决策问题和结果进行假设，从而排除治政决策不良的可能，对决策结果早作预案。

第六，可靠性分析。可靠与可行在治政决策中是相通的。可靠偏向于准确性，可行偏向于操作性。决策方案的结果必须可靠，而决策方案又必须切实可行。

第七，价值分析法。价值分析法是从价值存在与价值变化的层面把握决策的一种方法。价值存在主要指已经出现的现实价值思想、价值观念、价值规范、价值体系。价值变化指价值存在的变化和潜在变化、当前变化和未来变化。[1] 所有决策都是有价值的，因为治政决策是以利益为轴心的治政活动。治政决策有可能会是正价值、零价值和负价值，治政决策要尽可能地保持正价值，减少零价值，杜绝负价值。

（5）治政决策评估的方法。治政决策评估指对方案的可行性、合理性、投入、效益、效率、回应程度等等进行的评价估计，以求治政者对治政决策把握更准确，决策方案更科学。

第一，可行性评估。这个评估主要指决策实施前对治政决策方案的全面评价并进行估计，对决策方案在治政实践中是否可行，可靠程度，操作之后的结果等进行科学评价，对治政决策进行总的评价，评估结果供决策者参考。

---

① 参见邱霈恩著：《领导学》，第 261 页，中国人民大学出版社 2004 版。

第二，合理性评估。合理性评估又被称为科学性评估，也是对治政决策方案的评估，是治政决策实施之前的评价工作。合理性评估是对治政者决策方案是否科学，是否合乎治政实情等方面进行评价，供治政决策者参考。

第三，投入评估。投入评估指治政决策过程中对治政决策资源的使用和分配情况进行评估，尽量使治政决策的价值与价格相符。

第四，效益评估。这是一种对治政决策达到决策目标程度的评估。达到了决策目标则实现了治政决策效益，部分实现治政决策效益则是达到部分治政决策目标。没有治政决策效益则没有达到治政决策的目标。

第五，效率评估。治政决策效率指对决策执行过程中治政者的工作效率和治政决策全部成本与总体效益之间的关系。治政决策实施过程中，要尽量使治政效率与效益的统一，使成本与效益的比例合理。

第六，回应程度评估。所谓回应程度指治政决策实施之后对治政决策的满意程度。治政决策是以治政利益为轴心的，决策满意度在很大程度上是围绕治政利益而回应的。这便有治政决策"为了谁"的问题。

参 考 文 献

1. 《马克思恩格斯选集》第1—4卷，人民出版社1995年版。

2. 《马克思恩格斯全集》第1—5卷、第11、18、19、22、23、44、46、49卷，人民出版社1964、1965、1972、1995年版。

3. 马克思：《资本论》，1975年版。

4. 《列宁选集》第1—4卷，人民出版社1972、1985年版。

5. 《列宁全集》第1、12、20、22、24—26、31、37—39、55卷，人民出版社1964、1965、1972、1990年版。

6. 《毛泽东选集》第1—4卷，人民出版社1991年版。

7. 《毛泽东文集》第1—8卷，人民出版社1999年版。

8. 《毛泽东著作专题摘编》上、下卷，中央文献出版社2003年版。

9. 《邓小平文选》第1—3卷，人民出版社1993、1994年版。

10. 逄先知、金冲及主编：《毛泽东传》上、下（1949—1976），中央文献出版社2003年版。

11. 逄先知主编：《毛泽东年谱（1893—1949）》上、中、下卷，中央文献出版社2002年版。

12. 《十七大报告辅导读本》，人民出版社2007年版。

13. 《毛泽东、邓小平、江泽民论科学发展》，中央文献出版社、党建读物出版社2009年版。

14. 《科学发展观重要论述摘编》，中央文献出版社、党建读物出版社2009年版。

15. 《深入学习实践科学发展观活动领导干部学习文件选编》，中央文献出版社、党建读物出版社2008年版。

16. 《保持共产党员先进性教育读本》，党建读物出版社2005年版。

17. 《中共中央关于印发〈建立健全惩治和预防腐败体系2008—2012年工作规划〉的通知》，《中共中央办公厅通讯》2008年第7期。

18. 胡锦涛：《在第十七届中央纪律检验委员会第二次全体会议上的讲话》，《中共中央办公厅通讯》2008 年第 2 期。

19. 胡锦涛：《在第十七届中央纪律检验委员会第三次全体会议上的讲话》，《中共中央办公厅通讯》第 2009 年第 3 期。

20. 胡锦涛：《在纪念党的十一届三中全会召开 30 周年大会上的讲话》，《人民日报》2008 年 12 月 19 日。

21. 温家宝：《政府工作报告》，《人民日报》2009 年 3 月 15 日。

22. 《科学发展观党员干部学习读本》，中央文献出版社 2008 年版。

23. 《中共中央关于构建社会主义和谐社会若干重大问题的决定》，《构建社会主义和谐社会的行动指南》，研究出版社 2006 年版。

24. 《中国共产党章程》，人民出版社 2007 年版。

25. 中共中央宣传部理论局：《理论热点面对面 2008》，人民出版社、学习出版社 2008 年版。

26. 宋原放主编：《简明社会科学词典》，上海辞书出版社 1982 年版。

27. 迟树功主编：《干部大百科》，中国广播电视出版社 1991 年版。

28. 张新华主编：《新世纪读报知识》，上海文化出版社 2002 年版。

29. 刘树成主编：《现代经济辞典》，凤凰出版社、江苏人民出版社 2005 年版。

30. 司马光著：《资治通鉴》，吉林人民出版社 2000 年版。

31. 陈襄民等注译：《五经四书全译》第 1—4 卷，中州古籍出版社 2000 年版。

32. 皮钧、高波著：《治政论》，新华出版社 2004 年版。

33. 朱其训著：《和谐治政论》，中国青年出版社 2005 年版。

34. 司马迁著：《史记》，北京出版社 2006 年版。

35. 〔美〕赖瑞·杜尼嵩（Larry R. Donnithome）著：《西点法则》，民主与建设出版社 2004 年版。

36. 李景鹏著：《权力政治学》，北京大学出版社 2008 年版。

37. 王浦劬等著：《政治学基础》，北京大学出版社 2006 年版。

38. 王邦佐等主编：《新政治学概要》，复旦大学出版社 2004 年版。

39. 沈文莉、方卿主编：《政治学原理》，中国人民大学出版社 2007 年版。

40. 孙哲著：《权威政治》，复旦大学出版社 2004 年版。

41. 〔英〕安德鲁·海伍德（Andrew Heywood）著：《政治学》，中国人民大学出版社 2006 年版。

42. 吴铎主编：《社会学》，高等教育出版社 1992 年版。

43. 〔美〕戴维·波普诺著：《社会学》，中国人民大学出版社 1999 年版。

44. 姜杰等主编：《管理学》，山东人民出版社 2003 年版。

45. 苏保忠、张正河主编：《公共管理学》，北京大学出版社 2004 年版。

46. 高占祥著：《文化力》，北京大学出版社 2007 年版。

47. 潘伟杰等著：《文化的力量》，上海人民出版社 2008 年版。

48. 孟昭兰主编：《普通心理学》，北京大学出版社 1994 年版。

49. 吴岩著：《领导心理学》，中央编译出版社 2006 年版。

50. 朱宝荣著：《现代心理学原理与应用》，上海人民出版社 2002 年版。

51. 〔美〕史蒂文·卢克斯著：《权力》，江苏人民出版社 2008 年版。

52. 〔美〕约翰·加德纳著：《论领导力》，中信出版社 2007 年版。

53. 邱霈恩著：《领导学》，中国人民大学出版社 2004 年版。

54. 〔美〕梅瑞狄斯·D. 艾什比、斯蒂芬·A. 迈尔斯编著：《领导》，辽海出版社 2003 年版。

55. 〔美〕克利夫·里科特斯（Cliff Ricketts）著：《领导学：个人发展与职场成功》，中国人民大学出版社 2007 年版。

56. 刘建军编著：《领导学原理》，复旦大学出版社 2007 年版。

57. 王加微编著：《行为科学》，浙江教育出版社 1986 年版。

58. 〔英〕理查·德·威威廉姆斯著：《组织绩效管理》，清华大学出版社 2002 年版。

59. 卢光福主编：《党的作风建设读本》，党建读物出版社 2001 年版。

60. 王建政、陈秀梅著：《治国史鉴》，红旗出版社 2004 年版。

61. 许海清著：《治党论》，辽宁人民出版社 2004 年版。

62. 上海社会科学院民主政治研究中心编：《执政论》，时事出版社 2005 年版。

63. 李小三著：《为政要略》，党建读物出版社 2004 年版。

64. 〔德〕埃利亚斯·卡内提（Elias Canetti）著：《群众与权力》，中央编译出版社 2003 年版。

65. 孙钱章主编：《现代领导方法与艺术》，人民出版社 1998 年版。

66. 苗枫林著：《中国用人史》，中华书局 2004 年版。

67. 杨敬东著：《潜人才学》，山西教育出版社 2004 年版。

68. 毛毛著：《我的父亲邓小平"文革"岁月》，中央文献出版社 2000 年版。

69. 朱其训著：《夹缝学》，文化艺术出版社 2005 年版。

70. 朱其训著：《和谐教育论》，人民出版社 2006 年版。

71. 朱其训著：《和谐经济论》，人民出版社 2007 年版。